中国碑刻研究通论·第二卷

中国碑刻与中华文化

其桢 著

四川教育出版社

图书在版编目（CIP）数据

中国碑刻与中华文化 / 金其桢著. —成都：四川教育出版社，2023.5
（中国碑刻研究通论；2）
ISBN 978-7-5408-8562-5

Ⅰ. ①中… Ⅱ. ①金… Ⅲ. ①碑刻-文化研究-中国
Ⅳ. ①K877.424

中国国家版本馆CIP数据核字（2023）第078643号

ZHONGGUO BEIKE YU ZHONGHUA WENHUA

中国碑刻与中华文化

金其桢　著

出品人　雷　华
策划组稿　卢亚兵
责任编辑　奉学勤
助理编辑　刘正含
责任校对　赵若竹
封面设计　四川看熊猫杂志有限公司
责任印制　田东洋
出版发行　四川教育出版社
　　地　　址　四川省成都市锦江区三色路238号新华之星A座
　　邮政编码　610023
　　网　　址　www.chuanjiaoshe.com
制　　作　四川胜翔数码印务设计有限公司
印　　刷　成都市金雅迪彩色印刷有限公司
版　　次　2023年5月第1版
印　　次　2023年5月第1次印刷
开　　本　787mm × 1092mm 1/16
印　　张　35.5
字　　数　620千
书　　号　ISBN 978-7-5408-8562-5
定　　价　168.00元

| 总序 |

嘉惠学林　有功文献

我初识金其桢先生，先是当年偶然得到金先生的鸿篇巨制《中国碑文化》，再是盛夏时节在南京鼓楼公园门口与温文尔雅的金先生握手结缘，屈指算来，这一晃，竟然已经二十余个年头了……

记忆之中，2001 年迄今，早前好像还与金先生有过两三次并非专门安排的无锡小聚，印象并不算深；印象颇深者，还是金先生所著既适合书房补架又方便查阅学习的《中国碑文化》，也正是如今这部《中国碑刻研究通论》的基础。

如何方便查阅学习呢？一方面，我常有查阅学习的需要；另一方面，此书确实值得查阅学习。

先言我常有查阅学习的需要。举我经历的两件事情为例，就可见出碑刻的重要与理解碑刻的不易。

一件事情有关安阳西高穴大墓是否为曹操高陵。一番实地考察之后，我虽对此持基本肯定的态度，但仍存有一些疑问。我的疑问来自《鲁潜墓志》。《鲁潜墓志》所记的为十六国后赵时期公元 345 年，距离曹操去世的公元 220 年并不太长，也可以说在时间段上比较靠近；《鲁潜墓志》铭文有关“魏武帝陵”的指位，异乎寻常地明确。在历史文献方面，我平时比较关注墓志文献，而在我的印象中，这块墓志相当特殊。东晋十六国时期的墓志，说到墓地位置，一般直接说地名，或者加说里距。《鲁潜墓志》却不一样，总是在说多少多少步，比如“一千四百廿步”，实际相当于四里两百廿步。那么为什么写成一千多步，而不写四里多少

总序作者胡阿祥，南京大学历史学院教授、博士生导师，六朝博物馆馆长，江苏省文史研究馆馆员，中国魏晋南北朝史学会荣誉副会长，中国史学会历史地理研究会副会长。

步？鲁潜的身份是太仆卿、驸马都尉，而墓志中却涉及“魏武帝陵”的相对位置。开个玩笑，我感觉这个墓志好像是为找曹操墓准备的。总之，《鲁潜墓志》的行文方法、行文味道，比较奇怪（参见《感受安阳和曹操之间的因缘关系》，收入李凭主编《曹操高陵——中国秦汉史研究会、中国魏晋南北朝史学会会长联席会议》，浙江文艺出版社2010年版）。所谓“《鲁潜墓志》的行文方法、行文味道，比较奇怪”，就是我学习金先生之书以及其他相关著作后做出的初步判断。

另一件事情有关扬州司徒村大墓是否为隋炀帝陵。面对社会大众甚至部分学者的强烈质疑，我在接受《新华日报》记者的采访以及不久后写成的文章（《有关扬州隋炀帝陵“质疑”的质疑》，刊于《南京晓庄学院学报》2013年7月第4期）中，做出了完全肯定的表态，而肯定的依据，正是备受质疑的三点，即墓中出现了墓志而未见玉册，墓志中出现了“大业十四年”纪年，墓志中出现了与“隋”国号不符的“随”字。我的考证结论是：

> 进而论之，如果此墓志中的“随”字，按照一般社会大众以及部分学者的理解，写成了看似“正常”的“隋”字，那反而不符初唐时代起碑刻中“隋字作随”的“惯例”了，换言之，那倒真有可能如某些学者所推测的，是作伪了。进而论之，这个“随”字，以及“大业十四年”纪年、无玉册而有墓志现象，既然“反常”到了“匪夷所思”的地步，甚至迷惑了、糊弄了许多的学者，则若果然此墓志为伪造，那么作伪者的史学水平，也实在是高超到了“匪夷所思”的程度了。

犹记在形成上述结论的考证过程中，我曾查阅过《中国碑文化》的不少章节，虽然没有直接的收获，却对隋唐碑刻中的墓志文献有了总体的把握。

然则借用曾任中央文史研究馆馆长、北京大学国学研究院院长袁行霈先生的《国学四十讲》（卞孝萱、胡阿祥主编，湖北人民出版社2008年版）推荐语，“《国学四十讲》付梓，嘉惠学林，功在千秋”，访过旧碑、撰过碑文的我，评价经常需要查阅学习的《中国碑文化》为“嘉惠学林，有功文献”，应该就非溢美之词了。而这也是我接着要说的第二层意思，即《中国碑文化》确实值得查阅学习。

金先生之书值得查阅学习，以我个人的感受言，是因其仿佛碑史工具书的性质与规模，接近碑文化类书的体例与内容。这样的性质与规模、体例与内容，又基于金先生的如下认识：

> 由莽莽碑林、浩瀚碑海构成的中国碑刻文化，经史子共存，佛儒道齐全，中外古今，精华荟萃，宏富而绚丽，博大而精深。其历史之悠久，数量之众多，品种之繁茂，书法之高妙，镌刻之精湛，史料之珍贵，信息之广博，内涵之丰富，哲学之深邃，涉及之广泛，底蕴之深厚，功能之多样，风貌之壮观，是世界上其他任何一个国家所不能比拟的。
>
> ……
>
> 中国碑刻文化源远流长，其萌生、发育、成熟、繁衍、发展，经历了一个漫长而曲折的历史演进过程。它与不同历史时期的社会风俗、社会需求、审美标准、价值取向及各个朝代统治者所实行的政策、倡导的风气等密切相连……

是否“是世界上其他任何一个国家所不能比拟的”，我不了解域外的情况，姑且存疑；但不必存疑的是，《中国碑文化》正是由此出发而立意宏远，颇有一股“海不辞水，故能成其大；山不辞土石，故能成其高”的非凡气势。

这样的立意宏远与非凡气势，灌注于《中国碑文化》上篇之《碑文化发展史略》，远追“碑的起源和繁衍”，下及“现代碑文化发展的新特点”，穷原竟委共二十章、谈古论今近三千年，其梳理编排之劳，可谓大矣；又不独梳理编排，其于各别时代碑史的定位立论，诸如西汉“蒙受劫难”、东汉“碑碣云起”、两晋十六国“变异发展”、北朝“繁星满天”、隋代“承上启下”、唐代“百花盛开”、宋代“承袭盛唐余绪”、元代“汉文化浸润”、明代“亦衰亦盛”、清代“碑学复兴”、现代“方兴未艾”，皆是立足于比较视野做出的审慎归纳、特点总结，如此就避免了“只知其一”而其实可能“一无所知”的臆断或尴尬。

这样的立意宏远与非凡气势，笼罩于《中国碑文化》下篇之《碑文化专题专论》，从“碑与文字语言”“碑与诸子经典”“碑与中医中药”，再到“碑与民间生活”“碑的历史价值”“碑的域外流传”，探赜洞微计二十一章，天地人神面面俱到，其条分缕析之勤，可谓美矣；又不独条分缕析，其于各类型碑文化的价值应用，比如“古代碑刻对辨识和规范汉字书写的功用”“碑用于记载传播古代药方”“碑是我国古代科举制度的档案库”“碑在民间神灵崇拜中的应用”“碑对史籍记载不足的补充和校正”“世界汉学研究对中国碑文化的重视”等，亦多能做到举例切当、资料丰赡、涵盖广泛。这样，金先生笔下的碑文化，不仅堪称创新意义明显的“一家之言”，而且此分门别类的“一家之言”又的确足备百家参考、学界取资，诚大矣美哉！

现在，这部原为117.2万字、初版于2001年的《中国碑文化》，经过作者历时二十年的潜心研究探索，深化积累，精心打磨，系统修订，结构调整，大幅增补，拓展改写，以《中国碑刻研究通论》全新面世了。《中国碑刻研究通论》共200余万字，为三卷本，第一卷为《中国碑刻史》，第二卷为《中国碑刻与中华文化》，第三卷为《中国历代珍奇碑刻考探》，以全新的面目奉献给广大读者。两相比较，《中国碑文化》近120万言，《中国碑刻研究通论》逾200万言，真蔚为大观也。原《中国碑文化》之上篇《碑文化发展史略》与下篇《碑文化专题专论》，已是经纬交织、彼此印证，而现今《中国碑刻研究通论》之三卷，又不仅纵则贯通、横则全面，复在纵横驰骋之余，殿以拓宽掘深、趣味盎然的珍奇碑刻，于是“通”之旨趣越发彰显，“论”之细密益形显著，“研究”意味更加浓郁。随之，其书“嘉惠学林，有功文献”的价值既得以倍增，而金其桢先生在源远流长的中国碑刻史、博大精深的中华碑刻文化领域的孜孜矻矻之志、踵事增华之功，亦令晚辈如我者，仰之弥高而肃然起敬矣！

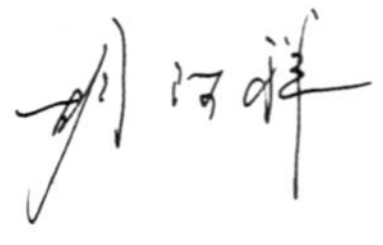

于句容宝华仙林翠谷三栖四喜斋

2023年2月18日

自序

砥砺奋进　再谱新篇

由莽莽碑林、浩瀚碑海构成的中国碑刻文化，经史子共存，佛儒道齐全，中外古今，精华荟萃，宏富而绚丽，博大而精深。其历史之悠久，数量之众多，品种之繁茂，形态之多变，书法之高妙，镌刻之精湛，史料之珍贵，信息之广博，内涵之丰富，哲理之深邃，涉及之广泛，底蕴之深厚，功能之多样，风貌之壮观，是世界上其他任何一个国家所不能比拟的。碑刻文化是中国传统文化一个极为重要的组成部分，在中国文化史上占有重要的地位，不论在中国还是在世界上，都具有极为广泛而深远的影响和经久不衰的魅力，历经三千年，而今益见其盛。

中国碑刻文化源远流长，其萌生、发育、成熟、繁衍、发展，经历了一个漫长而曲折的历史演进过程。它与不同历史时期的社会风俗、社会需求、审美标准、价值取向及各个朝代统治者所实行的政策、倡导的风气等密切相连，与中国社会生产力的发展和整个中国文化特别是文字、书法、镌刻艺术的发展息息相关，相依相存。

诚然，从文字、书法、镌刻艺术的角度来研究中国碑刻文化是重要的，但中国碑刻文化的内涵极其博大、精深、宏富，仅仅局限于显在的书法艺术上，那显然远远不够。只有将其置于数千年中国社会发展史和文化发展史的宏观历史背景下，从单一到综合，从微观到宏观，从零散到系统，从表象到内涵，从历史到现实，从国内到海外，进行全方位的研究考察，才能把握住碑刻文化发展的脉搏，既弄清楚各个历史时期碑刻文化发展的基本样貌，又了解掌握各个历史时期碑刻文化的精华所在，清晰、准确地勾勒出一条中国碑刻文化演进、发展的历史轨迹，揭示出这样演进、发展的历史原因，进而透过纷繁复杂的表象，洞悉碑刻文化宏富而深邃的内涵，对中国碑刻文化真正有一个较为全面、系统、深入的了解，客观地认识它在中国社会、中国文化几千年发展的历史乃至在世界文化中的地位、作用和影响。

社会生产方式、意识形态发展到一定阶段，人们在社会生活中需要表达情感、记录事情、诉说主张见解等，于是，将大自然中的石头作为表达载体镌刻成碑，也就神奇地赋予了碑以生命的活力，碑由此而成为一种富有魅力的文化表现形态，受到人们的青睐，表现出强大的生命力。碑源于社会生活，又应用于社会生活，随着社会生活的发展而发展。碑具有多方面的独特价值、多种多样的作用和功能，随着人类社会生活越来越纷繁复杂、丰富多彩，人们对碑的需求也越来越多样化。人们立碑刻石的动因，逐渐由最初的纪功、颂德、记事、纪念死者，而变得越来越复杂，碑的用途越来越广泛，所立碑的数量越来越多，碑的种类也不断发展，派生出各种类型的碑。明代学者徐师曾在《文体明辨·碑文》中论述道："碑之所以来远矣……后汉以来作者渐盛。故有山川之碑，有城池之碑，有宫室之碑，有桥道之碑，有坛井之碑，有神庙之碑，有古迹之碑，有风土之碑，有灾祥之碑，有功德之碑，有墓道之碑，有寺观之碑，有托物之碑……"尽管徐师曾所列碑的种类已相当可观，但事实上，数千年来，应用碑的地方更加广泛，所产生的碑的种类也更加繁茂多姿，遍及中华大地的碑所刻内容包含政治、军事、法制、吏治、宗教、文字、文学、教育、科举、经济、科技、地理、城池、街巷、建筑、水利、水文、天文、历法、民族关系、中外交流、宗氏家族、交通道桥、环境保护、名胜古迹、民俗风情、神仙鬼怪、人民革命等各个方面，几乎是无所不有。而碑刻所载人物，则上至中华民族先祖、先哲圣贤、帝王将相、英雄豪杰、革命领袖，下至寒儒布衣、山野白丁、江湖隐客、市井小民，几乎涉及每一个社会阶层。可以毫不夸张地说，经过数千年的发展，碑在中国社会中的应用已拓展到十分广泛的领域，碑刻文化已渗透到社会生活的各个方面，碑刻已经成为一部记载几千年中华文明的包罗万象的石质百科全书。中国的碑刻集记事、纪功、颂德、褒奖、警策、训谕、惩戒、昭示、纪念、约束、抒情、标识等各种功能于一体，熔人文科学、自然科学诸多学科于一炉，内涵博大精深，影响贯及古今中外，是一座藏量极为宏富的中国传统文化大宝库，是不可多得的国之瑰宝。对于这份宝贵的文化遗产，每一个中华儿女都值得引以为傲，也有责任倍加珍惜和批判地继承，弘扬光大。

博大精深的中国历代碑刻文化，对青年时代的我产生了巨大的吸引力。20世纪60年代中期，我从南开大学历史学系毕业，于20世纪80年代初走上高等学校工作岗位。有了进行学术研究的条件后，我便以历史文化为研究方向，正式踏上了中国碑刻文化探索之旅。在日常工作之余，我怀着浓厚的兴趣开始了对历代碑刻的了解、探索和研究。日积月累，随着读书（研读历史文献资料）、走路（实地考察）越来越多，我对历代碑刻的了解也越来越多，越来越深入、系统，我惊异地发现，当时国内竟然找不到一部全面系统介绍、论述中国历代碑刻文化的专著。这使我深感遗憾，油然萌生了自己来“吃”这只“螃蟹”的大胆念头。然而，中国碑刻文化如此之悠久、广博、精深、宏富，对其进行全方位深入、系统的研究和论述，无疑是一项开创性的宏大文化工程。我深知，以自己的疏浅学识和绵薄之力从事如此宏大的文化工程，犹如推巨石上山般艰难。然而，在改革开放伟大创新精神的鼓舞和激励下，我勇气和信心倍增，坚信“世上无难事，只怕有心人”，深感弘扬中华文化乃吾辈义不容辞之责任，故而下定决心，不畏艰辛寂寞，将对中国碑刻文化的探索研究作为自己毕生学术研究的主要方向，一往无前，竭尽精力，奋勇攀登。因而，纵然辛劳异常，仍百折不回，勉力奋进，历经十余年潜心钻研，坎坷跋涉，终于在1999年完成了117.2万字由上、下两篇组成的探索性专著《中国碑文化》，2002年1月由重庆出版社出版面世。

重庆出版社对《中国碑文化》一书予以高度重视，不仅投入了大量出版资金，还发布长文向广大读者热忱推介：“此书破天荒地将纵贯三千年、横融社会生活各方面的碑文化进行全面的论述……是一部开创性的弘扬传统文化的巨著，对上下三千年的碑文化从表象到内涵多视角、多层面地剖析研究，由此构建出庞大而丰富的内容体系，富有独到的见解。”

学界对《中国碑文化》一书出版给予了热忱关注、大力支持和赞扬好评。

享受国务院特殊津贴的资深文博专家、著名文物考古学家，长期担任南京博物院院长的梁白泉教授不仅在百忙中审读了书稿，热情给予指教，而且欣然为本书撰写了精彩的万言长序，并在江苏省《高校人文社会科学研究项目鉴定评价报告书》中给以热情的褒扬和充分的肯定，说：“中国碑文化在国际文化历史中，当属最具辉煌价值者，可惜在中国古籍中，多归在地方志性质的金石志、金石目中，专著少见，金其桢先生的《中国碑文化》因而具有开拓性的、填补空白性的价值和作用。它最大的特点，不仅在‘史’的论述，而且在‘文化’底蕴、沉淀基础的多方发掘，面广类多，洋洋洒洒，确实体现了本书《中国碑文化》书名的要求，兼具学术性、艺术性、工具书性和通俗性，必然会受到社会上、海内外广大读者的欢迎。”进而，梁老还对今后如何进一步深化中国碑刻文化研究给予了笔者宝贵的指教，说，“前几年在《中国大百科全书》的编纂工程中，有关专家提出了‘大、新、全’的要求。本书的另一特点，正是在体现‘大、新、全’的这种要求。不过，‘大’‘新’比较容易做到，以个人之力，‘全’则很难。本书他日如需再版，似可以在‘全’字上再下功夫，‘领异标新二月花’，继续保持它领先的出版地位。”

曾任全国哲学社会科学学科组成员的南京大学历史系考古专业资深文物考古专家、南京历史学会名誉会长蒋赞初教授，在江苏省《高校人文社会科学研究项目鉴定评价报告书》中给拙著以充分肯定的评价，说：“宋代以来的金石学者多偏重于文字的考订，对于碑文化的社会意义与作用阐述不深，并且缺乏一部全面地将实物资料与专题论述相结合的著作。这一百多万字巨著……超越了前人有关论著……是迄今为止对碑文化的作用最全面的论述。”

享受国务院特殊津贴、曾任国务院学位委员会艺术学学科评议组成员，时任南京艺术学院副院长、江苏省优秀博士生导师、省重点学科带头人的阮荣春教授，也在江苏省《高校人文社会科学研究项目鉴定评价报告书》中给拙著以充分的肯定，说：“中国学界对碑的研究，肇于宋，兴于清，但主要限于‘碑学’即碑刻书法艺术的研究。金其桢这部《中国碑文化》，对中国‘碑文化’展开了全方位的研究……这是一项庞大的填补研究空白的系统工程……是一部学术价值极高的优秀著作。”

2003 年 1 月 3 日《中国文物报》发表专题评论《拓展石文化研究的领域——评〈中国碑文化〉》，作者黄厚明先生（南京大学艺术学院教授、博士生导师，长江学者）在评论中说：“皇皇巨著《中国碑文化》一书的问世，填补了中国碑文化研究上的空白，拓展了金石文化研究的领域。该书洋洋洒洒，一百余万言，以翔实的资料、新颖的方法、独到的视角，开启了系统研究中国碑文化的先河。”

2003 年第 1 期《南方文物》发表专题评论《中国文化史上的一部力作——评金其桢所著〈中国碑文化〉》，作者张晓旭先生（知名碑刻学专家，苏州碑刻博物馆副馆长、研究员，时为苏州市儒学研究会会长兼秘书长）在评论中说：“这部专著……将碑刻作为一种文化载体来研究，改变了以往将碑刻单纯作为书法艺术研究或考据学研究的传统研究方法，不但在研究方法上是一个飞跃，而且拓展了碑刻的研究领域，揭示了碑刻的文化内涵。……相信这部著作的问世，将把学术界的视野从单纯的碑刻书法艺术研究、金石考据学和注重著录碑文为史料的传统研究方法中解放出来，进而探究碑刻的‘文化’生命，因此，这是一部值得品尝的好书。”

拙著《中国碑文化》出版后得到了社会各方的肯定、褒扬和鼓励，2003 年荣获江苏省哲学社会科学优秀成果奖，同时，也受到了读者的喜爱和关注。这使我备受激励和鞭策，让我更加坚定了进一步拓展深化中国碑刻文化研究的决心。正是基于这样的决心，近二十年来，我在《中国碑文化》的基础上，按照梁老所提出的“在‘全’字上再下功夫”的目标，再接再厉，锲而不舍地加深拓宽对中国碑刻文化的研究和探索。基于这一认识，在本次修订增补中，我吸纳、充实了许多近二十年来中国考古界、史学界、碑刻界在中国碑刻发掘、研究方面取得的新成果，及自己新掌握的文献资料和实地考察材料，并做了进一步的深入探索和论析，在原来 117.2 万字、600 余幅图的《中国碑文化》的基础上，经过系统地整理加工、增补删改、修订重写，完成了如今这部 200 余万字、1300 余幅图的《中国碑刻研究通论》。

经与出版社商讨并反复斟酌，我决定整理出版《中国碑刻研究通论》，分为三卷。第一卷为《中国碑刻史》，集中笔墨叙述、展现中国碑刻自春秋时期萌生以来直至当今漫长的三千年悠远岁月中发展的历史轨迹和演变的进程。第二卷为《中国碑刻与中华文化》，分别从碑刻与文字语言、诸子经典、中医中药、天文地理、水文水利、环境保护、教育科举、中华先祖、帝王遗迹、帝王陵墓、古代圣哲、历代诗词、辞赋楹联、宗教文化、社会经济、封建统治、中外关系、人民革命、民间生活、历史研究、域外影响等各个方面，深入系统地揭示碑刻宏富的文化内涵、广泛多样的功能和作用及碑刻在中国社会生活方方面面巨大而深远的影响，多视角、多层面展现碑刻与中华文化的密切关系。第三卷为《中国历代珍奇碑刻考探》，深入探析中国历代所出现的在文字、书体、文体、碑材、碑文内容、镌刻技艺、制作方法、外观形态、碑石形制、功能用途及撰书者身份等诸多方面出类拔萃、奇异独特的碑刻。《中国碑刻研究通论》三卷有机结合在一起，就可以由表及里，由局部到系统，由一般到特殊，较好地展现出三千年中国碑刻文化的全貌。

在书稿即将付梓之际，笔者既由衷地高兴，又惴惴不安。正如诗圣杜甫所说：“文章千古事，得失寸心知。”囿于学识浅薄和掌握的资料还不够充分，研究还不够深入，拙著必定还存在许多不足之处，诚恳期待专家、学者和广大读者批评指正。本书抛砖引玉，如果对中国碑刻文化的深入研究、对弘扬中华文化能起到一些推动作用，笔者将感到不胜欣慰。

本书的撰写先后得到南京博物院原院长梁白泉教授和南京大学历史学院博士生导师胡阿祥教授等知名专家学者的热情关心支持，梁老和胡教授在百忙中审阅书稿，给予热情指教，提出了宝贵意见。胡教授还欣然为本书作序，使本书大为增色。值此，谨向梁老、胡教授及各位专家学者致以深切的谢意！

本课题的研究、本书的撰写，除得到学界诸多专家的指教支持，还得到了许多亲友的关心帮助。德新钢管（中国）有限公司董事长陈俊德先生不仅对发展中国热扩大口径无缝钢管事业卓有贡献，而且十分热心于弘扬中华优秀传统文化，对本课题的研究给予了热情的关注和帮助。谨向陈俊德先生和各位亲友致以衷心的谢意！

笔者在撰写过程中，除做了许多实地考察研究外，还参阅、研读了大批古今学者的有关著作和大批古今文献资料，从中得到不少启迪和借鉴，限于篇幅，无法一一列出。谨借此向为中国碑刻文化研究做出贡献的列位专家学者和热心于弘扬中国碑刻文化的各界朋友，致以衷心的谢意和崇高的敬意！

金其桢

于太湖之滨江南大学上下求索斋

2023 年春

目录

导论

中国碑刻是中华文化的石质百科全书

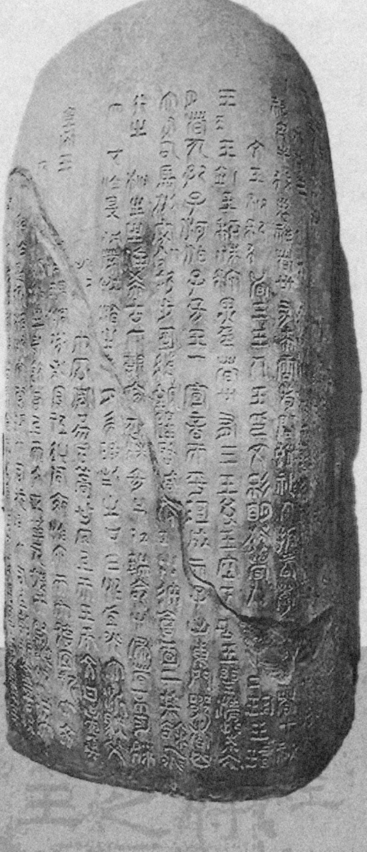

在中国，文字符号最初是镌刻在甲骨和青铜器皿上的。在滚滚流逝的历史长河中，随着生产方式的进步、意识形态的发展和社会生活变得越来越纷繁复杂、丰富多彩，人们日益迫切地需要更多的用以记录事情、抒发情感、表达意见、宣示主张的载体。然而，甲骨和青铜器不仅数量颇为有限，“庸器渐阙”，而且所能镌刻的文字数量也极为有限，与日益发展的社会需求越来越不相适应。而刻石立碑与在甲骨和青铜器上镌铭刻字相比，不仅具有取材方便、来源广泛、价格低廉、刻载量大的优点，而且质地坚硬，不易损毁，能像甲骨、青铜器一样“同乎不朽”，传之久远。因而在春秋战国时期，随着冶金技术进步，铁器和碳钢等坚硬的镌刻工具出现后，碑刻便应运而生。由于碑刻具有甲骨、青铜器等无可比拟的多种优点，因此产生后日益受到人们的青睐，被社会各个阶层广泛地应用于社会生活的方方面面，人们按照各自的需要，纷纷“刻石立表，以示后昆”。

由于刻石立碑具有记事、纪功、颂德、褒奖、警策、训谕、惩戒、祈愿、昭告、宣示、纪念、标识、禁约、抒怀、寄情、怀旧、述志等多种多样的功用，因此，随着人类社会生活变得越来越纷繁复杂、丰富多彩，人们对碑刻的需求也越来越多样化，人们立碑的动因也变得越来越复杂，碑刻的用途随之而变得越来越广泛，碑刻的种类和数量也随之而变得越来越多。历经三千多年的演进发展，碑刻大家族繁茂兴旺益见其盛，成为遍及中华、蔚为壮观的一大人文景观。迈步万里神州，遨游中华大地，不论是在温暖和煦的南方还是在白雪皑皑的北方，不论是在平原广袤的东部还是在层峦叠嶂的西部，不论是在人口稠密的平川还是在足迹稀少的山林，不论是在锦绣的长江南北还是在苍茫的黄河上下，不论是在繁华的都市还是在偏远的乡村，在名胜古迹、山丘崖壁、庙宇寺观、宫苑园林、陵墓祠堂、书院学府、文庙武庙、商肆会馆、豪门宅第、街巷市井、道桥津渡等各种地方，人们时时可以与大大小小、形态各异、瑰丽多姿的古今碑碣、摩崖石刻不期而遇。尤为令人感叹的是，在辽阔的华夏大地上，在全国各地的城乡，历代以来还相继涌现出了数以百计专门收藏、陈列、展示历代碑刻的碑林、碑苑、碑廊、碑馆，荟萃形形色色的碑刻数以万计，构成了中国碑刻文化特有的一道亮丽的风景线。

自春秋以来历经三千多年的繁衍发展，中国的碑刻大家族蓬勃兴旺地成长，不仅碑刻品种繁多、形态各异，数量极其浩繁，而且在中国社会中的应用也被拓展到社会生活的方方面面。只要做一番深入认真的考察了解，我们无疑就可以清楚地发现，遍及中华大地的碑刻，不仅其所刻载的内容是如此之丰富多彩，包含政治、军事、法制、吏治、宗教、文字、礼仪、书法、文学、教育、科举、经济、科技、医学、艺术、环保、交通、商贸、赋税、徭役、天文、地理、城池、街巷、建筑、水文、水利、民族关系、中外关系、宗氏家族、世系亲属、津渡道桥、名胜古迹、民俗风情、神仙鬼怪、人民革命等各个方面，几乎是无所不有。而碑刻所刻载的人物，亦是如此之广泛，从中华民族先祖、先哲圣贤、帝王将相、公卿贵族、革命领袖、英贤豪杰、高僧大师、名士巨擘、文豪宗师到寒儒布衣、山野白丁、江湖隐客、工匠商贾、市井小民、军旅小卒、乡间老妪、孺子幼童，几乎涉及每一个社会阶层。

可以清楚地看到，在源远流长、绵延数千年奔流不息的中华文明发展史中，碑刻是中华文化典籍的重要源头和中华文化的重要载体，记载了博大的中华文化，时至今日依然兴盛不衰，承载着古老而伟大的中华文明奔涌向前。正由于中国碑刻数量浩繁，记述的事情方方面面、大大小小极为繁多，刻载的人物男女老幼、尊卑贵贱无所不有，所以，可以毫不夸张地说，经过数千年的生长、繁衍和漫长的积淀，中国碑刻实际上已经成为熔人文科学、自然科学诸多学科于一炉，内容极其丰富多彩、内涵极为广博精深、影响贯及古今中外的一部记载了几千年中华文明史的石质百科全书，是一座藏量极为宏富的名副其实的中国传统文化大宝库，是不可多得的国之瑰宝。我们伟大睿智的祖先，在用竹帛纸笔为我们写下了包括二十四史在内的伟大的中华文明史的同时，又用刀和石为我们刻下了一部与纸质中华文明史交相辉映、并肩媲美的石质中华文明史。这部用无数碑刻雕就的文化巨著，无疑值得每一个中华儿女倍加重视和珍惜，从中汲取宝贵的营养，加以弘扬光大，使其在中国文化和世界文化之林中放射出更加璀璨夺目的光华。

第一章

碑刻与文字语言

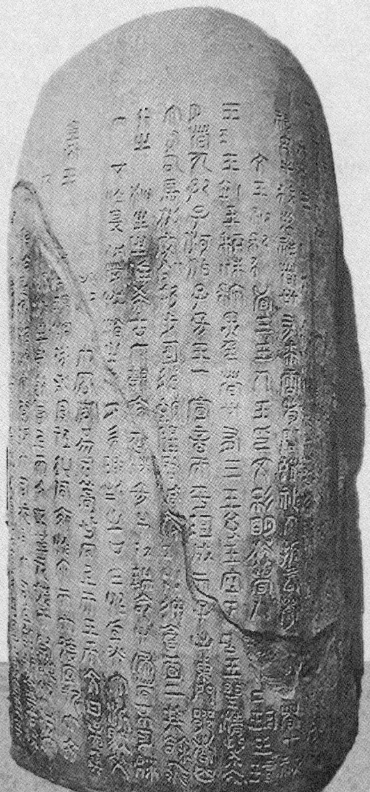

文字是人类用以记录语言的符号和表达、交流思想感情的工具，碑则是文字的重要载体。因此，碑与文字、语言有极为密切的关系，中国的古碑，清晰地记录下了中国文字和语言的发展演变轨迹，对于研究了解中国文字语言具有极为重要的价值。

第一节　古代碑刻对研究简化字发展史的功用

谈及简化汉字，一些人认为，1956 年由中华人民共和国国务院公布的《汉字简化方案》，为简化汉字之始。然而，近几十年来从古碑中接连不断获得的发现，以确凿无疑的事实证明，简化汉字并非始于今日，而是由来已久。

1995 年 11 月，在江西吉安兴桥镇钓源村发现的一块清代道光年间摹刻的“宋四家”之一米芾手书的《昼锦堂记碑》中，就有许多简化字。《昼锦堂记》是北宋著名文学家欧阳修撰写的脍炙人口的散文名篇，阐述了作者对功名荣光的态度。此碑系清道光年间，欧阳修后裔欧阳浩从江西官吏李子畬处见到宋代米芾的真迹后，不惜花重资，择石选工摹勒镌刻，前后历时八个月，于道光二十六年（1846）春刻成的。碑为青石材质，行楷书写，阴文竖行，自右至左镌刻，现共存两石。一石高约 160 厘米，左部缺损约三分之一，镌有“昼锦堂记”四字和开篇四十九字，字迹保存完好；另一石高 156 厘米、宽 87 厘米，上镌文末一百〇二字和落款“襄阳米芾”四字，字迹虽遭凿损，其笔力风骨仍清晰可见。碑上还镌有 4 厘米见方的“米元章印”篆书印章和字径 2 厘米的跋语。两石上所刻的米芾手书，字径 6 至 10 厘米见方不等，不仅笔法潇洒俊迈，行笔自然流畅，书风雄奇流美，更为难得的是，其中还有“将”“荣”（图 1）、“记”“盖”“间”“劳”“险”“事”“绅”“谓”“尝”“诵”“诗”“乐”十四个简化字，共在文中出现十七处，这些简化字，与我国现行的规范简化字完全相同。

图1 《昼锦堂记碑》中的简化字“将”和“荣”

图2 《张玄弼墓志》中的简化字“随”

在比米芾书《昼锦堂记碑》还早的唐代碑刻中也发现了简化字。例如在唐代虞世南书写的《孔子庙堂碑》中就有简化的“状”“弥”“将”“于”“来”“随”“尔”“诵”“麦”“继”等字。在唐代褚遂良书写的《雁塔圣教序碑》中就有“盖”“弥”“净”“箧”“纲”“随”等简化字。在清道光年间出土于湖北襄阳的唐武周天授三年（692）正月所刻的《张玄弼墓志》（图2，全称《唐故益州大都督府功曹参军事张君墓志铭》）中，就有简化的“随”字等，这个简化“随”字和我国现行的规范简化汉字完全相同。又如，2013年8月在北京房山出土的唐代“皇特进右金吾卫”刘济的墓志中，出现了很多现代才使用的“经”“铭”“继”等简体字。再如，在唐碑《嘉州凌云寺大弥勒石像记》中也有简化字。“嘉州”是四川乐山的古称。“嘉州凌云寺大弥勒石像”即是海内外享有盛名的世界第一大佛——乐山大佛。《嘉州凌云寺大弥勒石像记》即是当年主持乐山大佛雕刻最后阶段工程的唐南康郡王、西川节度使韦皋，在乐山弥勒大佛坐像竣工后所刻的记述大佛建造雕凿始末的摩崖石碑。此碑碑文撰于德宗贞元十七年（801），碑刻于贞元十九年（803），由张绰书，刻于大佛像旁边的峭壁上，高6.6米、宽3.8米，面积约25平方米，由右至左二十六列，其中“圣天子”句顶格书写之列为二十八字。至明成化十七年（1481），因碑文脱落，加之观赏不便，知州魏瀚组织重刻，立碑于凌云寺山门，文字略有出入。20 世纪 30 年代医寺内驻军，重刻碑被毁。1945 年凌云寺住持果静请遍能法师补书碑文，嵌于天王殿外左侧墙壁中，即今之所谓“嵌壁碑”。原碑文历经上千年的风雨剥蚀，现已大部残损，尚有二百七十字清晰可辨，其余已风化漫漶不清。据查考，在这二百七十个可辨识的字中，有“弥”“万”“与”“将”“继”五个简化字，其中“弥”和“万”出现两次。这些简化字，与我国现行规范的简化字完全相同。

而目前所发现有简化字的最早的古代碑刻则是刻于北魏宣武帝永平四年（511）的山东掖县（今莱州）的《云峰山摩崖石刻》。曾有两位《云峰山摩崖石刻》研究者经过悉心研究考证，在共两千余字的《云峰山摩崖石刻》中，发现了二十个简化字，1996 年 11 月当地报刊公布了他们的研究成果。这二十个简化字是“将”“聪”“隐”“属”“乱”“与”“里”“弥”“辞”“礼”“制”“继”“莱”“盖”“尔”“万”“云”“余”“来”“驾”。在这二十个简化字中，除“将”和“继”的左偏旁、“辞”的右半部与现行通用的规范简化字稍有出入，其他字与现行通用的规范简化字完全相同。《云峰山摩崖石刻》的这些简化汉字，是目前所知的我国最早的简化汉字，这些简化汉字的发现，表明我国简化汉字早在一千五百多年前已出现，这对于研究我国文字发展史具有重要价值。

我国现在使用的简化字，有不少是由草书体规范而成的。在宋代米芾书《昼锦堂记碑》、唐碑《嘉州凌云寺大弥勒石像记》和北魏《云峰山摩崖石刻》中所出现的简化字，就有不少是由草书体演化而成的。这一事实说明，现代简化汉字与古代简化汉字之间，有着一脉相承的内在联系。而我国的草书，初创于公元前 1 世纪的西汉时期，今后，随着古代碑刻铭文的进一步发掘和研究探寻的进一步深入，很有可能还会发现比目前所知刻于北魏时期的《云峰山摩崖石刻》更早的简化字。

第二节 古代碑刻对研究“则天文字”的功用

武则天称帝后，为了在思想上统治民众，独创了一些文字，替代原有的文字，以除旧布新，树立权威。据《唐书·艺文志》记载，武则天曾著《字海》百卷，随心所欲地“创造”了许多稀奇古怪的新字，被称为“则天文字”。

那么，武则天在任皇帝时，究竟造了多少“则天文字”，这些“则天文字”到底是什么样的，史籍并无确切记载。由于武则天造字的目的，主要是夸耀自己的“博学”“睿智”“高明”“伟大”，将文字作为钳制束缚臣民思想，以维护她皇统万年、长治久安的一种手段，因此所造字不仅大多带有封建迷信色彩，而且多少都含有政治意味。在她君临天下时，人们被迫遵从、使用，一旦她人死权消就立即被世人唾弃和遗忘了。因此，后世之人对“则天文字”知之甚少，乃至连《中华大字典》中记载的“武后所造字”的数量也很少。人们对于缺乏历史文献记载的“则天文字”，正是通过对自垂拱元年（685）至长安四年（704）武则天当皇帝、“则天文字”大行其道之时所镌刻留存下来的碑志的研究查考，才得以从中查找到武则天制造的许多怪字，除一些至今还未能考证识读的之外，目前已考释出来的有十九个字，加上那个著名的被她用作自己的名字，不准刊刻的御讳“曌”字，共计二十个（图3）：

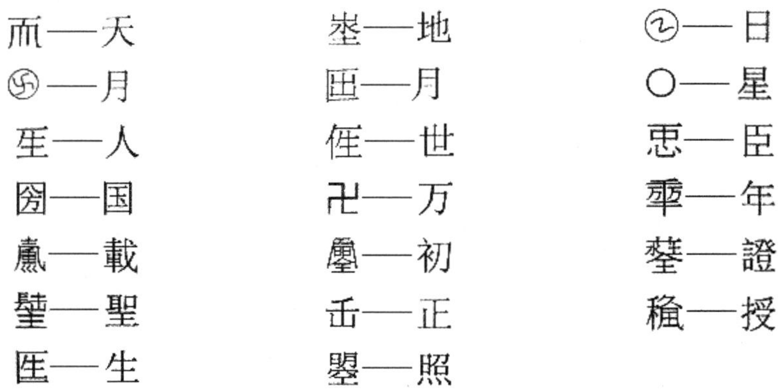

图3 武则天造字一览表

这些“则天文字”，在武周时期的唐代志石中多处可见，如陕西咸阳陈家村武则天为其母杨氏所立，由武三思撰文、相王李旦（即唐睿宗）书写，刻于武周长安二年（702）的《顺陵石碑》；立于云南安宁城南，由唐初名士闾邱均撰文、河东州刺史王仁求长子王善宝所书，刻于武周圣历元年（698）的《王仁求碑》；河南偃师缑山，立于武周圣历二年（699），由武则天亲书的《升仙太子碑》碑文及《升仙太子碑》碑阴题名；河南新安千唐志斋博物馆中所存的一百五十四块武周时期的唐代志石和原藏于“曲石精庐”的武周时期的唐代志石。在武则天亲书的《升仙太子碑》碑文和碑阴题名（图4—图13）中，有“埊”“𠀑”“𨲢”“𠥱”“𡆠”“𤯔”“𠦚”“𢘑”“圀”等字；在1930年12月出土于河南洛阳北邙山，刻于武周圣历二年（699）的《慕容君妻张顺墓志》（图14）中，有“𠥱”“𡕀”“𤯔”等字；在清道光年间出土于湖北襄阳、刻于武周天授三年（692）的《张景之墓志》（图15），有“𠦚”“卍”等字；在1932年出土于河南洛阳北邙山、刻于武周延载元年（694）的《孙夫人陆氏墓志》（图16）中，有“𠀑”“𡆠”“𠦚”等字；在刻于武周证圣元年（695）的《许府君（行本）墓志》（图17）中，有“𨲍”“𠀑”“𢘑”“𡆠”等字。诸如此类，还可列举许多。

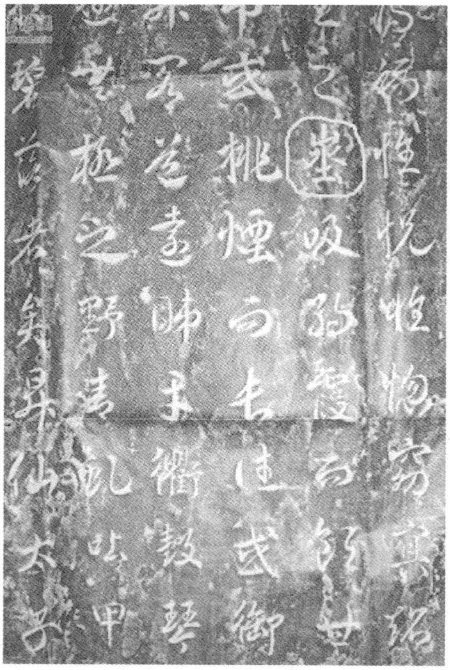

图4 《升仙太子碑》碑阳（局部）

图5 《升仙太子碑》碑阳（局部）

图 6　《升仙太子碑》碑阳（局部）

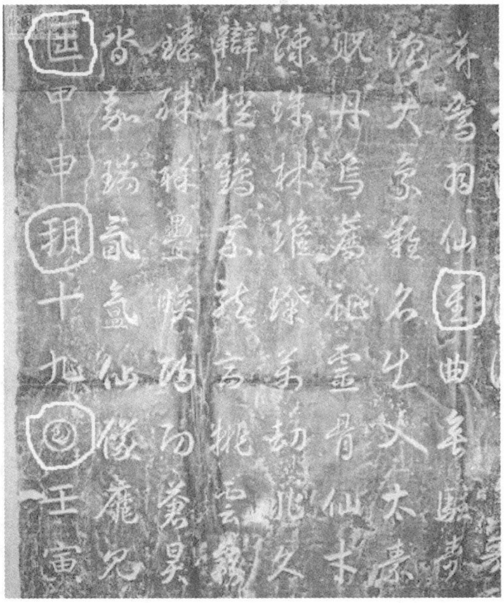

图 7　《升仙太子碑》碑阳（局部）

图 8　《升仙太子碑》碑阳（局部）

图 9　《升仙太子碑》碑阳（局部）

图 10　《升仙太子碑》碑阴（局部）

图 11　《升仙太子碑》碑阴（局部）

图 12　《升仙太子碑》碑阴（局部）

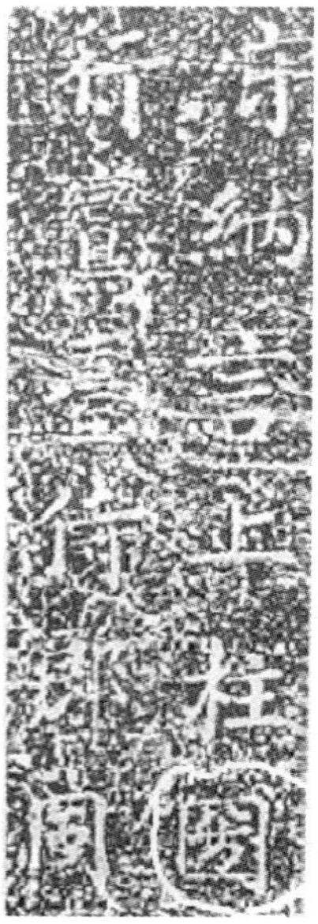

图 13　《升仙太子碑》碑阴（局部）

图 14　《慕容君妻张顺墓志》（局部）

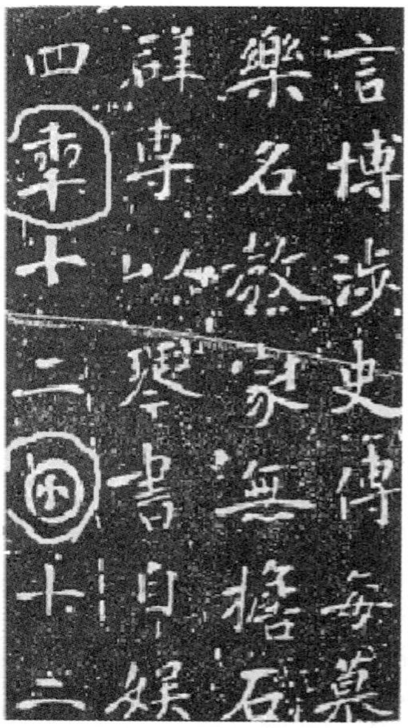

图 15　《张景之墓志》（局部）

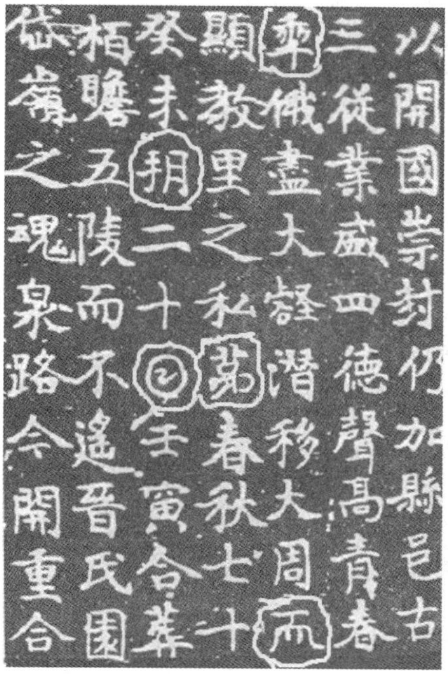

图 16　《孙夫人陆氏墓志》（局部）

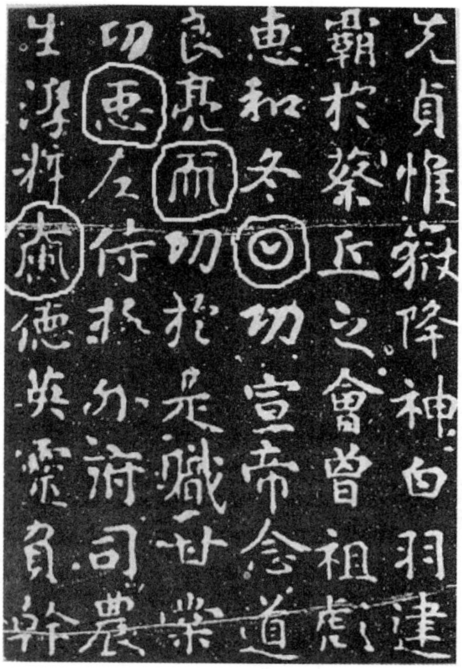

图 17　《许府君（行本）墓志》（局部）

从这些碑志所载的"则天文字"中可以看到，武则天竭力想通过"造"字，使文字变成维护、巩固她专横统治的工具。比如，她将"照"字改造为"曌"，并占为自己名字独用，就是想要用这个"曌"字来表示自己犹如日月当空，无微弗明，无远弗照，是一个光照天下的圣明天子。"则天文字"中由"山""水""土"三字上下重叠组成的"埊"字（见图3）、"而"字（见图3），是早已死亡的古字，她让它们起死回生，其目的不仅是为了炫耀自己博学，而且是要表明山川土地无一不在她的统治管辖下，她拥有至广、至大、至高无上的权力，要臣民们对她忠贞不贰，颇有"溥天之下，莫非王土；率土之滨，莫非王臣"之意。据说，当时武则天在造字时，一般都没有周折，然而，改"國"字却经过了一番波折。据《正字通》载：当时，"有言'國'中'或'者，惑也，请以'武'镇之，改为'⿴囗武'"。但有人认为将"武"字圈在"囗"中这样的改法不妥，改后像武氏被困，于是武则天就把"或"字改为将"八""方"两个字上下组合后圈在"囗"中，变成了"圀"字，其意是四面八方全都在她的管辖掌控之中。

以往一般都说武则天共造字二十个，但实际上在对她当皇帝时期所镌刻留存下来的唐代碑志进行了深入的考究后，可以发现，在这些碑志铭文中，还有一些

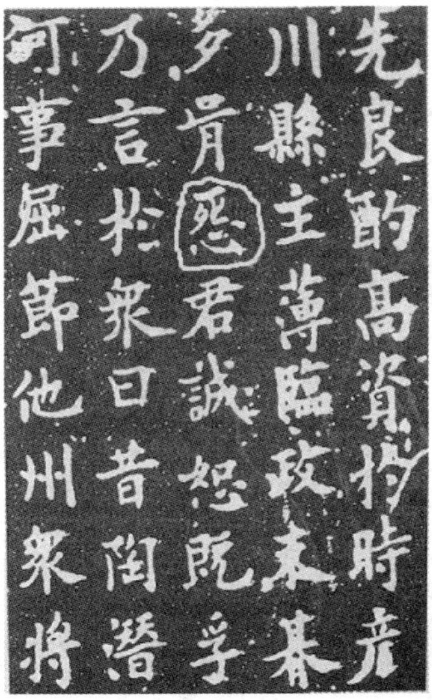

图 18 《周善持墓志》（局部）

在任何字典上都找不出来的怪字。如在 1932 年出土于河南洛阳北邙山、刻于武周圣历二年（699）的《周善持墓志》（图 18）中有用“死”“心”二字上下叠加组合成的“⿱死心”字，在前面提到的《孙夫人陆氏墓志》（图 16）中有“⿱舒土”字、“苐”字和用“手”“月”二字左右组合成的“⿰扌月”字，这些只有在武周时期的碑志中才见得到的怪字，很大可能是由武则天“造”出来的。因此，如果能对武周时期所镌刻遗存下来的众多碑志作一个全面、仔细的研究考证，那就有可能真正弄清“则天文字”的全貌，解开中国文字发展史上的一个千古之谜。

第三节　古代碑刻对辨识和规范汉字书写的功用

中国的汉字，在几千年发展过程中，字体经历了由甲骨文、金文（钟鼎文）而籀文（大篆），由籀文而小篆，由小篆而隶书，由隶书而草书，由草书而楷书，由楷书而行书的演变过程。随着字体的演变，原来的形体笔画渐渐不为后世一般人所辨识和了解，不规范的书写也就随之而生。为了帮助人们辨识已发生演变的字体，规范各种字体的书写，汉代以来，先后刻立了多种字体对照碑、偏旁部首碑等碑刻，这些碑刻对于帮助人们辨识了解汉字的不同字体、规范不同字体的书写起了重要作用。

早在汉末、三国时期，碑刻已被用于辨识不同字体的汉字和规范汉字的书写。自汉武帝采纳董仲舒的主张“罢黜百家，独尊儒术”后，儒家经典成为封建统治者倡导和推行的正统学说。当时尚无先进的印刷技术，儒家经典的传播主要靠传抄，由于种种原因，在传抄过程中不可避免地出现了这样那样的错讹。为了纠正传抄中的谬误，规范书写，东汉熹平四年（175）由汉灵帝下诏，在学者蔡邕的倡导和主持下，镌刻了著名的《熹平石经》。《熹平石经》的镌刻，对规范儒家经典的文字书写，促进儒家学说的传播起了重要的作用。

“古文”是战国时通行于六国的文字，广泛使用于六国时期的铜器、兵器、货币、玺印、陶器和竹简上，在秦始皇推行统一文字政策时被废止，由小篆及继而兴起的隶书所取代，日渐不为世人所辨识。在汉武帝时，从孔子住宅壁中发现了用古文书写的《古文尚书》。到三国魏初时“古文”经学已颇为盛行。而《熹平石经》是用“今文”即当时的规范化隶书书刻的，不具备帮助人们辨识“古文”的功能，显然无法适应人们学习“古文”经学的需要。为此，在三国魏齐王曹芳正始年间用古文、小篆、隶书三种字体书写镌刻了《尚书》《春秋》《春秋左氏传》三种儒学经典，史称《正始石经》（图 19）。因其系用汉字的三种不同字体对照书刻而成，故又被称为《三体石经》。《三体石经》刻成后，立于洛阳太学三百余年，对于人们辨识“古文”，促进古文经学的传播起了重要作用。

在唐代，随着隶楷通行、草书变化，许多汉字原来的形体笔画渐为一般人所不了解。为了帮助人们辨识和规范书写，著名大书法家颜真卿的叔父颜元孙撰写了《干禄字书》。此书以四声隶字，每字分俗、通、正三体，收录了不少当时已经通行的简化字，考辨甚详，对于当时人们识字及书写规范的建立有很大帮助。因此书为章奏、书启、判状而作，故曰“干禄”（意即求禄位）。为了使此书广为传播，颜真卿用楷书书写后勒石刻碑，于唐代宗大历九年（774）立于浙江湖州。《干禄字书碑》（图 20）刻成后不仅在当时广为传播，对后世也产生了很大影响。由于椎拓者众多，到唐文宗开成年间，此碑已损缺，为此，杨汉公在开成四年（839）又根据拓本重刻于木板。到北宋时，据欧阳修《集古录》称，此木本又多漫漶。因此，南宋绍兴十二年（1142），潼川知府宇文时命人重新刻石立碑于四川潼川（今四川三台）。南宋宝祐五年（1257）衡阳再次重刻木本。现仅四川三台重刻之石传于世，但经历八百多年，碑石下截已断缺。碑为两面刻字；一面碑额为“颜氏干禄字书”六个篆书大字，存有颜真卿小字楷书二十三行，另一面字分五列，每列三十三行，每行九字，均为颜真卿小字楷书。《干禄字书碑》具有很高的书法艺术价值，正如宋代欧阳修《集古录》所说：“鲁公书刻石者多，而绝少小字，惟此注最小，而笔力精劲可法，尤宜爱惜。”而且它还是一部有影响的中国古代文字学著作，具有较高的文字学研究价值。

图 19　《正始石经》(局部)

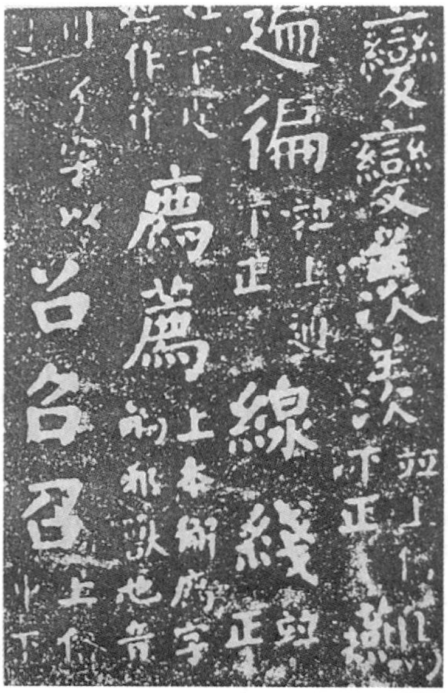

图 20　《干禄字书碑》(局部)

在宋代，碑刻所具有的帮助人们辨识不同字体的汉字和规范文字书写的功能进一步被广泛应用，先后出现过许多多种字体对照的碑刻和为规范统一书写而刻立的碑刻。

立于北宋太祖乾德三年（965）的《篆书千字文碑》（图21）是用篆、楷两种字体对照刻制的，分别由宋初较知名的书法家释梦英和袁正已书写。

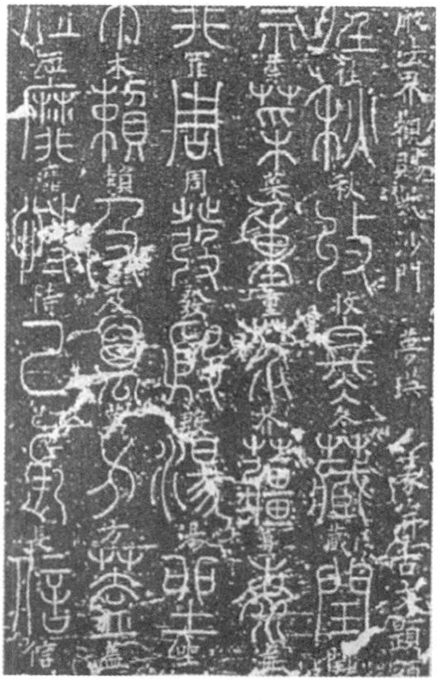

图 21　《篆书千字文碑》(局部)

刻于北宋太祖乾德四年（966）的《黄帝阴符经》（图22）是仿照三国魏《正始石经》，用古文、小篆、隶书三种字体对照刻制的。经文刻于《隆禅法师碑》碑侧，碑高185厘米、宽87厘米，以小篆体为主，古文和隶书二体分别注刻于篆体下，三种字体均由宋初享有盛誉的书画家郭忠恕书写。因此碑用三种字体对照刻成，故历史上亦称为《三体阴符经》。

图22 《黄帝阴符经》（局部）

刻于乾德五年（967）的《梦英十八体诗刻》，是由释梦英用古文、大篆、籀文、回鸾篆、柳叶篆、垂云篆、雕虫篆、小篆、填篆、飞白、芝英篆、剪刀篆、薤叶篆、龙爪篆、蝌蚪篆、璎珞篆、悬针篆、垂露篆十八种篆书字体对照书写的。碑文所书系录自《昭明文选》的一首惠休五言古诗。碑文共分四截，每截行字数及字之大小均不一，正文连款计一百八十字，每五字为一体。每一种字体又均以隶书记其名及其缘起。释梦英书刻此碑是欲帮助人们辨识自古以来所流传过的同属篆书范畴的十八种不同字体，并以此展现自己篆书艺术的深厚功力，但宋代黄庭坚以为这十八种篆体为释梦英杜撰，非古实有，宋代米芾亦持相同意见。

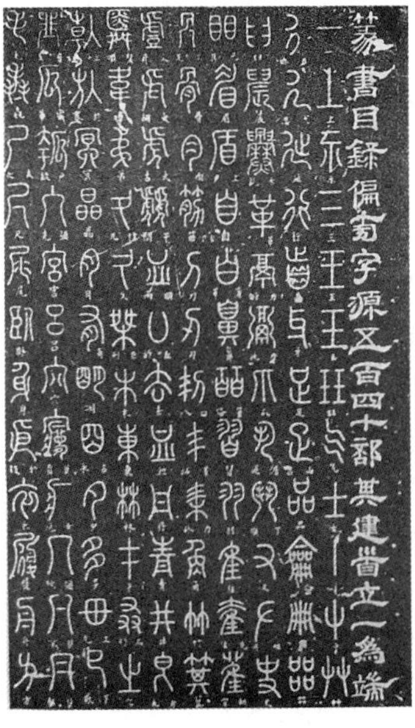

图23 《篆书目录偏旁字源碑》（局部）

刻于北宋真宗咸平二年（999）六月的《篆书目录偏旁字源碑》（图23），系释梦英将汉代许慎《说文解字》中部首、偏旁分别篆为五百四十字，加以楷书注音，自作序文说明，并把郭忠恕答书一并镌于石上而刻成。碑阳首行为隶书，以下为篆书，每个篆体字下，都刻有注音的楷体字，这对人们辨识篆体字、对研究中国汉字形体演变及篆体书法，都具有较高的价值。

宋代规模最大的多种字体对照碑，是刻于北宋仁宗嘉祐六年（1061）的《北宋石经》，该石经系用篆、隶两种字体刻制，故在历史上亦被称为“二字石经”。

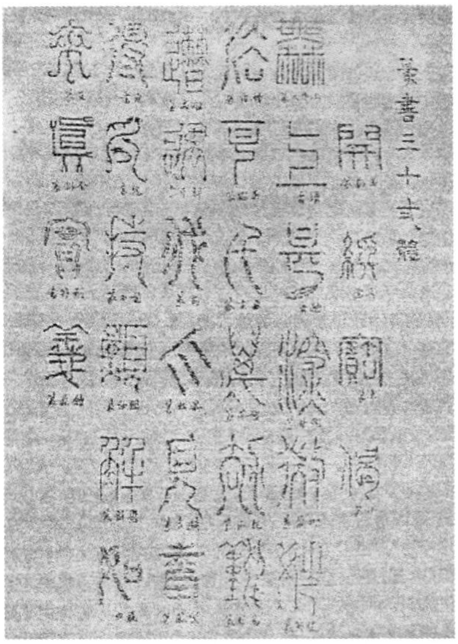

图 24　《集篆三十二体金刚般若经刻石》（局部）

在明代，碑刻用以辨识不同字体汉字和规范汉字书写的功能依然受到人们的重视。在北京海淀区八里庄摩诃庵的汉白玉壁上嵌有明代镌刻的《集篆三十二体金刚般若经刻石》（图24）。此刻石的三十二体篆书，系宋僧道肯将释梦英所集的篆书十八体扩展而来，全经三十二章，每章作一体。其原本宋后久佚，明万历初年被黄梅人氏汪中丞访得后请人摹刻在枣木板上。后汪中丞被起用进京，翰林陈万言求取到这一木刻版，让人摹勒于六十块汉白玉石上，并请文贞公跋尾，嵌于摩诃庵的金刚殿壁上。此处所选撷的玉箸篆（图 25）、垂露篆（图 26）、柳叶篆（图 27）、殳篆（图 28）、倒薤篆（图 29）、雕虫篆（图 30）、蝌蚪篆（图 31）、钟鼎篆（图 32）八种金刚经汉白玉刻石，虽然仅占三十二种篆书的四分之一，但人们已可从中窥见我国的篆书艺术是何等的丰富多彩、富有魅力！《集篆三十二体金刚般若经刻石》使我国古代篆书艺术的各种字体得以保存至今日，成为人们学习、辨识、研究篆书各种字体的重要资料，具有宝贵的文字和书法艺术价值，受到人们的珍爱。

图 25　《玉箸篆金刚经汉白玉刻石》（局部）

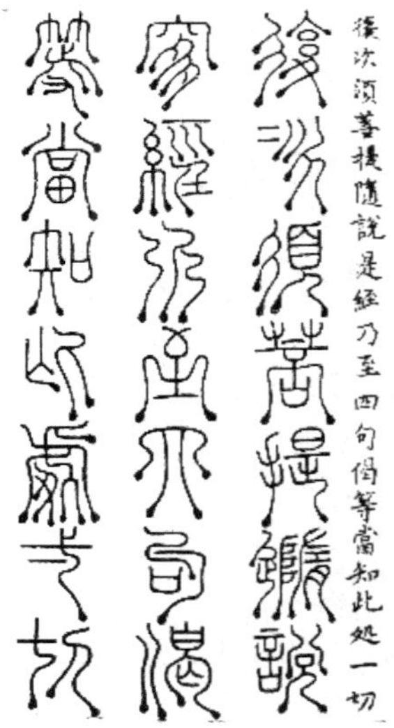

图 26　《垂露篆金刚经汉白玉刻石》（局部）

图 27 《柳叶篆金刚经汉白玉刻石》（局部）

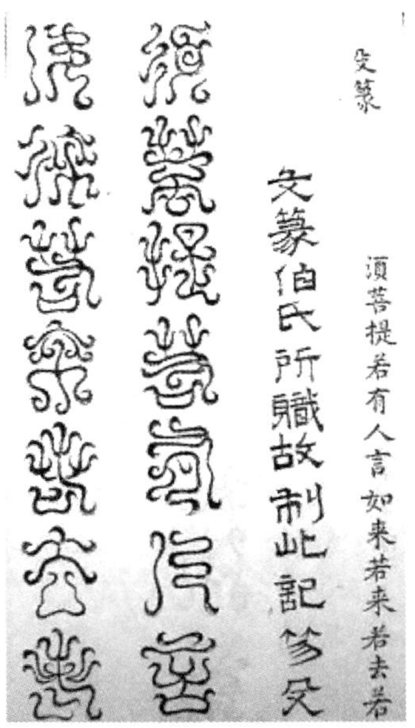

图 28 《殳篆金刚经汉白玉刻石》（局部）

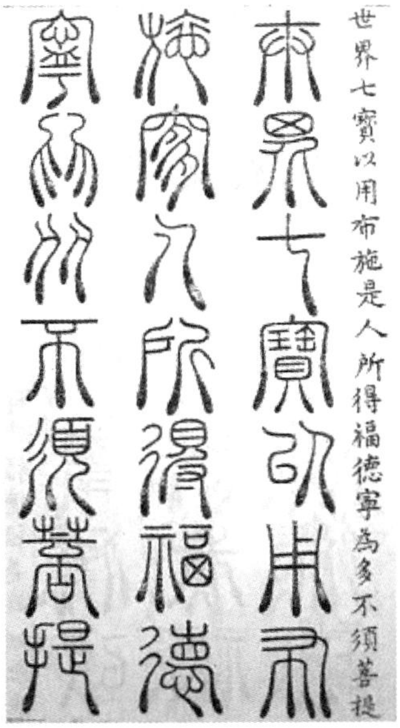

图 29 《倒薤篆金刚经汉白玉刻石》（局部）

图 30 《雕虫篆金刚经汉白玉刻石》（局部）

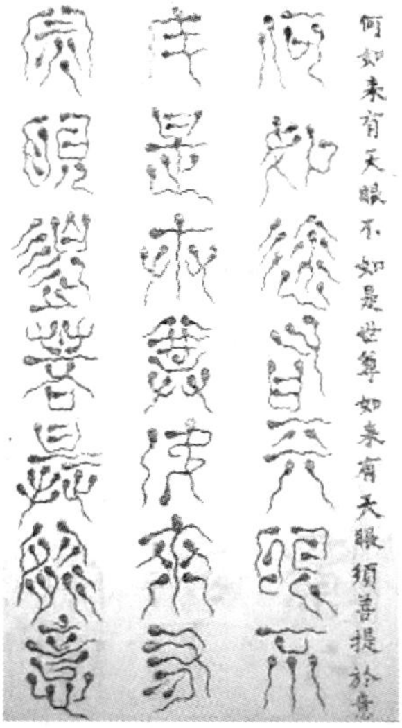

图 31　《蝌蚪篆金刚经汉白玉刻石》（局部）

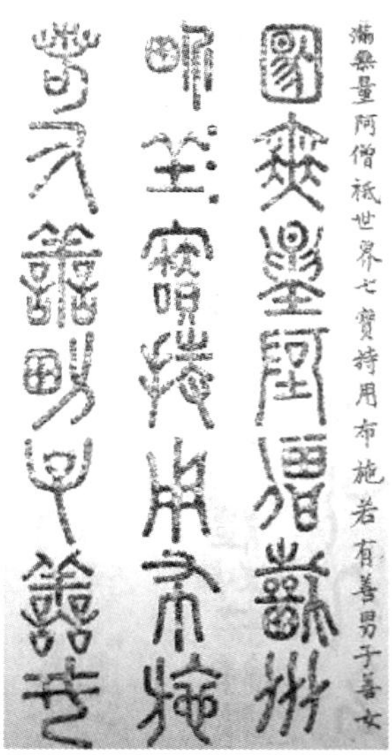

图 32　《钟鼎篆金刚经汉白玉刻石》（局部）

第四节　古代碑刻对保存和译释多种民族文字的功用

中国是一个多民族的文明古国，各民族在漫长的历史发展进程中形成了各自的文字，古代碑刻对保存和译释这些民族文字具有重要的功用，有些由于时间久远和民族衰亡而濒于失传的民族文字正是凭借碑刻留存，才得以幸存于世，流传至今。

在历代存世的各类碑刻中，有用彝文、满文、蒙古文、藏文、八思巴文、女真文、契丹文、西夏文、突厥文、回鹘文等多种民族文字镌刻的或用民族文字与汉文对照镌刻的碑刻，其数量虽不算太多，但也占有一定比例。这些古代碑刻，对于研究民族文字和民族历史文化具有重要的价值。

一、契丹文碑刻

契丹文是我国辽代时契丹人参照汉字创制的文字。据《五代会要》《新五代史》和《辽史》记载，早期的契丹人有本民族的语言，但没有自己的文字，“惟刻木为信”。辽太祖耶律阿保机建元立国后，认识到没有本民族的文字对发展民族文化极为不利，于神册五年（920）正月，命耶律突吕不和耶律鲁不古等人，仿照汉字的隶书，用增减笔画的方法，创制了“契丹大字”，以适应政治、军事、经济、文化发展的需要。然而，契丹大字虽然笔画较汉字少，但字数仍有三千多个，不便于大多数契丹人学习使用，并且这种文字用以记录多音节词汇较多，语法中有粘着词尾的契丹语时，效果不太理想。鉴于此，辽太祖耶律阿保机的弟弟耶律迭剌又受命参照回鹘文字及汉字的反切注音方法，对契丹大字进行改造，创制出一种新的契丹文字，为“契丹小字”。契丹小字的特点是“数少而该贯”，所谓“数少”是指契丹小字比契丹大字的书写符号少，“该贯”是指这种文字表情达意效果好，有较强的交流功效与传播效能。据查考，契丹小字原字数约三百五十个。原字笔画也少，最多者只有十画，常用的原字多在六画左右，因此比契丹大字使用更为广泛。契丹文字通用于辽朝、西辽王朝和金朝前半期，其通晓者多为官宦学者。金灭辽后，金初继续沿袭使用契丹文字，后因建立金的女真族统治者创制了女真文字，故在金章宗明昌二年（1191）十二月下诏停止使用契丹文字。此后，契丹文渐被废弃。契丹文字从创制到废止前后二百七十多年，此后，除了西辽，契丹文字已不再使用，乃至日渐失传。

20 世纪以来，由于在当年辽国控制的辽宁、内蒙古等地的考古发掘中，先后出土和发现了一批契丹文墓志与碑刻，人们又重新认识了濒于失传的契丹文。据考，民国初年，在辽圣宗耶律隆绪、辽兴宗耶律宗真、辽道宗耶律洪基三帝及其后妃的辽庆陵中，出土了辽道宗、宣懿皇后等人的类似墓志的石刻契丹文小字表册。该石刻表册的出土，使人们首次得知了契丹文的使用情况。此后，契丹小字墓志、碑刻又多次出土。如辽宁阜新继发现契丹小字《肖慎微墓志》《许王墓志》（图 33）之后，于 1993 年 5 月又发现了第三块契丹小字碑刻，该碑刻长 104 厘米、残宽 70 厘米、厚 16.5 厘米，现存十三行，近三百字，经契丹文字研究专家鉴定，这是迄今为止国内发现的第十块契丹小字碑刻，对于研究契丹文字具有重要价值。在辽宁锦州西南濒临辽东湾的锦西县西孤山，也出土了刻于辽道宗大安五年（1089）的契丹小字墓志。更为可喜的是，1999 年在辽宁阜新蒙古族自治县大板镇，出土了曾官至辅国大将军、后又拜为中京留守的耶律奴的墓志。墓志由墓盖与志石两部分组成，墓盖正面没有文字，四个斜面阴刻十二生肖，四角阴刻牡丹花卉；志石上阴刻契丹小字二十四行，因内容未能全部刻下，故在志盖内面续刻二十四行，共刻有契丹小字一千二百七十四个，这在已出土的辽代契丹小字墓志铭中是极其罕见的。对该墓志中契丹小字的解读，推动了学界对契丹小字的释读和研究进程。

图 33　《许王墓志》拓片

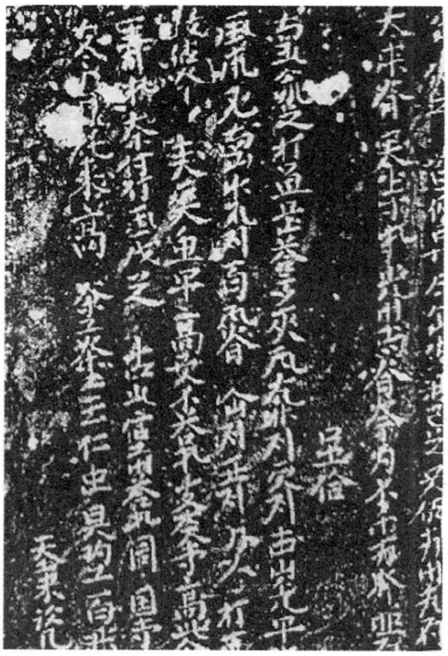

图 34　《耶律祺墓契丹大字墓志》（局部）

20 世纪后期也先后发现了一些契丹大字碑刻。如在内蒙古自治区巴林左旗辽祖州城遗址西北葬有辽太祖耶律阿保机的山谷谷口东侧，发现了刻有工整秀丽的契丹大字的残碑；1989 年，在内蒙古自治区赤峰林西，发现了最大字径达 45 厘米的七处十二组极为少见的用契丹“符篆”书刻的摩崖题刻；弥足珍贵的是 1993 年 7 月，内蒙古自治区文物考古研究所在位于阿鲁科尔沁旗罕苏木朝克图山东部、西距辽代显贵耶律羽之家族墓地约两公里的耶律祺墓中，发掘出了一件约合三千字的契丹大字墓志（图 34）。耶律祺墓墓志是迄今已发现的契丹大字墓志中字数最多的一件，志文中所出现的在以往契丹墓志中从未见过的新字达数百个之多。由于与该墓志一起放置于主室棺床前的一方汉文墓志已被砸碎，仅存三百余字，且两文撰写体例及内容互不对译，现在尚无法释读契丹大字墓志全文。从现可释读的部分文字来看，志文记载了墓主人的家世与生平，文中提及重熙（辽兴宗）、大康（辽道宗）、大安（辽道宗）、寿昌（辽道宗）、乾统（辽天祚帝）等年号，其中有的属首次出现。有关专家通过将志文与年号相对照，还从契丹大字志文中释读出了皇太叔、道宗皇帝、南院大王、漆水郡王、于越、守太保、守太师、赵王、齐王、尚父等称谓和官爵。契丹大字的发现在契丹小字之后，经过专家的多年研究，契丹小字已能基本破译，而契丹大字至今不能完全破译。耶律祺墓出土的契丹大字墓志，是契丹大字资料迄今为止最重大的发现，增加了大量契丹大字新资料，将极大地推动对契丹大字辨识认读的进展，同时也为今后契丹史的深入研究提供了新线索。

辽代书禁甚严，文献资料流传少，现在研究契丹文、辽代历史，基本以出土的墓志铭为参考，刻有文字的辽代碑刻具有极高的文化、艺术及历史研究价值，为研究辽代的政治、经济状况以及典章制度、民俗、宗教提供了宝贵资料。辽代碑志，特别是辽宁阜新地区刻有契丹小字之碑志的发现，为契丹语言和文字的研究增添了珍贵资料，一定程度上弥补了《辽史》的阙略与疑佚。

二、 女真文碑刻

女真文是我国金代时女真人参照汉字创制的文字，也有大字、小字两种。“女真大字”系金太祖天辅三年（1119）制成颁行。金熙宗天眷元年（1138）又制新字，皇统五年（1145）颁行，称为“女真小字”。元灭金后，蒙古文成为通用文字之一，女真文除在东北地区还有少数人沿用外，渐渐被废弃，到明中叶时已几乎绝迹。现在流传下来的女真文只有一种，除保存于明代所编的《华夷译语》中收录的《女真馆来文》和《女真馆杂字》外，主要存于为数不多的女真文碑刻中。诸如，在吉林梅河口，存有金太祖时所遗留的《海龙女真摩崖》纪功刻石；在陕西乾陵唐代武则天的“无字碑”上，有金代镌刻的女真文题刻；在今俄罗斯阿尔谢涅夫博物馆，存有明成祖永乐十一年（1413）用女真文书刻的《敕修奴儿干永宁寺记碑》。尤为珍贵的是在吉林松原扶余石碑崴子屯，当年金太祖武元皇帝完颜阿骨打起兵誓师反辽之地，立有金代遗存于世的碑刻中最重要的名碑《大金得胜陀颂碑》（图 35、36、37）。石碑通高 320 厘米、宽 85 厘米、厚 31 厘米，龙首龟趺。碑额为长方形，宽 100 厘米、高 79 厘米、厚 38 厘米，镌刻有金代著名书法家党怀英篆书的“大金得胜陀颂”六字。碑阳镌刻着由金奉政大夫赵可撰文、儒林郎孙俣正楷书丹的汉字碑序及颂诗，共三十行，每行三至七十九字不等；碑阴镌刻与碑阳汉字碑文相应对译的女真文字，共三十三行，每行六至七十字不等。其序文曰：

奉政大夫充翰林修撰同知制诰兼太常博士骁骑尉赐绯鱼袋臣赵可奉敕撰

儒林郎咸平府清安县令武骑尉赐绯鱼袋臣孙俣奉敕书丹

承直郎应奉翰林文字、同知制诰兼充国史院编修官云骑尉赐绯鱼袋臣党怀英奉敕篆额

得胜陀，太祖武元皇帝誓师之地也。臣谨按《实录》及《睿德神功碑》云：

太祖率军渡涞流水，命诸路军毕会，太祖先据高阜，国相撒改与众仰望，圣质如乔松之高，所乘赭白马亦如岗阜之大。太祖顾视撒改等人马，高大亦悉异常。太祖曰：“此殆吉祥，天地协应吾军胜敌之验也！诸君观此，正当戮力同心。若大事克成，复会与此，当酹而名之！”后以是名赐其地云。时又以禳桧之法行于军中，诸军介而序立，战士光浮万里之程，胜敌刻日，其兆复见焉。

大定甲辰岁，鸾格东巡，驻跸上都，思武元缔构之难，尽孝孙光昭之道。始也，命新神御，以严穆穆之容；既又俾刊贞石，以赞晖晖之业。而孝思不忘念所，所以张闳休而扬伟迹者，盖有加而无已也。

明年夏四月，诏以得胜陀事访于相府，谓宜如何。相府订于礼官，礼官以为昔唐玄宗幸太原，尝有《起义堂颂》，过上党，有《旧宫述圣颂》。今若仿此，刻颂建宇以彰圣迹，于义为允。相府以闻，制曰：“可。”

图 35 大金得胜陀颂碑

图 36 《大金得胜陀颂碑》汉字碑文

图 37 《大金得胜陀颂碑》女真文碑文

《大金得胜陀颂碑》是我国迄今发现的唯一一块汉文、女真文两种文字对译且保存女真文字最多的金碑，具有重要的文字学和历史文化价值。

三、 彝文碑刻

我国的彝族是一个具有悠久历史、深厚传统文化的民族，彝文是其原有的一种音节文字，具有一千多年的历史，史志上亦将其称为“爨文”“题书”等。但是这种文字深奥难懂，使用范围仅限于少数上层人士及宗教职业者，一般人没有学习的机会，故濒于失传。彝文之所以还能流传至今，除因遗存有用彝文书写的历史、文学、医药、农技、宗教等文献外，一个很重要的原因是有古代彝文碑刻存世。据考，在贵州、云南的不少地方存有用彝文书刻的墓碑、造桥碑、纪功碑等古代碑刻。如在贵州大方有刻于明代的彝文古碑《千岁衢碑》。

在云南禄劝彝族苗族自治县发明村旁的峭壁上，存有明代土司凤继文记载其家族历史的彝文摩崖石刻。该摩崖石刻被称为《镌字岩彝文摩崖》（图 38），亦称《鏨字岩摩崖石刻》，由两方汉文石刻和一方彝文石刻组成，全文直书横列，四周镶有双线葵叶边框，四角饰葵叶图案，字迹清晰，保存完整。两方汉文石刻《武定军民府土官知府凤世袭脚色》和《凤公世系记》记载的事实真实可靠，在许多问题上比《明史土司传》《土官底簿》《云南通志》以及《武定府志》《禄劝县志》等书详备。彝文石刻与上述二石刻并列，宽约 200 厘米、高 82 厘米，直书横排，共三十三行，五百六十三字，不同的单字二百四十五个，是禄劝至今发现的彝文摩崖中篇幅最长、字数最多、保留最完整的彝文碑，与贵州大方的《千岁衢碑》同为中国现存最古老的彝文石刻。碑文记述了罗婺部（凤氏）十四代世袭土官父系谱牒和三百五十余年间的兴盛史，内容涉及各个时期政治、经济、军事、宗教、文化等诸多方面。《镌字岩彝文摩崖》不仅保存了古老的彝文，具有重要的文字学价值，同时也为研究彝族先民与滇池地区的关系提供了宝贵的资料。并且，碑文所记述的内容是研究宋、元、明间禄劝地方史的珍贵资料，也是研究区域性政治经济和社会文化、彝族发展历史、彝族语言文字变迁、彝文书法及石刻艺术等方面的珍稀文献，因而被定为省重点保护文物。经县古籍办彝语专家多年翻译整理，《镌字岩彝文摩崖释译》一书于 1990 年出版发行。

图 38　镌字岩彝文摩崖

四、 突厥文碑刻

突厥文是游牧于阿尔泰山（古称金山）一带的中国突厥、回鹘、黠戛斯等民族6世纪到10世纪使用的文字，基本上是一种拼音文字，由三十八到四十个符号组成。随着突厥族的衰亡，突厥文在11世纪后渐被废弃，濒于失传。历经千年之久，人们之所以还能对突厥文有所了解，主要就是依靠了古代遗存于世的突厥文碑刻和突厥文与汉文对照镌刻的碑刻。例如，清光绪十五年（1889）在鄂尔浑河上游呼舒柴达木湖畔的哈拉和林遗址，同时出土了《阙特勤碑》和《九姓回鹘毗伽可汗碑》。前者是唐玄宗开元二十年（732）用汉文和突厥文刻制的，汉文为唐玄宗御笔亲书；后者是唐穆宗长庆年间用汉文、突厥文、粟特文三种文字刻制的。这两块唐代古碑，为研究濒于失传的古突厥文、古粟特文（亦称“窣利文”）及唐朝与突厥、回鹘的关系提供了宝贵的资料，具有重要的文字价值和史料价值。

五、 回鹘文碑刻

回鹘文是回鹘人①利用粟特文字母创制的文字，共十九至二十三个字母（因时代差异，字母数目有所不同），有词头、词中、词尾之分。由于字母少，不能确切地标示回鹘文的实际语音，一个字母有时表示二至三个或更多的语音。创造初期，由右向左横书，后改为竖写右行，楷书用于经典，草书用于一般文书，自8世纪至17世纪主要流行于今新疆、甘肃一带及中亚，为信仰佛教、摩尼教、基督教的回鹘人使用，并用于信札、契据等文书中。由于伊斯兰教广泛传播，遍及天山以南广大地区，用阿拉伯字母拼写的维吾尔文兴起，回鹘文由此而逐渐被废弃、失传，直至20世纪下半叶由于出土了回鹘文古碑，才得以重现其历史风貌并被辨识破译。

20世纪80年代初，在内蒙古东部赤峰郊区元代松山州城遗址首次出土了一块古回鹘文瓷质碑。碑高47厘米、宽39厘米、厚6厘米，碑体表面绘有黑褐色花朵图案，碑中心绘有一个略呈长方形的大十字架，十字架中心的圆环内是一朵盛开的六瓣莲花，十字架底下又托以一朵盛开的九瓣莲花。十字架四周的空白处均

① 维吾尔族的古称，自隋大业元年（605）至唐贞元四年（788）称为回纥。

有文字，上部左右两个空白处各有一行竖写的古叙利亚文，下部左右两个空白处各有四行回鹘文。这块极为罕见的瓷质回鹘文碑出土后，引起了考古专家和历史学家的极大兴趣。经过十多年的反复研究，碑上的回鹘文终于在1995年11月得以释读，学者们确认此碑是元代景教①的墓碑，立碑时间为1241年，立碑者是12世纪末至13世纪中叶的一位名叫“求安·库木哥”的将军。此碑不仅为研究回鹘文提供了宝贵实物资料，同时对于突厥学研究和东西方宗教文化相互渗透的研究也具有重要的价值。

六、 西夏文碑刻

西夏文是我国古代党项羌为记录自己民族的语言，在西夏李元昊大庆年间，由野利仁荣等仿照汉字体式，用会意、形声、转注等构造法创制的一种文字。这种文字笔画繁多，共六千余字，曾在西夏境内与汉文同时流行，元朝中叶仍流行于甘肃、宁夏一带，明代中叶个别地方尚有使用者，此后渐被废弃。遗存于世的西夏文碑刻，对于保存和辨识释读西夏文具有重要的作用。例如甘肃武威刻于西夏崇宗天祐民安五年（1094）的《重修护国寺感应塔碑》（亦称《西夏碑》），碑高2.6米、宽1米、厚0.3米，碑首呈半圆形，碑阳和碑阴两面正中分别用西夏文和汉字刻碑额。碑阳的碑文是西夏文，共二十八行，每行六十五字，共计达一千八百多字；碑阴的碑文是汉字，共二十六行，每行二十六字。由于这块碑的正面刻着西夏文，背面则是汉文，西夏文和汉文虽不是互译的，但所述内容大体相同，因而正反两面可以相互对照，人们也就能够通过汉文来认识印证西夏文。这是我国存世的西夏文和汉文能相互对照的文字最多的碑刻，故而，此碑成为当时及后来破解西夏文的钥匙，对研究西夏文具有重要的价值。

七、 多种文字对照镌刻的碑刻

元明特别是清代还留存下了大批满文、蒙古文、藏文、汉文、回文、八思巴文、突厥文、梵文等多种文字对照镌刻的碑刻，这些碑刻为研究我国的民族文字语言提供了极有价值的实物资料。诸如：在北京，孔庙先师门两侧立有用满文、

① 唐代对首次传入中国的基督教（聂斯脱利派）的称谓。

图 39 居庸关云台券洞内壁上镌刻的西夏文佛经

蒙古文、回文、藏文、汉文等多种文字对照镌刻的《下马碑》；昌平区居庸关两侧的石壁上镶嵌有用梵文、藏文、八思巴文、蒙古文、维吾尔文、西夏文（图 39）、汉文多种文字书写镌刻的佛经《陀罗尼经咒》和《造塔功德经》；佛教寺庙雍和宫四方亭中立有用满文、蒙古文、藏文、汉文四种文字对照镌刻的《喇嘛说碑》，用此四种文字对照镌刻的碑还有北京看山附近团城演武厅的《御制实胜寺碑》，香山公园昭庙内的《昭庙四体方碑》，颐和园万寿山的《御制万寿山多宝佛塔颂碑》。在河北，汉、满文对照镌刻的碑有承德溥仁寺正殿前左右两侧的《溥仁寺碑》，承德围场满族蒙古族自治县著名的清代皇家狩猎场木兰围场的《木兰记碑》，在河北保定涞水东营房村的《忠敬诚直勤慎廉明和硕怡贤亲王神道碑》；河北还有不少用满文、蒙古文、藏文、汉文四种文字对照镌刻的碑，如承德普宁寺的《平定准噶尔勒铭伊犁之碑》《平定准噶尔后勒铭伊犁之碑》，安远庙的《安远庙瞻礼书事》，普陀宗乘之庙的碑亭内的《土尔扈特全部归顺记》《优恤土尔扈特部众记》两石碑，木兰围场内的《入崖口有作诗碑》《古长城说碑》《虎神枪记碑》《永安湃围场殪虎诗碑》《永安莽喀诗碑》。在内蒙古自治区呼和浩特旧城五塔寺街建于清雍正年间的金刚座舍利宝塔塔座上，嵌有用蒙古文、藏文、梵文三种文字对照镌刻的《金刚经》，在金刚座南面正中券门上嵌有用蒙古文、藏文、汉文三种文字对照镌刻的“金刚座舍利宝塔”石刻匾额，在金刚座舍利宝塔北边的照壁上，嵌有我国现存的唯一一块用蒙古文标注的天文图刻石；呼和浩特旧城石头巷的席力图召寺庙内，立有用满文、蒙古文、藏文、汉文四种文字对照镌刻的《康熙平定噶尔丹纪功碑》；呼和浩特大黑河南岸的昭君墓，立有用蒙古、汉两种文字对照镌刻的董必武《谒昭君墓诗碑》；包头达茂旗敖伦苏木古城东部墓地，发现有元泰定四年（1327）用蒙古文、古叙利亚文、汉文三种文字镌刻的《京兆府达鲁花赤墓碑》残碑；鄂尔多斯高原伊金霍洛旗的草原深处，立有用蒙古文、汉文两种文字镌刻的记载成吉思汗灵柩经过此地情况的石碑。在辽宁，沈阳的清福陵立有用满、汉两种文字对照镌刻的康熙御书《大清福陵神功圣德碑》；沈阳清昭陵和新宾满族自治县清永陵，立有用满文、蒙古文、藏文、回文、汉文五种文字对照镌刻的《下马碑》；沈阳故宫文溯阁立有用满、汉两种文字对照镌刻的《御制文溯阁记》和《宋孝宗论》；辽阳太子河阳鲁山清太祖努尔哈赤胞弟舒尔哈齐墓前，立有用满、汉两种文字镌刻的《庄达尔汉把兔鲁亲王碑》。在黑龙江宁安兴隆寺立有康熙诰命用满、汉两种文字镌刻的《皇清诰赠光禄大夫黑龙江将军虽公之墓》等。

诸如此类，不胜枚举，这些多种文字对照镌刻的古碑，对于研究我国的民族文字及其演变发展情况具有重要的价值。

第二章

碑刻与诸子经典

春秋战国时期，随着社会的大动荡、大变革，反映和代表各阶级、各阶层、各派政治力量利益的思想和主张空前活跃，涌现出了儒、墨、道、法、兵、农、杂、名、阴阳、纵横、杨朱、小说等学派，形成了诸子百家竞相争鸣的局面。尽管自汉武帝“罢黜百家”以后，儒家学说确立了正统地位，但其他各流派学说并未就此销声匿迹。历代以来，儒家学说及其他各流派学说的信奉者、推崇者和研究者，都采取了种种方法来竭力使自己这一学派的学说得以保存、传播。由于石碑具有取材方便、镌刻容易，又能长期保存、垂之久远的特性和功能，故受到普遍的青睐。企图利用这些学说来维护自己统治的封建统治者及各学派特别是儒、道、墨、兵等主要学派的信奉者、推崇者和研究者，都纷纷将代表自己学派主要思想理论观点的经典著作勒石立碑，以期借助碑石这一载体，使之百世流传。这些经典碑刻，对于儒、道、墨、兵、法等各流派学说的传播起了重要的作用，具有珍贵的历史、文化价值。

第一节　碑刻对保存儒家经典、传播儒家学说的功用

自汉武帝提出“罢黜百家，独尊儒术”以来，儒家学说确立了封建社会正统思想的地位，成为两千多年封建统治阶级的最高教条和中国封建文化的主体，因而历代留存下来的诸子经典碑刻中，极大部分是儒家经典碑刻。

据考，汉末至清代为了校正民间流传的儒家经典中的谬误，统一文字，并使之易于保存，扩大传播，曾多次将儒家经典刻制成“石经”，有文字可考且规模宏大的石经有七部。

一是《熹平石经》（图40），亦称《汉石经》。据史籍记载，这是我国最早的一部石经，刻立于东汉灵帝熹平四年（175）至光和六年（183）。由东汉著名学者、“八分圣手”蔡邕和堂谿典等人用隶书书写勒石的《周易》《尚书》《鲁诗》

图 40　熹平石经残石

《仪礼》《春秋》《公羊传》《论语》七种儒家经典，两面刻字，计二十余万字。《熹平石经》刻成后，立于洛阳太学门外，成为人们学习儒家经典的标准本和考试时依据的法定本，并被公认为是隶书书法的典范，对于儒家学说和隶书书法的传播产生了巨大的影响。据记载，当时每天前去摹写的人所乘的车有千余辆，道路都为之堵塞。

二是《正始石经》（见图 19），亦称《三体石经》《魏石经》，用古文、小篆、隶书三种字体对照镌刻，在我国历史上七部规模宏大的石经中，用三种字体书刻的仅此一部。该石经始刻于三国魏齐王正始二年（241），所刻内容为《尚书》《春秋》两种儒家经典和部分《左传》，共二十七石（从马衡说），刻成后与东汉所刻《熹平石经》同立于洛阳太学门外，作为对《熹平石经》的一个补充，成为官方统一古文经籍字体殊异、规范书写的标准本，对于古文经学的传播起了重要的作用。

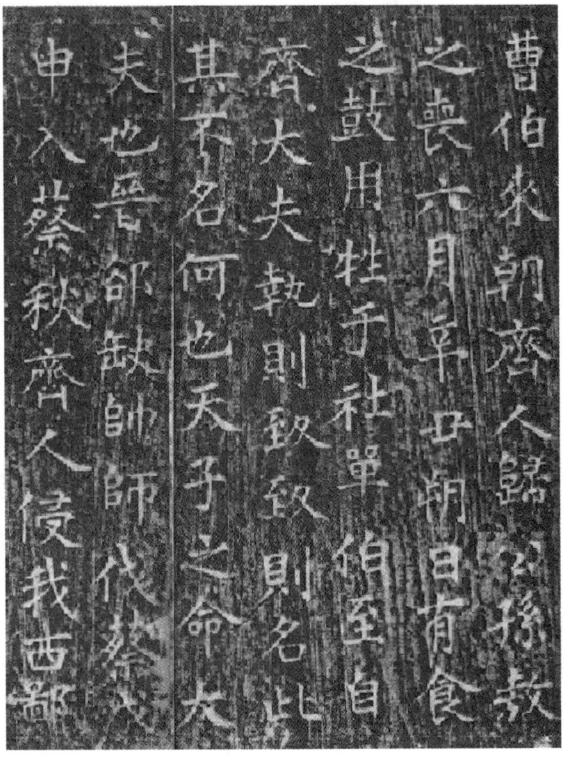

图 41　《开成石经》（局部）

三是《开成石经》（图 41）。儒家经典自汉至唐经辗转传抄，文字出入很大，故唐文宗太和四年（830），接受国子监郑覃的建议，命艾居晦、段绛等用楷书书碑刻石，历经七年，于开成二年（837）刻成。《开成石经》全称《石刻十二经并五经文字九经字样》。所刻内容为《周易》《尚书》《诗经》《周礼》《仪礼》《礼记》《左传》《公羊传》《穀梁传》《孝经》《论语》《尔雅》十二种儒家经典的全文和五经文字及九经字样，共一百一十四石，石两面刻字，计六十五万多字。该石经刻成后，立于唐长安城的国子监内，成为当时学习、校正儒家经典的标准范本。北宋哲宗元祐五年（1090），《开成石经》被漕运使吕大忠和京兆府学教授李持移置于府学北墉（西安碑林现址）妥加保护。明嘉靖三十四年（1555），在关中大地震中，《开成石经》有四十石被折断，未折断的也有许多遭到损伤。明万历十七年（1589）对石经做了重大的修补工作。清康熙三年（1664）陕西巡抚贾汉复又补刻《孟子》一经共九石，立于原刻十二经中，使《开成石经》由原来的"十二经"增为"十三经"。《开成石经》是清代《乾隆石经》刻成以前刻载儒家经典最多、规模最大、最完整的一部石经，对儒家经典的保存和流传起了重要的作用。

图 42　《蜀石经》(局部)

四是《蜀石经》（图42）。唐末天下大乱，而蜀地一直安定，因此大批文人学士来到四川避难，并将儒家文化的精华带到了蜀地。后蜀广政元年（938），发起了将儒家经典镌刻于石碑的浩大工程，蜀相毋昭裔奉后蜀皇帝孟昶之命，将唐玄宗注的《孝经》、何晏集解的《论语》、郭璞注的《尔雅》、王弼等注的《周易》、孔安国传的《尚书》、郑玄注的《周礼》、郑玄笺的《毛诗》、郑玄注的《礼记》及《仪礼》、杜预集解的《左传》，合十经，连同注文，由张德昭、杨钧、张绍文、孙逢吉、孙朋吉、周德贞等书丹，陈德谦、武令开、张延族、陈德超等人镌石。因始刻于广政元年（938），故称《广政石经》，后世亦称其《后蜀石经》，简称《蜀石经》。据史籍记载，该石经规模宏大，“石凡千数”，屹立于后蜀京城成都，其最大特点是经文与注文合刻在石上，因而备受人们的重视和欢迎。然而遗憾的是，一千余块后蜀石经，因南宋末年的战乱和其他种种人为及自然的原因被毁，剩下的少量残石也散佚，连流传的拓本也十分罕见。1965 年，在周恩来总理的关怀下，从香港购回了《蜀石经》的一部宋拓本，存放于中国国家图书馆。这部石经拓本，计有墨拓本七册、木刻印本一册、道光年间木刻《蜀石经》印本一册、《石经题跋姓名录》一册。在《左传》册页上钤有“东宫书府”等宋代的内府官印，可证该册为宋拓无疑，为后蜀石经的研究提供了宝贵的资料。

图 43 《北宋石经》（局部）

五是《北宋石经》（图 43）。宋仁宗时刻制，因刻成于嘉祐六年（1061），故亦称《嘉祐石经》；又因其系用小篆和隶书两种字体对照镌刻，故亦称为《二字石经》。石经所刻内容为《易》《诗》《书》《周礼》《礼记》《左传》《孝经》《论语》和《孟子》九种儒家经典。

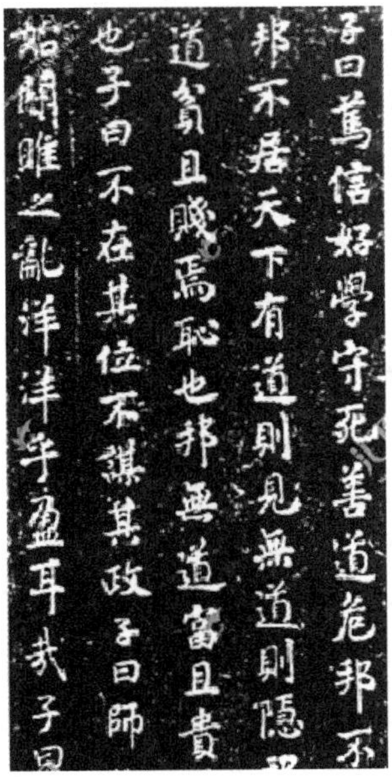

图 44 《南宋石经》（局部）

六是《南宋石经》（图 44），亦称《宋高宗御书石经》，刻立于南宋绍兴十三年（1143），由宋高宗赵构及皇后吴氏用楷书书写。石经内容为《易》《诗》《书》《左传》《论语》《孟子》六部儒家经典和《礼记》中的《中庸》《大学》《学记》《儒行》《经解》五篇。石经刻成后原藏于南宋太学里的“光尧石经之阁”。南宋灭亡后，唐兀僧人杨琏真加在南宋行宫遗址上建造镇南塔，企图将石经搬去垫为塔基，以示镇压，幸有元杭州府推官申屠致远据理力争，才幸免全毁，然已散佚大半。后元代将南宋太学改为西湖书院，“光尧石经之阁”遭废弃。明代初年西湖书院改为仁和县学，后仁和县学搬迁，石经亦流散，“岁深零落，踣卧草莽间，而龟趺螭首，十缺其半”。明宣德年间，御史吴讷嘱郡县收集，得石经碑石百块。明正德十三年（1518），巡按浙江监察御史宋廷佐将石经残碑八十七块移入杭州府学，后一直安放于尊经阁，保存至今。在历代所刻的七部规模宏大的石经中，《南宋石经》是唯一的由皇帝御书的石经，且其书法“结体整秀，有晋人法”，故在当时影响颇大，对于南宋时儒家学说的传播弘扬起了重要的作用。

图 45　清石经

七是《清石经》（图 45），亦称《乾隆石经》，刻于清乾隆年间。所刻内容为《周易》《尚书》《诗经》《周礼》《仪礼》《礼记》《左传》《公羊传》《穀梁传》《孝经》《论语》《尔雅》《孟子》十三种儒家经典，是历代所刻的石经中规模最大的一部，尤为难得的是，其他六部石经都为多人书写，唯有《清石经》系清代书法家蒋衡一人用楷书书写。蒋衡为江苏金坛人，康熙时贡生，善书法。据《清史稿》记载，蒋衡祖、父辈都对儒学有一定的研究，且喜爱书法，对其影响颇深。他“早岁好游，足迹半海内，观碑关中”，见西安碑林中唐代《开成石经》“众手杂书，文多舛错”，决心一人重书“十三经”。自雍正四年（1726）至乾隆二年（1737），他历时十二年，手书楷书六十三万余字，重书了“十三经”。乾隆五年（1740），江南河道总督高斌将蒋衡手书的“十三经”抄本呈献给乾隆皇帝，乾隆皇帝颇为赞赏，收藏于懋勤殿，并授予蒋衡国子监学正，但蒋衡不为名利所动，没有就职。乾隆五十六年（1791），在武功文治上都力图卓有建树的乾隆皇帝，敕命以蒋书“十三经”为底本，和珅、王杰为总裁，彭元瑞、刘墉为副，负责考订蒋书“十三经”并刻石。彭元瑞受命后，以宋元善本“十三经”仔细校订蒋衡手书经稿，把其所书俗体字均改为古体，并考证经文异同。乾隆五十九年（1794）石经全部刻成。“十三经”碑石一百八十九块，连同《康熙御书大学碑》共一百九十块，其规模之宏大，为我国历代石经之最。《清石经》刻成后，乾隆皇帝下令将其作为国子监监生的标准范本立于国子监东西六堂内，并进而以墨拓本颁行全国各省，使《清石经》成为全国文士学子学习儒家经典的共同标准范本，对清代儒家学说的传播起了重要的作用。1956年修缮国子监时，《清石经》被移置于孔庙和国子监之间的夹道内，按“十三经”依次排列，一直完好无缺地保存至今。

历代以来，除刻制了上述规模宏大的七部“石经”外，封建统治者和民间儒家学说的信奉者、推崇者和研究者，出于各自的需要和种种原因，还先后镌刻过许多单部儒家经典。

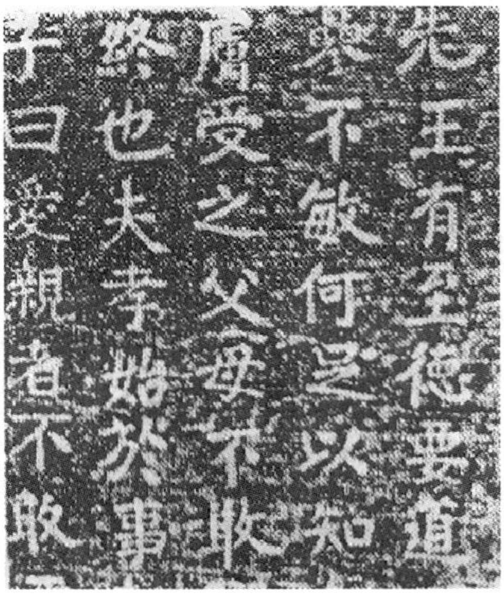

图 46 《古文孝经碑》（局部）

例如，论述封建孝道、宣传宗法思想的《孝经》，是儒家的重要经典，在汉代即被列为儒家七经之一，历代以来，均被封建统治者作为治国之道，被民间视为治家之本，备受重视。历史上先后镌刻过多种《孝经碑》，其中最为著名的有：刻于唐天宝四年（745）的《石台孝经碑》，此碑由唐玄宗李隆基用隶书书写，并亲自作序和注解，现存于西安碑林。刻于南宋绍兴十四年（1144）的《真草孝经碑》，由宋高宗赵构用真草书写。据记载，当时宋高宗书此碑后曾诏令诸州以其御书《孝经》刊刻，风行全国。继宋高宗御书《真草孝经碑》之后，南宋还留存下来一块颇为珍贵的《古文孝经碑》（图 46）。此碑为摩崖石刻，现存于重庆大足北山石窟北山佛湾北段石壁上，与蔡京所书的名碑《赵懿简公神道碑》同凿一窟。据专家考证，此碑系北宋名臣范祖禹楷书，在宋孝宗时刊刻上石。碑高约 3. 26 米、宽约 8. 14 米，历经八百多年，现已漫漶一百余字。《孝经》在西汉初年出现了今文、古文两种本子。但自唐玄宗参会六家，以今文本作注、作序刻石立于太学后，《今文孝经》盛行于世，《古文孝经》被废止。到宋代，《古文孝经》幸存于秘阁，受到当时史家重视，司马光专门作了《古文孝经指解》，范祖禹作了《古文孝经说》；此后，朱熹等人还据此做了校刊注释工作。因此，现存世的范祖禹所书的《古文孝经碑》是目前所知的最早的古文本子，是宝贵的稀世珍品，具有很高的历史文献价值。著名学者马衡在《凡将斋金石丛稿》的《大足石刻古文考经校释序》一文中，对范祖禹书的《古文孝经碑》的历史文献价值给予高度的评价：“盖孝经石刻，如唐玄宗之《石台孝经》及见存唐清两代之石经，绍兴府学之宋谢景初书《孝经》，皆为十八章今文本，而二十二章之古文本，寰宇间仅此一刻。”

图 47 《文王易碑》(局部)

《周易》简称《易》，是儒家重要经典之一。其内容分为《经》和《传》两部分。《经》主要是六十四卦和三百八十四爻，卦、爻各有说明，称为“卦辞”和“爻辞”，作为占卜之用。相传为伏羲画卦，周文王作辞，说法不一。《传》包含解释卦辞、爻辞的七种文辞共十篇，统称《十翼》，相传为孔子所作，但据专家研究，大抵系战国或秦汉之际儒家的作品，并非出自一时一人之手。《周易》通过代表天、地、雷、风、水、火、山、泽八种自然现象的八卦形式，推测自然和社会的变化，认为阴阳两种势力的相互作用是产生万物的根源，提出了“刚柔相推，变在其中矣”等富有朴素辩证法色彩的观点，对于认识自然现象和人类社会具有重要的价值，因而历来备受儒家学说信奉者、推崇者和研究者的重视，在历代所刻的七大石经中，除三国曹魏的《正始石经》未刻《周易》外，其他六大石经都刻有《周易》，并且在历史上还屡有单独刻制的《周易碑》，其中最为著名的是河南安阳汤阴羑里城的《文王易碑》(图 47)。羑里城位于汤阴县城北约四公里处，建于商代，是我国历史上有文字可考的第一座国家监狱。据《史记》等史籍记载，商朝末年，周国兴起于渭水流域，国势日益强盛。商朝统治者感到自己的王权受到严重的威胁，便先由商王文丁杀死了周人的首领季历，继而又由商纣王派人逮捕了季历之子姬昌（即历史上有名的周文王），将他囚禁于当时的国家监狱羑里城。据说周文王被禁后，发愤治学，苦心钻研卜筮之术——易，将伏羲所创八卦两两重合而演绎为六十四卦，并以此推测自然和社会的变化，这就是《史记》所记载的“文王拘而演周易”之事。后人为纪念周文王，传播其所演绎的“易”，弘扬“易”所包含的“变易（穷究事物变化)”“简易（执简驭繁)”“不易（永恒不变)”的深邃哲理，在羑里城遗址修建了“演易坊”“演易台”，还刻立了《文王易碑》。此碑刻立于明嘉靖年间，碑体高大，上镌《周易》骨干六十四卦及卦辞，迄今保存完好，是现存世的儒家经典碑刻中的精品，具有较高的历史文化价值。

图 48　论语碑苑

《论语》是儒家最重要的经典，是孔子弟子及其再传弟子关于孔子言行的记录，系东汉时著名学者郑玄混合西汉时的今文本《鲁语》和《齐语》及古文本的《古论》三种儒家著作而成，共二十篇，内容有孔子的谈话、孔子答弟子问及弟子间相与谈论。《论语》是孔子思想最集中的反映，在中国文化思想史上有极其重要的地位，因此历代都极为重视，采取各种方法广为传播，先后出现过多种《论语碑》，近年来，还出现了规模宏大的专题“论语碑苑”（图 48）。1994 年，在纪念孔子诞生 2545 周年之际，在孔子故里山东曲阜建成了集儒学与书法、碑刻、园林于一体的“论语碑苑”。“论语碑苑”由四百一十余间厅、堂、坊、榭、廊、庑、亭、馆、斋、房等组成，建筑面积五千余平方米。苑内陈列有五百一十二位当代海内外书法名家精心书写的《论语》十卷二十篇五百一十二条的全部文字，一人一条。这五百一十二条各种不同书体、风格、流派的《论语》碑文，或直接刻于山石上，或刻碑嵌于墙上，或置于室内，或安放在绿树草茵之中，成为传播儒家经典《论语》的载体，集中展现了当代世界汉字书法艺术的神韵风貌，具有很高的艺术价值和文化价值，是当代碑刻文化百花园中的一朵妩媚动人的鲜花。

第二节　碑刻对保存诸子经典、传播诸子学说的功用

历代除为保存儒家经典、传播儒家学说镌刻了大量石碑外，其他学派特别是道家、墨家、兵家等主要学派的信奉者和推崇者，也为保存本学派的经典、传播

本学派的学说，刻立了许多石碑。

道家在西汉时最初称为“道德家”，其名始见于西汉司马谈的《论六家之要指》，自《汉书·艺文志》起正式称为“道家”，列其为“九流”之一。根据传统的看法，老子是道家的创始人，庄子则继承和发展了老子的思想，道家就是以老子、庄子关于“道”的学说为中心的学术流派。道家学说的内容，以老庄的自然天道观为核心，强调人们在思想、行为上应效法“道”的“生而不有，为而不恃，长而不宰”；在政治上应秉持“无为而治”“不尚贤，使民不争”；在伦理上应坚持“绝仁弃义”，以为“夫礼者，忠信之薄而乱之首”。道家学说的这些主要见解和主张，集中反映在老子的《道德经》中。《道德经》是老子道家思想的结晶，因此被视为道家经典，备受道家学说信奉者、推崇者和研究者的重视，古今多有将其刻石立碑者。

图 49　太上老子道德经摩崖石刻

在古代所立《道德经》碑刻中，最为著名的是山东威海文登区圣经山的《太上老子道德经摩崖石刻》（图 49）。圣经山是中国道教全真派的发祥地和主要活动地。据史书记载，远在汉唐之际，这里就寺观林立，洞庵毗连，香火不绝。至今，圣经山还遗留有混元殿、三清殿、三官殿、众仙坟、朝阳洞、老君庙、龙王庙、山神庙、东华宫、东华洞、玉皇阁、天门、卧仙石等众多道教遗迹。金元时期圣经山一带为道家兴盛之地，全真道七真人之一的马丹阳曾居紫金峰，其徒则久留此地。《文登县志》载“此摩崖大抵金元诸真人所为”，《太上老子道德经摩崖石刻》大概是这一时期留下的遗物，是圣经山金元时期的全真道士所为。

《太上老子道德经摩崖石刻》位于圣经山山巅矗立的两块巨石之上。东面一块石长约 16 米、高约 6 米，呈新月形，俗称月牙石。石上随石之凹凸起伏阴刻《太上老子道德经》上下两卷，自右向左竖刻一百四十六行，共计五千余字，连同附记共计六千余字，字体为近于楷书的变体隶书，苍润古拙，部分刻字因雨蚀风化，已漫漶不清，大部分尚可辨读。西面一石在月牙石西约 3 米处，高约 3 米、长约

4.5 米，中上部刻“圣经山”三字，下面刻有一片文字，相传为附记，七百余字，但经长期侵蚀，已完全不能辨识，年代不可考。《太上老子道德经摩崖石刻》刻工精湛，工程浩大，为历代罕见的大型道家经典刻石，在散见于全国各地的道家石刻经书中首屈一指，是弥足珍贵的道家文化遗产，堪称瑰宝。2006 年 6 月，它以“圣经山摩崖”之名升格为第六批全国重点文物保护单位，成为道家石刻经书的代表作。

在现代书刻《道德经》的碑中，最为著名的是河南灵宝函谷关镇《道德经碑》。据记载，函谷关镇太初宫是当年老子写就《道德经》的地方，为了纪念老子这位伟大的思想家和世界文化名人，更好地深入研究道家学说，函谷镇政府于 1995 年 7 月，专门请来陕西西安美术学院的石刻专家王天赦，根据洛阳官本，将《道德经》八十一章计五千六百三十五字全文镌刻上碑。经过两个多月的精心雕刻，终于完成了《道德经碑》。碑由十余块精选的富平石料组成，高约 3 米、长约 15 米，石碑的背面还镌有关于老子的神奇传说的壁画。整个石碑构思新颖，镌刻精美，气势宏伟，是道家文化和现代碑文化的又一件精品。

墨家是产生于战国时期的重要学派，《汉书·艺文志》列其为“九流”之一，是诸子中儒家学派的主要反对派，其创始人为墨翟，史称墨子。墨家学说在其初期，以墨子本人所主张的兼爱、非攻、尚贤、尚同、天志、明鬼、节葬、节用、非乐、非命等为中心。战国末期，墨子传人克服了墨子学说中的宗教迷信成分，致力于对认识论、逻辑学及自然科学中的几何学、力学、光学等方面的研究，并做出一定的贡献。西汉以后，封建统治者“罢黜百家，独尊儒术”，崇儒抑墨，墨家学说渐趋衰微。清中叶以后，墨子学说重新恢复应有的历史地位，对墨家经典的研究又受到学者们的重视，一些墨家经典被刻成石碑，加以传播和弘扬。在传世的墨家经典碑刻中，最为著名的要数民国时将领冯玉祥将军所书《墨子篇》。冯玉祥将军是墨子学说的热心推崇者，为了倡导和弘扬墨子的学说，1936 年夏，他在江西庐山含鄱口南的栖贤谷峡涧中玉渊潭的巨石上，用笔力刚健的隶书，书刻了《墨子篇》（图 50），碑文共三百字，字大径尺，整块摩崖题刻占地数十平方米，气势宏大，蔚为壮观，堪称现代摩崖题刻的一朵奇葩。

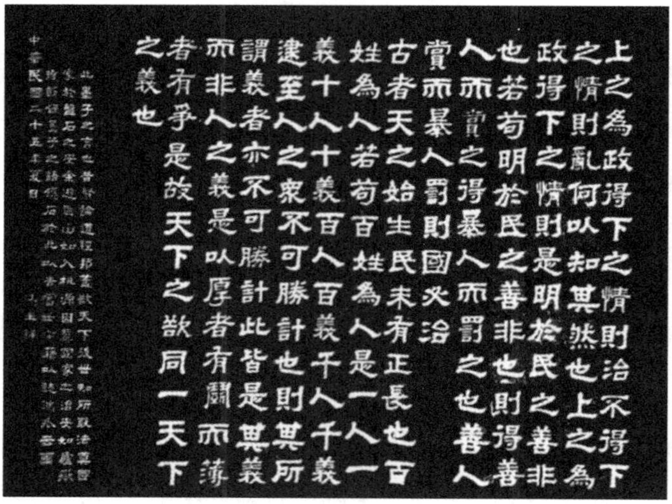

图 50　冯玉祥《墨子篇摩崖刻石》

兵家是先秦汉初产生的研究兵法的学术流派，其代表人物有孙武、吴起、孙膑、尉缭、韩信等，其重要的著作有《孙子兵法》《吴子》《孙膑兵法》等，其中《孙子兵法》是兵家学派最重要、对后世影响最大的经典著作。《孙子兵法》亦称《孙子》《吴孙子兵法》《孙武兵法》，是中国现存最早的兵书，也是中国古代最杰出的军事名著。今存《计》《作战》《谋攻》《军形》《兵势》《虚实》《军争》《九变》《行军》《地形》《九地》《火攻》《用间》十三篇。其内容总结了春秋末期及以前的作战经验，揭示了战争的许多重要规律，包含着朴素的唯物论和辩证法思想，其中许多精辟的见解和深刻的论述，至今仍具有重大的现实指导意义，堪称颠扑不破之真理。因此，在中国历史上，《孙子兵法》也被尊崇为“兵经”，不论是在古代还是在现代，不论是在中国还是在海外，都受到高度推崇。故多有将《孙子兵法》部分或全部刻石立碑者，以传播和弘扬这部伟大的经典。由著名的军旅书法家、中国人民革命军事博物馆研究员、中国书法家协会原副主席李铎书写的《孙子兵法》组碑（图 51），是《孙子兵法》碑刻中杰出的代表作。李铎自 1994 年初起，伏案数月，将《孙子兵法》十三篇全部内容，精心书写在一百五十八张长 133 厘米、高 70 厘米的宣纸上，由河南洛阳镌苑碑林张弘等镌刻高手精心刻成石碑，组碑总长 220 余米，成为一件兵法与书法相映生辉、融为一体的不可多得的文化艺术珍品，被誉为“翰园奇葩，艺林大观”。

图 51 李铎《孙子兵法》组碑（局部）

我国古代诸子经典能完好地保存并延续不断地流传到今天，历代碑刻功不可没。毋庸置疑，这些大大小小的石经，对于保存我国古代文化典籍，传播诸子学说特别是儒家学说，起了独特的作用，具有重要的文化历史价值。

第三章

碑刻与中医中药

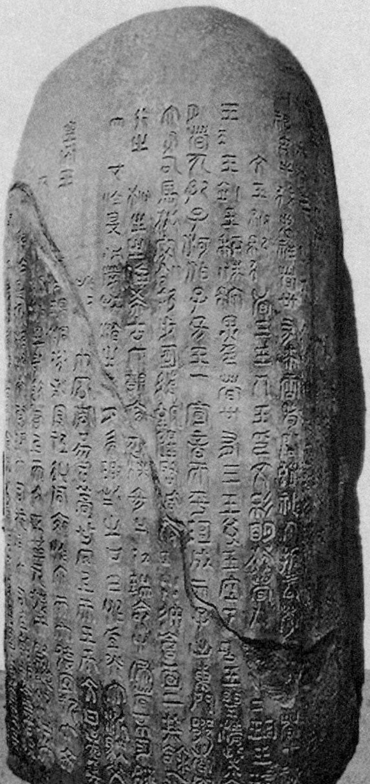

中国医药学具有悠久的历史，是我国古代灿烂文化的重要组成部分，在世界医药学中占有重要的地位。几千年来，我们的祖先，特别是历代杰出的中医学家，在同疾病做斗争的长期医疗实践中，积累了丰富的医药学科学认识。中国古代石碑镌刻了大量具有很高科学价值的中医药学文献资料，对于保存和传播宝贵的中医药学科学知识起了重要的作用。

第一节　碑刻用于记载传播古代治病药方

在我国历代存世的碑刻中有许多古代药方碑，见诸名家著录的有西岳华山莲花峰的《固齿方摩崖石刻》、广西刘仙岩的《养气汤方摩崖石刻》、广西南宁宣化的《疗病方书碑》、广西桂林的《集验方碑》、河南洛阳龙门石窟药方洞的《龙门药方碑》和陕西铜川耀州区药王山的“药学碑林”、山西稷山县博物馆的《仙方碑》等。其中最著名、内容最丰富的是河南洛阳的《龙门药方碑》和陕西铜川耀州区药王山的“药学碑林”。

图 52　洛阳龙门石窟药方洞

洛阳龙门石窟的药方洞（图 52），开凿于北魏晚期，洞中除有北齐时雕凿的造像外，在洞口过道两侧石壁上，刻有 140 个药方，这就是著名的《龙门药方碑》。《龙门药方碑》亦称《都邑师道兴造像并古验方碑》，又称《都邑师道兴造像记并治疾法碑》，刻于北齐武平六年（575），楷书镌刻，秀雅精丽。在这些药方中，所提到的病名，现能辨识清楚的有 46 种，涉及内科、外科、妇科、小儿科及五官科，如痄、反胃、癫狂、赤白痢、小便不通、漆疮、心痛、消渴、遍身生疱、五痔、疔疮、失音不语、瘟疫等。药方中提到一种疰病，有医家认为其相当于肺结核病；药方中还有“灭瘢方”，“瘢”是北齐时代对天花病的称呼。在140个药方中，117方属药物治疗，23方属灸法。除残泐过甚者外，现能辨识出用一种药物的43方，用两种药物的29方，用三种药物的10方，用四种药物的5方，其中用一二种药物的占80%以上，而且其所用的药物，都是极易找到的。这些药方，有的一方治数病，有的一病数方；制剂方法有丸、散、膏、汤等；其用药方式有内服、外敷、洗、熏等，还有针灸和熏、洗并用的。《龙门药方碑》在上述所列见诸名家著录的“药方碑”中，是迄今所知年代最久远的，反映了北朝时期民间医药的发达和丰富，对于研究北朝时期中国医药学的发展情况和中国医药学发展史具有重要的意义。

图53 药学碑林

药王山位于陕西铜川耀州区，山上翠柏葱蔚，古木参天，庙宇鳞比，幽雅清静，是关中渭北名胜之地。因其系由五座小峰峦联聚而成，且五峰互峙顶平如台，故宋、金、元、明初各代均称为五台山，为区别于终南山之南五台，亦称北五台，自明中叶起，民间改称其为药王山。五台山之所以被称为药王山，是因为山上有与唐代杰出医学家、“药王”孙思邈有密切关系的“药学碑林”（图53）。

孙思邈，京兆华原（今陕西铜川）人。他自幼多病，病痛的折磨促使他立志用毕生精力从事医学研究。他七岁开始读书，十岁时在攻读经史和诸子百家黄老之学的同时，开始下功夫阅读《内经》《伤寒杂病论》《神农本草经》等古代医学典籍。与此同时，他也十分留意研究民间药方。由于他刻苦好学，勤奋努力，注重实践，在青年时期就具有了丰富的医学知识和较高医术，到五十岁时，他的医学理论修养和医术均已达到很高的水平，享誉朝野。在长期的医疗实践中，孙思邈深感古代医方散乱浩博，求检至难，决心编写一部新的医书。因此，他经过多年博采群经、四处访觅，积累了丰富的医药文献资料和大量民间药方，在诊治实践的基础上，从六十多岁起开始总结著书，在七十岁时撰成了他的第一部医学巨著《千金要方》三十卷。但是，他感到此书还不能全面反映自己的医学理论、医术经验，于是，又经过二十多年的长途跋涉、广泛收集，在年近百岁时又写出了他的第二部医学巨著《千金翼方》三十卷。孙思邈的《千金要方》和《千金翼方》是中国最早的临床医学百科全书，直至今日仍是中医学科学研究、中医学教育、临床医疗上最常用的参考书，而且在国外也有广泛的影响，对日本的影响尤其大。孙思邈不但学识渊博，医术精湛，而且医德高尚，故他在逝世后，被人们尊为“药王”。

为了纪念孙思邈，人们在山上镌刻了大量石碑，现尚存宋、金、元、明、清石碑一百余块。这些石碑或记述孙思邈的生平事迹，或赞颂他的精湛医术、高尚医德，或记录他的医疗处方。因石碑绝大多数与“药王”孙思邈有关，故被称为“药学碑林”。在“药学碑林”中，最具特色、最为珍贵的是刻于明穆宗隆庆六年（1572）的《千金宝要碑》和《海上仙方碑》。《千金宝要碑》共四块大石碑，每块石碑均两面刻字，其所刻内容是孙思邈所著《千金要方》和《千金翼方》中的重要部分，共分六卷，按书面大小，依次刻于碑上。《海上仙方碑》为一块大石碑，也两面刻字，内容分三部分，均为孙思邈所著医书，第一部分是《枕上记》，第二部分是《养生铭》，第三部分是各种病症单方。《千金宝要碑》和《海上仙方碑》五块碑石共镌刻药方数万字，至今仍保存完好，成为举世罕有的规模最大的药方石刻，对于研究孙思邈和我国古代医药学具有很高的文物资料价值。

第二节　碑刻用于记载传播古代医疗方法

针灸是中国医学的重要组成部分，是我们勤劳智慧的祖先创造的一种独特的医疗方法，其历史源远流长，几千年来，一直是我国医学中的一项重要手段。早在两千多年前，我国的针灸学已逐渐完备，不仅被广泛应用于临床，还在系统总结临床经验的基础上，开始出现表示针灸穴位的图形。秦汉和魏晋时期我国先后出现了两部较为系统的针灸学专著，一部是秦汉之际的《黄帝明堂经》，一部是西晋时期皇甫谧的《针灸甲乙经》。到南北朝和隋唐时期，针灸学著作不仅数量大为增多，而且内容也更加丰富多彩，此外还出现了不少针灸图谱，例如，唐代著名医学家孙思邈、王焘等人在自己的医学著作中，都详细阐述了针灸疗法并画有详细的针灸彩图。到宋代时，由于针灸学传承年代久远，针灸专著传抄多有讹误，庸医们往往因此而误人生命，故针灸著作急需加以重新整理编修。北宋天圣初年，朝廷特命太医局翰林医官、朝散大夫、殿中省尚药奉御王惟一重新主持编修针灸学。王惟一在认真总结历代针灸学成就的基础上，于天圣四年（1026）整理编写成了《铜人腧穴针灸图经》一书，与此同时又主持铸造了针灸铜人两具。在《铜人腧穴针灸图经》中，他把经络与穴位的叙述结合起来，把每一条正经上的穴位排列在该经之后，并注明穴位的位置，书中还明确统一了穴位数目。为了使这部具有重要医学科学价值的针灸学专著能得以妥善保存，传之久远，在同年开始将《铜人腧穴针灸图经》刊刻于石碑上，故全称《新铸铜人腧穴针灸图经》，石碑约在天圣八年（1030）前刻制完成。金灭宋后，针灸铜人及针灸图经刻石一并为金所得，仍存于汴京。金亡后，元世祖至元年间，按抚使王楫将铜人及针灸刻石移至大都，存于太医院三皇庙神机堂。明英宗时，以宋物为蓝本，另铸新铜人，但《图经》刻石却因历经动乱而在明中叶时毁佚了。

图 54　《新铸铜人腧穴针灸图经》刻石残片

值得庆幸的是，1971 年在北京拆除明代城墙时出土了 5 方宋代的《新铸铜人腧穴针灸图经》刻石残片（图 54）。其中 1 号残石长 115 厘米、宽 45 厘米、厚 25 厘米；2 号残石长 99 厘米、宽 55 厘米、厚 26 厘米；三号残石长 32 厘米、宽 47 厘米、厚 30 厘米；4 号残石长 174 厘米、宽 46 厘米、厚 29 厘米；5 号残石长 111 厘米、宽 45 厘米、厚 28 厘米。以 2 号残石为例，碑正面文字残，存三栏，石周边及分栏处均有缠枝牡丹花纹。第一栏内仅存十数小字；第二栏存“足太阳膀胱经”从至阴至承山十一穴的名称；第三栏内存阴交至会阴七穴，应属“任脉腹中行”，同栏内又刻“新铸铜人腧穴针灸图经卷上”诸字。所刻文字均为楷体。这些残石经过复原，得到医学界的重视和承认，成为研究中国古代针灸学和针灸史的重要实物资料。

在历代遗存的碑刻中，位于西藏拉萨大昭寺门前、刻立于清乾隆年间的《劝人种痘碑》（简称《种痘碑》），也是一块具有重要价值的医药碑。据史籍记载，当时西藏天花流行，藏人不知此为何病和为何会得此病、如何治疗此病，非常害怕。驻藏大臣和琳得知这一情况后，便命人在藏北草原上修建平房，拨给口粮，安置天花病人，派士兵守卫护理，给予医治，使不少人痊愈生还。为此，和琳特严谕并刻石立碑，宣传痘诊并非不治之症，劝令班禅和达赖今后照此办理。此碑反映出清时从制度上将救治天花的过程固定下来，表现出当时国家对边疆的重视。

丰富多彩的中医药碑刻，犹如一个中国医药学宝库，对记载中国医药学知识，弘扬光大中国医药学，使之光耀于世界医药之林，功不可没。

第四章

碑刻与天文地理

第一节　碑刻在我国古代天文学中的应用

我国是世界上天文学发展最早的国家之一，早在四千多年前的原始社会就有了可靠的星象记载。我们的祖先在天文学研究中，十分重视星图的绘制，历代都有星图留存于世，其中有不少弥足珍贵的石刻星图。

1980 年，在黄海之滨的江苏连云港将军崖原始社会岩画遗迹中，发现了一组距今四千多年的石刻星图，这是迄今我国发现的最早的星图。在这组星图中，最长的一条星图达 6.3 米，由上而下地刻在崖坡上，犹如一条银河系的星带，整条星带用三根短线分作四个部分，有记录太空星象表示周期的含义。星图中，有的像表示位置变动的月亮图形，有的像不连线的北斗星座。三个排列成三角形的太阳，使人联想到古代用土圭观测日影来确定冬至、夏至的记录。星图中太阳图案用同心圆表示，内圆直径 4 厘米，外圆直径 10 厘米，大的光芒 21 条，小的光芒 14 条。星图中月亮图案也用同心圆表示，小而无光芒。类似星辰的圆点，直径均在 4 厘米之内。

此类原始社会的石刻星图，我国其他地方也有发现。1978 年在内蒙古自治区乌拉特中后联合旗南部发现了刻于商周期的北斗七星和完整的星图；在内蒙古狼山、阴山地区的岩画中，也发现有一些点状的星象图案。

东汉时期，画像石中有织女、北斗等星图；在山东肥城孝堂山的东汉石刻星图上，刻有跳跃的玉兔、比翼的飞鸟、四肢伸展的蟾蜍、机杼正忙的织女，还有飘逸的流云和连线的星座。

五代时期已有了较为完善的具有天文学意义的石刻星图。1965 年在浙江杭州吴越国王钱元瓘墓的后室，出土了刻于后晋天福七年（942）的《吴越国天文星象图刻石》。该刻石现存放在杭州碑林天文星象馆中，全长约 471 厘米、宽约 266 厘米，由一整块红色沙砾石制成，原置于钱元瓘墓后室的顶部，是墓的重要组成部分。全图星象用阴纹勾雕，星和星之间用双线连接，图中央刻拱极星座，其周围刻二十八宿。此外，还用单线刻半径不等的四个同心圆，圆心即天球北极；第一圈直径约 49. 5 厘米，表示该范围内的星象绕地球北极旋转时不没入地平，亦即盖天图中的内规；第二圈直径约 189. 5 厘米，为盖天图外规，表示再往外的星在观察地点看不见。此图原共刻三十二宿星座，十三附座，应有星数二百一十八颗，现石右下方已残缺，缺星三十五颗，现存星数为一百八十三颗。从现代天文学观点看，此图所刻星图位置大多是正确的，在历代墓室里所刻绘的星象图中，以此图最为准确。据考，这是世界上现存的最早的一块天文星象刻石。

除了举世闻名的南宋石刻《天文图》，在明代存世的碑刻中，也有一块珍贵的石刻星图，这就是现珍藏于江苏常熟碑刻博物馆中的明《天文图碑》（图 55）。明孝宗弘治年间，常熟知县杨子器按照《宋史・天文志》所记，并参考战国至汉代先后出现的《石氏星经》《甘氏星经》《巫氏星经》，刻制成了《天文图碑》。但此碑刻成后不久即被磨损，明武宗正德元年（1506），常熟知县计宗道又根据杨子器原碑命工重镌。碑分上下两部分，上部为天文图，下部为跋文。据中国科学院紫金山天文科学家研究核对，该《天文图碑》虽个别地方的准确度略低于现存苏州的宋代《天文图碑》，但订正了其中不少缺误，是继敦煌星图、《新仪象法要》星图和宋代《天文图》之后的又一幅石刻星图，在我国天文学史上占有不可忽视的地位。除苏州、常熟的《天文图碑》外，在我国道教著名的“十字丛林”之一武汉长春观功德祠壁上，也嵌有一块题为“长春琼玑”的天文全景图碑。碑上部刻有“谕旨”二字和蟠龙祥云，中部刻有二十八宿星座，下部刻有“天皇宝诰”四字。此《天文图碑》始刻于何时不详，现存之碑系著名道长李理安在 20 世纪 30 年代重刻。

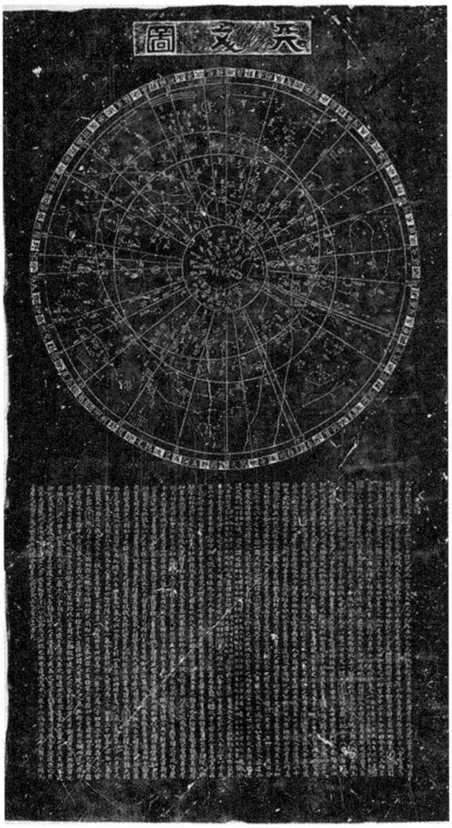

图 55　常熟碑刻博物馆明《天文图碑》

在我国古代碑刻中，不仅有汉文的石刻星图，还有一些用少数民族文字镌刻的石刻星图。例如，在内蒙古呼和浩特旧城五塔寺街金刚座舍利宝塔后的照壁上，镶嵌有《蒙古文天文图石刻》。全图为一个巨大的天球，直径约144.5厘米，天球圆面以北极为圆心，画出二十八宿赤经位置的经线，还画有五个同心圆，由里向外依次为北极圈、夏至圈、赤道圈、冬至圈、南极圈。与赤道圈相交的另一个双线圈表示黄道。全图共刻二百七十多个恒星星座，一千五百余颗星。在天球外面有四层注字的同心圆：最外层的同心圆刻十二宫和十二生肖名称；第二层同心圆刻二十四节气名称；第三层同心圆外侧为黄道周天度数，内侧为赤道周天度数；最里层的同心圆刻二十八宿名称。图下侧偏左有一长方形署名栏，刻星等图例，并有“钦天监绘制天文图”字样。这一石刻星图是我国现存的唯一用蒙古文标注的天文图碑。又如，在云南西双版纳傣族自治州景洪市存有《大勐笼傣文九曜碑》，此碑是傣历1162年（清嘉庆六年，即1801）所刻立，碑高100厘米、宽45厘米，碑首刻有九曜所在位置的天文图四幅，以表示石碑的年、月、日，是我国现存的唯一傣文石刻天文图。这两块用少数民族文字镌刻的天文图碑，既反映了我国天文学研究的广泛性，也从一个侧面反映了清初我国天文学的发展水平，是研究中国天文学史的宝贵实物资料。

我国古代碑刻中除有不少记载天象的石刻星图外，还有许多记载我国古代天文观测台兴衰历史、天文观察资料和天文史料的碑刻，这些碑刻为我国天文发展史提供了重要的实物资料，例如，河南登封观星台就藏有大量此类碑刻。

河南登封观星台位于登封市告成镇北侧周公庙内，是我国现存时间最久、规模最大的古代天文观测建筑，是世界上著名的天文科学研究建筑之一，是全国重点文物保护单位。据史籍记载，周公营建东都洛邑（今洛阳）时，曾在这里用土圭测日影。唐玄宗开元十一年（723）太史监南公说奉诏仿土圭旧制建成石圭石表。表阳镌刻有“周公测景台”五字，此处“景”同“影”；圭座背面镌刻“道通天地有形外，石蕴阴阳无影中”对联一副。元代初年由著名天文学家王恂、郭守敬主持建造观星台，在全国设立二十七个观测站，登封观星台即为当时建立的观测中心，是王恂、郭守敬等人改革天文仪表和进行“四海测验”的实验基地。观星台位于测景台后约二十米处，由台身和石圭两部分组成，北望中岳嵩山，南临箕山。台顶北部有瓦房两间，北壁中间砌成一个上下直通的凹形直槽，用以测量日影的“景表”表身。石圭（又叫“量天尺”）从凹槽下方自南向北由三十六方青石连接而成。郭守敬曾在此测验过晷景。七百多年来，观星台留下了许多有关周公测景台、观星台的天文碑刻，但由于时间久远，尤其是1944年观星台遭日本侵略军炮击，不仅台体受到严重损伤，碑碣也大多散失。近年来，登封市文物局对观星台及其院落进行了全面整修，从观星台旧房屋的墙壁、房基和居民家中先后发现收集到了十七块记载周公测景台和观星台天文史料的碑刻，碑文绝大部分完好，其中大部分在地方史志和金石志书里均无著录，多为前人所不知，计有：明洪武元年（1368）郑大原刻立的《春日谒周公祠观测景台次辟间韵》；明正德十五年（1520）刻立的《告文碑》；明嘉靖七年（1528）刻立的《重修测景台碑》和《周公祠堂记碑》；明万历十年（1582）刻的《重修元圣周公祠记碑》；明代《叶秉敬测景台诗碑》；清康熙十二年（1673）刻立的《重修周公庙碑》；清康熙十六年（1677）刻立的《测景台碑》；清乾隆二十年（1755）刻立的《周公测景台记述碑》和《周公庙祭祀记碑》等。这些碑刻或记述周公测景台的沿革和作用，或记述观星台的天文观测，或记述重修之始末，或为咏诗题记等，内容颇为丰富，是了解元、明、清时期天文活动和天文学发展史的珍贵资料。

第二节　碑刻在我国古代地理科学中的应用

地理科学是一门古老而内容广泛的学科。我们的祖先在地图绘制、海陆变迁研究、地壳变动研究、地震研究等地理科学的许多领域中，都做出了卓越的成就，达到了相当高的水平。

先秦典籍《管子·地图》云："凡兵主者，必先审知地图。轘辕之险，滥车之水，名山、通谷、经川、陵陆、丘阜之所在，苴草、林木、蒲苇之所茂，道里之远近，城郭之大小，名邑、废邑、困殖之地，必尽知之。地形之出入相错者，尽藏之。然后可以行军袭邑，举错知先后，不失地利，此地图之常也。"出于对地图重要功能的深刻认识，历代以来地图绘制备受重视。碑石不易损毁，古人便将许多重要的地图刊刻于石。虽历经风雨，至今仍有不少独具特色、具有重要科学价值的地图碑被保存下来，成为我国碑文化百花苑中的奇葩。

据《述异记》记载，春秋时期鲁国的公输般刻制了最早的石刻地图《九州图》。至于历代留存于世的石刻地图，除举世闻名的刻于南宋的《地理图碑》《平江图碑》和《桂林城图石刻》外，还有许多著名的地图碑，诸如：历代以来特别是明、清时期屡次重刻、翻刻的《五岳真形图碑》；1964年在四川荣县发现的刻于北宋末年的《九域守令图碑》；宋代的《禹贡导山川之图碑》（图56）；刻于刘齐阜昌七年（南宋高宗赵构绍兴六年，即1136）的《禹迹图碑》和《华夷图碑》；刻于明嘉靖十八年（1539），现完好保存于山西临汾尧庙的《尧陵全图碑》；刻于清康熙三十九年（1700），现存于西安碑林的《太华山全图碑》《太白山全图碑》；刻于清中后期，由著名文人阮元与梁章钜题跋的扬州《棣园石刻全图》；刻于清雍正十三年（1735）的《太白山全图碑》等。其中尤以《五岳真形图碑》《禹迹图碑》《华夷图碑》最为有名。

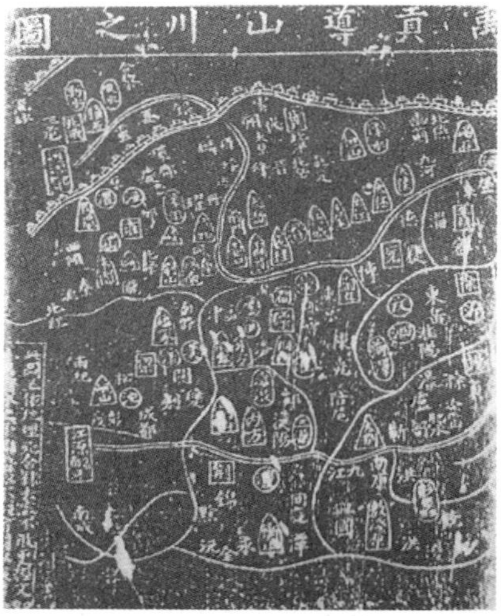

图56　《禹贡导山川之图碑》（局部）

图57　泰山上的五岳真形图碑

《五岳真形图碑》（图57）最早出现于西汉武帝时。据文献记载，该图是汉武帝从以博学广识、诙谐风趣著称的名臣东方朔手中得到的。此事在托名东方朔所作的《海内十洲记》中有明确的记载：“禹经诸五岳，使工刻石，识其里数高下……不但刻劃五岳，诸名山亦然。……臣先师谷希子者，太上真官也，昔授臣昆仑、钟山、蓬莱山及神洲真形图，昔来入汉，留以寄知故人，此书又尤重于五岳真形图矣……武帝欣闻至说。明年遂复从受诸真形图，常带之肘后。八节当朝拜灵书，以书求度脱焉……”道教徒们历来崇敬东方朔，视其为道家神仙，因此也将传说来自他之手的《五岳真形图》奉为道家之宝，认为佩此图入五岳不会迷路，故将之代代相传，现存世的《五岳真形图碑》即由此而来。据考，现在中岳嵩山、西安碑林、西岳华山、开封、四川等地均有历代翻刻的《五岳真形图碑》存世。嵩山的《五岳真形图碑》在中岳庙内峻极门东侧，共有两块，一块刻于明万历二年（1574），一块刻于明万历三十二年（1604）。二碑形制很相似，所刻的图形也一样，但万历三十二年所刻之碑要大于万历二年所刻之碑。其碑身上部都刻有“五岳真形之图”六个篆书大字；碑身中是按五岳方位刻的五岳图形，每岳一图，中间的图形表示中岳嵩山，右上角的图形表示东岳泰山，右下角的图形表示南岳衡山，左上角的图形表示北岳恒山，左下角的图形表示西岳华山。在每个图形的下面还刻有五岳的地理位置及传说。现藏于西安碑林的《五岳真形图碑》，竖形、圆顶、方座，高约 159 厘米、宽约 69 厘米，系清康熙二十一年（1682）邓霖翻刻。1998 年初，在西岳华山风景区城南村首次发现了一块呈长方体的《五岳真形图》残石，石长约 85 厘米、宽约 37 厘米、高约 35 厘米，两侧刻有完整的白虎、朱雀图形，图形直径为 28 厘米，与西安碑林所存翻刻于康熙年间的《五岳真形图碑》上的图样有异。

由于《五岳真形图碑》所刻图形弯曲盘绕，刻迹诡异，形状好似道家符篆，故其究竟是何含义长期以来一直争议纷纭，见解各不相同。一种较为通行的说法是《五岳真形图》是根据五岳的不同特征绘制而成的象形图。东岳泰山形大而侧有延续，如人坐一般，故有“泰山如坐”之说；西岳华山高峻陡峭，如人立一般，故有“华山如立”之说；北岳恒山高且有两翼，如人行一样，故有“恒山如行”之说；南岳衡山形如鸟翼，故有“南岳如飞”之说；中岳嵩山东西走向长，如人卧一样，故有“嵩山如卧”之说。这五个图形正是体现了五岳各自的特征。第二种说法是《五岳真形图》是由古代的“五行”演化而来的，代表五个方位及五种物化。在《五岳真形图》中，西岳华山图表示“金”，东岳泰山图表示“木”，北岳恒山图表示“水”，南岳衡山图表示“火”，中岳嵩山图表示“土”，其含义是大地之上“五行”俱全。第三种说法认为《五岳真形图》是道教根据古代“五行”说绘制而成的表示五岳的符篆，其意大致是表示五岳俱在或镇岳驱邪。第四种说法是《五岳真形图》是“四象”和土神的象形表示，东岳泰山图是“青龙”的象形，西岳华山图是“白虎”的象形，南岳衡山图是“朱雀”的象形，北岳恒山图是“玄武”的象形，中岳嵩山图是土屋内住土神的象形。第五种说法是认为《五岳真形图》是形象化的象形字，东岳泰山图为“龙”字，西岳华山图为“底”

字，北岳恒山图为“龟”字，南岳衡山图为“乌”字，中岳嵩山图为“奥”字。诸如此类的说法，不一而足。近代以来，对《五岳真形图》图形含义的研究取得了突破性进展，有一位日本学者不受上述诸种说法的拘束，别出心裁地将《五岳真形图》中的东岳泰山图形与现代测绘的泰山地形图进行对照研究，在比照之下，他十分惊异地发现，《五岳真形图》中东岳泰山的图形，竟然与用现代科学手段测量绘制出来的泰山地形图有许多相似之处，原来这是一幅中国古人用一种特殊方法标画的泰山地形图。这位日本学者的发现，得到英国著名科学家李约瑟先生的肯定，被收入他的大著《中国科学技术史》。继之，有人通过进一步的深入研究认为，如果按同等比例放大《五岳真形图》，其高度与五岳的真实高度基本相同，所以《五岳真形图》有如现代等高线一样的作用。这些研究结果表明，我国的地图测绘在汉代时已达到了相当高的水平，《五岳真形图碑》是我国古代地图学高度发达，居于世界前列的有力实证。

《禹迹图碑》（图 58）现在共有两块，一块藏于西安碑林，一块藏于镇江博物馆。西安碑林的《禹迹图碑》与《华夷图碑》同刻于一块碑石的正反两面，碑长约 91 厘米、宽约 88 厘米，系 1949 年以前由陕西历史博物馆移入。据专家考证，此碑刊刻于刘齐阜昌七年（1136），但其图稿约完成于 1085 年之前，是北宋时期绘制的地图。镇江的《禹迹图碑》原嵌于镇江文庙（宋时为府学）墙壁上，20 世纪 50 年代移至镇江博物馆。① 图首方框内刻有六行文字：“禹迹图，每方折地百里，禹贡山川名，古今州郡名，古今山水地名，元符三年正月依长安本刊。”图的左下角有立石时的跋文：“绍兴十二年十一月十五日，左迪功郎充镇江府府学教授俞篪重校立石，冯遂镌。”由此可以得知，镇江的《禹迹图碑》成图于宋哲宗元符三年（1100），重校立石于宋高宗绍兴十二年（1142），重校时镇江府学正

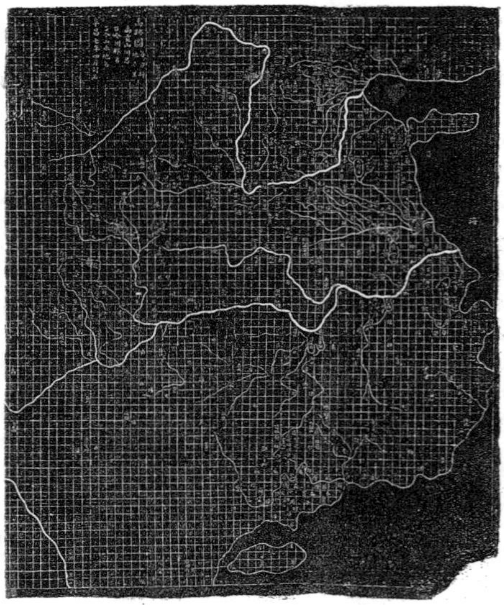

图 58　《禹迹图碑》（局部）

① 后又按此碑翻刻一块，现陈列于镇江焦山碑林。

重建。

《禹迹图碑》以符号和文字相配合，刻有我国主要山水和州郡的地势、位置及名称，东至黄海岸边，西至祁连山，南至海南岛，北至黄河北岸，反映了我国宋代的地理面貌。在整个图面上，布满横竖直线交叉成的大小相等的方格，全图横方 70，纵方 73，总计为 5110 方。每方格折合一百里，比例尺相当于 1∶1500000，绘法精密，海岸线、长江黄河及其主要支流的位置都比较准确，图上共标注了 380 个行政区名，近 80 条河流，5 处湖泊，还有 70 多座山脉。《禹迹图碑》上所用的方格是中国古代地图学家发明的“计里画方”制图法，这是迄今已发现的最早的具备数学基础的全国性地图。“计里画方”制图法一直沿用到清代早期，大约在 14 世纪初传到阿拉伯、欧洲各国，对现代地图学的发展起到了很大的促进作用，这是中国古代先进科学技术西传的又一例证。西方学者对《禹迹图》评价极高，现代英国著名学者、中国科技史研究专家李约瑟称《禹迹图》“是宋代制图学家的一项最大成就，在当时是世界上最杰出的地图”。

至于《禹迹图》究竟是谁绘制的，迄今说法不一。有人认为是 10 世纪末的地理学家、《太平寰宇记》的作者乐史，有人认为是宋代著名的大科学家沈括，这些说法还有待于进一步研究考证。

《华夷图碑》现存于西安碑林，刻于《禹迹图碑》的背面，与碑正面的《禹迹图》刻于同年，其图稿也约完成于 1085 年之前，相传是宋人参考唐代贾耽的《海内华夷图》并将其缩小至十分之一绘制而成。所谓“华夷”就是中外之意，《华夷图》即是当时中国与四方邻国的地图，是一幅以中国为中心的亚洲地图。图中地名多达 500 处，为慎重起见，对中国四邻无法察测的地区，主要以文字表示；图上代表中国长城的符号，设计形状简洁明确，十分别致，为后来历代地图所效法。

除地图碑外，我国古代还留下了许多记载海陆变迁的碑刻，为我国海陆变迁、地形地貌和海岸线变化等方面的研究提供了宝贵的资料。

以拥有《西游记》中的“花果山”而驰名于世的江苏连云港云台山，环拱在连云港的东南，雄峙于海州湾南端。据地方史志记载，直到康熙四十九年（1710）以后，由于“海涨沙淤”，云台山岛与大陆之间的鸿沟才逐渐成为坦荡的川原。云台山脉主峰花果山上的《天然碑》为云台山海沟发生的海陆变迁提供了有力的证据。《天然碑》在云台三十六景之一的“一线天”旁，碑体是一块天然巨石，因此石前后两面平整光滑，厚度基本均匀，犹如一块天生石碑，故称此碑为《天然碑》。《天然碑》上镌有一千多字的碑文，为明万历年间海州知州唐伯元所撰写的《游青峰顶记》。碑文记述了他们一行于鸡叫三遍时登船，黄昏时分抵达花果山脚下，在老君堂住了一夜的秋游云台山见闻。这一记载证明，明代万历年间花果山还在海中，且与大陆之间还有颇远的距离，乘船要从一大早航行到傍晚才能到达。

江苏南通的狼山，由剑山、军山、狼山、黄泥山和马鞍山五座小山组成，亦称狼五山，立于长江东北岸，襟江负海，与长江南岸的福山遥相对峙，组成大海入江的大门，素有“江海第一山”之称。狼山原在长江之中，随着长江三角洲的扩张，狼山才与陆地连接在一起。五代南吴杨溥天祚三年（937），东洲静海都镇遏使姚存上西都朝觐回程，经狼山留下摩崖石刻，记述了他当时是乘船去狼山的，这碑文说明当时狼山是在长江中的。宋真宗咸平三年（1000），当时年方十七的宋朝名臣夏竦，跟随他父亲去通州（今南通）盐场担任盐监，经过狼山时作《狼山渡口有作》诗一首。诗的头两句“渡口人疏黯翠烟，登临犹喜夕阳天”大意是说渡口边人烟稀少，在夕阳西下时登上了狼山，可见狼山仍在长江中。那么，狼山究竟是何时与陆地相连接的呢？1976 年 3 月，在狼山出土的一块宋代驻军题名刻石，为解答这个问题提供了重要的线索。刻石上碑文记载：北宋真宗大中祥符五年（1012），有西京广德军和广济军雄武弩手第四指挥属下的两支队伍，调来驻防狼山。这两支队伍都属于骑兵兵种。由此可以肯定，那时狼山已经与北岸陆地连接在一起，否则是决不会让大批骑兵乘船驻扎到岛山上去的。因此，根据这一刻石上碑文的记载和宋真宗咸平三年（1000）夏竦游狼山的题诗进行分析推测，可以基本确定，狼山与北岸陆地相连接的时间当在宋真宗咸平三年（1000）至宋真宗大中祥符五年（1012）之间。

我国是一个地震频发的国家，几千年来，勤劳勇敢、充满智慧的祖先在与地震灾害进行的顽强斗争中，用碑刻、文献、图表等形式，留下了大量关于地震现象、灾害情况、防抗经验和知识的记载，给我国地震科学和地震史的研究提供了宝贵的科学资料。

同时，我国是世界上记载地震最早的国家。在历代流传下来的众多记载地震的碑刻中，最早的是现存于江苏宜兴、刻立于三国吴末帝孙皓天玺元年（276）的《禅国山碑》。此碑高约 235 厘米，碑形东西两面阔，南北两面狭，作椭圆形，最宽处围长约 323 厘米。碑文记载了天玺元年（276）八月在今江苏宜兴发生的一次地震，载有震前发生地声、地光等现象。此次地震使“大石自立”“石立十余丈”，使著名的善卷洞的小水洞开裂，洞中有一条白蛇逃走，被记为“白龙腾空”。此碑虽是吴末帝孙皓为记载“祥瑞之兆”以欺骗百姓，维护自己已摇摇欲坠的统治而立，但在客观上却将当时地震所发生的种种现象翔实地记录了下来，为我们研究地震和地震史提供了宝贵的资料。

山东乳山黄山寺遗址，存有刻立于北宋神宗熙宁元年（1068）的《敕赐寿圣黄山院之碑》，碑高 210 厘米、宽 90 厘米、厚 17 厘米，碑材为青石灰岩。碑阳碑文楷书阴刻，碑阴和碑身两侧面都刻有很小的字。其碑文记载：“……西有岠嵎，名峰常震，八方摇动，四面低昂，宇宙□□普天响仰。北有神女之山，执炉双峰，殊常异境，不具备陈……”此碑所刻内容，为证实传说宋代时胶东半岛曾发生过一次大地震提供了有力的文字依据。

在存于山西闻喜县文庙内的一百余块历代碑碣中，有一块刻于元成宗大德七年（1303）的地震碣，碑文对该年晋南地区发生的一次大地震做了详细记载，为研究此次地震的震中、震级和波及范围提供了重要的资料，具有很高的科学价值。在山西洪洞县，也存有两块元代的地震碑。一块是刻于元成宗大德七年（1303）的《洪洞义旺村中镇庙大德年地震碑》，碑阳前半部分为楷书碑文，后半部分为题名。碑文内容记载：“大德癸卯八月六日，夜漏栖，戌郡国同时地震，河东为甚。天子特遣近臣并祷群望。必阇赤塔的迷石、翰林直学士林元，钦赍御香宫酒、异锦幡合，内帑银锭，拉平阳府寮，霍州、赵城官属，致祭于霍山中镇崇德应灵王。”另一块是刻于元武宗至大元年（1308）的《洪洞义旺村中镇庙地震碑》。碑文云：“晋宁路地震不止，上头教东路新任完颜总管，于晋宁路有的名山大川，降香者启此。”由两碑可知，自大德七年到至大元年洪洞等地地震频繁。

在海南海口东面滨海有一个呈喇叭形的海湾港，口子向西北，尾部深入南面陆地，包括铺前湾、东营港、北创港、东寨港。这一带浅海在涨潮时是一片汪洋，但每当退潮时海滨海滩上则露出石水井井口、缸、坛、舂米臼、石磨、石柱等物，尤为引人注目的还有石板棺材、砖砌墓穴木棺和墓碑。遗存于此的石板棺材和墓碑大都排列方正整齐，虽历经几百年的海水、海风侵蚀，但大多墓碑的字迹依然清晰。为什么在海滨海滩上会有这些物件呢？相关领域学者就这一奇特现象经多年研究终于发现，这里原来是一个古代村落的废墟，这些墓穴、墓碑所在之处是一个古坟场。此处之所以会变成海，是由于明万历三十三年五月二十八日亥时

（即1605年7月13日午夜）发生的一次震中在当时海南琼山震级为7.5级的地震，这是迄今发现的我国历史上唯一一处陆陷成海的地震废墟，在世界上亦属罕见。这一明代万历年间的地震遗址的确定，遗存于此的古碑起了重要的作用。在东寨港东侧，还存有许多因原墓在万历年间地震时陷入海底后，后人又重刻的墓碑。如清乾隆十六年（1751）重立的一块地震碑（图59）上所刻碑文为“乾隆辛未年仲冬吉旦自万历年间地震田沉坟茔失祭招请柳上始高曾祖考妣历代坟墓□拙出罗亭祖暇门□按名轮流管耕福祭”。碑文中“万历年间地震田沉”的记载，证实了万历年间地震导致此地陆陷成海的这一历史事实，具有重要的史料和科学价值。此外，在陕西华阴的西岳庙内，还存有明代刻立的《关中地震碑》，记载了明代关中大地震的情况，是研究明代地震史的重要资料。

图59　海南海口东寨港东侧地震碑

在甘肃天水慧音山上的南郭寺内，存有一块刻于清顺治十五年（1658）、现已被古柏所裹的石碑。碑文记载了清顺治十一年（1654）天水发生的8级地震，详述了刚修复不久的古塔的破坏情况，为研究此次天水大地震提供了宝贵的原始资料，具有重要的科学研究价值。在江苏邳州古运河畔燕子埠寨山的崖壁上，存有刻于清康熙七年（1668）的地震碑，碑文记载了康熙七年（1668）六月十七日戌时，徐州及山东一带发生8.5级特大地震的情况，对于研究江苏地震史具有重要的史料价值。

在我国，存世地震碑碣最多的是四川西昌。西昌市地处地质学上有名的攀西大裂谷，地震频率高，强度大，强震往往孤立出现。仅公元前116年到1850年间，就发生过六次6级以上的强烈地震。然而，史书上对这些地震的记载仅片言只语，以数字寥寥带过，恰恰正是在民间百姓为祭祀地震中的受难亲人所立的众多石碑中，颇为翔实地记述了各种地震的有关情况。后来，人们将所收集到的散布于西昌各县的记载地震情况的一百余块石碑，集中陈列于西昌风景如画的泸山光福寺，建成了一个中国乃至全世界都罕有的西昌地震碑林（图60）。这一百多块石碑，记载着西昌地区近千年来大大小小数十次地震的情况。其中许多碑文记载颇详，记有发震时间、震中地区所在、震前预兆、主震情况、余震情况、波及范围、建筑灾情、人畜伤情、地貌变异情况等。例如，对西昌历史上所发生过的三次大地震，明嘉靖十五年二月癸丑（1536 年 3 月 19 日）发生的 7.7 级地震、清雍正十年正月初三（1732 年 1 月 29 日）发生的 6.7 级地震和清道光三十年八月七日（1850 年 9 月 12 日）发生的 7.5 级地震，都记载得颇为详细。

图 60　西昌地震碑林

西昌地震碑林所记载的大量宝贵的地震资料意义重大，我国在建设攀枝花钢铁基地，建立西昌卫星发射中心，修筑成昆铁路和二滩水电站等工程时，都直接或间接地利用了这些石刻档案资料。

用勒石立碑来记录地震这一做法，我国历代都加以继承，直到现在还在应用。例如，1976 年 7 月，河北唐山发生了强度为里氏 7.8 级的地震。这次地震虽不是我国历史上最强烈的地震，却是 20 世纪以来我国遭受损害最大的一次地震。地震发生后，在全国人民的支援下，唐山人民进行了英勇顽强的抗震救灾斗争。为了纪念唐山大地震及唐山人民的抗震斗争，1986 年在现在的唐山市中心广场建造了高矗的唐山抗震纪念碑（图 61），碑的西侧建造了唐山大地震资料陈列馆，为研究唐山大地震提供了宝贵的资料。

图 61　唐山抗震纪念碑

1990 年 4 月 26 日，青海海南藏族自治州境内的塘格木农场发生了强度为里氏 7 级的大地震。地震发生后，在国家和海内外有关组织的帮助下，当地人民展开了顽强的抗震救灾斗争，取得了重建家园、恢复生产的重大胜利，为了纪念这次抗震救灾斗争的胜利，当地政府在塘格木竖立了一座高约 16 米的碑，时任中共中央总书记、国家主席江泽民亲自题写了碑名“四二六抗震救灾纪念碑”，为我国抗震救灾史留下了可歌可泣的一页。

2008 年 5 月 12 日，北京时间 14 时 28 分 04 秒，在我国四川省阿坝藏族羌族自治州汶川县映秀镇发生了里氏 8 级强烈地震，烈度最高达到 11 度，是中华人民共和国成立以来破坏力最大的地震，也是唐山大地震后伤亡最严重的一次地震。汶川特大地震发生后，在全国人民的支援下，汶川人民进行了英勇顽强的抗震救灾斗争，取得了重建家园、恢复生产、开创新生活的重大胜利。为了纪念汶川人民的抗震斗争，纪念在大地震中失去的生命，以及感谢在地震发生之后参与救助和恢复重建的人们，当地政府和有关主管部门在倾倒的震中——原漩口中学教学楼废墟前，建造了“5・12”汶川特大地震纪念碑，于 2011 年 5 月 9 日在纪念汶川特大地震三周年祭典时正式揭幕。纪念碑组雕由巨大的汉白玉雕塑汶川时刻（图 62）和“5・12”汶川特大地震记事碑墙（图 63）两大部分组成，成为铭记和研究汶川地震这场中华人民共和国成立以来最大地震灾害的宝贵记录。

图 62　汶川时刻

图 63　汶川特大地震记事碑墙

第五章

碑刻与水文水利

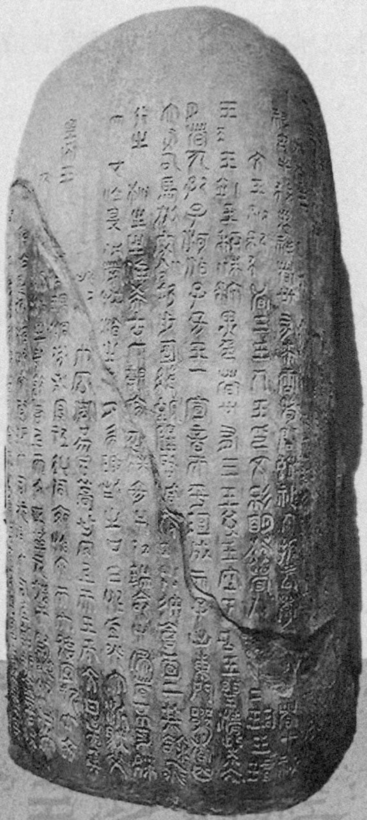

水利是农业的命脉，在几千年以农业为本的封建社会中，勤劳、智慧的中华民族利用江河湖泊灌溉农田、发展航运，十分重视水文测量和水利建设。在我国古代，刻石镌碑被广泛地应用于记录水文测量结果、标示水位变化情况和普及水文、水利知识；同时，历代碑刻也记载了大量古人进行农田水利建设和与水患做斗争的事迹。在我国许多地区，特别是江河湖川较为密集的省市，都留存有众多水文、水利碑刻。这些碑刻为研究我国古代水文学和农田水利建设发展情况提供了宝贵的文献资料，具有重要的史料价值。

第一节　碑刻的水文标尺功用

万里长江从青藏高原奔流而下，自四川宜宾过重庆到湖北宜昌这一段俗称川江。在千里川江中，有多处水下磐石，大小不一，枯水期方露出水面，江水越是枯下，磐石露出的面积越大。传说磐石出水是吉兆，预示五谷丰登，因此这些冬现夏没、在枯水期方显真容的磐石，被沿岸城镇人民视为奇观。每当枯水期，尤其在春季，人们竞相去游览磐石，并在磐石上挥毫题刻，以纪胜游。因此，千百年来，在川江水下磐石上留下了大量题刻。磐石上题刻的文字均系枯水季节刻就，故被称为“枯水题刻”。而当夏天江水暴涨之时，洪水又往往溢出河道，漫进川江及其支流两岸的村庄，水退后，人们往往会在洪水漫及的最高处镌刻上“×年×月水涨至此”等文字，这些记录洪水水位的题刻，被称为“洪水题刻”。

据调查考证，仅重庆至宜昌段的长江水下磐石上，就有江津莲花石、朝天门灵石、巴县迎春石、丰都龙床石、云阳龙脊石、《涪陵白鹤梁题刻》《奉节记水碑》等枯水题刻群 11 处，其中尤以《涪陵白鹤梁题刻》最为著名，保存最为完好，价值最高。

江津莲花石在重庆江津几江镇东门外长江中，靠近北岸，由 36 块大小不同的磐石组成，因俯视状若一朵巨莲，故名。平时磐石大部分淹没于水下，枯水期磐石全部露出水面时面积达800多平方米，石上镌有自南宋至民国的38段题刻，主要是诗歌。

朝天门灵石又称《重庆丰年碑》，在重庆朝天门沙嘴外、长江与嘉陵江交汇处。因石上有东晋义熙三年（407）题刻的《灵石社日记》，故世称“灵石”；相传“灵石”出水是丰年之兆，因而亦被称作“丰年石”。据文献记载，“灵石”上共有15段题刻，以唐人题刻数量最多，其中最早的题刻刻于东汉光武帝时，最晚的题刻刻于清乾隆十九年（1754），在川江诸枯水题刻中，以“灵石”的始刻年代为最早。

巴县迎春石位于重庆巴南区麻柳嘴镇长江边近南岸处，有上、下石之分，两石相距约300米，上石长约50米、宽约18米，下石长约80米、宽约28米，两石上共有宋、明、清人的题刻10段。

丰都龙床石在重庆丰都县城外长江中，靠近北岸，长约28米、宽约13米，石上有宋、元、明、清题刻72段。在龙床石上游“蚕背梁”北侧的“渌水池”旁，有明、清题刻8段。

云阳龙脊石在重庆云阳张飞庙下游，靠近长江南岸，长约200米、宽约10米，冬春枯水时部分露出水面，像龙脊一样，与云阳镇隔水相望，石上原有唐代题刻，今已磨灭无存，现存自宋元祐三年（1088）至清末的历代游客诗人所刻题记170段。据测量，170段题刻中在平均枯水年水位以下的题刻有68段，其中宋代题刻30段，元代题刻1段，明代题刻24段，清代题刻13段。根据对历年平均水位以下的题刻下沿高程的测量，水文工作者获得了53个枯水年份的水文资料。在张飞庙杜鹃亭后的石壁上，有刻于1870年的摩崖石刻“大清同治庚午年洪水至此”，提供了同治年间洪水水位的珍贵资料。这些枯水题刻和洪水题刻反映了长江历史上水位变化的情况，对于研究长江水文史和建设长江上游农田水利具有重要的价值。

《涪陵白鹤梁题刻》（图64）被誉为“水下碑林”，位于重庆涪陵长江北岸。在长约1600米、宽约15米的天然石梁上，古人先后镌刻了18尾石鱼（图65），内有一对唐代镌刻的雌雄石鱼（图66），其腹高大体相当于涪陵地区的现代水文站历年枯水位的平均值。而清康熙二十四年（1685）所刻石鱼的鱼眼高度大体相当于当地水位的零点。这并非巧合，而是古人水文观察相当精确的实证。石鱼无疑是非常宝贵的水文资料，它在事实上成了长江的一个水文标尺，由它可知江水的枯水程度；当地一直存在“石鱼出，兆丰年”的说法，石鱼也是吉祥的象征。因此，“石鱼”也就成为“白鹤梁”的代名词。在白鹤梁上还有唐、宋、元、明、清、民国及中华人民共和国成立后的历代题刻 167 段，共计万余字，其中宋人题刻最多，近百段。在 167 段题刻中有 108 段记有“水至鱼下 × 尺”的水文资料（图 67），文物、水文工作者已据此测定出自唐广德元年（763）至 20 世纪初的 60

图 64　《涪陵白鹤梁题刻》(局部)

图 65　《涪陵白鹤梁题刻》之石鱼

图 66　《涪陵白鹤梁题刻》之雌雄石鱼

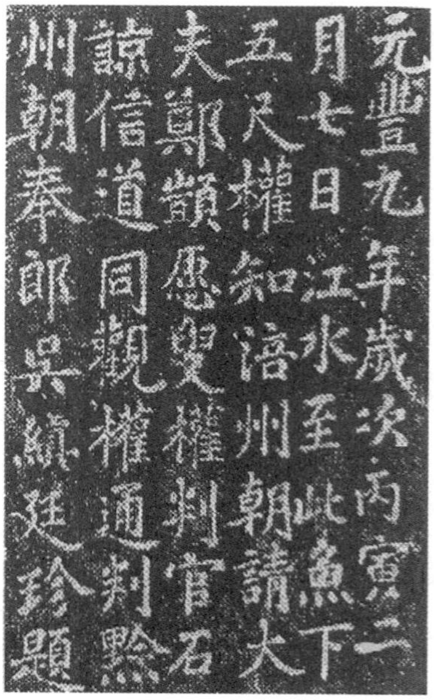

图 67　《涪陵白鹤梁题刻》(局部)

多个有确切纪年的长江上游枯水水位表。从这些水文资料中可知白鹤梁上的唐代雌雄石鱼约每隔十年出水一次，长江水文变化约十年一个周期，最低水位在“石鱼以下十尺”。白鹤梁的珍贵题刻，是研究长江水位变化规律的重要科学资料，对长江航运和防洪抗旱、农田灌溉等都具有特别重要的价值，同时也具有极高的文化艺术价值。因此，白鹤梁被誉为“世界第一古代水文站”，受到国家的高度重视，列为国家级重点文物保护单位。在三峡工程建设中，白鹤梁被淹没，为保护这一珍贵文化遗产，国家修建了世界上首个水下遗址类博物馆——白鹤梁水下博物馆来妥善保护题刻。

位于四川成都平原西部的中国古代著名水利工程——都江堰，是战国末期秦昭襄王时蜀郡守李冰领导群众修筑的，是至今还在发挥重要作用的举世闻名的水利工程，由于都江堰的修建，成都平原沃野千里而无水患，享有“天府之国”的美誉。东汉建宁元年（168），蜀郡陈壹雕凿了李冰等三个石人置于江中，以测水位。1974 年 3 月修都江堰时，在分水“鱼嘴”附近外江里，发现了陈壹所雕凿的用以测量水位的三个石人中的李冰像，并将石像运至伏龙观安放。石像直立，全身圆雕，高约 290 厘米，最宽处约 96 厘米，重约 4 吨，像底有石榫。石像前身上镌有隶书题刻，共三行，中行八字“故蜀郡李府君讳冰”刻在衣襟上，左行十五字“建宁元年闰月戊申朔廿五日都水掾”刻在石像左袖上，右行十五字“尹龙长陈壹造三神石人珍水万世焉”刻在石像右袖上。李冰石像及其题刻的发现，为研究岷江的水位变化情况、保证农业丰收提供了重要资料，具有重要的价值。此外，都江堰后，背枕玉垒山祭祀李冰父子的二王庙中，还珍藏着历代治水格言、诗文碑刻及著名的由李冰总结出来的治水《八字法》《三字经》《六字诀》（图 68）等碑刻。这些碑刻对于研究我国古代的水文学和农田水利建设具有重要的科学价值。

图 68　都江堰李冰治水六字诀碑

图 69　吴江水则碑

江苏《吴江水则碑》（图 69）是与重庆《涪陵白鹤梁题刻》齐名的古代水文碑刻。河道、湖泊的水位高低涨落变化，与洪涝干旱、农田灌溉密切相关，因此我国古代劳动人民在许多河湖水涯竖置了水则碑，作为测量水位高低的标尺，来观察水位涨落，掌握旱涝情况。据记载，在江苏句容赤山湖、浙江绍兴鉴湖等处的灌溉工程旁原来都有水则碑；太湖地区原来也有很多古代设置的水则碑，据《吴中水利全书》记载，宋徽宗宣和二年（1120），官府对这个地区所有的自来蓄水、灌水、通舟情况都进行了周密的勘察，竖立了水则碑。但历经千年沧桑变化，现保存下来的已寥寥无几。《吴江水则碑》则是其中保存比较完整的。

《吴江水则碑》原立于宋代宣和二年（1120），碑共分两块，分别立于苏州吴江东门外垂虹桥上垂虹亭北左右。水则碑的"则"，即是古人用来测定水位高低的刻道，一刻道为一则，则又分为横则和直则，《吴江水则碑》的两块碑就是一横一直。横道水则碑"高七尺多"，碑上有横线七道，即七则。由下至上，第一则最低，第七则最高。沈启《吴江水考》卷二记载，根据当时吴江县的地势，水位至一则，高低田都不淹；水位至二则，极低田淹；水位至三则，稍低田淹；水位至四则，下中田淹；水位至五则，上中田淹；水位至六则，稍高田淹；水位至七则，极高田淹。假如某年水至某则为灾，就在本则刻记某年洪水至此，如在六则上刻有"大宋绍熙五年水到此"，七则刻有"大元至元二十三年水到此"等字样。直道水则碑"长七尺多"，碑面刻上下两大横道。上横六直，每直为一个月，刻正月至六月，一个月下划为三小则，每一小则为一旬（十天），分上、中、下三旬；下横亦六直，每直为一个月，刻七月至十二月，一个月下亦划为三小则，每一小则为一旬（十天），分为上、中、下三旬。上下两大横道共刻十二个月三十六旬。水则碑实际上是测量全县湖水涨落的一个标尺，虽不能精确地测出水位高低的数字，但大致上能反映出水位升降情况。横道水则碑主要用来观察全县农田水淹的情况，在发大水时，官府听到各方报来的灾情后，只要查看一下横道水则碑水至哪一则，就可以验证估算出农田被淹面积，再据此推断免税、减税或征税的等级，酌情收取田赋。直道水则碑主要用来观察和记录某年某月某日水涨落情况，管水人员负责观察，每旬把涨落到某则的水情向官府报告，当水痕达到某则产生水灾时，就在碑上刻上某年某月某日水过则，作为历史记录。从《吴江水则碑》的形制看，它用以记载水位的方法，比古代常用的水位测算法更为严密、进步和简便，其所测报的水情，也比古代所使用过的石元宝、石乌龟、石鱼等更为准确和方便，是我国古代水文测量的一个重要实物例证。但遗憾的是，由于年代久远，到清代乾隆十二年（1747）时原宋代所刻的两块《吴江水则碑》已亡佚无存。现苏州碑刻博物馆保存的水则碑，是清代光绪二年（1876）重新仿建，尺寸与宋碑等同。

水则碑对于我国的水文学研究和农田水利建设具有重要的价值。相关领域学者通过对《吴江水则碑》所载水灾变化的专题探讨，已正确测出水则碑各则所表示的具体高度。测得每则之间高度为 0. 25 米，以位于苏州城东的吴淞江基面为准，六则高程为 4. 23—4. 48 米，五则高程为 3. 98—4. 23 米，四则高程为 3. 73—3. 98 米，三则高程为 3. 48—3. 73 米。上海勘测设计研究院通过对《吴江水则碑》的研究，推算出了太湖的历史洪水发生情况，指出从 1194 年起至 1954 年止的 760 年中，六则以上的洪水有 15 年，其中包括最高洪水位七则的 1286 年。若以最高水位而言，吴江水位在这 760 年内，达六则以上的有 17 次，达五则以上的有 29 次。这些详细的数据资料无疑能帮助我们更进一步了解太湖地区各历史时期的灾情和雨量变化，更好地治理太湖，对搞好太湖地区的农田水利建设具有重要的参考价值。

图 70　平字则水碑

在河流纵横交错的江浙其他地方也有水则碑，只是有些地方不称水则碑，而称为则水碑。如 1999 年在浙江宁波月湖历史文化景区古平桥河河道里，始建于南宋开庆元年（1259）的平字则水碑亭遗址中，发掘清理出了《平字则水碑》和则水碑碑亭的额枋、柱子、屋面、斗拱、脊、吻兽等石构件。碑亭为四柱五脊顶，亭中存有两块《平字则水碑》（图 70），一块为明嘉靖十二年（1533）重立，一块为清道光二十六年（1846）重立。碑文记载了 1259 年州官吴潜重视实际调查，亲自勘测沿海各闸所在河段的水位与农田水位之间的高程关系，测得平原地区月湖平桥的水位，将明州（宁波的古称）城西、城南等水位统一换算为平桥处水位的事件。平字碑实际上是用以测水的标尺，水淹“平”字则通知各地开匣泄水；水位线低于“平”字则立即命令闭闸积蓄淡水。经现代科技测量，“平字碑”上“平”字笔画第一横上缘的海拔约为1.62米；第二横上缘约为1.36米，“平”字竖道的最下端约为1米。据分析推测，第二横为当时的常水位线，与现在的常水位基本相符。从中可以看出，《平字则水碑》的水位测量技术在当时已达到相当高的水平。“水则碑”在我国古代的水文测量中具有重要的作用和科学价值，2013年，此碑被国务院列为全国重点文物保护单位。

第二节　碑刻对研究中国古代水利建设的重要价值

江苏河渠众多，许多地方存有不少记载古代水利建设情况的碑刻。徐州铜山存有明代的《疏凿吕梁洪记碑》。吕梁洪是古彭城（徐州古称彭城）著名三洪（秦梁洪、百步洪、吕梁洪）之一，是通往江淮的重要漕运港口，当时每年由江淮逆水经吕梁洪运往京城的粮食达四百万石，疏浚吕梁洪工程是明代嘉靖年间朝廷的重点项目。《疏凿吕梁洪记碑》刻于嘉靖二十四年（1545），碑高约2.6米、宽约1米，碑文记载了疏浚吕梁洪漕运枢纽工程的情况，由当时的吏部侍郎、国子监祭酒徐阶撰文，著名书法家文徵明书写，书法俊秀端丽，笔画疏密匀称，结体温和圆雅，布局法度谨严。此碑具有很高的书法艺术价值，同时对研究明代水利航运也具有重要意义。

在江苏吴县[①]唯亭镇（今唯亭街道）始建于北宋至和二年（1055）、重建于清道光十五年（1835）、重修于1978年的乙未亭中，存有清道光十五年（1835）刻立的《重建至和塘乙未亭记碑》，碑文记述了清道光年间重修至和塘（古称娄江）堤的经过，由江苏巡抚陈銮撰文，苏州府海防同知杨承湛书写，吴门毛上珍镌刻，是研究吴中农田水利建设情况的重要资料，具有较高的史料价值。

---

① 1995年撤销吴县，设吴县市。2000年撤销吴县市，改设苏州市吴中区和相城区。

江苏苏州城中景德路、城隍庙工字殿内遗存有清嘉庆年间的《苏郡城河三横四直图碑》。该碑碑阳刻有苏州地方官撰写的《重浚苏州城河记》，碑文记载了清嘉庆元年（1796）八月至次年五月苏州城内全面疏浚河道之事。该碑碑阴刻有《苏郡城河三横四直图》，在图的上部刻有说明文字《苏郡城河三横四直图说》。碑上所刻之图，详细标明了苏州城内以三横四直为骨干的河道及主要桥梁的分布，还绘有城墙、城门和城中主要建筑物。按图所绘之河道，各段宽深排浚尺丈，均逐一记载，作为以后河道疏浚的准衡，并以备日后修志采录。《苏郡城河三横四直图说》则详细说明了苏州城内河道的来龙去脉、起止分合、流向等情况，强调居城中央河道的重要性。通过此图碑，可以得知当时苏州城内水道网络的状貌，而且从碑尾下角的记载可以得知，当时苏州疏浚河道长八千一百四十一丈〇二寸，出土二万五千五百五十九点九七立方米，共耗银二千一百五十九两四钱三分七厘。疏浚后的河道比之明代隆庆、万历年代的宽狭不等状况又有了改进，这对清嘉庆时期促进苏州城内的水网交通运输及城郊农田灌溉、繁荣经济起了重要作用。《苏郡城河三横四直图碑》为研究清代苏州城内水道变迁、交通运输及城郊农田水利等情况提供了具体的资料，具有重要的价值。

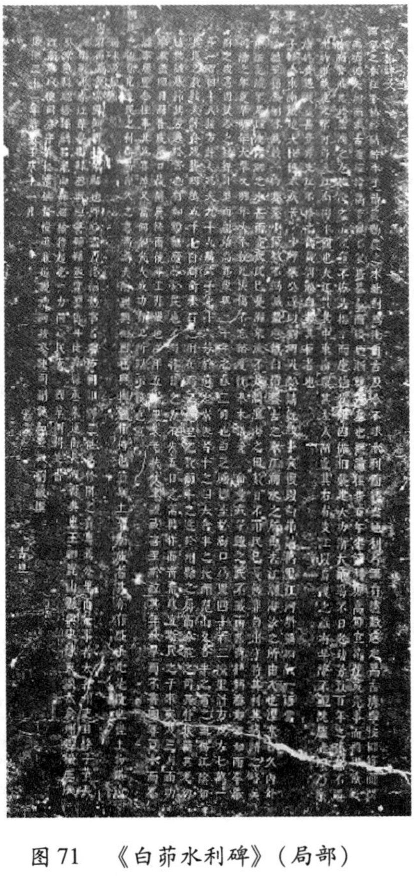

图71　《白茆水利碑》（局部）

常熟的《白茆水利碑》（图71）也是江苏地区颇为著名的一块水利碑刻。白茆位于常熟东境，历来为水利重港，吴中许多河流都从此处流入江海。但因其濒临海口，受潮汐影响很大，故易于淤塞。一旦淤塞，则夏涝不能泄，秋旱无水用，给这一地区的农业生产和水路交通运输造成很大困难，百姓备受灾苦。常熟地区是重要的产粮区，也是当时国家税赋的重要来源，因此自宋元以来，历代都很重视白茆河港的整治，特别是明清两朝，曾屡派户部尚书夏原吉、侍郎徐贯、巡抚海瑞等亲临督浚，由此而留下了不少碑刻。《白茆水利碑》刻立于清康熙二十一年（1682），由苏松常镇督粮道兼按察使司副使刘鼎撰文。碑原在常熟东张镇，现藏于常熟碑刻博物馆。碑文记载了康熙二十年(1681)，江苏布政使慕天颜组织常熟、太仓、无锡、江阴等地民众再次合力疏浚白茆河港之事。据碑文内容记载，此次整治共疏浚支塘至海口全长四十三里的河道，共用民夫九十九万六千余工，工程相当浩大。疏浚后常熟地区的农田灌溉和水路交通运输得到很大改善，百姓均欢欣雀跃。此碑为研究清代苏南地区的农田水利建设和农业生产发展情况提供了颇有价值的实物资料。

浙江也遗存有不少古代水文记载和水利建设碑刻。例如在始建于南朝梁大同十一年（545），后几经兴废和大修、重建的纪念我国古代治水英雄大禹的禹庙的碑廊里，藏有唐、明、清历代碑刻六十余块，其中有不少水文、水利碑刻。继东汉马臻以来的又一位造福绍兴人民的水利功臣、明代成化年间绍兴知府戴琥撰写的《戴琥水则碑》即是颇为著名的一块。这些水文、水利碑刻是研究了解我国历代人民与水患做斗争、进行农田水利建设情况的宝贵史料。又如，1997 年在浙江仙居县田市镇谷岙村，发现了一块由明朝初年潘邑所刻制的大型运河图刻石，这块运河图刻石平放在谷岙村的潘氏宗祠前，长宽各约 1. 5 米，为正方形，由三块平整厚重的石板拼合而成。碑面无字，上面镌刻着一条脉络分明的形似河渠、水闸的图形。该图形象而清晰地再现了明朝永乐九年（1411）疏浚大运河后，从山东临清到济宁两百余公里的会通河段水势运行情况，为全国所罕见，是极为珍贵的文物，对于研究大运河的演变历史和我国的交通史及运河沿岸的农田水利建设情况，都具有重要的价值。

安徽位处长江中下游，河道交错，湖泊众多，所遗存的古代水文、水利碑刻也颇丰，除在位于长江边的和县的西梁山临江崖壁上，遗存有刻于明万历三十六年（1608）的“洪水至此”七处摩崖石刻外，在安徽的一些著名古代水利工程所在地，也都遗存有珍贵的水文水利石刻。

安徽寿县城南三十公里处的安丰塘（古名“芍陂”）初建于春秋时期，是一座蓄灌兼用的大型水利工程，直到现在还在发挥作用，其蓄水库容近一亿立方米，水面面积二十四平方公里，自流灌溉农田达六十三万亩，被誉为“神州第一大塘”“塘中之冠”。据《汉书・地理志》和北魏郦道元《水经注》记载，安丰塘是春秋时期楚国丞相孙叔敖所造，是我国现存的最古老的一座蓄水灌溉工程，比著名的都江堰还要早几百年。早在两千五百多年前我们的祖先即已认识到江淮湖区特有的地形条件和水利条件，上引龙穴山以西的花水和淠河丰富的水源，建造成这样一个大型的平原水库，灌溉下游广阔的淠东平原，其选址之科学，工程布局之合理，受到中外水利专家的高度认可。1988 年，安丰塘被列为全国重点文物保护单位。现在安丰塘北端的孙叔敖祠的旧址中遗存有古碑十三块，除孙叔敖像碑和传略碑刻外，还有镌刻安丰塘地理位置、水源及灌区农田分布情况的《安丰塘灌区石刻图碑》和管理灌区的《六禁止碑》，以及历代重修安丰塘碑，其中有清代著名书法家梁巘书写的《重修安丰塘记碑》。这些碑刻，不仅对研究我国古代著名水利设施安丰塘有一定的价值，同时也可从中清楚地了解淮河流域光辉的治水历史，是研究了解我国古代农田水利建设情况的重要资料，具有很高的科学价值和史料价值。

安徽舒城县城西南七门山下的七门堰也是我国古代著名的水利工程。据史籍记载，七门堰最初系汉高祖七年（前 200）由食邑于舒城的羹颉侯刘信修建，先后两次共在七门岭下筑三堰，谓之“七门三堰”，灌溉面积十万亩，后损坏荒废。东汉建安五年（200）扬州刺史刘馥循刘信故迹，修复七门堰，灌溉面积十五万亩。明宣德年间县令刘显又对七门堰再次加以疏导修浚，进一步扩大了灌溉面积，并制定了用水办法和管理制度。现在七门堰堰口的“三刘祠”旧址中，遗存有记载刘信、刘馥、刘显修筑“七门堰”经过、纪念表彰“三刘”治水功绩的碑刻，为我们研究我国古代著名水利工程“七门堰”及当地农田水利建设情况，提供了有价值的历史资料和科学资料。

位于我国历史文化名城安徽歙县渔梁村的渔梁坝，是具有千年悠久历史的水利工程，是我国现存最著名的古代滚水坝。渔梁坝初建于隋末唐初，南宋绍定年间，明代弘治、正德、万历、崇祯年间，清代顺治、乾隆、光绪年间曾屡加维修。渔梁坝建筑精坚，结构巧妙，选材讲究，规模宏大，坝长约 138 米、底宽约 27 米、顶宽约 6 米、高约 4 米，是我国古代滚水坝的典范工程。据明弘治《徽州府志》、清康熙《徽州府志》、清乾隆《歙县志》等地方史志记载，渔梁坝建造后，发挥了缓水势、制水患、便舟楫、利灌溉、拦洪蓄水、截沙挡泥、保护上游两岸河堤安全和太平桥脚的稳定等多方面的功用，对当地社会和经济的发展起了重要的作用。宋代以来曾刻立了不少碑石，以记载渔梁坝修建及造福地方之事，现在坝南的山坡上仍遗存有一块明万历三十三年（1605）的修坝记事碑，为我们研究、了解渔梁古坝和当地的农田水利建设情况，提供了宝贵的历史资料和科学资料。

山西所遗存的古代水文水利碑刻数量也较多，1989 年在晋中介休东南狐岐山麓的源神庙内建立起了我国第一个水利博物馆——洪山水利博物馆。现庙内收存有北宋至今千年来的水文水利碑刻数十块，其中北宋大中祥符元年（1008）的《源神碑》是现存的全国最早的水文水利碑刻之一。这些碑刻是研究山西水利史的宝贵资料，具有较高的科学价值和史料价值。除收存于洪山水利博物馆的水文水利碑刻外，在山西其他地方也散存有不少水文水利碑刻。如山西洪洞县城霍山之麓的霍泉，其水流量每秒四立方米，可灌溉十余万亩农田，是洪洞、赵城两县农田灌溉用水的重要来源，当年为解决两县争水纠纷，在水源池塘海场前建立了分水亭，亭下用铁柱分隔十孔。现碑亭内所遗存的水利碑刻，碑阳镌刻着记载分水情况的碑文，碑阴镌刻有分水图，为研究了解历史上洪洞、赵城地区农田水利建设情况提供了有价值的资料。

福建莆田木兰山下的木兰陂，是初建于北宋治平元年（1064），历经二十年先后营筑三次，于元丰六年（1083）竣工的一座大型水利工程，也是我国现存最完整的古代大型水利工程之一。其陂首为用巨块花岗石纵横钩镇垒筑而成的堰闸式滚水坝，长约220米，陂墩33座，各高7米，置有32孔闸门，南北两端，建有总长500多米的导流堤，自此开出南北干支渠120公里，沿线建陡门和涵洞300多处，具有引水、灌溉、排涝、蓄洪、挡水等综合利用的功能。九百多年来，木兰陂滋润着莆田南北洋平原的广阔沃野，对当地农业生产和社会经济的发展起了重要的作用。在陂头南岸为纪念建陂先贤而修建的协应庙（现为木兰陂纪念馆）旁的碑廊，现存有明清以来的历次修陂碑和1962年冬郭沫若参观木兰陂后所写的《咏木兰陂》诗碑，这些碑刻为研究了解历史上莆田地区农业水利建设情况和中国水利史提供了宝贵的资料。

河北临漳西南邺城镇一带是战国时期著名的邺城所在地。邺城之所以闻名于世，系源于西门豹投巫于漳河，铲除河伯娶妇之害，大兴水利这一千古佳话。邺城建于春秋齐桓公时，战国时是魏国邺县治所。由于邺城的地方官吏与巫祝（掌祝祷者）相勾结，利用漳河水患欺骗百姓，大搞“河伯娶妇”的骗局，对百姓进行敲诈勒索，残害人命，致使百姓“持女远逃亡，以故城中益空无人，又困贫”。魏文侯时，西门豹出任邺令，他揭穿了“河伯娶妇”的骗局，投巫于河，严惩坑害百姓的巫祝、三老（掌教化的乡官）、廷椽（辅佐县令的官员），革除迷信陋习，并亲自率人跋山涉水，勘察漳河两岸地形，发动百姓在邺城周围开凿了十二条渠道，既治理了漳河的水患，又灌溉了农田，解决了邺城周围缺水的问题，大大促进了当地经济和社会的发展。为了纪念西门豹治理漳河水患，改变邺城贫困面貌，造福于民的不朽功绩，后人为他建祠立碑。现在临漳邺城的西门豹祠庙遗址中，还保存有宋、明、清时刻立的三块石碑。其中宋代遗存的《西门大夫祠碑》（图72、73）刻于宋仁宗嘉祐二年（1057），碑高1.7米、宽0.9米、厚0.18米，由当时的邺令马益之兄马需撰写碑文。碑文记述了西门豹出任邺令时破除迷信、投巫漳河、兴修水利、发展生产的历史功绩，为研究战国时期著名政治家、水利家西门豹的生平事迹和历史上的漳河水患及漳河流域的农田水利建设，提供了重要的史料。

图72　西门大夫祠碑（一）

图73　西门大夫祠碑（二）

河南是历史上黄河水患最严重的地区，自古以来河南人民在与水患做斗争的过程中，留下了不少记述大兴水利的碑刻，其中最为著名的是《河南水利图碑》。此碑刻于清乾隆年间，碑高0.88米、宽1.62米、厚0.2米，至今碑体完好，图文清晰。碑面所刻内容分为两部分，碑右镌刻开、归、陈、汝四府所属各州县河渠综合图，并注明河渠发源、流向、宽度和深度，此图即是当年疏浚河渠的记录；碑左镌刻河南巡抚胡宝瑔所撰写的碑记，记述了乾隆二十二年（1757）豫东涝灾后大规模兴修水利的情况。此碑为研究黄河水患和河南黄河流域地区的农田水利建设提供了宝贵的资料，具有重要的史料价值。

位于新疆阜康博格达峰脚下半山腰里的天池，是一个形成于二十万年前的高山冰碛湖。天池海拔1980米，湖面呈半月形，长3400米，最宽处约1500米，面积近5平方公里，平均水深40米，最深处可达105米。天池自上古至隋无正式名字，被当地牧民称为“海子”，由于其景色奇雄异伟而神秘幽美，在唐太宗时就誉称为“瑶池”，自宋至清，曾有冰池、龙湫、龙潭、神池诸称。清乾隆四十八年（1783），驻乌鲁木齐都统明亮亲率部众，攀登博格达峰，找到了这个当时被称为

"神池"的高山冰碛湖泊。为了解决当地干旱缺水问题，他命人在神池上凿开泄水口，引水下山，灌溉农田，并刻立了《灵山天池疏凿水渠碑记》。在碑文中，他记述了"神池"的历史沿革及发现神池和引用神池之水灌溉农田的经过。他在碑文中写有"见神池浩森，如天镜浮空"之句，借"天镜""神池"之意而将其简称为"天池"，"天池"之名即由此而来。《灵山天池疏凿水渠碑记》为研究"天池"历史和天山地区农田水利建设情况提供了重要的史料。

广西兴安县城的灵渠，系公元前223年秦灭楚后，为求统一岭南而下令兴建，历时九年才建成的沟通湘桂两省的人造河流，因其是利用漓江支流灵河的始安水开凿的运河，故名灵渠，又称为湘桂运河或兴安运河，是我国古代伟大的水利工程之一。灵渠沟通湘、漓二水，连接长江与珠江两大水系。在湘江中，用"人"字坝和长方形石料叠砌成铧嘴状的灵渠分水设施，将湘水分成南北二渠，然后分别注入湘、漓二江。为提高水位，以利船只通行，在水浅流急处兴筑了"陡门"。陡门是我国历史上最初出现的船闸，是全世界最早的运河通航设施。直到清代，仍留有陡门三十二扇。灵渠的建成，对便利长江和珠江的水运交通、灌溉兴安的大片农田、促进岭南和中原经济文化的发展交流、促进国家的统一都起了十分重要的作用。现在渠畔的四贤祠中，存有修灵渠碑六块，其中元代一块，清代五块；渠旁石山崖壁上也镌有众多题刻，其中有明代严震直撰书的《修渠记》。这些修渠碑刻为研究灵渠的历史及灵渠在岭南交通、水利诸方面的作用提供了重要的资料，具有很高的史料价值。

位于陕西汉中褒河谷口的山河堰①，世传为西汉开国功臣萧何创修，由继萧何为相的曹参落成，因而又称"萧何堰"或"萧曹堰"，是我国古代著名的水利工程，自汉以来，民赖其赐，在当地农业生产发展中起了重要的作用。特别是到南宋时期，汉中成为西北抗金前沿阵地，大批军队驻扎于汉中，为满足军粮需要，以"饱吾师，强吾国"，发展军屯以助军需，成为当务之急，故历任边帅都十分重视山河堰，屡兴修治之役。由于此举在当时具有重大意义，每修治竣工后，就刻石立碑以记其事。所以，在褒河谷石门附近留下了许多有关记述两宋时山河堰修复工程的碑刻和摩崖。如见诸史料记载的有北宋庆历间窦充撰文并书写的《修汉

---

① 褒河，古称褒水。宋王象之《舆地纪胜》云："褒水又名山河水。"引山河水灌田所修之堰，故名山河堰。

曹相国庙碑》；北宋嘉祐三年（1058）“提举常平史炤奏上堰法，获降敕书，刻石堰上”；南宋乾道元年（1165）杨绛撰写的《汉中新修堰记摩崖》；南宋乾道七年（1171）阎苍舒撰书的《重修山河堰记碑》；南宋绍熙五年（1194）晏袤撰书的《山河堰落成记摩崖》和《山河堰赋碑》等。但因历经兵燹水患、水库淹没，沧桑变迁，大多碑刻均已亡佚损毁，现仅存阎苍舒《重修山河堰记碑》的两块残石和凿迁于汉中市博物馆的石门十三品之一的晏袤《山河堰落成记摩崖》。

《重修山河堰记碑》（图 74、75）于宋乾道七年（1171）刻竣后，嵌于山河堰二堰东侧的萧曹祠壁间，宋末，该祠毁于洪水，此碑遂湮没。现存于汉中市博物馆的这两块残石，系 1982 年出土于汉中河东店小学，两石均 50 厘米见方，厚 15 厘米，因漫漶泐甚，仅剩一百八十三字可识读。根据残石推算，原碑高约 1.3 米、宽约 2 米。据《汉南续修郡志》载录，《重修山河堰记碑》碑文的正文共九百字，详细地记述了自北宋时期四川宣抚使王炎和兴元府知府、利州路安抚使吴拱受旨发役重修山河堰之事。此次重修自乾道六年（1170）十月起，到乾道七年（1171）正月毕，前后历时四个月，工程浩大，官府出资三万余缗，征召长岁水夫、动员官军民兵共一万四千余人，总共用工五十三万五千余个。整个工程“尽修六堰，浚大小渠六十五，复见古迹，并用水工准法修定”，又新增修堰埂（拦河坝）两道，“皆精坚可永勿坏”，还在主堰渠上开挖了排洪渠道，用条石垒砌加护

图 74　重修山河堰记碑残石（一）

图 75　重修山河堰记碑残石（二）

堰渠堤坡，开分水闸口九十九个。经这次修复后，六堰袤长一千二百五十步，堰渠总长一万一千九百四十步，与旧渠相比“深广倍之”，可灌溉南郑、褒城农田二万三千三百亩，不仅解决了当时军民所需，也为尔后的汉中农田水利建设奠定了坚实基础。经历代的多次修复，山河堰至今仍在发挥着灌溉作用。《重修山河堰记碑》对于研究宋代水利史及边防军事情况都具有重要价值，同时也具有很高的书法艺术价值，弥足珍贵。

陕西西安碑林中收藏着刻于明嘉靖十四年（1535）的高约 176 厘米、宽约 97 厘米的《黄河图说碑》和高约 47 厘米、宽约 63 厘米的《小黄河图说碑》，两碑内容完全相同，系明湖广麻城人刘天和以右副都御史奉命总理河道时撰文并主持绘制。碑首为半圆形，内刻长方形碑额，篆书“黄河图说”四字，碑上镌刻有黄河流经的河南、山东、安徽一带地图，左上角刻《国朝黄河凡五入运》，内刻《古今治河要略》，右下角刻《治河臆见》，款署“嘉靖乙未夏四月”和刘天和的署名。碑文如实详细记述了明代黄河五次夺淮入运河为患的事实，记录了人民群众筑堤建坝、分流疏浚、抗灾自救的英勇事迹，为研究黄河水利史提供了重要的实物资料，具有很高的历史价值。

诸如此类的水文水利碑刻不胜枚举。这些碑刻以具体、确凿的事实形象地展现出了一幅幅我国历代人民为战胜旱涝水患进行顽强斗争的场景，如不苛求其系统性、完备性，从一定意义上来讲，这些碑刻实际上就是我国古代的一部石质水利建设史。

第六章

碑刻与环境保护

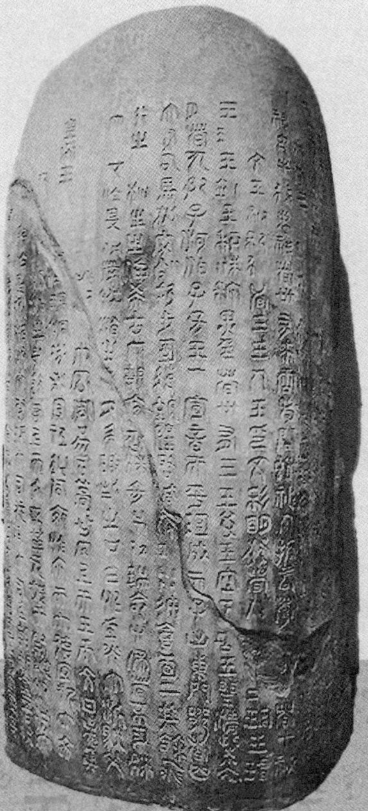

我国儒家等先贤历来十分注意“天道”和“人道”、“自然”和“人为”的关系，主张“天人合一”，强调“人”与“天”（自然）之间要和谐协调，重视保护自然环境，维护生态平衡。为了宣传和提倡保护环境，约束人们破坏自然环境的行为，历朝历代的人们刻立了许多关于保护水资源、森林、野生动物等的碑刻，对保护自然，防止污染，保持生态平衡，美化环境，造福子孙后代，起了积极的作用。

第一节　碑刻在保护水资源中的应用

水是生命的源泉。古人为了防治污染，清洁水源，以达到“祛病延年”的目的，历来十分重视水资源的保护，使用了许多方法。刻石立碑是常用的方法之一，或以之警示世人，或记载治理污染的事迹和方法，给后人以启迪和教益。故至今仍遗存有许多为保护泉水、井水、河水等水资源而刻立的石碑。

原位于北京万泉庄的泉宗庙，在清代是与圆明园、清漪园（今颐和园）、静宜园（今香山公园内）并列的“国朝苑囿”，又是和玉泉山齐名的泉淙胜境，不仅建有庙宗轩楼和园林行宫，还有许多泉水，其中大的泉水有二十八处。据《日下旧闻考》及有关地方史资料记载，为保护这些泉水及周边的自然环境，造福于世，乾隆皇帝亲自为二十八处泉取了“大沙泉”“小沙泉”“沸泉”“滮泉”“锦澜泉”“屑金泉”“松风泉”“桃花泉”“浣花泉”“月泉”等优美动听的名字，还为每一处泉水都刻立了一块碑碣，昭示人们要好好保护泉水，使泉水能永世长存。当年乾隆留下的这些碑碣的残石，展现了几百年前的环境保护先见，这对增强后世之人的环保意识也颇具鞭策意义。

在历代遗存的众多保护井水和河流水道的环保碑刻中，江苏连云港发现的两块石碑尤为值得一提。在连云港海州有一口开凿于明代的古井，名为“双龙井”，尽管该井开凿迄今有五百六十多年之久，但其水质仍相当良好。井旁立有一块刻于明嘉靖十九年（1540）的《明曹忠重修大井记碑》（图 76），碑文云：

图 76　江苏连云港双龙井和明曹忠重修大井记碑

……自景泰时州守董公凿井于兹。冽寒名泉，民赖以食。岁久堤溃，行潦横流，汲者濡足其间，而冽且寒者，乃淆诸物。州守郑公命修复治。疏渠出污，决淤浚源，围以厚土，甃以大石，堤防曲至，规模肇新。虽霖雨盈，浍而坎口高突，浊流无从入焉……

从碑文中得知，当时人们为保护双龙井，使其水质保持纯净，不受污染，采取了两条措施：一是“疏渠出污，决淤浚源”，从而净化了水源；二是“围以厚土，甃以大石”，又从根本上杜绝了污染。这两条措施既治标又治本，古井也就不会受到污染，能够五百多年来保持水质良好。《明曹忠重修大井记碑》不仅在当时起到了保护井水不受污染的作用，也为后人提供了如何治理污染以保护水井水质纯洁的有益经验，具有很高的价值。

连云港海州南城的另一块环保碑刻，价值更高。此碑刻于清光绪三十年（1904），碑高约 100 厘米、宽约 36 厘米，碑文正楷书写，竖刻：

公议：桥下水道，毋准委弃污秽泥土，违者每担罚洋壹圆。

光绪三十年三月，谷旦。

这实际上是当时民间经公议而形成并颁布施行的一块“环境保护法规”碑。在一百多年前我国民间就有了这样的“环保法规”，是颇为难能可贵的，它生动而有力地证明，历史上我国人民早就具有很高的环保意识，并为保护自然环境进行了不懈的努力。此碑对于研究我国的环境保护史无疑具有重要的史料价值。

第二节　碑刻在保护林木中的应用

林木与人类密不可分、休戚与共，保护林木就是保护人类的生存环境。我们的祖先早在千年以前就认识到了这一重要的科学真理，十分重视对林木的保护，为之采取了种种方法，刻立护林碑即是广为使用的一种重要举措。

在历代遗留于世的古代护林碑中，现知所存最早的是刻于北朝时期，由一代书圣郑道昭书写的“道士谷”摩崖石刻《进山告示》。此石刻位于山东莱州城东的著名全国重点文物保护单位大基山中。大基山绿树溢翠，谷地深邃宽阔，是元代成吉思汗敕封的“国师”、全真道七真人之一丘处机等历代道家建观修炼之处，故被当地百姓称为“道士谷”。就在进入道士谷的天然门户——大基山西南角豁口的摩崖上，镌刻着郑道昭在任光州刺史时所写《进山告示》，其碑文曰：

> 此大基山内中明□及四面岩顶上，荥阳郑道昭扫石置五处仙坛。其松林草木有能□奉者，世贵吉昌，慎勿侵犯，铭告令知也！

碑文为魏碑体，除有两个字残泐难以辨识外，其余皆镌刻如新。此摩崖碑刻笔力雄健，刚中含柔，古朴俊雅，拙中藏奇，风韵超迈，具有极高的书法艺术价值。更为令人叹服的是，碑文告诫人们切勿损坏山上谷中一草一木所表达的强烈环保意识。据碑文中所提及的“五处仙坛”之一的“中明之坛”所记，摩崖石刻《进山告示》的镌刻时间是“岁在壬辰”，即北魏宣武帝永平五年（512），距今已有一千五百多年。我们的祖先早在一千五百多年前就认识到只有保护好树林草木，人类才能“世贵吉昌”，这是极为难能可贵的，对于后世无疑具有深刻的借鉴启迪意义。

宋代十分重视用刻石立碑的方法来保护林木，所刻立的许多护林碑发挥了重要的作用。

陕西黄陵桥山是中华民族始祖轩辕黄帝陵寝所在地。此地原是荒山秃岭，自汉唐以来，人们怀着对黄帝的崇敬之情开始在这里种植柏树。但此处属黄土高原，土质松散干旱，又遭雨水破坏，汉唐所植之柏成活率不高。北宋嘉祐六年（1061），祭陵人员将在黄帝陵见到的情况报告给了仁宗皇帝，宋仁宗随即降旨坊州（今黄陵县），命发动当地民众在黄帝陵及其周围植柏一千四百余株，并要求派专人守护。地方官府为了所植之柏成活并不遭砍伐破坏，便特地选派了三名专职护林员守护。为了责任到人，地方官府又特地将宋仁宗的圣旨刻石立碑，并将三名护林员寇守文、王文政、杨遇的名字全部刻于碑上。碑文明确规定免除他们三人一切徭役，同时又规定如三人护林失职或其他人胆敢砍伐破坏黄帝陵的林木，那就要遭到严惩，甚至有杀身之祸。《栽种松柏圣旨碑》（图77）是我国现存最早的关于保护黄帝陵和保护林木的官方文件，虽迄今已有近千年，但碑的上半部分仍基本保存完好。其碑文如下：

图77　栽种松柏圣旨碑

知坊州王扬庭奏：伏睹《先天记》具载：圣祖天尊大帝再降为轩辕黄帝。按《图经》有桥陵，黄帝葬衣冠处。及唐大历中，置庙于州北桥山下。开宝中移□□□取索到本州界小松柏约一千余根，共估价钱拾贯足□□□上栽植，欲乞特降指挥施行□栽了日，许坡近便中等已下不栽。

敕旨。右奉圣旨，宜令坊州依所奏施行，如栽种数目□□□户内，差叁户巡守。札付坊州。准此。

嘉祐六年正月二十八日，本州已依□项圣旨，指挥差人栽种到松柏树大小一千四百一十三根，差寇守文、王文政、杨遇等三户巡守，仍免差役并粮税。圣祖庙道士任维素、常切提举照管及具状申报。

朝奉郎守尚书都官郎中知坊州军州管内农事军赐。(下阙)

此碑的刻立对保护黄帝陵的林木起了重要作用，自此以后，黄帝陵四周葱茏起来。在元泰定二年（1325），泰定帝颁布保护黄帝陵庙敕令，并再次刻立《禁伐黄陵树木圣旨碑》，保护轩辕庙建筑、禁伐黄帝陵树木。正因为如此，到清代时，黄帝陵及其周边地区已是满山葱翠浓郁的柏树。正如清代诗人所描绘的那样："古柏参天黄帝陵，苍烟缭绕晓风轻。龙盘万代开王会，凤历千秋肇大清。""满山翠柏望桥陵，上有仙台垒九层。夜夜唯留明月照，年年只见白云兴。"

江西婺源是南宋著名理学家朱熹的故里，城西南的文公山上葬有朱熹的祖坟。南宋绍兴二十年（1150）二月，朱熹从福建返回故里，于二月十二日抵达婺源，十四日登山扫祭祖坟，在祖坟周围亲手栽下二十四棵杉树苗，当时婺源县令下令在朱熹祖坟旁修建了"积庆亭"，专门派兵驻守，并在亭门口立了一块护林碑，上刻"枯枝败叶，不得挪动"八个大字。此碑的刻立，对于保护朱熹祖坟的林木起了重要作用，当年朱熹亲手栽植的二十四棵杉树，至今仍有十六棵幸存于世。这群古杉虽树龄已达八百七十岁，但依然长势旺盛，苍劲雄浑，枝叶繁茂，绿盖蔽天，直插云霄。这些古杉至今仍在发芽、开花、结实，树冠下的土地里又冒出不少天然下种的杉树苗。

明清时代，刻石立碑之法也经常被应用来倡导植树造林和保护林木，至今人们仍可在许多地方见到明清代遗存下来的植树碑和护林碑。

云南大理市第一中学校园内，迄今还完好地保存着清代道光初年宋湘书写的《宋湘种松诗碑》（图 78）。宋湘，字焕襄，嘉庆四年（1799）进士，嘉庆十八年（1813）秋，派任云南曲靖知府，在云南任职十三年，先后任广南、大理、顺宁、永昌、楚雄等府的代理行政长官及迤西、迤南道尹，道光五年

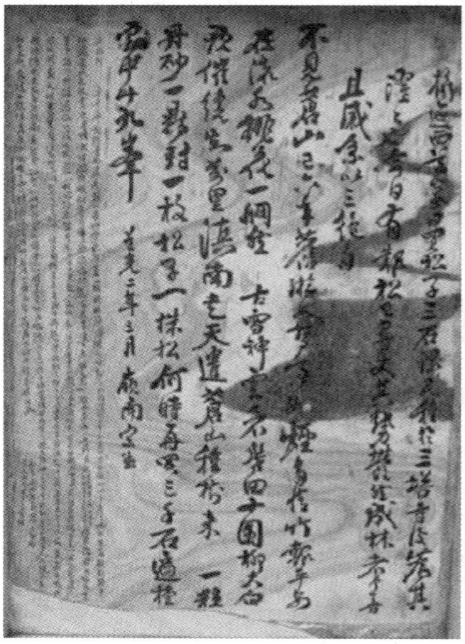

图 78　《宋湘种松诗碑》(局部)

(1825)调升湖北督粮道。在云南任职期间，宋湘十分重视治水和造林，颇有政绩，受到百姓的好评。嘉庆二十一年(1816)，他在大理任职时，个人出资买下了三石松子，亲自带领大理百姓在当地名胜三塔寺附近造林，不久他调任别处。六年后，即道光二年(1822)，友人告知宋湘六年前他种下的松子已蔚然成林。宋湘听了欣喜不已，挥笔写下了三首种树诗，抒发了自己植树造林、绿化大地的感情和决心，人们深为宋湘致力为民造福的精神所感动，便将其所写三首植树诗刻石立碑。诗文云：

(一)

不见苍山已六年，旧游如梦事如烟。
多情竹报平安在，流水桃花一惘然。

(二)

古雪神云看几回，十围柳大白头催。
才知万里滇南走，天遣苍山种树来。

(三)

一粒丹砂一鼎封，一枚松子一株松。
何时再买三千石，种遍云中十九峰。

《宋湘种松诗碑》不仅对当时的植树育林起了保护作用，直到今天，仍对我们开展植树造林、绿化环境具有激励作用。尤其是他“何时再买三千石，种遍云中十九峰”的绿化山岳的恢宏抱负和坚定决心，更是值得后人敬佩和效学。

坐落在湖南西南，地处南岭余脉与雪峰山交会处的绥宁县，全县森林覆盖面积达76%。绥宁县之所以林木千百年长盛不衰，历代所立的护林碑功不可没。据当地有关部门统计，迄今全县还存有明清两代刻立的护林碑百余块，包括衙署正堂所立的谕碑和乡规民约碑。如清雍正六年(1728)刻立的《华皮坳护林碑》规定：“如有损坏树碑和树木，约众公罚。”清道光四年(1824)的《祖神禁碑》告诫子孙后代：乱砍林木将至“家败人亡”。

在散存于其他地方的清代护林碑中，乾隆、同治年间遗留下来的三块护林文告碑也颇为值得一提。

福建漳州市长泰区博物馆中，有一块1998年夏发现于长泰岩溪镇甘寨村皇龙

图 79　漳州长泰区岩溪镇甘寨村护林碑

宫附近的刻立于清乾隆八年（1743）的护林碑（图 79）。碑为长方形，高约 100 厘米、宽约 40 厘米，碑首自右向左横刻“会众演戏永远公禁”八个大字。碑文为护林的具体规定：“一不许放火焚山；一不许盗砍杂木；一不许寨山挑土并割茅草；一不许盗买杂木。如违者罚戏一台，强违者绝子害孙。”碑文内容简要明确，是经过民间公议而做出的封山护林的具体规定，其处罚为演戏一台，不仅能以一儆百，扩大护林的宣传教育效果，同时也可丰富人们的文化生活，足见立碑者用心之良苦。此碑为研究我国环保史和民间风俗提供了宝贵的资料。

在广东惠东古城平海镇的入城道口，生长着一棵巨大的榕树，在这棵大榕树粗大的树身中部，镶嵌着一块清同治元年（1862），由平海司发布并刊刻的《护林告示碑》，碑文大意是：严禁盗伐松竹树木，对违者绝不姑息，必予严惩。据考，这块护林告示碑起初是立在这棵榕树边上的，由于此碑的刻立，无人敢乱砍滥伐这棵榕树和其他树木，历经一百五十多年的生长，这棵榕树越长越粗大，就将立于一边的这块护林告示碑“吞”进了树身中，形成了“树中嵌碑”这一奇特景观，这棵百年巨榕也就因此而获得了一个“护林古榕”的美名，至今仍对后人有警示意义。

同治年间还留下来一块著名的护林碑，这块碑在福建马尾造船厂旧址。马尾造船厂是洋务运动初期创办的中国近代规模最大的造船厂，位于福建闽江下游罗星塔下。该厂系由左宗棠倡议在马尾办福州船政，经沈葆桢主持，于清同治五年（1866）创办的，迄今已有一百五十余年历史，现厂区内遗存的“船政碑刻”，即是当年沈葆桢创办马尾造船厂时立下的护林告示碑，碑文楷书竖写，其碑文云：

船政大臣示：山上竹木，栽植多年，不准砍伐。无论军民人等，如敢不遵约束，私行砍取，许即指名禀究，定即从重惩办，毋违，特示！

此碑的刻立，对马尾船厂形成植树造林、保护环境的好传统起了重要作用，马尾船厂区内至今还有一百五十多年前办厂初年种植的二十四棵大榕树，厂区内绿树成荫，环境优美。

将刻石立碑用于提倡植树造林、保护环境这一行之有效的传统做法，直到现代仍在被广泛地采用，并在环境保护中发挥着积极的作用。诸如：

江苏镇江北固山中峰，矗立着著名的中山纪念林塔。1930 年春天，在革命先驱孙中山先生逝世五周年之际，由江苏省会造林运动委员会发起，镇江各界人士数万人组成造林大军，响应孙中山生前发出的植树造林的号召，在镇江大地上种植了大量树木，以实际行动来作为对孙中山先生的最好纪念。中山纪念林塔即是此次大规模植树造林活动后建造的。塔高 3 余米，塔基为正方形，大理石、混凝土结构，塔身上刻有“中山纪念林”五个大字，在塔座四面嵌有大型石碑，碑上镌刻着用楷书书写的孙中山关于植树造林的遗训，其四面碑文分别为：

> 总理遗训：有了森林，天气中的水量便可以调和，便可以常常下雨，旱灾便可以减少。
>
> 总理遗训：要能够防水灾，便先要造森林，有了森林，便可以免去水祸。
>
> 总理遗训：我们研究到防止水灾与旱灾的根本方法都是要造森林。
>
> 中华民国十九年三月十二日
>
> 江苏省会造林运动委员会建

这座中山纪念林塔不仅表达了镇江、江苏和全国人民对伟大的革命先驱孙中山先生的深切怀念和无比敬仰，而且对镇江环境的绿化和保护起了有力的促进和推动作用。

为了鼓励和激励广大人民群众更加积极、广泛地投身于植树造林、绿化祖国的事业，首都北京专门建造了首都绿色文化碑林。该碑林设在北京西山国家森林公园和百望山森林公园内，其建造宗旨是为刊刻老一辈无产阶级革命家、社会知名人士和书画艺术家有关植树造林、绿化环境的题词及名言，宣传人类与森林的依存关系，弘扬造林绿化、保护环境的意识。碑林共刻碑约一千块，其中包括毛泽东、周恩来、刘少奇、朱德、邓小平等老一辈革命家的手迹数十块。所有碑石分别置于碑廊、碑楼、碑墙内，顺山势而建，林中造景，景中设碑，形式多样，古朴典雅，肃穆壮观。尤为值得一提的是，在首都绿色文化碑林中，有一座造林绿化功臣碑，此碑是1996年为纪念全民义务植树运动开展十五周年，由全国绿化委员会、林业部决定建造的。碑上镌刻了国务院和全国绿化委员会表彰的林业、绿化劳动模范，以及在林业科研教育、保卫森林资源、造林绿化的组织领导等方面的杰出贡献者的名字。此碑的建立，不仅给今人开展植树造林、绿化祖国以教育和鼓舞，同时也给后人投身于造林绿化事业以昭示和激励。

尤为值得书上一笔的是，在清太祖努尔哈赤的故乡——今辽宁抚顺新宾满族自治县北四平乡，还出现了一座由一个农民靠个人力量兴建的世界环保碑林。这个农民名叫刘春生，他曾向记者倾吐自己为保护环境刻石立碑的宏愿："我迷上了环保和生态，又会点雕刻艺术，打算刻碑两千块，在这深山里建个世界环保碑林，把人类保护生态环境的名句、法规，用各种字体刻上去，留给子孙后代。"三十多年来，他努力实践自己的意愿，个人投资数万元购置黑、白、绿等色的大理石和其他石材，精心刻碑八百多块，其中有1992年6月联合国环境与发展大会在巴西通过的《里约宣言》和《中华人民共和国环境保护法》《中华人民共和国森林法》等。刘春生为宣传保护环境坚持不懈地刻石立碑，其感人至深的事迹为我国的环保事业增添了一个闪光点，人们无疑可以从中得到很多的启迪和教益。

第三节　碑刻在保护野生动物中的应用

动物是人类的朋友。我们的祖先在注意保护水和林木的同时，也非常重视保护野生动物，民间历来都提倡放生善举，而刻石立碑即是倡导放生所常用的一种方法，历代都刻立过许多"放生碑"，至今还有不少遗存于世。

据史籍记载，唐乾元元年（758），大书法家颜真卿任升州（今南京）刺史时，曾以"帝王之德莫大于生"为题，奏请皇上恩准，在全国建立"放生池"八十一处。次年，颜真卿将南京清凉山东南的乌龙潭辟为江宁放生池，并亲书《天下放生池碑铭》。元和年间，人们在乌龙潭旁建放生庵，以祀颜真卿。清同治年间，江宁知府涂宗瀛于放生庵旧址建颜鲁公祠。在南京广州路颜鲁公祠内，至今还存有多块放生碑：刻于清顺治十三年（1656）的《乌龙潭永远放生碑记》，此碑嵌于院内北墙，由两江总督、兵部尚书马鸣佩撰文，布政使冯如京书丹，江防道按察司副使张思明篆额；刻于清康熙二十三年（1684）的《乌龙潭放生记碑》，碑高约 159 厘米、宽约 66 厘米，嵌于院内东墙；刻于清乾隆十年（1745），由陈大受撰文，程廷祚行书并篆额的《重修颜鲁公放生池庵碑记》（图 80），碑高约 226 厘米、宽约 74 厘米，碑文十四行，详细记述了重修放生池的经过，至今碑身完整，字迹清楚；刻于清同治七年（1868）的《颜鲁公祠记碑》，由江宁知府涂宗瀛立，碑文用颜体书刻，嵌于院内西墙。另外，还有《重修金陵龙蟠里颜鲁公祠及乌龙潭放生池记碑》《乌龙潭放生举本记碑》《禁乌龙潭不许捕鱼永远放生记碑》等。

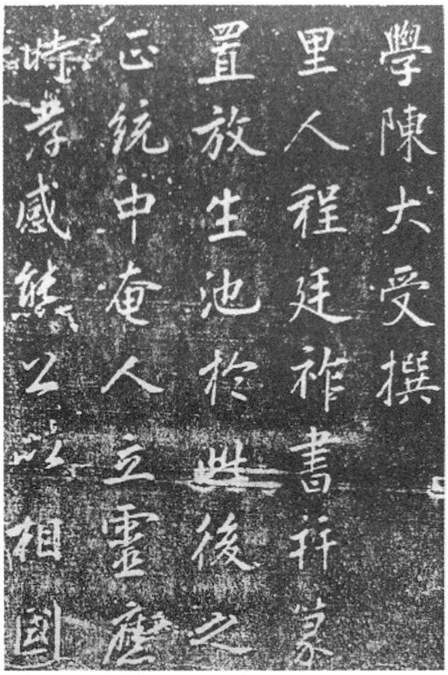

图 80　《重修颜鲁公放生池庵碑记》（局部）

位于新疆天山北侧巴里坤哈萨克自治县西南的西黑沟，是野鹿出没的地方。为了保护野鹿免遭猎杀伤害，清末民初时，巴里坤协副将多凌在西黑沟口竖立了保护当地自然环境和野鹿的大石碑。碑文云：“蒲海瑶岛，山高水长。西河松景，泉源保障。鹿乃仁兽，不可残伤。”此碑至今仍完好地保存在该地。

诸如此类的环保碑刻，在我国历代遗存的碑刻中还有许多，由此可见，我们的祖先历来十分重视环境保护。我们无疑应该从中汲取教益，发扬光大中华民族的优良传统，切实搞好环境保护，造福子孙后代。

第七章

碑刻与教育科举

第一节　碑刻是我国古代教育的资料库

中国自古以来十分重视教育。《汉书·儒林传》载："闻三代之道，乡里有教，夏曰校，殷曰庠，周曰序。"这说明早在夏朝，我国就已经出现了学校。三千多年来，我国的教育经历了一个由贵族化逐渐走向平民化，由官府垄断办学逐渐走向民间兴教办学、官民共同办学的过程，先后出现了由各级官府兴办的"官学"和由民间士人聚徒讲学兴办的大批"私学"，随着私学的兴盛，南宋出现了大批"书院"。明末以后，官学废弛，书院兴盛，而后书院纷纷被官府接管，演变成了官学。

然而，不论是官学、私学还是书院，刻石立碑都被广泛地应用在办学过程中。这些碑刻或记载创建学校之经过，或记载重修学校之盛举，或刊载学校办学之规章制度、条例，或记载给学校捐赠钱款、增置学田之事，或记载学校中所发生过的有重大意义的事情，或刊刻学校教授名录等。这些关于办学兴教的碑刻，从不同的侧面记录和反映了我国古代教育的发展状况，为研究我国古代教育史和教育理论提供了大量宝贵的资料，具有重要的价值。

现所知存世最早的关于兴教办学的碑刻是晋代著名的《皇帝三临辟雍碑》，刻于西晋咸宁四年（278），1931 年出土于河南洛阳。碑文记载了晋武帝司马炎先后三次亲临辟雍①视察，并令皇太子司马衷再次莅临之事。尽管晋武帝司马炎视察辟雍是为了巩固自己统治而采取的笼络人心之举，此碑是那些趋炎附势的文人为司马炎歌功颂德之作，但因此碑是历史上最早的一块记载帝王视察学校之事的碑刻，故对于研究中国教育史还是具有重要的价值的。

宋代教育进一步发展，书院极为兴盛，有关教育的碑刻数量甚多，较著名的有宋仁宗至和元年（1054）附刻于著名的《篆书目录偏旁字源碑》碑阴，由裴衿

① 西周时期周天子所办之大学，又称"太学"。《礼记·王制》："大学在郊，天子曰辟雍，诸侯曰泮宫。"东汉以后，历代仍有辟雍，多为祭礼之所。北宋设辟雍为太学的预备学校，清代则为临时讲学之所而设于太学旁。

楷书、李竾篆额的《京兆府小学规碑》；宋徽宗崇宁三年（1104）由宋代四大书法家之一米芾书写，张士亨摹刻于石的《芜湖县学记碑》；宋徽宗大观二年（1108）由宋徽宗赵佶御制并瘦金体御书、蔡京楷书题额的《大观圣作之碑》等。《大观圣作之碑》即《御制学校八行八刑碑》，碑文内容为研究宋代教育制度提供了第一手资料。据史籍记载，宋徽宗于大观元年（1107）下诏建立八行取士科，敕命郑居中将御笔诏旨摹刻于石碑，当时，此碑曾立于宫学、太学、辟雍及全国各郡、县官学中。历经九百多年风雨沧桑，原碑大多数已亡佚和损毁。据清孙星衍、邢澍《寰宇访碑录》载，《大观圣作之碑》有河南偃师，山东临朐、菏泽、城武、诸城、泰安、新泰，陕西兴平，江苏句容九种；另外，陕西淳化、高陵、临潼和河南临颍有内容完全相同之《御制学校八行八刑碑》四种。另据《山左金石记》载，在山西还存三种《大观圣作之碑》，一在襄垣，一在盂县，一在繁峙，但均已漫漶损坏颇甚。现在，全国仅西安碑林等个别地方还完好地保存有此碑。

福建南平在宋代被称为南剑州，其州学始创于北宋仁宗天圣三年（1025），较庆历四年（1044）宋仁宗诏令各州办州学约早二十年，开天下州学之先河。其州学学馆原在南剑州西山，南宋建炎年间焚毁，南宋绍兴十五年（1145）重建，十七年（1147）竣工。为了纪念重修天下第一州学之盛事，绍兴十八年（1148）刻立了《南剑州重建州学记碑》，碑高约3.2米、宽约1.6米，碑座为长约2米、高约0.8米的龟趺。碑文由显谟阁待制张致远撰文、罗荐可书丹，详细记述了南剑州的山川形胜和州学的兴废重建经过，为研究宋代南剑州州学教育和地方历史提供了珍贵的资料。此外，南宋绍兴二十四年（1154）立于永州（今属湖南），清道光元年（1821）出土的《新学门铭》和现存于西安碑林的《宋京兆府学田地记碑》，也都是宋代颇为著名的关于教育的碑刻。

宋代数量最多、对后世影响最大的教育碑刻，则要数白鹿洞书院碑刻。白鹿洞书院位于江西庐山五老峰南麓，始为唐李渤、李涉兄弟隐居读书处，因李渤养一白鹿，出入相随，而其隐居处又四山环合，俯瞰似洞，故名“白鹿洞”。南唐升元四年（940）李氏朝廷正式于此建立“庐山国学”，又称“白鹿国学”。南宋淳熙年间，朱熹知南康军（今江西九江星子县），兴复白鹿洞书院，自任洞主，增其旧制，扩大规模，筹置学田，编制课程，制定学规，收聚图书，使白鹿洞书院达到了鼎盛，不仅与湖南岳麓书院、河南应天书院、北京石鼓书院并称为“天下四大书院”，而且还享有“海内书院第一”“天下书院之首”的美誉，是我国历史上最负盛名的高等学府，是宋以后历代文人学子所景仰的“圣域贤关”。白鹿洞书院历经南唐、宋、元、明、清，盛誉千载，是中国封建社会书院教育的典范，为中国的教育留下了极其丰富、宝贵的遗产。尤其是朱熹所创建的书院办学和教学模式，成为尔后创建书院的样板。他所制定的《白鹿洞书院揭示》成为几百年来历代学校教育的指导方针，所提出的“五教之目”“为学之序”“修身之要”“处世之要”“接物之要”五条教规，更是成为中国封建教育的最高法则和准绳。白鹿洞书院所遗留下来的这些宝贵而丰富的遗产，正是通过白鹿洞书院的大量历代碑刻而得以保存了下来。白鹿洞书院现存宋代至民国初年的碑刻一百五十余通，摩崖题刻五十余方。这两百多块碑刻中，有白鹿洞书院修复记、教规、讲义、学田记、教思碑记、游记和诗歌词赋及名人题词等，不仅具有很高的书法艺术价值，而且记载了白鹿洞书院一千余年的盛衰兴亡史，凝聚着我国书院史、教育史上的丰富经验，起到了“补史之缺，参史之讹，详史之略，续史之原”的作用，是极其珍贵的中国古代史学和教育学的原始资料。基于白鹿洞碑刻的重要价值，1995年8月，江西教育出版社特地出版了《白鹿洞书院碑记集》，收录白鹿洞书院自宋至清的碑记一百一十六篇。

金代遗存至今的碑刻数量并不多，但教育碑却占比不小，比如，现今西安碑林中仅藏六块金代碑刻，其中就有四块教育碑：刻于金海陵王正隆二年（1157）的《京兆府重修府学记》，此碑由李栗记文，潘师雄楷书，钱义方篆额；刻于金章宗明昌五年（1194）的《京兆府学赡学舍地清册》，此碑由贾仁记文并楷书，龟趺螭首；刻于金章宗泰和三年（1203）的《京兆府学教授题名记》，此碑由孙通祥记文，王世楷书，嘉祥篆额；刻于金哀宗正大二年（1225）的《重修府学教养碑》，此碑由刘渭记文，杨焕楷书，张邦彦篆额，碑竖形、龙顶、方座、侧有花纹。

元代遗存的教育碑刻数量颇多，较有代表性的如：刻于元世祖至元十四年（1277），由孟文昌记文，骆天骧楷书，现存西安碑林的《府学公据及重立文庙碑记》；刻于元世祖至元三十年（1293），由李师圣撰写碑文，著名大书法家赵孟頫篆书的山东利津学宫的《新建庙学碑》，此碑是赵孟頫唯一的一块篆书碑；刻于元仁宗延祐四年（1317），由蒋子荣、王寿立石，现存江苏镇江焦山碑林的《镇江路儒学复田记碑》；刻于元英宗至治三年（1323），由青阳翼撰文，贡奎楷书并篆额，现存江苏镇江焦山碑林的《镇江路儒学增租记碑》；刻于元惠宗至元六年

（1340），由贾仁记文，雷孜楷书，现存于西安碑林的《赡学田记》；刻于元顺帝至正二年（1342），由虞集撰文，孔子五十五代孙衍圣公孔克坚书写，张起岩篆额，现存于山东曲阜尼山孔庙中的记载元末创建尼山书院始末的《尼山书院碑》；刻于元顺帝至正二年（1342），由张立书丹，潘迪撰文并篆额，现在河南内黄县的《内黄县重建庙学记碑》；刻于元顺帝至正八年（1348），由郑奕夫撰文，赵孟贯书写，现存于浙江宁波鄞州区的《庆元路儒学重修棂星门记碑》；刻于元顺帝至正二十一年（1361），由刘仁天撰文，周伯琦篆额，现存于浙江宁波鄞州区的《庆元路儒学兴修记碑》等。

明代存世的教育碑刻中较有代表性的如：刻于明太祖洪武十五年（1382），由王廉撰文并隶书，现存于西安碑林的《赡学田颂碑》；刻于明宣宗宣德九年（1434），由大学士杨荣撰文，翰林院修撰张洪附跋，现存于江苏常熟碑刻博物馆的《常熟县重修庙学记碑》；刻于明宪宗成化十一年（1475），由商辂撰文，项忠楷书，马文升篆额，龟趺螭首的《重修西安府学文庙记碑》；刻于明武宗正德十六年（1521），由刘亨撰文，钱仁夫书写的《重修东湖书院记碑》，碑文记述了常熟东湖书院之创建始末；刻于明世宗嘉靖三年（1524），由王理之篆书的《昆山县学重修记碑》（图81）；刻于明世宗嘉靖三十二年（1553），由曹傲撰文，茅磐楷书，吕高篆额，现存于江苏镇江焦山碑林的《丹徒县修学记》；刻于明世宗嘉靖四十年（1561），由罗沛撰文，钟钦篆额，沈容楷书，现存于江苏镇江焦山碑林的《镇江府儒学对山碑》（图82）。

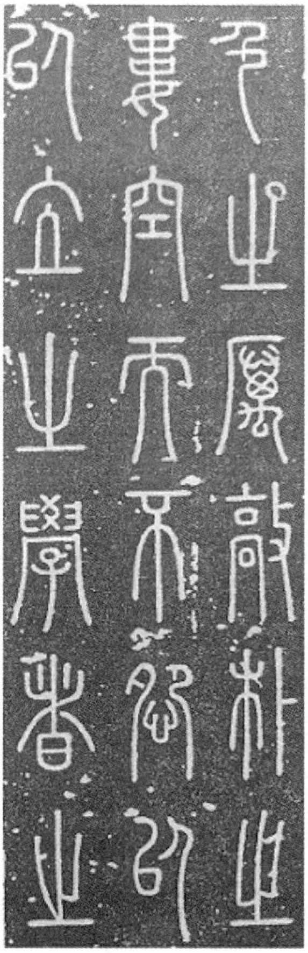

图81　《昆山县学重修记碑》（局部）

图 82 《镇江府儒学对山碑》

图 83 《第六世振声公捐产兴学碑记》(局部)

在清代也有众多的教育碑刻，较为有代表性的如：刻于清顺治十四年(1657)，由张九徽撰文，笪重光楷书，宝应知县李楷篆额，现存于江苏镇江焦山碑林的《重修丹徒县学记碑》；刻于清康熙年间，由陆元德撰文，现存于西安碑林的《劝学词并跋》；刻于清康熙二十二年（1683），由周之桂撰文，王承祖篆额的《兴复五义学碑记》；刻于清咸丰十一年（1861）的《重修府学明伦堂记碑》；由贺宽撰文，现存于江苏镇江焦山碑林的《京江蒋氏焦岩书院记碑》等。

在民国遗存的碑刻中，也有一些教育碑刻，由郑孝胥书《第六世振声公捐产兴学碑记》(图 83) 即是其中较为著名的一块，现存于江苏镇江焦山碑林。

中华人民共和国成立后，特别是改革开放、实施科教兴国战略以来，教育事业的发展备受重视。为了促进教育事业的发展，尤其是为了在全社会树立尊师重教的良好风尚，先后在各地建立了一批以尊师重教、大力发展教育事业为主题的碑刻，其中有一些特色鲜明的名碑产生了较大的社会影响。例如，1995 年 12 月，在江苏南通师范学校（今南通师范高等专科学校）建立了集毛泽东所书“师”字和近现代百位书法家所书的一百个各体“师”字的百师碑，此碑用优质大理石刻成，高约2.5米、宽约6米，以高度的书法艺术性和深刻的内涵成为弘扬尊师爱师风尚的好教材。又如，1994年9月，在上海市静安公园落成了由上海市教育发展基金会建造的上海市尊师重教纪念碑。此碑由主碑和副碑两部分组成。主碑上部是“烛光”雕塑，正面镌刻碑名和碑文；副碑为一本打开的“书”，上面镌刻着每年为上海市教育发展基金会提供教育捐赠的企业单位和个人名单。整座纪念碑突出体现了“尊师、重教、兴国”的主题，成为一部对广大人民群众进行尊师重教教育的石质教科书。

第二节　碑刻是我国古代科举制度的档案库

随着隋唐时代科举制度的兴起，参加科举考试，获取功名，跻身仕途，成为学子求学的主要目的，科举成为教育的延伸，教育与科举结成了密不可分的关系。随着科举地位的日益提高和影响的逐步扩大，自唐以后关于科举的碑刻不断涌现。

我国科举取士始于隋，此后历朝沿用不废，成为封建王朝选拔和任用官吏的主要途径和基本制度。所谓科举制度，就是由封建王朝设立科目，通过定期举行统一考试来选拔官吏的制度。隋炀帝时始设进士科，唐以后各代又增秀才、明法等科，但进士科最为重要，故习惯上也把科举考试说成是“考进士”。进士分一、二、三等，即一、二、三甲。一甲三人，赐“进士及第”，第一名为“状元”，第二名为“榜眼”，第三名为“探花”。二甲赐“进士出身”。三甲赐“同进士出身”。二、三甲名额不限，多时可达上百人。名列殿试金榜名单，称为“金榜题名”。

历代所立的关于科举的碑刻主要有两种，一种是镌刻金榜题名的进士名字的进士题名碑，一种是记载科举考试考场发展历史的贡院碑记。

历史上最早题名于碑上的进士是唐代的韦肇。据说当年韦肇在进士及第后，一路春风得意而来，把自己的名字题写于长安慈恩寺大雁塔之上，首开进士题名于碑之先河。自此，后人相传效仿，历代都有进士题名碑。在河南嵩山中岳庙中至今仍存有宋金四状元碑。在山西大同的雁塔中，自第二层至第七层，每层塔壁上均镶有一块高约96厘米、宽约57厘米的进士题名碑，碑上镌刻大同地区历代举子的名字。在陕西铜川市耀州区博物馆存有1995年发掘出土的《前代进士题名碑》，该碑系横式磬玉石碑，碑长约217厘米、宽约80厘米，由明嘉靖三十九年（1560）耀州知州江从春刻立。全碑共镌刻唐代进士十三人，均为柳氏和令狐氏；宋代进士六十四人，举人三人；金代进士四人，举人二人；元代进士一人，举人三人。在广东潮州西北隅西湖公园内葫芦山的寿安岩侧一巨石上，镌刻有十二个明末举人的题名，书写极为奇特，所有的字都头东脚西地横卧并排。

现存历代进士题名碑最多的是北京孔庙。北京孔庙位于北京东城区安定门国子监街，是元明清三代祭祀孔子的地方。在北京孔庙大门，即“先师门”（亦称棂星门）门内两侧及孔庙的第一进院内各处耸立着大量久负盛名的元明清三代《进士题名碑》（图84、85）。据史籍记载，元代承袭唐代之遗风，中试的进士都要仿效唐代进士雁塔题名，照例将姓名刻于碑上，立于孔庙，以显尊荣。明清两代的中试进士，也都仿效元代进士的做法，将姓名刻于碑上，立于孔庙内。但由于明代以后多把元代进士刻名磨去，故现存元代进士题名碑数量很少，大多是明清的进士题名碑。据统计，北京孔庙院内现存元代进士题名碑三座，明代自永乐十四年（1416）丙申科始到崇祯十六年（1643）癸未科止进士题名碑共七十七座，清代自顺治三年（1646）丙戌科始至光绪三十年（1904）甲辰科止进士题名碑一百一十八座。元明清三代共计一百九十八座进士题名碑，共记载了五万一千六百二十四名中第进士的姓名、籍贯和名次，其中有于谦、刘墉、林则徐、曾国藩、李鸿章、康有为等许多历史名人。在立于清代光绪三十年（1904）的我国历史上的最后一座进士题名碑上，还刻有中华人民共和国成立后曾任最高人民法院院长、全国人大常委会副委员长等要职的著名爱国人士沈钧儒的名字。

图 84　北京孔庙进士题名碑（一）

图 85　北京孔庙进士题名碑（二）

这些历代进士题名碑，为研究唐以来各代，特别是明清两代的科举制度和地方文化、教育事业的发展情况提供了珍贵的实物资料，具有重要的价值。

在历史上，在北京、南京及其他各省省府举行乡试的考场，一般都立有贡院碑记，尽管由于年代久远，朝代更迭，许多贡院碑记已湮没、亡佚，但至今仍有一部分遗存于世。如在陕西西安碑林中，就存有刻于清同治十三年（1874）的《重修陕西贡院记》，碑高约 199 厘米、宽约 76 厘米，由邵亨豫撰文，李慎隶书。

现存贡院碑记最多的是位于江苏南京夫子庙附近的江南贡院。

江南贡院始建于南宋孝宗乾道四年（1168），初为建康府贡院，是县学考试的场所，规模并不大。明太祖朱元璋建都南京后，乡试、会试即在此举行。由于考生众多，不敷应月，明成祖永乐年间在此重新兴建，贡院始具规模。永乐十九年（1421）明成祖迁都北京，南京仍为乡试、会试所在地。清朝建立后，将明代南直隶改为江南省，故此院被称为江南贡院。康熙时，分江南省为江苏、安徽两省，但两者的考试之地仍为此院。由于明清两代多次扩建，江南贡院规模扩大，居当时全国各行政省贡院之首位，尤其是在同治年间再次扩建后，规模更大，拥有的考试号舍达两万余间，和当时北京的顺天贡院齐名。明清时代的许多名人如唐寅、吴敬梓、张謇、翁同龢、郑板桥及陈独秀等都曾在此参加考试。据统计，清代时从江南贡院乡试中举、会试中状元的有五十八人，占清代全国状元总数的一半以上。尽管自光绪三十一年（1905）科举废止后贡院便闲置无用，并在1919年大部分被拆除，但衡鉴堂、明远楼、部分考试号舍和明清时所立的碑记仍被作为历史文物保存了下来。如今原江南贡院明远楼东西两侧，完好地保存着雕刻精美的二十余块贡院碑记，其中有珍贵的康熙皇帝御撰御书的《为考试叹碑》，还有刻于1919年的记述当时贡院被拆除辟为市场经过的贡院碑记。这些碑记向世人详细展示了江南贡院的历史变迁，是研究明清贡院建制和明清科举制度的有价值的实物资料。

第八章

碑刻与中华先祖

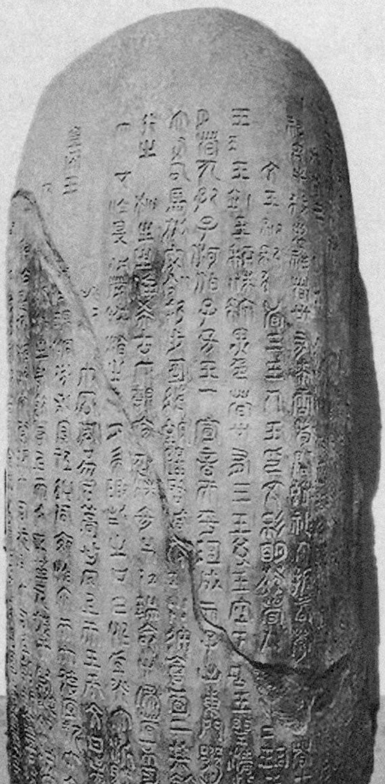

中国是一个具有五千年悠久历史的文明古国，地域辽阔，民族众多，不论是何朝何代，不论抱有何种宗教信仰，持有何种政治主张，代表何种利益集团，身属何党何派，有一点是所有的中国人无一不认同的共识，那就是以黄帝、炎帝为代表的“三皇五帝”是我们共同的祖先。包括伏羲、黄帝、炎帝、尧、舜、禹等在内的中华民族先祖，为发展生产、缔造中华文明建立了不朽的丰功伟业，中国人无不对伟大的先祖们怀有无比的感激、崇敬和缅怀之情，几千年来，从未间断过用各种方式来表达自己对先祖们极其深厚、崇敬的感情，刻石立碑即是其中最重要的形式和方法之一。

由于年代久远，关于中华民族先祖所留存下来的多为传说，罕有实物遗迹。历朝历代为先祖刻立的碑，从某种意义上来讲，就成了他们的象征、代表和化身，成为后世子孙世世代代追寻先祖足迹，了解先祖生平伟业，纪念先祖不朽功绩，弘扬先祖崇高美德，感受中华文化，凝聚民族精神的重要实物遗迹，具有重要的价值和意义。历代遗留下来的关于中华民族先祖的碑刻，主要有先祖陵墓碑、先祖祠庙碑和先祖传说遗迹碑三大类。

第一节　伏羲之碑

伏羲一作宓羲[①]、伏戏[②]，又名包牺或庖牺[③]，亦称牺皇、皇羲，即太昊（太皞），风姓，系中国史前传说中的人类始祖。据唐司马贞《史记・补三皇本纪》等史籍记载，伏羲除生育了人类外，还始画八卦、造书契、制礼仪，教民结网捕鱼，从事畜牧和庖厨，制造工具，为开创中华文明立下了不朽的功绩。

---

① 宓，即古“伏”字。见《汉书・古今人表》。
② 见《庄子・大宗师》《荀子・成相》《淮南子・览冥》。
③ 见《易・系辞下》。

河南淮阳古为陈国，传为伏羲之都，因此成为历代纪念伏羲的圣地。自春秋时代起，在淮阳县城北即建有太昊陵（即伏羲墓）。汉代时在陵前建祠，宋太祖时又下诏建立了陵庙，明清两代均屡加修葺。现陵园内存有历代遗留下来的古碑二百余块，其中有明正德八年（1513）所立的御祭碑等。在陵园寝殿后，有墓高 20 余米，周长 150 余米的伏羲陵，陵前立有高丈余的巨型墓碑，上镌不知何年何月何人所写的“太昊伏羲氏之陵”七个篆书大字，字大径尺。现在，伏羲巨碑及其陵墓已成为伏羲的象征和化身，每年都有数以十万计的海内外华人来此瞻仰和膜拜、祭祀。

山东微山两城镇凤凰山下，有建于宋神宗熙宁年间的伏羲庙，被国务院核定为第七批全国重点文物保护单位。近千年来，历代官民在此祭祀伏羲的传统沿至于今，并多次修缮庙宇，留下众多石碑。如元中统二年（1261）的《重修伏羲圣祖庙碑》，明万历四十一年（1613）的《重修伏羲庙碑》（图 86）和金泰和二年（1202）的古诗石刻等。天水伏羲庙，是我国目前规模最宏大、保存最完整的纪念伏羲的明代建筑群，1963 年被甘肃省人民政府公布为省重点文物保护单位，庙内存有明代《重修伏羲庙记碑》（图 87）。这些碑刻都是研究伏羲和我国古代祭祖风俗的珍贵资料。

图 86　重修伏羲庙碑

图 87　《重修伏羲庙记碑》（局部）

第二节　女娲之碑

女娲亦作女娇[①]、女趫[②]，系中国史前传说中的人类始祖，其抟土、甩泥为人而造了人类。传说中，女娲氏是中华民族唯一的女性先祖，与伏羲一样，她生活在远在黄帝以前的远古时代，古代神话中也将她列为古代帝王之一，故亦称为“娲皇”。据《淮南子·览冥》《太平御览》《汉书》等史籍的记载，女娲除造人外，在古代天崩地裂时，她还“炼五色石以补苍天，断鳌足以立四极”，并且治平洪水，杀死猛兽，使人民得以安居乐业。

历朝历代都尊女娲氏为地皇后土圣母娘娘，把她视为中华民族的“源头”和“总根”，为她筑坛、建祠、修庙、塑像和立碑，世世代代供奉和祭祀。据《太平寰宇记》《赵城县志》等史籍记载，有关专家经多年考察后认定女娲陵寝所在地是山西洪洞赵城镇侯村，现女娲陵前规模巨大的女娲庙里，还遗存有宋元时期祭祀、纪念女娲刻立的石碑。在我国历代帝王祭祀后土的地方——山西万荣庙前村的汾阴后土祠内，至今还留存有祭祀地皇后土圣母娘娘女娲的唐明皇碑和宋真宗碑。竖立于祠内东北庙高 2.5 余米，五碑连体宽 7 余米，由宋真宗楷笔御书并篆额，刻立于北宋大中祥符四年（1011）的《汾阴二圣配飨之铭碑》，记述了宋真宗继承前代帝王“祀郊封禅”之先例，亲率百官到山西汾阴祭祀后土圣母娘娘女娲，并对原有祠坛进行整修，使庙貌一新的业绩。这块被称为“萧墙碑”的特大型御制、御书千年古碑的碑文表明，女娲这位缔造中华民族的始祖，在中国历史上享有极为崇高的威望，受到中华民族子孙的无比敬重。

山西阳泉平定县城东南的东浮山，其山峰尽是紫色空洞浮石，犹如千年万载炉渣堆积而成，民间相传为当年女娲炼石补天之处。至今，在东浮山山巅寺院尚存《浮山遗灶记》古碑，碑文载：“女娲补天处，其炼石灶尚存。”河北邯郸涉县

---

① 见《吴越春秋·越王无余外传》。
② 见《汉书·古今人表》。

的凤凰山，西汉时名叫中皇山。据《中华全史演义》载："伏羲殁，群臣推之（女娲）为主，号为娲皇，以云为姓，建都于中皇之山。"相传此处原是女娲抟土造人、炼石补天之处，故后人在此建造主建筑高达20多米的娲皇宫以祭祀。同时，人们还在山上刻立许多摩崖刻石和石碑以纪念女娲。至今，在山门内石崖上还存有一通刻有"古中皇山"（图88）四个大字的北齐古碑，在山崖上存有明万历年间所刻的"天造地设之境"六个摩崖大字，是研究女娲和中华民族起源有价值的参考资料。

图88 古中皇山摩崖

第三节 黄帝之碑

黄帝是中国古代传说中中原各族的共同祖先。《国语·晋语》《史记·五帝本纪》和《太平御览》等史籍均有黄帝事迹的记载。黄帝姓公孙，因其自幼生长于西北的姬水旁，故改姓姬，后迁居"轩辕之丘"，故号轩辕氏，又因其国于有熊，故亦称有熊氏。因姜姓部落首领炎帝向东发展，侵凌各部落，黄帝与炎帝在阪泉（今河北涿鹿东南）大战三次，击败炎帝。后来，凶横残暴的蚩尤崛起，黄帝遂与蚩尤战于涿鹿，经过惊心动魄的大战，黄帝斩杀了蚩尤。自此，各部落首领拥戴黄帝为部落联盟首领。

相传，黄帝在率领诸部落共同开发中原的过程中，选贤任能，以风后为相，以力牧为将，命大桡作甲子，容成作历，使羲和占日，常仪占月，臾区占星气，伶伦造律吕，隶首作算数，使天下大治。据传，蚕桑、舟车、音律、文字、医学、算数等许多发明创造，皆始于黄帝时代。

几千年来，人们修庙建陵，刻石立碑，虔诚地表达自己对先祖黄帝的无比崇敬、爱戴之情。

据《史记·五帝本纪》和《广黄帝本行记》载："黄帝崩，葬桥山。"桥山位于陕西黄陵县城北，相传这里埋葬着黄帝（一说是衣冠冢），因此，桥山黄帝陵成为后人世世代代祭祖的圣地，上至帝王、领袖，下至黎民百姓，都怀着虔诚崇敬之情来此拜谒祭祀。如秦始皇在统一六国后，于公元前220年西巡时祭过黄帝陵；汉武帝元封元年（前110）率十余万大军北巡朔方时曾祭黄帝陵；汉光武帝刘秀在建武二年（26）时曾隆重地祭祀过包括黄帝在内的五帝；宋仁宗赵祯、元成宗铁穆耳、明太祖朱元璋等都派专人去祭祀过黄帝陵。现代祭祀黄帝陵的活动更是益见其盛。据1995年3月30日《人民日报》（海外版）中《黄帝陵整修工程进展顺利》一文报道："近年来，随着我国社会主义建设事业的发展和改革开放步伐的加快，来黄帝陵祭祖的海内外华人每年达20余万人次。"据《陕西风物志》记载，早在四千多年前的虞夏时代，中华民族子孙已开始褅祭黄帝。几千年来，历代人民在黄帝陵公祭、民祭和修缮黄帝陵时，先后留下了近百块陵碑、祭文碑、纪事碑等祭祀和颂扬黄帝丰功伟业的碑刻，成为黄帝陵的一大人文景观。

桥山黄帝陵高约3.6米，周长约48米，为半球形土冢。牌楼式三拱门的陵门前竖有一块高大的下马碑，碑上沂镌"文武官员至此下马"八个大字，相传为汉武帝北巡祭黄帝陵时所题。黄帝陵前有1956年复修的祭亭，亭内立有两人多高的黑色陵碑，碑上镌有郭沫若于1958年5月书写的"黄帝陵"三个大字（图89）。在墓园壁前记载黄帝乘龙升天传说的《桥山龙驭碑》不远处，还有一座上镌"古轩辕黄帝桥陵"七个大字的大石碑，为清乾隆四十一年（1776）陕西巡抚毕沅所书。陵南侧数十米处的祈仙台旁，竖有上镌"汉武仙台"四个大字的石碑，相传汉武帝征朔方还，在这里祭黄帝，筑台祈仙，希望自己也能像黄帝一样乘龙仙去。在祈仙台不远处一株高耸云霄、奇特壮硕的古柏旁，竖有一块民国初年中部县（今黄陵县）知事、浙江钱塘人程寿筠手书的汉隶

图89　郭沫若书黄帝陵碑

“挂甲柏”石碑，相传汉武帝在步往祈仙台途中，曾随手脱下盔甲挂在这棵柏树上。

坐落于桥山东麓的轩辕庙建于北宋年间，庙内碑廊内存有自元代以来各朝御制祝文碑、名人题词碑和重修黄陵碑记五十余块，这些碑不仅荟萃了历代书法精品，也是研究黄帝生平及轩辕庙历史的珍贵资料。尤其是庙中三块并在一起镌刻着“文明之祖”四个古拙汉隶大字的石碑，更是内涵深远，使每一个来祭祖的后世子孙肃然起敬。黄帝陵祭祀活动以明清两代最多。据统计，从清世祖到清宣宗的二百〇六年间，历经六位皇帝，祭祀黄帝三十余次，为历朝之最。因此，明清两代留下的碑刻最多，黄帝陵碑廊现存的明代御制祭文石碑有十一块，清代的御制祭文石碑有二十块。

辛亥革命成功后，1912 年 3 月，孙中山曾委派要员十五人组成代表团，专程前去黄帝陵祭祀。临行前，孙中山亲自书写了一首气壮山河的词作为祭文，曰：

> 中华开国五千年，神州轩辕自古传。创造指南车，平定蚩尤乱。世界文明，惟有我先。

孙中山先生亲撰亲书的这块祭文碑（图 90），现竖立于黄帝陵碑廊的东侧。

图 90　黄帝陵孙中山祭文碑

1937 年，正值中华民族生死存亡的紧要关头，为了唤起四万万同胞团结抗日，国共两党捐弃前嫌，于 4 月 5 日清明节共派代表团到黄陵县桥山恭祭共祖轩辕黄帝。中国共产党代表林祖涵，宣读了毛泽东同志亲手撰写的《祭黄帝陵文》。这块祭文碑现竖于黄帝陵碑廊的西侧（图 91）。

图 91　祭黄帝陵文碑

其碑文曰：

中华民国廿六年四月五日，苏维埃政府主席毛泽东、人民抗日红军总司令朱德敬派代表林祖涵，以鲜花时果之仪致祭于我中华民族始祖轩辕黄帝之陵。赫赫始祖，吾华肇造；胄衍祀绵，岳峨河浩。聪明睿智，光被遐荒；建此伟业，雄立东方。世变沧桑，中更蹉跌；越数千年，强邻蔑德。琉台不守，三韩为墟；辽海燕冀，汉奸何多！以地事敌，敌欲岂足；人执笞绳，我为奴辱。懿维我祖，命世之英；涿鹿奋战，区宇以宁。岂其苗裔，不武如斯；泱泱大国，让其沦胥。东等不才，剑屦俱奋；万里崎岖，为国效命。频年苦斗，备历险夷；匈奴未灭，何以家为。各党各界，团结坚固；不论军民，不分贫富。民族阵线，救国良方；四万万众，坚决抵抗。民主共和，改革内政；亿兆一心，战则必胜。还我河山，卫我国权；此物此志，永矢勿谖。经武整军，昭告列祖，实鉴临之；皇天后土。尚飨。

毛泽东撰写的这块祭文碑，用五十六句祭文告诉全世界：中华民族是伟大的民族，勤劳勇敢、不畏强暴、永不屈服是中华民族的民族精神，这种民族精神已经融入中国人民的血液，凝聚成无坚不摧、战无不胜的坚强力量。祭文充分表达了后世子孙对始祖黄帝的无比崇敬之情，表达了中国共产党誓死抗日、拯救祖国的决心和信心，也是研究毛泽东思想和抗日战争史的重要文献资料，具有珍贵的历史价值。

此外，在黄帝陵碑亭碑廊里，还有中华民国三十一年（1942）蒋中正题书的《黄帝陵碑》（图92），1988年邓小平亲笔题书的《炎黄子孙碑》（图93）和1994年时任中华人民共和国主席的江泽民亲笔题书的《中华文明源远流长碑》（图94）。

图92 蒋中正题书黄帝陵碑

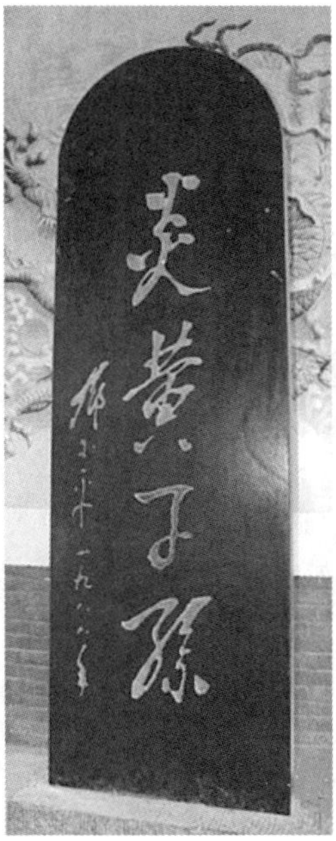

图93 邓小平题书炎黄子孙碑

图94 江泽民题书中华文明源远流长碑

之后在整修黄帝陵的同时，在黄帝陵功德坛建造了中华同心碑林。碑林由全国三十一个省、自治区、直辖市各自设计制作一块碑，碑高约3米、宽约2米，正面刻有为整修黄帝陵捐款的数额及地区名称，背面镌刻各地的经济、政治、文化及地理概况。碑林自北向南排列，新疆、西藏、内蒙古、广西、宁夏五个民族自治区的碑建在较为醒目的位置上。中华同心碑林是黄帝陵雄伟壮观、意义深远的一大人文景观，它与功德坛浑然一体，象征着中华民族各族人民和海内外中华儿女为中华民族巍然屹立于世界之林而齐心协力地团结奋斗。

河南新郑、新密是轩辕黄帝故里。新郑除有轩辕丘、轩辕庙、黄帝访贤问道处、练兵驯兽处、黄帝拜华盖童子处、风后兵书亭等遗迹外，还有不少碑刻，其中最为著名的是林则徐拜祖碑。新密除有轩辕黄帝宫、黄帝拜力牧为将的“力牧台”（又名“熊台”“拜将台”）、黄帝养马庄等遗迹外，还有《风后八阵兵法图》石刻和数十块石碑。

相传河南灵宝阳平镇的荆山是黄帝铸鼎后离开人间仙去的地方。直到现在，在荆山始祖殿东西两侧的历代石刻中，还有一块刻于一千两百多年前的《轩辕黄帝铸鼎原碑铭并序碑》；在陕西黄陵县桥山黄帝陵前，也有一块明嘉靖十五年（1536）十月九日滇南唐锜书的《桥山龙驭碑》。这两碑所记载的关于黄帝铸鼎后骑龙升天而去的神奇传说，不仅几千年来在中国民间广为流传，而且在中国古代典籍中也多有相应记载。《淮南子·原道训》汉高诱注云："一说黄帝铸鼎于荆山鼎湖，得道而仙，乘龙而上，其臣援弓射龙，欲下黄帝，不能也。"司马迁《史记·封禅书》记载，公孙卿对汉武帝说："黄帝采首山铜，铸鼎于荆山下。鼎既成，有龙垂胡髯下迎黄帝。黄帝上骑，群臣后宫从上者七十余人，龙乃上去。余小臣不得上，乃悉持龙髯，龙髯拔，堕，堕黄帝之弓。百姓仰望黄帝既上天，乃抱其弓与胡髯号……"晋崔豹《古今注》曰："世称黄帝炼丹于凿砚山，乃得仙，乘龙上天。群臣援龙须，须坠而生草，曰龙须。"历代诗人亦常在诗中咏吟此事，如魏曹植《仙人篇》曰："不见轩辕氏，乘龙出鼎湖。"唐李白《飞龙引》曰："黄帝铸鼎于荆山，炼丹砂。丹砂成黄金，骑龙飞入太清家。"

第四节　嫘祖之碑

嫘祖一作累祖，相传为西陵氏之女、黄帝之妻，《史记·五帝本纪》载"螺为黄帝正妃"，是传说中的中华蚕桑始祖，养蚕治丝方法的创造者。自南朝宋文帝元嘉以来，历代封建王朝均设先农坛，皆祀嫘祖为先蚕。

嫘祖最早发现野蚕，并将野蚕培养成家蚕，进而发明了蚕茧抽丝和织锦制衣技术，并且还协助轩辕黄帝治理天下，发展经济，在全国推广栽桑养蚕，为中华文明的繁荣发展做出了杰出贡献。因此，几千年来，人们一直尊其为桑蚕始祖，倍加敬重，建庙立碑永志纪念。相传四川绵阳盐亭县是嫘祖故里。自古以来，盐亭便有纪念嫘祖的地名、名胜古迹、庙宇和碑刻，如轩辕坡、嫘祖坟、嫘轩宫、《嫘祖圣地碑》（又名《四方碑》）等。唐代《四方碑》碑文为著名韬略家、大诗人李白的老师赵蕤所写，碑文云："女中圣贤王凤，黄帝元妃嫘祖生于本邑嫘祖山……生前首创种桑养蚕之法，抽丝编绢之术，谏诤黄帝，旨定农桑，法制衣裳……是以尊为先蚕。”据有关资料记载，在山西夏县西阴村附近，有一座被当地群众称作“丘台”或“灰土灵”的土台，相传这里即是嫘祖葬身的地方。考古学家确证是殷商早期的部落遗址，在这里出土了我国所发现的新石器时代文物中仅有的半个蚕茧化石。此处被列为山西省重点文物保护单位，竖立了醒目的《西阴遗址碑》（图95）。

图95　西阴遗址碑

第五节　炎帝之碑

炎帝一说神农氏，相传以火德王，以火名官，故称炎帝。《周易》云：“庖羲氏没，神农氏作。”炎帝与黄帝一起被并称为中华“人文始祖”。《国语·晋语》载：“昔少典娶于有蟜氏，生黄帝、炎帝。黄帝以姬水成，炎帝以姜水成。成而异德，故黄帝为姬，炎帝为姜。”炎帝原居于西北姜水流域①，后其部落日益强盛，沿渭水、黄河向东发展，到达中原地区。因侵凌其他部落，先后三次与黄帝大战于阪泉（今河北涿鹿东南），被黄帝击败。后来遭凶猛残暴的蚩尤侵凌，炎帝求助于黄帝，黄帝击杀蚩尤，炎帝与黄帝结为联盟。

关于炎帝的出生地有两种说法，两种说法中的不同两地，都遗存有纪念石碑。一说陕西宝鸡是炎帝母亲受孕生炎帝之地。西晋皇甫谧《帝王世纪》云：“炎帝神农氏母有蟜氏女登，为少典妃，游华阳，感神而生炎帝，长于姜水，因以氏焉。”明李贤、彭时等《大明一统志》云：“姜氏城，在宝鸡县南七里，城南有姜

---

① 一说为羌水，在甲骨文中姜、羌相通。

水。”相传宝鸡峪泉村的九龙泉，是当年炎帝沐浴处，因此成为后人纪念炎帝的圣地，至今除有规模恢宏的神农祠等建筑遗址外，还留有明清时所立的残碑，上刻“浴圣九龙泉”五个大字。炎帝出生地的另一说是湖北随州。唐司马贞《三皇本纪》载：“神农本起烈山。”据《水经注》《元和郡县图志》等典籍，烈山在古厉国，即今湖北随州厉山镇。历史上，这里也是后人纪念炎帝的圣地，唐代大诗人李白到此游览后曾留下“神农好长生，风俗久已成”的名句。如今这里除有神农洞、神农殿、神农社和神农祠等古建筑遗址外，在神农洞南的山梁上，还留有明代随州知州阳存愚所立的《炎帝神农碑》。

据汉司马迁《史记·五帝本纪》、汉班固等《白虎通义》和唐司马贞《三皇本纪》等史籍记载，炎帝曾“作耒耜”“殖五谷”“尝百草”，首倡“日中为市”，“教民农作，神而化之，使民宜之”，开创农耕文化，使我们的祖先摆脱茹毛饮血的狩猎畜牧生活，进入农业文明时代。因此，炎帝在历史上具有崇高的地位，受到后世子孙的高度敬重，被视为中华民族的共同先祖，历朝历代都修陵建庙立碑拜谒祭祀。

关于炎帝死后的葬地，西晋皇甫谧《帝王世纪》和唐司马贞《三皇本纪》均载“葬长沙”。宋罗泌《路史》说得较为具体，“崩葬长沙茶乡之尾，是曰茶陵”。南宋王象之《舆地纪胜》的记载更为明确，称炎帝墓在茶陵一百里康乐乡白鹿原。宋太祖赵匡胤登基，遍访天下古陵，终于在康乐乡白鹿原找到了炎帝陵。于是，于乾德五年（967）在白鹿原（今湖南炎陵鹿原镇）建庙奉祀。炎帝陵自宋代建庙“肖像而祀”后，“三岁一举，率以为常”，明清两代，炎帝陵祭祀更加频繁隆重，留下了众多祭文碑，现有碑文可查的朝廷御祭就有五十三次之多，这些存放于陵殿厢房里的历代炎帝陵告祭碑文，是研究炎帝和历代祭祖仪礼的重要资料，弥足珍贵。除历代留下的祭文碑外，炎帝陵殿迎门处还竖立了江泽民题写的炎帝陵碑，墓碑亭中竖立着胡耀邦同志题写的炎帝神农氏之墓碑（图 96）。在炎帝陵咏丰台上，还有清道光七年（1827）知县沈道宽取神农氏丰年之咏以志庆的《咏

图 96　炎帝神农氏之墓碑

丰台碑》，上镌“耕不尽”三个大字，其内涵至为深刻。所有这些石碑，令瞻仰炎陵者观览后感奋不已，对先祖炎帝肃然起敬。

1995 年 10 月，在山西高平新发现了一块炎帝陵庙碑，并由此新发现了又一座炎帝陵庙，这是继湖南炎陵之后发现的第二处炎帝陵。这座陵庙坐落于高平羊头山，建筑年代不详，石碑镶在居住守庙人的东厢房的墙中，高近一米，直书“炎帝陵”三个大字，碑文曰：“炎帝神农氏陵庙，历代相传，载在祀典，其形势嵯峨，林木深阴久矣，吾邑封内之胜迹。”此碑发现后人们对羊头山进行了全面考察，发现了神农庙、神农城、神农井、神农泉等遗迹，从山上到山下分别有炎帝古高庙、中庙、下庙，自成体系。陕西史学工作者曾通过查阅《国语》《世本》《水经注》《史记》《后汉书》《帝王世纪》《大明一统志》《陕西通志》《宝鸡县志》《姓氏寻源》等两百多部典籍史料，做出了炎帝后裔分支在古代就从姜水流域分别流徙到中国的河南、四川、河北、湖北、湖南、山东、山西、浙江、云南、贵州、海南、安徽、江苏、辽宁、甘肃、宁夏、西藏、内蒙古、青海等广大地区及老挝、越南、缅甸等国的推断。山西高平羊头山炎帝陵碑及陵庙的发现，无疑是这一推断的有力印证，它证明炎帝部落从陕西东迁到达这里，因此具有重要的历史价值。

第六节　唐尧之碑

尧是中国古代传说中父系氏族社会后期部落联盟的首领，名放勋，号陶唐氏，史称唐尧。据《史记·五帝本纪》和《历代帝王纪》等史籍记载，尧是一位贤明的君主，他曾制定过历法，并命羲氏、和氏以历法观察日月星辰的变化规律，确定民间播种的季节，对推动当时农业生产的发展起了重要作用。他又命羲仲治理东方，羲叔治理南方，和仲治理西方，和叔治理北方，任用鲧治理洪水，并教民稼穑，抗灾除害。行赏罚，明人伦，富不骄，贵不淫，德感万民，化及四方，百姓昭明，合和万国。他在位后期，还实行了君位禅让制，对舜进行了三年考核后，命舜摄政，他死后即由舜继位。

尧德高功伟，中华民族子孙为他修庙立碑，世代祭祀凭吊。据考，尧生于伊祁山（今河北顺平），在河北顺平尧城村的尧帝庙，存有元明时代为纪颂尧的功德所立的碑，历代帝王曾多次来此祭拜凭吊尧帝。如元代《尧庙碑》云："国人与居人不忘其德，历数千百年，独能指示其处，庙而享之，则其德在人之深者可见矣。"

尧曾建都平阳（今山西临汾），当地人民感念其功德，在平阳城南修建了尧庙祭祀他。至今，在庙的前山门两侧和庙内，还存有十余块碑碣，刻载唐尧的功绩和尧庙建造的经过。在平阳城东，即今山西临汾东北筑有尧陵，陵高约 50 米，周长约 80 米。陵前筑有祠宇，相传为唐初所建；同时竖有陵碑，上刻"古帝尧陵"四个大字（图 97）。据所存金泰和二年（1202）碑文记载，唐太宗征辽时曾驻跸于此。现在祠内仍存有碑碣十余块，记述了尧帝的功绩与尧陵祠宇的沿革。尤为可贵的是，祠内至今还完好地保存着明嘉靖十八年（1539）所刻的尧陵碑，碑上刻有尧陵全图。

图 97　古帝尧陵碑

这些碑碣生动有力地反映出尧在中华民族心目中的崇高地位，是我们研究尧生平事迹的宝贵文献资料。

第七节　虞舜之碑

舜是继尧之后的中国父系氏族社会后期部落联盟的首领，姚姓，号有虞氏，史称虞舜。据《史记·五帝本纪》载，舜目有重瞳子，故又名重华。舜曾耕于历山，渔于雷泽，陶于河滨，小时不为其父瞽叟所爱，瞽叟偏爱后妻所生之子象，常欲杀舜。但舜能信守孝道，顺承父母之意，当父母需要他时，他就出现在他们身旁，故舜在二十岁时便以孝闻名。因此，当尧想寻找继承人时，四岳（四方部落首领）便推举舜。尧先命舜摄政，对其进行考察。在摄政期间，舜巡行四方，除掉了作乱的共工、驩兜和三苗，处死了治水不成、反使水患更加严重的鲧，而改派鲧的儿子禹治水。尧在对舜经过二十年的考验后，觉得舜是可以信任的，在临死时便将君位正式禅让于舜。舜继位后，果然不负众望，他选贤授能，以治水有功的禹为继承人，并且修明法度，使天下大治。

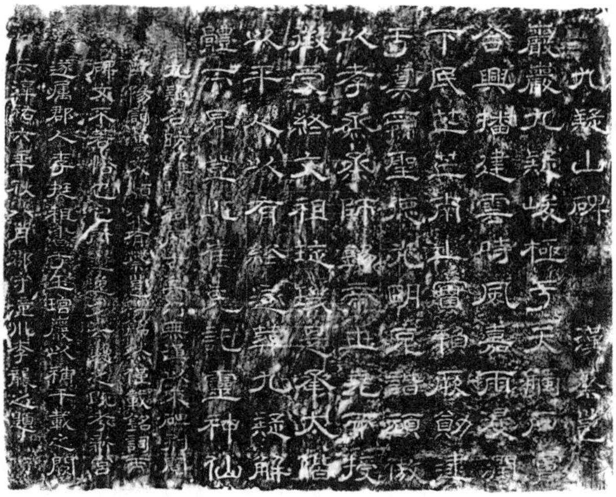

图 98　《九嶷山铭摩崖刻石》（局部）

舜在位三十多年，功比天地，因而成为后人心目中理想君主的化身，获得了极高的尊崇，正如《礼记》所云："舜其大智也欤！德为圣人，尊为天子，富有四海之内，宗庙飨之，子孙保之！"《史记·五帝本纪》对舜更是赞颂备至，谓舜"致异物，凤凰来仪，天下明德皆自虞帝始"。几千年来，人们建庙立碑，世世代代祭祀虞舜，歌颂他的不朽功德。在湖南宁远九嶷山上的舜帝陵前立有"帝舜有虞氏之陵"大碑。至今，在九嶷山舜庙的附近仍遗存有许多历代祭祀虞舜留下的石碑，因岁月久远，其中有些石碑文字已难以辨认，但也有一些碑刻依然字迹清晰，其中最为著名的是在九嶷山玉棺岩上矗立着的宋代李挺祖书的东汉时著名文学家蔡邕所作的《九嶷山铭摩崖刻石》（图 98）。其铭文曰：

岩岩九疑，峻极于天，触石肤合，兴播建云。时风嘉雨，浸润下民，芒芒南土，实赖厥勋。逮于虞舜，圣德光明，克谐顽傲，以孝蒸蒸。师锡帝世，尧而授征，受终文祖，璇玑是承。太阶以平，人以有终，遂葬九疑，解体而升。登此崔嵬，托灵神仙。

这些古朴的碑刻，无疑是中华民族无比崇敬怀念虞舜的实证，也是研究舜的宝贵实物资料。

第八节 后稷之碑

后稷，姓姬，名弃，是黄帝的玄孙，帝喾的长子，也是周朝姬氏的始祖。据《史记·周本纪》载，后稷乃有邰氏之女姜嫄履巨人迹怀孕而生，因一度被弃，故名“弃”。“弃为儿时，屹如巨人之志。其游戏，好种树麻、菽、麻、菽美。及为成人，遂好耕农，相地之宜，宜谷者稼穑焉，民皆法则之。帝尧闻之，举弃为农师，天下得其利，有功。帝舜曰：‘弃，黎民始饥，尔后稷播时百谷。’封弃于邰，号曰后稷，别姓姬氏。”因后稷“好耕农”，有“教民稼穑”之功，使“天下得其利”，故被帝尧尊为农师，帝舜时被任命为稷官，主管农事。数千年来，后稷一直作为农神受到帝王、百姓的祟祀，修祠建庙、刻石立碑，世代纪颂他的功德。位于山西运城稷山县城中心的稷山稷王庙，创建于元惠宗至正五年（1345），清宣宗道光二十三年（1843）重建，现有后稷楼、姜嫄殿、献殿、大殿、钟楼、鼓楼、励精院等建筑，庙内还存有两根图腾柱、两座古石坊、两座重檐园亭、六十一间廊屋、十四间碑廊，占地一万多平方米，是我国历史上规模最大、档次最高、保存最完整的奉祀中国农业始祖后稷的庙宇，2006 年被评为第六批全国重点文物保护单位。后稷庙“无梁殿”北墙上镶嵌有一块石碑；献殿东西两山墙上嵌有巨幅石刻，均高 2 米、宽 8 米。献殿西山墙石刻为清道光二十三年（1843）稷山知事李景椿为重建的后稷庙告成所赋的七古一章，文秀字劲；东山墙石刻为稷山八景，诗图并茂。庙内还存有清代碑碣八块（图 99），记述了后稷的伟大功绩和稷王庙的庙史。后稷在中华历史上具有崇高的地位，稷山稷王庙所存碑碣是我们研究后稷的有价值的文物资料。

图 99 稷山稷王庙古碑之一

第九节 夏禹之碑

禹是继舜之后的中国父系氏族社会后期部落联盟的首领，姒姓，名文命，史称大禹、夏禹、戎禹。据《史记·夏本纪》载，禹原为鲧之子，夏后氏部落领袖，鲧因治水失败被杀，禹由四岳推选，奉舜之命继续治水。他一改鲧的筑堤堵水法，采用疏导的办法，在外奔忙十三年，劳身焦思，三过家门而不入，终于使水患悉平，创下了“地平天成”的伟业。同时，他还“尽力于沟洫”，开沟修渠，开展农田水利建设，发展农业生产。因此，大禹受到各方的拥戴，被舜选为继任人。舜死后，大禹继位为部族联盟首领。相传他用铜制作兵器，定国号曰夏后，定天下为九州，铸造象征权力的九鼎，使中华民族从此由部落联盟进入了形成国家、称有国号的社会发展阶段。禹在位时曾选定东方夷族的皋陶为继承人，皋陶死后，经四岳推荐，禹又选皋陶之子伯益为继承人。禹在东巡时死于会稽，其子启夺伯益位自立，自此，王位禅让制转化为王位世袭制，大禹实际上成为中国历史上第一个王朝夏的缔造者。

大禹是中华民族的立国之祖，同时也是神州大地上有史记载的第一位治水英雄，他所代表的艰苦奋斗、人定胜天的精神和劳身焦思、“三过家门而不入”、公而忘私的品质集中展现了中华民族的优秀品德。因此，几千年来，大禹治水的事迹在中华大地上广为传颂，他的丰功伟绩受到中华民族子孙的敬仰，人们建陵修庙立碑，世世代代纪念他。

据《史记·夏本纪》记载：“禹会诸侯江南，计功而崩，因葬焉，命曰会稽。”位于今浙江绍兴东南的会稽山，是夏禹陵墓所在地。这里遗存着众多关于大禹的碑刻。在夏禹陵甬道尽头的一座气势宏大的碑亭里，矗立着一块巨碑，上书“大禹陵”三个大字（图 100），笔势雄健，是明嘉靖年间绍兴知府、著名书法家南大吉的手笔。在大禹陵左侧不远处是禹祠，据《吴越春秋》记载，夏禹之子启“立宗庙于南山之上”，夏朝六世王少康“恐禹祭绝祀”，又“封其庶子于越”，在此守陵，逢时过节进行祭祀。现在禹祠内的廊下壁间，嵌有《禹穴碑》和《禹穴辨碑》两方，碑文刻载了古代学者考辨大禹葬地之辞。在大禹陵北，还建有全国最大的禹王庙，该庙始建于何时已难以考证，在汉代庙的规模很大，梁大同十一年（545）时曾进行过修葺，以后屡有兴废，现存禹庙建筑主要是清初所建。禹庙气势恢宏，是历代举行祭祀夏禹仪式的场所，现存有许多历代遗留的碑刻。在禹庙进口南侧竖立着举世闻名的《岣嵝碑》，在禹庙正殿前右侧，耸立着一座御碑亭，碑文为清代乾隆皇帝所书；近年，在禹庙前又兴建了碑廊，碑廊内存有唐、明、清重修大禹陵、禹祠、禹庙，祭祀大禹以及有关水利的碑刻六十余块（图101）。

图 100　大禹陵碑

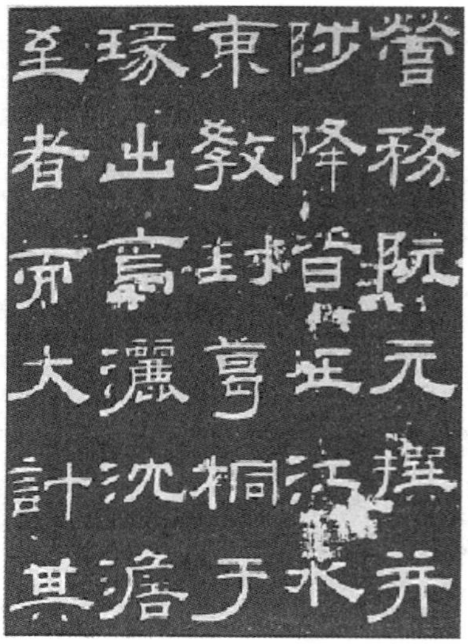

图 101　清阮元书《大禹陵庙碑》（局部）

位于湖南中部的南岳衡山，是我国著名的五岳之一，山势雄伟，大小山峰七十二座，主峰为岣嵝峰，故衡山又名岣嵝山，相传舜南巡和禹治水时都到过这里。岣嵝山原有一块著名的石碑，因其发现于岣嵝山，故又名《岣嵝碑》，碑上文字字形如虬似螭，既不同于殷商甲骨文、金文，也不同于战国楚墓出土的蝌蚪文，苍古莫辨。相传《岣嵝碑》是当年大禹治水时留下的遗迹，是治水时刻下的纪事碑文，碑文所说为大禹在衡山得金简之书知治水之道；也有人认为此碑并非夏禹留下的，而是后人为纪念大禹治水有功刻立的石碑。总之此碑与禹有密切关系，故亦称为《禹王碑》《神禹碑》。此碑原碑早已不存，现存所知最早是南宋嘉定五年（1212）由衡山移到湖南长沙岳麓山巅之碑，高约 1.7 米、宽约 1.4 米，碑的空白处有南宋何致所刻“右帝禹刻”四字，明嘉靖三十九年（1560）长沙太守张西铭建亭护碑，长沙兵道石维岳又覆以石室。后来由于年代久远，碑亭、石室倾圮，现在的石室是1935年重建的。由于禹碑文字古怪莫测，且内容又与大禹有关，因此，自其移刻长沙岳麓山为世人所知后，历代以来，全国许多地方都纷纷摹拓翻刻，现在昆明、成都、绍兴、开封、南京、西安等地都有摹刻的禹碑，成为我国被摹刻最多的古碑之一。

山西芮城的神柏峪，相传大禹治水导河凿龙门后，曾由中条山经禹门口来到此处休息于古柏下，休息后由此渡河，宿于隔河相望的禹店村，故此处地名称为“大禹渡”。现临河处有重建的禹王庙碑，碑文记述了大禹导河息于此的情况。同时，神柏峪山谷崖壁上，还有摩崖刻石“舟于此，出水得”六个大字。

安徽怀远白乳泉与涂山隔河相望的地方，相传是当年大禹会同诸侯计议如何治水之地。现在涂山顶建有禹王宫，亦称禹王庙、涂山祠，是后人为纪念夏禹建造的专祠。在供奉着大禹和其妻启母神像的禹王殿、启母殿两侧的耳房里，陈列着历代修建禹王宫的碑刻和文人墨客纪颂夏禹的诗文碑刻。在禹王宫西还有启母石（又名望夫石），相传当年禹王之妃涂山氏怀抱其子启，期望大禹治水早日归来，年长日久，化为巨石。历代许多文人墨客来此凭吊，留下了大量纪颂大禹的诗文碑刻。其中最为著名的是宋代大文豪苏轼的《濠州七绝·涂山》禹王宫诗碑，诗云：

川锁支祁水尚浑，地埋汪罔骨应存。
樵苏已入黄熊庙，乌鹊犹朝禹会村。

这首诗是宋元祐七年（1092）苏轼往扬州赴任顺道游访涂山时所作。全诗引用了“川锁支祁”——大禹擒获、禁锢无支祁这个淮河大水怪这一典故，和“地埋汪罔”——当年大禹治水招会群神于会稽之山时汪罔部族的酋长防风氏因晚到而被大禹严惩处死这一典故，重温了洪荒时期大禹拯救先民于洪水横流中的英勇壮举，追思大禹疏九河、导百川，十三年于外、三过家门而不入的伟大功业和献身精神，表达了对大禹的无比崇敬和深切怀念之情。

河南开封市郊东南的古吹台，据说是春秋时晋国乐师师旷奏乐的地方，由此而得名。相传当年大禹治水时曾在这里居住，为了纪念大禹治水的功绩，后人在古吹台上建禹王庙，故又称禹王台。禹王台的东院为六贤祠，祀著名文人李白、杜甫、高适、李梦阳、何景明和高子业；西院为水德祠，祠壁嵌有《禹庙碑》等石刻。禹王庙有大殿五间，殿北壁嵌有翻刻的《岣嵝碑》。大殿院门南御书楼内嵌有康有为诗石刻。禹王台中最有代表性的碑刻《禹庙碑》系明代著名文学家李梦阳所写。据有关资料记载，明嘉靖元年（1522），澶州监察御史王溱到河南巡视，正值李梦阳也在此游览，王溱登上禹王台远眺，被壮丽的河山所感动，慨叹当年禹王治水造福于民的伟业，当即下令组织人力物力修葺禹王庙，并请李梦阳撰写碑文，勒石立碑，以志纪念。李梦阳欣然命笔，写下了传世名篇《禹庙碑》，碑文曰：

李子游于禹庙之台，览长河之防，孤城古宫，平沙四漫。遐睇故流，北尽碣石，九派湮淤，云草浩浩。于是怆然而悲曰："嗟乎！予于是知王霸之功也。霸之功骓，久之疑；王之功忘，久之思。"

昔者禹之治水也，导川为陆，易靰为宁，地以之平，天以之成。去巢就庐，而粒而耕，生生至今者，固其功也，所谓万世永赖者也。然问之耕者弗知，粒者弗知，庐者弗知，陆者弗知，故曰："王之功忘。"譬之天生物而物忘之，泳者忘其川，栖者忘其枝，民者忘其圣人，非忘之也，不知之也，不知自忘。及其灾也，号呼而祈恤，于是智者则指之所从来，而庙者兴矣，河盟津东也，夔旷肆悍，势犹建瓴；堤堰一决，数郡鱼鳖。于是昏垫之民匍匐诣庙，稽首号曰："王在，吾奚役斯！"所谓思也。故不忘不大，不思不深，深莫如王，大莫如天，天之道也。霸者非不功也，然不能使之不忘，而不能使之不疑，何也？不忘者小，小则近，近则浅，浅则疑，如秦穆赐食膳马肉酒是也。夫天下未闻有庙桓文者也。故曰："予观禹庙而知王霸之功也。"或问："汤文不庙？"李子曰："圣人各有其至，尧仁舜孝，禹功汤义，文王之忠，周公之才，孔子之学是也。夫功者，切乎菑者也，大梁以灾故，是故独庙禹。"

是时监察御史澶州王子会按河南，登台四顾，乃亦怆然而悲，曰："嗟乎！予于是而知功之言征也。吾少也尝览蹑州城，眺沧渤，南目大梁之墟，乃今历三河，揽淮泗，极洪流而尽滔滔，使非有神者主之，桑而海者久矣，尚能粒耶，耕耶，庐耶？能靰者宁耶？川者陆耶？嗟乎，予于是而知功之言征也。所谓微禹吾其鱼者耶？所谓美哉勤而不德者耶？"

于是饬所司葺其庙，而属李子碑焉。王子名溱，以嘉靖元年春按河南。明年秋，代去。乃李子则为迎送神辞三章，俾祭者歌之以侑神焉。其辞曰：

天门兮显辟，赫赫兮云吐。窈黄屋兮陆离，灵总总兮上下，羌若来兮倏不见，不见兮奈何？望美人兮徒怨苦，横四海兮怒波。

絙弦兮镗鼓，神不来兮谁怒？执河伯兮显戮，饬阳侯兮清路。灵电霱兮来至，风泠泠兮堂户。舞我兮我酹，尸既饱兮颜酡。惠我人兮乃土乃粒，日云暮兮尸奈何！

风九河兮涛暮，云曀曀兮昏雨。王驾凤兮骖文鱼，龙翼翼兮两旗，怅佳期兮难屡，心有爱兮易离，爱君兮思君，肴芳兮酒芬，君归来兮庇吾民！

在《禹庙碑》中，李梦阳把夏禹作为王道的代表，热情讴歌了夏禹治理洪水，疏浚河床，悉平水患，使百姓得到万顷良田，安居乐业，世代繁衍的丰功伟绩，表达了他对不求私利、一心为民造福的古代圣贤的敬仰之情，和以使百姓脱离灾难为己任，着力于造福苍生的胸怀抱负，并借此抒发幽古之情，表达了他对当时政治黑暗腐败的愤懑，对能够有一个夏禹式的明君的企盼和渴望。同时，也反映出了他忧国忧民，胸怀匡国济世之志而又怀才不遇、时乖运蹇的痛苦。

在浙江绍兴会稽山麓禹庙的东侧有窆石亭，亭中立一块状若秤锤，顶端有碗口大的洞的窆石，传为当年大禹下葬时所用，此石即为碣，是古代刻石中的一种。窆石上有篆书刻辞，王顺伯等考为汉刻；鲁迅在前人研究的基础上进行辨析和考证，认为窆石上之篆文刻于三国孙吴时代，至今已有一千七百多年历史。窆石右上方刻有《拜禹陵诗》一首，左下方还刻有元人题名，据鲁迅考证辨释，题刻的诗句为：

沐雨栉风无暇日，胼胝还见圣功劳。
古柏参天表元气，梅梁赴海作波涛。
至今遗迹衣冠在，长使空山魑魅号。
欲觅冢陵寻窆石，山僧为我剪蓬蒿。

诗文讴歌了大禹治水的崇高献身精神和为民造福的千古功勋，此诗此石，引起了人们对先祖大禹的缅怀和追思，历经千百年沧桑，现在这块窆石已被前来拜谒者抚摸得极为光滑。

上述所有这些碑刻，都是重要的历史见证，“北有黄陵，南有禹陵”，可见我国祭禹历史之悠久，大禹在中华民族中地位之崇高。同时，这些弥足珍贵的碑刻，也是我们研究夏禹、夏朝历史和我国水利史不可多得的宝贵资料。

第九章

碑刻与帝王遗迹

在中国古代，帝王在黎民百姓的心目中是真龙天子，是国家的化身、权力的象征、命运的主宰，是至高无上的绝对权威，是崇拜和敬畏的偶像。因此，帝王的一切都被视为是神圣、高贵的。帝王的出生地和曾生活过的地方，抑或曾驾幸过、发生过某些重大事情的地方，往往被罩上一层神秘的光环，成为一种富有传奇色彩的人文遗迹，这些地方也往往都立有石碑，以供人们凭吊、瞻仰，而这些石碑也往往为我们研究帝王生平及有关历史提供了线索。

第一节　汉代帝王遗迹之碑

汉高祖刘邦是汉朝的开国皇帝，江苏沛县是其故里。刘邦在刚起兵尚未夺得天下之前，在沛县即传说其有天子气，“季所居上常有云气”，“沛中子弟或闻之，多欲附者矣”。据《史记·高祖本纪》记载，高祖十二年（前195）平定淮南王英布谋反后，“高祖还归，过沛，留。置酒沛宫，悉召故人父老子弟纵酒，发沛中儿得百二十人，教之歌。酒酣，高祖击筑，自为歌诗曰：‘大风起兮云飞扬，威加海内兮归故乡，安得猛士兮守四方！’令儿皆和习之。高祖乃起舞，慷慨伤怀，泣数行下。谓沛父兄曰：‘游子悲故乡，吾虽都关中，万岁后吾魂魄犹乐思沛。且朕自沛公以诛暴逆，遂有天下，其以沛为朕汤沐邑，复其民，世世无有所与。’”此时，刘邦已夺得天下登上皇帝宝座，返回故乡看望父老乡亲，并特地恩赐故乡人民“世世无有所与”（世代不服徭役）。其故乡父老本就以这方土地上出了一个真龙天子无比自豪，此时又得到了这位天子的诸多恩惠，那自然对刘邦更是无比拥戴和崇敬了。因此，沛县的百姓和地方官，就将刘邦回故乡时所作的《大风歌》刻成石碑，竖立于刘邦的故里，借以显示一代帝王故里之尊荣，又借以表达对刘邦的崇敬和纪念。刻立的《大风歌碑》先后共有三块。一块是汉碑，高约 1.7 米、宽约 1.2 米，碑残缺，据《沛县志》记载为东方蔡邕所书，或云曹熹所书，亦有学者认为此碑是伪刻。一块是元大德十年（1306）摹刻碑，高约 2.3 米、宽约 1.2 米，篆刻共四行，每行五字，由刘邦故乡的郡守和洽伯川等官员摹刻。还有一块为现代甲子碑，1984 年由书法家按原碑规模摹刻。由于年代久远，汉元两碑早已残泐，经多年的搜集，残缺碑文现已查出。三碑现收藏于江苏沛县文化馆，已建碑亭保护。

在河南永城芒砀山，还有一座远近闻名的石碑，那就是颇有些传奇色彩的《刘邦斩蛇碑》。据《史记·高祖本纪》载："高祖以亭长为县送徒骊山，徒多道亡。自度比至皆亡之。到丰西泽中，止饮，夜乃解纵所送徒。曰：'公等皆去，吾亦从此逝矣！'徒中壮志愿从者十余人。高祖被酒，夜经泽中，令一人行前，行前者还报曰：'前有大蛇当径，愿还。'高祖醉，曰：'壮士行，何畏！'乃前拔剑击斩蛇。蛇遂分为两，径开。行数里，醉，因卧。后人来至蛇所，有一老妪夜哭。人问何哭，妪曰：'人杀吾子，故哭之。'人曰：'妪子为何见杀？'妪曰：'吾子，白帝子也，化为蛇，当道，今为赤帝子斩之，故哭。'人乃以妪为不诚，欲告之，妪因忽不见。后人至，高祖觉。后人告高祖，高祖乃心独喜，自负。诸从者日益畏之。秦始皇帝常曰：'东南有天子气。'于是因东游以厌之。高祖即自疑，亡匿，隐于芒砀山泽岩石之间。"后人便根据《史记》的这一富有传奇色彩的记载，在刘邦斩蛇、亡匿的"芒砀山泽"刻立了《刘邦斩蛇碑》。原碑刻立于明穆宗隆庆年间，年久残泐，1977 年时曾将残碑修复，后移置于芒山文化分馆内，1984 年又按原碑复制石碑一块立于原处，并建六角六楼碑亭一座，碑座长约 2 米、宽约 1.6 米，碑身高约 2.4 米、宽约 1.2 米，碑上篆刻"汉高祖断蛇之处"，碑阴为阴刻小楷，碑文约五百字。

雄才大略的汉武帝一生留下众多著名遗迹，山西万荣后土祠的《秋风辞碑》即是其中之一。他在位期间，曾亲往汾阴祭地皇后土（女娲），并在汾阴睢地立后土祠，即今万荣的古后土祠。在祭汾阴期间，汉武帝还写下了一首著名的《秋风辞》，辞曰：

> 秋风起兮白云飞，草木黄落兮雁南归。兰有秀兮菊有芳，怀佳人兮不能忘。泛楼船兮济汾河，横中流兮扬素波，箫鼓鸣兮发棹歌。欢乐极兮哀情多。少壮几时兮奈老何！

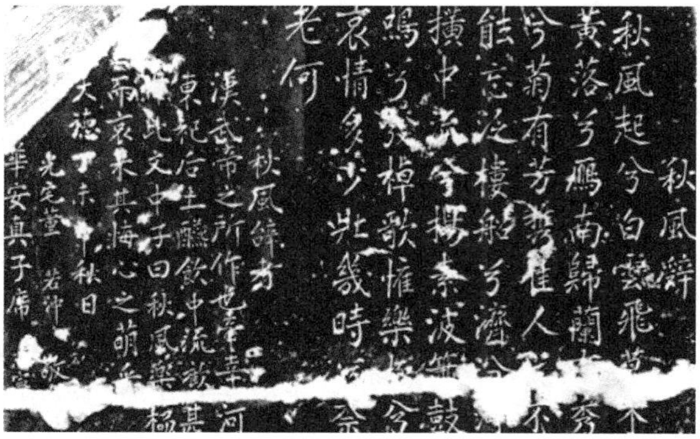

图 102　《秋风辞碑》

为了纪念汉武帝，元成宗大德年间，将其所写的《秋风辞》刻成石碑（图 102），立于后土祠正殿后面的一座楼内，碑文为行草阴刻，笔画凝重，体态端正。此楼因藏有汉武帝的《秋风辞》碑刻而闻名遐迩，遂被人们称为秋风楼。出于对汉武帝的崇敬，清同治十三年（1874）八月时，又再次用篆书阴刻了一块《秋风辞碑》藏于秋风楼内。现在元刻行草《秋风辞碑》藏于秋风楼三楼，清刻篆书《秋风辞碑》藏于二楼，两碑交相辉映，成为纪念一代雄主汉武帝的一大胜迹。

刘秀是东汉王朝的始祖。河南南阳瓦店镇是刘秀的故乡，亦是他帝业的发祥之地。南阳的士绅和地方官吏，无不以之为豪，对光复汉室的汉光武帝充满着崇敬之意。为了显示一代帝王故里的荣耀，南阳的地方士绅和官员先后在刘秀的家乡竖立了《汉光武故里碑》和《贵人乡碑》。碑文详细记载了刘秀起兵攻灭王莽，削平割据，统一天下，重新建立汉王朝的史实，对于研究西汉末年的历史和刘秀的生平是有价值的参考资料。

第二节　唐代帝王遗迹之碑

存世的唐代帝王遗迹碑，有的颇有历史价值。

唐武则天原名媚娘，后自名曌，初为唐太宗才人，后为唐高宗皇后，参与朝政，与高宗并称“二圣”，自显庆五年（660）后，专擅朝政。永淳二年（683）唐高宗死，她相继立、废中宗和睿宗，于天授元年（690）她六十六岁时正式自立为帝，自称圣神皇帝，改国号为周，史称武周，成为中国历史上唯一的女皇帝，直至神龙元年（705）她八十二岁病逝前，才放弃专权，归政于李氏，复国号唐。

对武则天这位正式当了十五年皇帝，实际上前后当政近五十年的一代女皇，历代以来贬斥者有之，褒扬者亦有之，不乏为其修庙、建寺、立碑者。武则天祖籍在唐并州文水县（今山西文水），其父武士彟原是文水的一个大富商，经营木材等商业，隋末为鹰扬府队正，后投靠唐高祖李渊反隋，唐高祖武德年间先后任光禄大夫、工部尚书、扬州都督府长史等职，唐太宗贞观元年（627）任利州都督，贞观九年（635）死于荆州都督任上。武则天是武士彟与其偏房杨氏在利州（今四川广元）都督任上所生。因其祖居是山西文水，出生地又在四川广元，故两地都建有纪念她的寺庙，立有碑碣。

广元在唐代称为利州，坐落在川、陕、甘交界处，素有“川北门户”之称，直到元朝，统治者为显耀自己“法威广播，疆土广大”，才把利州改为广元，武则天即诞生在利州城郊的则天坝。则天坝附近原有一座川主庙，是为纪念治水专家李冰父子建造的。武则天当了皇帝后，川主庙女尼们上书女皇，请求在庙内供奉女皇真容，并愿终身为尼修持。武则天想到广元是自己诞生并生长的地方，自己亦曾出家当过尼姑，倍感亲切，十分赏识川主庙女尼对自己的一片忠心，于是便降旨，特准奏书，川主庙即由此而改建为皇泽寺，以示其乃受女皇恩泽而建。千百年来，皇泽寺累有兴废，多次修缮，瞻仰、凭吊者不计其数，留下了众多碑碣，其中最有历史文物价值的是1955年出土的后蜀王孟昶于广政二十二年（959）所立的《大蜀利州都督府皇泽寺唐则天皇后新庙记碑》。其碑文云：“天后武氏其人也，事俱实录，此不备书。贞观时，父士彟为都督于是州，始生后焉。寺内之庙，不知所创之因，古老莫传，图经罕见。”此碑是证明武则天出生于广元的重要实物证据。除此碑外，寺中则天殿右侧所镌刻近代文人郭莠农《水龙吟》词的石碑也颇为引人注目，词曰：“休说春宫荒秽，古奸雄大都狐媚……素于书元，低鬟瑞冕，史编无已。纵沧桑变尽，悬窗帷箔，有龙虎气。”词文颇有见地，跳脱出男尊女卑、反对妇女参政管理国家大事的陈腐之见，对武则天做出了比较客观公正的评价，对研究、评价武则天不无启迪和借鉴作用。

山西文水南徐村是武则天的故里，位于南徐村北面的武则天庙，最晚始建于唐天宝年间，是全国唯一的女皇庙宇。自唐代以来留下众多碑碣，如刻于清康熙四十六年（1707）的碑文记载曰：“……考其碑碣，修于明，建于唐，迄今年深日久，不无废荒……”这些碑碣是研究武则天庙庙史的重要实物资料。从现存碑碣的碑文中可以了解到，武则天庙在金皇统五年（1145）、明正统十三年

(1448)、清康熙四十六年(1707)、清乾隆三十四年(1769)、清乾隆五十八年(1793)、清光绪十八年(1892)共进行过六次维修。同时，这些碑碣的碑文内容也反映出了历朝对武则天的评价，是研究武则天的有价值的历史资料。

富有传奇色彩的《唐明皇幸蜀闻铃处碑》(图103)，在四川梓潼古蜀道上原西汉时所设郎当驿(又名上亭驿)。据清咸丰八年(1858)《梓潼县志》记载:“上亭铺县北四十里，唐明皇幸蜀，至此闻铃声，似言三郎[1]郎当[2]者，故名郎当驿。”张邦伸《云栈纪程》卷六记载:“城北二十里至上亭铺，古名郎铛驿，明皇入蜀，雨中于此闻铃声……宋人在此建庙竖碑，以资纪念。”这两段记载所记述的是一段富有传奇色彩的历史事实:唐天宝十四年(公元755)，安禄山叛乱，攻克洛阳。天宝十五年(756)初，唐明皇为避安史之乱逃往四川，在马嵬坡因随行护驾将士哗变，被迫将杨贵妃赐死。然而，唐明皇心中一直在深深地思念着她。一天，途经上亭驿，夜宿驿馆，唐明皇无法排遣那种可怕的孤独、寂寞和对杨贵妃的思念，难以安然入睡。半夜时分，他忽然听到驿亭檐角铃铛在淅淅沥沥的风雨声中发出“叮当、叮当”之声，犹如马嵬坡兵变中赐死的杨玉环在呼唤自己的乳名“三郎、三郎”。于是，唐明皇从蒙眬中怅然而起，问侍臣:“铃作何语?”侍臣回答说:“所谓三郎郎当。”唐明皇听了，想到自己身为一国之君，竟连自己和自己心爱之人的命运都不能掌握，落到这般下场，实在可悲，不禁苦涩地一笑，遂拟其声作《雨霖铃》一曲，以寄情思，悼念亡妃。后人对此感慨万端，便在此竖立了一块《唐明皇幸蜀闻铃处碑》。上亭驿也由此而改称为郎当驿。

图103 唐明皇幸蜀闻铃处碑

自此，这一遗迹就成为历代文人墨客瞻仰、凭吊之地，先后有不少文人学士在此留下了咏叹诗篇。《梓潼县志》中有两首题郎当驿的七绝云:“谁闻铃响似三

① 三郎为玄宗乳名，唐时宫中称明皇为三郎。
② “郎当”即颓唐潦倒之意。

郎，玉辇曾经古驿旁。千古伤心黄土尽，开元遗事最凄凉。”“芙蓉小花管箫鸣，诏进霓裳别调情。底事鸟啼花落后，却来驿路听铃声。”清代诗人王士禛题诗道：“蜀道有郎当驿，即明皇雨中闻铃声处。予丙子岁过之，题诗驿壁云：金鸡赐帐事披猖，河溯从兹不属唐。却使青骡行万里，三郎当日太郎当。”历经数百年风雨和灾祸的摧残，《唐明皇幸蜀闻铃处碑》遭到破坏，剩下龟趺一座和残碑一段。光绪二十年（1894）仲夏，梓潼知县桂梁材又重刻补立。但重刻补立的碑在20世纪七八十年代被当地老乡用来砌氨水池。1986年，有关学者前去考察后，向当地政府提出不应该毁坏这一文物古迹，当地政府接受了这一意见，拆除了氨水池，将《唐明皇幸蜀闻铃处碑》从池中挖出，又重新照原样立了起来。今存石碑高约2.6米、宽约0.8米、厚约0.2米。正中阴刻正楷“唐明皇幸蜀闻铃处”八字，字径约0.3米×0.2米。碑石侧题“大清光绪二十年岁次甲午仲夏知梓潼县事昆明桂梁材立”。龟趺碑座长约1.5米、宽约1.2米、高约1.5米。现在，此碑已成为人们研究安史之乱和唐玄宗、杨贵妃生平，反思历史的一件有价值的文物古迹。

第三节　宋代帝王遗迹之碑

在存世的宋代帝王遗迹碑中，最为著名的是位于河南开封陈桥镇（今属封丘）东岳庙中的《宋太祖黄袍加身处碑》，这块古碑是当年宋太祖赵匡胤陈桥兵变黄袍加身留下来的遗迹。959年，后周世宗柴荣去世，其年仅七岁的幼子柴宗训继位，称为周恭帝，他的母亲符太后实际掌握政权。殿前都点检赵匡胤统率精锐的禁军防守京师开封，看到有机可乘，便暗中与石守信等其他禁军将领结为十兄弟，定下计谋，以夺取后周政权。次年（960）正月初一，后周君臣大摆筵宴欢度新年，突然接到镇、定二州边报，说辽和北汉大兵南侵。符太后和执政大臣宰相范质、王溥等人不知是计，匆忙下旨派遣赵匡胤率领禁军前往抵御。此时，赵匡胤的部下派了许多心腹，在开封城里散播“点检做天子”的舆论。初三晚上，赵匡胤率大军行至开封东北的陈桥驿宿营，大帐设在东岳庙。当天深夜，在赵匡胤的胞弟赵光义和谋士赵普的策动下，军中部将集结将士于大帐之外，请求要赵匡胤当皇帝，赵匡胤假装酒醉不醒。第二天黎明，诸将拥进寝帐，把一件黄袍加在赵匡胤的身上，众人皆跪拜于前高呼万岁。黄袍加身后，赵匡胤旋即率禁军回师开封，由他的结拜兄弟、殿前都指挥使石守信在宫中为内应，一举废去周恭帝，夺取了皇位。由于赵匡胤原任宋州归德军节度使，废后周国号后，便建立了宋朝，定都开封。

从此，赵匡胤黄袍加身的东岳庙便成为中州大地胜迹，一千多年来，人们多次修缮东岳庙并先后在此勒石立碑数块，以资纪念，供人瞻仰、凭吊。“系马槐”是当年赵匡胤黄袍加身时拴马的一株古槐，在东岳庙大殿前，树干周长5.5余米，树前立有一块石碑，上书斗大的“系马槐”三个大字，出自清代张松孙之手。在此碑西边矗立着那块闻名遐迩的《宋太祖黄袍加身处碑》（图104）。碑阳镌刻有“宋太祖黄袍加身处”八个大字。碑阴镌刻着金梦麟题写的一首诗：“黄袍初进御，系马耀军威。翠盖开皇极，清荫护紫薇。风声惊虎啸，日影动龙飞。千古兴王地，擎天一柱巍。”在另外两块碑石上，镌刻着清代游人触景生情、怀古思旧而填写的两首词，一首是诗人顾真观的《满江红》；另一首是张德纯的《念奴娇》。这些碑刻对于研究宋代历史具有重要的参考价值，是珍贵的文物古迹，现已受到妥善的保护。

图104　宋太祖黄袍加身处碑

第四节　元代帝王遗迹之碑

在存世的元代帝王遗迹碑中，最为著名的是位于内蒙古伊金霍洛旗草原深处的《元太祖铁木真灵车甘泉遗迹碑》。元太祖铁木真，1162 年生于蒙古部孛儿只斤氏族贵族。1200 年至 1206 年，他率本部先后战胜了塔塔儿、克烈、乃蛮诸部，统一了蒙古的主要部落。宋宁宗开禧二年（1206），蒙古各部首领在斡难河①畔举行“忽里勒台”（即各部首领会议），铁木真被拥立为大汗，号成吉思汗，建立蒙古汗国。他掌政后，制定了军事、政治、法律等制度，创造了蒙古文字，使蒙古社会经济、军事力量和文化迅速发展，国力日益强盛。1209 年，铁木真第二次率兵进军西夏，迫使西夏纳贡乞降。从宋宁宗嘉定四年（1211）开始，铁木真率军向金朝进兵，于嘉定八年（1215）攻占金朝中都（今北京）。1218 至 1223 年，铁木真发动了第一次西征，占领了中亚细亚和南俄罗斯草原，把被征服的地区分封给长子术赤、次子察合台、三子窝阔台，建立了一个以喀拉和林（今蒙古国乌兰巴托西南）为中心，横跨亚、欧两大洲的大汗国。宋理宗宝庆二年（1226），铁木真再次率兵进军西夏；第二年，在西夏灭亡的前夕，他病逝于甘肃六盘山下的清水县行宫。

元太祖铁木真的遗体被战车运回都城。相传当运送灵柩的战车经过鄂尔多斯高原伊金霍洛旗草原时，缓缓前行的战车轱辘突然下陷，地表之下一股清澈的泉水喷涌而出。自此以后，清泉不畏寒暑，不论旱涝，汩汩地流淌不止。后人为纪念一代天骄成吉思汗，便在当年成吉思汗灵车经过的地方竖立了一块小石碑，碑上用蒙古文和汉文镌刻着关于铁木真灵车与泉水的故事。在碑的西面不远处的绿草丛中，人们可以看到一个深一米、直径半米有余的泉坑，坑中一泓清波闪烁，水质极为清冽凉爽。泉流不止歇地由下往上鼓涌，还不时地夹带出一串串气泡来，源源不断地溢出泉坑，滋润着周围的土地，养育着茂盛的牧草。这块小小的石碑，

① 今鄂嫩河，在蒙古国东北边境。

给人们留下了一个富有传奇色彩的故事，引发了人们对一代天骄成吉思汗的无穷追思。

第五节　明代帝王遗迹之碑

在存世的明代帝王遗迹碑中，最为著名的是《明思宗殉国处碑》和《明永历帝殉国处碑》。

图 105　明思宗殉国处碑

在北京景山公园的一棵大槐树前，曾立有《明思宗殉国处碑》（图 105），这块碑是明末崇祯帝上吊自缢留下来的遗迹。崇祯帝即明思宗，亦称明毅宗，明光宗第五子，于明熹宗天启二年（1622）封信王。天启七年（1627）熹宗死，无子嗣，他受遗命继位，年号崇祯。为挽救没落危亡中的明王朝，他逮捕魏忠贤入狱，并定逆党案，起用东林党人，意欲励精图治，但多疑善变，刚愎自用，反复无常，诛杀忠良。在位期间，皇室、官僚广占民田，赋役苛重，连年灾荒，民不聊生，终于爆发了以李自成为首的明末农民大起义。崇祯十七年（1644）三月十六日李自成率领四十万农民起义军包围北京城。三月十八日，农民起义军首先攻克了广宁门，迅速占领了外城，旋即向内城发起了更加猛烈的进攻。崇祯帝见大势已去，监视着周皇后自尽后，又手执钢刀杀死公主和数名嫔妃，只身仓皇逃至景山东麓小道旁，钻入萧条阴暗的林间，解束带，系在一棵槐树上，哀叹了一声“吾氏苦矣”，然后自缢而死。清朝建立后，统治者为了笼络明朝遗民，便竭力吹捧崇祯，把这棵槐树定为罪槐，并给它锁上了一副铁链；清末，又给这棵槐树加了一道短墙，并在树前竖立了一块石碑，碑的正面镌刻着“明思宗殉国处”六个大字。同时，为了让清皇室后裔引以为鉴，清统治者又规定，凡皇室成员至景山，必须前来此处观瞻，无论皇帝或太子，一律要“下舆再拜致敬”，礼仪非常隆重。中华人民共和国成立初期，周总理陪同外国代表团游览景山时，看到老槐树上挂着的铁链和封建统治者妄加于它的罪名标志，当即指示去掉铁链、挖去石碑，并称赞老槐树是“功勋树”。“文化大革命”中，老槐树被挖掉，粉碎“四人帮”后又重栽。《明思宗殉国处碑》虽未重立，但在北京地方志中留有明确的记载，对研究明清史不失为有价值的参考资料。

云南昆明有个篦子坡，又叫“逼死坡”，竖立着一块《明永历帝殉国处碑》，此碑是明末清初明永历帝被吴三桂绞死所留下的遗迹。1646 年，明神宗万历皇帝之孙、崇祯年间受封为永明王的朱由榔，在明朝大臣瞿式耜、何腾蛟等人的拥戴下，在广东肇庆称帝，改元永历，世称南明王朝永历皇帝。此时，已投降清军、为扼杀李自成农民起义效尽犬马之力的明将吴三桂，率领强悍的清军，日夜兼程大举南下。为了抗击清军，农民起义军李自成余部李来亨和张献忠余部李定国主动与南明小王朝结成了抗清联盟。1652 年仲春时节，李定国派出精锐部队将永历皇帝迎到昆明，昆明市民扶老携幼，流着眼泪欢迎永历帝。但是时隔不久，吴三桂便率领清军大部队攻入云南。云南的抗清斗争被残酷镇压，南明王朝的永历帝父子被迫逃亡缅甸避难。吴三桂因此而博得清廷的欢心，被封为平西王。然而，吴三桂并不肯因此而放过永历帝父子，多次派人到缅甸威吓缅王，要他把永历帝父子绑送到昆明来交给他。缅王虽十分同情永历帝，但惧怕兵力强大的吴三桂出兵攻打缅甸，只好违心遵照吴三桂的要求，将永历帝父子押送回了昆明。1662 年一个阴云密布的黄昏，永历帝父子被吴三桂残酷地绞死在昆明篦子坡。为了谴责吴三桂杀害永历帝的罪恶行径，人们就把篦子坡称为“逼死坡”。辛亥革命后，为了寄托云南人民对永历帝父子的同情和哀思，让大众从南明亡国的惨痛历史中吸取教训，谴责卖国求荣的国贼，激发民众抵抗列强侵略的斗志，讨袁护国军第一军总司令蔡锷刻制了《明永历帝殉国处碑》。

第六节　清代帝王遗迹之碑

在存世的清代帝王遗迹碑中，最为著名的是立于南京鸡笼山北极阁观象台的康熙皇帝《旷观碑记碑》（图 106）。

图 106　旷观碑记碑

南朝刘宋时期，在南京鸡笼山顶建造了第一个日观台。元代将日观台改建成观象台，杰出的大科学家郭守敬在此存放过天文仪器，观察过天象。明代就在元代观象台的基础上设立了钦天台。清代沿袭旧制，仍将这里作为观察天象的重要基地。清圣祖玄烨（康熙皇帝）是雄才大略的一代英主，也是一个学识渊博、精通数学和天文历法的大学问家。1685 年，他第二次率群臣南巡，到南京后的一天晚上带着群臣登上了鸡笼山观象台。康熙一边观看天象，一边询问汉臣中谁懂天文。大臣们都知道皇上精通天文历算，无人敢信口开河，都纷纷推说不会。康熙皇帝素来听闻掌院学士李光地懂得天文历算，就向他发问。李光地是个颇有造诣的天文学家，曾撰写过《历象本要》等著述，他见康熙皇帝问自己，便根据自己的见解一一做了回答，有回答得不太清楚和不太全面之处，康熙皇帝听了还加以补充、修正。过了一会儿，康熙一边观天象，一边打开乌金纸做的星图勘察，指出南方近地的一颗大星是老人星。李光地本来知道天象演变乃自然规律，与人间祸福毫无关系，可是为了奉承皇上，便接口说，据书本言，老人星见，天下太平。康熙听了立即批评说，老人星和天下太平有什么相干？老人星在南，在北京自然看不见，到这里自然就看得见，如果到了你们闽广[①]，连南极星也看得见。老人星天天都在天上，怎么能说见到就天下太平呢？李光地本想讨好皇帝，不想讨了个没趣。康熙皇帝站在观象台上，仰观苍穹，俯瞰玄武湖，不禁心旷神怡，便欣然命笔，写下了“旷观”二字。

为了纪念康熙南巡登临南京鸡笼山观象台之事，就在康熙南巡当年的冬天，两江总督王新命和安徽巡抚薛柱斗等官员在鸡笼山建造了北极阁，并在阁前竖立了《旷观碑记碑》，将康熙巡视南京和登临鸡笼山观象台的经过刊刻于碑，成为研究康熙帝生平历史的有价值的实物资料。

① 李光地是福建安溪人。

第十章

碑刻与帝王陵墓

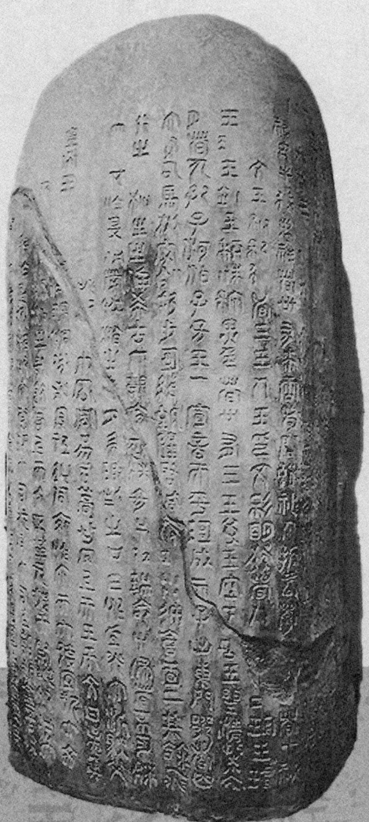

中国古代的帝王，为了显示自己的至高无上，同时也出于灵魂不灭、视死如生的观念，为了在寿终正寝进入冥冥之界后，能继续享受自己活着时所享受的荣华富贵生活，往往在即位后不久，就开始建造自己死后“居住”的规模巨大的陵墓。根据对历代文献记载的查考，我国从传说中的上古三皇五帝到清朝末代宣统皇帝，建元称帝的共有五百多位。除魏晋六朝部分帝王担忧陵墓被盗而一度废除陵寝制度，元太祖铁木真外的元代各皇帝沿用蒙古族潜埋不起坟丘之传统而未用陵寝，以及清末代皇帝宣统未建陵墓外，绝大多数帝王都自己建造或由后人为其建造陵墓，只是规模大小不等而已。有些帝王如唐代武后则天、明太祖朱元璋、清太祖努尔哈赤等，不仅为自己建造陵墓，还追封自己的先祖、父母为帝王并为其建造陵墓。

历经数千年的风雨沧桑，在中国地面上或地下有迹可循的帝王陵墓还有两百多处。除某些有特殊原因的帝王，如南宋帝王准备收复失地后迁回祖宗陵园，以及生前即有位无权的傀儡式帝王，会将陵墓修建得较为简单外，大多帝王陵墓都规模浩大，不仅建有宏伟豪华、犹如地上皇宫般的地下宫殿，而且在地面上还有各种陵邑建筑和附属石刻，有些还有皇室亲属和文武大臣的陪葬墓。而碑则是皇陵石刻中的一个重要组成部分。

历代帝王陵墓中主要有六种碑：皇陵下马碑，帝王神功圣德碑，皇陵神道碑，帝王后妃陵墓标示碑，皇陵陪葬墓碑和帝王后妃陵墓修葺、祭祀题咏碑。不过，必须指出的是由于各朝各代的礼制各不相同，帝王陵墓的建构不同、规模大小不一，帝王陵墓中拥有碑的种类和数量也不相同，并非所有帝王陵墓中都有这几种碑，许多帝王陵墓只有其中两三种碑，一些小的帝王陵墓只有一种碑，有的甚至有陵无碑。这些碑有的是建陵时刻立的，有的则是后世加立的。

第一节　皇陵下马碑

在中国封建社会中，皇陵是极为庄严、神圣的禁地。帝王虽死，但其至高无上的地位依然存在，所有臣民仍要无比尊敬他。在建造陵墓时，帝王们都煞费苦心地采用各种手段来显示天子的威严和尊贵，而皇陵中的下马碑即是用来表达帝王这一意图的最重要的载体，也是中国封建社会皇权至高无上的象征。

现存皇陵下马碑均为明清两代所立。如驰名中外的位于北京昌平区的明十三陵，在进入陵区必经之路的大红门（亦称大宫门）两侧，分别竖立着两座高大的下马碑，上镌“官员人等至此下马”八个大字。在辽宁抚顺新宾满族自治县启运山南麓，埋葬清皇室先祖的清代帝王第一陵永陵的陵园门前，矗立着高大的下马碑，碑上用满、汉、蒙古、回、藏五种文字镌刻着“诸王以下官员人等至此下马”的诏令。在辽宁沈阳清太祖福陵和河北易县雍正皇帝泰陵的陵园入口大红门的两侧，都竖有两座高大的下马碑，碑上用满、汉、蒙古三种文字镌刻着“官员人等到此下马”的醒目大字。位于沈阳北的清昭陵是清朝第二代开国君主太宗皇太极以及孝端文皇后博尔济吉特氏的陵墓，占地面积约 16 万平方米，是清朝关外三陵中规模最大、气势最宏伟的一座，陵园入口大红门前也竖有高大的下马碑（图 107）。

图 107　沈阳昭陵下马碑

神道是连通皇陵地面建筑的中轴，又称御道、甬道，是皇陵由大门通向祭殿和帝王墓冢的唯一一条大道。下马碑位于神道起始处，是进入陵区的标志，对谒陵者具有警示作用，它以不容置疑的语气命令文官下轿行走、武官下马行走。那时，在警卫极其森严的皇陵，不论何等官员，到下马碑前不遵令步行者都将遭杀身之祸。

第二节　帝王神功圣德碑

帝王神功圣德碑是用以刻载歌颂该皇陵中所埋葬的皇帝之功德的石碑，均竖立于神道入口不远处。

按照中国先秦至秦汉的礼制，帝王后妃陵前是不竖碑的，墓室里也不放墓志。其意是表示帝王是“功德无量”的，无须也难以用文字表述。然而，唐朝时武则天打破了这条千年定制，先是为自己死去的丈夫唐高宗在乾陵朱雀门外西侧竖立了高约 6 米，由七截巨石拼就的神功圣德碑——《述圣记碑》（图 108），亲撰八千余字碑文，竭力为唐高宗歌功颂德。继而，她又在乾陵朱雀门外东侧竖立了用西域进口的巨石雕成的高 6 米多的《无字碑》（图 109），为自己炫耀功德。两碑相对，巍然矗立于安葬唐高宗和她自己的乾陵陵前。她在执政后封她母亲杨氏为晋国夫人，以王礼葬，称帝后又追封其母为忠孝太后，改墓为明义陵，并为其母在咸阳底张韩家村东建造陵园，将明义陵改称顺陵；于武周长安二年（702）正月，在陵前立了为其母歌功颂德的《顺陵碑》。碑文三千多字，多处用了她自己造的字，并由武三思撰文，相王李旦（即睿宗）书写。此碑于明万历四十三年（1615）地震中倒扑砸毁，断为数截，后被发掘出土，现存残石八块，计两百余字，藏陕西咸阳博物院。

武则天开在帝王后妃陵墓中竖立歌功颂德之碑的先河，对后世各朝乃至唐王朝的周边地区都产生了深远的影响，帝王们多相效仿。

譬如，地处西藏的吐蕃王朝，历来崇尚天葬、水葬，自 641 年唐文成公主与松赞干布联姻后，受唐文化的影响，历代赞普（藏王）都实行了土葬，还建造了规模浩大的陵墓。特别是文治武功都足以与松赞干布比拟，与松赞干布和赤祖德赞一起被藏史称为“三大法王”之一的第五代赞普赤松德赞，死后不仅实行了土

图 108 述圣记碑

图 109 无字碑

葬，还在墓前竖立了为其歌功颂德的高约 8 米的墓碑，其形制与乾陵的《述圣记碑》颇为相似。碑为方柱形，上宽下收，顶覆石珠式盖，盖下浮雕流云，四角飞天翱翔于云间，碑侧有龙纹，碑身正面镌刻着歌颂赤松德赞一生功德业绩的藏文碑文。

又如明代，开国皇帝明太祖朱元璋在安徽凤阳故里的明皇陵竖立了为父母和自己歌功颂德的皇陵碑和无字碑。明成祖朱棣在南京安葬其父朱元璋的明孝陵，竖立了高 8 米多，为明太祖朱元璋歌功颂德的《大明孝陵神功圣德碑》。位于北京昌平区的明十三陵，有明代十三个皇帝的陵墓：明成祖朱棣的长陵、明仁宗朱高炽的献陵、明宣宗朱瞻基的景陵、明英宗朱祁镇的裕陵、明宪宗朱见深的茂陵、明孝宗朱祐樘的泰陵、明武宗朱厚照的康陵、明世宗朱厚熜的永陵、明穆宗朱载垕的昭陵、明神宗朱翊钧的定陵、明光宗朱常洛的庆陵、明熹宗朱由校的德陵和明思宗朱由检的思陵。在这十三座明代皇帝陵前，无一例外地都竖有一座为该陵皇帝歌功颂德的神功圣德碑。但这十三座明代皇帝的神功圣德碑，除明成祖朱棣长陵和明思宗朱由检思陵的神功圣德碑刻有文字外，其余都是无字碑。但不论是有字还是无字的神功圣德碑，都建有碑亭，碑和碑亭的制作、雕刻都极为精致。

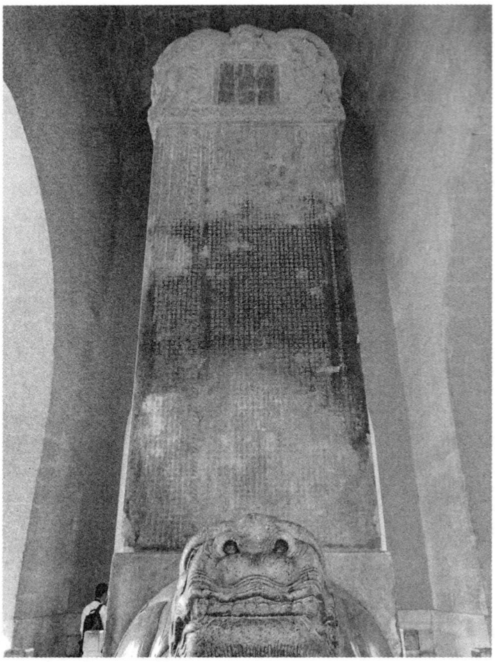

图 110　大明长陵神功圣德碑

如明成祖朱棣长陵的《大明长陵神功圣德碑》（图 110），始建于明仁宗洪熙元年（1425），历时十年，于明宣宗宣德十年（1435）才正式建成竖立。碑亭外四隅立有四根华表，上下蛟龙缠绕，顶盘蹲立异兽，颇为壮观。碑亭平面为方形，台基边宽约 23 米，亭高约 25 米，四面各辟券门，重檐歇山顶。碑亭四壁及台基为明朝原物，亭内石条券顶是清乾隆五十至五十二年（1785—1787）修缮时改建的，现仍完好如初。碑亭内竖立着《大明长陵神功圣德碑》，碑用白石雕成，通高约 8 米。碑首有六条高浮雕蛟龙，蛟龙首尾交盘、头部下垂。碑趺是一只昂首远眺的大龟。龟下有一层长方形的石台，上刻水波漩流。碑额篆刻“大明长陵神功圣德碑”九个大字。碑阳是明洪熙元年（1425）明仁宗朱高炽亲自撰写的碑文，共三千五百余字。碑文书丹者为明正统初著名书法家、太常卿兼翰林侍书程南云，所书碑文结构严谨，笔力遒劲，是一件难得的书法佳作。恢宏壮观的碑亭、形态优美的华表、雄伟高大的碑石，与鸿篇巨制的《大明长陵神功圣德碑》碑文相互映衬，相得益彰。长陵神功圣德碑其他三面，明朝时没有文字，清代增添了清高宗、清仁宗的御制诗文。

清代沿袭了为帝王刻立神功圣德碑这一做法。在辽宁抚顺新宾满族自治县启运山南麓清祖陵永陵的院内，横列着“肇兴景显”四帝的正方形碑亭，亭中分别安置着颂扬清太祖努尔哈赤的远祖清肇祖猛哥帖木儿、曾祖清兴祖福满、祖父清景祖觉昌安、父亲清显祖塔克世功德的神功圣德碑。在清代皇陵中，为皇帝歌功颂德的神功圣德碑安置在专门为保护碑而建立的圣德神功碑楼里，称为大碑楼。在河北遵化清东陵的五座清代皇帝陵中，清世祖顺治皇帝的孝陵、清圣祖康熙皇帝的景陵、清高宗乾隆皇帝的裕陵建有圣德神功碑楼。在河北易县清西陵的四座清代皇帝陵中，清世宗雍正皇帝的泰陵和清仁宗嘉庆皇帝的昌陵建有圣德神功碑楼。尤其值得一提的是《清圣祖康熙皇帝景陵圣德神功碑》（图 111）。康熙景陵的大碑楼是嗣皇帝雍正建立的，从康熙景陵开始清朝皇帝陵寝的大碑楼都立双碑，也是从景陵开始，大碑楼由神功圣德碑改为圣德神功碑。

图 111　清圣祖康熙皇帝景陵圣德神功碑

不过清代皇陵的圣德神功碑与明代皇陵的神功圣德碑不尽相同。明代十五座皇陵中每座都有神功圣德碑；但除安徽凤阳的明皇陵、南京的明孝陵、北京明十三陵中的长陵和思陵少数几座神功圣德碑刻有文字外，其他明代皇陵的神功圣德碑都是无字碑。而清代皇陵则并非每座陵中都有圣德神功碑，如清东陵中清文宗咸丰皇帝的定陵、清穆宗同治皇帝的惠陵和清西陵中清宣宗道光皇帝的慕陵、清德宗光绪皇帝的崇陵都无圣德神功碑；但凡竖有圣德神功碑的，碑上都刻有文字，没有一座是无字碑，如在清雍正皇帝泰陵神道起始点大红门右侧的具服殿（皇帝或主祭大臣更衣的地方），沿着神道再往北走几步，即可看到在神道上矗立着两座高约 30 米，重檐歇山、黄瓦盖顶的大碑楼，碑楼内竖立着两座高大的圣德神功碑，用满汉两种文字镌刻着雍正皇帝的功德。

第三节　皇陵神道碑

所谓神道碑就是立在墓前记载死者姓名和生平事迹的石碑，即墓表，清王芑孙《碑版文广例》云："墓表与神道碑异名同物。"皇陵神道碑即是竖立于皇陵神道尽头处陵园寝殿前或帝王墓冢前，刊刻帝王名讳和谥号的石碑，也即帝王的墓碑。它与竖立于离皇陵神道入口不远处的神功圣德碑遥遥相对。尽管神道碑起于汉代，但是依中国古代礼制，帝王陵墓前是不竖碑的，因此皇陵神道碑的出现应在唐武则天以后。自武则天在乾陵开竖立为唐高宗歌功颂德的《述圣记碑》之先河，不但在皇陵竖立神功圣德碑这一礼制为后世各朝所沿袭，在皇陵中为帝王竖立神道碑这一礼制也发展起来。

图 112　明神宗神道碑

明皇陵中不仅全部竖有神功圣德碑，而且还都立有帝王的神道碑，神道碑竖立在皇陵的明楼里。明楼是明陵特有的建筑，明楼里竖立着皇帝的神道碑，在神道碑正面的明楼前面，设有石台，台上放置用汉白玉雕成的一只香炉，两只香瓶，两只烛台，合称“五供”，是祭祀用的供物，祭祀帝王的隆重仪式就在这里对着神道碑举行。在北京明十三陵长陵的明楼里，竖立着明成祖的神道碑，碑阳镌刻着“成祖文皇帝之陵”七个大字，原碑在明神宗万历年间被焚毁，现存此碑系后来重立。在定陵的明楼里，竖立着明神宗的神道碑（图 112），碑阳镌刻着“神宗显皇帝之陵”七个大字，迄今已四百多年，仍完好无损。

清朝将明代在皇陵竖立帝王神道碑的礼制沿袭了下来，每座神道碑亦都建有碑楼，相对于安置圣德神功碑的大碑楼而言，称作小碑楼。不过，清朝的皇陵神道碑与明朝的皇陵神道碑不尽相同，明朝的皇陵神道碑上只有用汉字一种文字刊刻的皇帝谥封的名号，而清朝的皇陵神道碑上皆用满文、蒙古文、汉文三种文字刊刻，满文居中，蒙古文居左，汉文居右。如清东陵内孝陵的小碑楼中，就竖有清世祖顺治皇帝的神道碑，碑上用满文、蒙古文、汉文三种文字镌刻着清世祖爱新觉罗·福临的谥封名号“体天隆运英睿钦文大德弘功至仁纯孝章皇帝”。

第四节 帝王后妃陵墓标示碑

帝王陵墓标示碑是立在帝王陵墓所在之处或传说中的帝王陵墓所在处，刊刻该帝王陵墓名称的石碑，具有纪念性作用，但主要是起标识性的作用，以便于前来拜谒、凭吊、游览之人寻找和辨识。从现有的帝王陵墓来看，这类标识碑均非建陵时所立，而是后人出于纪念和辨识之需要而加立的，也可以说是后世之人为前世帝王加立的象征性墓碑。

就拿现存的商代帝王陵墓来讲，标示碑都是由后人加立的。位于安徽亳州的汤王陵，其陵前竖立的《商成汤之墓碑》这块起标示作用的象征性墓碑，是清乾隆年间书法家梁巘书写刻立的。而富有传奇色彩的商代暴君商纣王之墓前所竖立的起标示作用的象征性墓碑，则是今人所加立的。商纣王墓坐落在河南淇县，淇县古时为沬，后称朝歌，为商纣王之帝都。纣王墓亦名“纣王窝”，据明嘉靖二十四年（1545）的《淇县志》记载：“纣王窝，在县东四流社淇河内，纣葬于此，故名。”纣王墓其实只不过是一个大土丘，长约100米、宽约25米、高约12米，纣王墓北边有一小冢，据说是纣王宠妃妲己之墓。不可一世的暴君商纣王死后之所以会埋葬在淇河，民间流传着一段有趣的传说。纣王有个儿子名叫武庚，他非常看不惯纣王的所作所为，总是故意跟纣王唱反调。牧野之战纣王大败于周之后，自知大势已尽，就将武庚叫来交代后事。他心想，儿子总是跟自己唱反调，如果叫他将来把自己埋在淇河里，他一定会将自己葬到风景秀丽的太行山上，于是就对儿子说，我死后你将我葬在淇河里我就心满意足了。谁知偏偏武庚心想，自己从来没有听过父亲的话，这回父亲要离开人世了，就听他一次话吧，也总算尽了一份孝心。于是在周武王攻破朝歌、纣王登鹿台跳火自焚后，武庚就收殓纣王的残骨，埋入了淇河里。相传恰巧这时刮起一阵大旋风，带起来大量飞沙走石，将埋有纣王残骨的小土包堆成了一个大土堆，于是，这就成了如今人们所见到的纣王墓。据地方史志记载，墓前原有后人所立一通巨碑，上镌“殷纣辛之墓”五个大字。由于商纣王一生荒淫残暴，极其不得人心，其墓无人祭扫修整，杂草丛生，荆棘遍地，古墓碑也早就亡佚。

随着朝歌古迹知名度日高，国内外许多知名人士和专家学者纷纷前来考察研究，当地有关部门对纣王墓重新加以整修，著名历史学家周谷城题写了“纣王之墓”四个遒劲的大字，重新刻石立碑，作为商纣王墓的标志。碑阴刻有当时的中国社会科学院历史研究所教授孟世凯撰文、安阳师范学院教授任治国书写的碑文《商纣传》。如今，此墓此碑已成为海内外同胞来朝歌观光的主要景点之一。

秦二世胡亥是继商纣王之后的又一暴君，在秦末农民起义中，最终被奸相赵高逼迫自杀，落了一个既可耻又可悲的下场，死后被草草埋葬。现在人们在陕西西安大雁塔东南见到的秦二世胡亥的墓碑，是清乾隆四十一年（1776）咸宁知县丁尹志和陕西巡抚毕沅补立的。此碑背面刻有与秦二世胡亥毫无关系的旧碑文，可见系废物利用刻成，是中国历代帝王墓碑中最简陋的一块。

在我国历史上，扬州以隋炀帝三下扬州看琼花的传说而闻名于世。隋炀帝最终是被臣下宇文化及杀死在江都（今扬州）迷楼宫中，埋葬在扬州观音山北的雷塘。由于生前不得人心，其陵墓早就荒圮，直至清嘉庆年间才被著名学者阮元发现。现陵前存有嘉庆十二年（1807）阮元所立，由当时的著名书法家、扬州知府伊秉绶所书的“隋炀帝陵”标示碑。

又如，在河南孟津白河乡铁谢村西，南依邙山、北临黄河之处，坐落着东汉世祖光武帝刘秀的陵墓，俗称“刘秀坟”。陵墓四周围着红墙，陵园内芳草茵茵，青砖铺成的神道，从陵园门口直达墓冢。冢高20余米，陵前竖立着一块上刻“东汉中兴世祖光武皇帝之陵”十二个大字的石碑，这块起标示作用的象征性墓碑是清乾隆五十六年（1791）时所加立的。

再如，在陕西乾县唐高宗李治和武后则天的合葬墓乾陵、陕西西安南郊汉宣帝刘询的杜陵前，各竖有一块石碑，碑上分别镌刻着“唐高宗乾陵”（图113）和“汉宣帝杜陵”各五个苍劲古茂的隶书大字，这两块起标示作用的象征性墓碑，都是清代乾隆年间陕西巡抚毕沅书写竖立的。有意思的是，尽管毕沅明明知道乾陵中安葬着的不仅有唐高宗李治，还有执掌国家大政半个世纪之久的历史上的唯一女皇帝“则天大圣皇帝”，但是出于封建正统观念，他还是把乾陵称为“唐高宗乾陵”，对武则天只字不提。然而，一千多年来，极少有人将乾陵称为唐高宗墓，不论是当地人还是外地去游览观瞻的人，一般都将乾陵称为“武则天墓”，附近的老百姓甚至还把乾陵称为“姑婆岭”，这大概是历史对封建正统观念的一种绝妙的讽刺。

图 113　唐高宗乾陵标示碑

图 114　唐玄宗泰陵标示碑

毕沅酷爱古迹、金石、书法，一生题写了众多碑碣。除杜陵、乾陵的标示碑外，坐落于陕西蒲城东北金粟山（今保南乡唐陵村西北）唐玄宗李隆基的泰陵，也竖着一块由他书写的泰陵标示碑（图 114）。据史料记载，清乾隆四十年（1775），毕沅在陕西任巡抚，下令修葺陕西境内的名胜古迹，唐玄宗的泰陵被列为重点修葺的古迹，为此，毕沅特用隶书亲笔题写了“唐元宗泰陵”[①] 五个古朴苍劲的大字交给冯方郰，随后勒石刻碑立于泰陵朱雀门献殿附近。碑的上款楷书“赐进士及第兵部侍郎陕西巡抚兼都察院右副都御史加五级毕沅谨书”；下款楷书“大清乾隆岁次丙申孟秋和蒲城县事冯方郰立石”。

唐玄宗在安史之乱中逃至马嵬驿，因兵变被迫赐死杨贵妃，令就地埋葬，后于唐肃宗至德二年（757），以太上皇身份“密令中使改葬于他所”。关于是否改葬或改葬于何处，以及杨贵妃当时是否没有被缢死而是东渡去了日本等，一千几百年来一直是民间传闻极多的不解之谜，但马嵬坡终究是杨贵妃被赐死之处，是

① “元”即“玄”，避康熙皇帝玄烨讳。

图 115　杨贵妃墓标示碑

一个与安史之乱密切相关的极富纪念意义的地方，因此事后人们还是在陕西兴平马嵬坡为杨贵妃建造了陵园，陵园大门上横书“唐杨氏贵妃之墓”七个大字，圆形的墓冢前竖立着起标示作用的象征性墓碑（图 115），上刻“杨贵妃之墓”五个大字。

位于广东深圳蛇口以西赤湾之畔的宋少帝陵的陵碑，也是由后人加立的。据史籍记载，南宋德祐二年（1276）三月，元兵攻陷临安，宋恭帝被俘。五月间，文天祥、陆秀夫、张世杰等在福州拥立九岁的广王赵昰为帝，改元为景炎元年，史称宋端宗。元兵进入福建后，文天祥、陆秀夫、张世杰等人护端宗入海前往广东潮州方向逃亡。景炎三年（1278）三月，宋端宗赵昰病逝于广东石冈洲（湛江附近的海岛）。陆秀夫、张世杰等拥立年仅八岁的益王赵昺为宋帝，改元为祥兴元年，把都城迁到崖山（广东新会南海中小岛），史称赵昺为宋少帝。元军随即大举入广东，是年十一月，文天祥与元军大战于潮阳五坡岭，兵败被俘，宋军在潮州、惠州损失惨重。元军乘胜直捣崖山，次年（1279）二月，元将张弘范率兵袭击崖山，在珠江口外的零丁洋上，元宋两军又展开了一场大规模的激烈海战。张世杰率水师英勇抗击，寡不敌众，宋军大败。随后张世杰率一部战舰突围，后遇台风覆船溺死。而宋少帝因座船较大，突围不出。左丞相陆秀夫见大势已去，哭拜少帝曰：“国事至此，陛下当殉国。德祐皇帝被俘，受辱已甚。陛下不可再辱。”随即背负少帝赵昺蹈海而死。传说宋少帝投海赴难后，尸体漂到深圳宝安赤湾，搁于沙滩上，当地群众见沙滩上的童尸身穿黄袍龙衣，知是宋少帝赵昺，便将他葬于赤湾的天后庙西北山脚下，人们称之为少帝陵。清宣统三年（1911），赵氏三派后裔重修宋少帝陵。陵墓位于赤湾山脚的缓坡上，方向正南，面向零丁洋，长约 9 米、宽约 9 米。墓前竖碑，碑阳正中镌刻“宋祥庆少帝之陵”[①] 七个大字，碑阳左边刻着“辛亥岁赵氏三派

① “祥庆”系少帝年号“祥兴”之误，广东话“庆”“兴”谐音。

裔孙重修”十一个小字。1984 年初，在墓东侧又新立一块 2 米多高的石墓碑。碑文为风格古朴的篆体阴文，系著名古文字学家、书法家商承祚所书；碑阴镌刻“崖海潜龙，赤湾延帝”八个苍劲大字，系著名书法家秦萼生手笔。现在，此陵此碑已成为人们追思宋末抗元悲壮历史、凭吊怀古的胜迹。

第五节　皇陵陪葬墓碑

皇陵陪葬是皇帝赐予臣子和皇室宗族的无上恩宠和极高荣典，其目的在于笼络人心。根据考古发现，我国的皇陵陪葬制度始于商周，盛于汉唐。

汉代自汉高祖长陵开始，各帝陵都有很多皇亲国戚和文武重臣的陪葬墓。如位于陕西咸阳东北的汉高祖刘邦长陵，至今尚有萧何、曹参、张良、田珍、张耳、王陵、周勃父子等六十多座开国元勋和功臣的陪葬墓；位于陕西兴平南位乡茂陵村的汉武帝茂陵，至今尚存卫青、霍光、霍去病、李夫人、金日磾等二十余座功臣贵戚的陪葬墓。

唐代沿袭并发展了汉代功臣、贵戚陪葬的做法，并颁布了诏令，把皇陵陪葬定为国家的一种制度，“庶敦追远之义，以申罔极之怀”。因此，唐代的每座皇陵无一例外都有陪葬墓，只是各朝的政治情况和君臣之间的关系状况各不相同，陪葬墓的数量也各不相同。如根据考古发现和史籍记载，位于陕西三原唐高祖李渊的献陵有李凤、李神符、李孝同、臧怀恪、樊兴等六十七座开国功臣和皇亲国戚的陪葬墓。位于陕西礼泉唐太宗李世民的昭陵，有两百余座陪葬墓，至今已确认的有魏徵、李勋、李靖、房玄龄、尉迟恭、温彦博、马周、高士廉、段志玄、程咬金、郑仁泰、孔颖达、兰陵长公主、临川公主、清河长公主、吴广、许洛仁、赵国太妃燕氏、宇文士及、李思训、李孟常、唐俭等一百六十七座开国元勋、功臣和皇室亲属贵戚的陪葬墓，其中主要是功臣将相，其数量之多居中国帝王陵墓之首。位于陕西乾县唐高宗、武后合葬的乾陵，陪葬墓数量比唐太宗昭陵大为减少，只有章怀太子、懿德太子、泽王李上金、许王李素节、邠王李守礼、义阳公主、新都公主、永泰公主、王及善、李谨行、刘审礼、薛元超等十七座，主要是皇室亲属贵戚。随着唐代政治日益走下坡路，自唐高宗后，唐皇陵的陪葬墓数量越来越少，特别是随着君臣之间日趋离心离德，皇陵中的功臣陪葬墓数量更是日趋减少。

宋、西夏、金受唐代陵寝制度的影响，仍实行皇陵陪葬制度，但已日渐衰落。如唐代功臣贵戚的陪葬墓都排列在皇陵前，而宋代为了更好地体现皇权高度集中的政治格局，把功臣贵戚的陪葬墓统统排列到帝陵的背后。明代南京紫金山明太祖朱元璋的孝陵，东隅有太子朱标的陪葬墓，山之阴有徐达、常遇春、李文忠、康茂才等开国功臣的陪葬墓，而北京昌平区明朝十三座皇陵中，只有后妃合葬墓，均已没有陪葬墓。清朝，皇陵陪葬制度被废除，皇陵中已无陪葬墓。

从西汉至明初延续兴盛一千五百年之久的皇陵陪葬墓，留下了大批墓碑、墓志，成为皇陵碑刻的一个极其重要的组成部分。例如，唐高祖献陵的陪葬墓穴已发掘有墓碑者三十多座，这些碑中有被康有为《广艺舟双楫》称为“当是褚、陆佳作”的《樊兴碑》（图 116），著名书法家殷仲容书写的《李神符碑》（图 117），大书法家颜真卿撰并书的《臧怀恪碑》（图 118）。1964 年在唐太宗昭陵发掘了十三座大型陪葬墓，从中发现了五十六块墓碑、墓志，其中有唐高宗撰书的《李勣碑》（图 119），殷仲容书写的《马周碑》（图 120），著名书法家高正臣书写的《赵国太妃燕氏碑》（图 121），由武后时显贵许敬宗撰文、著名书法家赵模书写的《高士廉碑》（图 122），被清叶昌炽《语石》称为“唐碑之至佳者”的《兰陵长公主碑》（图 123），由高宗时尚书左仆射于志宁为唐代著名经学家孔颖达撰文的《孔颖达碑》（图 124），著名书法家李玄植书写的《李孟常碑》（图 125），许敬宗撰文的《尉迟恭碑》（图 126），唐玄宗之弟李范书写的《章怀太子墓志》（图 127），畅整书写的《清河长公主碑》，许敬宗撰文、著名书法家王知敬书写的《李靖碑》等，这些碑现都珍藏于昭陵博物馆。这些唐代皇陵陪葬墓碑，不仅是研究唐代各朝著名重臣、贵戚生平和相关唐史的宝贵材料，同时也是书法艺术珍品，对于学习、研究唐代书法具有重要价值。

图 116　《樊兴碑》（局部）

图 117　《李神符碑》（局部）

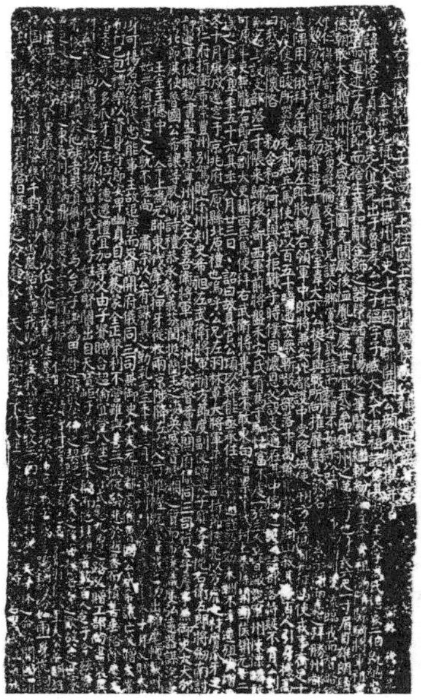

图 118　《臧怀恪碑》（局部）

图 119　李勣碑

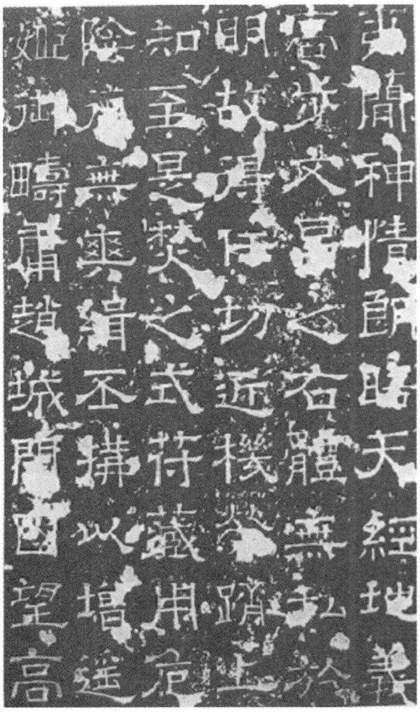

图 120　《马周碑》（局部）

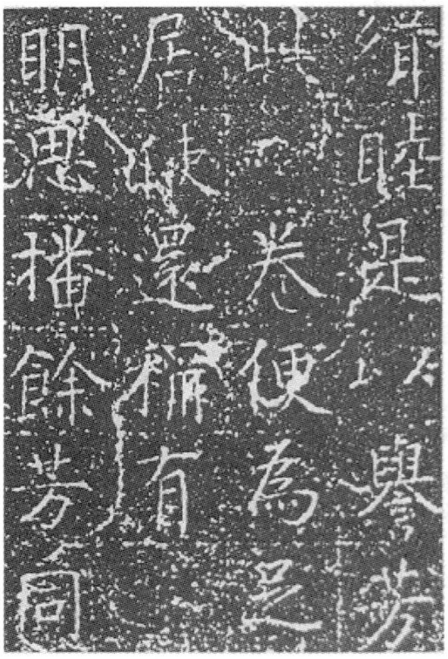

图 121　《赵国太妃燕氏碑》（局部）

图 122　《高士廉碑》（局部）

图 123　《兰陵长公主碑》（局部）

图 124 《孔颖达碑》（局部）

图 125 《李孟常碑》（局部）

图 126 《尉迟恭碑》（局部）

图 127 《章怀太子墓志》（局部）

尽管唐代是我国历史上皇陵陪葬墓最兴盛的时期，但也不是每一座唐代皇陵都有众多陪葬墓，例如唐玄宗泰陵除元献皇后合葬外，仅有一个高力士陪葬墓。这一特殊现象有其历史原因。据《旧唐书》《新唐书》的《玄宗本纪》《高力士传》和司马光《资治通鉴·唐纪三十》等记载，唐玄宗在位前期勤政爱民，励精图治，任用姚崇、宋璟为相，革除弊政，裁汰冗官，抑制食封贵族和佛教，使封建经济继续得到发展，开创了开元盛世。但他被一时的升平景象迷醉，志得意满，忘乎所以，骄奢淫逸，尤其自天宝四年（745）纳杨玉环为贵妃，“从此君王不早朝”，沉醉于轻歌曼舞的腐化糜烂生活，而把国家大权交给了李林甫、杨国忠等奸佞之徒，酿成天宝十四年（755）的安史之乱。次年唐玄宗被迫逃亡四川，太子李亨（肃宗）在甘肃武灵即位，玄宗被尊为太上皇。郭子仪等将领率军浴血奋战，平息了安史之乱，收复长安，迎玄宗回到了长安。但由于玄宗后期亲小人，用奸佞，忠良贤臣早已离去，并且受到早已对他不满的肃宗的猜忌和肃宗皇后张良娣、太监李辅国的夹制和迫害，原来那些趋炎附势之徒竞相投靠新主邀功取宠，唯有高力士依旧对他忠心不二，始终不离左右，尽力扶助和侍奉他，屡次不顾个人安危，保护他免受李辅国和张良娣的侮辱和迫害。特别是上元元年（760），张良娣、李辅国强迁唐玄宗于西内太极宫，李辅国率五百名全副武装的禁兵挡道，玄宗被惊落下马险些丧命，高力士奋不顾身当面怒斥李辅国，才将玄宗从危难中解救出来。严酷的事实，使唐玄宗深深领略了盛衰荣辱、世态炎凉的滋味，悔悟自己过去的所作所为，感受到能与自己荣辱与共、患难相依的唯有高力士一人而已。他既无脸让那些贤良忠臣来为自己陪葬，也不愿那些奸佞之徒死后再待在自己身边，故尽管在他死前两年高力士被张良娣、李辅国私下诏书流放巫州（今湖南洪江），但唐玄宗在临终前还是留下遗诏，除让肃宗李亨之母杨良媛与他合葬外，仅让高力士一人死后陪葬泰陵。高力士于唐代宗宝应元年（762）遇赦，在返京途中得知唐玄宗遗诏，痛哭失声，绝食而死，卒于郎州（今湖南常德）。高力士死后，代宗赠赐“扬州大都督”，并按照玄宗的遗诏，陪葬于陕西蒲城金粟山唐玄宗泰陵。大历十二年（777），也即高力士死后十五年，唐代宗追念其侍奉玄宗的功劳，特在泰陵其陪葬墓前立神道碑，予以表彰。

图 128　《高力士碑》（局部）

高力士陪葬墓在唐玄宗泰陵东南，圆锥形，墓冢高约 8 米，周长约 80 米。墓前神道碑（图 128）高约 4 米、宽约 1.5 米，碑文共三十行，每行五十五字，碑额篆题“大唐故开府仪同三司赠扬州大都督高公神道碑”，由著名大书法家李阳冰书写，碑文为当时的著名书法家张少悌书写。经战乱，泰陵高力士陪葬墓的墓碑到清代时已残缺不全，只存留下了上半部分，清乾隆时著名金石学家钱大昕在《潜研堂金石文跋尾》一书中曾对此有过记载，谓："唐内监高力士墓碑石刻中断，每行只存二十余字。"1971 年在陕西蒲城金粟山泰陵附近，发掘出了《高力士碑》的下半部分，现已对接完好，存于蒲城县文化馆对外陈列展室。碑文虽略有缺损，但其全文基本可释读。

碑文记述了高力士的身世，并评价其功过得失。内容分为三部分，第一部分记述高力士的身世，碑文云："公本姓冯讳元一。则天圣后赐姓高，改名力士，广东潘州人也。其先祖冯盎，五岭之望族。皇唐初督都广韶等一十八州，封耿国公。公童龄入侍玉阶，则天圣后知必成器，赐以佳名，教以美艺。"这些与新旧唐书《高力士传》记载的基本一致，只是稍简略一些。碑文第二部分记述了高力士的经历和所作所为，碑文云："武后故，韦氏窥大宝，已成祸悌，公实勇进，提剑而起。扶皇运之中兴，佐大人之利见。自是以后，恩迁特崇，公卿宰臣，因而决事，公中立而不倚，得君而不骄，顺而不谀，谏而不犯。故近无闲言，远无横议。"与新旧唐书的记载相比记事更简略，但是评价更高一些，没有新旧唐书中所指出的他"用权相噬，以紊朝纲"，对别人"虽至亲爱，临覆败皆不之救"等种种缺点，这可资客观评价高力士参考。碑文第三部分记述了高力士晚年的情况及去世的经过，碑文云："及后出流巫州，然忠臣之心，常在宫室，后闻二帝[①]升遐，绝浆七日，衔哀而死，终于朗州龙兴寺，年七十有九，士民闻之，皆为流涕，主上恩深，赐扬州大都督，遗诏陪葬泰陵，没而不朽。"这与唐史关于高力士对玄宗忠心耿耿，乃至宝应元年遇赦归京，路上听说玄宗已去世，遗诏令自己陪葬泰陵后，"北望号恸，呕血而卒"的记载是基本相一致的，但在一些细节上要更为具体一点，可资新旧唐书记载之补充。高力士陪葬墓碑系唐代原物，因此，其发掘对于研究唐史、唐代书法、唐玄宗生平、高力士身世及客观公正地评价高力士其人都具有重要的价值。

① 指唐玄宗和唐肃宗，两人都死于 762 年。

第六节　帝王后妃陵墓修葺、祭祀题咏碑

帝王后妃陵墓不仅在本朝是极其庄严、神圣的场所，由于蕴含着极其丰富的历史文化内涵，在后世也是极富吸引力、备受重视的地方，许多帝王后妃陵墓由此也不断得到修葺，历代文人墨客雅士乃至公卿王侯，也都纷纷前去游览、凭吊、祭祀，因而留下了众多修葺、凭吊帝王后妃陵墓的题刻。

例如，位于陕西西安汉宣帝刘询的杜陵，陵南有清代的祭祀碑十余块。位于河南孟津汉光武帝刘秀的“东汉中兴世祖光武皇帝之陵”，有十几块自北宋初年以来的历代文人雅士凭吊诗碑。在陕西兴平马嵬坡的杨贵妃墓，有许多历代帝王、达官显贵和文人雅士游览凭吊后的题咏碑刻，其中，唐僖宗的《幸蜀经马嵬诗碑》云：“马嵬杨柳绿依依，又见鸾舆幸蜀归。泉下阿环应有语，这回休更罪杨妃。”清代林则徐的《路经太真墓诗碑》云：“六军何事驻征骖，妾为君王死亦甘。抛得娥眉安将士，人间从此重生男。”辽宁抚顺新宾满族自治区启运山下的永陵是清代帝王的祖陵，清朝的历代皇帝都十分重视这座陵墓，认为这座陵墓的风水关系到清朝的兴衰，常把陵墓中的一些变化看作是兴衰的兆头。一年，在福满的坟头上突然长出了一棵枝繁叶茂的大榆树，榆树犹如一把大伞庇护着陵墓，因此被看成是吉祥的瑞兆。乾隆皇帝即位后第一次东巡关外拜祭祖陵，看到这棵大榆树非常高兴，当即将此树封为“神树”，并特地亲撰亲书了一篇《神树赋》，勒石刻碑（图 129），立于永陵方城的西配殿里，此碑至今仍完好地保存在那里。爱好翰墨的乾隆皇帝，不但在拜谒自己的祖陵时题诗立碑，在拜谒明成祖的长陵后，也亲笔题书了《哀明陵三十韵》诗，并将此诗镌刻于长陵的《大明长陵神功圣德碑》碑阴，至今仍完好地保存在那里。

又如，在离陕西蒲城金粟山唐玄宗泰陵不远处，原为天子祭祖圣所的下宫遗址，竖立着一块刻于宋太祖开宝六年（973）的《新修唐玄宗庙碑铭》，此碑由中大夫行尚书司勋员外郎和岘撰文，翰林院待诏朝议大夫太子洗马同正臣张仁愿书丹。碑文记述了宋太祖赵匡胤下诏重修历代被盗帝陵及修复泰陵之事，载有“圣朝

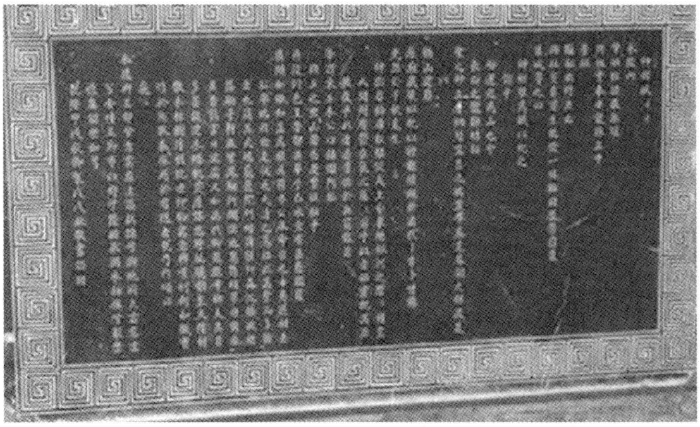

图 129　乾隆皇帝神树赋碑

乾德四年敕置守陵人户，建庙于旧陵之侧。内降礼衣一幅，常服一袭，以衣之”等内容，是研究历代帝陵和泰陵历史的珍贵实物资料。

第十一章

碑刻与古代圣哲

中华民族历史悠久，先后涌现出了一个又一个或具超凡才智和识见，或具极高的道德修养，或具某种高超技艺的卓越人物，这些人物中的最杰出者，被世人视为先哲和圣人，受到极高的敬重。诸如，被视为圣人的“至圣”孔子、“亚圣”孟子、“武圣”关羽、“史圣”司马迁、“诗圣”杜甫、“书圣”王羲之、“画圣”吴道子、“医圣”张仲景、“酒圣”杜康、“茶圣”陆羽等。为了纪念这些伟大的先哲和圣人，寄托对他们的崇敬和缅怀之情，历朝历代为他们刻立了众多的石碑，如圣哲故里祖籍碑、圣哲陵墓碑、圣哲祠庙碑、圣哲重要事迹遗址碑、圣哲画像碑、圣哲诗文碑、圣哲纪颂碑等。这些碑刻或记述其生平事迹，或刻载其论著和名言，或刊刻其画像，或刻载后人题写的记颂诗文等。所有这些碑刻，分别从不同的侧面，为人们研究了解这些先哲、圣人的思想、生平、社会影响和历史作用提供了宝贵的资料，具有重要的意义和价值。

第一节　“至圣”孔子之碑

孔子，名丘，字仲尼，是儒家学说的创立者，为中国思想文化和教育的发展做出了卓越的贡献，对几千年华夏文明史乃至世界文明史产生了不可估量的影响，被后世尊为“万世师表”“至圣先师”。司马迁在《史记·孔子世家》中说：“天下君王至于贤人众矣，当时则荣，没则已焉。孔子布衣，传十余世，学者宗之。自天子王侯，中国言六艺者折中夫子，可谓至圣矣!”

据《史记·孔子世家》《孔子家语》《夏邑县志》《归德府志》等记载，孔子是商代王室后裔，其先祖为微仲。武王灭纣后，封王弟微子启于宋国，建都商丘；微子启死，微仲继位。微仲的第四世孙弗父何本该继位为宋公，但他却让位给弟弟厉公。从此，弗父何的后裔不再继承王位，而被封为世袭公卿，食采于栗邑（今河南夏邑）。自弗父何传承至孔父嘉，开始以孔为姓，这便是孔姓的起源。孔父嘉生木金父，木金父生睾夷，睾夷生防叔，防叔为避战乱迁到鲁国。防叔生伯夏，伯夏生叔梁纥，叔梁纥生孔子。孔学专家们据此推测，河南夏邑是孔子祖籍所在地，也是中国孔姓起源地。为了证实这一推测是否正确，1994 年 5 月，当时的孔子文化学院副院长、曲阜师范大学教授骆承烈和中原孔子文化学会副秘书长李玉洁教授对位于河南的当年人们为纪念孔子多次还乡祭祖坟而建造的“还乡祠”进行了深入考察，发现了数方古碑，通过对这些古碑进行仔细的研究，最终给出了夏邑是孔子祖籍地的肯定结论。

孔子祖籍虽是河南夏邑，但根据史籍记载，其本人的出生地是山东曲阜昌平乡，该乡鲁源村北立有康有为题书的《古昌平乡碑》（图 130）。《史记·孔子世家》记载：“孔子生鲁昌平乡陬邑。……纥与颜氏女野合而生孔子，祷于尼丘[①]得孔子。鲁襄公二十二年而孔子生。生而首上圩顶[②]，故因名曰丘云。”其中“鲁昌平乡陬邑”即指今山东曲阜东南邹城。关于孔子的出生，民间传说比《史记》的记载更富有传奇色彩。相传，孔子父亲叔梁纥与孔子母亲颜徵在婚后很想早日生个儿子，为此多次上尼丘山向天神祈祷。一次当他们同去尼丘山祈祷完下山时，颜母于山东崖一个名叫坤灵洞的山洞里生孔子。可是，由于孔子“生而首上圩顶”，其父叔梁纥嫌其貌丑陋，就将他弃于山下。一只雌虎将孔子衔于洞中哺养，天热时有鹰用翅为之打扇，故孔子有凤生、虎养、鹰打扇之说。后人敬重孔子，为避孔子讳，将尼丘山易名尼山，将坤灵洞更名为夫子洞，并在洞前立了碑（图 131）。据元至元六年（1269）《尼山孔子像记碑》记载，夫子洞内原来还有石刻孔子像、夫子几、夫子案、夫子床等。

图 130　古昌平乡碑

另外，民间相传，当年孔子母亲颜徵在尼山生孔子后，口渴难忍，可是井深不好取水，她把井一扳，井竟然歪了过来，一股清水从井中流出，颜母便用手捧

① 指尼丘山。今山东曲阜城东南二十五公里处。
② 凹顶，指人的头顶四周高中间低。

图 131 夫子洞碑

着井水喝了起来。这口位于尼山东南的井被称为“颜母井”，俗称“扳倒井”。后人根据上述民间传说，在井旁竖立了一块石碑，上书“扳倒井”三个篆书大字，成为关于孔子出生的富有传奇色彩的胜迹。

在古代圣人、先哲中，为孔子刻立的画像碑最多。在西安碑林存有《孔子像刻石》，石高约 295 厘米、宽约 113 厘米。该像是线刻画像，人物栩栩如生，碑额篆书“至圣先师像”，是清代果亲王胤礼于雍正十二年（1734）送达赖喇嘛回西藏，途经西安时在碑林所立，据说此像是临摹“画圣”吴道子的孔子像而画。在山东曲阜孔庙中，有三块按吴道子原画摹勒的孔子像刻石。一块是刻于宋绍圣二年（1095）的《孔子凭几坐像刻石》；一块为《孔子着司寇装像刻石》，为宋大观元年（1107）米芾立石；一块为《孔子行教像刻石》，为元代所立，所刻孔子叉手佩剑而立，双目圆睁，炯炯有神而面有笑意，充分表现了古代圣人谆谆善诱、柔中有刚的生动形象。这三块画像碑距今都已有八九百余年历史，甚为珍贵。在全国仅有的两座孔氏家庙之一，人称“东南阙里”的浙江衢州南宗孔氏家庙的思鲁阁前，也立有孔子画像碑，也是按吴道子原画摹刻的。此外，在河南鲁山、甘肃陇南等地也都有翻刻的孔子画像碑。

《春秋》由孔子整理编定，是我国现存的最早的编年史。据《史记·十二诸侯年表序》记载，春秋末年，周室衰微，“强乘弱”，“诸侯恣行，淫侈不轨，贼臣篡子滋起”。孔子为了推行王道，周游列国，拜谒了七十几国的国君，但都没有受到重用。因此，孔子决定通过著书立说来阐明和推行自己的主张。他观览典籍资料，研究历史记录和旧日传闻，然后“兴于鲁而次《春秋》”，在原鲁国史官记的史料的基础上，“约其辞文，去其烦重”，整理编撰成了《春秋》。《春秋》上起鲁隐公元年（前 722），下至鲁哀公十四年（前 481），共二百四十二年，不仅是中国编年史的滥觞，而且是儒家的主要经典，是儒家思想的总根源。它“以制义法，王道备，人事浃”，对当时政治事件都有见解和评价，寓有褒贬之意。《春秋》文字极简，记载一事，最短的仅一字，最长的亦不过四十余字。由于有许多刺讥、褒讳和贬抑的意思不便用书面文字写出来，孔子向他的弟子口授了他编撰《春秋》的旨意。讲授、阐发《春秋》大义，成为儒家诸学派形成的渊源。《春秋》是孔子最重要的著作，“春秋笔法”即源于此，对后世产生了重大的影响。正因为如此，故后人对孔子编撰《春秋》之事极为重视，特在相传当年孔子作《春秋》处的山东曲阜孔庙与颜子墓之间，建造了春秋台，以资纪念。宋代建祠设像奉祀，清乾隆三十六（1771）又在此竖立了《孔子作春秋处碑》（图 132），以供人们瞻仰和凭吊。

图 132　孔子作春秋处碑

山东淄博临淄区是春秋时期齐国故城遗址所在地，相传这儿的齐都镇韶院村是当年孔子在齐国听韶乐的地方。韶乐是距今四千年前舜时的音乐，春秋时期在齐国十分盛行。据史料记载，公元前 517 年，鲁国发生内乱，孔子为避祸乱来到齐国，就在这儿听到了在鲁国已失传的韶乐演奏，不禁赞美说：“韶，尽美矣，又尽善也。”《论语·述而》对此事做了记载，云：“子在齐闻韶，三月不知肉味。”为了纪念这件事，清宣统三年（1911）刻了一块石碑立于此处。这块石碑现镶嵌于韶院村门内北墙正中，碑上镌刻“孔子闻韶处”五个隶书大字（图 133）。石碑的左右，分嵌两方比碑略小的石刻。左边一块为《舞乐图》，下刻两位舞女，长袖飘带，翩翩起舞；上刻两人席地而坐，一人执管横吹，另一人端坐正视，似乎全部心神浸沉于一种美妙境界之中，此人当是孔子。右边的石刻为文字简介，文字摘自《临淄县志》：“传说在我国远古舜时期，有一种叫‘韶’的乐舞，又称‘箫韶’或‘韶箾’。因韶乐有九章，故也名‘九韶’，是一种非常高雅的乐

图 133　孔子闻韶处碑

舞。”由于《孔子闻韶处碑》是孔子的一个重要遗迹，如今已成为淄博市的一处重要的人文景观。

孔子卒于鲁哀公十六年，即周敬王四十一年（前479）夏历二月十一日，享年七十三岁。据《史记·孔子世家》记载，孔子死后“葬鲁城北泗上”，即今山东曲阜孔府北二公里处。但按那时的习俗，孔子的墓只是“墓而不坟”，无高土隆起，弟子们只是在他墓前砌了一个“方六尺，与地平”的祠坛，没有立碑，也没有造其他建筑。孔子的墓地“孔林”起初面积并不大，但是后来由于孔子子孙死后“皆附葬焉”，且随着孔子地位的提高，历朝历代先后十三次重修、增建和扩充，现孔林共占地达两百万平方米，内有坟墓十万余座，碑石三千六百余块，是中国最大的家族墓碑碑林。其中除明万历二十三年（1595）所立的《重修阙里林庙记》、清乾隆皇帝手书《谒孔林酹酒碑》等少数历代重修孔林碑记及帝王拜谒孔林碑记外，绝大多数是历代衍圣公及族人的墓碑，如孔子之子孔鲤的《泗水侯墓碑》、孔子之孙孔伋的《沂国述圣公墓碑》、孔子第六十四代孙孔尚任的《奉直大夫户部广东清吏司员外郎东塘先生墓碑》等。孔子墓位居孔林正中偏南，墓前立有两块石碑，一前一后。后碑阴刻篆书“宣圣墓”三字，系南宋淳祐四年（1244）五十一代衍圣公孔元措为防止动荡年代中金、元军士挖墓而立，在此前孔子墓并无立碑。前碑镌刻着由著名书法家黄养正所书的“大成至圣文宣王墓”八个篆书大字（图134），系明正统八年（1443）五十九代衍圣公孔彦缙所立。此碑在“文化大革命”中被砸成上百块碎块，这些碎碑石被当地老百姓珍藏了起来。粉碎“四人帮”后，孔子恢复了应有的历史地位，国家决定重修孔子墓，这时珍藏孔子墓碑碎块的老百姓都将碎碑石拿出来献给国家，一块也不少。现在竖在孔子墓前的《大成至圣文宣王墓碑》是用一百多块碎石重新粘合起来的，看上去几乎与原碑一样，只有细看才能看出裂缝的痕迹。那么多的普通老百姓精心地保存了孔子墓碑的碎块，由此足见孔子这位象

图134　大成至圣文宣王墓碑

征中华文明的“圣人”是何等受崇敬，影响是何等至深至广。

历代建庙祭祀孔子，在我国山东曲阜有举世闻名的孔庙，在江苏南京有著名的夫子庙，在湖南宁远、山西闻喜、福建安溪、江苏苏州、湖南岳阳、江西丰城、山西平遥、上海嘉定、北京、天津、云南建水、甘肃武威、河南襄城、江西萍乡、新疆乌鲁木齐、湖南永州、四川资中、黑龙江哈尔滨等地都有文庙。这些庙中都存有历代遗留下来的大量碑刻，许多孔庙中甚至碑石成林，其中存有碑刻数量最多、尤为壮观的是曲阜孔庙碑林。

曲阜孔庙碑林共有两汉以来的历代碑碣两千二百多块，其数量仅次于西安碑林，主要分别收藏在碑院、大成殿两庑和十三御碑亭内。在我国四大碑林——西安碑林、曲阜孔庙碑林、四川西昌地震碑林和台湾高雄南门碑林中，曲阜孔庙碑林是拥有御碑、汉碑最多的一个碑林。孔庙碑林内收藏的两汉碑刻共有二十三块，原散于孔庙各处，后来这批珍贵的历史文化遗产经过整理编排，集中陈列于孔庙东庑碑廊内。其中西汉碑刻有：《鲁灵光殿北陛刻石》《五凤刻石》《汉居摄两坟坛刻石》《王陵塞石》《舞雩台刻石》；东汉碑刻有《乙瑛碑》《礼器碑》《史晨碑》《孔宙碑》《孔褒碑》《孔谦碑》《孔君碣》《熹平残碑》《孔彪碑》等。所有这些汉碑，都是汉隶的精品佳构，是学习研究汉隶不可多得的珍贵的第一手材料，同时也是研究孔子世系、儒学及孔庙在汉代发展情况的第一手材料，因此具有重要的书法艺术价值和史学价值。

曲阜孔庙碑林的碑刻，除部分碑刻是从其他地方移置来的各代书法碑刻外，大量的碑刻是历代祭孔修庙的记载和颂扬孔子及儒学的诗文。例如，在孔庙大成门外，奎文阁后的十三碑亭院中，有十三座碑亭，这些碑亭排成两行，南面八座，北面五座，红墙黄瓦，是专为保存历代皇帝御制的石碑而建造的，统称御碑亭。亭内存放有唐、宋、金、元、明、清、民国时所立的五十余块碑石，多是历代皇帝追谥加封孔子、祭祀孔庙、修葺孔庙的实录，还有的是皇帝祈求孔子神灵保佑其封建统治的碑刻。碑上所刻文字有汉文、八思巴文、满文等。十三碑亭均为木构，呈正方形，是从金明昌二年（1191）到清乾隆十三年（1748）陆续兴建的，其中金代二座，元代二座，清代九座。北面五座碑亭是清康熙、雍正、乾隆年间所建。南面八座中，四座为金、元所建，东起第三、六座为金明昌六年（1195）所建，是孔庙现存最早的建筑，第四座为元至元五年（1268）所建，东起第五座为元大德六年（1302）所建；其余四座为清代所建。在奎文阁前还有两座御碑亭，亭内外共有四座巨型明代御碑，碑高达6米、宽2米多，碑下龟趺高1米余。阁东南露天的《重修孔子庙碑》，亦称《成化碑》，为明宪宗朱见深于成化四年（1468）所立。碑文极力推崇孔子思想，说“孔子之道，有天下者一日不可无焉”，“孔子之道之在天下，如布帛菽粟，民生日用不可暂缺”。

自汉代以来，历代修庙碑和孔庙中的记事碑、诏书碑、祭文碑和诗词碑等数量众多。由于修建孔庙和祭祀、追谥、加封、拜谒孔子是极其庄严隆重之事，立碑者都极为虔诚恭敬，因此这些碑刻大多是精心之作。其中不仅有许多碑刻是书法艺术或诗文精品，而且还有许多碑刻较为深刻地阐发了孔子思想精义，或较为系统详细地记述了历朝历代以来儒家学说及孔庙和祭孔的发展演变历史，更有一些碑刻两者兼而有之。诸如：两汉时期最为著名的有《乙瑛碑》《礼器碑》《史晨碑》《鲁相谒孔庙碑》及《孔羡碑》；南北朝时期最为著名的有《李仲璇修孔子庙碑》《郑述祖修孔庙碑》等；隋唐时期最为著名的有《隋孔子庙碑》《孔子庙堂碑》《大唐赠泰师鲁先圣孔宣尼碑》《鲁夫子庙碑》《扶风夫子庙碑》《曲阜孔庙记碑》等；宋代最为著名的有《扶风夫子庙堂记碑》《大宋重修兖州文宣王庙碑》《真宗孔子赞碑》《孔圣手植桧赞碑》《玄圣文宣王赞并加号诏碑》《绛州重修夫子庙记碑》等；金代最为著名的有《大金重修至圣文宣王之碑》等；元代较为著名的有《元好问拜尊孔子庙林题记》《杨奂谒圣庙碑》《加封孔子为大成至圣文宣王诏书碑》《敕赐曲阜孔庙田宅之记碑》《祀宣圣庙记碑》；清代最为著名的有《康熙甲子冬过阙里诗碑》和乾隆皇帝《杏坛诗碑》等。

这些著名的修建孔庙和追谥、加封、祭祀、拜谒孔子的碑刻，大多既是书法艺术精品、诗文佳作又是阐发儒家学说，记述孔庙及祭孔发展沿革历史的精辟之论。因此，深入地了解这些碑刻，不论对于研究古代书法艺术、文学艺术，还是研究孔子思想、生平事迹、家族世系、儒家学说及其在中国的巨大深远影响，乃至对于研究当时社会的民情风俗、社会制度、封建礼仪等，都具有重要的意义和价值。

第二节 “亚圣”孟子之碑

孟子名轲，是孔子学说的正统继承者，在历史上被尊为“亚圣”，他继承和发展了孔子学说，提出了“民本”思想和高尚“人格”、保持“气节”的主张，对后世产生了极大的影响。他所说的“人皆可以为尧舜”“我善养吾浩然之气”“说大人则藐之”“民为贵，社稷次之，君为轻”“富贵不能淫，贫贱不能移，威武不能屈”等充满浩然正气和具有深刻内涵的至理名言，至今仍为人们所广泛应用。然而，尽管孟子在历史上被尊为“亚圣”，具有很高的地位，但他并没有像孔子那样在殁后第二年即由鲁哀公立庙祭祀，而是在殁后过了千年，到宋仁宗景祐四年（1037）时，才由孔子第四十五代孙、兖州知府孔道辅，在邹城四基山西麓孟子墓旁首建孟庙。之后，为了祭祀方便，孟庙迁到邹城。自宋后九百多年来，历朝历代对孟子的祭祀不绝，孟庙也多次修缮，先后留下了大量碑刻，现在孟庙之内碑石林立，完好地保存着汉以来历代碑刻三百余块，许多是罕见的珍品。其中关于孟子生平的碑刻，最著名的是位于孟庙第三进院落中的《孟母断机处碑》（图135）和《孟母三迁祠碑》。据史籍记载，孟子三岁丧父，全由其母将他培育成为一代儒学大师。相传为了使孟子有一个良好的学习环境，孟母曾先后三次搬家，迁居到学校旁才安居下来，为了教育孟子刻苦学习，孟母曾割断机杼。这两块碑即记载了“昔孟母，择邻处，子不学，断机杼”这一千古美谈。在孟庙其他碑刻中，除有《孟子画像碑》（图136）外，还有众多记载孟庙修建、纪颂孟子功德、阐发孟子思想、记述孟子历代受封情况、拜谒祭祀孟庙的碑刻。其中最为著名的有刻立于宋徽宗宣和四年（1122）的《先师邹国公孟子庙记碑》，

图135 孟母断机处碑

图 136 《孟子画像碑》（局部）

刻立于元仁宗延祐三年（1316）的《追封孟父孟母圣旨碑》，刻立于元文宗至顺二年（1331）的《加封孟子为邹国亚圣公圣旨碑》，刻立于明神宗万历三十六年（1608）的碑文集王羲之书的《邹县重修孟庙碑记》，刻立于明神宗万历三十九年（1611）的《董其昌题孟庙古桧一首诗碑》，刻立于清康熙二十六年（1687）的《康熙御制孟子庙碑》，刻立于康熙五十五年（1716）的《重修孟庙碑》，刻立于清乾隆后期的《刘墉谒孟庙诗碑》，刻立于乾隆五十九年（1794）的《阮元谒孟庙诗碑》，刻立于清道光二十年（1840）的《亚圣孟子庙捐修记德碑》，刻立于清宣统三年（1911）的《重修亚圣庙林感德碑》等。这些碑刻都是研究孟子生平、世系、思想和孟庙修建历史的重要资料，具有很高的价值。

例如宋《先师邹国公孟子庙记碑》碑文云：

孟子葬邹之四基山，旁冢为庙，岁久弗治。政和四年，部使者以闻，赐钱三百万新之。列一品戟于门。又赐田百亩以给守者。而庙距城三十余里。先是尝别营庙于邑之东郭，以便礼谒。元丰六年，诏封邹国公。明年，又诏配飨孔子庙，又诏更新庙貌。而地颇湫隘。宣和三年，县令宣教郎邵武朱缶，叹其土圮木摧，不称虔恭尊师之意，欲出己奉完之。县士徐钺曰："庙濒水亟坏，不四十年凡五更修矣。若许改卜爽垲，则诸生愿任其事，不以累公私也。"令许之。钺遂以私钱二百万，徙庙于南门之外道左。乡人资之钱者又数十万。而后庙成。总四十二楹。中为殿，安神栖绘群弟子像于两序，又为孟氏家庙于其东。以扬雄、韩愈尝推尊孟子，又设为祠于其西。重门夹庑，壮丽闳伟，与山中之庙轮奂相辉矣，于是求文以记之。

夫圣之人道甚易知，甚易行，充之至不可胜用。而其极可以参天赞化育者，其惟诚乎。尧、舜、禹、文王、周公、孔子相传者一道，孔子之没，其孙子思得之以传孟子。故孟子之道以诚身为本，其治心养气化人动物，无一不本于诚。凡著书立言，上以告其君，下以告于人者，必本仁义，祖尧舜，亦无一言不出于诚也。故于滕文公则言必称尧舜，而于齐王则非尧舜之道不敢陈。盖其智诚足以知尧舜，又自知诚可以行尧舜之道，又知果得行其志，则诚可使吾君为尧舜，而吾民皆为尧舜之民。故以此自任，不敢有毫分之伪以欺人，而造大也。其论君臣之际，则曰：欲为君，尽君道；欲为臣，尽臣道。二者皆法尧舜。其论什一之法，则曰：重于尧舜者，大桀小桀；轻于尧舜者，大貉小貉。其论仁智，则曰：尧舜之智急先务，尧舜之仁急先贤。称伊尹能以此道觉此民，而谓殃民者不容于尧舜之世，非诚知尧舜者能言之乎？虽当时之君尚权谋，相倾夺，上下交趋于利，而未尝桡一言以求合焉。非天下之至诚笃于自信者能之乎？孟子之没，道失其传，至有假其说而以伪言尧舜者，始说其君以帝道，则既不合而之王，中说其君以王道，则又不合而之霸。是志于求合而以伪欺其君者也。口尧舜之说以贾其高，躬申商之术以济其欲，是以伪欺天下而贼其君者也。昔之为纵横之说者，不过怵人君以利害强弱之势尔，其伪易见。若夫假帝王尧舜之说，使人君慕其高而不虞其奸，则其伪难知。作于心，害于政，其祸天下甚于杨墨，故不可不辩，以监天下后世窃孟子之说以为不义，而自比于孟子者。

宣和四年十月十五日，朝奉郎监察御史菟裘孙傅记。迪功郎、新泰学政阙里孔端朝书，承仪郎、秘书省校书郎长安樊察篆额。魏信刊。

此碑刻立于宋徽宗宣和四年（1122），为现址孟庙创建时所立刻石，距今已近九百年历史，是孟庙最原始的“说明书”。由于此碑自然风化严重，并遭受战乱破坏，历尽沧桑，故损毁较厉害，下部漫漶剥落，全碑八百六十余字中有二百八十余字无法辨认，所幸明嘉靖四年（1525）刊印的戴光修《邹县地理志》中收录了此碑全文，故如今人们还能完整无缺地读到此碑碑文。

此碑碑文较为详细地记述了孟庙初建、迁建经过、增修情况，及封孟子为邹国公、配飨孔子庙、列一品戟于庙门等事件。同时，记载了宣和三年（1121）民间出私钱移建现址孟庙的经过，充分表明孟子在普通士民中的崇高威望。此碑文是北宋时期对孟子尊崇的详尽记述和总结，对于研究孟子的地位及对后世的影响和孟庙的沿革具有非常重要的价值。同时，碑文第二部分站在正统儒家学派的立场上，以雄健的笔墨，精辟地论述了唐代韩愈所提出的“道统”观念，确认孟子是孔子创立的儒家学说的嫡系传人，肯定了孟子的崇高历史地位。该论述充分反映了孔孟学说继承者们对“亚圣”孟子的推崇及坚定的“正统”儒学观念。通观全碑，确是一篇研究孟子生平、思想及其影响和宋末社会历史的重要文献，具有很高的学术价值。

第三节　“圣哲”老子之碑

老子字伯阳，又称老聃，相传姓李名耳，春秋末期人，生卒年不详，是道家学说的创始人，被称为“圣哲”。其传世作品《道德经》是全球文字出版发行量最大的著作之一。其博大精深的哲学思想，是我国的巨大精神财富，也是世界的宝贵思想遗产。因历史久远，史料简稀，老子的出生地在哪里这一问题成为两千多年来具有争议的未解之谜。尽管《史记·老子韩非列传》称老子出生于“楚苦县厉乡曲仁里”，即今河南鹿邑，但由于缺乏历史实证，历来对此说法持有疑问。1995 年 8 月，中国社会科学院考古研究所和安徽省文物考古研究所、安徽涡阳县文管所的专家一起，在安徽涡阳郑店村发掘出天静宫（又称中太清宫）遗址和千余件文物，为研究老子提供了极有价值的实物证据。在 3700 多平方米的发掘现场，共出土十几座古建筑基地和大量遗物，为国内罕见。根据史料记载，此系建于东汉延熹八年（165）的天静宫遗址，后在三国魏黄初三年（222）及隋开皇元年（581）都奉旨敕修过。李唐王朝以老子为始祖，尊此宫为祖庙。在发掘出来的遗物中，不仅在流星园旧址清理出九眼古井，与古籍中记载的老子故里有“九井”相吻合，尤为有价值的是发掘出了二十多块元代以来遗存下来的敕建和装修天静宫的《天静宫兴造碑》（图 137）。其中有碑文记载“天静宫为老君所生之地”，“世传老子在妊，有星突

图 137　天静宫兴造碑

流于园，既而降诞”，另有“敕撰”“混元降（诞）”等残片。这些遗存的古碑，有力地证实了安徽涡阳郑店村是老子的诞生地，也是道教之祖庭，具有重要的价值。

第四节　“武圣”关羽之碑

武圣关羽是我国古代忠、义、仁、勇理想化人格的典范和化身，历代对其评价极高。例如，清毛宗岗在其评点《三国志通俗演义》一书卷首的《读三国志法》一文中说：“历稽载籍，名将如云，而绝伦超群者莫如云长。青史对青灯，则极其儒雅；赤心如赤面，则极其英灵。秉烛达旦，人传其大节；单刀赴会，世服其神威。独行千里，报主之志坚；义释华容，酬恩之谊重。作事如青天白日，待人如霁月光风。心则赵林焚香告帝之心而磊落过之。意则阮籍白眼傲物之意而严正过之。是古今来名将中第一奇人。”正因为关羽具有“儒雅”“英灵”“大节”“神威”“志坚”“谊重”“磊落”“严正”这样超群绝伦的优秀品格，才受到后世之人的极高崇敬，被尊奉为“武圣”。据《三国志·关羽传》裴松之注引《吴历》和《三国志》的记载，关羽兵败麦城，被孙权的部将擒杀后，孙权害怕刘备的报复，乃“送羽首于曹公”，企图“移祸”于曹操。曹操识破此计，遂设牲醴祭祀。刻沉香木为躯，以王侯之礼，将关羽葬于洛阳南门外。因此关羽死后，“身困当阳，头枕洛阳”，留下两座陵墓，一在当阳，一在洛阳。

关羽的忠、义、仁、勇精神，集中体现了中华民族的崇高道德和优秀品格，是做人的典范和社会的楷模，因此在他死后，受到人们世世代代的崇敬，历代帝王像追封孔子那样，对关羽屡加追封，乃至使关羽“侯而王，王而帝，帝而圣，圣而天，褒封不尽，庙祀无垠”。儒、释、道尽管信仰各不相同，然而对关羽的推崇和敬仰却“三教尽皈依”，儒家将他尊为圣（武圣人），释家将他尊为佛（迦蓝菩萨），道家将他尊为天尊（三界伏魔大帝神威远镇天尊）。至于普通的老百姓，则更是把关羽奉为神灵，虔诚地顶礼膜拜。正是出于这种对关羽的无限崇敬和虔诚信仰，历代以来，特别是明代以后，在全国各地先后兴建了难以计数的关帝庙，南至海南，北到黑龙江，东及台湾，西至西藏，不论在城市还是农村，甚至连那些交通极不便利、近乎与世隔绝的偏远山区，都建有规模或大或小的关帝庙，可谓神州大地关庙林立，其数量之多远远超过孔庙。过去在城市里，通常都是文（孔子）武（关羽）二圣祠庙并存，但不论在任何地方，孔庙只限于一座，而关庙的数量却不受限制。例如明清时期北京有大小关帝庙一百一十六座，九门之内都有关帝庙，其中最大的庙位于正阳门，是皇帝敕封和祭祀关帝的地方。直到现在，据统计在台湾还存有四百六十多座关帝庙。

为了表达对武圣关羽的敬仰之情和缅怀之意，在洛阳、当阳的两座关陵中和全国各地许多规模较大的关庙中，不仅供奉有关羽塑像，还立有或记述关羽生平，或歌颂关羽武勇圣德，或记载帝王敕封，或记载修建关庙等事的石碑。例如，在河北承德的关帝庙中，立有清乾隆时户部尚书梁国治奉敕撰书的《承德府关帝庙碑》（图 138）；在西藏拉萨关帝庙立有清政府驻藏大臣和琳撰刻的《重修札什城关帝庙碑》，碑文记述了“关帝圣君实默佑”清军，保佑乾隆五十七年（1792）清军取得了反击廓尔喀人侵藏之战胜利之事；在北京地安门西关帝庙，立有清雍正皇帝的御碑，碑文云：“孔子祀天下学宫，而关帝庙食偏薄海内外……盖孔子以圣，关帝以神。”山西解州常平村是关公故里，乡人敬慕关公之德，在其故居为其建庙，亦称关帝祖祠。庙南乃关氏祖坟，古柏苍翠，石碑林立。庙内立有历代所刻石碑数十通，对关羽封号、关族世袭、庙堂沿革记载甚详。在山西定襄北关的关王庙内，存有金、元、明、清的碑刻，碑文对关羽封号及其修建经过记述甚详。

图 138　承德府关帝庙碑

在关陵、关庙中，河南洛阳关林因葬有关羽之头，最为有名，规模也最大，所存的历代碑刻数量也最多。据查考，洛阳关林现存历代碑刻一百余块，其中有不少是具有较高史料和文学、书法艺术价值的精品，例如在著名的“汉寿亭侯墓”石牌坊后的建造于康熙五年（1666）的八角碑亭里，立有清道光元年（1821）磨石重刻的关林林碑。碑为龟趺，高约4.8米，碑首雕龙，额题九叠篆书“敕封碑记”四字。碑阳正书“忠义神武灵佑仁勇威显关圣大帝林”，这是历代敕赐关羽的最高封号，其中“忠义神武灵佑关圣大帝”这一称呼据考系清高宗乾隆三十三年（1768）封谥，“仁勇”二字据考系清仁宗嘉庆十八年（1813）加封，“威显”二字据考系清宣宗道光八年（1828）正月十三日加封。碑阴镌刻清康熙五年（1666）董笃行撰写的《关圣帝君行实封号碑记》，碑文记述了关羽的生平事迹、历朝历代封号建庙等情况，其中不仅许多内容可补充《三国志·关羽传》之不足，而且碑文最后部分还记载了关羽死后的一些民间传说和建庙故事，虽不具史料价值，但文笔极为生动传神，富有传奇色彩，颇具文学价值，其碑文云：

> 帝生于汉殇帝延平元年丙午五月十三日，至是献帝建安二十四年己亥仲冬，时年六十四岁。权函其元，驰报操，操喜曰：“孤无忧矣！”因启函视之：面如生，须髯奋动。操大惊，仆地，良久方醒，惧甚，赠荆王，以王礼葬于洛阳城南十五里，即今冢。吕蒙将受封，忽据权座，厉声曰：“鼠辈识吾否？吾自破黄巾来，纵横天下三十年，汝诡计图吾，吾生不啖尔肉，今当追贼魂。”权与将士罗拜地下，蒙口鼻出血，死。权以侯礼葬帝体于玉泉。……
>
> 万历中，有皇华如秦，道出于洛，夜宿邮亭，梦帝求购新宅。及觉，询及父老，遂展拜于冢下。时有白气腾起，直凌霄汉，见帝隐耀云间，与梦相符。乃移文抚按司道，请敕褒封“三界伏魔大帝神威远镇天尊关圣帝君”。加冕旒十二，如帝制。遣使致祭于墓，特建庙貌。

在洛阳关林的碑刻中，还有许多历代凭吊之人留下的祭文诗词，其中有不少颇为值得咏吟的传世之作。例如，雍正五年（1727）十月，洛阳知府张汉来拜谒关林，写下了一首题为《关壮缪陵》[①] 的诗，并题书刻石立于关林。《洛阳县志》卷十九亦收录了这块诗碑所题之诗，诗云：

> 天上存公神，天下遍公形。

① 景耀三年即公元260年，蜀汉后主刘禅追谥关羽为“壮缪侯”。

天中留公骨，覆土成高陵。
我怀三季时，愎谏黄图焚。
三年化碧血，七窍剖丹心。
精忠逮南宋，垒垒岳王坟。
公陵一抔土，峥嵘终古今。
公与四陵并，我将五岳名。
吁嗟乎！
天王古东周，春秋奉声灵。
我公明大义，此邦即汉京。
鼎分扶汉室，尊周有传经。
伏公陵下拜，炎光弥上青。
形神如可遘，我公陟降庭！
君不见：
魏家七十二疑冢，
荒土欲平有人耕？

该诗碑从武功和圣德两个方面集中歌颂了关羽的一生，将他的陵墓与古代另外四个最受人推崇的忠义之士——春秋时吴国的伍子胥、周敬王卿士属下大夫苌弘、商纣王时的比干和南宋时的岳飞的陵墓并立，称之为“五岳”，认为关陵虽然并不高大，只不过是“一抔土”，但是它却“峥嵘终古今”，上承古贤，下启后世，永远光照人间。其充分表达了后人对武圣关羽崇高品格的由衷敬仰之情，由此也可窥见关羽在世人心目中地位之崇高。

论及关羽与碑，有一个现象特别值得一提，那就是在关林、关庙等关羽纪念地和不少与之有关的地方，往往都有融诗、字、画于一体，被称为“关帝诗竹”或“风雨竹”的《关帝诗竹碑》，诗碑上刻有两枝修竹，片片竹叶巧妙地交织在一起，组成一首五言绝句：

不谢东君意，丹青独立名。
莫嫌孤叶淡，终久不凋零。

相传此碑所书画的诗竹系出自关羽之手。据说三国时，曹刘徐州之战，刘备为曹操所败，关羽与刘备失散，关羽被俘。爱才惜将的曹操十分看重关羽，将他留居曹营，优礼倍加，上马金，下马银，三日一小宴，五日一大宴，一心想劝关羽归顺自己，并封关羽为“汉寿亭侯”。但关羽挂念刘备，朝夕思归，终不肯降。为免除刘备恐其变心之疑，关羽在得知刘备的确切消息后，决定托人给刘备捎封信去，以表归刘决心。可是又担心被曹操发现，后果难测，于是关羽急中生智，作画以明志，借竹自喻，表明自己虽身陷曹营而不辱名失节。然而，根据对众多《关帝诗竹碑》的考察研究，可以肯定其内容并非出于关羽之手，而是后人托名附会之作。因为，尽管洛阳关林、河北涿州三义祠、南阳武侯祠、长江三峡白帝城、河南少林寺、西安碑林等处皆收藏有《关帝诗竹碑》，但各地之碑除诗的词句大体相同外，画面均各不相同。例如，洛阳关林的《关帝诗竹碑》（图 139）上刻两株修竹，一直一曲，竹下有嶙峋山石，竹右侧刻有“汉寿亭侯印”，并注有说明文字；而原存山西解州关帝庙的诗竹碑，则分为《汉夫子风竹碑》和《汉夫子雨竹碑》（图 140），其画面与洛阳关林的《关帝诗竹碑》截然不同，不仅竹子的形态迥异，而且其构图、运笔风格也大相径庭；而长江三峡白帝城的《关帝诗竹碑》则与洛阳关林《关帝诗竹碑》、山西解州关帝庙两碑的差异更大，碑上所刻是三根翠竹而不是两根翠竹。

图 139　《关帝诗竹碑》

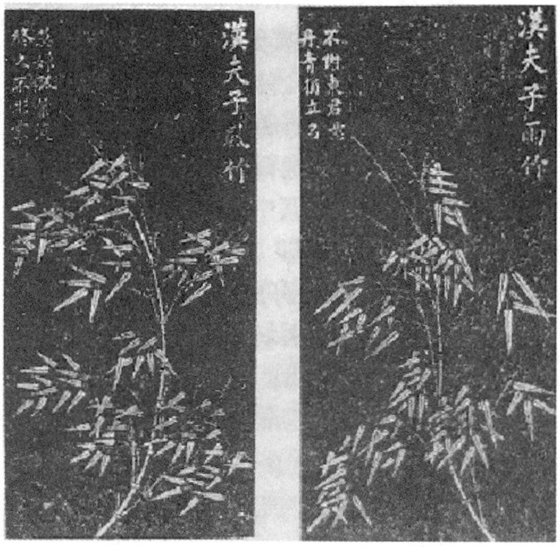

图 140　《汉夫子风竹碑》和《汉夫子雨竹碑》

诸如此类的碑刻，在各地的关庙中还有不少。这些碑刻为了解关羽的生平、研究关羽信仰的民间习俗和关庙的兴建沿革历史提供了有价值的参考资料。

第五节　“药王”孙思邈之碑

孙思邈是隋唐间的一位杰出医药学家，他不仅积累八十多年临床经验，创造了许多新的治病方法、高超的按摩气功术和颇为有效的养身长寿术，而且先后搜集、验证了六千多个医方，写成了两部我国最早的医学百科全书、世界医学史上罕见的名著《千金要方》和《千金翼方》，为中国的传统医药学做出了重大贡献，因此被后世人尊为“药王”。许多地方都建造了药王庙，并在庙中勒石立碑，把他作为神仙祭祀，祈求他福佑众生。孙思邈曾隐居过的陕西耀州区的五台山，后来被改名为药王山。从唐代后期起，人们便在这里为孙思邈立祠纪念，宋、金、元的人们在南山为孙思邈修建庙宇，明代又在北山上建了药王庙，在这些祠庙中立有大量石碑。例如，在药王庙里留存有宋、元、明、清碑石一百余块，其中最早的是宋元丰四年（1081）为纪念“药王”孙思邈诞生五百周年而刻立的《五台山孙真人祠记碑》，该碑详细记载了孙思邈的生平事迹，并刻有孙思邈画像，极为珍贵。此外，庙内还有明嘉靖二十一年（1542）刻制的《孙真人进上唐太宗风药论碑》《历代名医题名碑》和清代的《重修十大名医殿记碑》等，是研究孙思邈和中医药的重要资料。

第六节　“医圣”张仲景之碑

张仲景，姓张名机，史称“医圣”，是东汉末年的杰出名医，医德高尚，医术精湛，撰写了医学巨著《伤寒杂病论》，首倡伤寒六经辨证和杂病八纲辨证原则，奠定了中医“辨证论治”的基础，把中医临床医学和方剂学推进到了一个新的发展阶段，对中医的发展产生了深远的影响，被称为“中医临床之父”和“医中之圣”。令人遗憾的是《后汉书》和《三国志》等史籍中都无他的传记，后人对他的生卒年月、籍贯、生平事迹等都无确切的了解。《南阳县志》云：“宛郡东高阜处，为张家巷，相传有仲景故宅，延曦门东北迤北二里，仁济桥西有仲景墓。”又载明洪武初年（1368），镇守南阳的指挥官郭云，奉明太祖朱元璋之命修建南阳城，将南阳城里城外所有祠墓庙宇中的墓碑石刻全部征用。张仲景墓碑亦未能幸免。由此，张仲景墓地成为耕牧场所，无从查找。明崇祯五年（1632），当地一个姓祝的百姓在菜园里挖土淘井时，挖得一块石碑，碑上刻有“汉长沙太守张仲景墓”九个大字，字体系真书，但仍存隶意，碑座上则有晋成帝年号“咸和五年”（330）四个字。人们由此始知，这个菜园的地底下埋葬着医圣张仲景。清顺治五年（1648），南阳府丞张三异仰慕张仲景盛名，又感叹于自己是张仲景同族，于是就捐献出自己的俸银，重修了张仲景墓，并在墓后建起了祠堂。

为纪念“医圣”张仲景的伟大功绩，后人在他的故乡河南洛阳为他建祠祭祀，但在明初为修城墙而毁其祠、墓，明嘉靖二十五年（1546），唐潘王、越夔、沈津等人又重修，朝拜祭祀者络绎不绝。可是清末腐朽的官僚将“医圣祠”所有田产没收，祠院被侵占，遭到严重破坏。1956年，国家拨专款重新修复了“医圣祠”，不仅将原有房舍和张仲景墓等修葺一新，并在祠门前增修了碑亭，亭内立有医圣张仲景故里碑（图 141）。1959 年，时任卫生部部长李德全亲自撰文，称张仲景为“东方医哲”，并勒石立碑。1982 年，谭震林又为“医圣祠”题词，并勒石立碑，碑文称赞张仲景“弥补祖国医学外经亡佚之缺憾，厥功甚伟”。现在，这两块石碑都竖立于张仲景墓前新建的六角碑亭中，表达了后人对“医圣”张仲景的崇敬之情。

图 141　医圣张仲景故里碑

第七节 “史圣”司马迁之碑

司马迁于汉武帝元封三年（前108）继父职任太史令，天汉三年（前98）因替李陵辩解而受腐刑。出狱后，他忍辱负重，发愤著述，用自己的生命写出了一部“史学之绝唱，无韵之《离骚》”的杰作《史记》，在我国古代史学史上竖起了一座巍峨的丰碑，使我国史学由此进入了一个崭新的发展阶段。司马迁为中国史学做出了前无古人、万世楷模的伟大贡献，但是他在当时受到统治者的压制、摧残，死后连墓都没留下，后世之人却对他的功业给予极其崇高的评价，将他奉为“史圣”。西晋永嘉四年（310）夏阳（今陕西韩城）太守殷济顺从民意，在境内为他建造了一座纪念性石室墓。后来，民间有人自发地在芝川为他建了一座土坟，北宋靖康二年（1127），人们才将土坟改建成有山门、寝宫、座像的太史祠。明代将太史祠进一步扩建，修建了牌坊、献殿等。

现存的太史祠矗立在陕西韩城南芝川镇南坡高门原畔，自宋代以来一直是人们祭拜“史圣”司马迁的场所。献殿中存有唐、宋、金、元、明、清及现代祭祀司马迁的诗文碑六十余块（图142），其中有郭沫若拜谒太史祠留下的诗碑，碑文从学识、人格、功业各方面高度评价司马迁：“龙门有灵秀，钟毓人中龙。学殖空前富，文章旷代雄。怜才膺斧钺，吐气作霓虹。功业追尼父，千秋太史公。”

图142 陕西韩城太史祠献殿中的诗文碑

祠中有一块唐代大书法家褚遂良为司马迁侍妾随清娱写的碑。褚遂良一生敬仰司马迁的道德和文章，相传，他因得罪武则天被贬到同州任职时，一天夜晚，静坐西厅，蒙眬之际，忽有一中年女子来向他泣诉，自称是司马迁的侍妾，名叫随清娱，在司马迁为写《史记》周游名山大川时，她随同来到同州，司马迁受冤刑忧愤而死后，她也悲伤过度染病身亡，葬在本地长乐寺以西，请求褚遂良为她作一墓志，以垂不朽。褚遂良清醒后大为惊异，向友人诉说了此事，随后立一碑，记述此事。这块富有传奇色彩的碑现存于司马迁祠中，成为研究司马迁生平和褚遂良生平及其书法艺术的有价值的参考资料。

第八节 “书圣”王羲之之碑

王羲之字逸少，因曾官右军将军，故人称“王右军”。他出身门阀士族，尽管很有政治抱负，但为人“骨鲠”，因而仕途屡遭挫折，故隐遁山林，潜心书道。自七岁始，先后向卫夫人及诸名家学习书法，在“备精诸体”的基础上，经过长期努力，创造了一种全新书体，开辟了一个全新的书法时代，被后世公认为“书圣”。为纪念书圣，后人根据隋大业七年（611）王羲之第七世孙沙门尚杲《瀑布山展墓记》所载，在王羲之晚年隐居处浙江嵊州为他建墓立碑。现墓前亭内之碑高约 2 米，碑阳刻“晋王右军墓”五个大字(图 143)，碑阴刻“大明弘治十五年三月二十五日吉旦”“浙江等处承宣布政使司右参议吴重立”。

图 143 晋王右军墓碑

山东临沂北的银雀山，是王羲之的诞生地。他在这儿度过了美好的童年，后为避战乱，全家南迁会稽山（今浙江绍兴），其故居被改为寺院，现旧址存有南宋绍兴十四年（1144）寺内主事和尚觉海所立的《沂州普照禅寺兴造记碑》，为研究王氏故居改建为禅寺一事提供了线索。1993 年，在甘肃两当太阳乡发现了王羲之家谱和王羲之清代后裔“皇亲王母焦氏慈君大人”之墓碑，为了解王羲之家族的兴衰、繁衍、分系，特别是为研究和揭示王氏家族一脉西迁之内隐提供了新的重要线索和依据。

第九节　“诗圣”杜甫之碑

杜甫是中国历史上最伟大的诗人之一，被后人尊为“诗圣”。河南巩义（原巩县）城关乡南瑶村，是杜甫诞生之地，遗存有多块后人为缅怀杜甫而竖立的石碑。在笔架山下有一座清静雅致的小院，院门外墙上嵌着清雍正五年（1727）洛阳知府张汉立的《诗圣故里碑》。传说杜甫被视为文曲星，张汉在科举应试时，面对试题不知如何下笔，杜甫化为一老人飘然而至，给他一张纸条，上面写有“文章憎命达，魑魅喜人过”两句，张汉由此得到点化，文章一挥而就，高中头名状元。张汉为了报答杜甫的恩典，后来到洛阳任知府后不久，专程到巩县凭吊杜甫，并捐资建造了杜工部祠堂，立了石碑，写了碑记。在小院内靠山处有一孔砖砌窑洞，据说当年杜甫即诞生在此，世称“工部窑”，窑的左侧竖有一块从杜甫祠迁移过来的青石碑，碑阳镌刻有“唐杜工部讳甫位”。院外有一座建于清乾隆三十一年（1766）的碑楼，碑额上题刻着“唐工部杜甫故里”七个大字。碑楼东侧嵌着清同治十二年（1873）杜甫第三十四、第三十五代孙合立的一方石碣，上面镌刻着《唐工部杜文贞公碑记》，记述了杜甫后世子孙三次重修杜甫祠的情况。杜甫故里的这些碑刻，不仅是后人游览的胜迹，而且对于研究杜甫生平也是有价值的参考资料。

杜甫一生命运坎坷，大历五年（770）冬，杜甫贫病交加，死于长沙至湘江的一叶扁舟上。直到唐元和八年（813）也就是在杜甫逝世后四十三年，他的遗骸才由他的孙子杜嗣业运回老家。杜甫的诗是伟大的“史诗”，他是当之无愧的“诗圣”，因此受到后人的高度崇敬，其陵墓历代祭祀不断，并立碑永志纪念，仅现存于杜甫墓前及附近的墓碑就有三块。一块立于清康熙十九年（1680），碑上镌刻着河南参政杜漺写的《巩县杜少陵先生墓碑记》；一块为清乾隆四十四年（1779）巩县知县陈龙章所立，碑阳镌刻着“唐杜少陵先生之墓”八个楷书大字；还有一块碑是1987年在杜墓附近地下发现的，碑上镌刻着“唐杜工部墓”五个隶书大字。1990年，为纪念杜甫这位伟大的诗圣，巩义重建杜甫陵园，新建造了两座仿唐双层悬檐木结构四方纪念碑楼和百米碑廊，建立了“诗圣碑林”（图144）。

图144 杜甫故里诗圣碑林

杜甫一生漂泊，足迹所到之处，留下了许多千古传诵的佳作，因此在许多地方留下了值得纪念的遗址，各地所立石碑颇多。例如，山东兖州城内府河北岸的少陵台，原是兖州城门楼旧址，杜甫青年时漫游山东曾登此楼。为纪念“诗圣”杜甫曾登临此处，清初建造了八角碑亭，亭中立一石碑，碑中部刻杜甫坐像，碑上部刻杜甫的《登兖州城楼》。杜甫登临泰山时写下过著名的《望岳》，清乾隆时泰安知县何人麟为了纪念杜甫登临泰山写诗这件事，用潇洒流利的草书抄写了杜甫的《望岳》，并勒石立碑，此碑现存于山东泰山南麓的岱庙内。杜甫登临湖南岳阳楼后写下了《登岳阳楼》，岳阳人民为了纪念杜甫，1962年在岳阳楼西南修建了一座“怀甫亭”，亭内竖立一块石碑，碑阳线刻着杜甫在岳阳楼凭轩远眺的画像和杜诗《登岳阳楼》，碑阴镌刻今人所题《怀甫亭序》。

成都的杜甫草堂是诗圣客居成都时的故居。杜甫于唐肃宗乾元二年（759）九月由华州来到成都，在亲朋帮助下于翌年暮春建成草堂，在此居住三年零九个月，作诗二百余首，其中有千古传诵的代表作《茅屋为秋风所破歌》等许多伟大的作品。这是一处非常值得纪念的中国文学史上的圣地，历代不知有多少人前来拜谒过。宋元祐年间，胡宗愈任成都知府，特将《茅屋为秋风所破歌》等杜诗刻成许多石碑，置于草堂四壁，并撰写了《成都草堂诗碑序》，勒石立碑，对杜诗给予崇高的评价。碑文云："先生以诗鸣于唐，凡出处去就，动息劳佚，悲欢忧乐，忠愤感激，好贤恶恶，一见于诗，读之可以知其世，学士大夫谓之诗史。"此碑不仅是一个富有意义的人文景观，也是研究杜甫、评价杜诗的重要资料。陕西西安是杜甫居住了十年的"第二故乡"。在西安长安有一所建于明嘉靖五年（1526），后被火烧毁，清嘉庆九年（1804）又重建的杜公祠。现高大轩敞的祠堂内，南侧靠后墙镶嵌着一块《诗圣杜拾遗碑》，碑上线刻着一幅杜甫朝服执笏的半身画像。画像上的杜甫清癯而肃穆，神态凝重，表现出诗人耿介狷洁、不与昏聩腐败的统治阶级同流合污的高风亮节和正直品格，具有较高的艺术性，中华书局曾以这块画像碑的拓片作为《杜诗镜铨》的封面画。

第十节　"茶圣"陆羽之碑

"茶圣"陆羽，字鸿渐，又名疾，字季疵，生活于唐中叶。他一生"耻一物不尽其妙，茶术尤著"，在文学、史学、戏剧、音韵、方志、书法等诸多领域均有建树，特别是对茶的研究尤为精深，精通茶道，在茶学上有极高深的造诣，撰写了饮誉海内外的茶学传世名著《茶经》，故被后人尊为"茶仙""茶神""茶圣"。历朝历代以来，人们在许多地方，特别是在陆羽曾煮茶品茶、探求茶艺的地方，为他刻石立碑，以纪念和赞颂他对中国茶文化所做出的杰出贡献。譬如在陆羽的故乡湖北天门官池之滨，有一处以陆羽封号"太子文学"命名的胜迹"文学泉"，相传陆羽少时常在此汲泉煮茶，这是他早年探求茶艺的遗址。陆羽去世后，后人在文学泉的泉台上为陆羽刻石立碑，使此地成为一处名闻遐迩的胜迹，许多文人墨客和茶艺、茶道爱好者纷纷来此凭吊。唐末一诗僧凭吊时，读了泉台上所立的《陆文学自传碑》后感慨不已，留下了"楚客西来过旧居，读碑寻传见终初"的诗句。由于时间久远，此碑后陷入荷池失踪。清乾隆三十三年（1768）因天旱挖荷池取水，掘出了亡佚多年的古碑，并由此而使久被埋没的文学泉重见天日。当时的天门知县马士伟特地在此建造了陆羽亭。为了纪念茶圣陆羽，不久湖北安襄

图 145　《唐处士陆鸿渐小像碑》（局部）

郧兵备使陈大文又在亭中立碑，碑阳题刻“文学泉”三个大字，碑阴题刻“品茶真迹”四字，此亭此碑后毁于战火。清乾隆四十八年（1783）春，陈大文访西塔寺，见陆羽故居桑苎庐塑有陆羽遗像，“服僧伽水田衣”“大失本来面目”，便由陈大文重绘遗像并撰文，命人刻成长约 104 厘米、宽约 39 厘米的《唐处士陆鸿渐小像碑》（图 145），“摹像以正之，并汇诸勒石，以垂不朽云”。1985 年 5 月天门市人民政府决定建立陆羽纪念馆，纪念馆于 1988 年 10 月正式落成。《唐处士陆鸿渐小像碑》现存放在陆羽纪念馆前殿中，成为纪念茶圣陆羽的一处重要胜迹。

在今天的湖北沔阳，唐懿宗咸通十五年（874），有人曾为茶圣陆羽立了块石碑，碑上不但刻有陆羽早年撰写的自传，而且还刻有陆羽像、像赞及刘冥鸿撰写的后叙。此碑今已不存，但北宋时期此碑还在，宋欧阳修《集古录跋尾》卷九录有其碑文，并加注了一个说明：“至今俚俗，卖茶肆中常置一偶人于灶侧，云此号‘陆鸿渐’。”

第十一节　“酒圣”杜康之碑

河南汝阳的杜康村相传为“酒圣”杜康的家乡，也是杜康发明“秫酒”① 的所在地。在杜康村的杜康河西岸，有一棵树龄在千年以上的老拓桑，相传这就是当年杜康发现酿酒发酵奥秘的“空桑”。据当地传说，杜康少时是个牧羊娃。有一次，他在这儿牧羊，靠坐在这棵桑树下吃饭，带来的饭没吃完，他就顺手将剩饭

① 秫酒，即用黏性高粱为原料制成的清酒。

倒进了这棵桑树上的一个空洞里。过了一些日子后，他又赶着羊群来此放牧，当他靠坐在桑树上休息时，闻到从上次倒进剩饭的那个桑树空洞中飘出一股诱人的芳香，仔细一看，原来是桑树洞中剩饭“败坏”后溢出来的浆汁发出来的，他尝了一下浆汁，觉得味道奇特可口。杜康是个有心人，他受此启发，又进行了长久的探索和试验，终于发明了以桑木桩为发酵体、用“秫”（即黏高粱）为原料的酿造秫酒的方法，从而第一次酿制出了不同于用野果、米饭等自然发酵所制成的那种混浊的原始“醪”或“醴”的清酒。杜康发明酿酒术这一民间传说虽无确凿的历史记载作佐证，但其主要事实，在我国古代典籍中是确有记述的。晋代江统《酒诰》载：“酒之所兴，肇自上皇，或云仪狄，一曰杜康。有饭不尽，委余空桑，郁积成味，久蓄气芳。本出于此，不由奇方。”汉代许慎《说文解字》释“酉”字时亦云“杜康作秫酒”，确认杜康是秫酒的创始者。秫酒的产生，开我国先进的酿酒工艺之先河，是我国制酒史上的一大转折，后人多视杜康为不同于原始的“醪”或“醴”的真正的酒的创始人，奉其为始祖，将其尊称为“酒圣”。为了纪念杜康发明酿造秫酒这一件事，宋代时，有人在杜康发现酿酒发酵奥秘的这棵老桑树下立了一块石碑，碑文云：

> 天下之名，或借山水之声，或仰名人题咏，名闻遐迩；惟此桑以昔杜康委余饭于中而得酿，盛名于天下。杜康之名名矣，古桑功莫大焉，桑居空桑涧中，龙山出其左，仙庄居其右，康河过其前，杜庙驻其后，钟山之灵，毓水之秀，万世不辍，以康共焉。

此桑此碑，对于研究杜康和中国酿酒史无疑是颇有价值的文物资料。

由于年代久远，杜康的身世湮灭难辨，连杜康究竟是何朝何代之人都众说纷纭，其生卒年和仨地也就更难辨识。从有关地方志记载来看，传为杜康家乡和墓葬所在地的主要有两处，一处是清乾隆十九年（1754）重修的《白水县志》所说的陕西白水康家卫，另一处是明万历年间所修《直隶汝州全志》所载的河南汝阳杜康矿（今名杜康村）。显然，不可能两者都是。那么两者中究竟哪一处较为可信呢？

据考察，康家卫在陕西白水，尽管在该处有一条“杜康沟”，沟的源头称“杜康泉”，当地“俗传杜康取此水造酒”，在杜康泉边的土坡上有座砖墙围绕的大坟，传说是杜康墓，在墓边还有一座杜康庙。然而，这一切都仅仅只是民间的传说，出自清代所修的《白水县志》，并无什么历史实证。而另一处杜康矶的情况就不同了。杜康矶在河南汝阳，此处拥有众多关于杜康的民间传说和遗迹。如：杜康矶边上有一条《伊阳县志》等方志所载的杜水河，此河即是郦道元《水经注》所说的“康水”，系因杜康而得名；民国以前在杜康矶的村寨门楼上，曾悬有一块汉代的石刻匾额，上书“杜康仙庄”四个大字，据说是为纪念周平王赐封这四字给杜康而立的；在杜康矶东南方的凤山上，有一座据《伊阳县志》记载“建于魏，盛于唐，明末遭劫，康熙五十年重修”的杜康庙；在凤山之下，还有一座杜康墓。尤为具有说服力的是，在杜康墓前原有康熙二十八年（1689）所立的墓碑，此碑虽已在1958年时被毁，但碑趺赑屃至今犹存。尤为重要的是，在1988年整修杜康墓时，在墓堆附近又发掘出了一块以隶、篆两种字体镌刻有“京兆杜康墓”五个字的玄武岩石碑，碑文记载：“先祖首创秫酒之法，功垂万民……殁后，葬于凤山之侧。”据考，杜康矶于古都洛阳南面的伊川县和汝阳县之间，距洛阳不足五十公里，而洛阳在东汉是京城，杜康矶所在地属京畿范围，故从该石碑将杜康墓所在地杜康矶称之为“京兆”来看，此墓碑很可能是汉代所立。这块墓碑的发现，有力地证明杜康矶与杜康确有悠久的历史联系，很可能就是杜康真正家乡的所在地。很显然，清代、汉代的墓碑，是杜康的家乡和墓葬地确在杜康矶的有力实证，具有重要的价值和意义。

第十二章

碑刻与诗词赋联

中国是诗歌的国度，中国的诗词源远流长，流传千年的古诗不胜枚举，最早可以追溯到《诗经》。中国的诗词和中国的书法艺术一样，是瑰丽多彩的中华优美传统文化极其重要的组成部分。碑具有取材方便、不易损坏、便于长期保存和传之久远的特性，自古以来就为书家所看重，被用来镌刻书法作品，同样也为历代诗人墨客所钟爱，被广泛用来刊刻诗词佳作。碑与诗词就此结下不解之缘，林林总总的诗碑不计其数，碑刻成为保存和传播诗词佳作的一种重要手段，同时也对我国历代诗词的发展起到了促进作用。正是这样的相辅相成，使诗词碑刻发展成为我国碑刻文化宝库中数量众多、独具特色的一大品种，在我国碑文化和文学百花苑中占有重要的地位。

第一节　我国最早的诗词碑

我国最早的诗词碑在春秋时期即已出现，那就是举世闻名的《石鼓文》。《石鼓文》是迄今学术界一致公认的中国最早的文字刻石。尽管至今学术界对《石鼓文》究竟刻于春秋时期何年及所刻内容尚歧见不一，但是十只石鼓上所刻的《石鼓文》是十首四言韵文诗这一点是所有专家学者都一致公认的。一些学者经过潜心研究考证，按各自的见解将《石鼓文》所刻的十首四言韵文诗释译了出来，如郭沫若所释译的《石鼓文·吾车篇》诗（图 146）为：

吾车既工，吾马既同。
吾车既好，吾马既駩。
君子员猎，员猎员游。
麀鹿速速，君子之求。
牸牸角弓，弓兹以寺。

吾驱其特，其来趩趩。
𧽥𧽥臮臮，即吾即时。
麀鹿速速，其来大次。
吾驱其朴，其来逮逮。
射其豝蜀。

图 146 《石鼓文·吾车篇》(局部)

郭沫若所释译的《石鼓文》的其他九篇，即《銮车篇》《田车篇》《汧殹篇》《霝雨篇》《马荐篇》《吾人篇》《作原篇》《吾水篇》《而师篇》也都各是一首与《吾车篇》相类的四言韵文诗，只是篇幅有所不同。

第二节　唐诗词碑

唐代诗词繁荣兴盛，一些千古传诵的名篇，被众多书家用各种字体反复书写，一次又一次地刻石镌碑，成为中国碑文化中的一种特殊景观。

图 147　《秋日宴石淙诗序摩崖诗碑》（局部）

图 148　《无题诗摩崖诗碑》（局部）

现存世刻于唐代较著名的诗碑有：刻于唐武则天垂拱四年（688）的由尹元凯篆书，现藏西安碑林的《美原神泉诗序碑》；武则天久视元年（700）刻于河南登封石淙山北崖上，由著名书法家薛曜楷书，刻载武则天御制七言诗一首及侍游诗作十六首的《夏日游石淙摩崖诗碑》；武则天大足元年（701）刻于河南登封石淙山南崖上的由唐宰相张易之所撰，亦由薛曜楷书的《秋日宴石淙诗序摩崖诗碑》（图 147）；唐代宗大历二年（767）由著名诗人元结从道州移刻于浯溪碑林的《窊尊石摩崖诗碑》；韩愈第二大弟子、著名文人皇甫湜约在唐宪宗元和年间书刻于浯溪碑林的《无题诗摩崖诗碑》（图 148）；刻于唐代宗大历六年（771），由唐著名书法家韩择木隶书，其拓本珍藏于安徽泾县文化馆的《藩福寺临坛大德戒律诗碑》；四川成都武侯祠内唐代著名的“三绝碑”《蜀丞相诸葛武侯祠堂碑》及碑阴由杨嗣复撰写的《祠祭毕题临淮公旧碑》的五言诗碑等。

后世之人由于喜爱和推崇唐诗，镌刻了众多唐诗碑，如在江苏镇江焦山碑林宝墨轩中，有颜真卿撰书的《题多宝塔五言诗刻石》四十四块，共刻诗三十首。

在安徽当涂太白祠内，存有不少历代诗词碑刻，其中在祠堂正厅中央刻有据传为李白绝笔的《临路歌诗碑》，其诗云：

大鹏飞兮振八裔，中天摧兮力不济。
余风激兮万世，游扶桑兮挂石袂。
后人得之传此，仲尼亡兮谁为出涕？

李白在诗中自比大鹏，说自己远大的政治抱负未能实现，中途遭到打击，才能未能施展，受到束缚；希望后人继承他的理想，他为生前不遇知音而哀叹。此诗让人读后不胜感慨，为李白的不幸遭遇和所遭受的不公平对待深感不平。

在当涂李白祠内历代凭吊、祭祀李白的诗词碑刻中，唐代著名诗人杜荀鹤的《经青山吊李翰林诗碑》最为脍炙人口。其诗云：

何为先生死，先生道日新。
青山明月夜，千古一诗人。
天地空销骨，声名不傍身。
谁移耒阳冢，来此作吟邻。

后人所刻的杜甫诗碑数量也相当多。在成都杜甫草堂中，其四壁墙上嵌有许多北宋神宗元丰年间成都知府吕大防重建草堂时所刻的杜甫诗碑；在山东泰山南麓的岱庙内，立有清乾隆时泰安知县何人麟草书的《杜甫望岳诗碑》（图 149）：

图 149　何人麟草书《杜甫望岳诗碑》

岱宗夫如何？齐鲁青未了。
造化钟神秀，阴阳割昏晓。
荡胸生层云，决眦入归鸟。

会当凌绝顶，一览众山小。

武汉黄鹤楼是我国历史上举世闻名的名楼，历代以来不知曾有多少诗人骚客登临过，留下了大量歌咏黄鹤楼之作，崔颢、李白、孟浩然、王维、贾岛、韩愈、刘禹锡、白居易、杜牧等著名诗人都有歌吟黄鹤楼的诗。现在黄鹤楼后面的诗碑廊中，就陈列有崔颢的《黄鹤楼》、白居易的《卢侍御与崔评事为予于黄鹤楼置宴宴罢同望》、李白的《黄鹤楼送孟浩然之广陵》等许多唐诗碑。不过，在后世所刻的众多唐诗碑中，名声最大的除广西柳州柳侯祠的由韩愈撰文、苏轼书写的“三绝碑”《罗池庙享神诗碑》外，大约要数米芾所书的常建《题破山寺后禅院诗碑》和苏州寒山寺历代所刻张继《枫桥夜泊诗碑》。

常建系唐玄宗时的名诗人，开元十五年（727）与著名诗人王昌龄同登进士，一生仕途不得意，但其诗在当时很有名。唐玄宗天宝年间殷璠所编《河岳英灵集》即以常建为首选入他的诗十五首。一次，常建去今江苏常熟虞山北麓的千年古刹兴福寺（又名破山寺，破山即虞山）游览，为那里的幽美景色所动，挥毫写下了《题破山寺后禅院》，诗云：

清晨入古寺，初日照高林。
竹径通幽处，禅房花木深。
山光悦鸟性，潭影空人心。
万籁此都寂，但余钟磬音。

这首诗中常建写他自己游历破山寺后禅院所见所闻，前六句写所见，后两句写所闻，静中有动，动中有静，有近有远，有仰有俯，文笔精妙，章法谨严。全诗只有四十个字，却十分形象地勾勒出了一幅幽深而有生趣的画面，把一个静谧而清净的境界活灵活现地描绘了出来。该诗备受时人和后人称誉，人们广为传诵和传抄。清代乾隆年间，常熟人言如泗在宋代四大书法家之一米芾的家乡襄阳任郡守，意外地得到了米芾当年所书常建《题破山寺后禅院》一诗的手迹，如获至宝，遂带回原籍常熟建亭勒石，立碑于兴福寺大雄宝殿东院内（图 150），宋代洪刍《洪驹父诗话》谓常诗“全篇皆工”，米书洒脱俊秀，加之刻工精细，三者相得益彰，因而此碑名声远播，数百年来慕名前往游观者不绝于途，成为人们纪念宋代大书法家米芾和唐诗人常建的著名胜迹。

张继是唐玄宗、唐肃宗时的名诗人，《枫桥夜泊》是其代表作。天宝年间张继赴京赶考落第。在深秋的一个夜晚，他途经姑苏城，舟泊城西寒山寺枫桥旁，面对乌啼子夜，渔夫霜天的夜景，耳闻从寒山寺传来的半夜钟声，触景生情，写下了脍炙人口的千古名诗《枫桥夜泊》：

月落乌啼霜满天，江枫渔火对愁眠。
姑苏城外寒山寺，夜半钟声到客船。

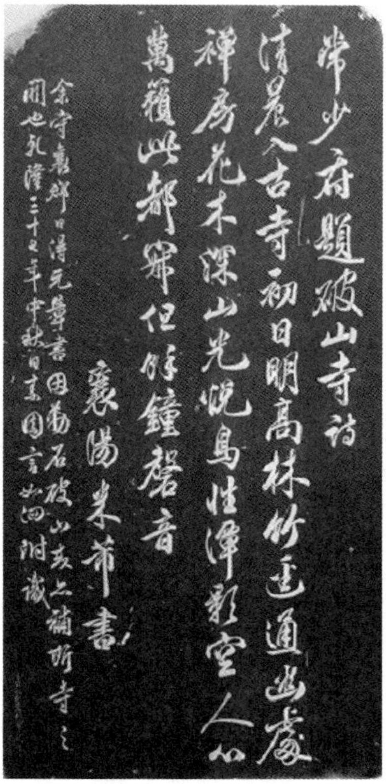
图 150　米芾书常建《题破山寺后禅院诗碑》

全诗只有四句二十八个字，却描绘出了一幅意境深远、形象鲜明、层次丰富、色彩和谐、情景交融、扣人心弦的立体画卷。此诗一出，天下传诵，名扬中外。《寒山寺志·程德全序》载，此诗“尤有声于异国，渡海以东，小大无不诵张继诗者”。这首千古传诵的名诗，备受历代名士书家钟爱，无不以书此碑勒石于寒山寺为荣。但是由于“自唐历五代及宋与元，寺凡几兴废，碑刻澌泯无考”（明姚广孝《寒山寺重兴记》），究竟有多少人书刻过《枫桥夜泊》已难以查考。现在寒山寺所存宋以来著名的《枫桥夜泊诗碑》就有七块。

寒山寺的第一块《枫桥夜泊诗碑》系北宋丞相王珪书写。王珪字禹玉，生于1019 年，卒于 1085 年，宋成都华阳人，官尚书左仆射兼门下侍郎，封郇国公、岐国公，据清叶昌炽《寒山寺志》记载：“嘉祐年，丁母忧，居吴下，勒张诗，故不题名……为张继诗第一石也。”根据王珪服母丧的时间推测，王珪书此碑当在 1057 年 7 月至 1059 年 9 月之间。此碑原在寒山寺内，但“不知何时失去”，这无疑是一大憾事。为此，苏州枫桥史迹史料陈列馆馆长陆鸿升决心重刻王珪书《枫桥夜泊》，以补史之所缺，并兴今之胜览。他在遍寻史料的同时，向北京故宫博物院、上海博物馆、上海图书馆等征集王珪遗墨，但所获无多。于是，他又向海外求援，经台湾林文睿、柳立言先生极力举荐，获得了台北傅斯年图书馆无私相助，得见王珪书《宋赠太师魏国公韩公神道碑》的拓片。陆鸿升得到拓片后，延请书法家费之雄进行集字，从拓片中集得王珪原字十四个，又通过放大、缩小、裁剪、拼接等，将原字部首及局部反复进行拼接组合，终于又得到另十四个字。已作古的著名碑刻家钱荣初的嫡传高足、素有“江南碑刻第一刀”之誉的著名雕刻艺术家时忠德花了两个多月时间，重新勒石刻成了王珪书《枫桥夜泊诗碑》（图 151），立于苏州寒山寺。碑选用旧青石刻成，总高约 2.5 米、宽约 0.8 米、厚约 0.2 米，螭首方趺，碑身高约 1.6 米。碑阳刻集王珪手迹正书《枫桥夜泊》诗全文，每字约 13 厘米见方；碑额篆书“枫桥夜泊”四字；碑阴镌刻书法家潘振元撰文、书法家杨在侯书写的文章，通篇三百余字，精炼典雅，简明扼要，较为完整地记述了重刻经过。王珪集字碑的落成，弥补了数百年来不见张继《枫桥夜泊》诗第一石的缺憾，其不论是对中国碑文化还是对中国文学来讲，都是一件十分有意义的盛事，无疑值得好好书上一笔。

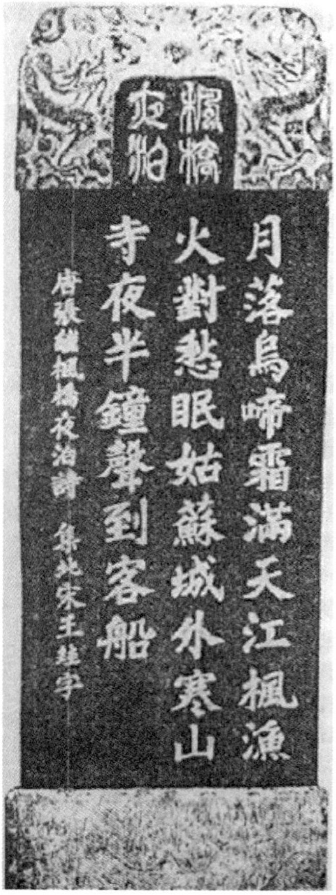

图 151　北宋王珪书《枫桥夜泊诗碑》

寒山寺的第二块《枫桥夜泊诗碑》系明代书法大家文徵明书写，颇为遗憾的是此碑也已严重漫漶残泐。据《寒山寺志》载：“文徵明书张继残石，无年月，四行，行字不等。大草书，张继诗第二石也。今泐存不及十字。”如今，文徵明书的这块残泐的《枫桥夜泊诗碑》仍嵌于寒山寺普明塔院碑廊内，碑上尚有“落”“啼”“姑苏”“徵明”等字依稀可辨。

寒山寺的第三块《枫桥夜泊诗碑》为清代著名朴学大师俞樾用行书书写。俞樾生于清道光元年（1821），卒于光绪三十二年（1906）冬，此碑书于光绪三十二年秋即俞樾去世前夕，俞樾在书写此碑三个月后即与世长辞，此碑可能是其一生中所写的最后一块碑，是其晚年的代表作。全碑笔意圆浑，章法谨严稳帖，字态端庄凝重，用笔顿挫沉着，布局疏密得当，浑然一体，堪称行书佳构。此碑由著名碑刻家钱荣初刻石，现嵌于寒山寺普明塔院碑廊内（图 152），其拓本流传甚广。

图 152　俞樾书枫桥夜泊诗碑

俞樾所书此碑是众多《枫桥夜泊诗碑》中最为后人所推崇的一块。寒山寺以俞樾书《枫桥夜泊诗碑》为底版，建造出一块“中华第一大诗碑”。为使大碑与钟楼、普明宝塔协调统一，经多方考察和论证，决定选用山东嘉祥的优质青灰石建造“中华第一诗碑”，将碑建在位于苏州何山大桥北、寒山寺西的寒山别院中。大碑石料主体高约 16 米，总重约 388 吨。其中，碑帽高约 3.6 米、宽约 5.5 米、厚约 1.5 米；碑身高约 10.2 米、宽约 5.3 米、厚约 1.3 米；碑座高约 2 米，上沿宽约 7.1 米，下沿宽约 7.3 米，上沿厚约 2.6 米，下沿厚约 2.8 米。但如果从大碑底座下面的水池地基算起，大碑的总高约 16.9 米。碑的正面，镌刻有俞樾所书张继的《枫桥夜泊》诗一首，共二十八个大字，四十五个小字，最大的字约 0.8 ×0.8 米。碑的背面，镌刻有乾隆皇帝手抄的《般若波罗蜜多心经》一卷。从 2004 年 5 月开始采石料，到 2008 年 12 月全部配套工程完工，先后历时四年半，雄伟瑰丽、别具一格的“中华第一诗碑”（图 153）终于诞生，为中国碑刻文化、诗词文化和苏州的文化增添了一张亮丽的名片。

寒山寺的第四块《枫桥夜泊诗碑》是由我国杰出的老一辈无产阶级革命家李大钊用行草书写的。李大钊手书原作写于 1919 年，由其女李星华于 1957 年捐献给国家，珍藏于中国革命博物馆。1994 年根据中国革命博物馆所提供的李大钊原作墨迹照片，将照片扩大后精描勒石成碑。碑高约 2.4 米、宽约 0.8 米。1996 年 10 月此碑竖于苏州寒山寺景区最高处、

图 153　中华第一诗碑

寒山寺南侧寒山别院的松茂亭中（图 154），成为寒山寺景区的又一胜景。

寒山寺第五块《枫桥夜泊诗碑》系与唐诗人同名的国民党元老张继所书。此张继系河北沧州人，字溥泉，生于 1882 年，卒于 1947 年 12 月，早年加入孙中山领导的同盟会，历任同盟会法部判事、广州护法军政府顾问、国民党中央宣传部部长、国史馆馆长等职。此碑系其用草书写成，字体苍劲浑朴，道逸潇洒，鸢飞鱼跃，气势浩然。据有关资料记载，张继 1947 年 12 月书写此诗后，仅过三日，遽然逝世，这块《枫桥夜泊诗碑》是其绝笔。

图 154　李大钊书《枫桥夜泊诗碑》

寒山寺第六块《枫桥夜泊诗碑》为中国当代书画艺术大师刘海粟于 1981 年八十六岁时应苏州古吴轩出版社之邀用行草书写，由“江南第一刻碑高手”时忠德勒石刻碑（图 155）。此碑书法线条老辣，用笔豪放，墨色凝重，草法谨严，是刘老之精心力作。据说当时为了写好此碑，刘老概不会客，甚至也不让夫人进屋，把自己关在房内整整五个小时，将全身心力都用了上去，写好这件书作后，刘老病倒了好几天。1994 年 8 月此碑移置于寒山寺普明塔院碑廊，受到中外人士的高度赞扬，为寒山寺增添了又一胜迹。

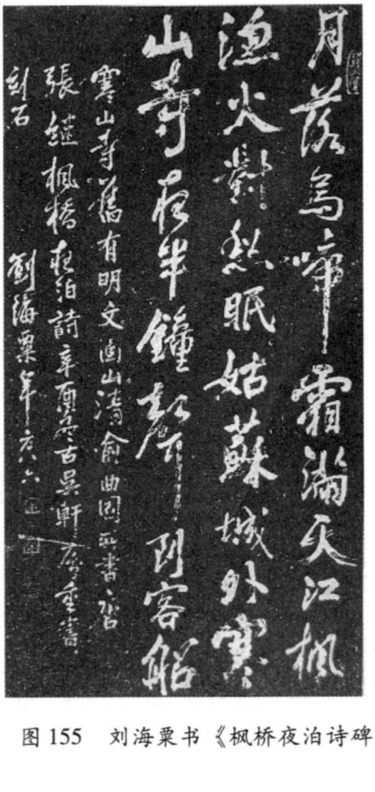

图 155　刘海粟书《枫桥夜泊诗碑》

寒山寺第七块《枫桥夜泊诗碑》现立于寒山寺东，碑用汉白玉石刻制，与上述六块诗碑不同，此碑为横碑，高约 0.6 米、宽约 1.1 米，碑正面刻有张继《枫桥夜泊》诗和张继的小传。此碑碑文由著名学者钱仲联教授选稿，并指定由全国第四届书法比赛一等奖获得者、八十四岁的老书法家瓦翁书写，由时忠德镌刻，全碑共一百〇四字，字字铁画银钩、飘逸秀美。

寒山寺张继《枫桥夜泊》一诗七碑，突出地反映了碑与文学、书法艺术之间相辅相成、相得益彰的密切联系，实堪作中国碑苑与文坛、书林共同的千古美谈。

第三节　宋诗词碑

根据对历代碑刻的查考，现存宋刻诗词碑尤其是词碑，数量比唐多。就拿举世闻名的浯溪碑林这一汇集我国古代摩崖诗碑最多的“诗海”来讲，唐代仅有浯溪碑林开创者元结、“五言长城”刘长卿、古文运动家皇甫湜、“神童诗人”郑谷等少数几人在其中留有摩崖诗碑；而宋代则有黄庭坚、潘大临、陈与义、杨万里、汪藻、徐照、戴复古、张孝、秦观、李清照、范成大、张杭、吴儆、陈从古、臧辛伯、吴潜、夏倪、米芾、邢恕、易祓、张耒、王安中、王炎等大批骚客名士，都在其中留有摩崖诗碑。浯溪碑林现存的三十块唐代摩崖多为铭文，只有一小部分是诗碑；现存的一百一十三块宋代摩崖则大多是诗碑和词碑，其中有许多精彩的佳作。

黄庭坚于宋徽宗崇宁三年（1104）游览浯溪，在观览元结撰文、颜真卿书写的《大唐中兴颂》后题写《书摩崖碑后诗碑》云：

春风吹船着浯溪，扶藜上读中兴碑。
平生半世看墨本，摩挲石刻鬓成丝。
明皇不作苞桑计，颠倒四海由禄儿。
九庙不守乘舆西，万官已作鸟择栖。
抚军监国太子事，何乃趣取大物为？
事有至难天幸尔，上皇局蹐还京师。
内间张后色可否，外间李父颐指挥。
南内凄凉几苟活，高将军去事尤危。
臣结春陵二三策，臣甫杜鹃再拜诗。
安知忠臣痛至骨，世上但赏琼琚词。

同来野僧六七辈，亦有文士相追随。

断崖苍藓对立久，冻雨为洗前朝悲。

该诗不仅文采斐然，而且议论精辟深刻，形象鲜明生动，感情真切，令人读后不胜感叹，实为宋诗中的上乘之作。

著名文人、宋代四大书法家之一米芾在宋神宗熙宁八年（1075）经浯溪观元结《大唐中兴颂》摩崖后题书《熙宁八年十月望经浯溪诗碑》（图 156），其诗云：

图 156　《熙宁八年十月望经浯溪诗碑》

胡羯自干纪，唐纲竟不维。

可怜德业浅，有愧此碑词。

全诗仅二十个字，但富有创见和胆识，充满批判精神，给人以警策，发人以深思。

由苏门四学士中的张耒撰文、秦观行书的《读中兴碑诗碑》以及李清照所撰书的评《大唐中兴颂》和评唐玄宗的两块诗碑，也都是浯溪诗碑中的佳作，如李清照评唐玄宗之诗碑云：

五十年功如电扫，华清花柳咸阳草。

五坊供奉斗鸡儿，酒肉堆中不知老！

全诗锋锐峭厉，一针见血，识见深邃，议论踔厉，雄豪峻峭，堪称是不同凡响的咏史杰作。

范成大撰书的《游浯溪诗》、易祓撰书的《湘江东西直浯溪》、卫樵撰书的《寄题中兴颂下》、黄庭坚撰书的《崇宁三年三月风雨中来泊浯溪》、陈从古撰书的《过浯溪诵简斋诗因用其韵》、许昂撰书的《舟次浯溪伏观明明都官磨崖心记》、陈统撰文并郑纥楷书的《经浯溪元次山旧隐》等，也都是浯溪碑林中的宋诗佳碑。

除浯溪碑林外，全国各地还有许多宋代书刻和后世书刻的宋诗宋词碑，其中精品佳作甚多。如湖南郴州苏仙岭白鹿洞附近的悬崖石壁上，镌有秦观撰文、苏轼题跋、米芾书写的著名的“三绝碑”《踏莎行·郴州旅舍词碑》。西安碑林中，藏有清咸丰三年（1853）重刻的由黄庭坚撰书的《黄庭坚诗刻石》（图 157）。此刻石为长方形共五石，每石高约 0. 53 米、宽约 1 米，共三十行，每行四字，不仅书法高妙，深得兰亭风韵，诗句也极为优美，文采斐然，使人观之神怡。

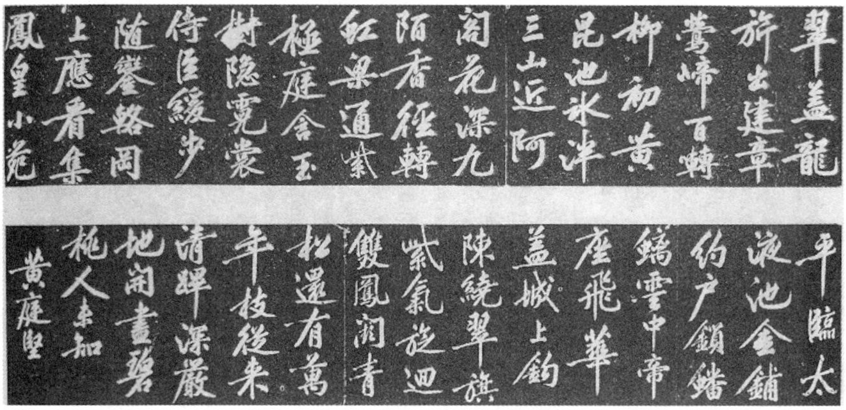

图 157　《黄庭坚诗刻石》

宋代大诗人苏轼众多的诗词被刻成碑，许多地方皆有。安徽怀远涂山因曾是夏禹治水的根据地而闻名于世，在山上的禹王宫庙壁上，镶嵌有《濠州七绝涂山诗碑》。该诗是宋哲宗元祐七年（1092）三月苏轼往扬州赴任顺道游访涂山时所作，诗云：

川锁支祁水尚浑，地理汪罔骨应存。

樵苏已入黄熊庙，乌鹊犹朝禹会村。

全诗引用许多典故传说，巧妙地两两对举，正反交错，展现出当年大禹治水的艰苦卓绝斗争，追思歌颂大禹治水十三年三过家门而不入，拯救先民于洪水横流中的献身精神和伟大功绩，使人读后无不感慨。

湖北宜昌三游洞内外石壁上现存有历代诗文题刻四十余块，其中苏氏父子三人各有诗碑一块，苏轼的《游三游洞诗碑》云：

游洞之日，有亭吏乞诗，既为留三绝句于洞之石壁。明日至峡州，吏又至，意若未足，乃复以此授之。

一径绕山翠，萦纡云似蛇。
忽惊溪水急，争看洞门呀。
滑磴攀秋蔓，飞桥踏古槎。
三扉迎北吹，一穴向西斜。
叹息烟云老，追思岁月遐。
唐人昔未到，古俗此为家。
洞暖无风雨，山深富鹿豭。
相逢衣尽草，环坐髻应髽。
灶突依岩黑，樽罍就石洼。
洪荒无传记，想像在羲娲。
此事今安有，遗踪我独嗟。
山翁劝留句，强与写槎牙。

此诗写得极为生动形象，既是一幅色彩缤纷的山水画，又是一幅活灵活现的风俗画，使人读后如身历其境一般。

以发生“八仙过海”“徐福求仙”等故事而著称于世的山东蓬莱，素有“人间仙境”之称。千百年来，它吸引了无数文人骚客前来登临咏叹，在此留下了众多刻石题诗。在蓬莱阁东边的卧碑亭中，立有《海市诗碑》（图158）。该诗是苏轼在宋神宗元丰八年（1085）十月即将调离登州返回京城时，登临蓬莱阁见海市蜃楼而写，诗中活灵活现地描绘了所见奇景，云：

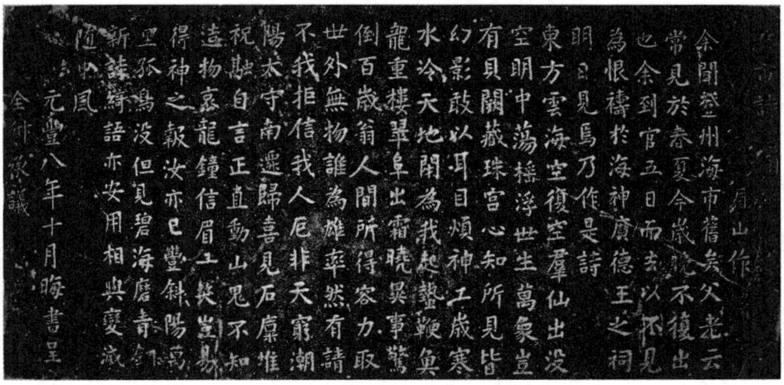

图 158　《海市诗碑》

东方云海空复空，群仙出没空明中。
荡摇浮世生万象，岂有贝阙藏珠宫。
心知所见皆幻影，敢以耳目烦神工。
岁寒水冷天地闭，为我起蛰鞭鱼龙。
重楼翠阜出霜晓，异事惊倒百岁翁。
人间所得容力取，世外无物谁为雄。
率然有请不我拒，信我人厄非天穷。
潮阳太守南迁归，喜见石廪堆祝融。
自言正直动山鬼，岂知造物哀龙钟。
信眉一笑岂易得，神之报汝亦已丰。
斜阳万里孤鸟没，但见碧海磨青铜。
新诗绮语亦安用，相与变灭随东风。

镇江樵山碑林宝墨轩前院西廊壁上也嵌有《东坡先生游招隐倡和诗刻石》，共二石，刻诗五首。杭州吴山也存有苏轼的《感花岩诗碑》，碑上刻有宋神宗熙宁五年（1072）苏轼三十六岁时，第一次来杭州任通判，游览吴山，有感于唐代诗人崔护“人面桃花”之句而写的七言律诗《宝成院赏牡丹》。

除诗碑外，苏轼的词碑也颇多，如在江苏扬州平山堂堂壁上，就嵌有苏轼的《西江月词刻石》。《西江月》是苏轼在扬州做官时，为悼念他的老师欧阳修所写，词云：

三过平山堂下，半生弹指声中。十年不见老仙翁，壁上龙蛇飞动。欲吊文章太守，仍歌杨柳春风。休言万事转头空，未转头时皆梦。

在江西九江有一口汉初名将灌婴所开凿的古井，据说此井因当时曲通长江，每逢江上风起，井中便波涛翻涌，荡然有声，故得名“浪井”。现井旁亭内竖有苏辙的《浪井诗碑》。该诗是他在宋神宗元丰三年（1080）赴筠州就职，途经九江游访浪井时所写，诗云：

江波浮阵云，岸壁立青铁。
胡为井中泉，涌浪时惊发。
水性本无定，得止自澄澈。
谁为女娲手，补此天地裂。

苏辙在诗中借描绘大江的宏大水势和浪井水的翻涌，喻指当时宋王朝政治风浪的激狂，展现了自己的忧患意识和对现实的态度，表达了盼望人间出现一个会补天的女娲，以弥补裂缝、平息风浪的心愿，使人读后感慨万千。

湖南长沙麓山寺后的白鹤泉，泉水清冽甘甜，冬夏不涸，相传曾有一双仙鹤飞来止息于泉水之上，舀取一碗泉水，碗中有白鹤倩影，富有传奇色彩，宋代大儒朱熹、张栻曾在此唱和，留有许多诗篇。现白鹤泉边存有清代官员夏献云所刻的朱熹和张栻的多块诗碑，其中张栻的《酌白鹤泉诗碑》意境清雅，妙趣横生。诗云：

谈天终日口澜翻，来乞清甘醒舌根。
满座松声闻金石，微澜鹤影漾瑶琨。
淡中知味谁三咽，妙处相期岂一樽。
有本自应来不竭，滥觞端可验龙门。

辛弃疾是南宋杰出爱国词人，许多佳作都被镌刻成碑。如江西赣州始建于唐代的郁孤台上留有众多历代文人骚客的题咏，其中就有辛弃疾的《菩萨蛮·书江西造口壁词碑》（图 159）。这首词是辛弃疾在宋孝宗淳熙年间提点江西刑狱、驻节赣州、登临郁孤台时所题，云：

图 159 《菩萨蛮·书江西造口壁词碑》

郁孤台下清江水，中间多少行人泪。西北望长安，可怜无数山。青山遮不住，毕竟东流去。江晚正愁余，山深闻鹧鸪。

辛弃疾在词中以比兴手法表达自己深沉的爱国情思，抒发了满腔激愤，震动每个读者的心灵，堪称宋词碑中之瑰宝。

岳飞是南宋文武兼备的杰出爱国将领，他“精忠报国”，为收复国土与金兵浴血奋战，却惨遭以宋高宗赵构、宰相秦桧为首的投降派的忌恨和残害，壮烈殉国。为了纪念岳飞，后人在浙江杭州西湖畔栖霞岭下修建了岳飞墓和岳王庙，现院内两廊陈列有历代所刻一百二十余块石碑，其中有岳飞手书的诗碑《送紫岩张先生北伐诗》，其诗云：

号令风霆迅，天声动北陬。
长驱渡河洛，直捣向燕幽。
马蹀阏氏血，旗枭可汗头。
归来报明主，恢复旧神州。

诗句形象生动地表达出岳飞决心率领大军收复全部国土的理想和为国献身的壮烈情怀，读后令人感奋不已，肃然起敬。

文天祥是南宋杰出的爱国政治家和诗人，一生为国家的命运进行艰苦卓绝、不屈不挠的斗争，写下了大量可歌可泣的爱国诗篇，后人出于对他的崇敬和纪念，把其中许多佳作镌刻成碑。在西安碑林藏有《正气歌诗碑》；在江苏南京建有文天祥诗碑亭，亭中立有著名的《金陵驿诗碑》。据考，南宋赵昺祥兴二年（1279）文天祥被俘，从广州押往大都途中，他于六月十二日至八月二十四日被羁留建康（今南京），囚于金陵驿中，共写下十四首诗和三首词，《金陵驿》即是其中著名的一首，其诗云：

草合离宫转夕晖，孤云飘泊复何依？
山河风景元无异，城郭人民半已非。
满地芦花和我老，旧家燕子傍谁飞？
从今别却江南路，化作啼鹃带血归。

文天祥这首诗是用血和泪写成的，寄寓着他对拯救国家危亡事业未竟的极大痛楚、悲愤和遗憾，表达了他忠君报国、视死如归的崇高气节和情怀，是动人心魄、千古传诵之佳作。

第四节　金、元诗词碑

金、元诗词碑为数不多，但也不乏佳作。

最有名的金诗碑是《大金得胜陀颂碑》。此外还有两块金诗碑也值得一提。

一碑在山西平定韩信庙中。相传西汉开国大将韩信于公元前 204 年伐赵前在此试剑，从大山上砍下一座小山来，故名试剑峰。后人为纪念韩信，在峰顶建了一座韩信庙。现庙内墙上镶嵌着金著名文人、礼部尚书赵秉文当年游访韩信庙时所写的《淮阴侯庙诗碑》，其诗感叹韩信的身世，感情真切，意味深长，读后令人对历史风云的沧桑变化感慨深思，其诗云：

地险山危气势雄，将军从此建奇功。
兴刘业就人何在？破楚名存事已空。

故垒带烟余杀气，荒祠向晚动悲风。
功名盖世今如此，读罢残碑思不穷。

另一块较有价值的金诗碑在山东微山两城乡伏羲庙后凤凰山上一个山洞的石壁上，于1995年初在考察伏羲庙时才发现此摩崖石刻。碑上所刻内容为以唱和诗的形式写成的两首七绝古诗，诗末署“大金泰和三年夹钟二日立石”。

其唱诗曰：

可叹牺皇在古初，几经风雨大萧疏。
想知避此无宫室，不免将身向穴居。

其和诗曰：

遗文一览见皇初，世属鸿荒事简疏。
当此定知无栋宇，但凭巢穴得安居。

诗后署名为在此避难的八名学生，其中女真族一人，名为完颜邦杰。此诗从一个侧面反映出金宋战乱给书生学子和黎民百姓带来的苦难，使有的人流离失所，栖身洞穴。该诗具有鉴史、证史的价值。

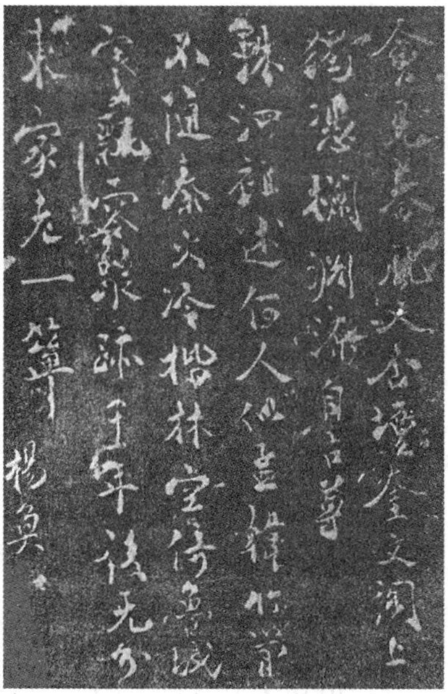
图160 《杨奂谒圣庙碑》

元刻诗碑佳作，除现藏于西安碑林赵孟頫撰书《游天冠山诗碑》外，浯溪碑林中刻于元惠宗至元二年（1336）由岭北湖南道肃政廉访使姚绂撰书的《无题诗碑》，现藏西安碑林刻于至正十七年（1357）、由脱脱木儿撰书的《帅正堂漫成诗刻石》和现藏山东曲阜孔庙、宋理宗淳祐十二年（1252）三月刻于孔庙中金代御碑碑阴的《杨奂谒圣庙碑》（图160）亦可值得一提。《杨奂谒圣庙碑》由被元代名臣耶律楚材推荐为河南廉访使的紫阳先生杨奂撰书，其诗云：

会见春风入杏坛，奎文阁上独凭阑。
渊源自古尊洙泗，祖述何人似孟坚。
竹简不随秦火冷，楷林空倚鲁城寒。
漂流踪迹千年后，无分东家记一箪。

在该诗中，杨奂引用众多典故，深切地表达了对孔子及其传人孟子、韩愈的仰慕崇敬之情和对儒家学说的推崇，表达了自己追随孔子继承儒家学说的心愿。此碑从一个侧面反映了孔子和儒家学说在元代的地位之高、影响之大，为研究儒家学说在元代的地位、作用和影响提供了有价值的第一手资料。

第五节　明诗词碑

与金、元相比，明诗碑数量多，其中佳作也多。

拿著名的浯溪诗海碑林来讲，共有明碑近八十块，其中极大部分是诗碑，佳作甚多。在观赏《大唐中兴颂摩崖》，以发议论为主的诗碑中，刻于明英宗天顺六年（1462）三月的由湖广等处提刑按察司佥事沈庆撰书的《题摩崖碑》，刻于明世宗嘉靖三十五年（1556）的由祁阳教谕阎士麟撰书的《读中兴碑》，刻于明神宗万历九年（1581）八月的由当时任巡督学使的管大勋撰书的《读摩崖碑》，刻于明世宗嘉靖二十年（1541）的由永州知府唐瑶撰书的《谒元鲁二公祠碑》等，都是浯溪诗碑中的精品佳作。尤其是刻于明武宗正德八年（1513）五月，由永州知府曹来旬撰书的《读中兴碑》（图 161），更是书诗俱佳的上乘之作。诗人以犀利的诗句对唐玄宗、杨贵妃、李林甫及安史之乱做了深刻的评论，入木三分。描绘浯溪景色、写景抒情的诗碑中也不乏上乘佳作，如刻于明武宗正德九年（1514）三月，由苍崖道人撰书的《暮春偶游浯溪诗碑》（图 162），在用词、造语、命意、抒情上都很有特色，对浯溪的景色观察描写细致入微。

图 161　《读中兴碑》（局部）

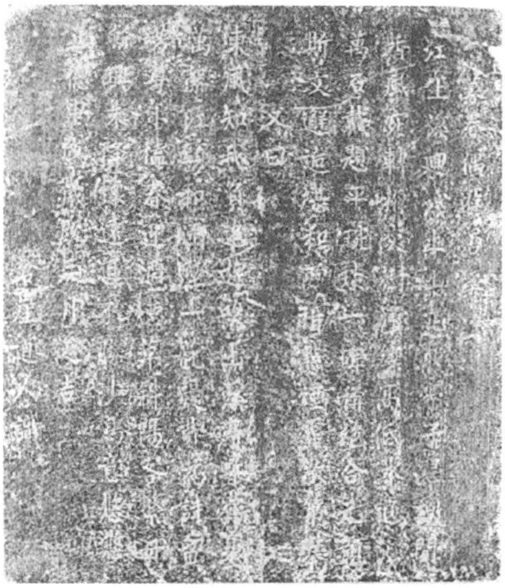

图 162　《暮春偶游浯溪诗碑》（局部）

西安碑林中明诗碑数以十计。诸如：刻于明宪宗成化元年（1465），余子俊跋并书的《郭公纪行诗碑》；刻于明宪宗成化十九年（1483），余子俊题识的《过杜工部祠题咏碑》；刻于明武宗正德十四年（1519），朱秉梲题并书的《太白题诗碑》；刻于明世宗嘉靖二十年（1541），赵廷瑞撰并书的《沁园春·渡渭词碑》《浣溪沙·渡泾词碑》；刻于明世宗嘉靖四十一年（1562），孙应鳌书写的《观昭陵六骏碑》和《华山诗八首碑》；刻于明穆宗隆庆二年（1568），赵鲥书写的《过雁塔寺有感碑》；刻于明神宗万历四年（1576），徐用检书写的《关士同年会即席赋赠碑》；明万历年间由何承勋书的《闲居乐诗碑》；刻于明崇祯十二年（1639）由明毅宗朱由检撰书的《赐杨嗣昌诗碑》等。最著名的有明代著名学者、书画家董其昌撰写并行书的《秣陵旅舍送章生诗碑》（图 163）。此前西安碑林中无董其昌书碑，康熙四十年（1701）由时为陕

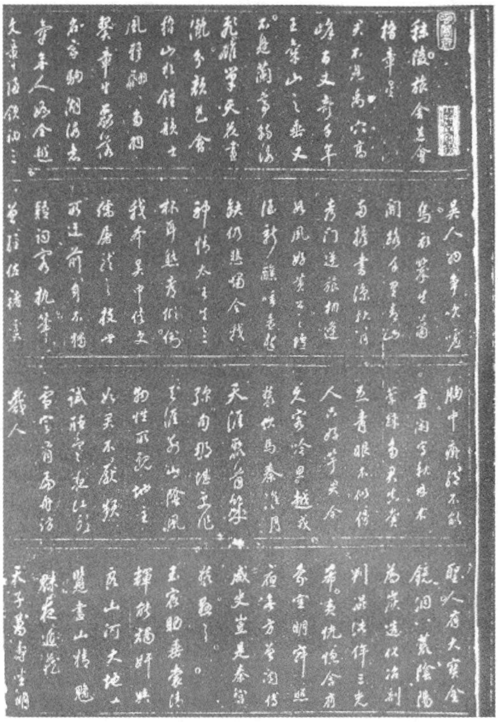

图 163　《秣陵旅舍送章生诗碑》（局部）

西布政使的达礼善将自己所藏董其昌书写的此诗勒石刻碑立于西安碑林，碑高约3.3米、宽约0.8米，螭首龟趺。

在著名的焦山碑林中，明代诗碑众多，有刻于明世宗嘉靖三十一年（1552）的《杨继盛游焦山诗碑》；由吏部尚书、武英殿大学士杨一清撰书，刻于明孝宗弘治三年（1490）的《杨一清游焦山七律诗二首并跋碑》，和刻于明武宗正德五年（1510）的《少宰石楼李公约游焦山余兴得长句刻石》；刻于嘉靖三年（1524）的《海近浮孤岛诗碑》；刻于嘉靖十二年（1533），由以廉干、善书工诗著称的御史王应鹏撰书的《病眼年来慵未开七言诗碑》（图164）；由谢志天题刻的《吊焦隐君诗碑》；由翰林学士张程撰书的《赵戍帅联桥邀饮焦山诗碑》；由会稽徐桓撰书的《徐桓游焦山诗碑》；由郑大同撰书的《郑大同游焦山诗碑》；刻于明熹宗天启四年（1624）的米万钟书《练君豫直指招游焦山遗诗次原韵四首碑》；由张一鲲撰书的《游焦山访郭次甫限韵诗一首碑》；刻于天启四年（1624），由沈霄撰书的《题三诏沿一绝诗碑》；刻于明思宗崇祯十一年（1638），由阮大铖撰书的《游焦山诗并识碑》；由嘉靖四十一年（1562）状元、吏部尚书、中极殿大学士申时行撰书的《游北固山为一江上人作七言诗一首碑》和《游鹤林寺五律诗一首碑》；由翰林编修、南京国子监祭酒陈仁锡撰书的《咏一江老僧笋饼诗碑》；由陕西右布政使萧丁泰撰书的《寄履中上人恢复鹤林寺诗碑》等。

图164　《病眼年来慵未开七言诗碑》

全国其他地方也散存不少明诗佳碑。

在江苏常熟福山镇江滨铜官山南麓的一块状如石船，高约2米、宽约5米，被称为“铜官山石船”的巨石上，刻有明代书法家严澂于明神宗万历二十年（1592）撰书的《铜官山石船诗碑》，此诗以生动形象的语言，将石船描写得活灵活现，栩栩如生，富有情趣。在江苏南京浦口的以直谏著称、被称为“翰林四谏”之一的明成化、弘治年间著名学者庄昶墓前，竖有刻于明万历十年（1582），由吏部尚书杨巍撰书的诗碑，诗句热情赞颂了庄昶的正气和才学，对庄昶的一生做了评价，对研究庄昶生平和明史颇有参考价值。在江苏连云港孔望山龙洞内外，镌有二十余则宋、元、明、清等朝代游人留下的题刻，其中明代海州刺史王同撰书的诗碑，其诗既非五言，也非七言，而是六言，颇有特色，云："龙洞良宵月照，黄花满地秋香。此时此会文彦，一觞一咏情长。矗矗山岩曲抱，潺潺朐海东流。明朝分袂城市，琴尊回忆绸缪。"江苏无锡博物院里珍藏有一块明朝著名清官海瑞写的《题宪副洞阳顾夫子祠堂诗碑》（图 165），此诗是海瑞为悼念他的恩师——因多次冒死直言诤谏皇帝而以"骨鲠臣"的崇高声誉著称于世的顾可久，于明穆宗隆庆四年（1570）前往无锡参加顾可久祠落成典礼时所写，后由顾可久第八世孙、甘肃凉庄道署理四川按察使顾成光重新书写镌刻的。其诗云：

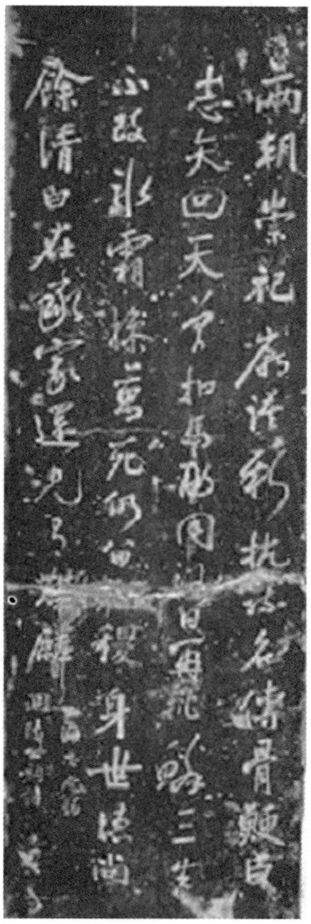

图 165 《题宪副洞阳顾夫子祠堂诗碑》

两朝崇祀庙谟新，抗疏名传骨鲠臣。
志矢回天曾叩马，功同浴日再批麟。
三生不改冰霜操，万死仍留社稷身。
世德尚余清白在，承家还见有麒麟。

此诗通过妙用典故和形象生动的比喻，歌颂了顾可久刚直清正、敢言敢谏、无所畏惧的高贵品格和像冰霜那样洁白清莹的节操，语言精练，用典精当，寓意深厚，感情真挚，具有强烈的感染力，给人以极其深刻鲜明的形象，使人读后对顾可久肃然起敬，实堪称明诗碑中的上佳之作。

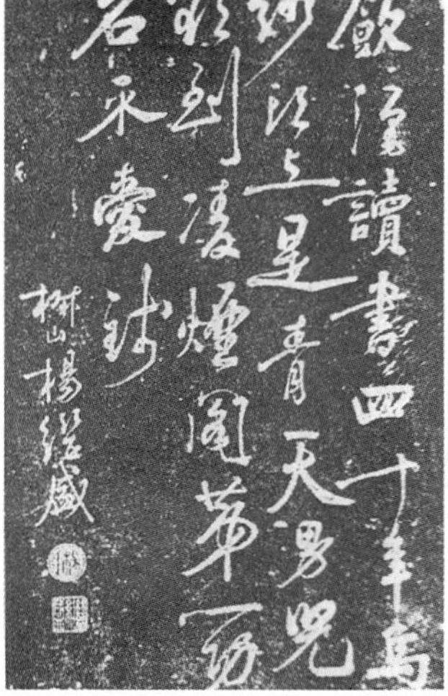

图 166 《杨继盛诗碑》

安徽宿州文物管理所有一块因劾奸相严嵩十大罪状而惨遭杀害的明代著名清官直臣杨继盛撰书的诗碑（图 166）。此碑作于明世宗嘉靖三十四年（1555）杨继盛四十岁时，这一年正是杨继盛惨遭奸相严嵩杀害，生命终结之岁，这首诗是他留下的绝命诗。其诗云：

饮酒读书四十年，乌纱头上是青天。
男儿欲到凌烟阁，第一功名不爱钱。

此诗是杨继盛高尚的人格和正直的官品的写照，诗碑原立于宿州儒学，系宿州文庙遗物。虽杨继盛在历史上与宿州并无关系，但其浩然正气、高风亮节深为世人所敬重，宿州儒学刻立此碑就是要儒生们以杨继盛为楷模修身励行，由此可见杨继盛在时人心目中地位之高，此碑对研究杨继盛是有价值的参考资料。

在山东曲阜孔庙洪武碑亭内，有曾任副都御史、山东巡抚的胡缵宗于明世宗嘉靖十六年（1537）四月五日撰书的著名的《杏坛诗碑》，其诗云：

岩岩泰山高，混混洙泗深。
杏坛依古桧，不见瑟与琴。
遂令千载下，空怀尼父吟。
回点不复作，雅颂无遗音。
瑟今复绝响，辗转伤人心。
阴阳有天地，诗书无古今。
黾勉学颜子，所乐何能寻。

此诗在叙写游历杏坛的过程中，巧妙而自然地融入杏坛讲学、琴瑟伴读、尼父之吟、回琴点瑟、颜子所乐等典故传说，抒发了怀古之幽思，表达了对孔子的崇敬之情和勉学颜子的志向，言简意深，内涵丰富，堪称佳作。

在山东邹城孟庙的众多碑刻中，有明代著名学者、大书法家董其昌拜谒孟庙时所撰书的《题孟庙古桧一首诗碑》，其诗云：

爱此孟祠树，森然见典型。
沃根洙水润，含气峄山灵。
阅世磨秦篆，参天结鲁青。

方知樗散寿，只入列仙经。

此诗以树喻人，通过描写歌颂孟庙古桧之挺拔、奇特，寄寓诗人对孟子学说的高度赞扬，诗句优美，寓意深刻，耐人寻味，是明代五言律诗中的佳作。

广西桂林叠彩山的仰止堂壁上所镶的《浩气吟刻石》，也是著名的明诗佳碑。《浩气吟》是明末抗清将领瞿式耜、张同敞所作，其中瞿式耜诗云：

已拼薄命付危疆，生死关头岂待商。
二祖江山人尽掷，四年精血我偏伤。
羞将颜面寻吾主，剩取忠魂落异乡。
不有江陵真铁汉，腐儒谁为剖心肠。

张同敞应和瞿诗云：

异国凋零非故疆，首阳一死尚留商。
舌存不信乾坤去，臂断宁同儿女伤。
胡语可怜原汉语，帝乡无路是愁乡。
幽魂应变天边月，照见孤臣铁石肠。

这两首诗写于瞿、张慷慨就义前，充满了爱国主义激情，充分表达了他们矢志保国的决心，抒发了他们精忠报国、视死如归的浩然正气和两人生死与共、风雨同舟的真挚友情，令人读后荡气回肠，感奋不已。

陕西勉县西南的定军山，是东汉末汉献帝建安二十四年（219）诸葛亮指挥黄忠大败曹操部将夏侯渊之处，也是诸葛亮死后安葬之地。在现存于勉县武侯祠的四十余块历代碑刻和武侯墓庙的三十余块历代碑刻中都不乏明诗佳碑。如在武侯祠有郭鼎藩撰书的《武侯祠诗碑》，在武侯墓庙有明薛瑄撰书的《武侯墓诗碑》。薛诗云：

丞相孤坟何处寻？褒斜西出汉江阴。
青芜漠漠烟横野，翠柏森森风满林。

尚忆出师当日表，空歌梁甫旧时吟。
中原未复星先陨，长使英雄慨古今。

此诗借景抒情，借史慨今，发抒了诗人对诸葛亮壮志未酬、中道而殒的感叹，表达了对诸葛亮的怀念、钦慕之情和深切哀悼之意，全诗用典精巧，语切意深，富有感染力。

在当年诸葛亮“六出祁山”的所在地甘肃陇南的祁山武侯祠，也存有历代碑刻二十余块，其中刻于明神宗万历年间，由浙江道监察御史郑国仕撰书的《题祁山武侯祠碑》亦是可咏可吟的明诗佳碑。其诗云：

斜日沉沉古庙幽，武侯烟祀几千秋。
数家民舍连残垒，一派青流绕旧州。
官道徒存流马迹，佳城犹以卧龙游。
老天何事不延汉，五丈塬头星夜流。

此诗借写祁山遗址，由景生情，跨越时空，展现历史，发抒叹“天不延汉”之感慨，表达了对诸葛亮壮志未酬、英年早逝的痛惜之情，寄托了对先贤的深切缅怀和无限敬意，使人读后良多感叹。

明词碑的数量虽远少于明诗碑，但其中也不乏佳作。连云栈道是入川的重要通道，而紫柏山是入川的连云栈道必经之处。紫柏山是汉初三杰张良急流勇退的隐居之地，也是风景如画的胜地，后人为纪念张良，在此修建了张良庙。自此以后，紫柏山张良庙成为一处重要的人文胜迹，历代前来游访、祭祀者络绎不绝，留下众多诗文题刻。现庙内所存的最早的一块词碑，《怀山歌词碑》，碑高 180 厘米、宽 70 厘米，行书。《怀山歌》是明穆宗时任礼部尚书、文渊阁大学士的赵贞吉于隆庆五年（1571）取道连云栈道，告老还乡回四川内江老家，途经紫柏山坐馆讲学时所撰书的，其词云：

紫柏山前车马道，道上红尘灭飞鸟。尘里行人不知老，竭来几度怀山好。年少怀山心不了，年老怀山悔不早，君不见京洛红尘多更深，英雄着地皆平沉。

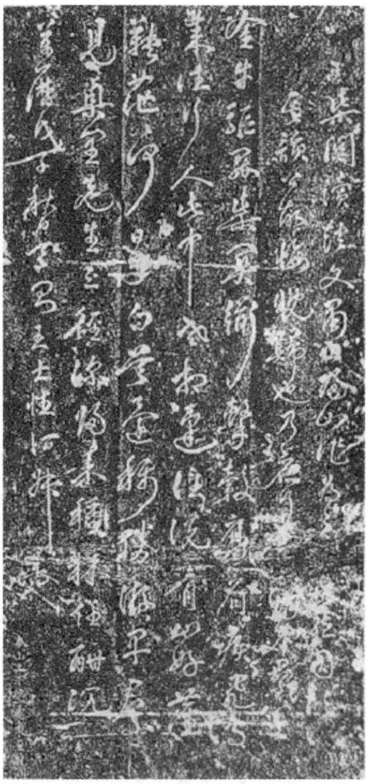

图 167　《次赵贞吉怀山歌词碑》

《怀山歌词碑》碑阴有《次赵贞吉怀山歌词碑》（图 167），碑高约 176 厘米、宽约 86 厘米、厚约 16 厘米，草书。该词是我国古代著名的人文地理学家王士性撰写的，他于明神宗万历十六年（1588）与刘元承经连云栈道入四川典试，行至张良庙，观览了这里的自然风光和人文景观，读了赵贞吉的词碑，深有感受而撰书。据专家考证，其序和词为：

柴关读赵文肃公归山作，为之抚然，因次其韵。公故悔晚归也，乃夜行归归累累矣。

金牛驱罢柴关道，击毂摩肩疾飞鸟。来往行人此中老，相逢谁说青山好！尘鞅茫茫何日了？白首还称倦游早。君不见栗里先生三径深，归来种秫任酣沉。

此词碑词、书俱佳，堪称明诗词碑中的上乘精品，其对于研究王士性的思想、学识及其书法有很高的参考价值。

尔后，前来张良庙游访的一些明清学者、诗人相继留下了不少酬唱《怀山歌》的诗词作品，现庙中还有明代张佳胤的《归去好词碑》，明代傅振商的《青山好词碑》。

第六节　清诗词碑

清诗碑数量也相当多。就拿浯溪碑林来讲，所刻八十余块清碑，除部分铭、联、题名外，大多为诗碑，其中佳作颇多。如由著名文人、清代大书法家何绍基撰书，刻于清同治元年（1862）的《同治壬戌于桐轩大令陪游浯溪诗碑》；由清翰林学士、著名诗人、书画家、鉴赏家杨翰撰书，刻于清同治三年（1864）的《同治甲子去郡与送行人浯溪话别诗碑》；刻于嘉庆十八年（1813）的《周在廉诗碑》；刻于道光三年（1823）十月，由萨迎阿撰书的《舟过浯溪诗碑》；由李学虞撰书的《秋夜游浯溪诗碑》；刻于道光三年（1823）九月，由反对帝国主义殖民侵略的爱国诗人朱琦撰书的《舟过浯溪诗碑》，诗中借盛赞元结、颜真卿及其由他们撰书的《大唐中兴颂摩崖》，抒发了自己希望国家强盛的爱国之情。尤其是主战派将领、著名学者、诗人兼书法家吴大澂撰书的《雨中游浯溪诗碑》（图168），更是诗书俱佳的上乘之作。此诗系吴大澂出任湖南巡抚，甲午战争爆发前赴永州阅兵，准备出师抗日，过浯溪时所作的誓师诗。诗中以古喻今，慨叹“唐祚中衰寇患起，太息朔方无健儿”，以“古今循吏为君国，身与磐石关安危”阐明了自己深知抗日责任之重大，同时也流露出了对清廷内部倾轧的不安、悲怆之情，令人感慨。

图 168　《雨中游浯溪诗碑》（局部）

在西安碑林中，清诗碑有数十块，比其他各代诗碑都多。如刻于康熙三十五年（1696），由王士禛题、陆弘承书的《游城南诗碑》；刻于康熙四十二年（1703），由徐俊民撰书的《西铭及长安杂咏诗碑》；刻于康熙四十四年（1705），由达礼善书写的《草诀百韵歌诗碑》；刻于康熙五十二年（1713），由罗景书写的《集古梅花诗碑》；刻于康熙五十二年（1713），由郎廷槐撰书的《杂咏四首诗碑》；刻于康熙六十一年（1722），由郑朝鉴撰，吕兆麟跋并书的《培风堂诗碑》；刻于康熙年间，由达礼善撰并集王羲之《圣教序》字镌刻的《暮春游牛头寺诗碑》；刻于雍正八年（1730），由陈恭题并书的《廷古堂咏物诗碑》；刻于清雍正十三年（1735），由果亲王胤礼书写的《赐除子茂诗碑》，及清雍正年间允礼撰书的《望太白积雪诗碑》《骊山温泉诗碑》《即景诗碑》；刻于雍正十三年

(1735)，由孙能宽撰并书的《劝农歌诗碑》；刻于乾隆八年（1743）由帅念祖撰书的《癸夏暑中遣怀诗碑》，及刻于乾隆九年（1744），亦由帅念祖撰书的《秦中杂咏诗碑》；刻于嘉庆十八年（1813），由李枝崇书于嘉庆十八年（1813），咸丰五年（1855）由其子李光贤上石的《秋兴八首诗碑》；刻于嘉庆二十一年（1816），由胡枝蕙记并书的《太白山纪行诗碑》；刻于道光十三年（1833），由赵玉藻书写的《临池图集圣教字诗碑》；刻于道光二十二年（1842），由林则徐撰书的《游华山诗碑》；刻于道光二十二年（1842），由李文瀚撰书的《和林少穆游华山诗碑》；刻于光绪三年（1877）的《荒岁歌碑》等。

在焦山碑林中，清诗碑数量也颇多。如刻于康熙年间的《毛际可等游焦山诗碑》《岳生游焦山诗碑》《雨雺同郑潜庵同游焦山作诗碑》《顾贞观等游焦山诗碑》《程康庄七律诗五首诗碑》；刻于嘉庆年间的《曾燠游焦山诗碑》《和曾燠诗并识诗碑》《潘奕隽游焦山诗碑》；刻于道光年间的《集唐多宝塔字为五律诗三十首诗碑》《林则徐为梅麓翁送石佛入焦山题诗碑》；以及刻于清代，但具体年代不详的《吊焦山隐君诗碑》《藿郊初草并识五言诗碑》《齐梅麓太守书焦山唱和诗碑》《次韵奉和张芥航河帅送铜鼓焦山歌诗碑》《鹤林古迹八咏诗碑》等。

其他地方散存的清诗佳碑也为数不少。

山东曲阜孔庙，有康熙年间官至翰林院侍讲的清初著名诗人施闰章撰书的《子贡植楷诗碑》。山东邹城孟庙，有清乾隆五十九年（1794）著名学者、书法家、体仁阁大学士阮元祭祀孟子时撰书的《谒孟庙诗碑》，是诗书俱佳的珍品。山东峄山五华峰下的白云观内，存有刻于雍正年间，由邹县（今邹城）县令王尔鉴撰书的《峄山二十四景诗碑》（图169），该诗碑共刻诗二十四首，用精练优美的诗句对历史名山峄山的五华峰、甘露池、白云宫、观海石、插花石、纪子墓、丹丸峰、仙人棚、炉丹峪、大通崖、莲池、日石、隐仙洞、南华观、鱼池、金线庵、半山亭、孤桐书院、钟石、鼓石、书门、来鹤庵、纪王城、船石二十四个景点，做了生动形象、画龙点睛的描绘，诗书俱佳，具有较高的文学鉴赏和书法艺术价值。

图169　《峄山二十四景诗碑》

在江苏常熟碑刻博物馆中，有清代著名文人徐渭于道光二十二年（1842）撰书的《梅花诗碑》（图170），其诗云：

图170 《梅花诗碑》

梅花毕竟是春魁，带雪迎霜时地开。
谁扫一枝横疋练，似飘香气到金杯。
冲玉霏霏盈一尺，屋瓦无家不凝白。
谁知春色在杯中，消却冰凘留不得。
王孙此梅自何来，元章有手不能栽。
日暮归处醉欲倒，插向角中任人笑。

此诗是徐渭为沈小霞所作的梅花画题作的诗。夫椒山人张式对此画此诗极为赞赏，盛赞“小霞画笔超逸，青藤词翰奇伟”，故而他“勒石广传”，以使大家能“先睹为快”。

湖北武汉龟山尾部二月湖侧畔的古琴台，相传为春秋时楚人俞伯牙鼓琴、钟子期听琴的遗址。现碑廊内存有清著名文人、湖北督粮道宋湘于道光三年（1823）游访琴台撰书的《琴台题壁诗碑》，其诗云：

噫嘻乎！伯牙之琴，何以忽在高山之高，忽在流水之深？不传此曲愁人心。噫嘻乎！子期知音，何以知在高山之高，知在流水之深？古无文字直至今。是邪？非邪？相逢在此。万古高山，千秋流水。壁上题诗吾去矣！

此诗中诗人用各句字数不等、较为自由的古体，超逸洒脱的风格，参差变换的语气，对古老优美的传说表达出一种景仰而超脱的态度，发前人之所未发，富有启迪意义。

广东潮阳海门镇莲花峰，南宋末文天祥曾在此抗击元军，并在巨石上留下了“终南”二字，以寄托他忠君爱国的一腔悲愤之情。历代以来，前来游访的人不计其数，留下众多祭悼文天祥的摩崖题刻，其中清康熙年间潮阳令臧宪祖题刻的摩崖诗碑，其情真切悲壮，感人至深，其诗云：

丞相勤王到海崖，精忠踏碎石莲花。
思扶弱主回天顾，致使孤臣痛日斜。
浩气一腔吞巨浪，丹心万古照寒沙。
成仁取义酬君父，读史谁能不叹嗟。

在散存于各地的清诗碑中，尤为值得一提的是1996年春在河南新野发现的，刻于清宣统三年（1911）八月，由明清之际诗人李青写的《百柳诗碑》。碑为横卧形，全碑共三千二百六十字，共刻李青所写咏柳、赞柳、叹柳七言绝句一百首。这一百首柳诗所咏、所叹、所赞的有新柳、古柳、高柳、弱柳、近柳、远柳、将绽柳、半绽柳、垂阴柳、飞絮柳、雨柳、烟柳、玉笛柳、书斋柳、陶潜柳、阳关柳等各种柳；同时还写了种柳、赏柳、画柳、评柳、忆柳等，或借景生情，或状物言志，可谓写尽柳之传说佳话，描尽柳之风情百态，令人叹绝，诸如：

春　柳：金粉半消丝渐长，丰姿濯濯比玉郎；
间紫添红春意闹，舞风常带百花香。
陶潜柳：能开清眼辨愚贤，自不托根向世尘；
人中识得陶元亮，五柳名高百代传。
玉笛柳：关山一曲动愁人，夜色凄清月半轮；
雁冷霜尽秋欲尽，偏能吹出柳枝新。
书斋柳：闭户翻经手自评，柳花飞入砚池轻；
满座绿荫窗影静，闻莺巧和读书声。
种　柳：门对清溪东有桥，春风草堂远尘嚣；
闲得种柳溪门外，好听玉莺弄玉箫。
赏　柳：今年不是去年春，赏柳还思种柳人；
柳下春前须尽醉，人生几见柳条新。

百柳诗意境清新高远，文笔流畅动人，风格独特多样，内容丰富多彩，使人读后从中获得很高的艺术享受，令人心旷神怡，回味无穷，堪称历代数以千计的柳诗中的独具特色的上乘之作。因此此碑被发现后，受到了人们的高度关注和当地政府的重视。为了传承和发展当地的民间传统文化，丰富人民群众的物质文化生活，当地政府于 2010 年重新刻立了《百柳诗碑》（图 171）。碑为竖碑，正文两面都刻字，正面自右至左刻写《百柳诗》；背面上部三分之一碑面刻写完《百柳诗》，下部三分之二碑面刻写《重立百柳诗碑记》。同时，专门为重刻的《百柳诗碑》修建了碑亭。

图 171　重新刻立的百柳诗碑

在清代的众多诗碑中，还有一个有趣现象特别值得予以关注，那就是雅好书文翰墨的乾隆皇帝留下的诗碑特别多，在历代帝王中名列第一，现散存于全国各地的乾隆诗碑数以百计。除在此前已谈及的北京西郊戒台寺的《戏题活动松诗碑》、北京白龙潭的《御制龙泉寺二十韵诗碑》、北京皇史宬的《恭瞻皇史宬诗碑》、北京北海公园的《琼岛春阴诗碑》、北京颐和园昆明湖堤上的《西堤诗碑》、北京房山的《郊劳台永成记事诗碑》、南京朝天宫的《乾隆四游朝天宫御诗碑》、江苏无锡惠山公园的《乾隆四游惠山寺御诗碑》、西藏拉萨布达拉宫后山龙潭内的《御制十全诗碑》（即《御制十全武功碑》）、河北围城的《永安湃围场殪虎诗碑》、山东曲阜孔庙的《杏坛诗碑》，山东泰山的《咏阳洞诗碑》等外，其他著名的乾隆诗碑为数还很多。

乾隆皇帝先后六次巡幸江南，六次都到江苏镇江焦山巡游，留下许多题刻。现存于焦山碑林的乾隆诗碑有：《乾隆帝游焦山诗碑》，碑阳、碑阴分别刻乾隆三十年（1765）仲春乾隆第四次游焦山所作《三渡焦山未驻焦》七言诗和《别馆精蓝侧》五言诗；《乾隆帝游焦山七言诗碑》（图 172），此碑立于焦山碑林御碑亭中，碑阳和碑阴分别镌刻乾隆四十五年（1780）仲春乾隆第五次游焦山时所作《舆情望幸酬深耽》七言诗和《既是名山那无屋》七言诗；《乾隆帝海门庵绝句诗碑》，碑阳镌刻乾隆四十五年（1780）仲春乾隆第五次游焦山时所作《海门东望接扶桑》诗；《乾隆帝游焦山绝句诗碑》，碑阳镌刻乾隆四十九年（1784）暮春乾隆帝第六次游焦山，登海门庵时所作的《东向江连大海溶》七言诗。

图 172 《乾隆帝游焦山七言诗碑》（局部）

浙江嘉兴南湖湖心岛上的烟雨楼，始建于五代时期，是我国古代名楼之一，来此游览的历代文人雅士不计其数。乾隆皇帝六下江南，曾先后八次登临烟雨楼，每次都赋诗题咏，先后共留诗近二十首。现楼内存有历代碑刻五十多块，乾隆帝于乾隆二十二年（1757）第二次南巡登临烟雨楼时写的《题烟雨楼诗碑》，以多彩的笔法、优美的语言，生动细致地描写出了他在距第一次登临烟雨楼六年后再次登临时的所见所闻和内心感受，表现出了他所具有的出色文采，是该楼所存历代碑刻中的上乘佳作。其诗云：

杨柳溪边系画舟，六年清跸重来游。
素称雨意复烟意，漫数处州还沔州。
诗句全从画间得，云山常在镜中留。
鸳湖依旧谁相识，懒惰无心问野鸥。

图 173 丛台诗碑

河北邯郸的武灵丛台，相传为战国时期赵武灵王所筑的阅兵台和歌舞台，现在丛台南门立有乾隆皇帝游览丛台时题留的《丛台诗碑》（图 173）。其诗云：

传闻好事说丛台，胜日登临霁景开。
丰岁人民多喜色，高楼赋咏谢雄才。
襟漳带沁真佳矣，雪洞天桥安在哉！
烟树迷茫闾井富，为筹元气善滋培。

乾隆帝在此诗中富情于景，寓情于事，言志于诗，抒发了治理好国家的决心，由史及今表达了他注重国家元气滋培的深谋远虑和治国方略，对后人颇有启迪意义，也是研究乾隆生平、思想的有价值的参考资料。

在北京西城区积水潭汇通祠后右侧，存有清乾隆二十六年（1761）乾隆帝所写《汇通祠诗碑》，其诗云：

潴蓄长流济大通，澄潭积水映遥空。
为关湖洞应垂制，因葺崇祠喜毕工。
海寺月桥率难考，灯船歌馆漫教同。
纪吟权当留碑记，殷鉴恒深惕若衷。

乾隆通过此诗记述了他下令重新淘浚大通桥一带河道的淤塞，使积水潭、运河清畅，恢复通航之事，训诫吏民要制定规章制度来保护水关和湖水河道的清畅。此诗反映了乾隆皇帝重视环境保护的思想，是研究我国环保史和乾隆思想、治国方略有价值的参考资料。

现存于河北承德避暑山庄由乾隆皇帝题留的《锤峰落照诗碑》《九日登高作歌诗碑》和《倚松吟诗碑》，现存于江苏的乾隆皇帝在乾隆二十二年（1757）撰书的《穹窿山望湖亭望湖诗碑》，现存于山东邹城孟庙内的乾隆十三年（1748）乾隆帝祭礼时留下的《述圣子思子赞四言律诗碑》等，也都是脍炙人口的佳作。

乾隆诗碑最多最为集中的地方是沈阳故宫紫光阁。“始末亲筹笔，其观勒壁文。”据《日下旧闻考》记载，乾隆皇帝在西征凯旋后，把有关西征的全部御制诗勒石刻于紫光阁武成殿的回廊壁间，“两庑各十有五楹，石刻御制自乙亥军兴讫己卯成功诗二百二十四首”。从现存的实际情况看，记载不太准确。经实地查考，紫光阁武成殿回廊实际共三十二间，应是两庑十有六楹。除一间为垂花门外，其余三十一间均有石刻。诗的起止时间也不同，实际是从甲戌（乾隆十九年，即

1754年）五月杜尔伯特三车凌谒见时乾隆所作《恭奉皇太后驻跸避暑山庄》开始，至辛巳（乾隆二十六年，即1761年）正月《紫光阁写功臣像及诸战图毕集宴落成爰赋六韵仍叠四章》为止。从他的诗，特别是诗注中可以得知西征用兵的始末。乾隆还把紫光阁诗墨拓本分赐给各地巡抚、总督等，宣扬西征的业绩。

所有这些诗碑，多侧面地反映了乾隆帝的生平、思想、治国方略、兴趣爱好和学识、文才等，不论对于研究乾隆皇帝和还是研究清诗以及清代的政治、社会情况都具有较高的价值。

第七节　现代诗词碑

在为数不多的民国诗碑中，著名爱国将领冯玉祥撰写的白话诗碑与众不同，语言通俗，不加雕饰，直陈其事，直抒襟怀，独具一格。例如，在泰山西麓冯玉祥墓的正面，就镶嵌有冯玉祥撰写的自我评价一生功过得失的题为《我》的白话诗碑。在泰山东岳庙，存有冯玉祥隐居泰山时撰书的描写泰山东岳庙会情况的著名白话诗碑"丘八诗"《庙会的市面》（图174），其诗云：

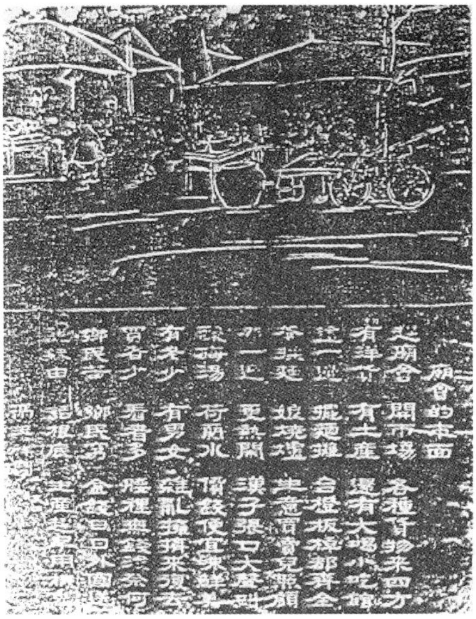

图174　《庙会的市面》

赶庙会，
开市场，
各种货物来四方。
有洋货，
有土产，
还有大喝小吃馆。

这一边，
摆面摊，
台桌板凳都齐全。
爹揉面，
娘烧炉，
生意买卖儿照顾。
那一边，
更热闹，
汉子张口大声叫。
酸梅汤，
荷兰水，
价格便宜味鲜美。
有老少，
有男女，
杂乱拥挤来复去。
买者少，
看者多，
腰里没钱没奈何。
乡民苦，
乡民穷，
金钱日日外国送。
说缘由，
话根底，
生产赶早用机器。

冯玉祥的这块诗碑，以通俗易懂的语言，生动形象地勾勒出了当时的一幅民俗民情图画，对于研究泰山东岳庙会和当时的社会情况具有重要的参考价值。

中华人民共和国成立后，特别是改革开放四十多年来，随着经济文化的繁荣昌盛和碑文化的发展，涌现出了大批脍炙人口的现代诗词碑刻。据查考，在中国现代诗词碑刻中，最多的是毛泽东诗词碑。近些年来，尤为引人瞩目的是全国不少地方建立了毛泽东诗词碑林，例如，在1993年12月26日毛泽东一百周年诞辰时，在毛泽东的诞生地湖南韶山建立了规模宏大的韶山毛泽东诗词碑林。按诗词创作时序，将碑林分毛泽东青少年时期、土地革命时期、抗日战争时期、解放战争时期和中华人民共和国成立后五个区，共刻有毛泽东手迹诗词二十八首，当代书法名家恭录二十二首。其中第五碑区只立碑一块，正面刻毛泽东的《七律·到韶山》手迹，背面刻郭沫若的恭录，碑高12.26米、宽8.3米，厚0.99米，这些数据分别隐含毛泽东的生辰、年寿和忌日。同在毛泽东一百周年诞辰纪念日，在江西庐山当年毛泽东居住的“芦林一号”前芦林湖畔，建立了庐山毛泽东诗碑园，刻立了毛泽东所作《登庐山》《仙人洞》巨型诗碑。1994年，湖南长沙博物馆建成了毛泽东诗词艺术碑廊，廊中嵌有毛泽东诗词对联书法艺术碑刻一百块。此外，全国各地还建立了不少毛泽东诗词碑，如在杭州西湖灵隐北高峰上，竖有毛泽东唯一的一首描写西湖的诗《三上北高峰诗碑》。在江西九江的琵琶亭内，立有毛泽东手书的白居易长诗《琵琶行诗碑》。在当年毛泽东领导中国工农红军进行二万五千里长征所经过的宁夏回族自治区六盘山上的公路旁，竖有毛泽东亲笔撰书的《清平乐·六盘山词碑》，其词云：

天高云淡，望断南飞雁。不到长城非好汉，屈指行程二万。六盘山上高峰，红旗漫卷西风。今日长缨在手，何时缚住苍龙？

此词大气磅礴，气势恢宏，形象而传神地展现出了毛泽东气壮山河的豪迈胸怀和大无畏的革命精神，是记录中国革命历史的一座丰碑。

浙江海宁的钱江潮是被誉为“天下第一涌潮”的天下奇观，毛泽东曾于1957年9月11日到观潮胜地海宁盐官镇观潮，看到汹涌澎湃的江潮从眼下滚滚而去，毛泽东心潮激荡，感叹不已，当即挥毫赋诗《七绝·观潮》一首。为了纪念毛泽东，1995年9月，浙江海宁在盐官镇钱江观潮胜地公园内，建立了毛泽东观潮诗碑亭（图175）。该亭

图175 浙江海宁毛泽东观潮诗碑亭

占地面积约 93 平方米，亭高约 17 米，亭内所立毛泽东《七绝·观潮》诗碑高约 3.7 米，其诗云：

> 千里波涛滚滚来，雪花飞向钓鱼台。
> 人山纷赞阵容阔，铁马从容杀敌回。

毛泽东的这一观潮诗碑亭，现在已成为海宁盐官镇观潮胜地的一大胜景，吸引着无数人前去瞻仰。

除众多的毛泽东诗词碑刻外，在各地还有大量其他现代镌刻的诗词碑和诗词碑林。较著名的如南京侵华日军南京大屠杀遇难同胞纪念馆的狂雪巨型铜诗碑、浙江桐庐严子陵钓台的精品诗词碑林、山西五台山的名人吟诵五台山碑林、江西庐山白鹿洞书院的白鹿洞中华女子诗词碑苑、江苏苏州的枫桥诗碑廊、安徽黄山的黄山诗赋碑林等。除此之外，现代许多领袖人物和著名诗人也留下了不少诗词碑刻。

在河北邯郸晋冀鲁豫烈士陵园内八路军副参谋长左权将军墓前，周恩来亲笔撰书的墓碑的东侧，竖立着朱德吊左权的诗碑，其诗云：

> 名将以身殉国家，愿拼热血卫吾华，
> 太行浩气传千古，留得清漳吐血花。

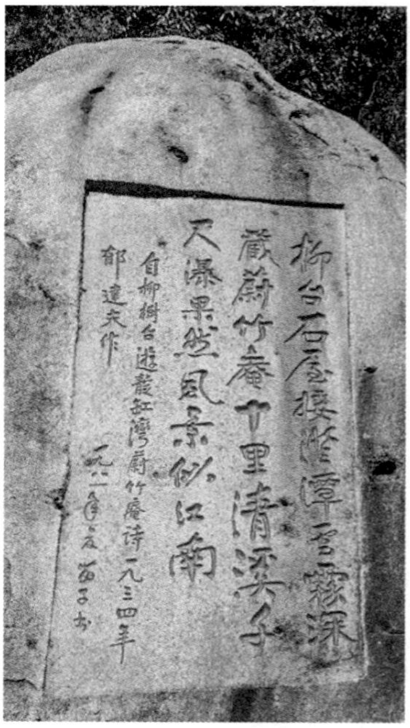

图 176　自柳树台游靛缸湾蔚竹庵摩崖诗碑

在山东青岛崂山，有 1981 年书刻的现代著名作家郁达夫 1934 年所作的《自柳树台游靛缸湾蔚竹庵摩崖诗碑》（图 176）。在呼和浩特耸立着一座人工夯筑、高达 33 米、占地约 1.5 公顷的昭君墓，墓主王昭君于西汉元帝竟宁元年（前 33），为汉与匈奴的和亲，出塞嫁给呼韩邪单于，成为汉匈之间的友好使者。自她出塞后，匈奴和汉朝六十多年没有打仗，在匈奴和汉族人民心中，王昭君已成为一个民族团结的象征。为了纪念她的不朽功绩，1963 年 10 月，时任中华人民共和国副主席董必武在参观了昭君墓后挥毫写下《谒昭君墓》诗一首，被用蒙古、汉两种文字镌制成石碑，立于昭君墓第一层平台上，其诗云：

昭君自有千秋在，胡汉和亲识见高。
词客各摅胸臆懑，舞文弄墨总徒劳。

在诗中，董必武摒弃历代词客骚人借昭君抒发自己愤懑哀怨的偏见，对“昭君和亲”为加强民族团结所做出的巨大贡献给予了高度的赞扬和肯定。这块诗碑现在已成为弘扬民族团结的好教材。

据查考，在我国现代诗人中诗碑最多的大约要数郭沫若，他题刻于各地的诗碑可数以十计，较著名的除前已谈及的立于山东泰山玉皇顶《汉武帝无字碑》右侧的郭沫若《登泰山观日出未遂诗碑》（图 177）外，还有不少。

图 177 《登泰山观日出未遂诗碑》

在广西三江侗族自治州林溪乡马安村林溪河上程阳永济桥的中央，镶嵌着 1965 年 10 月郭沫若题书的诗碑，其诗云：

艳说林溪风雨桥，桥长廿丈四寻高。
重瓴联阁怡神巧，列砥横流入望遥。
竹木一身坚胜铁，茶林万载茁新苗。
何时得上三江道，学把犁锄事体劳。

程阳永济桥富有民族特色，是侗族文化在建筑艺术上的结晶，郭沫若诗碑的题刻，更为程阳永济桥增添了诗情画意。

在辽宁沈阳北陵公园东北抗美援朝烈士陵园的烈士纪念碑后，镌有郭沫若所题七律一首，诗文热情歌颂了志愿军的不朽功绩，由衷地表达了对志愿军的敬仰之情，其诗云：

煌煌烈士尽功臣，不灭光辉不朽身。
鸭绿江南花胜锦，北陵园畔草成茵。
英雄气魄垂千古，国际精神召万民。
峻极高山齐仰止，誓将纸虎化为尘。

著名诗人艾青的《大堰河诗碑》（图 178）也是一块蜚声遐迩的名碑，此碑系 1992 年初建于艾青的家乡浙江金华傅村镇畈田蒋村。当年 5 月 21 日，八十三岁高龄的诗坛大师艾青应家乡人民的盛情邀请，还乡参加了诗碑的揭碑仪式。青石雕成的诗碑高约 7 米，碑的正面镌刻着艾青名诗《大堰河——我的保姆》的首句“大堰河是我的保姆”和末句“我敬你，爱你”。该诗碑既体现了家乡人民对艾青这位从乡村走向全国、走向世界的著名诗人的敬仰和尊重，也集中表现了艾青的爱乡、爱国之情，蕴含着深刻的思想内涵，是中国诗坛竖立的一座有意义的丰碑。

图 178　大堰河诗碑

千百年来，诗与碑结下了不解之缘，历代以来的大批诗碑正是诗以碑传、碑以诗荣，两者相辅相成、相依相存、相得益彰，共同发展、传播和繁荣，为中华文明史增添了绚丽的篇章。

第八节　辞赋碑

诗歌与散文是最早兴起于我国文坛的两种文体，辞赋是直接受到这两种文学体裁艺术营养滋润而产生于晚周战国时代的亦诗亦文的文体。辞起源于楚国，是我国历史上第一个伟大的爱国诗人屈原在继承前代诗歌的优良传统，汲取楚地民歌艺术营养的基础上而创造的一种含有一定散文因素的新型诗体。赋是一种介于诗和文之间的文体，讲究文采、音节、句子排偶以及内容的铺陈，滥觞于战国荀况的《赋篇》，它的产生和发展受《诗经》、楚辞影响甚大，与楚辞的关系尤为密切，有直接的继承关系，故自汉以后，人们往往把辞和赋统称为辞赋。在西汉时期，辞赋作为一种新的文体定型下来，在两汉时期发展到鼎盛，成为两汉文坛的霸主，此后，又随着朝代的兴衰而递嬗、演变。尽管随着六朝骈文、唐诗、宋词、元曲、明清戏剧、小说的相继兴盛，辞赋渐趋衰落，但辞赋并未因此而消亡，作为一种独特的文学样式，仍一直得以延续下来。

自辞赋产生以来，历代都有脍炙人口的佳作出现，为使其广为流传和长久保存，其中一些为人们所赞赏和推崇的传世名作，被镌刻成碑遗存至今者，数量不多，但因其文体独特，又大多为名家所撰所书，故而成为中国碑文化百花苑中的一朵沁人心脾的奇葩，颇受人们的钟爱和珍视。

《离骚》是战国时期楚国屈原的代表作，也是楚辞最重要的代表作和中国文学史上最伟大的杰作之一。两千多年来，《离骚》一直受到人们的高度推崇。一代伟人毛泽东自幼就非常敬佩屈原伟大的爱国主义精神，对《离骚》极为推崇。1915年，他在湖南第一师范学校学习时，就用小楷书写了《离骚》全文，其手书原件至今保存完好。为了纪念世界文化名人屈原和一代伟人毛泽东，人们镌刻《毛泽东楷书屈原离骚碑》（图 179），立于武汉东湖风景区的楚文化游览区内，碑用红砂石拼接而成，宽约 17 米，高近 18 米，其中镌刻文字的碑面高约 14.8 米，巍峨雄伟，极为壮观。碑上镌刻着屈原的《离骚》全文，共三百七十三句，二千四百九十个字。碑文为毛泽东楷书，其书法于刚劲中见柔媚，于飘逸中见法度，于开拓中见严谨，用笔方圆兼备，提按有节，欹正并出，可谓字字遒劲，字字耐看，潇洒雅逸，顾盼多姿。毛泽东的楷书作品极少，像这样的长幅楷书作品，更是极为少见，故而极为难得，极为珍贵，其作者屈原，书者毛泽东，均为楚地人杰，一文一书，一古一今，前后相隔二千三百多年，实堪称中国碑林不可多得的珍品。

图 179　毛泽东楷书屈原离骚碑

历代以来刻石勒碑的汉代辞赋，现存于世著名的有前已论及的分别刻立于元成宗大德年间和清同治十三年（1874），同藏于山西万荣宝鼎乡庙前村后土祠的汉武帝《秋风辞碑》。西安碑林藏有刻于清乾隆三年（1738），由杨建章行书的东汉前期最著名的史学家、辞赋家班固所著鸿篇巨制《两都赋》中的《西都赋》刻石，共三块，每块长约37厘米、宽约78厘米。

三国魏初著名才子曹植于黄初三年（222）所写《洛神赋》，将洛水女神形象描绘得栩栩如生，真切动人，用华美但不艰涩的文字抒发了自己的感情，在一定程度上促进了赋体文风的转变，成为千古传诵、备受推崇的名赋，历代都有书家用各种书体反复书写。现在西安碑林就藏有刻于清同治十二年（1873），由郭建本楷书的《临洛神刻石》，共二石，每石高约31厘米、宽约62厘米。西晋著名文学家陆机所作《文赋》，表达了他超越前人和时人的新见解，成为中国文学批评史上的重要文献，受到历代文学家的重视和推崇。清道光年间任两广总督，与林则徐一起协力整顿海防、查禁鸦片，后与林则徐同时被革职充军伊犁的邓廷桢，曾用楷书书写《文赋》全文，并于道光二年（1822）勒石刻碑。此刻石规模颇大，现珍藏于西安碑林，共二十二石，每石高约27厘米、宽约36厘米。

晋末我国文学史上的伟大诗人陶渊明作的《归去来辞》，被宋代大文学家欧阳修推为晋代文章中最好的作品，是历来为人称颂的名篇。其辞曰：

> 归去来兮，田园将芜胡不归！既自以心为形役，奚惆怅而独悲。悟已往之不谏，知来者之可追。实迷途其未远，觉今是而昨非。舟遥遥以轻飏，风飘飘而吹衣。问征夫以前路，恨晨光之熹微。乃瞻衡宇，载欣载奔。僮仆欢迎，稚子候门。三径就荒，松菊犹存。携幼入室，有酒盈樽。引壶觞以自酌，眄庭柯以怡颜。倚南窗以寄傲，审容膝之易安。园日涉以成趣，门虽设而常关。策扶老以流憩，时矫首而遐观。云无心以出岫，鸟倦飞而知还。景翳翳以将入，抚孤松而盘桓。
>
> 归去来兮，请息交以绝游。世与我而相违，复驾言兮焉求！悦亲戚之情话，乐琴书以消忧。农人告余以春及，将有事于西畴。或命巾车，或棹孤舟。既窈窕以寻壑，亦崎岖而经丘。木欣欣以向荣，泉涓涓而始流。善万物之得时，感吾生之行休。
>
> 已矣乎，寓形宇内复几时，曷不委心任去留，胡为乎遑遑欲何之？

富贵非吾愿，帝乡不可期。怀良辰以孤往，或植杖而耘耔。登东皋以舒啸，临清流而赋诗。聊乘化以归尽，乐夫天命复奚疑！

陶渊明这篇赋作于其归隐之初，着力描写他从污浊的官场迷途返回田园生活的喜悦和对农村美好风光、田园生活的热爱，表现出他不愿同流合污的高洁志趣和不愿向黑暗现实卑躬屈膝的高尚情操。赋文摒弃了当时文人所崇尚的骈丽绮靡的风习，以朴素的语言抒写自己的思想感情，全文质朴自然，清峻平淡，充满诗意，全无半点刀斧凿痕，具有很强的感染力，给后世的文学创作以深远的影响。因此历代将它作为我国辞赋最重要的代表作之一，倍加推崇，并多有将其勒石刻碑者。如在江西九江马回岭陶渊明墓前，“晋征士陶公靖节先生之墓”的墓碑右侧，立有镌刻《归去来辞碑》。在江苏镇江焦山碑林东廊中存有清代宗室书法家、乾隆皇帝第十一子成亲王永理楷书，由巡盐御使额勒布刻立于嘉庆十一年（1806）的《归去来辞碑》（图 180）。碑共八石，石高约 34 厘米、宽约 102 厘米。

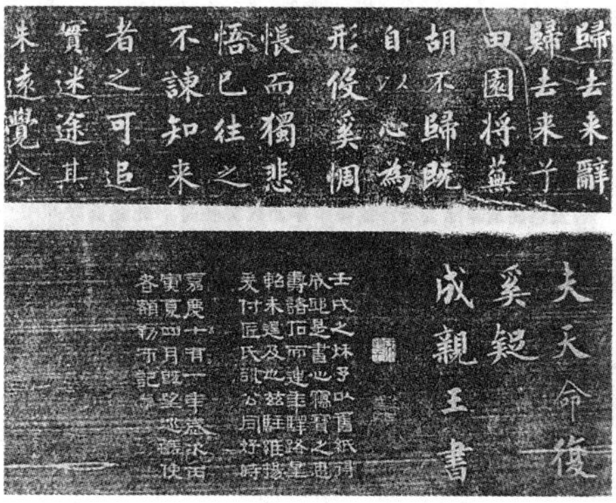

图 180　清成亲王书陶渊明《归去来辞碑》（局部）

唐宋以来，尤其是宋代，辞赋日趋走向散文化，其典型代表作就是唐宋八大家之一、北宋最杰出的散文大家和诗人苏轼在谪为湖北黄州团练副使期间，于元丰五年（1082）两次游黄冈的赤壁[①]而作的《赤壁赋》《后赤壁赋》。赋中，苏轼把写景、抒情、怀古、兴感自然地结合在一起，尽情抒发了自己政治失意的感慨和被谪后对现实的不满、内心的苦闷，以及企图超脱现实，从清风明月中去寻求解脱的虚无心情，深刻地表现出他谪居黄州时期复杂、矛盾的思想感情。苏轼的《前后赤壁赋》带有浓厚的虚无缥缈的色彩，充满诗情画意，具有很高的艺术水

① 此并非三国赤壁大战的发生地湖北嘉鱼的赤壁。

平，因此历来备受推崇，成为广为流传、千古传诵的名篇，历代书写、刻碑者甚多，如现在西安碑林中就藏有两块《赤壁赋刻石》，一块刻于明代，由赵子昂楷书，石高约70厘米、宽约34厘米；一块刻于清乾隆五年（1740），由鄂弥达草书，石高约44厘米、宽约115厘米。在江苏镇江焦山碑林中珍藏有刻于明世宗嘉靖四十年（1561），赵孟𫖯书、画《赤壁赋及东坡小像刻石》（图181），共二石，一石高约29厘米、宽约71厘米，另一石高约33厘米、宽约88厘米，石上镌刻元代书画大家赵孟𫖯用小楷书写的苏轼的《赤壁赋》全文和赵孟𫖯所画的苏东坡小像。

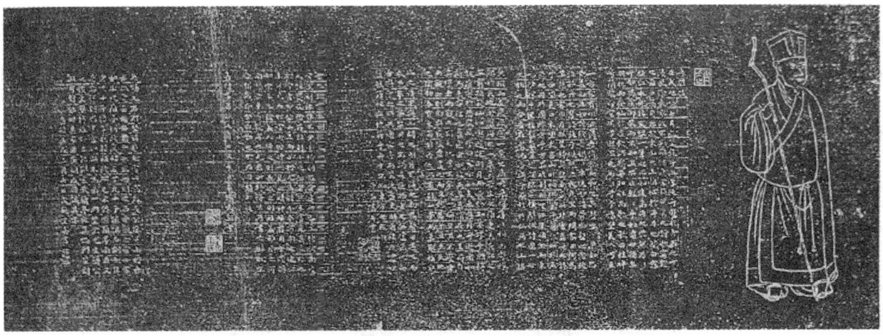

图181　赵孟𫖯书、画《赤壁赋及东坡小像刻石》

图182　《月桂赋碑》（局部）

现存于世的明代辞赋碑中，存于曲阜孔庙奎文阁的由李东阳撰书的《奎文阁赋碑》颇负盛名，存于西安碑林的《月桂赋碑》也是一块明赋佳碑。《月桂赋碑》（图182）刻于明孝宗弘治十二年（1499），碑高约120厘米、宽约70厘米。碑阳中段线刻中秋圆月图案，月面上云雾缥缈，蟾宫琼楼隐现其间，月桂丛中玉兔正在捣药；碑阳上、下两段镌刻由明孝宗弘治年间严柳东以流传于我国民间的一个美丽的神话为题材，依照宋欧阳修《秋声赋》而写的《月桂赋》。此赋词清句丽，文采斐然，意境高雅，在当时颇为人们所称颂。秦藩王府强晟出于对此赋的赞赏和推崇，特请人题记、书写、刻石，并且还特地请人根据赋文内容配上图案刻于碑上。此碑图文并茂更具光彩，是历代赋碑中的精品。

现存于世的清代辞赋碑，较著名的除已论及的立于辽宁抚顺新宾满族自治区清永陵乾隆题书的《神树赋碑》外，颇值一提的还有藏于西安碑林中刻于康熙四十一年（1702），由康熙皇帝临董其昌书法书写的《高松赋刻石》等。

总之，亦诗亦文的辞赋碑为数不多，但两千多年来一直延绵不绝，是很有价值的一份宝贵的文化遗产。

第九节　楹联碑

楹联亦称对联、联语，俗称对子，是我国特有的一种民族、民俗文学形式。一般认为，楹联始于五代的桃符，最早的楹联是“蜀未归宋之前一年①”的除夕日，由后蜀孟昶撰书的“新年纳余庆，佳节号长春”②。

楹联自五代后蜀末年产生以来，备受人们赞赏和欢迎，迅速发展成为人们喜闻乐见、广泛使用的一种文学形式，历代均有大批楹联出现，其数量之多可与诗词相匹敌，其中有许多佳作还被镌刻成碑保存下来，至今在全国各地仍有不少遗存于世的历代楹联碑。

西安碑林中藏有数以十计的清代楹联碑：刻于清同治十二年（1873），由左宗棠撰文并篆书的楹联碑，为方形二石，每石高约 222 厘米、宽约 47 厘米；由吕松年隶书的楹联碑，碑石高约 106 厘米、宽约 30 厘米；由盛惇崇行书的楹联碑，为方形二石，每石高约 132 厘米、宽约 28 厘米；由陶廷杰楷书的楹联碑，为方形二石，每石高约 175 厘米、宽约 88 厘米；由任廷贵篆书的楹联碑，高约 158 厘米、宽约 68 厘米；由朱昌颐楷书的楹联碑，高约 124 厘米、宽约 66 厘米；由陆陇其行书的楹联碑，高约 107 厘米、宽约 63 厘米；由郭司经行书的楹联碑，为长方形，周边镌饰花纹，高约 92 厘米、宽约 107 厘米；由马德昭行书的两块楹联碑，二石均高约 228 厘米、宽约 97 厘米，一石上刻七言联语并附“如意不可说”横批，一石上刻七言联语。此外还有刻于民国时期，由崔志道行书的楹联碑，碑为

---

① 注：据考，是年为后蜀孟昶广政二十七年，即公元 964 年。
② 见清梁章钜《楹联丛话・自序》，宋张唐英《蜀梼杌》。

竖形方座，高约 142 厘米、宽约 63 厘米等。

在湖南祁阳浯溪碑林中也有不少楹联碑，其中较著名的有清道光年间进士、翰林院学士，诗人、书画家、鉴赏家杨翰，在清咸丰八年（1858）至同治三年（1864）任永州知府期间游浯溪碑林时撰文并楷书的《三绝堂联碑》（图 183），此联以精辟的语言盛赞了被誉为“三绝碑”的《大唐中兴颂》，其联语云：

图 183　《三绝堂联碑》

地辟天开其文独立，
山高水大此石不磨。

清同治祁阳知县于学琴撰文并仿集宋拓本《大唐中兴颂碑》字题刻的另一副《三绝堂联碑》也是文书俱妙的佳联，碑为长方形二石，每石高约 120 厘米、宽约 25 厘米，字径 13 至 15 厘米，其联语云：

百代名臣金石宝，
一溪明月水天秋。

在湖南岳阳岳阳楼东南处的三国东吴名臣鲁肃墓刻有“东吴太傅墓”五个大字的墓碑的两侧，也立有一对楹联碑，碑上刻有纪念和赞颂鲁肃的联语，对鲁肃一生的才识和功德做了恰当的评价：

扶帝烛曹奸，所见在荀彧上。
侍吴亲汉胄，此心与武侯同。

现存于四川各地的楹联碑中，较为著名的有姜维墓联碑和双忠墓联碑。

四川剑阁剑门山最高处姜维城的姜维衣冠冢前，在刻有“汉大将军姜维之墓”八个大字的墓碑两边，还刻有一副楹联，高度评价了姜维的才智和功绩，表达了对姜维的缅怀之情，其联语云：

智在中原费尽平生胆识，

神栖剑阁永昭千代英灵。

双忠墓在四川绵竹，“双忠”系指三国蜀诸葛亮之子诸葛瞻及瞻之长子诸葛尚。据史籍记载，蜀汉后主炎兴元年（263）魏将邓艾攻蜀，时任都护卫将军平尚书事的诸葛瞻与其子诸葛尚率兵在绵阳奋力抗击魏军，终因寡不敌众，兵败身亡。后人为纪念表彰其父子之忠勇，在他们墓前竖立楹联碑，云：

想当年国势垂危，臣主战，君主降，止争得尽瘁成仁，碧血尚膏刘氏土。

信名士宗风无忝，父死忠，子死孝，问同是捐躯赴难，青燐谁识邓家坟。

现存于河南各地的楹联碑中，张良墓联碑颇为著名。张良豪侠仗义，足智多谋，是汉高祖刘邦最主要的谋士。战国末年，秦灭韩后，身为韩国人的张良曾倾其家财觅力士在博浪沙刺杀秦始皇，失败后亡命江苏下邳，受兵法于圯上老人。刘邦起兵后，张良为其谋划，灭项羽，定天下，为汉朝的建立立下卓著功勋。晚年托疾隐居于东昏县（今河南兰考西南的白云山），死后葬于此。后人为纪念张良，在兰考张良墓前，竖立了墓联碑，其联语云：

壮士奋挥椎，报韩已落秦皇胆。

大王烦借箸，兴汉终函项羽头。

尤为值得一提的是，在河南新安铁门镇著名的千唐志斋博物馆中，藏有众多文书俱佳的楹联碑。其中有清代著名书画家、篆刻家陈鸿寿用古隶书写的楹联碑：“黄山白岳怀人赋，冬桂秋兰公晏诗。”（图 184）有民国二十三年（1934）戴季陶集书赠千唐志斋创始人，老同盟会员、辛亥革命时期陕西新军起义的主要策动者之一，曾任河南省政府代理主席张钫的楹联碑：“量敌而后进虑胜而后会；好学近乎智力行近乎仁。”（图 185）有著名大学问家章炳麟于民国十四年（1925）撰文并用古篆书赠张钫的楹联碑：“宁与凤凰比翼，不随鸡鸦争鸣。”（图 186）有同盟会元老、曾任国务总理的李根源于 1931 年前后撰文并用隶体书赠张钫的楹联碑：“大翼垂天九万里，长松拔地三千年。”（图 187）有国民党元老、以擅长草书著称的著名书法家于右任，在张钫母亲去世三年、张钫守丧期满服阕时撰文并用草书赠张钫的楹联碑：“三年莫洒思儿泪，万里犹驻故国心。”（图 188）

图 184　《陈鸿寿楹联碑》

图 185　《戴季陶集书赠张钫楹联碑》

图 186　《章炳麟赠张钫楹联碑》

图 187　《李根源赠张钫楹联碑》

图 188　张钫母服阕纪念于右任赠楹联碑

在现存于江西各地的楹联碑中，最为著名的是庐山汉阳峰联碑。汉阳峰位于庐山西南，为庐山第一高峰。峰顶建有汉王台，台因汉武帝曾登临此峰而得名。在台东数米的地方，立有一块高约 2 米的立柱式方碑。碑的北面镌有“庐山第一峰”五个大字；碑的南面镌有“大汉峰”三个大字；碑的东西两面刻有一副楹联，其联语云：

峰从何处飞来，历历汉阳，正是断魂迷楚雨。
我欲乘风归去，茫茫禹迹，可能留命待桑田。

汤显祖是德才双馨的明代杰出的戏曲作家和文学家，为人耿直，不附权贵，作有传奇《紫箫记》《紫钗记》《牡丹亭》《南柯记》《邯郸记》等，其中尤以《牡丹亭》最为著名，被誉为古典主义的杰作，在中国戏剧史上享有崇高的地位。汤显祖死后，与夫人同葬于江西临川县城东文昌桥灵芝园汤家山上。20 世纪初，临川知县江召棠出于对汤显祖的崇敬，对汤显祖的墓进行了大规模的修缮，并在其墓前竖立了赞颂汤显祖的楹联碑，其联语云：

文章超海内，
品节冠临川。

在现存于安徽各地的楹联碑中，较著名的有云山洞联碑、虞姬墓联碑和方以智墓联碑等。

云山洞位于宣州狸桥镇云山上，洞厅深邃，景色奇幻，当地俗称“神仙洞”，是蜚声远近的名胜景点。在洞内七米处的岩壁上，存有两副明代遗留下来的联碑。一副是明神宗万历三十一年（1603）宣城县令卢维屏所刻，其联语云：“翠谷空中神变化，碧天深处吼风雷。”另一副在其边上，系明万历三十二年（1604）县令尹三聘所刻，其联语云：“白云一片开穹廊，枯石千宗见画阁。”两副联碑均联语精妙，诗意盎然，书法遒丽，是联碑中的佳作。

虞姬是霸王项羽爱姬，在楚汉之争中于公元前 202 年死于闻名于世的垓下之战。其墓在安徽灵璧县城东，墓前竖有后人为纪念虞姬所立的联碑。碑的横额上刻有横批“巾帼千秋”，两旁刻有联语：

虞兮奈何自古红颜多薄命，
姬耶安在独立青冢向黄昏。

方以智是明、清之际的思想家、科学家，为明末四公子之一，官至翰林院检讨。明亡后愤而出家，隐居安徽枞阳浮山，曾为华严寺第十六代住持，死后归葬于浮山东部抱龙峰下的山坡上。后人为了表达对方以智的敬仰和纪念之情，在其墓前竖立联碑，其联语云：

博学清超垂百世，
名山胜水共千秋。

在广东现存的楹联碑中，深圳的宋少帝陵联碑颇为著名。宋少帝是宋朝末代皇帝，名赵昺。据史籍记载，公元1278年，元军大举入侵，南宋端宗病逝，八岁的赵昺由张世杰、陆秀夫等拥立为流亡小朝廷的皇帝，史称宋少帝，年号祥兴。在广东压山，宋元军队展开激战，由于寡不敌众，宋军大败，陆秀夫背负宋少帝蹈海而死。据传，宋少帝尸首漂到深圳宝安赤湾沙滩上，人们发现后，就以天后庙栋梁作棺木，葬少帝于深圳蛇口以西赤湾之畔。为纪念宋少帝，后人在宋少帝陵前竖立了花岗岩墓碑，碑上刻“宋祥庆少帝之陵”① 七字，碑旁镌刻一副对联：

黄裔于今延宗祀，
赤湾长此巩皇陵。

在浙江现存的楹联碑中，绍兴的秋瑾纪念碑联知名度颇高。秋瑾，又称鉴湖女侠，浙江山阴（今绍兴）人，同盟会浙江主盟员，1907年与徐锡麟分头准备浙皖两省起义，事败后被清政府逮捕，同年7月15日英勇就义于绍兴轩亭口。后人为表达对秋瑾的敬仰和哀悼之情，于1930年在其英勇就义的绍兴市内古轩亭口建立纪念碑，碑上镌刻联语：

---

① “祥庆”为“祥兴”之误。

化身作自由神，姓氏皆香，剑花飞上天去。

呕心为长吉语，龙鸾一啸，诗草还让君传。

联语充满激情，赞美了秋瑾的武艺和文才，讴歌了秋瑾的革命豪气，表达了对秋瑾的由衷敬仰之情，堪称楹联碑之佳作。

在江苏现存的楹联碑中，南京的粤军阵亡将士墓联碑颇为著名。据史籍记载，1912 年 1 月，南京临时政府成立后，张勋受袁世凯的指使，从徐州沿津浦铁路南犯，严重威胁临时政府的安全。孙中山命广东北伐军总司令姚雨平、柏文蔚率由粤军组成的北伐军迎敌，击败张勋，粉碎了袁世凯推翻临时政府的阴谋，促使清帝退位，结束了我国两千多年的封建帝制。为纪念在北伐中英勇牺牲的粤军将士，并表达对国民党反动派背叛革命的不满，1948 年，姚雨平、邹鲁重修了建于南京莫愁湖畔的粤军阵亡将士墓，并在墓碑两侧镌刻对联，其联语云：

渡江偕子弟八千，淮上收功，破虏永除专制政。

流血数健儿二十，国殇不死，雄风长在莫愁湖。

在贵州现存的楹联碑中，明神宗撰写的李渭墓联碑颇为著名。李渭是明代中期贵州有名的理学家，在全国的影响也很大。李渭去世后，明神宗万历二十二年（1594）贵州巡抚薛继美奏请在贵州思南县城东万胜山为他建祠，明神宗不仅准奏，并亲自为李渭墓撰题对联一副，立于李渭墓前，其联语云：

南国躬行君子，

中朝理学名臣。

联语言简意赅，突出赞颂了李渭高尚的人品和卓著的理学成就，虽仅寥寥十二字，但却全面地概括了李渭的一生，是一副简练精辟的楹联碑佳作。

在辽宁现存的楹联碑中，颇值一提的是沈阳黄继光纪念碑联。沈阳市北陵公园东北建有抗美援朝烈士陵园，园中安葬着黄继光、杨根思、邱少云等抗美援朝战争中牺牲的著名英雄、模范、功臣一百二十四名。在舍身堵枪眼的特级英雄黄继光烈士纪念碑上，镌刻着郭沫若写的一副对联，高度赞扬了黄继光伟大的革命英雄主义精神，其联语云：

血肉作子城，烈概在火中长啸。
光荣归党国，英风使天下同钦。

诸如此类的楹联碑，在台湾省也时有所见。在台湾现存的楹联碑中，南投抗日纪念碑联颇值得一提。1930 年 10 月 27 日，台湾雾社高山族同胞在南投县仁爱乡发动反日武装起义，被日本殖民统治者残酷镇压，两千余人惨遭杀害，起义领袖莫那·鲁道与花岗兄弟均壮烈牺牲。后来，人们将英烈遗骨葬于起义地点，并在此建立了山地同胞抗日纪念碑，在碑上镌刻了深切悼念起义牺牲者、热情颂扬台湾山地同胞英勇的抗日精神的楹联，其联语云：

百战忠魂，千秋恨事。
一朝义愤，万古馨香。

千百年来，楹联碑正是以其形式独特，文字简洁凝练，感情真挚而赢得人们的青睐，故而直至今日依然广为流行，成为人们所喜闻乐见的一个碑刻品种。

第十三章 碑刻与宗教文化

中国是一个地域辽阔、历史悠久的多民族国家，也是一个多种宗教信仰并存的国家。中国本土宗教道教起源于中国古代的鬼神崇拜、神仙方术、阴阳五行及盛于战国至汉代的谶纬之说和黄老之学，最早出现的道教组织是东汉张道陵开创的“五斗米教”和张角开创的“太平道”。相传公元前6至5世纪中，古印度迦毗罗卫国（今尼泊尔境内）王子乔答摩·悉达多（即释迦牟尼）创立佛教，两汉时佛教从印度传入中国。伊斯兰教是7世纪初阿拉伯半岛麦加人穆罕默德创立的，7世纪中叶传入中国，在回族、维吾尔族、哈萨克族、乌孜别克族、塔吉克族、塔塔尔族、柯尔克孜族、撒拉族、东乡族、保安族等少数民族中传布。基督教于1至2世纪开始流传于罗马帝国，明清之际传入中国。这四大宗教就其在中国传播的地域范围和影响来讲，都是全国性的，尤其是佛教和道教，在我国已有两千余年的历史，影响极广、极大、极深。此外，在我国还有许多其他存在历史较短、覆盖地域较狭窄、影响较小的宗教。

中国各种宗教在传播、发展过程中，产生了许多宗教碑刻。这些碑刻是宗教文化的重要载体，从各个侧面记载和反映了宗教文化发展和宗教文化内涵的各个方面，是人们了解宗教文化必须认真研究的具有重要价值的实物资料。各种宗教中出现的碑刻种类并不相同，数量也多少不一，其在宗教文化中的作用和功能，可以归纳为若干主要方面。

第一节　刻载宗教经典

在历代遗存的宗教碑刻中，刊刻佛、道经典的较多，主要形式有两种，一是刻经摩崖，一是经文碑、经文刻石。

佛教摩崖刻经兴盛于北朝，数量甚多，其中最有代表性的是山东泰山东南麓经石峪刻字面积两千余平方米的《金刚般若波罗蜜经》，山东邹城境内四山的

《文殊般若经》《波罗蜜经》《佛说观无量寿经》《入楞伽经》等摩崖刻经，河北太行山的《大方广佛华严经》《无量意经》《般若经》及《华严经》中的《十地经》《佛说思益梵天问经》《深密解胜经》等二十四处共计二十余万字的佛教摩崖刻经，山东平阴云翠山、洪范山和二洪山峭壁上的《文殊般若波罗蜜经》（图189）等。刻于北齐的比较著名的佛教摩崖刻经还有《香泉寺华严经摩崖》，刻于后主武平元年（570）的山东泰安徂徕山《映佛崖刻经》，山东邹城峄山的《五华峰刻经》《妖精洞刻经》，河南安阳的《宝山刻经》，位于山东汶上的《水牛山摩崖刻经》（图190）。其中，《水牛山摩崖刻经》刻于水牛山山阳顶上的一片花岗岩石壁上，所刻为《文殊般若经》，共刻经文六行，每行九字，计五十二字，字径约27厘米，经文为：

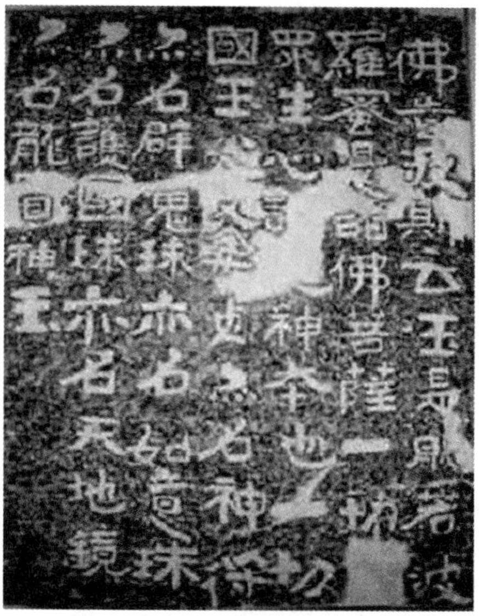

图189　《文殊般若波罗蜜经》（局部）

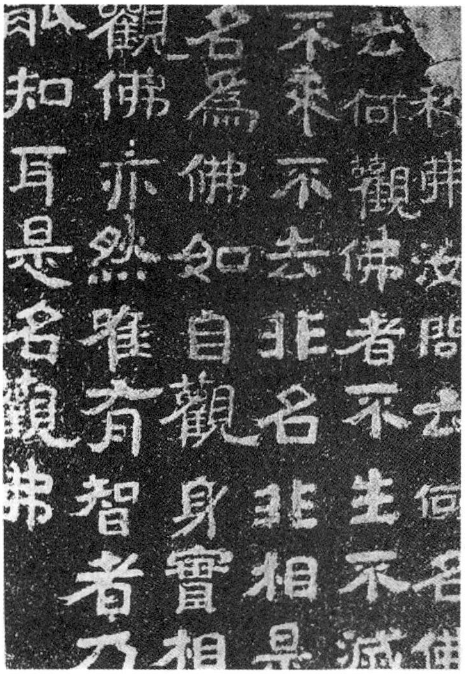

图190　《水牛山摩崖刻经》（局部）

舍利弗汝问，云何名佛，云何观佛者？不生不灭，不来不去，非名非相，是名为佛。如自观身实相，观佛亦然，唯有智者乃能知耳，是名观佛。

在谈及北朝的佛教摩崖刻经时，特别值得一提的是唐邕刻经之事。唐邕系晋昌郡开国公，他从北齐后主天统四年到武平三年（568—572），在今河北武安石鼓山上刻了《维摩诘经》《弥勒成佛经》等四部经文，并在著名的《晋昌郡开国公唐邕写经碑》（亦称《鼓山唐邕刻经铭》）中详细叙述了自己发愿刻经的原因、刻经的数量及镌刻的起讫年月。唐邕刻经的事迹及所刻石经，对后代僧人及佛教徒们产生了深远的影响。

尔后各朝代相继出现了不少佛教摩崖刻经，只是规模远没有北朝佛教摩崖刻经那样宏大。其中较为著名的有在江苏镇江焦山罗汉岩崖壁上所刻的唐代圣达贞观禅师用楷书书写的《金刚经偈句》，刻字崖面高约 1.8 米、宽约 1.1 米。其所刻经文偈句为：

一切有为法，如梦幻泡影，如露亦如电，应作如是观。

图 191　房山石经

历代遗存于世的佛教汉字经文刻石，数量最多、影响最大、名声最为彰著的是北京房山云居寺附近石经山（图 191）的房山石经。云居寺是京郊名刹，坐落在房山大石窝镇水头村的崇山峻岭之间，系隋代幽州智泉寺高僧静琬建造，唐、辽、金、元、明、清代都有修葺。据《帝京景物略》记载，首先提出刻佛教石经的是静琬的师父慧思大师，正式开始刻石经的是静琬："北齐南岳慧思大师，虑东土藏教有毁灭时，发愿刻石藏，闷封岩壑中，以度人劫。岳坐下静琬法师，承师傅嘱，自隋大业，迄唐贞观，《大涅槃经》成。"据唐代《冥极记》记载，当时静琬"既而于幽州北山凿岩为室，即磨四壁而以写经，又取方石别更磨写，藏诸室内。每一室满，即以石塞门，用铁锢之"。当时隋炀帝、皇后和王公大臣们都大力支持静琬刻经，朝野"争共舍施"。静琬先后共发奋刻经三十年，贞观十三年（639）死后，其弟子继承遗志，续刻石经，唐玄宗还特赐佛经四千余卷作刻经稿本。但在唐末、五代时，由于战乱，刻经一度中断。辽、金两代，刻经又转盛，元以后继续补刻，直到明末才告结束。从隋代大业年间到明末天启年间，前后历经千年之久，静琬及其历代弟子共刻经书一千一百二十二部，计三千五百七十二卷，共镌佛教经版刻石 14278 块，其中 4196 块分藏于山腰上的九个洞中，其中雷音洞内存有静琬书刻的经文刻石 146 块，全部镶嵌在洞的四壁上，另外的 10082 块经版刻石藏于云居寺西南压经塔旁的一个洞穴里。

房山石经是我国古代佛教文化一大宝库，所刻有《华严经》《法华经》《涅槃经》《维摩经》《摩诃般若经》《大般若经》《胜天王般若经》《大宝积经》《大集经》《正法念处经》《大智度论》《显扬圣教论》《成唯识论》《集论》《杂集论》等佛经，重要的佛教经典大都已刊刻收藏于洞中。房山石经是我国现存规模最大的石刻汉字佛经，房山居云寺的十个藏经洞是世界上最古老、最宏大的石刻图书馆。尤为珍贵的是在房山石经中保存了许多已散失的佛教经典。如辽代在北京校编刊刻的《契丹藏》早已散失不全，除 1974 年在山西应县木塔发现十几卷残卷外，别无实物可寻，而房山石经保存了一千二百余卷写经刻本，同时证实了辽刻石经就是《契丹藏》的刻本，现存二千三百余卷，实为稀世瑰宝。此外，房山石经还为研究隋唐至明清北京地区金石、书法、文字的变迁，及社会经济、政治历史、文化艺术、民族史、佛教史提供了极为丰富的资料。而且由于房山石经均是原刻，很少讹误，具有重要的版本校勘价值。

房山石经是规模最大的汉字佛教石经，在我国还有比房山石经规模大一倍多的藏文佛教石经，这就是现存于青海黄南藏族自治州泽库县和日寺的《和日石经》。

和日石经（图 192）共有经版刻石三万多块，全部堆放在和日寺院背后的山梁上，因其堆放形状犹如城墙，故而称为“石经墙”。石经墙全长近 300 米，平均宽度约 2. 5 米，高度约 3 米。石经墙共分为四堵，主体石经墙位于和日寺大经堂的左面，长约 16. 5 米、宽约 2 米、高约 2. 1 米，经版所刻经文为世界著名的佛教丛书《甘珠尔》大藏经，近四千万字。其余三堵石经墙经版所刻经文为《丹珠尔》《塔日多》等。除石刻藏文佛经外，还有近两千块石刻佛像、佛寺图案、民族风情和人物速写图画。

图 192　和日石经墙

和日石经艺术成就很高。石经刻字清晰、工整，字迹清秀美观、运笔流畅、劲健有力，所刻图画构图准确、比例适当，雕刻线条自然流畅、精细美观。人物造型艺术具有明显的佛教特点，有的头上有光环或高肉髻，有的手施无畏印等。绘刻技法简拙古朴，既继承了藏传佛教艺术的传统，又汲取了汉族石刻艺术的长处，具有独特的民族风格和鲜明的地方特色。同时，和日石经版式独特，装帧别致，石经墙上的石经堆放井然有序，每函石经堆放得犹如一本长条藏文经书，保持纸质经书的式样和风格。每函石经之间用刻有书名和花的石板隔开，每本石书整齐美观，整个外壁全用绘有花边的木板作为书箱，把石书严严实实地封闭在里面。每一段石经墙建有一个佛堂，里面供有一尊释迦牟尼的石刻佛像，有些石刻佛像还涂了彩色，栩栩如生，给人以一种释迦佛无处不在的感受。

和日石经究竟刻于何时，没有确切的文字记载。据当地僧众传说，约始于清嘉庆年间，即18世纪中后期。当时和日寺从别处迁移到这里，第三世寺主德尔顿久美桑俄合丹增为了弘扬佛法，决意用自己的毕生精力和全部积蓄，凿刻三部永世长存的佛教石经，特地从果洛草原请来了刻石高僧阿乃亥多率领刻经活动。经过十几年的凿刻，德尔顿喇嘛耗尽了积蓄的全部资财，终于刻成了《普化经》等石经。德尔顿去世后，洛加仓活佛继承了德尔顿未竟的事业，他聘请有名的刻经匠恰洛和瓦布丹为刻经师，又雇请了一大批牧民继续进行刻经，前后历时四十年，直到1955年才全部完成了《甘珠尔》《丹珠尔》《塔日多》三部藏文佛教石经的镌刻，最终建成了堪称世界佛教石经之最的《和日石经》墙，为佛教文化竖立了一座巍巍丰碑。

图193 《徐州沛县陈桂碑》上部之《般若波罗蜜多心经》

此外，在我国许多地方都有历代遗存的石刻佛经。如近年在山东微山薛河出土了一块刻于唐玄宗开元二十五年（737）名为《徐州沛县陈桂碑》的造像碑，碑首尖拱形龛内浮雕一佛二菩萨，碑阳下部刻铭序，上部刻《般若波罗蜜多心经》一卷（图193），用楷书书写，共十五行，三百一十九字。在河南开封繁塔有宋代书法家赵安仁用兼欧、柳书体之长书写的佛教“三经”碑刻：嵌于塔基南门东壁的《金刚般若波罗蜜经》，嵌于基座南门西壁的《十善业道经要略》，嵌于二层南洞东西壁的《大方广圆觉修多罗了义经》。在西安碑林中，除藏有大批经幢外，还存有许多佛教经文碑和刻石：刻于唐代，用草书书写的《般若波罗蜜多心经》和《心经》；刻于太祖宋乾德六年（968），由袁正己楷书，李奉琏、翟守素绘图的《佛说摩利支天经》；刻于宋真宗大中祥符二年（1009）由僧省言楷书的《般若波罗蜜多心经》；刻于明神宗万历二十七年（1599），由朱敬镒草书的《般若多心经》；刻于明神宗万历三十三年（1605），由朱敬镒草书的《金刚经》；刻于清乾隆四十五年（1780），由徐元敬行书的《般若多心经》；刻于清嘉庆十六年（1811），由季智安楷书的《般若多心经》；刻于清代，分别由德涵楷书、郭嵩行书的《般若多心经》等。

在江苏镇江焦山碑林中也有佛教经文碑和经文刻石：清康熙四年（1665）摹刻的宋理宗宝祐二年（1254）由“以能书闻天下”的司农寺丞、授直秘阁张即之楷书的《金刚经刻石》（图194）；刻于民国十九年（1930），由戴传贤（季陶）用小楷书写的《般若波罗蜜多心经》。

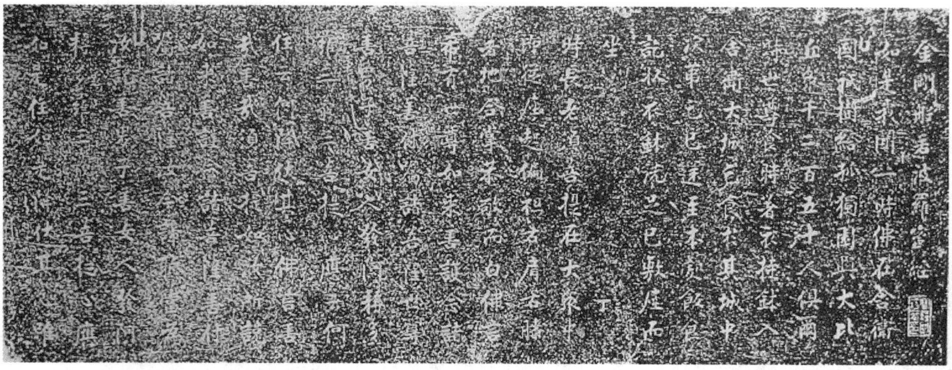

图194　清刻宋张即之书《金刚经刻石》

江苏吴县的《楞严经刻石》和《宝塔金刚经碑》也是颇负盛名的佛经碑刻。《楞严经刻石》刻于明末崇祯年间，由张炳樊、张鲁唯、侯峒曾、归昌世、顾锡涛、王时敏等十一人书写，由苏州刻石名手章懋德勒石，原刻石共八十四块，共刻《楞严经》十卷，现存刻石八十三块，仅缺最后一块捐助者姓名刻石，是一部保存得非常完整的明代石刻佛经。《楞严经刻石》原在吴县光福狮林寺中，1976年迁至司徒庙碑廊。现在《楞严经刻石》旁，还有刻于明神宗万历二十七年

(1599)，由章藻精刻的《宝塔金刚经碑》。两者均为江苏省重点文物保护单位。镶嵌于北京海淀区八里庄摩诃庵后殿东院汉白玉壁上，刻于明神宗万历初年的《篆书三十二体金刚经刻石》，更是名闻遐迩的佛经碑刻。在苏州的寺庙中也有不少佛教经文碑和经文刻石。如在苏州灵岩山寺中有《阿弥陀佛四十八愿》汉白玉刻石碑廊（图 195）。值得一提的是，近年来，随着佛教的繁荣，在苏州寒山寺还出现了一块佛经巨碑——乾隆皇帝御笔《般若波罗蜜多心经碑》（图 196）。因唐诗《枫桥夜泊》闻名于世的苏州寒山寺是中国十大著名佛寺之一，为了弘扬诗韵文化和佛学经典，从 2004 年到 2008 年，经过多年的努力，寒山寺在寺西的寒山别院中建立起了一座总高约为 16.9 米的巨碑，碑的正面镌刻清俞樾所书的张继《枫桥夜泊》诗，碑的背面镌刻清乾隆皇帝手抄的《般若波罗蜜多心经》一卷，共二百八十九个字，大碑上共雕刻二十八条蛟龙，气势极为雄伟壮观，成为佛经碑刻的一大珍品。

图 195 《阿弥陀佛四十八愿》汉白玉刻石碑廊

图 196 乾隆皇帝御笔《般若波罗蜜多心经碑》

西藏也有众多的石刻佛经。玛尼石刻是西藏石刻三大组成部分（另两部分为石窟和摩崖造像）之一，其数量之巨、内容之丰富、雕刻之精实为罕见，包括经文在内的佛教内容，是玛尼石刻的重要题材。在被誉为石刻之乡的昌都，以玛尼

图 197 西藏那曲卡日寺玛尼石刻佛教经文

石组成的玛尼堆伟岸如山，玛尼墙绵延路边数公里。当雄县康玛寺的玛尼拉康四壁嵌有玛尼石千余块。在那曲卡日寺的玛尼石中，石刻佛教经文（图197）占有很大的比重。这些玛尼石刻经文对于研究西藏佛教文化具有重要的价值。

道教经文摩崖和道教经文碑数量没有佛教经文摩崖和佛教经文碑那样多，但也颇为可观。

胶东半岛东部素有“海上仙山之祖”美称的昆嵛山，是中国道教全真派的发祥地。在昆嵛山主峰泰礴顶东南圣经山顶上的一块状如新月的巨石峭立如削的阳面，随其天然凹面，阴刻着《太上老子道德经》上下卷，共一百四十六行，五千余字，用颜体楷书书写，结构谨严，稍带魏风，古拙苍润，书法苍劲，刻工精湛，工程浩大，令人惊叹。据传，这块国内罕见的大型道教摩崖刻经，为金代道教全真派创立者、开山祖师王重阳和他号称“北七真人”的七个弟子刻建，是道教文化的重要文物。

据史料记载，陕西周至的楼观台是我国春秋时期大思想家、大哲学家老子讲经说法之所，后来建起了中国道教最早的宫观，成为中国道教的发祥地，举世闻名的《道德经》就是在此诞生的。现在楼观台说经台山门左右两侧矗立着历代遗存下来的石碑十余块，均为历代书法名家所书。其中左侧两块碑上分别刻有由元代著名书法家高文举正楷书写的《道经》《德经》，右侧两块碑上刻有用梅花古篆书写的《道德经》，更为珍贵的是在梅花古篆碑的侧面和《道经碑》的侧面还刻有相传为太上老君所作的十四字道教养生诀联（图 198）。

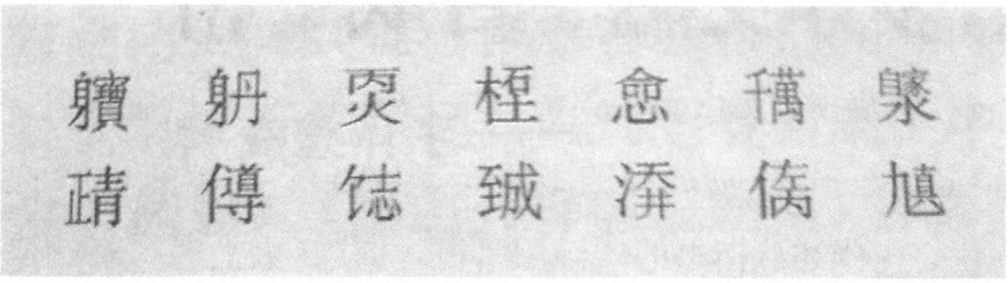

图 198 道教养生诀联

据当地道士说，此联语应读作“玉炉烧炼延年药，正道行修益寿丹”，乃道教养生修炼之秘诀。

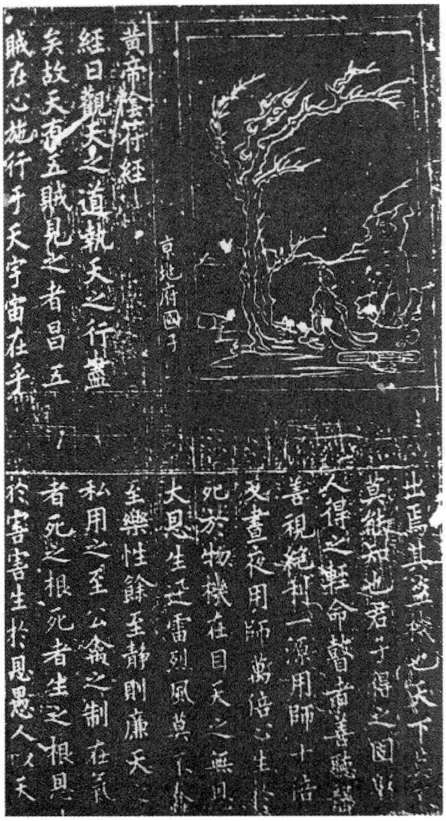

图 199 《黄帝阴符经》（局部）

《阴符经》是道教的重要经典，其主要内容是“阴阳相胜之术”，认为“治国之术百数，其要在清净自化；用兵之术百数，其要在奇正权谋”，并提出“心生于物，死于物”“圣人知自然之道不可违，因而制之”等命题。《阴符经》对后世影响甚大，历代都颇为重视，不仅先后出现过姜太公、范蠡、鬼谷子、张良、诸葛亮、李荃六家注本和杜光庭、夏元鼎、陆长庚等十余家注疏本，而且还屡屡被镌刻成碑，以广加传播。仅在北宋遗存的碑刻中，就有：刻于宋太祖乾德四年（966），由郭忠恕用古文、篆体、隶体书写的《三体阴符经》；刻于宋太祖开宝二年（969），由袁正己楷书，李奉畦、翟守素绘画的《黄帝阴符经》（图 199）；刻于宋徽宗宣和六年（1124），由董夏篆书的《阴符经》等。

甘肃榆中的栖云山，相传古时混元老祖曾化为老道来此，用法术建造了混元阁后“坐化”而去。后来，此处就成为道家修身之地，留下不少道家遗迹。在峰顶混元阁八卦亭内，立有一根高约 200 厘米、宽约 40 厘米，称为“天通柱”的八棱黑色石柱，柱上刻有《道德经》《清静经》等五篇道教经典。

西安碑林中存有刻于宋乾德四年（966），由郭忠恕用篆、隶、楷三体书写的《三体阴符经碑》；刻于宋太宗太平兴国五年（980），由庞仁显楷书、白廷璨绘画的《老君常清静经》；刻于清乾隆四十八年（1783），由蒋薰楷书的《太上感应篇》；刻于清代，由张述燕楷书的《纯阳吕祖垂训》《太上感应篇》等道教经典。

各地的一些道观也存有石刻道教经典。如在道教全真派三大祖庭之一，被称为“全真丛林第一观”的北京白云观祀奉全真龙门支派律宗第七代律师王常月的祠堂的东西室壁上，嵌有元代书法大家赵孟頫书写的《道德经》和《阴符经》；河南鹿邑的太清村，原属楚国苦县，被认为是道教太上老君老子的故乡，现在鹿邑太清村隐山上的太清宫的太极殿院内，存有一块高约3米、宽约1.1米的龟趺石碑，碑的两面刻有唐代皇帝御笔隶书的《道德经注》，每面刻二十二行，每行五十一字；在西安东关长乐坊著名道观八仙宫的碑廊壁上，嵌有元赵孟頫书写的《道德经》等。

伊斯兰教、基督教的经典碑刻数量远不如佛教经典碑刻那样多，但在一些重要的伊斯兰教清真寺和基督教教堂中也时有所见。如：我国现存最早的伊斯兰教古寺福建泉州清净寺中，门楼外尖拱大门上额，横嵌有一长列石刻浮雕阿拉伯文《古兰经》经文；其礼拜大殿的正大门尖拱门楣上，镌刻着阿拉伯经文；在礼拜大殿的西墙上额，横嵌有一长列雕刻古朴的石刻阿拉伯文经典；西墙正中所砌的巨大尖拱壁龛内，嵌有石刻古体阿拉伯文《古兰经》，称为“米哈拉布”，西墙上还嵌饰有六个雕刻伊斯兰教经文的巨大尖拱壁龛。在与清净寺齐名的扬州仙鹤寺墓园中，嵌有用阳文镌刻的《古兰经刻石》。在江苏南京的太平路清真寺的礼拜大殿，嵌有阴刻镏金《古兰经》经文汉白玉。在北京的三里河清真寺内，发掘出了很可能是由清代著名伊斯兰学者刘智撰写的《回文“一元统会纪要”终序》及《论道二教亦有二》等重要的用汉文书写的伊斯兰教经典碑刻。又如，在南京现存最早的一座基督教大堂——圣保罗堂中，内墙石柱上端内侧的十块白矾石上，镌刻着由穆通甫缮写的贴有金箔的圣经经文。

第二节　记载寺史、教史

记载寺庙宫观创建、重建、移建、扩建、修葺等和教派创建、传播、兴衰等有关情况，是历代宗教碑刻的一个重要功用。这类碑刻几乎各种宗教都有，为数甚多，尤其是寺史碑刻在历史较悠久的寺庙宫观中常可见到。

位于河南洛阳的白马寺，建于东汉明帝永平十一年（68），距今已有一千九百

图 200　洛京白马寺祖庭记碑

多年的历史，是佛教传入中国后兴建的第一座官办寺院，被称为“中华第一古刹”，有中国佛教的“祖庭”和“释源”之称。1961 年，白马寺被国务院公布为第一批全国重点文物保护单位，1983 年被国务院确定为全国汉传佛教重点寺院。现存的洛阳白马寺，遗址古迹为元、明、清时所留，寺内不仅保存了大量元代干漆夹纻造像，如三世佛、二天将、十八罗汉等，弥足珍贵，而且还遗存有宋、元、明、清各代刻立的记载白马寺史的碑刻。其中较为著名的是立于山门西侧的由宋代苏易简撰书的《重修西京白马寺记》，因碑文分五段写，故亦称“断文碑”；更为著名的是立于山门东侧碑亭，刻于元文宗至顺四年（1333），由元著名华严大师沙门文才撰文、由元代大书法家赵孟頫楷书的《洛京白马寺祖庭记碑》（图 200）。碑高约 3. 5 米、宽约 1. 15 米，碑文记载了白马寺的由来。这些碑刻不仅是研究白马寺寺史的重要文献，也是研究中国佛教史的宝贵资料。

在著名的北京八大寺庙之一，创建于元惠宗至正七年（1347），重建于明英宗正统十二年（1447）的柏林寺，存有立于明正统十二年、由国子监祭酒李时勉撰写的《重修柏林寺碑记》和清乾隆皇帝于乾隆二十二年（1757）撰立的《重修柏林寺碑记》，两碑都记述了柏林寺史，碑文内容反映了柏林寺在明、清时的显赫地位。

山东济南的神通寺，始建于西晋时期，在历史上曾是一个规模相当宏大的佛教寺院，称为“三齐名刹”，是我国佛教圣地之一。现寺内存有明弘治年间所刻《张天端神通寺记略碑》，碑文记述了神通寺在遭受兵燹和风雨摧残后，于明成化、弘治年间重建的宏伟盛况，为研究神通寺史和山东佛教史提供了重要资料。

天津规模最大的佛教寺庙大悲院，存有由清著名文人朱彝尊撰写的《大悲院记碑》，碑文记述了禅人世高募捐化缘创建大悲院的经过，为研究大悲院和天津佛教史提供了重要资料。其碑文云：

> 禅人世高，结茅天津之衢，夏以水，冬以茗果，施往来之人。而予友曹君，实司武备兹士，捐俸钱继之，程工庵材，筑室三楹，题目大悲禅院。

在天津蓟州区的全国第一批重点文物保护单位、著名的佛教寺庙独乐寺内，存有《刘成碑》，为研究独乐寺史、天津地区佛教史提供了重要资料。其碑文云：

> 独乐寺不知创自何代，至辽代时重修……故尚父秦王请谈真大师入独乐寺，修观音阁。以统和二年冬十月再建，上下两级，东西五间，南北八架，大阁一所，重塑十一面观世音菩萨像。

图 201　龙藏寺碑（局部）

位于河北石家庄，创建于隋开皇六年（586）的隆兴寺[①]，存有隋以来历代的碑石三十多块，其中有被称为“碑中之王”的《龙藏寺碑》（图 201），是体现汉隶向唐楷过渡特点的著名书法名碑，书法价值极高，在南北朝至唐的书法艺术发展史上处于承前启后的地位，是研究我国书法艺术发展史的珍贵实物资料，被后人称为“楷书之祖”，被近代著名学者康有为誉为“隋碑第一”。碑文一千五百余字，记述了恒州刺史王孝仙奉皇帝之命率领恒州境内一万多名百姓共建龙藏寺的经过，是研究隆兴寺历史的重要资料。

---

① 原名龙藏寺，宋初更名为龙兴寺，清康熙初年定名为隆兴寺，因寺内有驰名国内的铜铸大佛像，故俗称大佛寺。

山西交城的中国佛教净土宗名刹、在中日佛教交流史上具有显赫地位的玄中寺，存有北魏孝文帝延兴四年（474）造像碑、北齐武成帝河清三年（564）造像碑和隋文帝开皇六年（586）造像碑及唐代的《戒坛碑》《寺庄山林四至碑》和《铁弥勒像颂碑》等。这些碑刻记载了玄中寺史和中国佛教净土宗的教史，根据碑文可以得知玄中寺始建于北魏孝文帝延兴二年（472），落成于北魏孝文帝承平元年（476）。在北魏孝庄帝永安年间，高僧昙鸾受古印度僧人普提流支度化，以《观无量寿经》得解脱生死之法，遂成为我国佛教净土宗的始祖。北魏时，昙鸾很受孝文帝的敬重，谥号“神鸾”，晚年在玄中寺住持念佛，当时颇负盛名。隋唐时，道绰、善导两位大师先后在玄中寺宣讲佛教净土佛学，唐太宗曾专程北上拜谒玄中寺，并接见道绰，敕赐寺额为“石壁永宁禅寺”，使玄中寺声誉进一步提高。到盛唐时，玄中寺已成为当时全国佛教三大戒坛之一，与西安的灵威坛、东都洛阳的会善坛齐名，名扬天下。后来，善导禅师去长安香积寺研究和传播净土法学，当时在长安求学的日本僧人很多，净土宗就由此通过日本僧人传到日本。从此，玄中寺和香积寺便成为日本佛教净土宗的祖庭。

辽宁沈阳，由清太宗皇太极于崇德元年（1636）敕令修建、备受清朝历代皇帝推崇的喇嘛寺实胜寺，存有当年建寺时所立的由两块碑石组成的著名的《四体文碑》，右侧碑亭的石碑正面刻满文，背面刻汉文，左侧碑亭内的石碑正面刻蒙古文，背面刻藏文。四种文体的碑文内容相同，详细记述了实胜寺的修建始末及殿宇规模、供佛排列等情况，为研究实胜寺史提供了第一手重要资料。

河南安阳的天宁寺原是一座规模宏大的千年古刹，由于遭兵燹、天灾严重破坏，到中华人民共和国成立前，仅剩中佛殿及砖塔。现在人们对于天宁寺创建的年代及规模等寺史情况的了解，主要来自寺内遗存的刻于清乾隆三十七年（1772）的《重修天宁寺图碑记》。其碑文云：

> ……天宁寺在彰德府治西北里许，始建于隋仁寿初，维修于周显德中。宋元之际相继增修，明洪武间置僧纲司于此，其规模雄壮甲于河北……寺有塔五级，由下而登，逐渐宽敞，其巅则为平台，周可容二百人，远望太行历历在目。

湖南长沙麓山寺的《麓山寺碑》，不仅是享有盛誉的书法名碑，同时也是研究麓山寺史的重要史料。碑文一千四百一十三字（其中二百七十一字已剥蚀），历述了该寺自西晋泰始四年（268）由法崇禅师创建至唐的兴废变迁及历代禅法传法情况。

广西桂林的开元寺，始建于隋代，是桂林最古的佛寺，为旧时桂林八景之一。唐代著名高僧鉴真第五次东渡失败后，大约于天宝九年（750）转来桂林，下榻于开元寺，讲授佛学。开元寺由此名声大盛，在明清时成为当地最重要的寺庙，凡遇节令，大小地方官员都来寺中祭告瞻拜，演习礼仪，盛况空前，热闹非凡。关于开元寺在明清时代的兴盛情况，从明代徐淮记载寺史的《重修宁寿寺碑》[①] 可以窥见一斑，其碑文说当时开元寺"赭垣四立，金碧交辉，殿宇廊庑，哗然焕然……凡有事于庆祝，鸣者如鸿胪，奏者如仙乐"。

甘肃武威护国寺中由西夏王朝第四个皇帝崇宗赵乾顺刻立的《重修护国寺感应塔碑》，不仅是一块对于研究西夏文字和西夏历史具有重要价值的碑刻，同时也是研究护国寺史和西夏佛教史的重要资料。从碑文中可以得知，包括崇宗李顺天在内的西夏诸帝均是佛教的虔诚崇信者。碑文概述西夏佛教的盛兴云："至于释教，无所崇奉，近自畿甸，远及荒要，山林溪谷，村落坊聚，佛宇遗址，只椽片瓦，但仿佛有存者，无不必葺，况名迹敞，古今不泯者乎？"碑文对重新修建护国寺感应塔的情况也做了详细记述，"故将是塔，旌乎前后灵应，遂命增饰"，在修建感应塔时"众匠率职，百工效技"，感应塔重新建成后，"金壁相同，辉煌日月，焕然如新，丽矣壮矣，莫能名状"。

此类碑刻在甘肃其他地方还有不少。如武威的海藏寺存有由清代郭朝祚撰书的记述海藏寺藏经阁历史的《海藏寺藏经阁碑记》。张掖的大佛寺存有明宣宗的《敕赐宝觉寺碑记》和明通政使辅撰写的《重修宏仁寺碑记》等，这些碑刻反映了大佛寺的深远影响及大佛寺历代兴废情况，为研究张掖大佛寺和甘肃佛教史提供了重要资料。

宁夏回族自治区的牛首山寺，是一处历史悠久的佛教圣地，号称"四镇之灵镜，朔方之名刹"。现寺内存有明武宗正德十六年（1521）进士管律撰书的《牛

---

① 桂林开元寺在宋代曾改称宁寿寺。

首寺碑记》，清康熙十二年（1673）武科进士、赠进士出身并曾任湖广提督的俞益谟撰写的《重修牛首山正顶说法台并制藏经碑记》等。从这些碑刻的碑文中可知，牛首山寺明代前早就创建，但“世远莫详创始”，“既葺而废，既废而葺，又不知其几更番也”，到明代牛首山寺已规模很大：“当山之幽绝，前为罗汉殿，殿北为祖师殿，南为迦蓝殿，中则接引殿，后则如来殿……少北则佛母洞，再北则观音殿，殿之后为迦叶塔，界乎洞与塔之间，则十方佛宝殿。迦叶塔之北，则眼光菩萨殿。殿之北为金牛池……界乎池殿之前，则释迦殿。又北则文殊殿。界弥陀文殊之后，则坉涌塔。弥陀之东则普贤殿……”

台湾台南的开元寺，兴建于明末清初，现寺内存有刻立于康熙二十九年（1690）的《始建海会寺记》，刻立于清乾隆四十二年（1777）的《海会寺碑记》和《东瀛海会寺图碑》，刻立于清嘉庆元年（1796）的《台湾府僧纲司传临济宗三十八世亦是如公寿塔》等石碑，为研究开元寺史及开元寺与郑成功家族的关系提供了宝贵的资料。

著名的西安碑林和焦山碑林也收藏了不少此类记载佛教史、寺庙史的碑刻。在西安碑林中，有刻于北魏孝文帝太和十二年（489）的《晖福寺碑》，刻于宋太祖建隆四年（963）的《重建开元寺行廊功德碑》，刻于宋神宗熙宁元年（1068）的《善感禅院新井记》，刻于元至正十一年（1351）的《奉元路园通观音寺记》，刻于明英宗天顺五年（1461）的《重修弥陀禅寺记碑》，刻于明穆宗隆庆六年（1568）的《古仪门寺碑记》，刻于唐玄宗开元九年（721）的《兴福寺残碑》等。在焦山碑林中有刻于明神宗万历二十二年（1594）八月的《重修鹤林寺碑》，刻于明代的《京口鹤林寺残碑》，刻于清光绪元年（1875）的《移建玉峰庵记碑》，刻于清光绪二年（1876）的《移建海门庵记碑》，刻于清光绪二十五年（1899）的《灵鹫寺功德碑》，刻于清代的《润州鹤林寺重修大殿山门记碑》等。

1995年初，在河南登封的永泰寺中出土了一批记载该寺历史的重要碑刻。其中有刻于唐玄宗天宝十一年（752）的《大唐中岳永泰寺碑》，刻于神宗明万历四年（1576）的《总持殿碑》，刻于明万历四年（1576）七月初一的《重修永泰寺总持阁记碑》，刻于明万历三十五年（1607）闰六月下旬的《奖贺重建永泰寺住持肃然大士营造落成七十寿序碑》，刻于明思宗崇祯十一年（1638）的《明圆寂慈恩师肃然无为讳敬果觉灵立祖普同之塔碑》，刻于清乾隆五十五年（1790）正月的《金装佛像碑》，刻于清道光八年（1828）五月初一的《重修毗卢圣殿碑》和年代不详的《进佛碑记》等。其中《大唐中岳永泰寺碑》（图202）碑文所载唐永泰公主出家始末、北魏至唐代永泰寺的沿革等情况补充了史志之阙；碑文所载隋文帝“忽得舍利一瓶，雪亮灿烂，火焚益固。乃诏天下梵场起塔供养为苍生祈福”之事，与《登封县志》中法王寺、龙潭寺、龙泉寺在“隋文帝仁寿二年建造舍利塔”的记载相吻合，为证明这几座寺院隋代舍利塔的始建年代提供了新的资料，对于研究该寺历史和中国佛教史具有重要的价值。

图202 大唐中岳永泰寺碑

全国各地也有许多记载道教史和道教宫观史的碑刻，为研究道教史及道教在中国的影响和地位提供了有价值的资料。

在道教全真派三大祖庭之一北京白云观的灵宫殿前东侧，立有民国十三年（1924）刻立的《重修白云观殿宇桥梁碑》，碑文记载了白云观第二十一代方丈陈明霖募化修葺观内中路各殿及窝风桥之事；在玉皇殿前立有刻于乾隆五十三年（1788）分别用汉文和满文书写的乾隆皇帝御碑《白云观重修碑记》；在云集园云集山房西侧立有刻于民国十七年（1928）二月的《白云观碑》。这些碑刻对于研究白云观史均是有价值的第一手实物资料。

山东泰山岱庙，始建于秦汉，是历代帝王祭祀泰山和举行封禅大典的地方，也是著名的道教宫观，现庙内共存历代碑碣一百五十七块，其中有修庙碑、祭告碑四十二块。这些碑刻为研究岱庙庙史提供了宝贵的资料。如在岱庙配天门东侧、炳灵门外北侧立有巨碑《宣和重修泰岳庙记碑》（图203、204）。此碑系宋徽宗宣和六年（1124）为重修岱庙而立，高约9.25米、宽约2.1米、厚约0.7米，螭首龟趺。龟座高约1.85米，宽约3米、长约5米。规制穹崇，镌勒工巧，居岱庙诸碑之冠。碑阳文二十六行，满行七十六字，凡二千七百六十八字，字径约5.5厘米，正书。额篆“宣和重修泰岳庙记”二行八字，字径约23厘米。碑阴原刻庙官

图 203　宣和重修泰岳庙记碑

图 204　宣和重修泰岳庙记碑碑阴

姓名二十行，前十五行为宋刻，后五行为元刻。明神宗万历十六年（1588），山东巡抚李戴、吴龙征磨去碑阴原字，刻“万代瞻仰”四个大字。在泰山南麓的道观王母池内，存有刻立于宋仁宗皇祐五年（1053）记载王母池历史的《重修王母殿碑》。在泰山著名道观碧霞寺中立有刻于明熹宗天启五年（1625）的《泰山灵佑宫铜碑》，刻于明神宗万历四十三年（1615）的《泰山天仙阁金阙铜碑》，刻于清道光十五年（1835）的《重修泰山碧霞元君祠碑》（图 205）。这些碑刻都是研究泰山道教史的重要资料。

图 205　《重修泰山碧霞元君祠碑》（局部）

杭州西湖边宝石山以西葛岭上的抱朴道院，

是全国道教重点宫观之一。当年是著名道教理论家、炼丹家、医学家葛洪修道、炼丹之地。现道院边存有刻立于明神宗万历四十年（1612）春，由刑部尚书姚沈应撰文、凤阳知府王国桢篆书的《葛仙庵碑》，碑文记述了葛洪的生平及在此结庐炼丹的经过，兴建和历代修葺抱朴道院的情况及祀典之事，为研究道教史和葛洪生平提供了宝贵的资料。

广东惠州西北的罗浮山，是道教“十大洞天”的“第七洞天”。在山上的酥醪观正殿内，墙上嵌有记载观史的《重修酥醪观铭碑》《重修酥醪观碑记》等石碑。

四川都江堰西南十五公里的青城山，是道教“十大洞天”中的“第五洞天”。山上建福宫立有刻于唐僖宗中和元年（881），由徐太亨撰写的《青山丈人祠碑》，碑文记载了唐僖宗于中和元年敕封“青城丈人庙并准五岳真君庙例”之事；常道观（天师洞）存有《龙门派碧洞宗道脉渊源碑》《彭椿仙真人重修常道观碑》；老君殿立有刻于清光绪二十一年（1895）秋的《重建上清宫记碑》。这些碑刻都是道教的重要历史文献。

四川成都的青羊宫，相传是太上老君与尹喜相会之处，老子为关令尹喜著《道德经》后约他“子行道千日后，于成都青羊肆寻吾”。此后，青羊宫便成为神仙聚会、老君传道的地方。现宫内存有唐代乐朋龟撰写的《西川青羊宫碑记》，碑文记载了唐僖宗敕命修葺后青羊宫的极盛气象：“冈阜崔嵬，楼台显敞，齐东溟圆峤之殿，抗西极化人之宫。牵剑阁之灵威，尽归行在；簇峨眉之秀气，半入都城。烟粘碧坛，风行清馨。”

在河南嵩山的全国道教重点宫观之一的中岳庙内，存有著名的“四状元碑”：宋代状元王曾撰写的《重修中岳庙碑》、宋代状元卢多逊撰写的《新修嵩中天三庙碑》、宋代状元陈知微撰写的《增修中岳中天崇圣帝庙碑》、金代状元黄久约撰写的《重修中岳庙碑》。四碑都是研究中岳庙史的重要文献资料。还存有刻于北魏的著名的《中岳嵩高灵庙碑》，碑文记载了北魏成帝太安二年（456），著名道士寇谦之修中岳庙及传道的经过，是十分珍贵的道教文物，对于研究中岳庙和中国道教史具有重要的价值。

武当山是我国著名的道教名山，山上道观众多，在建于明成祖永乐十一年（1413）的玉虚宫门内外的碑亭内，立有刻于明永乐十六年（1418），通高约 9

图 206　大岳太和山道宫碑记

米、宽约 2.35 米、厚约 0.76 米的龟趺巨碑《大岳太和山道宫碑记》（图 206），刻于明世宗嘉靖三十二年（1553）的《重修太和山宫殿纪成碑》；在十方堂的碑亭内，立有刻于明永乐年间的《重修大岳太和山道宫碑》；在金顶太和宫殿门两侧立有制于明嘉靖二十九年（1550）的《敕建苍龙岭雷坛设金像铜碑》；在五龙宫殿右山坡大林下，存有刻于元惠宗至正四年（1344）的《大五龙灵应万寿宫碑》等。这些碑刻都是研究武当山道观史的重要资料。

位于安徽黄山休宁的齐云山，素有“江南第一名山”之誉，是与江西龙虎山、湖北武当山、四川鹤鸣山齐名的四大道教圣地之一。自唐代乾元年间本山道教发祥以来，到明代为止，历代在全山共建有道教宫观等建筑一百余处之多，香火极旺。齐云山碑刻星罗棋布，遍及全山，摩崖石刻更是琳琅满目，数不胜数。虽然由于年代久远，已有不少碑刻风化泯灭，在“文化大革命”中，又有不少遭到破坏，但至今齐云山全山仍存有碑铭和摩崖题刻一千四百余块，其中与道教有关的碑铭和摩崖题刻为数甚多。如：在始建于明武宗正德十年（1515），宫内一大洞内置有玄帝全像[①]，洞壁刻有玄帝生平故事的紫霄岩玉虚宫左侧，立有明代吴门“四大才子”之首、著名画家唐寅撰写碑文，里人汪肇篆额，郡人戴铸楷书的高 7 米多的龟趺巨碑《云崖紫霄宫玄帝碑铭》。在齐云岩下始建于宋理宗宝庆二年（1226）的玄天太素宫，立有明代嘉靖皇帝因在此求嗣得子，为感谢玄帝而御制的《齐云山玄天太素宫碑》等。这些碑刻为研究紫霄宫、玄天太素宫等道观的历史和齐云山道教史提供了有价值的宝贵资料。

陕西周至的楼观台，是中国春秋时代的思想家、哲学家、道家学派创始人老

① 道教称真武大帝为玄天上帝，简称玄帝。

子讲经的地方，是中国道教发祥地之一。据传，春秋时代楼观台为函谷关令尹喜居宅，后来老子西游入关，他迎老子于楼观筑台讲经。至唐时，高祖李渊以老子李耳为远祖，扩建楼观台，名“宗圣宫”，在老子说经台建“老子祠”。楼观台遂成为道教圣地，宋、元、明、清各朝，均予重建、修葺。至今，楼观台存有唐、宋、元、明、清历代碑石七十余块。诸如：唐碑有刻于唐高祖武德九年（626），由欧阳询撰序并隶书的《大唐宗圣观记碑》；刻于唐玄宗开元五年（717）的《大唐尹蓂师碑》；刻于唐玄宗开元二十九年（741），由苏灵芝行楷书，记述了唐玄宗李隆基梦见老子真容，命诸道士访示，尊而祀之事的《重模苏灵芝书唐老君显见碑》。宋碑有刻于《大唐尹蓂师碑》碑阴由宋著名书法家吴琚行书书写，字径达60厘米的“天下第一福地”大字碑。老子祠“配极元都”阁殿东墙刻有宋代名家薛绍彭书“王工部元丰四年七月二十五日题诗，十二月十二日作诗”之诗二首；西墙刻有薛绍彭元祐元年（1086）三月楷书的《题楼观南楼》及《留题楼观》。元碑有刻于宋哲宗元至元十九年（1282）的《终南山宗圣宫主石公道行记碑》，刻于元仁宗皇庆元年（1312）八月的由李道谦撰文的《楼观大宗圣宫重修说经台记碑》，及《重修终南山古楼观说经台记碑》《重修说圣台记碑》《楼观图碑》《大元重修宗圣宫记碑》《先师碑》《重修文始殿碑》《上善池碑》等。其中，《楼观大宗圣宫重修说经台记碑》四面刻字，由李道谦撰文，孙德彧篆额，李忠宗书丹。撰文时间为元世祖至元二十一年（1284），立碑时间为元仁宗皇庆元年（1312）。元代书法大家赵孟頫用隶书所书的《上善池碑》（图207）立于楼观台山门前草坪的上善池亭内，碑高约2.25米、宽约0.96米，笔画饱满劲挺，引人瞩目。明碑有刻于明神宗万历三十四年（1606）的《说经台创建救苦殿记碑》。楼观台老子祠说经台山门内，西侧有明代高文举古篆碑两通，高约3.5米、宽约1.3米。清碑有刻于清乾隆五十九年（1794）的《重修楼观台宗圣宫碑记》，刻于清乾隆十一年（1746）的由曾天义

图207　上善池碑

书丹并篆额、楷书的《说经台梁公道行碑铭》，刻于清雍正十三年（1735）的由朱文炳撰文、王容书刻的行楷的《重修古楼观说经台记》等。其中《重修古楼观说经台记》有王羲之书风，《重修终南山古楼观说经台记碑》碑阴刻载了雍正六年（1728）至乾隆二年（1737）十年间各乡里万余人捐款重修楼观台银两之事及其数量。这些碑刻为研究楼观台历史和中国道教史提供了有价值的资料。

陕西华阴的华山，是著名的道教“洞天福地”，自全真派兴起时，华山即是全真道场。山上道观众多，其中玉泉院、东道院、镇岳宫为全国重点道观，更有西岳庙为全国重点文物保护单位。现在玉泉院存有刻于宋真宗大中祥符三年（1010），由贾得升撰书的《建樵碑》及《太华全图碑》；西岳华山庙存有刻于北周天和二年（567）的《西岳华山庙碑》、明嘉靖年间重刻的《唐玄宗御制华山碑铭》、刻于明代的《华山卧图》、刻于清康熙年间的《华山图碑》、刻于清乾隆时的《西岳全图碑》等。这些碑刻是研究华山道教史的宝贵实物资料。

陕西西安东关长乐坊的八仙宫，是道教全真派的十方丛林，现宫中存有刻于清道光十二年（1832）的《八仙庵十方丛林碑记》、刻于民国二十七年（1938）的《重修西京万寿人仙宫碑记》等，为研究八仙宫史提供了重要资料。

陕西西安鄠邑区的重阳宫，是元代道教兴盛时期关中全真派的著名圣地，为当时全国七十二路道教的总集合点，被道教各方门徒称为“祖巷”。原宫中有碑刻七十二块，现尚存三十余块，其中绝大部分碑石内容均是记载有关道教全真派的历史的，是研究中国道教史和元代历史的珍贵资料。

伊斯兰教也有许多教史、寺史碑刻。历史文化名城福建泉州是伊斯兰教最早传入中国的地方。早在伊斯兰教创立初期，伊斯兰教就经海上丝绸之路传入泉州。一千二百多年来，泉州留下了大量伊斯兰教碑刻。在我国研究泉州伊斯兰史迹第一人张星烺教授的启发下，泉州学者吴文良从1928年至20世纪50年代先后搜集了近百方伊斯兰教等宗教刻石，于1957年出版了受到学术界高度评价的《泉州宗教石刻》一书；1984年，泉州海外交通史博物馆出版了《泉州伊斯兰教石刻》，书中收录了已发现的伊斯兰教碑刻两百余块。这两部专著中所收集的大量碑刻，对于研究伊斯兰教在泉州的传播史和泉州回族的发展史，具有重要的文献资料价值。在我国现存最早的伊斯兰教古寺福建泉州清净寺中，存有刻于明神宗万历三十七年（1609）由李光缙撰写的《重修清净寺碑记》和元惠宗至正十年（1350）

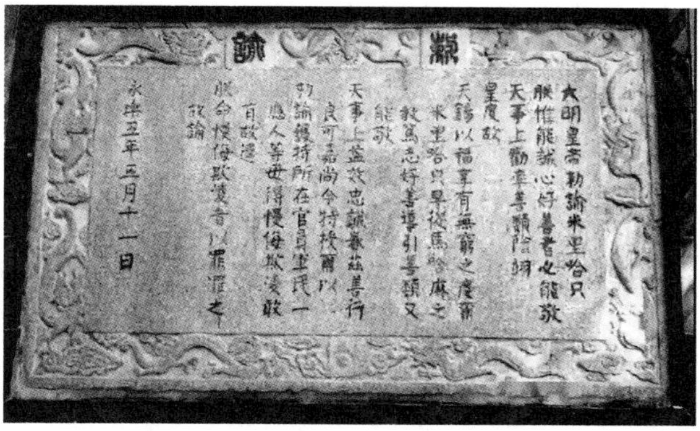

图 208　敕谕碑

由吴鉴撰文，明武宗正德二年（1507）根据《泉州府志》所载碑文重新抄镌立碑的《清净寺记》。清净寺自创建以来，历代穆斯林相继集资修葺，并勒碑为纪保存于寺内。颇为珍贵的是永乐五年（1407）明成祖颁发的保护穆斯林和清净寺的那块汉白玉《敕谕碑》（图 208），至今仍完好无损地嵌置于寺北的墙壁上。这些碑刻都是研究中国伊斯兰教史和泉州清净寺历史的重要资料。

陕西西安化觉巷清真大寺，存有阿拉伯文“月碑”《创建清真寺记碑》，和乾隆七年（1742）重刻的汉文《创建清真寺碑记碑》。在辽圣宗统和十四年（即宋太宗至道二年，996 年）为来自西域的阿拉伯伊斯兰教学者纳苏鲁丁创建的北京牛街礼拜寺中，存有刻于明孝宗弘治九年（1496）的《敕赐礼拜寺碑记碑》；在北京东四清真寺，存有刻于明英宗正统十二年（1447）由陈循撰写的《敕赐清真寺兴造碑记碑》；安徽亳州城内清真寺，存有刻于清同治八年（1869）的《重修清真寺碑记碑》；河北定州清真寺，存有刻于元惠宗至正八年（1348），由当时的地方官杨受益撰写的《重建礼拜寺记碑》；河北易县清真寺，存有刻于清乾隆四十九年（1784），由金天柱撰写的《重修易州清真寺碑记碑》；广东广州伊斯兰教寺庙怀圣寺，存有刻于元惠宗至正十年（1350）的由当时的地方官郭嘉撰写的《重建怀圣寺记碑》；山西大同清真大寺，存有重刻于乾隆七年的《敕建清真寺碑记碑》；山东济南清真南大寺，存有刻于明孝宗弘治八年（1495），由刘瓒撰写的《济南府历城县礼拜寺重修记碑》；浙江杭州清真寺存有刻于清康熙九年（1670），由丁彭撰写的《真教寺碑记碑》；在浙江嘉兴市东门建于明万历三十年（1602）的清真寺里的碑亭中，立有刻于明神宗万历三十年（1602）的《嘉兴府建清真寺碑记碑》和刻于清乾隆年间的《重修嘉兴府礼拜寺碑记碑》；江苏镇江西大寺，遗存有刻于明神宗万历三十年（1602），由李一阳撰写碑文的《古润礼拜寺记碑》，从碑文可知古润礼拜寺始建于唐代；在江苏南京最早的一座伊斯兰教清真寺——建立明太祖洪武二十一年（1388）的净觉寺中，存有刻于乾隆四十七年（1782）的《重修净觉寺沿街店房捐修碑》等。所有这些碑刻，都为研究伊斯兰教在中国传播和发展的历史提供了重要的资料。

基督教、景教、摩尼教等也遗存有记载教史、寺史的碑刻。

创建于民国二十五年（1936）的南京莫愁路基督教堂的门楼南侧墙角上，嵌有当年由冯玉祥将军题写碑文的《建堂碑》，碑文为：“因为那立好了根基的就是耶苏基督，哥林多前书三章十一节、主后一千九百三十六年。中华基督教会南京汉中堂敬立。冯玉祥题。”在江苏镇江大西路，由美国基督教美以美会传教士郎登、库思非二人于1889年建立的福音堂里，立有记载建堂时间的石碑，碑文为：“耶苏诞辰一千八百八十九年。”

景教是基督教最早传入中国的一支，即被判为基督教异端的聂斯脱里派，在唐朝时一度颇为活跃。现在我国西安碑林中，存有刻于唐德宗建中二年（781）由吕秀岩据景教僧人景净口述撰文并楷书的《大秦景教流行中国碑》。碑文记述了景教传入中国的经过及在唐代的传播情况，唐太宗、高宗、玄宗、肃宗等给予景教的支持和优待，以及景教的教仪、教规、教旨等内容。另外，20世纪50年代在泉州深门外还曾发现一块元代景教教主墓碑，碑上汉文与叙利亚文并列。这些碑刻对研究景教历史和中国及世界基督教历史具有重要的价值。

摩尼教是世界性古宗教之一，系生于南巴比伦安息的王族摩尼（216—276），在拜火教的基础上融汇基督教、佛教的教义而创立。该教从波斯西传罗马帝国继而传到北非，曾一度成为世界性宗教，在欧、亚、非许多地方流行过，后遭波斯萨洲王朝取缔，摩尼被处死，日渐在世界范围内消亡。到13世纪①，除中国东南沿海省份外，摩尼教在世界其他地方已绝迹。近三十多年来，我国先后发现了一些世界上仅存的摩尼教寺遗址和摩尼教碑刻，从而为研究摩尼教教史和摩尼教在中国的传播历史提供了重要资料。

在福建泉州华表山隐蔽于山腰巨石丛中的摩尼教古寺后的岩壁上，有一尊浮雕的摩尼佛像，在佛像两侧的岩石上，刻有两段摩崖碑文。左上方的摩崖楷书碑文长约21厘米、宽约15厘米，字径约2.5厘米见方，分列五行，碑文为：“谢店

① 当时中国为元朝时期，摩尼教在当时被称为“明教”。

市信士陈真泽立寺，喜舍本师圣像，祈荐考妣早生佛地者。至元五年戊月四日记。”右上方的摩崖楷书碑文长约26厘米、宽约19厘米，字径约2.5厘米见方，分列五行，碑文为：“兴化路丽山境姚兴祖奉舍石室一完，祈荐先君正卿姚汝坚三十三宴、妣郭氏五九太儒、继母黄十三娘、先兄姚月涧四学出生界者。”从这两则摩崖碑文中可知，隐于华表山巨石丛中的摩尼古寺，系由晋江及兴化的汉族信徒们在元惠宗至元五年（1339）建造的。

1988年，在福建莆田涵江镇（即元代的兴化路辖区）发现了一块摩尼教的残断碑石，碑石上刻有“大力智慧”“摩尼光佛”字样，碑石左下刻有落款“□□□都转运盐使、上里司令许爵乐立”。1990年，在莆田涵江镇的一条水沟里再次挖出了一块摩尼教残碑，碑石上刻有“清净光明，无上至真”字样，与1988年发现的残碑正好吻合。由两块残石合成的这块摩尼教碑呈不规则形，最长处约74厘米，最宽处约53厘米。据《闽书·方域志》载，当年在泉州华表山摩尼教古寺“庵前右下方数十步处，有一石刻镌摩尼教咒语：劝念清净光明，大力智慧，至上至真，摩尼光佛。正统乙丑年九月十三日，住山弟子明书立。”发掘出来的摩尼教摩崖碑上刻《劝念》（图209）——“清净光明，大力智慧，无上至真，摩尼光佛”，与《闽书·方域志》的记载完全一致。据考，这四句话十六个字系摩尼教的“四寂法身”信条，为研究摩尼教教义提供了重要的资料。

图209　摩尼教摩崖碑上所刻《劝念》

《宋会要辑稿》记载，北宋末期摩尼教在浙江温州教势很盛，宋徽宗宣和年间，温州有摩尼教斋堂四十余处。但是由于缺乏实证，长期以来无法在温州找到摩尼教教寺的遗址。1986年在苍南县括山乡下荡村选真寺前田野中发现了摩尼教《选真寺记碑》，这是迄今为止国内唯一已发现的摩尼教汉文碑刻，从而使选真寺作为摩尼教寺在温州的遗址得以确认。

上述发现的这些珍贵的摩尼教碑刻，为研究摩尼教在中国的传播提供了重要资料，从中可以看到，元代福建、浙江地区摩尼教曾一度颇为兴盛，是摩尼教后期的传播中心。

第三节　纪颂祖师、高僧、著名教士的道行功德

纪颂祖师、高僧、著名道长、长老、教士的生平事迹和道行功德，是宗教碑刻的又一大功用，这在宗教碑刻中占相当比重。

图 210　《隆阐法师碑》（局部）

在各种宗教中，佛教记颂祖师、高僧生平事迹和道行功德的碑刻数量最多。其中较著名的有《道因法师碑》《信行禅师碑》《圭峰定慧禅师碑》《不空和尚碑》《大智禅师碑》和《大唐京师道德寺故禅师大法师之碑》[①]。在西安碑林中，还存有：刻于唐太宗贞观十二年（638）的《灵化寺大德智该法师碑》；刻于唐中宗景龙三年（709）的《法琬禅师碑》；刻于唐玄宗开元四年（716）的《净域寺法藏禅师塔铭》；刻于唐玄宗天宝二年（743）的《隆阐法师碑》（图 210），此碑系怀恽和尚奉敕为其衣钵师傅善导和尚隆阐法师所立，碑文记述了善导和尚的生平事迹和创立佛教净土宗的功德；刻于唐宪宗元和元年（806）的《楚金禅师碑》；刻于唐宣宗大中六年（852）的《杜顺和尚行记》；刻于唐高宗显庆三年（658）的《道德寺善慧禅师碑》；刻于唐代宋德宗时代的《三阶大德禅师碑》；刻

① 简称《道德寺碑》，此碑系显庆三年十善尼姑为她师母善惠和玄懿所立，记述了善惠在隋朝宫廷里的活动等生平事迹。

于唐宪宗元和元年（806）的《慧坚禅师碑》（图211），碑文记述了当时佛教禅宗代表人物慧坚禅师受唐睿宗器重的情况；刻于元惠宗至正二十二年（1362）的《石溪和尚道行记碑》等。

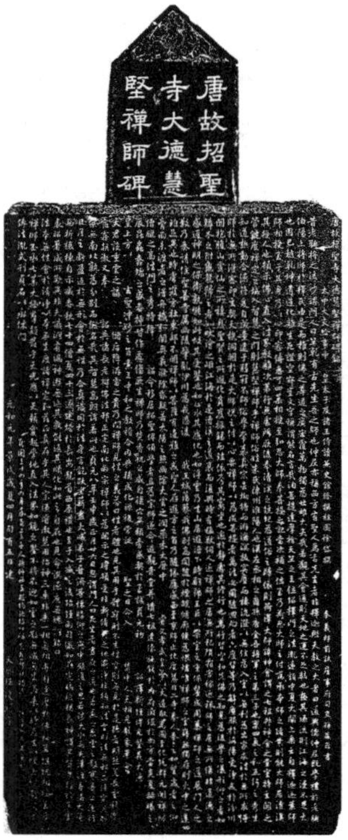

图211　《慧坚禅师碑》

在江苏镇江焦山碑林中有民国间闻光率领其法弟及法徒印济刻立的《鹤林寺庙福登禅师塔铭并序碑》。在河南嵩山少林寺存有距今已有六百五十余年，由“日本国山阴道但州正法禅寺住持沙门邵元撰并书”的著名的《息庵禅师碑》和《显教圆通大禅师照公和尚塔铭并序碑》，以及明代日僧德始书丹的《淳拙禅师道行之碑》等。在河北正定隆兴寺中，存有刻于大朝岁次己未月二十八日（元宪宗九年，1259年），由常山居士赵从证撰文的《大朝国师南无从士重修真定府大龙兴寺功德记石碑》，碑文记载了被称为“南元大士”的蒙古国首任“国师”、著名的克什米尔高僧那摩北上蒙古传法的经过。此碑对研究那摩的生平事迹和12世纪二三十年代佛教在克什米尔地区的传播情况及克什米尔历史都具有重要的价值。在山东济南历城柳埠墓塔林中，存有刻于明世宗嘉靖十四年（1535）的历城柳埠涌泉庵住持尼姑明喜的纪念功德碑，碑文记载了明喜的生平事迹和功德，云：“在家为长女，出家为法子，随父同出家，一修成大忌，诸佛真妙法，不变男和女，一心归净土，真十本不虚。”在山西晋城的青莲寺中，存有刻于唐敬宗宝历元年（825）的《硖石寺大隋远法师遗迹记碑》。在江苏扬州西北郊蜀岗的大明寺鉴真纪念堂的碑亭里，立有《唐鉴真大和尚纪念碑》，碑为横卧汉白玉石，碑正面由郭沫若题写碑名，背面镌有时任我国佛教协会会长赵朴初撰写的纪念鉴真和尚一千二百周年的碑文。在江西萍乡的杨岐寺正殿左右两墙上，分别镶嵌有刻于唐文宗大和二年（828），由唐代著名诗人刘禹锡书写的《乘广禅师塔铭碑》和刻于唐文宗大和六年（832）的《甄叔禅师塔铭碑》等。北京安定门外的西黄寺，存有《清净化域塔班禅六世纪念碑》，是清乾隆四十五年（1780）十二月，乾隆皇帝为纪念和嘉奖自愿来京、主动请求向乾隆帝“行跪拜礼”的班禅六世为维护祖国统一、密切西藏和祖国大家庭的政治关系所做出的功绩而御制的。这对清代西藏和祖国的关系、清政府的民族政策、宗教政策研究都有重要价值。

道教也有大量纪颂祖师、著名道长生平事迹和道行功德的碑刻，其中有不少颇为著名。如北京白云观就存有多块这类碑刻：在老律堂殿前，东侧存有清光绪十二年（1886）元月二十一日刻立的《长春真人行道碑》，西侧存有同年四月十六日刻立的《七真行道碑》；在邱祖殿前东侧，存有光绪八年（1882）刻立的《邱长春真人实事碑》，殿壁上嵌有玉溪道人用隶书书写的《邱祖青天歌刻石》；在称为“小蓬莱”的云集园前，左侧存有民国三年（1914）刻立的《白云观陈毓坤方丈戒碑记》，右侧存有民国八年（1919）刻立的《白云观陈毓方丈二次传戒碑记》。江西鹰潭龙虎山，是曾称为道教三十二福地之一的道教名山、道教发源地之一。在道教徒视为“祖庭”的历代天师起居之所、全国道教重点宫观之一“嗣汉天师府”内，现存有四块石碑，均为珍贵的道教遗产。其中《仁靖真人碑》（图212）立于嗣汉天师府内宫保第东侧约30米处，青石雕刻，碑高约2.3米、宽约1.6米、厚约0.39米。碑座龟趺高约0.95米、长约2.5米、

图212　仁靖真人碑

宽约1.6米，碑额镌刻双龙戏珠图纹，雕工细腻。全碑阴阳两面共刻碑文一千六百余字，由元代大书法家赵孟頫奉诏撰书，由张留孙弟子玄教嗣师吴全节于元英宗至治二年（1322）奉诏而立。碑文详尽记述了元代仁靖真人张留孙的家世、生平活动以及皇帝的敕赐等事，字体潇洒流畅，秀丽端雅，具有很高的书法艺术价值。碑刻署名“特进上卿玄教大宗师崇文宏道元德广化真人总摄江淮荆襄等处道教知集贤院道教事嗣孙吴全节立石”。由于年代久远，碑身断裂，龟头龟尾毁坏，后经修补复原状如故，并开放供游人参观。此碑1959年被江西省人民政府列为省级文物保护单位，2009年对此碑进行了抢救性修复，并新建保护碑亭一座。现“嗣汉天师府”内还珍藏有1995年初在鹰潭南龙虎山上发现的四十四代天师张宇清的墓志盖，志盖上镌刻篆书五行，每行八字，为“君明正一嗣教清虚冲素光祖演道崇谦守静洞玄大真人掌天下道教事四十四代天师张公墓志铭”，共四十字，为研究道教特别是张天师的传承情况提供了宝贵的实物资料。

在浙江杭州著名的抱朴道院，存有立于明神宗万历四十年（1612）春，由刑部尚书姚沈应撰文、凤阳知府王国桢书篆的《葛仙庵碑》，碑文记述了著名道士、化学家葛洪的生平事迹和到此结庐炼丹的经过。在陕西周至我国最早的道教宫观楼观台，存有唐玄宗开元五年（717）刻立的由贠半千撰文的《大唐尹尊师碑》，元代的《尹真人碑》，元世祖至元十九年（1282）刻立的《终南山宗圣宫主石公道行记碑》。在江苏镇江焦山碑林，存有1961年从江苏丹徒大港镇仲家村华阳观移置于此的刻立于唐高宗仪凤二年（677）十一月十五日的简称《魏法师碑》的《大唐润州仁静观魏法师碑》（图213）。

图213 魏法师碑

河南济源建于唐（武则天）垂拱元年（685）的著名道观奉仙观，存有刻立于元惠宗至正二十二年（1362）的《崇宁葆光大师卫公道行之碑》等。山东崂山太清宫，存有元代道教国师丘处机死后其弟子为其立的行状碑，碑文为元代大学士赵世延所撰。

伊斯兰教、基督教纪颂祖师、著名长老、教士生平事迹、道行功德的碑刻与佛教、道教相比数量就少得多。著名的如：位于北京的始建于元、重建于明的东四清真寺，存有一块《清真法明百字圣号碑》。此碑刻于明神宗万历七年（1579），碑阳镌刻由一百个汉字组成的诗句，记述穆罕默德的生平事迹，赞颂他的美德；碑阴刻阿拉伯文的“百迈斯顿”，中间刻“理本无极”四个汉字，突出体现了阿拉伯宗教文化与中国文化的融合，是研究穆罕默德生平、中国伊斯兰教教史和中外文化交流的宝贵实物资料。建于辽圣宗统和十四年（996）的著名伊斯兰清真寺——北京牛街礼拜寺寺院东南的两座古墓前，存有元代刻立的两块阿拉伯文墓碑，碑文记载了宋末元初两位来自中、西亚的伊斯兰教长老的生平事迹。河南襄城石羊街清真寺，存有刻立于清乾隆六十年（1796）的《重立云山大师舍公碑》。山东济南清真北大寺，存有刻立于民国三十年（1941）的《穆公华庭懿行纪念碑》。江苏扬州的仙鹤寺是与杭州的凤凰寺、泉州的清净寺、广州的怀圣寺齐名的四大古清真寺之一，系南宋恭宗德祐元年（1275）由伊斯兰教创始人穆罕默德的第十六世裔孙普哈丁（又译“补好丁”）来扬州传教时创建。寺内墓园的北亭壁上，嵌有清光绪三十四年（1908）重修墓园时刻的《先贤历史记略碑》（图214），碑文简明扼要地记述了普哈丁来我国传教的事迹。

图 214　先贤历史记略碑

自明末以来，先后有大批西方传教士远涉重洋来到中国传播天主教、基督教和西方文化。这些传教士中的许多人殚精竭虑地为教会工作，为宫廷服务数年乃至半个世纪之久，有意无意地为中西文化交流奉献了自己的青春，最终在中华国土上走完了为天主、上帝传道的生命历程。这些传教士由于身边无亲属，且都远涉重洋而来，遗体难以运回故国，故大多安葬于中国土地上。现在北京西城区马尾沟中共北京市委党校（北京行政学院）校园一隅，六十三块高低错落的墓碑构成一个颇具规模的纪念碑林，其中除有一小部分是中国教士的墓碑外，绝大部分是西方传教士的墓碑。这是我国最大最早的西方传教士墓碑碑林（图215）。自明神宗万历三十八年（1610）利玛窦去世，明神宗“诏以陪臣礼葬阜成门外二里嘉兴观之右”以来，距今已有四百一十余年历史。这些墓碑多为方趺螭首，除利玛窦墓碑较为高大外，一般两米左右，无一定规格。每块石碑上分别用中文、拉丁文等不同文字镌刻着墓志铭，或详或略，长短不一，介绍了墓中传教士的所属团体、姓名、号、国籍、在会时间、来华年代、官职、卒地、亡期等个人生平情况。如利玛窦的墓碑正中刻有“耶稣会利公之墓”八个大字，右边镌刻的碑文是：“利先生讳玛窦，号西泰，大西洋意大利国人，自幼入会真修，明万历壬午年航海首入中华衍教，万历庚子年来都，万历庚戌年卒。在世五十九年，在会四十二年。”有些碑文还叙述了传教士的事迹和道行功德。如意大利传教士利博明的碑文称赞他“精镌图章，亦工绘事”；波西米亚传教士艾启蒙的碑文称赞他“德行之标，难以悉举，而坚忍之操，尤为特著”；意大利传教士罗怀忠的碑文称赞他“施药济人”，“亲手理治各等毒疮，日日行之无少厌怠，三十余年受恩者无算”；中国教士、广东顺德人陈修的碑文称赞他“与人克忍克谦，律己守约甘贫”。此外，有些墓碑的碑文还记载了中国皇帝对这些传教士的器重和恩宠。如：在葡萄牙传教士安文思的碑文中记载着他去世后，皇帝“朕心伤悯”；在比利时传教士安多的碑文中记载着他去世后皇帝“深为轸恻”。尤为珍贵的是德国传教士汤若望和比利时传教士南怀仁的墓碑上不仅有中西文刻的碑铭文字，而且还有满文书刻的皇帝上谕。在汤若望墓碑上刻有皇帝上谕云：“呜呼！聿垂不朽之荣，庶享匪躬之报。尔如有知，尚克歆享”。像汤若望、南怀仁墓碑这样，一块墓碑上同时刻有中、西、满三种文字的，在世界上也颇为罕见。这些传教士的碑文保留了许多珍贵的史料，补充了史载不足，纠正了讹误，碑文上的中西文互为补充印证，为中国基督教史和传教士研究及地名的准确书写、翻译提供了宝贵的资料。

图215　利玛窦墓碑和西方传教士墓碑碑林

第四节 刊刻崇教、护教的圣谕和官府护教文告

封建统治阶级利用宗教来维护、巩固自己的统治，故历代帝王对有利于自己统治的各种宗教发布过不少崇教、护教的圣谕，有些被刊刻成碑保存下来。

著名的佛教圣旨敕谕碑刻如：

青海海东的瞿昙寺[①]，是一座由明代开国皇帝朱元璋御赐寺名的喇嘛庙，原是一座小佛刹，因洪武年间该寺住持三罗藏曾帮助朱元璋平定西北边境，有大功于明朝，故明朝历代皇帝屡加封赐修建，成为一座规模宏大的寺院，现为全国重点文物保护单位。现寺内碑亭内竖有明洪熙元年（1425）正月十五日明仁宗所立《御制瞿昙寺碑》和明宣德二年（1427）二月初九明宣宗立的《御制瞿昙寺后殿碑》，两碑均为螭首须弥座，通高约 5 米，重达百吨，为青海省内罕见的巨碑。两碑内容记述了瞿昙寺修建的经过，并阐明了明代统治者对佛教竭力推崇、保护的态度和政策，为研究瞿昙寺史和明代佛教史提供了重要资料，其中明仁宗的《御制瞿昙寺碑》（图 216）尤具史料价值。其碑文云：

图 216 《御制瞿昙寺碑》（局部）

联惟佛氏之道广大崇深、圆融明净、至神至妙，不可测知。所谓先天地不见其始，后天地不见其终，德被万有，利兼显幽。以善感者无弗应，以诚求者无弗遂，故自其法入中国以来，历代崇仰，无间贵贱小大皆恃之为济涉之慈航，启迷之慧炬。而其功之大者，密运化权，阴翊皇

① “瞿昙”藏语称“角康”，即“乔答摩”之意，乔答摩是佛祖释迦牟尼的姓氏和尊称。

度，有不可名言者也，斯以有道之主咸秉信，向之诚。我国家自太祖高皇帝躬膺天命，抚育万邦，功高百代，道济天下，无有远迩，或囿于春风化育之中矣；而圣仁之心不自满足，又崇奖佛，设置官府，于中外专理教事，而官其徒之良者又颁布教条，俾率其众于善。盖欲广佛之惠利于生民者也。又念远迩郡县靡不建置寺宇，以严崇奉，而西宁接壤天竺，乃佛所以入中国者也，而独寥寥希阔焉，岂称崇奖之意？于是名官相士审位面势，简材饬工，肇作兰若，高闳壮丽，赐名瞿昙。自是中国之人往使西域及西域之人入朝中国者，至此而欲摅诚邀福有归依之地焉……

喇嘛教是佛教的重要一支，雍和宫是北京最大的喇嘛寺庙，也是全国最著名的喇嘛庙之一。雍和宫内，存有三块清乾隆时代刻立的记载寺史的御碑。两块在天王殿前东西两侧八角亭内，所刻内容相同，记述了将雍和宫由原清雍正皇帝的行宫改为喇嘛寺的原因。东碑用汉、满两种文字镌刻，西碑用蒙、藏两种文字镌刻，两碑碑文均撰书于乾隆九年（1744）冬。另一座为《喇嘛说御碑》（图217）矗立在雍和宫殿与天王殿之间的四方亭中。碑为四方形柱体，碑首有精雕大宝盖，坐落在一方形须弥座上，高约6米。碑四面刻文，南面刻满文碑文，西面刻藏文碑文，东面刻蒙古文碑文，北面刻乾隆皇帝御笔汉文碑文。碑文题为《喇嘛说》，系乾隆皇帝写于乾隆五十七年（1792），正文加夹注共计二千六百七十八字。碑文解释了“喇嘛”二字的含义①，介绍了喇嘛教的起源、沿革，回顾阐述了元、明及清代先帝对喇嘛教的态度，列举了元、明两朝及清先帝册封若干喇嘛教高僧为帝师、国师之事，进而乾隆皇帝又阐明他本人对喇嘛教所持的保护态度，云：“盖中外黄教②总司以此二人③，各部蒙古一心归之。兴黄

图217　喇嘛说御碑

① “喇嘛”为藏语，是“上师”之意。
② 指喇嘛教中的格鲁派。
③ 指班禅和达赖。

教即所以安众蒙古，所系非小，故不可不保护之。”碑文总结了乾隆皇帝执政五十余年管理喇嘛事务的经验，明确了中央政府在对待喇嘛教问题上的原则，规定今后凡再遇喇嘛活佛“转世”，必须经过“金瓶掣签”认定“转世灵童”，规定御制两个“金奔巴瓶”，一个置于西藏大昭寺，一个放在北京雍和宫，用于掣签认定活佛的转世灵童，以消除此前在活佛转世问题上曾经出现过的多位活佛出自同一家族之弊端。金瓶掣签制度的确立，对于稳定西藏的局势和加强中央朝廷对西藏的管理具有重要作用。此碑是研究中国喇嘛教史的极其重要的实物文献资料，具有重要的历史价值。

1994 年底在河北赵县（古称赵州）的柏林寺内，出土了一块元世祖至元三十年（1293）刻立的元代皇帝保护佛教的圣旨碑。碑上镌刻了元代几世皇帝为保护“古佛道场”“畿内名刹”赵州柏林寺，而于 1281 年至 1288 年的八年内先后下达的三道圣旨。第一道圣旨为，蛇儿年（元世祖忽必烈至元十八年，公元 1281 年）成吉思汗皇帝颁发，第二道圣旨为猴儿年（元世祖忽必烈至元二十一年，公元 1284 年）成吉思汗皇帝、月阔台女皇、薛禅皇帝颁发，第三道圣旨为“鼠儿年（元世祖忽必烈至元二十五年，公元 1288 年）成吉思汗皇帝、月古台皇帝、薛禅皇帝、完者笃皇帝颁发。碑文主要内容为元代皇帝对佛教的政策，对住锡于赵州柏林寺的园明月溪禅师的褒奖，对赵州柏林寺的设施、财产、寺庙及僧侣等发布的保护命令。

昆明筇竹寺始建于唐太宗贞观十二年（638），是中原佛教禅宗传入云南的第一寺，为滇中著名古刹。现寺中大雄宝殿西侧，存有刻立于元仁宗延祐三年（1316）的汉、蒙古文白话圣旨碑，碑阳刻汉文，碑阴刻蒙古文。碑文为元仁宗颁发的一道圣旨，内容为敕封筇竹寺住持和尚玄坚为“头和尚”，并御赐《大藏经》一部，允许寺庙拥有土地、人口、马匹、店铺等，令地方官府保护寺产，豁免徭役，不征赋税等。此碑虽书法、镌刻都不佳，但其内容于研究云南历史和宗教、文化、语言等问题是珍贵的重要资料。

位于西藏雅鲁藏布江北岸的一个三面环山开阔之地的桑耶寺，是西藏第五代赞普、文治武功都足以与松赞干布相比拟的赤松德赞即位（750）后亲自建立的西藏第一座符合佛教仪轨的寺庙。现庙内乌策大殿正门南侧存有赤松德赞为了在政治上和经济上确保僧尼的权益而刻立的《桑耶兴佛证盟碑》。碑文规定臣民对寺院要保持足够的奉献，子孙后代不得减少，不得更改。

图 218　《大唐开元神武皇帝书碑》（局部）

关于道教的圣旨敕谕碑刻也有不少。

山东崂山太清宫三皇殿门外东西两侧墙上，刻有成吉思汗给元代道教国师丘处机的两道护教圣旨碑及成吉思汗所颁的金虎符文。在碑文中，成吉思汗将丘处机尊为“真人”“神仙”，足见对其十分敬重。在著名的道教名山武当山上的建于明永乐年间的紫霄宫龟碑亭内，立有明成祖朱棣关于保护武当山宫观和道教的圣旨碑。四川都江堰道教名山青城山常道观三皇殿，立有《大唐开元神武皇帝书碑》（图 218），碑高约 1.4 米、宽约 0.7 米、厚约 0.1 米，碑文是唐玄宗为解决青城山佛道之争而下的一道诏书。据说，唐玄宗开元年间，青城山下飞赴寺的和尚强夺了山上道观，山上道人便状告山下僧人，官司最后打到唐玄宗那里。唐玄宗便在开元十三年（725）批下诏书，敕令“观还道家，寺依山外旧所”，并特命内品官毛怀景、道士王仙卿从长安到青城山做处理。处置妥当后，由常道观住持甘遗荣书写，吴光逵刻石，立碑于山上常道观中，成为山上道士的世代镇山之宝。四川成都大邑鹤鸣山相传是道教最早的发源地，传闻山上的八卦台为当年道教祖师张三丰观易处，在八卦台八方大亭的一侧，存有明成祖朱棣迎请三丰真人回朝的圣旨碑。在河南嵩山南岳殿台立有元代猪儿年（元惠宗元统三年，公元 1335 年）刻立的元惠宗口述圣旨碑，碑文要求军官、军人对中岳庙一草一木严加爱护，不得损坏。湖北武当山玉虚宫存有两块明代皇帝保护道教的圣旨碑：一块在宫门内，刻有明成祖于永乐十一年（1413）为保护武当山而下的一道圣旨；一块在宫门外，刻有嘉靖三十一年（1552）明世宗为重修太和山道观而下的一道圣旨。武当山紫霄宫十方堂的碑亭内，也立有一块明代圣旨碑，碑上刊刻永乐年间明成祖为修大岳太和山道观而下的圣旨。

关于伊斯兰教的圣谕碑刻比佛、道教少，但明清时屡有所立。如：陕西西安大学习巷清真寺，存有明成祖永乐三年（1405）二月初四刻立的《圣旨碑》（图 219），碑文为洪武二十五年（1392）三月十四日明太祖为保护伊斯兰教而下的一道圣旨。在我国伊斯兰教的四大古寺之一，福建泉州清净寺的北围墙上，嵌有明

图 219　西安清真寺明《圣旨碑》（局部）

成祖的《圣旨碑》，碑文所刻为明永乐五年（1407）为保护伊斯兰教和穆斯林而下的一道《敕谕》，其主要内容为：规定一切官员军民人等不得欺侮穆斯林，违者严加治罪。在泉州清真寺和苏州惠敏清真寺也都有刻立明成祖的这一《敕谕碑》。北京著名的清真寺牛街礼拜寺，立有清康熙圣旨碑，碑上刊刻了康熙三十三年（1694）六月康熙皇帝为保护伊斯兰教和穆斯林而下的一道圣旨。

关于基督教的圣旨圣谕碑刻，这在已提及的中共北京市委党校（北京行政学院）校园一隅的基督教教士纪念碑林中可以见到，在各位外国教士的碑上，都刻有当时的中国皇帝在教士们去世后所下的表彰和哀悼纪念他们的圣谕。南京石鼓路天主教堂内，存有清同治元年（1862）三月初六刻立的《内阁奉上谕碑》，碑呈十字形，通高约 1. 85 米，中段宽约 0. 94 米，上段刻云鹤，下段刻牡丹，中间所刻“上谕”为“奏请饬地方官于交涉教民事件迅速持平办理”；教堂内还存有两块官府保护基督教的文告碑，一块为《两江总督马新贻安徽巡抚英翰布告碑》，另一块为《江宁府正堂涂布告碑》。

诸如此类的帝王崇教、护教圣旨、敕谕碑和政府护教文告碑，为我们研究历代的宗教政策和宗教史提供了宝贵的资料，具有重要的价值。

第五节　镌刻神佛、祖师、高僧、仙长、教士的画像

镌刻本教所信奉的神、佛、仙，创立本教、本派师祖的画像及著名高僧、仙长、教士的画像，以供僧众、信徒瞻仰、膜拜，是碑刻在宗教中的又一功能。这类画像碑刻在宗教碑刻，特别是在佛、道教碑刻中为数也不少。

观音是佛教大乘菩萨之一，通常与大势至同为阿弥陀的左右胁侍，三者合称

为“西方三圣”。由于佛经说其能广化众生，示现种种形象，也广受世人的崇敬和信仰，成为世人顶礼膜拜的主要菩萨之一，人们就镌刻了种种不同形象的观音以供祭祀膜拜之用。譬如，在著名的西安碑林中，藏有明代摹刻的唐代画圣吴道子画的《观音像碑》；刻于刘齐阜昌六年（1135）的《观音图碑》；刻于明代宗景泰二年（1451），由傅兴绘画的《鱼篮观音图碑》；刻于清康熙十八年（1679）的《紫竹观音像碑》；刻于清康熙四十四年（1705），由达礼善绘画的《童子拜观音图并咒碑》；刻于清康熙年间，由沈长藩绘画的《送子观音像碑》；刻于清道光十七年（1831），由胡元璨、元瑛立石的《竹林观音像碑》；刻于清代的《观音莲台图并识碑》等。在江苏镇江焦山碑林中，藏有刻于清道光二十九年（1849）十二月，由明董其昌题书的《观音像碑》；刻于清康熙四十三年（1704）孟夏，由京口蒋元鼐绘画的《送子观音像碑》；刻于清代，署名“双峰兴上稽首拜赞”的《观音像碑》（图220）。在江苏南京燕子矶头台洞东的观音岩的岩壁上，嵌有明代镌刻的唐代画圣吴道子画的《观音像碑》。更为有意思的是，在北京西山八大处之首香界寺的天王殿后，有一块康熙年间从地下挖出来，据考可能是唐代绘制的《大悲菩萨自传真像碑》①，碑上镌刻着一个脸上留有胡须的观音菩萨。这个形象与一般所画为女相的观音菩萨不同，颇为罕见。而在历代遗存的男相观音菩萨像中，最为值得一说的是现存广西桂海碑林博物馆龙隐洞摩崖石刻群中的《观世音菩萨像》（图221）。这幅摩崖石刻上的观世音菩萨像，体态丰满，神色安详，仪

图220　《观音像碑》（局部）

图221　观世音菩萨像

① 大悲菩萨，即观世音菩萨。

态雍容，服饰华贵。像的额头上刻有一只慧眼（相传他能用这只眼睛看到俗世间的不平和苦痛），头发上刻有三个小头像（相传这分别代表了他的三个诞辰——生日夏历二月十九、成道日夏历六月十九、涅槃日夏历九月十九日），而且嘴唇的上面还刻有两撇胡须，无疑是男像。相传，这幅观音像画于唐代，是观音的自画像。传说唐文宗太和年间京都长安有个叫王仁的虔诚佛教徒，喜欢收集各种佛像。有一天，一个和尚对他说，你给我一间房子，关门闭户，七天内不要叫人来干扰，我帮你画一张观音像。王仁照办了，但刚过三天，因小孩好奇无知凿壁偷看，和尚就不见了，室内只留下了这幅半身观音像，像的下边还留有观音遁身时的烟雾。这幅摩崖石刻观音像是一位叫信晓的和尚因怕画像失传，在清初康熙四年（1665）募捐请人刻凿的。一般的石刻多为阴文刻线，而这幅观音像为阳文刻线，难度极大，技艺高超，刻工非常精细。据考，自古以来观音菩萨在佛教宣传中有着各种不同的形象，如六观音、七观音乃至三十三观音，其中就包括观音的男像。凡此种种不同形象的观音菩萨碑刻，为研究中国神佛和中国佛教史提供了有价值的实物资料。

来自佛教发源地天竺国（今印度）的著名高僧菩提达摩，原是南天竺香至王的第三子菩提多罗，因遇二十七祖般若多罗而嗣法，改名达摩，成为佛教禅宗二十八代祖。南朝梁武帝普通元年（520），达摩带着佛教始祖释迦牟尼的衣钵，经过三年海上漂泊，来到中国宣传大乘佛教。他先在广州光孝寺传教讲道，后被崇信佛教的梁武帝特邀至建康（今南京）询问佛学。梁武帝原以为自己建寺、写经、度僧造像甚多，定有不少功德，一天便问达摩：“朕即位以来，造寺写经有何功德?”而达摩却说他“无功德”，认为他所作是“有为之事，不是实在的功德”。两人教乘不合，话不投机，且达摩因当时佛法尚欠精深，受到梁武帝的怠慢，于是梁普通七年（526）离开建康渡江北上，以图在北朝择地修行。相传当时达摩折断江边一枝五叶芦苇作舟，足踏苇叶浮水，渡江而去，历史上流传下来的“达摩一苇渡江”的故事即由此而来。北魏孝明帝元诩正光元年（520），达摩抵达嵩山少林寺，面壁九年，终成一代佛学禅宗之祖。由于其所传禅宗不重义理而主张坐禅“观壁”，以面壁沉思、故息众念来领悟禅理，其修养方法简便易行，被广为推广，后来禅宗儒化后，立即成为中国佛教的主传派别，达摩则被奉为中国禅门初祖。为了纪颂达摩的道行功德，在达摩曾驻锡的地方留下了许多纪念他的碑刻，其中有许多反映他面壁修行和“一苇渡江”的画像碑。例如：在广州光孝寺存有元代所刻的《达摩像碑》。1935 年，在河北磁县二祖塔下曾出土梁武帝所撰刻的《达摩大师碑》。在河南嵩山少林寺西北两公里的五乳峰下的阜丘山上的初祖庵里，存有宋代蔡卞书写的《达摩面壁之庵碑》，宋代黄庭坚书写的《达摩颂碑》和金宣宗兴定四年（1220）李纯甫撰文的《重修面壁庵记》等碑。其中《达摩颂碑》碑额隶书“祖源谛本”，碑文行书“少林九年，垂一则语，直至如今，诸方赚举”十六字，碑首线刻达摩面壁图。在南京南浦口大顶山狮子峰下卓锡泉东南不远处，遗存有一块刻于明孝宗弘治四年（1491）的《达摩一苇渡江碑》，碑上所刻达摩络腮圆眼，拱手立于渡江苇叶上。西安碑林中，存有刻于明思宗崇祯年间的由和尚风颠用楷体及行草书写并绘画的《达摩面壁像碑》和《达摩东渡像碑》（图222），碑上所绘达摩络腮胡子，大眼圆瞪，肩头荷杖挑履，脚踏一秆五叶芦苇，正浮于波涛之上渡江。从碑上的形象可以看出，达摩是一个印度僧人。

图 222　《达摩东渡像碑》（局部）

图 223　《罗汉像碑》（局部）

我国各地还遗存有不少历代绘刻的高僧画像碑。如在江苏常州天宁寺大雄宝殿前廊两侧壁上，镶嵌有始刻于清嘉庆三年（1798）四月，光绪十六年（1890）采太湖石重行补刻的《五百罗汉画像刻石》，这五百罗汉画像以杭州净慈寺罗汉像为模本绘刻，并按宋时江阴军乾明院五百罗汉名号碑排列名次。在以珍藏有舍利子而著称于世的禅宗名刹宁波鄞州阿育王寺，遗存有以诗画闻名于时，被称为“禅月大师”的唐末名僧贯休绘画的《罗汉像碑》和《释迦牟尼弟子像碑》（图223、224）。

图 224　释迦牟尼弟子像碑

我国各地遗存的道教祖师、仙长画像碑也颇多。较著名的如：在河南济源建于唐武则天垂拱元年（685）的奉仙观三清殿前，立有被清叶昌炽《语石》称为“唐代道家碑碣之冠”的在建观时刻立的《大唐宗姓太上老君石像之碑》。在历史悠久的被列为全国重点文物保护单位的著名道观苏州玄妙观的三清殿的西墙上，镶嵌有道教祖师《老子像碑》，此碑由唐代画圣吴道子作画，唐玄宗李隆基御赞，大书法家颜真卿书写，刻于宋理宗宝庆元年（1225），由当时的勒石高手张允迪摹刻，碑上的老子画像体态潇洒，形象十分生动，一副仙风道骨之貌。在江苏常州红梅阁壁间嵌有刻于清光绪七年（1881）的被奉为道教南派初祖、曾著经于红梅阁的北宋天台人张紫阳的画像刻石。在四川都江堰的青城山常道观内，存有著名国画大师张大千所绘的《天师张道陵像碑》（图 225）和赵蕴玉所绘的《吕祖像碑》《邱祖像碑》。在青城山上青宫老君殿内，有张大千所绘的麻姑、王母、三丰祖师、花蕊夫人的画像碑。在青城山玉清宫天尊殿内，存有刻于清咸丰十一年（1861）的《宁封画像碑》和刻于清末的由张凌云所绘的《三丰祖师像碑》。在成都青羊宫的主殿三清殿内，存有《张三丰画像碑》和唐代吴道子所绘的《吕祖画像碑》等。

图 225　《天师张道陵像碑》

诸如此类的画像碑，为研究佛教和道教提供了形象的实物资料，具有独特的价值。

第六节　刊刻宗教人士的诗词书画作品

我国历代僧侣、道士、法师和信徒中，许多人在诗、词、书、画等方面都有很高的造诣，他们往往在从事宗教活动的同时或从事宗教活动之余吟诗、赋词、挥洒书画，以弘扬佛法、教义、教理，抒发感悟人生世事的情感。其中许多诗、词、书画，特别是具有浓厚宗教色彩、神秘内涵和具有较高艺术水平的作品，备受僧众、信徒们的推崇而被刊刻成碑，以期广为传播，永世留存。

释如绣是清康熙年间著名的河南洛阳白马寺第三十五世弘法沙门，是诗文书画俱佳的一代名僧，留下了大量诗文书画作品，其中许多被镌刻成碑。现白马寺中还遗存有由他绘画的《竹石碑》（图 226）和他撰稿并书写的《白马寺六景诗碑》（图 227）。

图 226　《竹石碑》（局部）

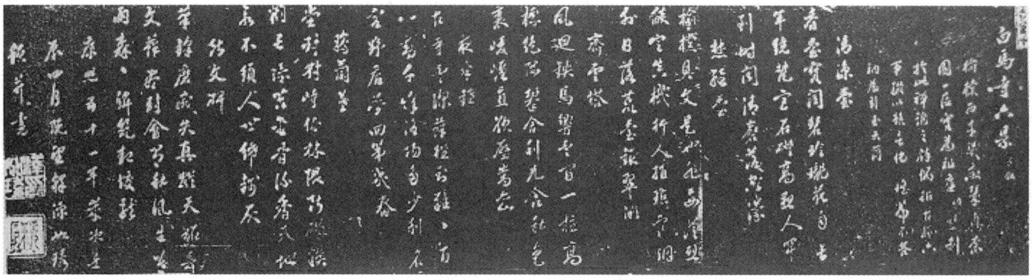

图 227　《白马寺六景诗碑》

丈雪禅师乃明代四川禅宗双桂禅系祖师破山海明最杰出的弟子，是著名的诗僧、书画家，留下了大量诗词书画作品，著有《锦江禅灯录》《青松诗集》等，其中有不少诗词作品被镌刻成碑留存下来。1995 年初，在四川内江东兴高桥镇般若寺山寨大佛崖侧的一农家住房内峭壁上，发现了刻于清代乾隆年间的《丈雪禅师行实碑》，碑末镌刻由佛冤彻纲禅师选录的丈雪禅师所写的四首诗。

王静山是清代道光年间的书画家，出于对佛的尊崇和信仰，在清道光丙申年丙申月丙申日丙申时，即1836年农历七月十五下午3至5时，他挥动巨笔，以象形、夸张的手法，用粗犷酣畅的草书，三笔写下了一个高约70厘米、宽约82厘米的大“佛”字。这个草书“佛”字写得颇为奇妙，它像一个梳着发髻的老太婆，双手擎香，在香烟缭绕中，双膝跪地，瞑目念弥陀，虔诚地拜佛，祈求佛祖的保佑，形象惟妙惟肖。王静山所书的这个“佛”字，匠心独具，以超凡技艺和奇思妙想，用字形和字义之间的神似形似，糅书画为一体，既是一个字，又像一幅画，“字中有画、画中有人”，可谓构思绝妙，不仅形象生动，而且意味深长，颇具观赏价值。后来佛教信徒们将其镌刻在了广西桂林桂海碑林龙隐岩的洞壁上，并在这个大“佛”字周围刻上了“南无观世音菩萨”等数百个小字（图228）。这个奇妙的“佛”字摩崖石刻，一百多年来，吸引了无数游人的浓厚兴趣，获得了人们的普遍赞誉。

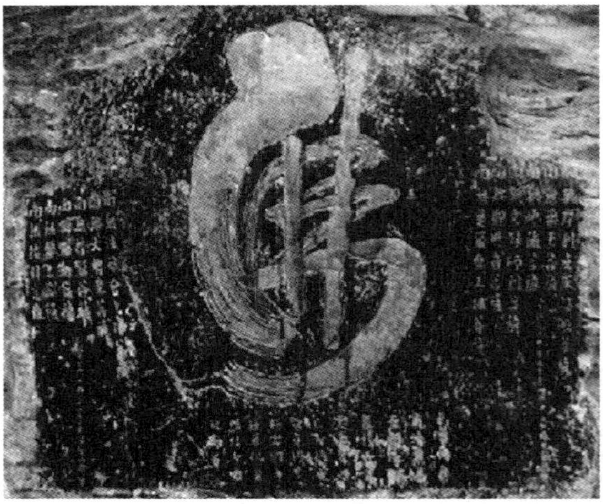

图228　桂海碑林“佛”字摩崖石刻

我国各地也遗存有许多历代道长留下来的诗词书画碑。如山东崂山太清宫三皇殿后树丛中的一块硕大的圆石上，刻有著名道士丘处机写的多首七言绝句，其诗既富有诗情画意又充满道家玄意，如其中一首诗云：“烟岚初别上清宫，晓色依稀路径通。才到下方人未食，坐观山海一鸿濛。”在崂山上清宫，丘处机曾在玉皇殿墙外的浑源石上留下十首诗，现已辨认不清，但刻在上清宫东面一巨石上的丘处机所写的《青玉案》词还字迹清晰地留存着。崂山太平宫白云洞洞口上额上刻有丘处机留的二十首诗及序，是最负盛名的崂山石刻遗迹。在四川都江堰青城山祖师殿内壁上，嵌有犹如天师丹诀符篆，实为清盐亭杨太虚狂草龙蛇体的诗碑和吕祖碑。狂草龙蛇体诗碑的诗句为：“皈依大道严，静坐掩珠帘。露缀蟠龙笑，风流铁马檐。石泉衣钵冷，花雨衲袍落。造化阴阳气，澄心默会占。”

陕西耀州药王山南庵，因宋徽宗赐名为“静应观”而成为关中渭北有名的道教宫观之一，从此留下了众多道教碑刻，《宋徽宗题褚慧诗碑》（图 229）即是其中较为重要的一块。碑首刻有被宋徽宗封为“金门羽客”的温州道士林灵素献给宋徽宗的用龙章云篆体①书写的一首诗，诗云：“鸾舆彩仗下层霄，绛阙瑶台一见招。三万七千当圣运，坤宁忠孝助唐尧。”碑石正面镌刻宋徽宗以瘦金体亲笔为林灵素献诗所写的御笔题跋，记载了宋徽宗见天神之事，其文云：“政和丁酉季冬，既望之夕，天神复降于坤宁殿，比之中春，灵异尤甚。彩光星斗，洞焕楹栱。迅雷掣电，舆夫簪佩，幢戟相属，而行者不可概举。复有妙乐，其音泠然。卿云异香，移时乃散，皆由西北而去……”其内容荒诞不经。此碑现为国家一级保护文物。

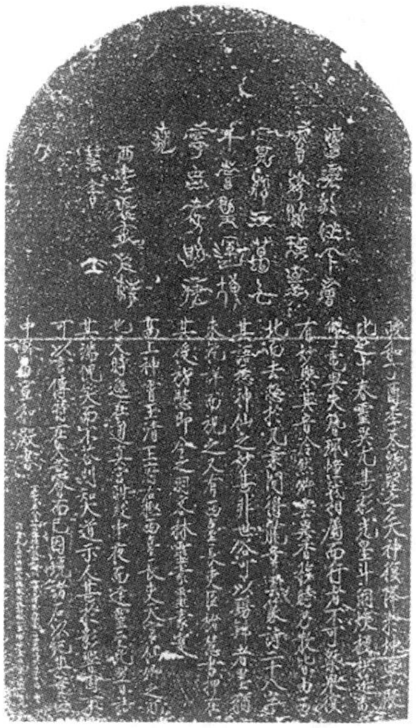

图 229　《宋徽宗题褚慧诗碑》

第七节　弘扬佛法、道术，宣传教义教理

关于佛教，历代遗存下来许多弘扬佛法、宣传佛教教义理念的碑刻，在不少寺庙中都可以看到这类碑刻。诸如，在著名的鞍山千山大佛寺的不少石壁上镌有“心”“心即佛佛即心，即佛即心，欲求佛无求心”“果有因因有果，有因有果，种甚因结甚果”（图 230）等理念；在南普陀寺有“心即是佛”的摩崖石刻（图 231）。而历代以来最为著名的弘扬佛法、宣传佛教教义教理的碑刻，可以说堪数由唐太宗李世民撰写的《大唐三藏圣教序碑》（简称《圣教序》，图 232）。以往论及此碑，所论多为书法艺术，其实唐太宗写此文的真正目的是要大力弘扬佛法，宣传佛教教义教理，人们只要细细读一下《圣教序》碑文，就可从中深切地领悟到这一点了。其碑文曰：

① “龙章云篆”是宋代较为特殊的书体，既有鸟虫篆的痕迹，也有道教符箓的章法，传世稀少。

图 230　千山大佛寺佛法碑刻

图 231　南普陀寺摩崖石刻

图 232　大唐三藏圣教序碑（局部）

盖闻二仪有象，显覆载以含生；四时无形，潜寒暑以化物。

是以窥天鉴地，庸愚皆识其端；明阴洞阳，贤哲罕穷其数。

然而天地包乎阴阳而易识者，以其有象也；阴阳处乎天地而难穷者，以其无形也。故知象显可征，虽愚不惑；形潜莫睹，在智犹迷。

况乎佛道崇虚，乘幽控寂，弘济万品，典御十方，举威灵而无上，抑神力而无下。大之则弥于宇宙，细之则摄于毫厘。无灭无生，历千劫而不古；若隐若显，运百福而长今。妙道凝玄，遵之莫知其际；法流湛寂，挹之莫测其源。故知蠢蠢凡愚，区区庸鄙，投其旨趣，能无疑惑者哉！

然则大教之兴，基乎西土，腾汉庭而皎梦，照东域而流慈。昔者，分形分迹之时，言未驰而成化；当常现常之世，民仰德而知遵。及乎晦影归真，迁仪越世，金容掩色，不镜三千之光；丽象开图，空端四八之相。于是微言广被，拯含类于三途；遗训遐宣，导群生于十地。然而真教难仰，莫能一其指归；曲学易遵，邪正于焉纷纠。所以空有之论，或习俗而是非；大小之乘，乍沿时而隆替。

有玄奘法师者，法门之领袖也。幼怀贞敏，早悟三空之心；长契神情，先包四忍之行。松风水月，未足比其清华；仙露明珠，讵能方其朗润。故以智通无累，神测未形，超六尘而迥出，只千古而无对。凝心内境，悲正法之陵迟；栖虑玄门，慨深文之讹谬。思欲分条析理，广彼前闻，截伪续真，开兹后学。是以翘心净土，往游西域。乘危远迈，杖策孤征。积雪晨飞，涂闲失地；惊沙夕起，空外迷天。万里山川，拨烟霞而进影；百重寒暑，蹑霜露而前踪。诚重劳轻，求深愿达，周游西宇，十有七年。穷历道邦，询求正教，双林八水，味道餐风，鹿苑鹫峰，瞻奇仰异。承至言于先圣，受真教于上贤，探赜妙门，精穷奥业。一乘五律之道，驰骤于心田；八藏三箧之文，波涛于口海。

爰自所历之国，总将三藏要文，凡六百五十七部，译布中夏，宣扬胜业。引慈云于西极，注法雨于东垂，圣教缺而复全，苍生罪而还福。湿火宅之干焰，共拔迷途；朗爱水之昏波，同臻彼岸。是知恶因业坠，善以缘升，升坠之端，惟人所托。譬夫桂生高岭，零露方得泫其华；莲出渌波，飞尘不能污其叶。非莲性自洁而桂质本贞，良由所附者高，则微物不能累；所凭者净，则浊类不能沾。夫以卉木无知，犹资善而成善，况乎人伦有识，不缘庆而求庆！方冀兹经流施，将日月而无穷；斯福遐敷，与乾坤而永大。

关于道教，在历代遗存下来的弘扬道术、道教教义、教理的碑刻中，西安八仙宫吕祖殿殿门外壁上所镶嵌的道教内丹文物《吕祖百字碑》（图 233），是颇为著名的一块。其碑文云：

养气忘言守，降心为不为。
动静知宗祖，无事更寻谁？
真常须应物，应物要不迷。
不迷任自住，性住气自回。
气回丹自结，壶中配坎离。
阴阳生反复，普化一声雷。
白云朝顶上，甘露洒须弥。
自饮长生酒，逍遥谁得知？

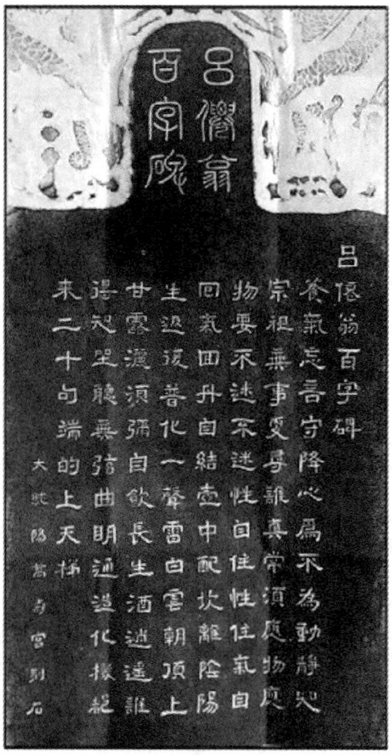

图 233 《吕祖百字碑》

坐听无弦曲，明通造化机。

都来二十句，端的上天梯。

在历代遗存下来的弘扬伊斯兰教教义、教理的碑刻中，刻于明世宗嘉靖七年（1528）的由山东济南清真南大寺掌教陈思撰写的《来复铭碑》（图 234），大约是最有代表性的一块。其碑文云：

无极太极，两仪五行，元于无声，始于无形。皇降衷彝，锡命吾人，与生俱生，与形俱形。仁人合道，理器相成。圣愚异禀，予赋维均。是故心为郛廓，性为形体。繇太虚，有天之名；繇气化，有道之名；合虚与气，有性之名；合性与知觉，有心之名。存心与性，以事其天；慎修厥身，以俟此命；主敬穷理，以养此性；戒慎恐惧，以体此道；不愧屋漏，以事此心。斯与造物为徒矣。不尔，天顾畀之，人顾弃之，其将何以复帝者之命？

图 234　来复铭碑

陈思所撰写的这块《来复铭碑》，是迄今所知我国伊斯兰教掌教亲笔撰写的最早的汉文伊斯兰教教义作品，铭文借用宋代理学家张载的某些思想和话语，完整地表达了陈思的伊斯兰哲学思想，简明概括地阐述了以认主为宗旨、以敬事为功夫、以复命为究竟的伊斯兰教的基本教义。

第八节 记载寺庙宫观所拥有的土地财产情况

由于历代封建统治者对宗教的重视，许多寺庙宫观得到了皇帝、大贵族、官府的大量赏赐和民间信徒的大批捐赠。为了使自己所拥有的土地财产不受侵犯，免遭流失，并纪颂赏赐者、捐赠者及为寺庙积累了大量财富的前代僧侣的功德，拥有大量土地和财产的寺庙宫观往往将土地财产等有关情况写成碑文勒石立碑，公之于众。如元代的《大护国仁王寺恒产之碑》记载：

> 初，至元七年秋，昭睿顺圣皇后于都城西高良河之滨，大建佛寺……中宫乃斥妆奁、营产业以丰殖之。已而效地献利者随方而至，物众事繁，建总管府统于内，置提举司、提领所分治于外。……凡径隶本院若大都等处者，得水地二万八千六百六十三顷五十一亩有奇，陆地三万四千四百一十四顷二十三亩有奇，山林、河泊、湖渡、陂塘、柴苇、鱼、竹等场二十九，玉石、银、铁、铜、盐、硝、碱、白土、煤炭之地十有五，栗为株万九千六十一，酒馆一。隶河间、襄阳、江淮等处提举司提领所者，得水地万三千六百五十一顷，陆地二万九千八百五顷六十八亩有奇，江淮酒馆百有四十，湖泊、津渡六十有一，税务、闸坝各一。内外人户总三万七千五十九，实赋役者万七千九百八十八。殿宇为间百七十五，灵星门十，房舍为间二千六十五，牛具六百二十八，江淮牛之隶官者百三十有三。

元代云南太华寺内的《太华山佛严寺常住田地碑记》，高约 1.35 米、宽约 0.85 米，直行楷书，全碑碑文十六行，每行十四字，记载田亩价格、租额银两等内容，其碑文曰：

> 我恩师玄鉴和尚，于安宁州安登庄、和尚庄、新生甸三庄，自备价

银所买田地，以及有自行开挖丘亩数目，历年久远，恐有隐遗，凡各份板田秋田陆地四至，并秋粮夏税子粒各项，一一开载清晰，特为碑记，以志不朽。

至元二十三年，以价银三百七十两，买到安登庄人李阿黑、张保、江茂等绝嗣民田三顷，凡板田八十九亩七分，秧田五十五亩二分，共一百四十四亩九分，收租粒八十三石八斗……

又如，在著名的浙江宁波鄞州阿育王寺舍利殿东壁上，镶嵌有刻于唐文宗太和七年（833）由万齐融撰的《阿育王寺常住田碑》（图235），全称《大唐越州都督府阿育王寺常住田碑》，碑高约2.7米、宽约1.35米，碑文二千余字。根据碑文记载，阿育王寺初创于晋武帝太康元年（280），南朝宋文帝元嘉二年（425）赐给寺庙塔墅常住田，南朝梁武帝普通三年（523）又赐额《阿育王寺》和《阿育王山》，从此，常住田就成为阿育王寺的寺产，由寺僧种植或收田赋。伊斯兰教同样也有此类碑刻，如河南孟州清真东寺中所存的刻于清道光六年（1826）的《清真寺新置学田碑记》即是。

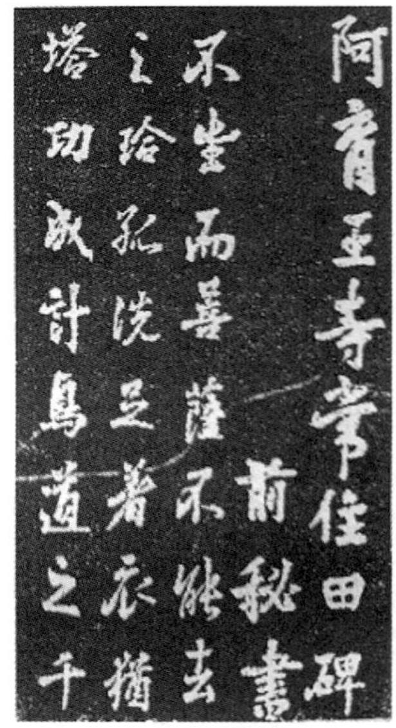

图235　《阿育王寺常住田碑》（局部）

第九节　记载、褒扬兴修寺庙的义举功德

寺庙的兴建、修缮、扩展需要大量钱财和土地，除了官府给予一些批拨支持和日常获得的香火钱外，主要依靠民间善男信女教徒的施舍和捐赠。因此，为了鼓励广大信徒为寺庙多多捐赠，和满足施主青史留名的心愿，许多寺庙都纷纷刻立功德碑，将捐赠者的名字和捐赠的钱款数量镌刻于碑石上。诸如：

宁波鄞州阿育王寺立有请道光十九年（1839）由“日本山住持正源”刻立的

《勒纪功德碑》（图 236）。碑文记载“护法信士林梅乡、芝乡、星海三位老爷捐入本寺入钱一千二百贯”“志贤大师捐入本寺钱一百二十千文”“胡铨大老爷助钱一千文”等事迹。

在广东肇庆庆云寺，建有二三十米长的功德碑碑廊（图 237），碑上刻有数千个向庆云寺捐赠钱财的善男信女的名字及其捐款的数量。

图 236　勒纪功德碑

图 237　广东肇庆庆云寺功德碑碑廊

在北京东城区的尼姑庵通教寺中，存有《比丘尼通勤捐助家产修庙碑》。在河北曲阳，存有多块记载和褒扬赵郡王高睿兴修定国寺义举功德的碑刻①，一块是刻于北齐文宣帝天保八年（557）四月的《赵郡王修寺颂记》（亦称《赵郡王高睿修定国寺颂记》），另一块也是同刻于天保八年（557）元月的《高睿修定国寺碑》。在台湾台南开元寺前殿的回廊中，存有清乾隆四十三年（1778）捐款人古碑。在江苏常熟碑刻博物馆中，存有刻于明武宗正德七年（1512），由邑人工部员外郎钱仁夫撰文、著名吴门书法家祝允明楷书的《崇福庵佛殿记碑》（图 238），碑文共五百余字，记述了崇福庵创立及前代修建崇福庵的经过，褒奖了南宋嘉泰年间里人

图 238　《崇福庵佛殿记碑》

① 这些碑旧存于河北灵寿县祁林院，即高睿所建定国寺旧址中。

苏氏舍氏建崇福庵的义举功德。在北京白云观灵官殿前西侧，立有刻于民国十三年（1924）的《白云观表德述异记碑》，碑文记载了民国时外界信众施主向观内增助布施之事；在白云观云集山房东侧，存有民国二十一年（1932）刻立的《白云观玉器业公会善缘碑》，碑文记载了玉器业公会捐资修缮白云观的义举功德。伊斯兰教也有不少此类义举功德碑，如在安徽寿县清真寺尚存的十三块历代碑刻中，就有十二块这类捐资修建寺庙的义举功德碑。

第十节　刊刻本教或本寺的规约制度

在北京东城区通教寺中，存有《共住规约碑》。在北京马甸清真寺中，存有刻于清光绪十一年（1885）的《公议整顿寺规碑记》；在山东济南清真南大寺内，存有刻于清康熙九年（1670）由薛宗俊撰写的《永禁三掌教世袭序碑》等。

除上述十大作用和功能外，碑刻在宗教中还被用来记载宗教盛事、大典、教案等方面的事。凡此种种具有不同作用和功能的碑刻，从各个不同的侧面反映了宗教文化的内涵，无疑是我们研究宗教文化和宗教发展史不可忽视的具有重要价值的文献资料和实物资料。

第十四章 碑刻与古代经济

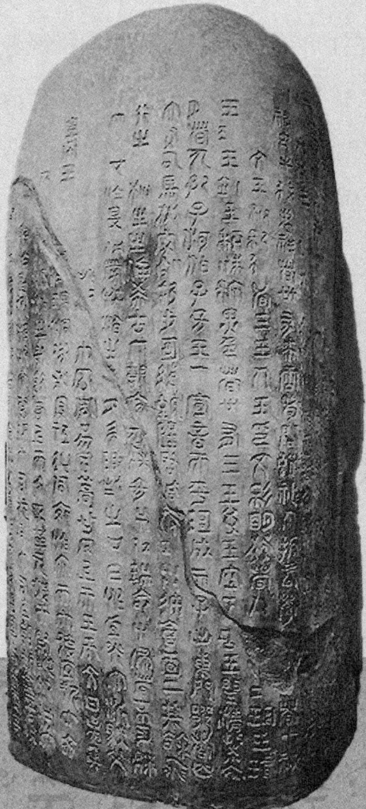

两千多年来，碑被广泛地应用于中国社会生活的各个领域，经济领域自然也不例外。尽管明以前少有专门的经济碑刻，但在碑文中涉及社会经济内容的却屡见不鲜。尤其是后世对遗存书面文字资料较少的元代的经济情况的了解，许多系来自元代所遗存碑刻中的有关记载。而在明清，特别是清代，专门的经济碑刻日益增多，成为中国碑刻中的一个重要组成部分。经济碑刻内容几乎涉及社会经济的各个方面。例如，据地方文献资料记载，在江苏无锡原县前街 82 号锡金军政府旧址（后为崇安区人民政府所在地）头门和二门之间的两壁上，就嵌有清雍正至光绪年间的经济碑刻十六块，其内容涉及清代城市商业、手工业、雇佣劳动和行会制度等各个方面。可见这些经济碑刻，对研究中国古代经济，特别是元、明、清的经济是极为重要的文献资料，具有很高的史料价值。

第一节　反映我国古代农牧业生产情况

古代中国是一个以农业为本的大国，农业在国民经济和社会生活中占有极其重要的地位。与之相应，在我国古代先后出现过不少记载农牧业生产情况、鼓励发展农牧业生产和指导农牧民进行农牧业生产的碑刻。

据考，在元代遗存的许多碑刻中关于农、牧业生产的记载颇多。如据《四部丛刊》初编本《道园学古录》卷十七载，元代《宣微院使贾公神道碑》的碑文中，对元成宗大德、元仁宗延祐年间朔方畜牧业生产遭受大风雪灾害的情况做了记载。其碑文云：

大德九年，朔方乞禄伦之地岁大风雪，畜牧亡损且尽，人乏食，其部落之长成来号救于朝廷，公[1]为之请官市驼、马，内府出衣币，而身往给之，余活者数万人……

延祐四年，朔方又以风雪告，公复为请如大德时，更出私家马二百以充用。

据《四部丛刊》初编本《元文类》卷二十五载，在元代刘敏中撰写的《丞相顺德忠献王碑》的碑文中，记载了大德年间宣慰地区和元世祖至元三十年（1293）广西地区设置屯田发展农业生产的情况。其碑文云：

和林控北边，始置宣慰。时诸部落降者百余万口，乃罢宣慰，大德十一年武宗诏王[2]以太傅为左丞相行省事……称海屯田废弛，重为经理，岁得米二十余万斛。益购工治器，择军中晓耕稼者，杂数部落。又浚古渠，溉田数千顷，谷以恒贱，边政大治。

至元三十年，广西元帅府请募南丹户五千屯田襟要，谓士不死瘴疠，馈饷有余蓄，实空荒之地，为邕管之蔽，制诸蛮，控交阯，其利有六。王喜，与之牛、种、农器，置长统焉。

据常州《先哲遗书》本《墙东类稿》卷十二载，元代《乌古孙泽墓志铭》中有元代元贞年间雍管（即邕管，今广西南宁）创设屯田发展农业生产的情况。其铭文云：

雍管议创屯田，委公经画，公不避炎瘴，偏历荒徼，临交趾界，起雷白等十寨陂堰八所，开水田五百二十二顷，编立排甲人夫四千六百余户，岁收五万余石，公私便之……

其他朝代的碑刻，也有不少关于农业生产情况的记载。如由陕西华县移存于西安碑林刻于明崇祯十六年（1643）的《感时伤记》碑，记载了当时发生严重灾

① 公：指贾秃坚不花。
② 王：指哈剌哈孙。

荒，农业歉收，农民在封建统治阶级残酷剥削下生活极端困苦的情景。由陕西富平上官村移存于西安碑林刻于明末李自成大顺永昌元年（1644）的《明德受记碑》，记载了当时陕西大旱，农业绝收，“人食人，犬亦食人”的惨痛景象。由西安市阶级教育展览馆移存于西安碑林，刻于清光绪三年（1877）的《荒岁歌碑》记载了光绪三年陕西大灾农业绝收的情况。此碑原在陕西韩城西彭村悟真观，为青石质，以民间歌谣的形式记述了清光绪三年特大旱灾的惨情，为了解研究光绪初年的农业生产和经济、社会发展情况提供了生动形象的参考资料，其碑文曰：

光绪三年，亢旱甚宽。
山陕河南，帷韩尤艰。
天降甘霖雨，先年八月间。
直旱得泉枯，河瘦井底干。
天色大变，人心不安。
处处祷雨，人人呼天。
诸物甚是贱，粮食大值钱。
壮者饥饿逃外边，田苗枯槁人熬煎。
直至七月间，土匪聚西川。
十而百，百而千。
锁子屯兵五角山，起手先从白马滩。
本邑坐个王知县，那本是个良心官。
不招乡勇惜民钱，谁料土匪扰南原。
男女逃荒城堡寨，腹中受饿不安然。
斗米钱五串，麦卖四串二。
榆树皮蔄根面，一觔还卖数十钱。
大雁粪，难下咽，无奈只得蒙眼餐。
山白土，称神面，人民吃死有万千。
兄弟无粮难共患，夫妻无面结仇冤。
老幼见面无所说，彼此只说饥饿言。
饥饿甚，实在难，头重足轻跌倒，便为人所餐。
别人餐犹可，父子相餐甚不堪。

路旁没人走，街头有女言。

谁引我，紧相连，不用银子不用钱。

儿叫娘，娘不言，半夜三更哭连天。

谁人怜念，谁人挂牵，哭得魂飞魄散大路旁。

或死后，或死前，可怜身体不周全。

六亲都不念，伤生就在眼目前。

人肉竟作牛肉卖，街市现有煮锅煎。

家有亡人不敢哭，恐怕别人解机关。

尸未入殓人抢去，即埋五尺有人剜。

各村皆有刁抢汉，即有粮食也不安。

四乡争夺不胜算，大街抢物人难看。

路有女流辈，不识东西南，随人奔走往外县。

那时节，何论女和男。

后任幸有沈青天，恰是菩萨下尘凡。

仓中无粜难筹款，先让富户把银捐。

银也有限，上省求粮。

赈济宽，每人一日分三两，好比人吃活命丹。

各村领各村散，散至四年六月间。

麦豆散到四万石，留人不足一之三。

三月已得甘雨降，农夫弱力苦耕田。

粜一时更比一时贱，一斗只卖八百钱。

细微曲折未说尽，聊将大概说一番。

作成几句俗俚语，留于后世为奇观。

在山西高平城南西李门村二仙岭的二仙庙中，亦存有光绪五年（1879）镌刻的记载光绪三年大灾、农业绝收情况的《荒年碑》。在河南济源发掘出来的一块刻于光绪五年的《荒年碑》中，也对光绪三年济源遭受先旱后涝自然灾害，农业绝收，灾民遍野，家破人亡，乃至人吃人的情景做了详细记载。其碑文云：

……草梗挖尽，树叶遍尝……渐至九月，三秋已尽，一粒未收，冬将来也，糊口何资？衣当尽，卖产无售，不得已宰杀耕牛，瓜分殷户，父子不相亲，兄弟不相顾。妇女卖于他乡，接踵成群；老弱死于非命，填满沟壑。冬十月以至腊月，惨伤重甚，惊惧日急，遍野尽成尸骸，沿途只留枯骨。东庄西庄，一人谁敢贸往？朝时夕时，单身畴敢出门？人吃人肉，各庄皆有，挖柩刨墓，何处云无。更有驱民死者，截路到处，蜂起强夺，各处伤人……不幸被抢人家百户之多，共来二十回亦有余。屈指社中死者十之八九，生者一分未足……种种灾厄，不堪尽述；垒垒患难，何能备载……

在历代碑刻中，也有不少鼓励发展农牧业生产和指导农民如何生产的碑刻。如，据清刘廷玑《在园杂志》及清张吉午纂修的《康熙顺天府志》记载，康熙皇帝东巡时，民间官绅进贡红米，煮熟后色红如胭脂，有香气，回锅三次米质不变，色香犹存，且每次回锅米粒便伸长一点，当地人称“三伸腰”。康熙品尝后龙颜大悦，遂赐名“御田胭脂米”，并御书立碑，圈定御田，敕令精心种植。在西安碑林中，有刻于雍正十三年（1735），由孙能宽撰文并行书的高 219 厘米、宽 82 厘米的《劝农歌》碑。在河北博物馆中，藏有刻于乾隆三十年（1765）的《棉花图》刻石（图 239）。棉花是关系国计民生的重要物资，尤其是在以农业为本的古代中国更是如此，历朝历代都十分重视棉花生产。清代时，以直隶（今河北省）为中心的华北一带已发展成为重要的产棉区。为了大力倡导植棉，使广大农民重视种棉纺织、搞好棉花的生产和加工，使“衣被独周乎天下”，自乾隆十四年（1749）

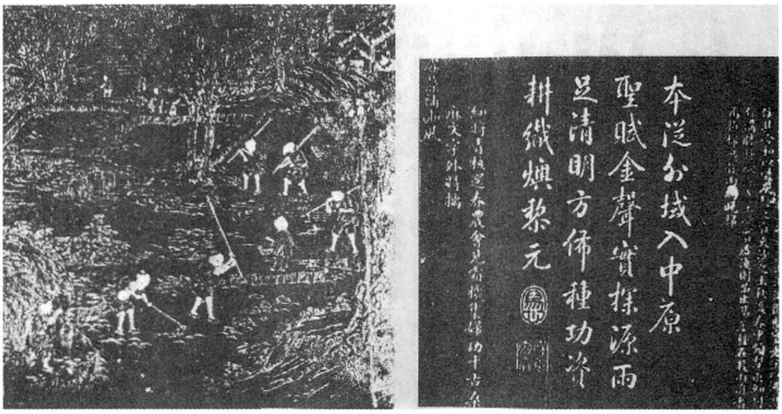

图 239　清《棉花图》刻石之《布种》（局部）

起前后担任直隶总督达二十年的方观承，在多年深入民间考察，对棉花生产从选种、种植直至染色、织布的全过程进行深入研究和系统总结的基础上，精选画师、主持绘制成了一套包括从植棉、纺织到织染成布整个过程的系列《棉花图》图谱，并呈献给乾隆皇帝。乾隆皇帝亲笔御题后，于乾隆三十年（1765）镌勒成一整套《棉花图》刻石。原刻石现珍藏于河北博物馆，历经两百余年，至今保存完好无损。刻石系采用端石刻制，共十二块，其中十一块长118.5厘米、宽73.5厘米，厚14.2厘米；另一块长89厘米、宽41.5厘米，厚13.5厘米。石上共刻棉花种植、生产、加工图十六幅，分别名为《布种》（即播种）、《灌溉》、《耘畦》、《摘尖》、《采棉》、《拣晒》、《收贩》、《轧核》、《弹花》、《拘节》、《纺线》、《挽经》、《布浆》、《上机》、《织布》（附榨油）、《练染》。每图除附有方观承写的文字说明及一首七言诗外，还有乾隆皇帝亲题的七言御诗一首。图外还刻有清圣祖康熙皇帝所作的《木棉赋》和方观承的两个奏折及为《棉花图》所作的《跋》。这套《棉花图》刻石，为阴文线刻，线条精细，房舍规整，人物鲜活，图画逼真生动形象，文字解说言简意赅，通俗易懂。它翔实而准确地记录并系统地总结了我国18世纪中期以前棉花栽培和加工利用的经验，其中关于棉花选种、播种、灌溉、打尖等田间管理和采摘、拣晒诸方面的经验至今还在广泛应用。《棉花图》刻石是迄今所知我国最早的而且较为系统完备的棉作学图谱，不仅在当时对推动棉花的种植、生产和加工起了促进作用，而且为研究我国农业史、科技史、植棉史、棉纺织史以及清代前期直隶的社会经济史提供了重要的资料，具有珍贵的史料价值。

瓜果蔬菜种植是农业生产的一个重要的组成部分，我国古代湖北西南山区恩施群众靠刀耕火种苞谷、土豆等维持生计。为了发展农业生产，当地官府曾利用山区气候、土地资源适合西瓜生长的自然条件，从外地引进西瓜品种。为帮助当地农民掌握西瓜种植技术，当地官府便将西瓜的种植技术镌刻成碑文，公之于众。1997年5月，湖北恩施文物、科技部门人员在恩施七里坪乡柳州城村，发现了南宋度宗咸淳六年（1270）的摩崖石碑——《西瓜碑》（图240）。《西瓜碑》镌刻在一块高650厘米、宽550厘米左右的自然灰褐色巨形砂岩上，碑文自右向左竖刻十行，每行十七字，为隶书阴刻，虽历经七百多年之久，字迹至今依然保存完整，清晰可辨。其碑文云：

图 240 《西瓜碑》

郡守秦将军到此栽养万桑，诸菜园，开修莲花池，创立接客亭及种西瓜。西瓜有四种：内一种云头蝉儿瓜，一种团西瓜，一种细子瓜，名曰御西瓜；此三种在淮南种食八十余年矣……外甜瓜、梢瓜有数种。成淳五年，在此试种，种出多产，满郡皆与支送，其味甚加，种亦遍及乡村。无刻石于此，不可不知也。其瓜于二月尽，则掩种，须是三五次掩种，恐雨不调。咸淳庚午孟春朐山秦□伯玉谨记。

此碑是鄂西南发现的历史上最早的科普文献碑，也是我国国内迄今为止所发现的唯一的西瓜碑，对于研究我国农业史、科技史、西瓜史及鄂西南地区的经济史都具有重要的价值。

第二节　反映我国古代工业（手工业）生产的情况

在以农为本的中国古代社会中，工业（主要是手工业）并不占据经济的主导地位，但也是社会经济中一个不可缺少的有机组成部分。我国古代碑刻对此也有诸多反映，这类碑刻为我们研究了解我国古代工业（手工业）的发展情况提供了宝贵的资料。

在浙江淳安西南洪铜山（今为浙江淳安锡铁矿所在地）铜矿遗址矿区西北的里坞坑崖壁上，镌有唐代遗存下来的高 56 厘米、宽 26 厘米的摩崖题刻，为直行楷书阴刻，碑文记载了从唐玄宗天宝八年（749）到唐宪宗元和四年（809）间，每次开采铜矿的起讫时间，其文为："大唐天宝八年开山地取铜，至乾元元年七月，又至大历十年十二月再采，续至元和四□。"此处摩崖题刻，是目前浙江省所发现的唯一有确切纪年的古代开采和冶炼的铜矿遗址，是研究我国唐代采矿业和冶炼业的重要资料，具有很高的史料价值。

在山西运城南的池神庙中，存有刻于明神宗万历二十五年（1597）夏，由巡抚御史吴楷题书的《河东盐池之图》刻石（图 241）。河东盐池即山西运城盐池，位于中条山北麓，长约三十公里，宽约四公里，是我国最大的内陆盐池之一。《河东盐池之图》刻石高 103 厘米、宽 170 厘米，历经四百年，现碑面图部分漫漶，但大部分仍清晰可辨。图中描绘万历二十四年（1596）官任巡盐御史的曹州人吴楷巡视河东盐池的情景：在微风荡漾的盐池上，盐丁们赤身跣足，有的汲卤浇畦，有的修整盐畦，有的刮盐晶，有的堆盐堆；远处盐晶堆成小山，北岸盐场官员正在听属

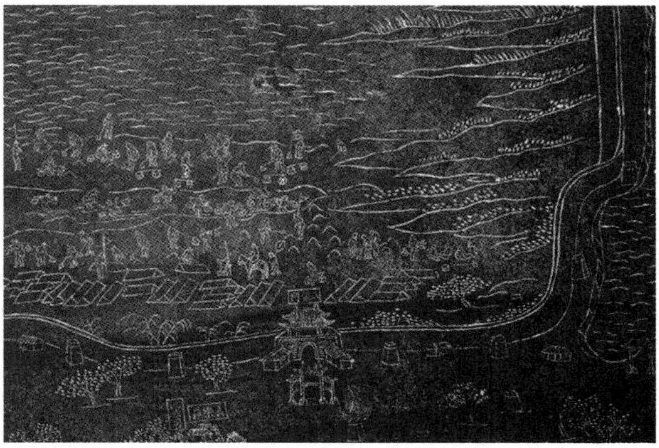

图 241　《河东盐池之图》刻石（局部）

下报告情况，南岸巡抚御史正乘肩舆过河，巡逻官员打马扬鞭行巡于盐场边沿。画面上盐场内各种设施建筑排列有序，高大的围盐将盐池与外界隔开。在刻石的左侧，刻有约三百四十字的《南岸采盐图记》碑文。《河东盐池之图》及其所题碑文，为研究明代制盐业和我国的盐业史提供了生动形象的资料，具有重要的史料价值。

在吉林市东南阿什哈达屯松花江岸边山上的临江绝壁处，存有两块明代镌刻的摩崖碑《阿什哈达摩崖刻石》。一块刻于绝壁中部坐北朝南突出的长方形青灰色花岗岩石上，刻字部分通高 135 厘米、宽 70 厘米，刻字三行，中行字径较大，约 12 厘米见方，左右两行字径较小，约 6 厘米见方。其碑文为：

> 甲辰　丁卯　癸丑
> 骠骑将军辽东都司都指挥使刘
> 大明永乐拾玖年，岁次辛丑正月吉。

另一块刻于距第一块摩崖碑约三十米处坐东向西的黄褐色花岗岩石上，碑文周围有上圆下方的碑形刻线，中高 122 厘米、宽约 61 厘米，自右向左竖刻字体大小不一的八行楷书碑文：

> 钦委造船总兵、官骠骑将军、辽东都司都指挥使刘清，
> 永乐十八年领军至此，
> 洪熙元年领军至此，
> 宣德七年领军至此，
> 本处设立龙王庙宇，
> 永乐十八年创立，
> 宣德七年重建。
> 宣德七年二月三十日。

根据碑文所刻，结合查考《明史》《明实录》的记载可以得知，该摩崖碑文是明朝辽东都司都指挥使、骠骑将军刘清，奉命于明成祖永乐十八年（1420）、明仁宗洪熙元年（1425）和明宣宗宣德七年（1432），先后三次率军在此建造船只，

船造成后即从松花江下水，以作北方地区运粮、运军和转输贡赋之用的记录。碑文以确凿无疑的证据证明吉林在明代是我国的造船工业基地之一。该碑文是研究明代造船工业、中国造船史和我国东北边疆历史的重要资料。

缫丝织锦、织缎、织绸是我们祖先的伟大发明，丝织业在我国古代工业中占有重要的地位，历代统治者对丝织业都相当重视，明清两朝还专门设立了江宁织造局为皇家服务。1963年，在江苏苏州葑门内带城桥下塘原清朝织造署旧址，发现了刻于清世祖顺治四年（1647）的《江南织造局图碑》（图242）。图碑长140厘米、宽80厘米，四边镶刻二龙抢珠，碑上部刻题记，下部刻图。图呈平面，从图上可看到，当时的苏州织造局分为前后二所，以“孔夫子巷”为界。前所有大门、大堂、后堂、楼房、机房、祖师堂。右侧为机房，左侧为绣缎厅、机房。顶端有更楼。过夫子巷后为后所，共有机房一百六十九处，织机八百张，工匠二千三百三十名，专为皇家织造名贵锦缎等丝织品。此碑为勘定清代官办织造企业提供了重要的实物证据，对研究清代丝织业和我国的丝织业史具有珍贵的史料价值。

图242　江南织造局图碑

瓷器是我国的文化遗产之一，瓷器制造业是我国古代传统工业的一个重要组成部分。江西景德镇是我国最著名的瓷都。明代万历年间，在景德镇东北的高岭村高岭山，发现了制陶重要原料高岭土。高岭土的应用，大大提高了瓷胎的耐火度，减少了制品的变形，极大地改善了瓷器的质量，给陶瓷制造业带来了一场重大变革。高岭土名扬世界，成为世界瓷土的通用名称。在高岭山东埠村街北的一幢民居的房墙上，嵌有一块清乾隆年间刻立的石碑，记述了清代在高岭山采掘和转运瓷土的情况。此碑为研究景德镇制瓷业和中国陶瓷史提供了珍贵资料。

第三节　反映我国古代商业贸易的情况

在我国古代，反映商贸情况的碑刻也为数不少。如江苏常州博物馆保存着一块由常州北直街屠氏宗祠旧址移存过来的、刻于清嘉庆六年（1801）的《屠氏宗祠碑》。此碑高 198 厘米、宽 90 厘米，厚 30 厘米；碑文内容记载了嘉庆五年（1800）正月二十九日江南布政司批发的武进、阳湖两县木行牙户屠明安等控告私牙①木商庄正裕等违例经营等一份查办词状。词状公布，经查办，查明当时武进、阳湖两县共有司帖官牙木行五十六家，无帖私牙木行一百二十家。碑文的这一记载是江苏常州地区首次发现的清代木业贸易的史料，从记载中可以看出，清代中叶常州的木业买卖极为兴盛，此碑对研究常州木业贸易史和常州乃至江南地区的商业史都是有价值的参考资料。

江苏镇江五条街（中山东路）160 号的唐一正斋膏药店旧址，存有多块有关店史的石碑。在药店大门两边水磨青砖墙上各嵌有一块方形刻石，一块石上刻有“起首一正斋唐家老店”九个大字，另一块石上刻有“工商部注册万应灵膏”九个大字。店堂内右侧墙上镶嵌有清同治八年（1869）丹徒县正堂刻立的关于永禁他人假冒“一正膏”的《奉宪勒石永禁碑》（图 243）和民国初年“唐一正斋膏药店”店主的第八世孙唐萼楼所刻立的店史纪要碑。根据碑文记载可以得知，一正斋膏药店系清康熙初年由唐守义开创，以秘制祖传主治跌打损伤等病症的“一正膏”而著称于世，其店史迄今已有三百三十多年。康熙年间，由于治理黄河的民工、兵勇凡体亏和劳损者，贴

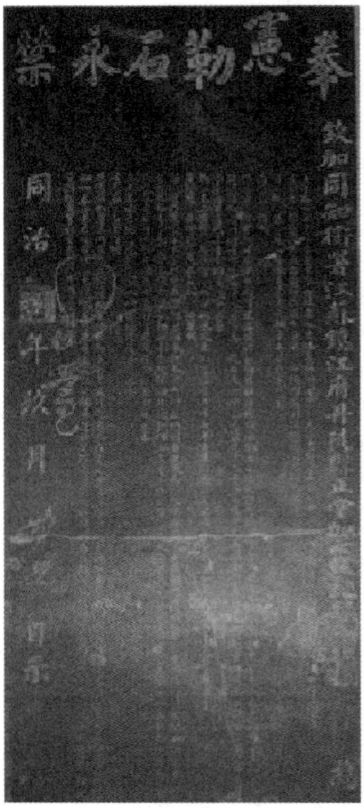

图 243　《奉宪勒石永禁碑》

① 私牙：为买卖双方说合交易并抽收佣金的居间商人。

用“一正膏”后，病即痊愈，钦差大臣、河道总督陈鹏年于康熙五十年（1771）特送“桔井流香”（“桔井”系一正斋内用以秘制膏药的水井）匾额挂于店堂。清代以来，“一正膏”不仅享誉并畅销国内，而且还远销东南亚等地。“唐一正斋膏药店”遗存的碑刻，不仅是研究百年老字号“唐一正斋膏药店”店史的宝贵史料，同时对研究清代常州地区，乃至江苏和全国的药品贸易情况和中国制药史都是有价值的参考资料。

第四节　反映我国古代工商行会发展的情况

行会亦称“行帮”，是封建社会城市中的同业组织，分为手工业行会和商人行会两种，是封建社会中手工业者或商人在商品经济日渐发展的条件下，为限制竞争，规定生产或业务范围，解决业主困难和保护同行利益，由同业或相关行业联合组成的。我国隋唐时期城市中就有行，宋时有团行，明清时行会组织更加发达，常由同乡同业组成，其组织和机构称为会馆或公所，其种类随分工和交易的发达而变化和增多。在我国古代，特别是明、清时期，工商业繁荣发达的江南地区涌现出了大批各行各业的会馆和公所，这些会馆和公所遗存有众多行会碑刻，这些碑刻为后人研究中国古代的行会制度和中国行会史提供了许多有价值的资料。

江苏苏州是明清时期江南工商业最繁荣发达的地区之一，会馆公所众多，至今仍可见当年遗存下来的会馆公所碑刻。如阊门内天库前的武安会馆，是清光绪十二年（1886）河南武安（今属河北省）旅苏绸缎商集资创建的，在头门墙壁中镶嵌有《武安会馆碑记》《武安会馆捐资碑》等五块碑刻，记载了武安会馆的建馆缘由、经过及捐助者名单。苏州市胥门外枣市街的嘉应会馆，是清嘉庆十四年（1809）广东嘉应州（今梅州）五县旅苏商贾集资创建，后在道光年间和光绪年间又先后两次重修。现在会馆大殿东面备弄的墙壁上，嵌有碑刻十八块，记载了会馆历次修建情况、沿革历史和捐助者的名单。苏州吴江区盛泽镇斜桥街的济东会馆，系清嘉庆年间由山东济南府旅居此间的商人所建的丝绸会馆，民国十二年（1923）重修，现馆内墙上镶嵌有民国十二年刻的《重修济东会馆碑记》一块，碑文记载了济东会馆建造的缘起和历史沿革。

而根据对地方文史资料的查考，在清代与民国时期，苏州诸如此类各行各业的会馆公所碑刻多达百块。其中：

关于会馆公所设置修建的碑刻有康熙四十九年（1710）刻立的《倡修江西会馆碑记》，康熙六十一年（1722）刻立的《吴江盛泽镇济宁会馆置田建庙碑》，雍正七年（1729）刻立的《岭南会馆广业堂碑记》，乾隆十七年（1752）刻立的《金华会馆碑记》，乾隆二十七年（1762）刻立的《陕西会馆碑记》，乾隆四十二年（1777）刻立的《全晋会馆应垫捐输碑记》《全晋会馆众商捐厘碑》《重修东齐会馆碑记》，乾隆四十九年（1784）刻立的《潮州会馆碑记》，嘉庆元年（1796）刻立的《重修江西会馆乐输芳名碑》，嘉庆七年（1802）刻立的《昭文县为梅园公所卜建存仁堂给示勒石碑》，嘉庆十八年（1813）刻立的《嘉应会馆碑记》，嘉庆二十二年（1817）刻立的《吴江盛泽镇续修济宁会馆碑》，道光十年（1830）刻立的《重修三山会馆襄助姓名碑》，道光十二年（1832）刻立的《吴江盛泽镇徽宁会馆缘始碑记》《徽宁会馆碑记》《徽宁会馆捐银总数并公产粮税碑》，道光十六年（1836）刻立的《重修金华会馆碑》，咸丰二年（1852）刻立的《掌礼通业公所基地文契碑》，咸丰六年（1856）刻立的《重建礼茶公所碑记》，同治十一年（1872）刻立的《重建浙南公所碑记》，光绪十二年（1886）刻立的《八旗奉直会馆记》，光绪十五年（1889）刻立的《武安会馆碑记》，光绪十六年（1890）刻立的《八旗奉直会馆名宦题名碑》，宣统二年（1910）刻立的《重建汀州会馆碑记》，民国二十三年（1934）刻立的《常熟宁绍会馆始末记》。

关于棉布洋布业的碑刻有康熙五十四年（1715）刻立的《长吴二县禁立踹匠会馆碑》，同治八年（1869）刻立的《布业建立尚始公所办理善举碑》，同治九年（1870）刻立的《苏州府为咈布染坊业建立公所议定章程办理善举给示晓谕碑》。

关于丝绸刺绣业的碑刻有雍正元年（1723）刻立的《吴县纱缎业行规条约碑》，乾隆三十七年（1772）刻立的《吴阊钱江会馆碑记》，乾隆四十一年（1776）刻立的《钱江会馆各绸缎庄捐输厘费碑》《吴县永禁官占钱江会馆碑》，道光二十七年（1847）刻立的《吴县七襄公所碑记》，咸丰九年（1859）刻立的《吴县为七襄公所请官致祭给示碑》，同治十年（1871）刻立的《元长吴三县为丝业公所整顿行业规条出示晓谕碑》，光绪元年（1875）刻立的《苏州丝业整顿旧规集资设所缘由碑》，光绪五年（1879）刻立的《元长吴三县为元宁会馆赎回造屋给示晓谕碑》，光绪十年（1884）刻立的《刺绣业创立锦文公所缘起碑》，光绪十八年（1892）刻立的《吴县为盖印给发吴兴会馆公产照契抄册给示晓谕碑》，光绪二十五年（1899）刻立的《吴兴会馆房产新旧契照碑》。

关于造纸印书业的碑刻有同治九年（1870）刻立的《纸业创立两宜公所购置房基文契碑》《纸业两宜公所办理同业善举碑》，同治十一年（1872）刻立的《吴县为蜡笺纸业创建绚章公所办理善举给示晓谕碑》，同治十三年（1874）刻立的《书业捐资重建崇德公所碑》，光绪三年（1877）刻立的《纸业兴建两宜公所缘起碑》。

关于土木建筑业的碑刻有康熙二十七年（1688）刻立的《长洲县为木行永禁行头名色以除商害给示碑》，道光三十年（1850）刻立的《水木匠业兴修公所办理善举碑》，同治四年（1865）刻立的《苏州木商捐资重建大兴会馆碑》，同治十年（1871）刻立的《苏州府为木行巽正公所照章提用入公给示晓谕碑》，光绪十三年（1887）刻立的《水木作修理梓义公所照旧办理同业善举碑》，光绪二十九年（1903）刻立的《梓义公所议定水木作工价章程并捐户花名碑》《明瓦业重建公所捐户姓名碑》，光绪三十二年（1906）刻立的《石业公所建立学堂兼办善举碑》。

关于木器制造业的碑刻有道光元年（1821）刻立的《苏州府为小木作捐建公所给示禁约碑》，道光二十四年（1844）刻立的《小木公所公议条规并捐户姓名碑》，光绪十九年（1893）刻立的《三义公所置买房基兴办善举碑》，光绪二十一年（1895）刻立的《吴县为梳妆公所公议章程永守勿改碑》，宣统二年（1910）刻立的《红木梳妆业重建公所兴办善举碑》。

关于油漆业的碑刻有道光十七年（1837）刻立的《漆作业创建性善公所伙友捐助姓名碑》，道光二十五年（1845）刻立的《漆作业捐资重修性善公所碑》，咸丰元年（1851）刻立的《漆作业捐助修理性善公所碑》，光绪二十年（1894）刻立的《性善公所办理同业伙友义冢碑》。

关于铜锡铁器业的碑刻有光绪二年（1876）刻立的《钢铁锯锉业移建公所办理善举碑》。

关于金银珠宝业的碑刻有嘉庆五年（1800）刻立的《圆金业修葺公所碑》，同治七年（1868）刻立的《银楼业捐资创建安怀公所碑》，同治九年（1870）刻立的《银楼业各铺户捐助安怀公所题名碑》，同治十二年（1873）刻立的《圆金业捐资重建公所碑》，光绪二十年（1894）刻立的《圆金业兴复公所办理善举碑》，光绪三十二年（1906）刻立的《银楼业修复公所重整业规碑》《安怀公所公议暂行简章碑》，光绪三十三年（1907）刻立的《崇礼堂公所整顿行规在伙友薪水项下提钱办理善举碑》，民国八年（1919）刻立的《圆金业重修公所办理善举碑》，民国十四年（1925）刻立的《圆金业重建公所各行帮捐助姓名碑》。

关于杂货百货业的碑刻有咸丰五年（1855）刻立的《咏勤公所恤寡会碑记》，咸丰九年（1859）刻立的《瓜帽业移建公所重整善举碑》，同治十一年（1872）刻立的《洋货业修复咏勤公所碑记》，同治十二年（1873）刻立的《咏勤公所推仁局办理代葬碑记》，同治十三年（1874）刻立的《裘业创设公所办理同业善举碑》，光绪二年（1876）刻立的《咏勤公所恤寡会续记》《估衣业重建云章公所碑》，光绪十七年（1891）刻立的《云章公所重整前章办理善举碑》，光绪二十三年（1897）刻立的《寿衣业安仁公所与康济局永杜争端碑》，光绪二十四年（1898）刻立的《缏绳业建立采绳公所订立章程碑》《长洲县禁止无业游民在成衣公所寻衅滋扰碑》，光绪二十五年（1899）刻立的《寿衣业创建安仁公所碑记》，光绪三十四年（1908）刻立的《领业公所房屋并入洋货业长生会内办理公益碑》，民国二年（1913）刻立的《重修杭线会馆碑记》，民国九年（1920）刻立的《重修香业公所办理善举碑》。

关于粮食业的碑刻有光绪四年（1878）刻立的《吴江盛泽镇米业公所碑记》，民国八年（1919）刻立的《豆米杂粮业声叙公所缘由重整规条碑》。

关于南北货业的碑刻有同治十二年（1873）刻立的《海货业设立永和公堂办理同业善举碑》，光绪三年（1877）刻立的《猪业毗陵会馆平减猪价钱串用力碑》。

关于酱酒菜厨面饼业的碑刻有道光二十四年（1844）刻立的《长洲县为醴源公所议定公租给示永守碑》，道光二十五年（1845）刻立的《苏州府为肉店同业创建三义公所并置义地给示晓谕碑》，同治十二年（1873）刻立的《苏州府为酱坊业创建公所禁止官酱店铺营私碑》，光绪二十五年（1899）刻立的《长洲县禁盗卖僭占面业公所公产碑》，光绪二十八年（1902）刻立的《酒馆业集资移设公所仍照旧规办理碑》。

关于生活服务业的碑刻有嘉庆十三年（1808）刻立的《剃头业江镇公所买屋文契碑》，嘉庆十八年（1813）刻立的《吴县永禁踞扰强占江镇公所及义冢碑》，同治三年（1864）刻立的《苏州府为剃头业借关帝庙权设公所给示禁约碑》，同治三年（1864）刻立的《江镇公所筹议捐资办理善举碑》。

关于柴炭煤烛业的碑刻有道光六年（1826）刻立的《烛业东越会馆议定各店捐输碑》，道光八年（1828）刻立的《烛业创建东越会馆颠末记》，道光十五年（1835）刻立的《吴县禁止在柏油公所公地堆积污秽有碍行走碑》，道光二十五年（1845）刻立的《吴县为东越会馆房契失慎烧毁给示勒石碑》，咸丰五年（1855）刻立的《东越会馆公善堂碑记》，宣统元年（1909）刻立的《煤炭业创建坤震公所整顿行规碑》、宣统二年（1910）刻立的《坤震公所续议章程碑》。

渔业相关的碑刻有光绪元年（1875）刻立的《吴县为江鲁公所遵照旧章按货提厘给示遵守碑》。

烟草业相关的碑刻有同治三年（1864）刻立的《江苏善后总局永禁烟业私立公所擅设行头把持垄断碑》等。

江南其他地方的会馆公所碑刻虽不像苏州如此之众多，但也数量不少，有些地方至今还有遗存。如旧址位于江苏镇江城西小门街拖板桥小学内的瓦木公所在清代时，是镇江当地瓦木工匠建立的行会组织机构的所在地。现旧址屋内，存有清末遗存下来的两块石碑，其中小碑立于清光绪二十九年（1903），大碑立于清光绪三十二年（1906）。根据碑文记载可以得知，因物价上涨，瓦木工匠为了保障自己的生活，要求照米价涨落付给工资，但遭雇主拒绝。为了涨工资，瓦木工匠们不得已在工地上聚众停工。后来，由瓦木公所出面调停此事，议定条规，为瓦木工匠及徒工分别增加工钱，由丹徒县正堂立碑正式做出规定，规定今后工资照米价涨落付给，瓦木工匠不得再滋事，以此约束瓦木工匠。从此碑内容中可以看出当时瓦木公所曾发挥过重要作用，此碑为研究清代镇江地区的行会组织和制度提供了有价值的参考资料。镇江市伯先路 82 号的广肇公所，系广东肇庆地区来镇江经商的同乡会机构所在地，1907 年由火油商人卓翼堂负责改建。现旧址厅房南厢房内墙壁上，嵌有一块当年重建时所刻的《广肇公所记碑》，碑文记载了广肇公所的历史及重建始末，是研究清末镇江地区行会组织情况的有价值的实物资料。

又如，浙江湖州公园路 80 号的钱业会馆，系由钱庄业集资于清光绪二十九年（1903）始建，光绪三十二年（1906）建成，是一座占地面积 3000 多平方米、楼阁众多、颇有规模的会馆兼园林建筑。现门厅中存有当年所立的《湖州钱业会馆碑记》，碑文记载了湖州钱业会馆的兴建始末及当时的盛况，这对于研究清末湖州的金融业、湖州地区行会和民族经济发展史都是相当有价值的资料。

第五节 反映我国古代赋税、徭役、租息等情况

赋税、徭役、租息是封建经济极其重要的组成部分，是了解历代经济发展情况，研究中国经济史必须深入研究的重要问题。在历代遗存的碑刻中，我们可以获得许多有关各代赋税、徭役、租息方面的珍贵资料。

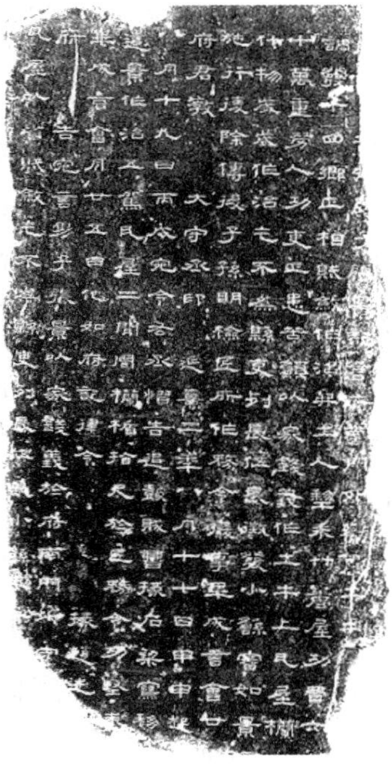

图 244 《张景碑》（局部）

据考，早在东汉碑刻中，就有不少关于当时赋税徭役的记载。如刻于东汉延熹二年（159）的《张景碑》（图 244）的碑文中，就记述了当时地方官同意乡民张景包修土牛、瓦屋等设施，以免除其本家世代徭役之事。四川西昌昭觉县好谷乡遗存有建于东汉光和四年（181）的石表。石表高 162 厘米，正面和侧面刻有以五槽诏书形式颁发的“公文”，公文用隶书书写，正面刻九行，侧面刻三行，计四百余字，主要记载了越西郡任命苏士县有秩（汉代的乡长）冯佑为邛都县安斯乡有秩之事，以及复除（免除赋税）上诸、安斯二乡赋役等内容。

在元朝一代名臣耶律楚材的《中书令耶律公神道碑》碑文中，就有许多关于元代赋税徭役、租息情况的记载：

自太祖西征之后，仓廪府库，无斗粟尺帛，而中使别迭等佥言：“虽得汉人，亦无所用，不若尽去之，使草木畅茂；以为牧地。”公①即前曰：“夫天下之广，四海之富，何求而不得；但不为耳，何名无用哉?”因奏地税、商税、酒、醋、盐、铁、山泽之利。周岁可得银五十万两，

① 公：指耶律楚材。

绢八万匹，粟四十万石。上曰：“诚如卿言，则国用有余矣。卿试为之！”乃奏立十路课税所，设使副二员，皆以儒者为之……

中贵苦木思不花奏拨户一万以为采炼金银栽种葡萄等户。公言：“太祖有旨，山后百姓与本朝人无异，兵赋所出，缓急得用。不若将河南残民贷而不诛，可充此役，且以实山后之地。”上曰：“卿言是也。”又奏：“诸路民户今已疲乏，宜令土居蒙古、回鹘、河西人等与所在居民一体应输赋役。”皆施行之……

是岁始定天下赋税，每二户出丝一斤，以供官用，五户出丝一斤，以与所赐之家。上田每亩税三升半，中田三升，下田二升，水田五升。商税三十分之一，盐每银一两四十斤，已上以为永额。朝臣皆谓太轻。公曰：“将来必有以利进者，则已为重矣……”

所在官吏取借回鹘债银，其年则倍之，次年则并息又倍之，谓之羊羔利。积而不已，往往破家散族，至以妻子为质，然终不能偿……

戊戌，天下大旱蝗，上问公以御之之术。公曰：“今年租赋乞权行倚阁。”上曰：“恐国用不足。”公曰：“仓库见在，可支十年。”许之。初，籍天下户，得一百四万，至是逃亡者十四五，而赋仍旧，天下病之。公奏除逃户三十五万，民赖以安……

燕京刘忽笃马者，阴结权贵，以银五十万两扑买天下差发，涉猎发丁者，以银二十五万两扑买天下系官廊房地基水利猪鸡，刘廷玉者，以银五万两扑买燕京酒课，又有回鹘以银一百万两扑买天下盐课，至有扑买天下河泊桥梁渡口者……

初，公自庚寅年定课税，所额每岁银一万锭，及河南既下，户口滋息，增至二万二千锭。而回鹘译史安天合至自汴梁，倒身事公，以求进用。公虽加奖借，终不能满望。即奔诣镇海，百计行间。首引回鹘奥都剌合蛮扑买课税增至四万四千锭。公曰：“虽取四十四万亦可得，不过严设法禁，阴夺民利耳……”

又如在元代的《建宁路崇安县尹邹君去思之碑》中也有关于当时赋役不均的记载：

崇安之为邑，区别其土田。名之曰都者五十，田赋之多寡略相等也。自民产之无制，大家之田连跨数都，总为一家以受役，升合之赋力不能出，其乡则受役无时而休也。五十都之田，上送官者为粮六千石，其巨室以五十余家兼五千石有而余，其细民以四百余家合千石而不足，而赋役者常以四百之细民配之五十之大家，贫者一日当役而家已破，是以三年六次预定之役，常纷然不宁，而民病甚矣。

在《通议大夫签河南江北等处行中书省事赠正议大夫吏部尚书上轻车都尉追封颍川郡侯谥文肃陈公神道碑》中亦有关于当时安徽贵池赋税和徭役的记载：

世祖至元末，（陈思济）守池州……岁且终，省檄列郡横造绮段，而初不给其直，列郡取于民以应之，又不中度，危迫不知所为。公命民间有丝者，借纳明年夏税，不日而丝具，召匠户并工成之，踰月而就，民不知有此役也。

在《忠节李公神道碑》中有关于当时李爱鲁在云南按百姓家庭财产多少征收赋税的记载：

……（李爱鲁）始为金齿等国安抚使，……改善阐安抚使，升云南等处宣慰都元帅，虎符，拜云南行省参知政事……已臣之国，抚而绥之，为定金赋，以户高下为衰。迨其薨年，籍是一省输金之家，近二百万。

明代遗存的关于赋税、徭役的碑刻记载也相当多。如在江苏常熟碑刻博物馆中，存有一块刻于明万历三十八年（1610）秋，由吕据德书写勒石、常熟知县杨涟立石的《明购置义田分赡北运差役碑》，碑文记述了自开吴中劳役以来，莫如北运，邑民为承担这一北运差役，有不少人倾家荡产，乃至丧身亡家，其景惨不忍睹。地方官府经谘访赡役之策，唯有置买义田，收其余息，以赡运头，方可达到上不烦而民有济。故奉抚院牌，常熟以县之库贮藏赎银及无碍可动官银，再加上大户义助之银，共置买义田数百亩，用以分赡此北运差役。从碑文内容中可以看出明代苏南地区百姓劳役负担之重，对研究明代赋役制度是颇有价值的参考资料。

清代遗存的关于赋役、租税的碑刻比以前各代更多。

江苏苏州吴江区柳亚子纪念馆藏有一块从该市黎里镇平楼街东圣堂移来的由苏州府刻立于清光绪三十年（1904）的《严禁农民抗租碑》。从碑文中可以了解到当时农民不畏强暴，采取各种方式进行抗租斗争的情况，是研究清末苏南地区农民抗租斗争的有价值的参考资料。

江苏苏州黄桥街道北庄村原土地庙观音堂旧址内，存有一块刻于清圣祖顺治十七年（1660）的《奉旨遵宪蠲免渔课永禁泥草私税碑》。碑为圆首，通高206厘米、宽100厘米，碑额分六行阴刻楷书“奉旨遵宪蠲免渔课永禁泥草私税碑”十五个大字。所刻碑文系清地方官府给长洲县渔民陆江、葛华等四十三人呈告当地豪强地主、渔霸向渔民横征暴敛私税，武断乡曲的牒文，苏州府调查后严禁巨豪私税虐民，勒石永杜奸害，赦恤黎民。此碑对研究清初苏南地区的赋税情况和清初社会经济、赋税制度、阶级矛盾，都具有较高的参考价值。

由江苏昆山阖邑绅士公立于清道光十四年（1834）的《奉宪永禁顽佃积弊碑》高140厘米、宽70厘米，碑文仍大多清晰可辨，从碑文中可以得知，昆山等地农民因完粮交租后，所剩无几，生活极为困苦悲惨，于是忍无可忍，纷纷起来抗租抢粮。根据碑文记载，当时“顽佃习惯吞租几成□习”“其凶横者或殴业殴差”“纠众寻殴业主，抢毁房物，多端吵扰”“借命诈扰”“凭空肇衅，纠众凶扰”。这样的抗租抢粮活动，当时遍及江南吴江、震泽、元和、无锡、仪征、华亭等地。同时，碑文还要求禁止“书差地总，从中串诈分肥”，包庇抗租农民，一经查出或被告发，则要从重加等惩办。此碑是鸦片战争前后江南农民抗租抗税斗争的真实记录，对于研究清道光年间江南地区的租赋情况和农民反抗斗争情况具有重要的参考价值。

在江苏泰州的林则徐税碑亭中，立有清道光十五年（1835）林则徐在泰州任职时所刻立的税收碑。此碑是相关部门在搜集泰州税收史料时，在滕坝遗址附近发现的。碑为白矾石质，长方形，上下高147厘米，左右宽70厘米，楷书，全文计一千二百三十九字。碑名为《扬关奉宪永禁滕鲍各坝越漏南北货税告示碑》，又称《林则徐税碑》（图245），碑文内容是清道光十五年（1835）林则徐任江苏巡抚时，为加强税收征管而以扬关名义颁布的一则关于严格征收货物税而颁发的一份告示。此碑为研究清代的税收政策和税收历史提供了宝贵的资料，具有很高的史料价值和文物价值。

图 245　《林则徐税碑》

第六节　反映封建经济发展中出现的资本主义萌芽情况

明清时期，特别是到了清代，随着商品经济的日趋发展，在经济发达的江南太湖流域的苏、锡、杭及其周围的一些城镇的某些行业，如丝织、棉布加工（踹[①]布、染布）、造纸、印刷、暑袜业等行业中，产生了资本主义的萌芽，在一些手工工场（主要是丝织业）内，出现了“机户出资，机工出力”的带有资本主义性质的雇佣劳动关系，“计工受值”的资本主义工资形态和包买商形式的“商人直接支配生产”的资本主义生产方式。诸如此类的资本主义萌芽，在这一地区所遗存于世的明清时期，特别是清代的碑刻中，有相当多的记载。如 1959 年三联

① 踹，是染布的最后工序，用力在石桥上踹平滑。进行这一工序的作坊叫踹坊，从事这一工作的工匠叫踹匠。

书店出版的由江苏省博物馆编的《江苏省明清以来碑刻资料选集》，共收录苏州、淮安、昆山、吴江、南京、上海、南通、无锡、常熟各地明清以来有关经济文化发展的碑文三百七十篇，共分十七类，四十个行业，其中许多碑刻中有关于当时资本主义萌芽情况的记载。如雍正十二年（1734）十二月立于苏州玄妙观机房殿内的《奉各宪永禁机匠叫歇碑》（图246）的碑文云：

图246 《奉各宪永禁机匠叫歇碑》

……苏城机户类多雇人工织。机户出资经营，机匠计工受值，原属相需，各无异议。惟有不法之徒……挟众叫歇，勒加银□，使机户停机，机匠废业。……至于工价，按件而计，视货物之高小，人工之巧拙，以为增减……

刻立于清康熙五十九年（1720）的《长吴二县踹匠条约碑》碑文记载：

……苏城内外踹匠，不下万余，均非土著，悉系外来……商店给发工价，每两外加五厘，名曰捐助……凡有踹匠投坊佣趁，必须坊长认识来历，方许容留……

清乾隆二十一年（1756），由长洲、元和、吴三县坊主公立的《奉各宪严禁纸作坊工匠把持勒增工价永遵碑》碑文记载：

……各坊工价，总以九九平九五色，按日按工给发，钱照时价高下。倘敢再将工价折扣给发，请照示应重律杖八十……嗣后给发工价，务遵宪定章程……

清乾隆五十八年（1793）刻立于苏州的《议定纸坊条议章程碑》中记载，当时元、长、吴三县的三十六家纸坊，共雇佣工匠八百余名，每个工匠每月工价银一两二钱。当时作坊主和纸坊工人的对立矛盾日益形成，故作坊主在碑文中制定了禁止“停歇”“怠玩”等规章。

诸如此类的碑刻记载为数颇多。这些记载清楚地反映出，当时许多工场、作坊中都有大批雇佣工匠，工匠与工场主、作坊之间的关系是“计工受值”“按件计工价”“按日按工计发”的带有资本主义性质的雇佣劳动关系，这些碑刻记载十分有力地表明，当时的中国确实已出现资本主义生产关系的萌芽，是研究中国经济史的宝贵实物资料。

第十五章 碑刻与封建统治

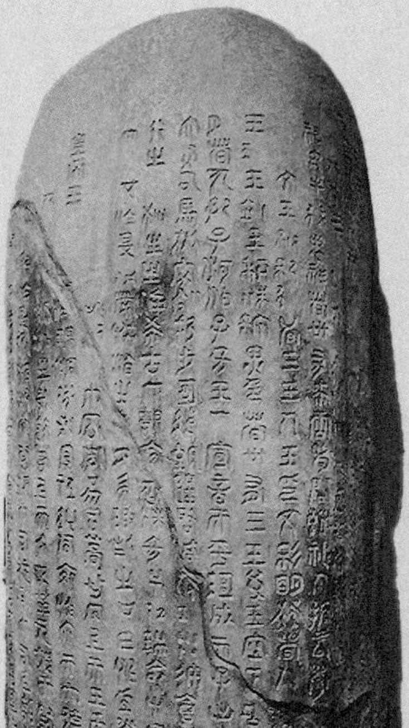

纵观历代遗存的大量碑刻，可以发现，在长达两千多年的中国封建社会中，刻石立碑是历代封建统治阶级用以维护其统治的重要方式之一。广泛应用于为帝王歌功颂德，刊刻圣旨、诏书、圣谕，褒奖功臣，贬斥逆臣，宣传封建礼教，警策、戒饬官吏，改善民族关系，打击不同政治势力，刊刻法令、法规等涉及维护封建统治的各个方面。总体而言，碑在维护和巩固封建统治中，主要具有以下八个方面的功能和作用。

第一节　歌功颂德　树立帝王威望

中国的封建帝王，利用碑来树立自己的威望，提高自己的声誉，维护和巩固自己的封建统治服务，最早从中国第一个皇帝秦始皇开始。秦始皇在位时屡次出巡全国各地，命李斯等臣下所立《峄山刻石》《泰山刻石》《琅琊台刻石》《会稽刻石》《碣石门刻石》等，无一不是为自己大肆歌功颂德的。例如《琅琊台刻石》碑文云：

维二十六年，皇帝作始。端平法度，万物之纪。以明人事，合同父子。圣智仁义，显白道理。东抚东土，以省卒士。事已大毕，乃临于海。皇帝之功，勤劳本事。上农除末，黔首是富。普天之下，抟心揖志。器械一量，同书文字。日月所照，舟舆所载。皆终其命，莫不得意。应时动事，是维皇帝。匡饬异俗，陵水经地。忧恤黔首，朝夕不懈。除疑定法，咸知所辟。方伯分职，诸治经易。举错必当，莫不如画。皇帝之明，临察四方。尊卑贵贱，不逾次行。奸邪不容，皆务贞良。细大尽力，莫敢怠荒。远迩辟隐，专务肃庄。端直敦忠，事业有常。皇帝之德，存定四极。诛乱除害，兴利致福。节事以时，诸产繁殖。黔首安宁，不用兵

> 革。六亲相保，终无寇贼。欢欣奉教，尽知法式。六合之内，皇帝之土。西涉流沙，南尽北户。东有东海，北过大夏。人迹所至，无不臣者。功盖五帝，泽及牛马。莫不受德，各安其宇。
>
> 维秦王兼有天下，立名为皇帝，乃抚东土，至于琅琊。列侯武城侯王离、列侯通武侯王贲、伦侯建成侯赵亥、伦侯昌武侯成、伦侯武信侯冯毋择、丞相隗状、丞相王绾、卿李斯、卿王戊、五大夫赵婴、五大夫杨樛从，与议于海上。曰："古之帝者，地不过千里，诸侯各守其封域，或朝或否，相侵暴乱，残伐不止，犹刻金石，以自为纪。古之五帝三王，知教不同，法度不明，假威鬼神，以欺远方，实不称名，故不久长。其身未殁，诸侯倍叛，法令不行。今皇帝并一海内，以为郡县，天下和平。昭明宗庙，体道行德，尊号大成。群臣相与诵皇帝功德，刻于金石，以为表经。"

碑文充满溢美之词，把秦始皇刻画得比一致公认的古代圣君三皇五帝还要功勋卓著，英明伟大，足见其臣子的歌功颂德是何等的不遗余力。

继秦始皇之后，历代帝王均竞相效仿用碑刻为自己和先帝歌功颂德。诸如三国曹魏初年为魏文帝歌功颂德的《公卿将军上尊号碑》和《受禅表碑》；为吴末帝孙皓歌功颂德的《天发神谶碑》；西晋为晋武帝司马炎歌功颂德的《大晋龙兴皇帝三临辟雍碑》；刻于北魏太延三年（437），为北魏太武帝拓跋焘歌功颂德的《皇帝东巡之碑》；由唐高宗撰写碑文，为缅怀唐太宗李世民功业的《大唐纪功颂碑》；由武则天撰写碑文，为唐高宗李治歌功颂德的《述圣记碑》；北宋由宋真宗撰写碑文，为宋太祖赵匡胤、宋太宗赵光义歌功颂德的《汾阴二圣配飨之铭碑》；刻于金大定二十五年（1185），为纪念金太祖完颜阿骨打创业之功的《大金得胜陀颂碑》；刻于元大德八年，歌颂元世祖忽必烈功勋的《元世祖平云南碑》；刻于明洪武二十六年（1393），由明太祖撰写碑文、自己为自己制造得到仙人相助的神话，以自我标榜自己得江山乃天意的《御制周颠仙人传碑》；由明成祖撰写碑文，颂扬明太祖朱元璋功业的《大明孝陵神功圣德碑》；歌颂康熙皇帝平定厄鲁特蒙古准噶尔噶尔丹叛乱的功绩的《平定噶尔丹纪功碑》；歌颂乾隆皇帝神勇无畏的《虎神枪记碑》；刻于乾隆末年为炫耀乾隆之武功的《御制十全记碑》；等等。

第二节　刊刻谕旨　体现帝王意志

颁发圣旨、诏（敕）书，发布圣谕、圣训是历代帝王将自己的意志加于臣民，让臣民按其要求行事，以稳固自己统治的最重要的方法之一。出于帝王维护封建统治或接受圣旨、诏（敕）书者维护自身利益的需要，历代有不少圣旨、诏（敕）书、圣谕、圣训被刊刻成碑，除本书第十三章《碑刻与宗教文化》中已论及的众多历代帝王护教圣旨碑外，还有许多其他圣旨、诏（敕）书、圣谕、圣训碑。

唐代除护教以外的著名圣旨诏（敕）书碑，还有刻于唐高宗总章元年（668）、现立于山东曲阜孔庙御碑亭中的《赠泰师鲁国孔宣公碑》碑阴的唐太宗《封孔德纶为褒圣侯诏》及唐高宗准皇太子弘表《修建阙里孔庙碑》敕旨施行诏，其碑文所刻两道诏书为：

大唐武德九年十二月廿九日下

太宗文武圣皇帝诏曰：宣尼以大圣之德，天纵多能，王道籍以裁成，人伦资其教义，故孟轲称生人以来，一人而已。自汉氏驭历，魏室分区，爰及晋朝，暨于隋代，咸相崇尚，用存禋祀。朕钦若前王，宪章故实，亲师宗圣，是所庶几，存亡继绝。抑惟通典，可立孔子后为褒圣侯，以隋故绍圣侯孔嗣悊嫡子德纶为嗣。主者施行。

皇帝以乾封元年二月廿四日下

诏曰：朕闻德契机神，盛烈光于后代，化成天地，元功被于庶物。鲁大司寇宣尼父孔丘，资大圣之材，属衰周之末，思欲屈己济俗，弘道佐时，历聘周流，莫能见用。想乘桴以咏叹，因获麟而兴感。于是垂素王之雅则，正鲁史之繁文；播鸿业于一时，绍景化于千祀。朕嗣膺宝历，祗奉睿图；宪章前王，规矩先圣；崇至公于海内，行大道于天下；遂得八表乂安，两仪交泰；功成化洽，礼盛乐和。展采东巡，回舆西土；途经兹境，抚事兴怀。驻跸荒区，愿为师友。瞻望幽墓，思承格言；虽宴寝荒芜，余基尚在；灵庙虚寂，徽烈犹存。孟轲曰："自生人以来，未有若孔子者也。"微禹之叹既深，褒崇之道宜峻，可追赠太师。庶年代虽远，式范令图，景业维新，仪型茂实。其庙宇制度卑陋，宜更加修造。仍令三品一人以少牢致祭。褒圣侯德纶，既承胤绪，有异常流，其子孙并宜免赋役，主者施行。

这两道诏书碑刻，表明了唐代统治者对孔孟学说的推崇和要求臣民信奉儒学以维护封建统治的政治意图。

还有刻于唐景龙元年（707），由唐中宗御笔楷书的《赐卢正道敕》；刻于唐玄宗开元年间，由唐玄宗李隆基行书的《批答裴耀卿等奏》刻石；刻于唐玄宗开元十二年（724），由唐玄宗行书的《赐益州刺史张敬忠敕书》刻石（图247），也都是典型的帝王诏书碑。

图247 《赐益州刺史张敬忠敕书》刻石（局部）

宋代除护教以外的著名圣旨、诏（敕）书碑，还有刻于宋大中祥符元年（1008），在宋真宗临幸曲阜拜谒孔庙后所刻《玄圣文宣王赞并序碑》碑阴的《追谥孔子为玄圣文宣王诏》；刻于北宋大中祥符元年，现立于山东曲阜周公庙甬道西侧的《文宪王赞碑》碑阴的宋真宗《追谥周公为文宪王封号诏碑》。其碑文所刻诏书为：

敕中书门下：方岳盛仪，克修于封祀；古先茂烈，允尚于追甄。周公昔在宗周，蔚为上圣。营鼎邑之宅，王制建中；授金縢之书，忠规盖世。诰东征而法正，辅南面以道尊；制礼乐之懿文，配日月之久照。姬诵所倚，宣尼式瞻；焕乎旧章，垂之千载。今以详求古典，昭报元休；陟降告成，抚巡问俗；弭节岱宗之域，鸣銮少昊之墟；逖览遗风，缅怀前哲。始公胙土，实惟此邦；故其嗣君得用王祭，而祠宅未构，阙孰甚焉。特议褒崇，以伸旌显，盛德不泯，载钦可久之贤；列爵有加，爰普通王之号；式宣殊礼，永耀芳徽。可追封为文宪王，于曲阜县建庙，春秋委本州正官致祭祝文，特进署。仍令有司择日备礼册命，故兹诏示，想宜知悉。

宋真宗立这块诏书碑，其目的就是把周公抬出来，作为自己行仁政的标榜，从而达到笼络人心，维护和巩固赵宋的统治。比较著名的宋代圣旨、诏（敕）书碑，还有刻于南宋绍兴十七年（1147），由宋高宗正书的《籍田手诏碑》；刻于南宋绍兴四年（1134）的《宋高宗赐岳武穆手诏石刻》；刻于宋徽宗宣和元年（1119），现存于福建莆田元妙观三清殿内的由宋徽宗亲笔写的命令天下府州军所在地都要建立“神霄玉清万寿宫”的诏书《神霄玉清万寿宫诏碑》等。元代除护教以外的著名圣旨、诏（敕）书碑，有陕西黄陵桥山黄帝陵元泰定帝也孙铁木儿在泰定年间颁降的保护黄帝陵庙、对违犯者“痛行断罪”的圣旨碑；刻于元仁宗皇庆二年（1313），现存于西安碑林的《加圣号诏碑》；刻于元成宗大德十一年（1307），现立于山东曲阜孔庙十三御碑亭南排东起第四亭内的《加封孔子为大成至圣文宣王诏书碑》，此碑碑额浮雕云龙，高 88 厘米，额有题，刻汉文、八思巴文两种文字。汉字小，在上，为“大成至圣文宣王诏书”九个字，三行，每行三字。八思巴字大，在下，也为三行，每行三字。碑身高 247 厘米、宽 100. 5 厘米、厚 34. 5 厘米，龟趺高 68 厘米。碑阳正文由汉文、八思巴文两种文字逐字对刻，左起竖刻八行，满行二十五字。八思巴文在左，汉字在右。汉字楷书，字体秀美。所刻诏书为：

上天眷命，皇帝圣旨：

盖闻先孔子而圣者，非孔子无以明，后孔子而圣者，非孔子无以明。所谓祖述尧舜，宪章文武，仪范百王，师表万世者也。朕缵承丕绪，敬仰休风，循治古之良规，举追封之盛典，加封大成至圣文宣王。遣使阙里，祀以太牢，呜呼！父子之亲，君臣之义，永惟圣教之尊；天地之大，日月之明，奚罄名言之妙。尚资神化，祚我皇元。主者施行。

在山东邹城孟庙，存有刻于元仁宗延祐三年（1316）的《圣诏褒崇孟父孟母封号之碑》和刻于元文宗至顺二年（1331）的《加封孟子为邹国亚圣公圣旨碑》。

《圣诏褒崇孟父孟母封号之碑》总高515厘米，其中双龙碑额130厘米，龟趺75厘米，碑身高310厘米、宽110厘米、厚30厘米。篆额三行，每行四字。碑文分别用八思巴文和汉文书写，上半部为八思巴文，由左至右竖排，共一百三十六字，下半部汉文与八思巴文相对应，行字相同，由右至左竖排。年代落款处内侧各有一“宝”字，代表皇帝的印信。所刻圣旨为：

上天眷命，皇帝圣旨：

朕惟由孔子至于孟子，百有余岁，而道统之传，独得其正。虽命世亚圣之才，亦资父母教养之力也。其父夙丧，母以三迁之教励天下后世。推原所自，功莫大焉。稽诸往代，实阙褒崇。夫功大而位不酬，实著而名不正，岂朕所以致怀贤之意哉？肆颁宠命，永贲神休。可追封其父为邾国公，母为邾国宣献夫人。主者施行。

《加封孟子为邹国亚圣公圣旨碑》所刻圣旨为：

上天眷命，皇帝圣旨：

孟子，百世之师也。方战国之从衡，异端之充塞，不有君子，孰任斯文？观夫七篇之书，惓惓乎致君泽民之心，凛凛乎拔本塞源之论；黜霸功而行王道，距诐行而放淫辞。可谓有功圣门，追配神禹者矣。朕若稽圣学，祗服格言，乃著新称，以彰渥典。于戏！颂《诗》《书》而尚友，缅怀邹鲁之风，非仁义则不陈，期底唐虞之治。英风千载，蔚有耿光。可加封邹国亚圣公。主者施行。

在江苏常熟碑刻博物馆，藏有两块元代圣旨碑。一块是刻于元世祖至元二十五年（1288）的《元世祖圣旨碑》，碑高约209厘米，碑首正中有用正楷刻写的“圣旨”两个大字，两旁刻四爪游龙各一条，碑首下镌刻有楷书书写的两道圣旨。右侧所刻的一道圣旨颁于元世祖中统二年（1261），内容为禁止诸官员、使臣、军队、马匹等驻扎于宣圣庙内，禁止在宣圣庙内审理词讼和聚众饮宴等。左侧所刻的一道圣旨颁于元世祖至元二十五年（1288），内容为蠲免秀才一切杂泛差役，允许在籍秀才从事商业活动，并再次明令禁止使臣等官人庙非礼骚扰等。

右侧所刻的圣旨是：

中统二年内钦奉皇帝圣旨节该宣圣庙，国家岁时致祭，诸儒月朔释奠，宜恒令洒扫修洁。今后禁约诸官员、使臣、军马，无得于庙宇内安下，或聚集理问词讼及亵渎饮宴，工匠官不得于其中营造，违者治罪。钦此。

左侧所刻的圣旨是：

至元二十五年内钦奉圣旨，据尚书省奏，江淮等处秀才乞免杂泛差役事，准奏。今后在籍秀才，做买卖纳商税，种田纳地税，其余一切杂泛差役并行蠲免，所在官司，常切存恤。仍禁约使臣人等，毋得于庙学安下，非礼骚扰。钦此。

另一块是《元成宗圣旨碑》（图248），所刻的是一道元成宗大德十一年（1307）七月颁发的诏书。碑高约200厘米，碑首碑额正中篆书“诏书”二字，其碑文曰：

上天眷命，皇帝圣旨：

盖闻先孔子而圣者，非孔子无以明，后孔子而圣者，非孔子无以法。所谓祖述尧舜，宪章文武，仪范百王，师表万世者也。朕纂承丕绪，敬仰休风，循治古之良规，举追封之盛典，加号“大成至圣文宣王”，遣使阙里，祀以太牢。于戏！父子之亲，君臣之义，永惟圣教之尊。天地之大，日月之明，奚罄名言之妙，尚资神化，祚我皇元。主者施行。

大德十一年七月十九日

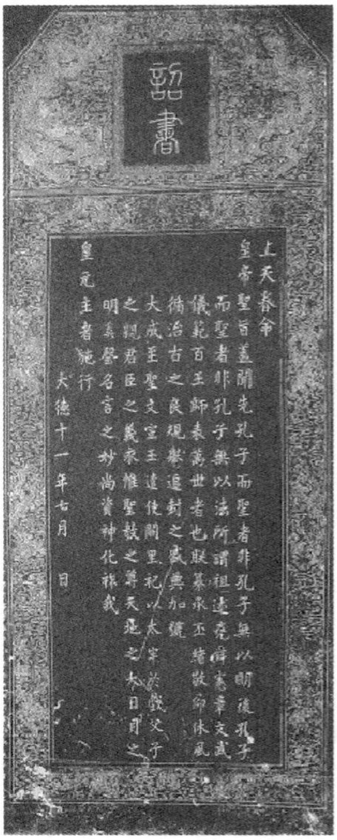

图248　元成宗圣旨碑

至大三年十二月□日，平江路常熟州儒学教授，臣唐泳涯同儒生臣姚义方等立石。

奉议大夫、平江路常熟州知州兼劝农事臣韩居仁书并篆额。

元代统治者刻立这些圣旨碑，旨在表明自己与汉族是同一个祖先，表明自己尊重汉族文化，提倡儒学，重视教育，信奉孔孟之道，其目的是为了取得广大汉族人民、特别是汉族知识分子的信任和支持，以维护和巩固其统治。

明代著名的圣旨、诏（敕）书碑，除护教碑和明洪武元年对国子监师生所作的《五朝上谕碑》外，有现藏于西安碑林、刻于明世宗嘉靖年间的《圣谕刻石》和刻于明思宗崇祯二年（1629）的《皇明圣谕碑》；在连云港云台山团圆宫大殿前东首，立有明万历三十年（1602）明神宗朱翊钧颁降的《敕谕印造佛大藏经圣旨碑》。1998 年 10 月在江苏泰州东进路拓宽工程工地上，出土了明成祖为明永乐元年举人、怀庆府（今河南沁阳）正四品知府薛广之母颁降的诰命诏令碑，此碑是我国新发现的一块帝王诏令碑。此外，在明末时还遗存有一块非朱明王朝留下来的“圣谕碑”。据史籍记载，明末农民起义领袖张献忠在攻克成都，宣布建立大西政权时曾颁降一道“圣谕”，诏令各州县刊碑。现存于四川广汉房湖公园内的《圣谕碑》，即是立于明末大顺二年（1645）的张献忠《圣谕碑》，碑高 210 厘米、宽 101 厘米、厚 18.5 厘米，此碑对于研究明末农民起义具有重要的历史价值。

清代除护教以外的著名圣旨、诏（敕）书、圣谕、圣训碑，还有刻于清康熙四十一年（1702），由清圣祖康熙皇帝亲自撰文并书写的《训饬士子文碑》，此碑高 302 厘米、宽 112 厘米，圆首方座，周边及碑首均雕饰龙纹，现藏于西安碑林；在福建省福州澳门路林则徐纪念馆的御碑亭中立有清咸丰皇帝圣旨碑，所刻碑文为咸丰皇帝在 1850 年林则徐病逝后为慰问其家属而颁降的一道圣旨。清统治者刻立这块圣旨碑，其目的显然是企图以此来消除一些因处分林则徐而导致禁烟运动失败，乃至鸦片战争丧权辱国的恶劣影响。在河南西峡五里桥乡方店村，于 1995 年 5 月初发掘出了一块刻于清光绪二十三年（1897）的皇封诰命夫人圣旨碑，碑高 210 厘米、宽 82 厘米、厚约 18 厘米，碑首刻有“圣旨”二字和二龙戏珠图案，碑文为光绪皇帝所颁降的一道皇封诰命夫人的圣旨，其文云：“皇封诰命夫人王文炳之妻杜氏孺人……”在历代圣旨碑中，皇封诰命夫人的圣旨碑尚属少见，据考，此碑可能是受封者所刻，其目的是为了炫耀自己的身份和地位。

在清代留存于世的圣旨、诏（敕）书、圣谕、圣训碑中，最值得一提的是在沈阳故宫珍藏有拓片的《紫光阁八旗谕旨碑》（图249）。鉴于清军入关以后，八旗子弟日益崇尚浮华，喜文厌武，弃满语习汉语者日众。为了继承发扬满族的骑射传统，乾隆皇帝于乾隆十七年（1752）和乾隆廿四年（1759）先后下了两道谕旨，在谕旨中他推出先世圣训，告诫子孙不要忘本，强调“我祖宗躬亲劳瘁，勤求治理，矩矱相传，罔敢逾越。以立万世之丕基。至今咸受无疆之福者，皆仰遵明训所致也。我朝满洲先正遗风，自当永远遵循，守而罔替”。要求“我后世子孙臣庶，咸知满洲旧制，敬谨遵循，学习骑射，娴熟国语，敦崇淳朴，屏去浮华，毋或稍有怠惰”。随后，乾隆皇帝下旨，将这两道谕旨刻石立碑，立于紫禁城箭亭、紫光阁及八旗教坊等处。此碑原置于中南海紫光阁内正中，“文革”时曾被人以“四旧”弃掉，后来在周恩来总理的过问下，将碑找回，立于原处。周恩来总理曾把这块碑称为“下马必亡碑”。此碑于今尚存，已由紫光阁内移至院中。

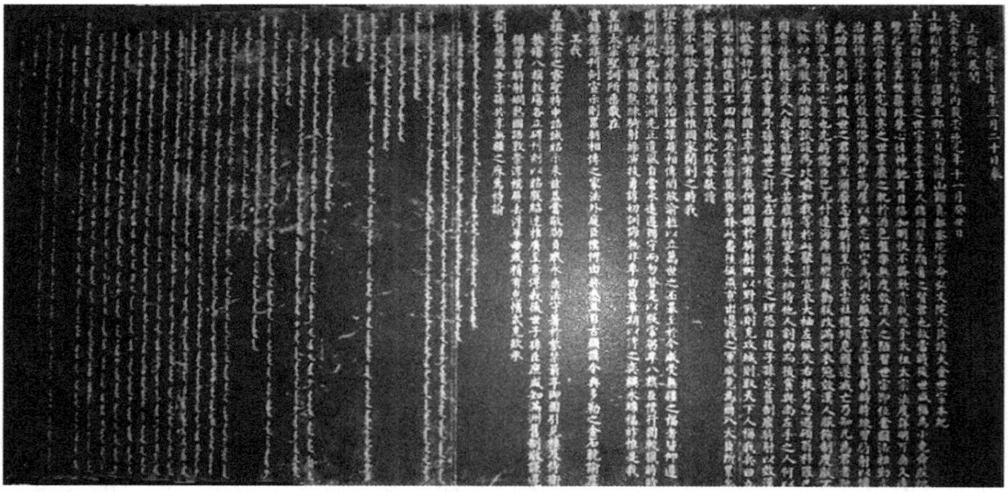

图249 《紫光阁八旗谕旨碑》（拓片）

第三节　褒奖功臣　贬斥乱臣贼子

帝王御赐立碑，褒奖功臣和竭力效忠于自己的宠臣，这在封建社会中被视为是一种莫大的荣誉和极高的奖赏。许多帝王都以此作为一种笼络人心的重要手段；同时，也常以毁碑来作为一种贬斥、惩罚逆臣的手段。

两晋时期承袭曹魏遗制，严禁立碑，对“石兽碑表……一禁断之”，就连晋代帝陵都“不封不树”，晋皇室成员死后都不准立碑。然而，在晋室南迁，南北两大封建统治集团矛盾重重的东晋初年，晋皇室司马氏集团，为了笼络江南世家大族，以维护和巩固自己的统治，对江南世家大族中有影响的人物，实行“碑禁”网开一面的政策，由皇帝亲自特准他们立碑。据《宋书·礼志二》记载，晋元帝司马睿时，有司奏“故骠骑府主簿故恩，营葬旧君顾荣，求立碑”。顾荣字彦先，顾雍子，乃江东望族，在东晋王朝建立之初有着重大影响。晋元帝司马睿为了“结援吴人”，以维护和巩固自己的统治，便对为顾荣立碑的要求“诏特听之”，破例特准让顾荣立碑。

在勒石立碑蔚成风气的唐代，最高封建统治者极为重视刻石立碑，以此作为一种褒奖勋臣，使群臣更好地效忠于自己的重要手段。唐太宗为魏徵立碑之事就是一则流传千古的佳话。

魏徵是我国历史上最著名的敢于直谏之臣，唐太宗即位后，魏徵被擢为谏议大夫。他前后向唐太宗陈谏两百余事，多次冒犯唐太宗的尊严，引起唐太宗的盛怒，甚至产生“会须杀此田舍翁”的念头。但是他还是神色不变，大义凛然，据理力争。正是由于魏徵的直谏，才使唐太宗少犯了许多错误。魏徵的直谏和唐太宗的纳谏，是贞观之治成功的重要原因。贞观十七年（643）魏徵病逝，唐太宗非常痛心，对侍臣说：“以铜为镜，可以正衣冠；以古为镜，可以知兴替；以人为镜，可以明得失。魏徵没，朕亡一镜矣！”为此，唐太宗不仅望着魏徵的灵车“望哭尽哀”，赋诗追悼，还亲撰碑文，书写刻石，这对一个臣子来讲，无疑是极高的荣誉。《金石录》云：“唐魏郑公碑。太宗御制并行书。贞观十七年正月。”据史料记载，唐贞观十七年（643），《魏徵碑》刻立于陕西礼泉昭陵西南的凤凰山巅魏徵墓前。碑首雕蟠桃纹，与昭陵现存诸碑均作六螭下垂迥异。身首高370厘米、宽130厘米、厚40厘米。

由于魏徵生前十分正直，得罪了一些小人，这些人看到唐太宗如此敬重魏徵，更是不胜嫉恨，就竭力诽谤魏徵，说他生前居心不良，怀有二心。恰恰在魏徵死后半年，太子承乾谋反，吏部尚书侯君集因参与太子谋反而被诛杀，而魏徵生前曾荐誉过侯君集有宰相之才。那些小人们，以此为根据，大肆攻击魏徵，引起了唐太宗对魏徵的怀疑，认为魏徵结党营私。与此同时，又发现了魏徵生前曾把自留谏辞底稿给史官起居郎褚遂良看过，这更引起了唐太宗的不悦，认为魏徵对君不忠。由于唐太宗过去虽然接受魏徵的诤谏，但总觉得魏徵损害了自己的威望，心中或多或少存有一些芥蒂，一时盛怒便撕毁了在魏徵临死前亲自向魏徵许诺的将衡山公主嫁给魏徵儿子的婚约，并且下令“踣碑”，推倒砸毁了自己给魏徵立的墓碑。

其实，加在魏徵身上的这两条“罪名”都是不能成立的。因为，其一，魏徵荐誉侯君集在太子承乾谋反之前，魏徵并不知道太子承乾要谋反，更不知道侯君集会参与太子承乾的谋反，况且侯君集曾立过大功，也曾与魏徵一样，被唐太宗列为凌烟阁二十四功臣之一。其二，魏徵给唐太宗写的谏辞并不是什么机密，魏徵在朝廷上当着众臣之面尚直谏不讳，所写谏辞有何不可让人知晓呢，更何况他只是将谏辞给史官褚遂良看，这何罪之有呢？

贞观十九年（645），唐太宗不顾实际情况，率师东征高句丽，尽管斩将拔城，取得了一些胜利，可是唐军做出了很大的牺牲后安市城仍久攻不下，加上天气寒冷，只好收兵回朝，唐太宗这才恍然大悟地叹息道：“魏徵若在，吾有此行邪!”深感魏徵诤谏的重要，失去了魏徵，对自己，对朝廷是一个多么大的损失，十分后悔当初推倒砸毁了魏徵的墓碑。于是，他立即下令赏赐魏徵的家人，重新为魏徵立墓碑，并大礼祭祀。

继唐太宗之后，唐高宗李治，也于上元三年（676）亲为宠臣明崇俨之祖明僧绍撰立过《明征君碑》，于仪凤二年（677）为唐朝开国勋臣李勣撰立过《赠太尉英贞武公李勣碑》。

司马光是北宋一代名臣，著名的政治家、史学家、文学家，我国第一部编年史巨著《资治通鉴》的编著者。由于他的杰出贡献和崇高威望，他去世后，宋哲宗赵煦于元祐二年（1087）敕命为其立碑，并亲笔题写“忠清粹德之碑”六个篆书大字和“元祐戊辰崇庆殿书”八个小字刻于碑额；碑文由大文学家、大书法家苏轼撰书，是集司马光一生功德于一篇的千古佳作。此碑史称《司马温公碑》（图250），立于山西夏县城北鸣条岗司马光墓的祠堂中。然而，在司马光去世后仅七年多，绍圣元年（1094）新政派执政，章惇、蔡卞等人诬陷司马光，宋哲宗皇帝听信其言，治司马光“变更先朝之法，叛道逆理”之罪，不仅剥夺了司马光的功名、谥号，而且将此碑也砸毁，并磨灭苏轼撰书的碑文后深埋于土中。直到金熙宗皇统八年（1148），新任夏县县令王庭直拜谒司马温公祠，见废墟处长一杏花树，高丈余，树冠如伞，枝繁叶茂，实为奇观。他联想前事，便命人挖掘，结果从杏树下掘出了被砸为六段的“忠清粹德之碑”，于是将残石重拼竖立，由于碑系从杏树下掘得，遂名《杏花碑》。明嘉靖年间，出于对司马光的敬仰，特选巨石依宋碑复制，并建碑亭。明碑通高864厘米，其中碑身高733厘米，龟趺高131厘米，碑首为宋哲宗御篆之原物。此碑及司马光墓、祠现为国家重点保护文物。

图250 《司马温公碑》（局部）

此外，刻立于北宋神宗熙宁六年（1073）的《祭狄青文并序碑》（全称《祭武襄公狄青文并序碑》），也是一块著名的帝王御赐功臣碑。狄青系行伍出身的北宋名将，在对西夏战争中屡立战功，为范仲淹等所擢用，从士兵累升为大将，再升为枢密使，后遭到排挤被去职，出判陈州，于宋仁宗嘉祐二年（1057）郁郁病死。宋神宗继位后，为了笼络人心，特于熙宁六年（1073）亲撰《祭狄青文》，由郑獬作序，宋敏求书写，伍贶镌刻，为狄青立碑。

在元代帝王为功臣所立的碑中，最为著名的是立于内蒙古翁牛特旗元代蓟国公张应瑞家族墓地，由元惠宗于元统三年（1335）赐立的《蓟国公张氏先茔碑》。

明代帝王为维护自己的统治，非常重视以碑作为褒奖功臣和贬惩逆臣的手段。徐达是明王朝的开国元勋，洪武十八年（1385）病逝后，明太祖亲赐御碑褒奖纪念。此碑就是我国历史上著名的带标点的古碑，名为《御制中山王神道碑》（图251），现存立于南京太平门外板仓街徐达及其家族墓地，碑通高895厘米、宽220厘米，厚70厘米，下承为龟趺，碑首雕饰云龙，为明代功臣墓碑中最大的一块。姚广孝是明成祖朱棣的心腹谋士，为朱棣夺取皇位立下大功。永乐十六年（1418）姚广孝去世后，明成祖不仅追封其为荣国公，并御赐立碑，碑文由他亲自撰写，明宣宗宣德元年（1426）碑刻立于今北京房山区青龙湖镇常乐寺村姚广孝墓地，碑为螭首龟趺，碑额题刻“御制荣国公神道碑”（图252）八个大字。被明代江南“四大才子”之一唐寅称为“海内文章第一，山中宰相无双”的王鏊，是明武宗时的一代名相，因宦官刘瑾专权志不得行愤而辞归故里。嘉靖三年（1524）王鏊去世后，明世宗御赐谕祭碑，立于江苏苏州东山镇陆巷村梁家山麓王鏊墓前，此碑现仍存于墓前碑亭内。蒯祥是明初著名建筑家，自明成祖永乐年间到明英宗天顺年间，北京的宫殿、陵寝修建工程都由他主持设计和领导施工，被世人誉称为“蒯鲁班”。为了褒奖蒯祥的卓著功绩，明英宗特在天顺二年（1458）赐给蒯祥祖父蒯明思、祖母顾氏“奉天诰命碑”，此碑至今仍立于江苏胥口渔帆村蒯祥墓前。

图251　御制中山王神道碑

图252　御制荣周公神道碑

在为勋臣立碑褒奖的同时，明代帝王也以毁碑来贬惩那些所谓的“逆臣”。方孝孺是明初著名学者，明惠帝时任侍讲学士。因他文笔极佳且德高望重，燕王朱棣（即明成祖）兴兵攻入京师（今南京）从惠帝手中夺取皇位后，命他为自己起草登基诏书，方孝孺不仅拒不听命，而且还痛斥朱棣大逆不道。朱棣为了惩处胆敢反对自己的逆臣，不仅杀了方孝孺，诛灭其十族，而且还将原立于苏州观前街玄妙观三清殿东侧的一块高 700 厘米、宽近 300 厘米，由方孝孺撰文并书写的石碑碑文铲除灭迹，使此碑变成了“无字碑”。

在清代帝王为功臣所赐立的碑中，著名的有立于福建福州澳门路林则徐祠堂中的在林则徐开丧吊祭时，咸丰皇帝所赐的《御赐祭文》和《御制林则徐碑》。山东半岛的东北端——成山头正东海域，是 1894 年 9 月 17 日气壮山河的甲午海战的战场，民族英雄邓世昌等在此壮烈为国捐躯。为了褒奖和纪念邓世昌等爱国将士，清光绪皇帝于光绪二十九年（1903）特赐御制碑文，立石于成山头始皇殿东侧。

不论是为封建帝王歌功颂德的碑，还是刊刻帝王圣旨、诏（敕）书、圣谕的碑，还是帝王褒奖勋臣、贬惩逆臣的碑，都是帝王用以维护封建统治，巩固和加强皇权的重要工具，它们在维护和巩固封建统治中所起的作用是不容忽视的。

第四节　宣扬礼教　维护封建秩序

封建道德礼教是维护、巩固封建统治的重要工具，历代封建统治者为了维护和巩固封建统治，采取各种方法竭力倡导和宣扬封建道德礼教，刻石立碑就是他们常用的一种重要工具和手段。倡导和宣扬三纲五常、忠、孝、悌、贞等之类封建道德礼教的碑刻比比皆是。

孝道是封建道德礼教最重要的组成部分，历代封建统治者，大多标榜以“孝”治国，因此历代遗存的宣扬孝的碑刻数量颇多，而在宣扬孝的碑刻中，首屈一指的是《孝经碑》。《孝经》是儒家经典之一，是孔子的学生曾参所记述的他与孔子的问答辞，主要讲孝、悌二字。中国历代封建帝王多以忠、孝论来治理天下，而《孝经》则是封建统治者宣扬孝道的理论经典，因而备受历代封建统治者的重视，屡被刊刻成碑，广加传播宣扬。据考，我国历史上第一个将全部《孝经》加批注并刊刻成碑的帝王是唐玄宗李隆基。李唐王朝提倡以孝治国，唐玄宗倡行孝、悌，以便达到“以顺天下，民用和睦，上下无怨”的目的。为此，他先后两次亲笔御注《孝经》，第一次所注《孝经》被称为“开元始注本”，第二次所注《孝经》被称为“天宝重注本”。为了要表明自己以孝道治天下的决心，他第二次注解《孝经》时，亲自作序并书写，命人于天宝四年（745）刻成石碑。碑高 620 厘米、宽 120 厘米，碑身由四石结体合成，立于三层石台上，故名《石台孝经碑》，整座碑的碑首、碑身、碑座共用三十五块巨石组合而成。碑文由唐玄宗亲笔用隶书书写，碑额由太子李亨篆书“大唐开元天宝圣文神武皇帝注孝经台”十六个字，由宰相李林甫、国子祭酒李齐古主持刻碑。碑刻好后，李齐古把拓本呈给唐玄宗过目，玄宗又写上了“孝者，德之本，教之所由生也，故亲自训注垂范将来”的批示，命臣下也一并刊刻上碑。《石台孝经碑》对于研究唐代以孝治天下的治国之道，及唐玄宗后期的社会政治情况和唐代的书法艺术都具有重要的价值。

唐文宗开成二年（837）刻成的《开成石经》，将《孝经》首次作为儒家主要经典，与《周易》《尚书》《诗经》《周礼》《论语》《左氏春秋》《公羊春秋》《穀梁春秋》《尔雅》《仪礼》《礼记》一起，刊刻成《开成石经》。在五代后蜀孟昶广政元年（938）刻《蜀石经》（亦称《广政石经》），也将《孝经》包括在其中。

据查考，仅在宋代就先后刊刻过四块《孝经碑》。第一块是北宋仁宗嘉祐六年（1061）完工的《嘉祐石经》，其中包括《孝经》；第二块是南宋绍兴十四年（1144），宋高宗刊刻了自己亲笔用真草书写的《真草孝经碑》，并诏令全国各州都要按他书的《真草孝经碑》刻碑；第三块是宋孝宗时期，由曾任同知枢密院事的赵懿简的曾孙赵范才，把祖传的由北宋名臣范祖禹书写的《古文孝经》刻在重庆大足北山石窟北山佛湾北段的石壁上；第四块《孝经碑》由谢景初书写，原立于绍兴府学。

清代乾隆年间所刻的由清代书法家蒋衡用楷书书写的被称之为《清石经》的十三经刻石中，《孝经》也是其中一种。

除《孝经》外，历代还有不少宣扬孝、忠、悌之道的零星碑刻。如在汉代遗存的碑刻中，有石在山东沂州，刻于东汉顺帝永和五年（140）、用隶书书写的《孝子徐□造石羊题字》；出土于河南洛阳，刻于汉代（具体年代不详），现收存于《居贞草堂汉晋石影》中的用隶书书写的《孝子悲怀等字残石》等碑刻。在江苏无锡锡惠公园愚公谷华孝子祠的碑堂内，存有明代名臣邵宝撰书的《孝子四咏碑》。在清代遗存的碑刻中，有刻于清康熙七年（1668），由段复兴撰写碑文、李敬修行书、现藏于西安碑林的《忠孝碑》，碑高 399 厘米、宽 92 厘米，螭首、龟趺，龟趺碑座上刻有行书“愧无忠孝报朝廷”七个大字；湖北孝感因汉孝子董永在此卖身葬父而得名，现孝感存有《汉孝子董永故里碑》；在西安碑林中还存有刻于各高 31 厘米、宽 63 厘米的三块石上，由蒋勋楷书的《劝孝文》刻石等。

图 253　《北齐乡老举孝义隽敬碑》（局部）

在宣扬孝、忠、悌等封建道德礼教的历代碑刻中，尤为值得一提的是清乾隆年间出土于山东泗水泉林镇韩家村天明寺内，现存于泗水县城关镇中心校内的刻立于北齐孝昭帝皇建元年（560）的《孝义隽修罗碑》。此碑全称《北齐乡老举孝义隽敬碑》（图 253），又名《孝义隽敬碑》，简称《隽修罗碑》或《隽敬碑》。碑高 120 厘米、宽 54 厘米、厚 4 厘米，碑首四周刻佛龛造像，碑阳中间部分刻序文和赞辞，其碑文为：

唯皇肇祚，大齐受命。引轩辕之高宗，纪唐虞之遐统。应孝义以改物，扬人风以布则。于是缉熙前绪，照显上世。隽敬，字修罗，缵土茙安，食菜渤海。前汉帝臣隽不疑公之遗孙。九世祖朗，迁官于鲁，遂住洙源。幼倾乾荫，唯母遍居。易色承颜，董生未必过其行；守信志忠，投杼岂能着其心。舍田立寺，愿在菩提；醊味养僧，缨络匪吝；救济饥寒，倾壶等意。少行忠孝，长在仁伦；可钦可美，莫复是过。盖闻诠贤举德，古今通尚；匿秀蔽才；锥囊自现。余等乡老，壹百余人，目睹其事，岂容嘿焉，敬刊石立楼，以彰孝义。非但树名今世，亦劝后生义夫节妇。诏令所行，其辞曰：恭恭易色，免受承颜。孝同曾闵，行比丁兰。待如握发，接若吐餐。醊味救饥，解渴济寒。披幽释古，奉敬如来。割己施造，倾力舍财。悠悠这志，其性可哀。镌石壹朝，千代美哉。流芳万古，迹绝当今。庶劝将来，谁不肃心。忠孝之外，任世浮沉。绝笔刊功，志毕松林。朱阳再现，相讫南金。访石镂文，永保余心。悬宗殒转，放笔留音。

皇建元年岁次庚辰十二月戊寅朔廿日丙酉讫功

碑文记述了碑主隽敬（字修罗）的身世行迹及应诏赴举缘由。从碑文记载中可以得知，隽敬乃西汉名臣隽不疑的后代子孙，曾居家于长安，并在渤海一带拥有封地，至其第九代先祖隽朗时因官于鲁，遂迁于今泗水定居。隽修罗自幼丧母，事母至孝，且乐善好施，广行义举，舍田立寺，养僧敬佛，因此受到父老乡亲的高度赞扬，并在皇建元年（560）北齐孝昭帝诏遣大使巡省四方，察举贤良时，被举荐赴朝应举孝义。此碑对于研究忠、孝、悌等封建道德礼教在北朝时期的影响、作用对于研究我国古代封建统治者是如何以封建道德礼教为标准来选拔维护封建统治所需要的人才，具有重要的参考价值。

贞操也是封建道德礼教的一个重要组成部分，是封建社会中用以衡量妇女的重要标准之一。为了维护封建社会秩序，中国古代封建社会中，历来都不遗余力地强调妇女的贞操，因此，历代宣扬妇女贞操的碑刻也颇多。如西安碑林藏有刻于清乾隆三十九年（1774），由载启撰文、盛惇崇楷书的《王母丁贞女传碑》；刻于清道光二年（1822），由唐仲冕撰并楷书的《书富平贞妇温王氏事碑》。在安徽宣城雁翅社区集镇北郊的妙贞姑墓立有《妙贞姑碑》。据碑文记载，墓主姓唐，元代宣城人，她年轻时因兄唐仲承和嫂孔氏早亡，所遗二子无人抚养，遂立志不嫁，养育两侄，将他们培养成人。为了褒扬她的贞操和气节，在她死后，乡里给她谥号“八妙贞姑”，并将她与兄嫂合葬一处，为她立碑褒奖、纪念，并借以宣扬贞操之道。

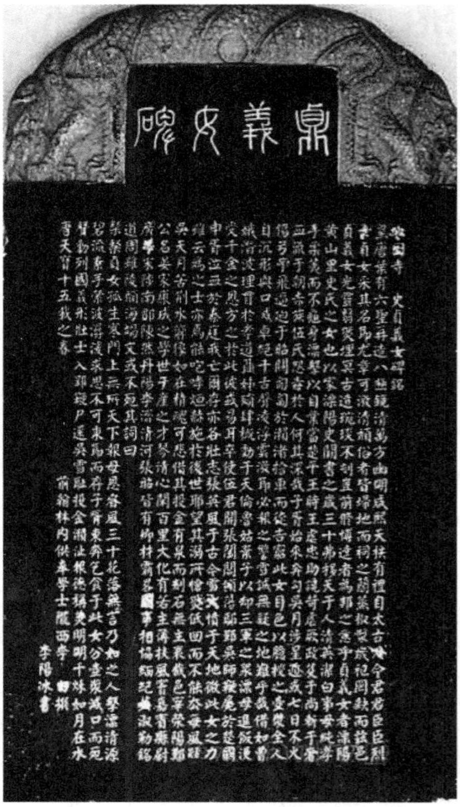

图 254　贞义女碑

在江苏宜兴宜城镇文化馆庭园半亭中，存有刻于唐玄宗天宝十五年（756）的《贞义女碑》（图 254），碑高 172 厘米、宽100厘米、厚22厘米，碑首为半圆形，碑额中间篆刻“贞义女碑”四个大字。据《吴越春秋》等史籍记载，春秋时，楚平王昏聩无道，听信谗言，杀死忠臣伍子胥之父伍奢及兄伍尚，伍子胥被迫亡命吴国。途经溧阳濑江时，伍子胥已数日未食，适逢浣纱女史氏。子胥向史氏女乞食，史氏女慨然允诺。伍子胥饱餐一顿后临行时恐其行踪为楚国追兵得知，便再三叮嘱史氏女切勿泄露此事，谓史氏女曰：“掩夫人之壶浆，无令其露。”史氏女乃慨然抱石自沉濑江以殉。后人因敬重史氏女的贞义节操，便在濑水边建祠祭祀她。唐天宝十四年（755），大诗人李白来溧阳游览，溧阳县令郑晏就请李白为史氏女写了碑文，并请李白族叔、当涂县令、著名书法家李阳冰书写后，立碑于濑水边当年伍子胥为报答史氏女而投金于水中的地方。其碑文云：

贞义女者，溧阳黄山里史氏之女也，以家溧阳，史阙书之。岁三十，弗移天于人。清英洁白，事母纯孝。手柔荑而不龟，身击漂以自业。当楚平王时，平王虐忠助谗，苛虐厥政，芟于尚，斩于奢，血流于朝，赤族伍氏。怨毒于人，何其深哉。子胥始东奔勾吴，月涉星遁，或七日不火，伤弓于飞。逼迫于昭关，匍匐于濑者。舍车而徙，告穷此女。目色以臆，授之壶浆。全人自沉，形与口灭，卓绝千古，声凌浮云。激节必报之仇，雪诚无疑之地。难乎哉！

借如曹娥潜波，理贯于孝道；聂姊殒肆，概动于天伦。鲁姑弃子，以却三军之众；漂母进饭，没受千金之恩。方之于此，彼或易耳。卒使伍君开张阖闾，倾荡鄢郢。吴师鞭尸于楚国，申胥泣血于秦庭。我亡尔存，亦各壮志。张英风于古今，雪大愤于天地。微此女之力，虽云为之士，焉能咆哮煊赫，施于后世也。望其溺所，怆然低回而不能去。每风号吴天，月苦荆水，响像如在，精魂可悲。惜其投金有泉，而刻石无主，哀哉！

邑宰荥阳郑公名宴，家康成之学，世子产之才，琴清心闲，百里大化。有若主簿扶风窦嘉宾，县尉广平宋陟，丹阳李济，南郡陈然，清河张昭，皆有卿才霸略，同事相协。缅纪英淑，勒铭道周。虽陵颓海竭，文或不死。其辞曰：

粲粲贞女，孤生寒门。上无所天，下报母恩。春风三十，花落无言。

乃如之人，激漂清源。碧流素手，萦彼潺湲。求思不可，秉节而存。伍胥东奔，乞食于此。女分壶浆，灭口而死。声动列国，义形壮士。入郢鞭尸，还吴雪耻。投金濑沚，报德称美。明明千秋，如月在水。

此碑原立于江苏溧阳大溪乡上吴村史氏宗祠内，后来一度下落不明，1974 年发现此碑在宜兴芳庄附近的大路上架作路石，遂迁至宜兴县文化馆妥为保存。此碑不论是从其内容还是从撰文者、书写者来讲，都具有珍贵的价值。是研究我国古代道德观、李白的思想、文章和李阳冰书法的宝贵实物资料。

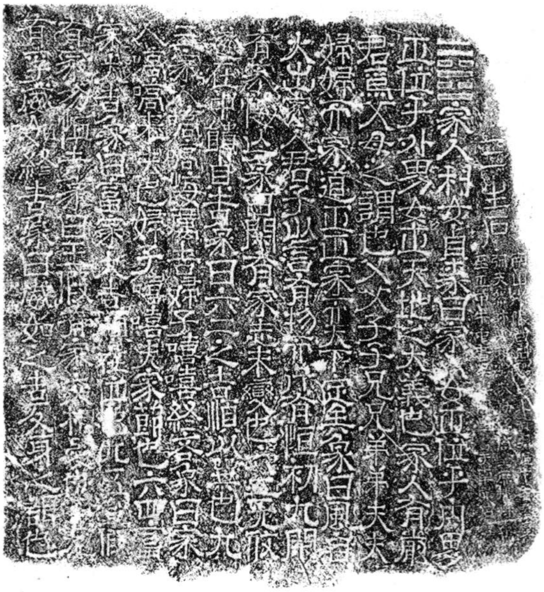

图 255 《司马光家人卦》摩崖石刻（局部）

“君为臣纲，父为子纲，夫为妻纲”是封建礼教的重要准则，也是维护封建统治的不可逾越的道德规范，在我国封建社会中，以“三纲五常”为准则修身齐家，被视为维系封建统治秩序的基础，因此这方面出现的碑刻为数也不少。《司马光家人卦》摩崖石刻（图 255）即是其中颇为值得一提的一块。《司马光家人卦》刻石，位于浙江杭州西湖南屏山北山腰“小有天园”旁。石壁宽 745 厘米，高 335 厘米，中部并排刻有家人卦、乐记、中庸三方题记。《司马光家人卦》摩崖刻石高 271 厘米、宽 221 厘米，字径 16 厘米见方，其内容为宣扬“父父、子子、兄兄、弟弟、夫夫、妇妇，而家道正，正家而天下定矣”等封建道德礼教的规范。其文曰：

家人利女贞。彖曰：家人，女正位乎内，男正位乎外。男女正，天地之大义也。家人有严君焉，父母之谓也。父父子子，兄兄弟弟，夫夫妇妇，而家道正，正家而天下定矣。象曰：风自火出，家人。君子以言有物，而行有恒。初九：闲有家，悔亡，象曰：闲有家，志未变也。六二：无攸遂，在中馈，贞吉。象曰：六二之吉，顺以巽也。九三：家人嗃嗃，悔厉吉。妇子嘻嘻，终吝。象曰：家人嗃嗃，未失也。妇子嘻嘻，失家节也。六四：富家，大吉。象曰：富家大吉，顺在位也。九五：王假有家，勿恤，吉。象曰：王假有家，交相爱也。上九：有孚威如，终吉。象曰：威如之吉，反身之谓也。

由于这块摩崖刻石当时没有刻明书者名字和镌刻的时间，仅有后人补刻的“右司马温公书”六字，故历来对其究竟是否是司马光所写持有不同看法，但大多数学者都认定系司马光所写。如清代著名金石学家阮元在嘉庆元年（1796）所留的题记中就认为“广西融县老君洞亦有司马文正公隶书家人卦摩崖碑……南屏石刻为有据”。《两浙金石志》对此也做了进一步的肯定。近年，有学者为作《广西石刻研究》探访了广西融水苗族自治县南郊洞体宽敞可容千人、洞高百丈的老君洞，高大明亮的洞中得见古人摩崖灿若群星，且多宋代名人刊石，在其间高不可攀的峭壁之上即有司马光曾孙司马备所刊刻的司马光隶书《家人卦》，较上述南宋理宗时期叶绍翁所记载的杭州南屏山兴教寺后的《司马光家人卦》摩崖石刻至少早了半个世纪。经查考得知，司马光的曾孙司马备南宋绍兴十九年（1149）时至融水为官，公事之余至老君洞游览，见洞壁刊刻有宋太宗赐书摩崖，司马备善于刊石，为使曾祖的《家人卦》能长久流传，遂将家藏司马光书《家人卦》摩崖刊刻于在洞壁上，标题为《宋司马太师书家人卦》，并明确记载摩崖石刻的因由与时日，说“先太师温国文正公书此于家，曾孙备因倅融水，谨摹刻于郡南老君洞之石壁。绍兴十有九年岁在屠维大荒落重午日记”。据此，人们就一致认定杭州西湖南屏山西麓兴教寺后的摩崖石壁上这一《司马光家人卦》摩崖刻石是宋代司马光留下的要后人恪守封建道德礼教的遗训。

在我国封建社会中，对恪守封建道德礼教者常用树碑立传的方式予以褒奖，而对违背三纲五常、忠、孝、悌、贞等封建道德礼教者，也常通过立碑来加以贬斥和惩罚。例如，孔子的后裔子孙死后都可入葬孔林伴随孔子，然而，却有一个孔子的嫡传子孙，因违背三纲五常封建礼教，死后被逐出孔林，不得在孔林建墓立碑。这个孔子后裔就是孔子第六十九世孙、清代著名书法家孔继涑。孔继涑因于乾隆二十一年（1756）时，就邹县知县派孔氏族人为皇帝祭礼修路之事与山东巡抚发生争执，因而被指控为操纵孔府府务，干涉地方政务，严重违背“君君、臣臣”封建礼教而受到严厉处罚，死后不得入葬孔林，只得迁至曲阜城西大柳村建墓立碑（图256）。孔继涑的书法与梁同书齐名，在当时被称为“南梁北孔”，他死后，他的墓碑由梁同书为他书写。

图256　孔继涑墓碑

第五节　评价政绩　警策封建官吏

吏治之清浊、优劣，既关系封建统治能否长治久安，也关系广大老百姓能否安居乐业。因此，在封建社会中，不论是封建帝王还是黎民百姓都力图采取各种方法来改善吏治。通过刻石立碑来约束官吏的行为，评价官吏的政绩，给优者以褒奖，给劣者以贬斥和警策，是一种常用的方法。千百年来，在改善封建吏治方面，先后出现过许多碑刻。概而论之，碑在封建吏治中主要有以下四方面功能。

一、封建帝王用以戒饬官吏

据宋代洪迈的《容斋随笔》和清代赵翼的《陔余丛考》等书记载，五代后蜀主孟昶为了约束官吏的行为，曾撰写了戒饬官吏的铭文二十四句，每句四字，共九十六字。后来，宋太宗赵光义登基后，为了约束官吏的行为，以减少老百姓的不满情绪，维护和巩固自己的统治，便从孟昶所撰的戒饬官吏的铭文中摘取了“尔俸尔禄，民膏民脂。下民易虐，上天难欺”这十六个字，命人写后颁行天下，令全国各地衙门都刻石立碑，称之为“戒石铭”，也称为“戒贪碑”，以儆各级官吏。大概是由于年久失修，“戒石”多有损毁和亡佚。南宋绍兴二年（1132），宋高宗赵构再次敕命全国诸州重刻“戒石铭”，并亲自题跋。相传，那时全国各地州县衙门大堂前面，都立有一座名为“戒石亭”的亭子，亭中供奉着《戒石铭碑》。据《容斋随笔》《古泉山馆金石文编》《筠清馆金石记》《金石续编》等文献的记载，南宋时所刻的《戒石铭碑》（图257）分为四截。碑首刻篆额“太宗皇帝御制”六字；第二截刻黄庭坚所书铭文四行，每行四字，共十六字；第三截刻宋高宗行书跋文十二行，每行八、九字不等；第四截刻吕颐浩、权邦彦等所题跋文。据《广西通志》《金石略》等记载，南宋时所刻的《戒石铭碑》，到清代仅见道州（今湖南道县）、梧州（今广西梧州）两刻。

图257 《戒石铭碑》（局部）

据考，《戒石铭》始于宋代，盛于明、清时期，明、清时期所刻的《戒石铭》直至现在还有遗存于世的。如在闽南漳浦县始建于唐代的县衙大堂中，陈列着20世纪80年代后期出土的一块戒石（图258）。戒石由花岗岩制成，长200厘米，高35厘米，正面镌刻“民之父母”四个篆体大字，背面镌刻四行楷书：“尔俸尔禄，民膏民脂。下民易虐，上天难欺。”

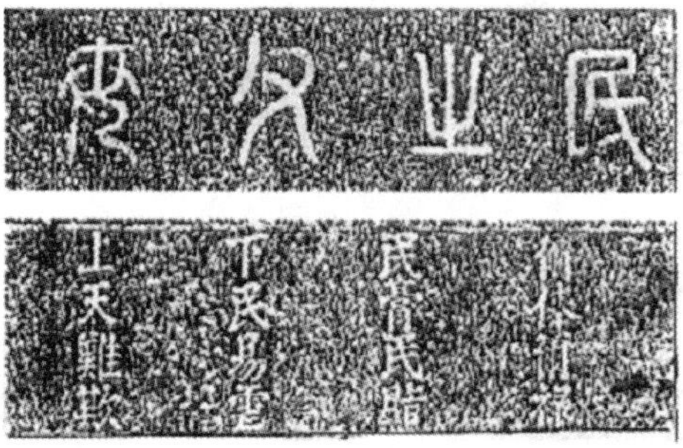
图258 漳浦县县衙大堂遗存的戒石

据记载，戒石亭通常建于衙门大堂的正前面，以使州县官员在升堂办案时，一抬头就能看到戒石上的十六字铭文，其目的是提醒官员办案要公正廉明，不要贪赃枉法。但是就实际情况来看，这样的戒石往往只是徒具形式而已，并未对封建官吏的行为起到多少约束作用。

在清代时也曾出现过一块著名的封建帝王戒饬臣下官吏清正廉洁、勤政为民的戒碑，这一戒碑是康熙二十三年（1684）康熙皇帝南巡时留下的，碑上所刻之文为康熙皇帝于康熙二十三年“渡黄河，历京口，至苏州”时，对当时接驾的两江总督王新命、江宁巡抚汤斌等地方官员的当面亲口训诫。碑文记载，当时康熙皇帝批评了江南“乡村之饶、民风之朴，不及北方”，而之所以会“不及北方”，“皆因粉饰奢华所致”，并昭示告诫王新命、汤斌等地方官员一定要廉政，“当洁己爱民，奉公守法，激浊扬清，体恤民隐”。王新命、汤斌等人听了康熙帝的昭示训诫后，诚惶诚恐，当即向康熙皇帝表示，“自当钦遵，洁己率属，加意抚绥，祛黜浮华，敦尚朴实”，并随即在江宁、苏州、安庆三地刻立了这块戒碑，“以垂永久”。康熙皇帝的圣谕戒碑，当时在一定程度上促进了江南地方官员的廉政建设，对江南的民风建设也起到了推动作用。至今，在苏州胥门胥江西岸口的皇亭街和南京的鼓楼中，还都各留存有一块康熙皇帝的圣谕戒碑。

二、 廉洁官吏用以自律

在封建社会中，一些清廉的官吏为了严于律己和严格要求自己的属下及自己的亲属，也往往立碑自律。

例如，在苏州碑刻博物馆中就有一块宋代遗存下来的司马光用以自律的《思无邪公生明碑》（图259）。此碑由司马光手书。南宋理宗淳祐元年（1241）摹刻，双面刻碑。碑阳刻“尔俸尔禄，民膏民脂。下民易虐，上天难欺”十六字，碑阴刻“思无邪，公生明”六个大字。“思无邪”，原是孔子对《诗经》的评价，即所谓“《诗》三百，一言以蔽之，曰思无邪”（《论语·为政》），这里指思想纯正，没有贪婪的邪念。“公生明”，是说只有公正才能够廉明，这是司马光对自己的告诫，也是向为官者提出的立身

图259　思无邪公生明碑

准则。

又如，在河北无极的县委大院中，立有一块明世宗嘉靖三年（1524）由当时的知县郭允礼用楷书书写的《官箴》刻石（图260），石上所刻碑文为：

吏不畏吾严而畏吾廉，民不服吾能而服吾公。廉，则吏不敢慢，公，则民不敢欺。公生明，廉生威。

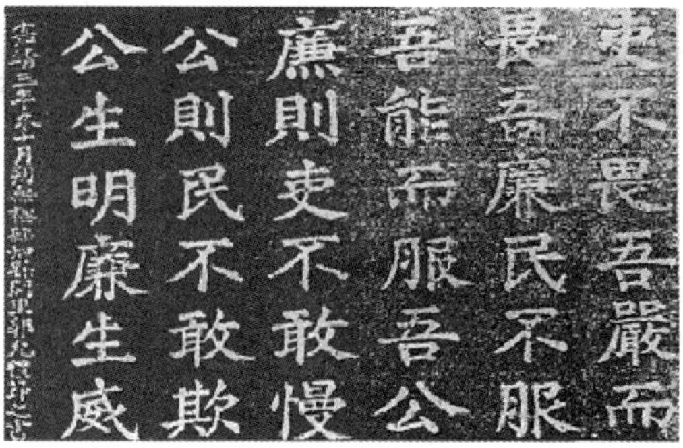

图260　《官箴》刻石（局部）

据《无极县志》记载，郭允礼，字节之，山东曲阜人，明武宗正德十六年（1521）起任无极县知县。他在任期间注意修养正身，为官清廉，明世宗嘉靖三年（1524）他在住所书居官座右铭一则，镌刻于石，并让人镶嵌在县衙大堂的墙壁上，是为《官箴》刻石。后来，因年久失修，县衙大堂倒塌，《官箴》石被废物利用改成饭桌和棋台，直到1986年才由当时的无极县委书记刘日重新立于县委大院，现珍存于无极县郭允礼勤廉文化中心。

然而，据查考，郭允礼并非《官箴》的作者，也并非是第一个和仅有的一个书写《官箴》自律的官员。据藏于西安碑林的《官箴》上所题的第一则跋文记载，《官箴》系明代一位叫恭定年的官员，在“抚治东藩[①]”时刊刻，“以儆于有位者”。继而明代一位自称“贞庵主人”的地方官，于明孝宗弘治十四年（1501）重刻“以自儆”，此后流传于世，屡次为后人所复刻。恭定年刻《官箴》的年代比郭允礼要早，但他究竟是否就是《官箴》的作者和第一个刻碑者尚无法断定。现在西安碑林中就藏有刻于清道光四年（1824），由张聪贤作铭、颜伯焘写跋的

① 明朝时，“东藩”指台湾。

《官箴》，其碑文与郭允礼所书的《官箴》相较，除“慢”与“欺”和此两句前后换了位置外，其余一字不差。不过，由此可知，历代刻碑自律的官员并非绝无仅有。

其实，早在《官箴》出现之前，我国古代的清廉官员中就有过刻碑自律的先例。据有关地方史资料记载，宋代著名清官包拯为了自律和约束自己的子孙后代，临终前曾在自己家门口立过一石碑，碑上刻有对其子孙后代的训诫：“后世子孙仕官，有犯赃滥者，不得放归本家，亡殁之后不得葬于大茔之中。不从吾志，非吾子孙！”安徽合肥包公祠的祠壁上，现在仍镶嵌有后世重刻的包公的这一家训碑，其疾恶如仇、清正廉明的凛然正气，至今仍使人们从中受到深刻的教益。

三、 颂扬清官廉吏的功德， 谴责贪官污吏的秽行

“天地之间有杆秤，那秤砣是老百姓。”哪个官吏优，哪个官吏劣，哪个官吏廉，哪个官吏贪，哪个官吏为民办事，哪个官吏为己谋利，广大人民群众看得一清二楚，记得明明白白。自古以来，广大人民用各种各样的方法颂扬为民办事谋利的清官廉吏，揭露谴责那些徇私枉法、欺压百姓的贪官污吏，刻石立碑就是广大人民群众历代相传常用的一种方法。

刻立功德碑，这是封建社会广大人民群众对那些廉明公正、为民谋利益办好事的清官好官的极高颂扬，这类功德碑历代都有，至今还有不少有碑石或拓本遗存于世。在甘肃成县天牛山崖壁上，有一块镌刻于东汉灵帝建宁四年（171）的《汉武都太守汉阳河阳李翕西狭颂》摩崖石刻，此摩崖简称《西狭颂》，亦称《李翕颂》，是汉代的一块颂扬清官廉吏的“功德碑”。其上端有“惠安西表”阴刻四字篆书，故亦称《惠安西表》。其右侧岩壁刻有黄龙、白鹿、嘉禾、甘露、木连理“黾池五瑞图”，即《隶释》《隶续》所称的《李翕五瑞碑》。其碑文系颂扬武都太守李翕奉敕修治西狭中道之事。武都郡之西狭是通往巴蜀之要道，阁道狭窄，车骑不能畅行，李翕乃亲监视察，在奏请朝廷后，命属官李瑾、仇审等率工徒凿石清障，削高填低，平夷正曲，遂使西狭成为通途。《西狭颂》即是武都郡丞吕国等为纪颂李翕之政绩功德而刻勒的，其内容在客观上也为研究东汉的交通道路史提供了有价值的第一手资料。

这种颂扬清官廉吏功德的碑刻历代屡见不鲜，如上海图书馆藏有刻于唐中宗

景龙二年（708），由张景毓撰文、释翘徽楷书的《句容令岑植德政碑》（图261），全称《大唐朝散大夫行润州句容县令岑君德政碑》，简称《岑植德政碑》宋拓孤本；河北保定存有刻立于唐玄宗开元二十八年（740），由徐安贞撰文、苏灵芝行书、王希贞镌刻的《易州田公德政碑》；西安碑林中藏有刻于唐穆宗长庆二年（822），由杨承和撰并书、陆邳篆额的《梁守谦功德碑》；刻于清康熙五十八年（1719），由刘大成撰文、朱廷林楷书的《冯景夏德政碑》等。在苏州最古老的园林之一沧浪亭的“五百名贤祠”祠内三面墙上，嵌有清道光七年（1827）所刻的五百九十四块历史名人石刻像碑，每像下附有歌颂其功德的四句赞语。在这五百名贤中有不少是历史上曾在苏州为官并卓有政绩的名宦，如况钟自明宣宗宣德五年（1430）至明英宗正统七年（1442）曾在苏州做过十三年知府，为苏州人民做了许多好事，名贤祠内况钟的像碑上就刻有颂扬其功德的四句赞语：“法行民乐，任留秩迁，青天之誉，公无愧焉。”

图261　《句容令岑植德政碑》（局部）

在颂扬清官廉吏功德的同时，也时有广大人民群众用刻石立碑来揭露、谴责奸臣、贪官的。如在云南石林武庙内，存放有一块立于1944年的《路南县贪官许良安遗臭碑》，碑文曰：“古无有为贪官立碑者，有之，自路南始。”碑文还详述了许良安的贪污金额。1919年“五四运动”中，北京学生一致要求惩办亲日派卖国贼曹汝霖、陆宗舆、章宗祥等三人。迫于广大人民群众的压力，北洋政府被迫将三人免职。陆宗舆被罢免后，他的家乡海宁曾召开公民大会，一致公议为其立碑，使其遗臭万年。据北洋政府内务部档案《内务部查办浙江海宁人民竖立“卖国贼陆宗舆”石碑咨文（1919年7月23日）》的记载：“当场由众踊跃输金、饬匠赶办，已于前日制就，竖立邑庙前及北门外海塘镇、海塔下等三处，碑约五尺余长，真书‘卖国贼陆宗舆’六大字，左右两边并刊民国八年六月海宁公民团立，一时观者人山人海，途为之塞云。”从上述《咨文》的记载中可以得知，海宁人民当年曾给卖国贼陆宗舆立过多块“遗臭碑”是确凿无疑的。

更为值得一提的是，广西兴安还有一块民国时期遗留下来的《劣政碑》。据有

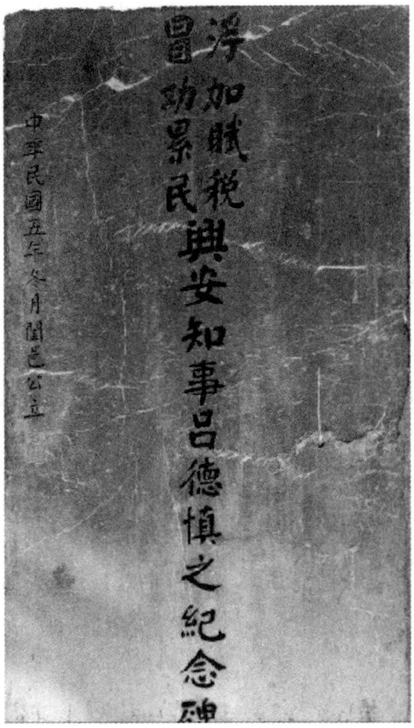

图 262　《劣政碑》

关地方史资料记载，1913—1915 年吕德慎任兴安县知事期间，兴安县连遭水灾、旱灾，民不聊生，极其困苦。可是吕德慎不但不体恤民情，救灾赈灾，反而巧立名目，滥加税赋，以此来讨好上司，冒功领赏。广大老百姓气愤至极，忍无可忍，怨声载道。民国四年（1915），当时的广西都督陆荣廷经过兴安，以曾石年为首的几名乡绅，便联名上状子，告到陆荣廷处，陆荣廷难违民意，为了笼络人心，便在 1915 年撤掉了吕德慎县知事之职。吕德慎被撤职后只得打点行李悻悻返回了广西桂林老家。曾石年等人根据民意，为使吕德慎遗臭万年，便刻了一块被称之为《劣政碑》（图 262）的石碑，立于县府，以之为鉴，其碑文为："浮加赋税，冒功累民。兴安知事吕德慎之纪念碑。中华民国五年冬月阖邑公立。"此碑高约 200 厘米、宽约 100 厘米，至今仍存于广西兴安灵渠附近的四贤祠内。

在历史上，广大人民群众为了颂扬清官贤臣和谴责贪官奸臣，还往往刻碑将他们放在一起加以对比，以达到更好地颂扬前者、贬斥后者的目的。如上述所说的广西兴安吕德慎的《劣政碑》，就被当地人民群众竖立在四贤祠里铭刻着为维修、疏浚灵渠做出贡献的四位历史名人的石碑旁边，形成了强烈的对照，明显的反差，给人留下了极为深刻的印象。

南宋"四大奸臣"之一贾似道是南宋末年理宗、度宗、恭帝三朝权臣，据《宋史》记载，他"少落魄，好游勇，不事操行"，依仗姐姐是理宗宠妃而飞黄腾达，官至丞相。他独揽朝政，陷害滥杀忠良，搜尽民脂民膏，广求天下美女。德祐元年（1275），元军再度南侵，贾似道被迫领兵十三万出师"御敌"。他舟载歌妓宠妾，一路吹打到安徽池州，在丁家洲（今安徽铜陵江中）全军覆没，孤身一人驾舟逃命扬州，朝野为之震怒，群臣上疏弹劾，请斩首以平民愤。但由于太后从中袒护，皇上仅将他降为广东高州团练使，往循州（今广东惠州东）安置。贾似道被贬循州时，由会稽县尉郑虎臣出任监押官。郑虎臣其父因遭贾似道陷害被杀，本人也曾被充军，后遇大赦得免。在押送途中郑虎臣屡讽贾似道，要其自杀，但贾似道系贪生怕死之徒，不肯就此结束自己罪恶的一生。郑虎臣看到越往岭南走，贾似道的门客越多，很可能让他逍遥法外。为了为民除害，同时也为父报仇，在龙海九龙岭下的木棉庵大榕树下小憩时，趁周围人少，郑虎臣用铁锤击毙了贾似道（一说是将贾推入坑中淹死，另一说是用剑将贾杀死）。贾似道因误国害民的滔天罪行犹如秦桧一样受到后人的唾骂，郑臣虎为国为民除奸的壮举受到后人的敬仰。为此，后人特在木棉庵前建亭立碑，盛赞郑虎臣之义举，痛斥贾似道之罪行。在木棉庵前大榕树左侧的八柱方形石亭一旁，矗立四块石碑，正中一块高340厘米、宽130厘米，上刻“宋郑虎臣诛贾似道于此”十个铁画银钩的大字，为明代抗倭名将俞大猷所立，右边一块石碑上镌刻一首明人七言绝句：“当年误国岂堪沦，窜逐遐方暴日奔。谁道虎臣成劲节，木棉千古一碑存。”石碑前亭子两旁石柱上镌刻一副碑联：“为天下除奸，明春秋大义”。这些碑刻，揭露谴责了贾似道的滔天罪行，表达了人民群众对权奸佞臣贾似道的深恶痛绝之情，同时又热情讴歌了郑虎臣正气凛然的英勇壮举，两者形成强烈的对照，爱憎分明，使后人受到极其深刻的教益。

四、警策告诫官吏要廉洁奉公、廉政为民

在我国古代，以刻石立碑来警策、告诫官吏要廉洁奉公、廉政为民之事也不乏其例。如江苏苏州文庙的碑刻博物馆南侧的盆景园中，在绿树丛中，屹立着一块一人多高，底部平整，上端呈椭圆形，坐落在砌有两层台阶之上的巨石，在巨石的上部，镌刻有用楷书书写的“廉石”两个大字（图263）。石上未刻题书者姓名，也无镌刻年月。据史料记载，“廉石”原为晋代郁林太守陆绩所有。相传陆绩弃官回家时，两袖清风，所带唯一物品就是乘船时船夫用来抵御风浪压舱的一块巨石。该石原置于苏州陆氏家宅内，明孝宗弘治九年（1496），朝中监察御史樊祉来苏州巡察见到了这块巨石，为表彰陆绩

图263　廉石

这位清官，为官吏们树立清正廉洁的榜样，警策告诫官吏要廉洁奉公、廉政为民，便下令在石上镌刻“廉石”两个大字，并置亭、题跋，将石立于苏州府察院场。清康熙十八年（1679），苏州知府陈鹏年又将此石移入苏州文庙内，作为对府学生员的警策勉励。

无独有偶，安徽合肥包公祠内，在为纪念清廉刚正、铁面无私的包公所开掘的“廉泉”旁的井亭中，墙壁上嵌有李鸿章之孙李国衡写的《香花墩井亭记》刻石，碑文记载了关于“廉泉”来历的传说。碑文云：“闻昔有太守来谒祠，启开汲饮，忽头痛，复堙如故。是说也，余窃疑，命从人开井汲泉，煮茗自饮，味寒而香烈，饮毕无异。当日太守饮之而头痛何哉？或曰：孝肃祠旁之井为廉泉，不廉者饮此头痛欤！”而与“廉泉”碑相映成趣的是在广州市西北的石门，有一处名为“贪泉”的泉水。据史籍记载，此泉在汉代即已发现，久负盛名。至今在泉边仍存有一块古代所遗存下来的《贪泉碑》（图264）。石碑的一面刻有“贪泉”两个大字，是明人李凤所书。石碑的另一面有重刻于明神宗万历二十四年（1596）由东晋龙骧将军、广州刺史、平越中郎将吴隐之写的一首诗：“古人云此水，一歃怀千金，试使夷齐饮，终当不易心。”从石碑两面所刻内容可以看出，古人刻立此碑，其意旨在警策告诫官吏们不要像贪饮这儿的甘美泉水那样贪得无厌；同时又向官吏们指出，贪与不贪全在个人自己的节操，如果有像伯夷、叔齐那样宁可双双饿死也不食周粟的节操，即使饮了贪泉也不会改变自己的清廉。此碑对于后世的影响是相当深远的，直到如今，人们还常常用以来针砭时弊，给人们以深刻的教益和启迪。

图264　贪泉碑

在广西桂林七星岩公园龙隐洞的桂海碑林博物馆中，也有一块警策官吏廉政为民的名碑，这就是镌刻于龙隐洞南口左面石壁上的宋仁宗景祐元年（1034）昭州（今平乐县）知府梅挚撰写的《龙图梅公瘴说碑》（图 265）。“瘴”即是瘴气，广西山峦重叠，森林茂密，岚烟瘴气横生，人死于瘴气之事时有发生，可以说“瘴”是这里的一大祸害。梅挚将自然界的“瘴”引申为社会生活中的“瘴”，从租赋、刑狱、饮食、货财、帷簿五个方面，讲述了做官人身上的五种“瘴气”。梅挚在碑文中指出：造成人民疾病的不是什么“土瘴”，而是人为的“瘴”，即官吏们的“急征暴敛，剥下奉上”；“深文以逞，良恶不白”；“昏晨醉宴，弛废王事”；“侵牟民利，以实私储”；“盛拣姬妾，以娱声色”。梅挚指出，“官瘴”才是真正害人致死的祸根。梅挚的“五瘴说”，见解深刻精辟，是对广大官吏极好的警策和告诫。南宋光宗绍熙元年（1190），广西漕运使朱晞颜，因深为赞赏“五瘴说”，便特将其起名为《龙图梅公瘴说碑》，将其书刻于龙隐洞壁上。尽管《龙图梅公瘴说碑》距今已有八百多年，但至今仍给人们以深刻的教益和强烈的警策，正如 1963 年 3 月郭沫若在参观龙隐洞时题留的诗句所说的那样：“榕树楼头四壁琛，梅公瘴说警人心。”

图 265　《龙图梅公瘴说碑》（局部）

第六节　打击不同政治势力

在封建社会各派不同政治势力的斗争中，碑还作为一种政治斗争的工具，用以打击不同的政治势力。西汉末年王莽篡汉后，为了压制亲汉室的政治势力，就展开过大规模毁砸汉碑的行动，使汉碑遭到毁灭性的损坏。此后历代也都发生过为了打击不同的政治势力，而毁坏对方代表人物的碑刻的事情。

用碑作为工具来打击不同政治势力的这一做法，在宋代发展到登峰造极的地步。在宋代炽烈的“党祸”中，不仅受“党祸”牵连的许多著名文人的大批碑刻被毁，还出现了在中国历史上臭名昭著的《元祐党籍碑》（亦称《元祐党人碑》《元祐奸党碑》），把碑赤裸裸地变成了排斥异己、迫害持不同政见者的工具。

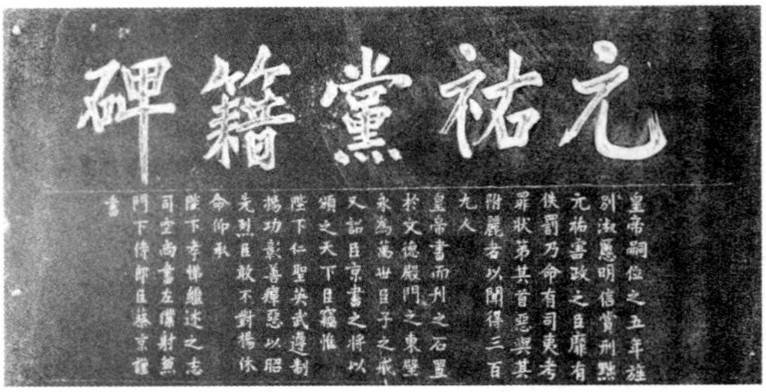

图266 《元祐党籍碑》（局部）

北宋中期，以司马光和王安石为首的两派政治势力的斗争，范围之广，时间延续之长，为中国历史上所罕见。宋徽宗赵佶即位后，重用奸贼蔡京为相。蔡京为排除异己，借实行王安石新法之名，将宋哲宗元祐年间至元符年间的政敌司马光、文彦博、苏轼、黄庭坚等三百〇九人定为“元祐奸党”，并决定“刻石以示后世”。根据史料记载，崇宁元年（1102）九月，宋徽宗曾亲书了一块《元祐党籍碑》，刻石立于端礼门外。崇宁四年（1105），蔡京以宋徽宗诏命，再次书写《元祐党籍碑》（图266），并颁行天下，敕命诸州据以刊石，以让那些列入名单中的“奸党使其子孙亦受余辱也”。凡列入“奸党”名单者，生者贬谪，死者削官。其碑文的序文为：

皇帝嗣位之五年，旌别淑慝，明信赏刑，黜元祐害政之臣，靡有佚罚，乃命有司，夷考罪状，第其首恶与其附丽者以闻，得三百九人，皇帝书而刊之石，置于文德殿门之东壁，永为万世臣子之戒。

又诏臣京书之。将以颁之天下。臣窃惟陛下仁圣英武，遵制扬功，彰善瘅恶，以昭先烈。臣敢不对扬休命，仰承陛下孝悌继述之志。

司空尚书左仆射兼门下侍郎蔡京谨书。

在“序文”下，按官职高低级别，分数批刻列“奸党”的黑名单。

第一批“奸党”为宰相、副宰相级，有文彦博、吕公著、司马光、安焘、吕大防、刘挚、王岩叟、范纯仁、王硅、梁焘、王存、傅尧俞、赵瞻、韩维、孙固、苏辙、范纯礼、陆佃等。

第二批“奸党”为侍制以上官员，有苏轼、范祖禹、王钦臣、姚勔、孔文仲、上官均、孙觉、鲜于侁、李周、刘安世、吕希纯、韩川、郭知章、吕陶、邹浩、张舜民等。

第三批“奸党”是级别较低，属于“余官”一类的官员，但这里却不乏名士大儒，如秦观、杜纯、司马康、张耒、黄隐、吕希哲、刘唐老、晁补之、黄庭坚、汪衍、孔平仲、王巩、郑侠、程颐、李格非、商倚、欧阳中立，刘当时、梁士能等。

此外，还有内臣太监张士良、曾焘等数十人，武将王献可、李备等二十几人和其他一些人员。

在《元祐党籍碑》所开列的“奸党”名单中，几乎网罗了当时的大部分知名人物，其中许多人几乎是全家入“籍”，如范纯仁、范纯礼都是范仲淹的儿子，吕夷简的儿子吕公著，孙子吕希纯以及女婿范祖禹都在其中，苏轼、苏辙和苏迈也都在其中。

图 267　桂林龙隐岩内的《元祐党籍碑》

《元祐党籍碑》的刻立是极其不得人心的，受到朝野的强烈反对，再加第二年天上出现彗星，被认为是不祥之兆，故宋徽宗只得急忙下诏毁尽全国各地的《元祐党籍碑》。因此，遍及全国州府、县的《元祐党籍碑》便销声匿迹了。据考，全国留存于世的《元祐党籍碑》仅有两块。其中一块是崇宁四年（1105）的原刻，系当时宋徽宗下诏毁碑时唯一漏网的一块，此碑原藏于广西融水苗族自治县南郊的真仙岩内，现碑移存于融水苗族自治县文化馆内；另一块《元祐党籍碑》（图 267）现存于广西桂林七星岩公园桂海碑林博物馆的龙隐岩内。龙隐岩内洞壁上镌有宋元以来历代题刻一百多件，其中以《元祐党籍碑》最为有名，这块《元祐党籍碑》是距崇宁四年（1105）刊刻《元祐党籍碑》后九十三年，即南宋宁宗庆元四年（1198）时，由元祐党人梁焘的曾孙、静江府钤辖梁律，为“幸托名节后”，以抬高自己的地位，根据家藏拓本重新镌刻的。《元祐党籍碑》是中国封建社会中碑被用于在政治斗争中打击不同政治势力的最为典型的实例，对于研究中国碑文化和宋代统治集团的内部矛盾及当时的社会情况具有重要的史料价值。

第七节　刊刻律规　加强封建法制

历代封建统治者制定了种种旨在维护封建统治阶级利益的法典和刑律，发布了无数法令、法规、告示。而刻石立碑，将法典、刑律、法令、法规的条文刊刻在碑上告示于众，以使其更好地广为传播，家喻户晓，得以贯彻执行，这是历代各级官府，特别是州、县地方官府常用的一种办法。

据查考，唐代已将碑用于加强封建法制。有关史料记载，唐代开元年间，太守卢兴十分善于以法治世，对于那些怙恶不悛、违反法律的豪强，他不仅予以严厉惩罚，而且还把他们所犯罪状，违犯了哪些法律条款刻在石碑上，竖立在这些罪犯的家门口，以时时给他们和他们的家人以警示。如果犯人能改恶从善，则将石碑推毁；如依然执迷不悟，甚至错上加错，罪上加罪，就要处以重刑。

在宋代遗存的碑刻中，有我国最早的交通法规碑。据考，我国由官方公布的交通法规，目前所知最早见于唐代。在《唐律》《开元礼》《唐六典》中都提到过来往交通要“贱避贵，少避长，轻避重，去避来”这四句话，并说它本属于《唐令》中的《仪制令》，由日本学者仁井田升据此将其复原为《唐令拾遗》，令文为：“诸行路巷街，贱避贵，少避长，轻避重，去避来。”这一交通法规到宋代得到进一步重视和广泛应用。据《杨文公谈苑》记载，宋太宗太平兴国年间，大理寺正孔承恭上书言事，请在两京诸州要道处刻榜公布“贱避贵，少避长，轻避重，去避来”四句话作为交通规则，宋太宗赵匡义批准孔承恭所奏，下令全国各地“处处衢肆刻榜”，加以公布。不过，据《续资治通鉴长编》卷二四的记载，那时，“各于要害处设木刻其字，违者论如律”，即最初时，所刻“交通法规”都是木牌，后来，大约是因为木牌不耐风吹雨淋日晒，易于损坏，有的地方就将木牌改成了石碑，这样，就出现了我国历史上最早的交通法规碑。而宋代所刻的交通法规碑，最初是在 20 世纪 80 年代发现的。据有关资料记载，1981 年 9 月的一天傍晚，福建松溪文化馆的一位干部在县城附近的一个码头附近濯水洗脸时，偶然发现了一块高约 200 厘米、宽约 100 厘米，用青石刻制、草体书写的碑石，这块碑石就是刻于南宋宁宗开禧元年（1205）的《交通法规碑》（图 268）。碑阳正中镌刻立碑所在地的地名，左右两边镌刻前后五里须遵守交通法规的地段名称和当年经宋太宗御批的上述四句“交通法规”。此碑镌刻的时间相距宋太宗太平兴国年间御批颁行“交通法规”已有两百余年，由此可知，自北宋初年起一直到南宋，宋朝的交通一直是沿用“贱避贵，少避长，轻避重，去避来”这一法规的。此碑的发现无疑为研究我国古代的交通规则提供了重要的实物资料。由于此碑具有重要的价值，现福建松溪在虎山公园专门修建一座造型精巧的小碑亭，将此碑安置在亭中。

图 268　交通法规碑

在明代遗存的法令、法规碑刻中，最为著名的是现仍立于南京明孝陵下马坊旁的明朝末代皇帝朱由检于崇祯十四年（1641）刻立的《禁约碑》（图 269）。碑为卧式，通高 346 厘米，碑身为高 141 厘米、宽 525 厘米、厚 43 厘米，碑额正面浮雕双龙戏珠，碑座为须弥座，四周雕云纹。据史料记载，明末，因农民起义席卷全国，明王室的宫阙殿宇被李自成起义军焚毁。为了保住孝陵的“龙脉”，朱由检特敕令在孝陵刻立了这块《禁约碑》，重申严格保护孝陵的禁约，违者立即处死，碑文为禁约十条，前有序文，均为楷书阴刻，其序文和禁约为：

图 269　《禁约碑》

南京神宫监钦奉皇帝敕谕："为禁约事。窃炤从古埋金，有天子郁葱之气，我朝奠鼎，为国家丰芑之基。洪惟太祖高皇帝驱逐胡元，首辟方夏，在天之灵，妥侑于斯。仰瞻孝陵，关系根本。祖脉发自茅山，鲜原开于钟阜。龙蟠凤翥，属万年弓剑之藏；虎踞牛眠，衍千载园陵之祚。抔土为重，岂容损伤。国初刊有榜文，大彰明禁。无奈年久迹湮，法弛人玩，或过陵不敬，或剪伐树株，或开窑烧造，或采取土石。因而凿伤龙脉，妨碍风水。巡缉官军，足迹不至。晨昏洒扫，视为虚文。除张其蕴等已经重拟大辟外，其余姑念无知，概从宽典。合行再申禁谕，勒之碑石，以垂永久。今后大小官员、军民人等，敢有仍前不法，故违明禁者，即据实指参，按律处以极刑，决不轻贷。昭告中外，咸使闻知。

计开：

一、天下诸司官员人等，车马过陵，百步外下马。违者以大不敬论。

二、该监掌印，提督本监官属及长随内使，晨昏奉祀，尝川洒扫，并管领一卫五所官军，昼夜防守，不许偷安疏纵。违者治罪。

三、墙垣内□□□□树木，敢有擅自砍伐者，正犯处死，家属□□□□□遇赦不宥。

四、系龙□□□□□□□□□□身，不许轻易樵采。

五、大金门王道等处，遇有枯槁树木，或雷火□□伤损，务要以时补栽，枯木即行移运。仍具疏奏闻。

六、自武岐山之西燕冈，花山之石龙冈，孔山之武燕冈，汤山之黄□冈，今字山之分水冈、白云峰之横堰，武冈山之晏公冈，俱系来脉过峡，不许骑脊穿窑，凿山锻炼，违者处斩。

七、官军有科敛馈送，不行用心巡视，及该管贪图贿赂，不严加约束，以致下人恣肆作弊，定行重治。

八、殿宇、碑亭、厨库房屋及墙垣、水洞等项，或有损坏，经管各官，即时修理，毋得任其倾圮，自干罪戾。

九、巡山官军，凡遇骑坐马嬴，赶喝头畜，于园林内边墙作践，行走亵慢，略无敬畏，即拿送该衙门，究问如律。亦不许借端生事，妄拿平民，肆行扰害，事发并究。

十、掌敕官遇有前项不法事情，通同纵庇，容隐不举，许内外守备及南京部、院、科、道，即时究参，如违，一体论治。

崇祯十四年五月

尽管明统治者在《禁约碑》中做了极其严厉的规定，并以“按律处以极刑”来警告胆敢“凿伤龙脉”的“军民人等”，然而，人民起义的熊熊烈火岂是一块《禁约碑》所能禁得住的。仅在《禁约碑》刻立三年后，李自成起义军就攻破了北京，朱由检吊死煤山。《禁约碑》由此而成了明王朝覆灭的见证，也为研究明末阶级矛盾和农民起义提供了有价值的实物资料。

据考，在现已发现的明代碑刻中，还有不少禁止早婚、禁止酗酒、禁止私自采矿等多种法令法规碑，如 2005 年 6 月，在四川广安城外的大良古城东门遗址外右侧的一块天然的、高 10 余米的石壁的左下方，发现了明代万历年间由都察院发布的《禁止早婚告示》摩崖石刻，该摩崖石刻告示略微向里凹进，与整个石壁连为一体，呈长方形，高有 200 厘米左右，宽约 100 厘米，在石刻上方有一个浅浅的水沟可以排水。由于长年经受日晒雨淋，石刻表面已长满苔藓。该告示是中国目前已知的最早的禁止早婚告示。轻轻刨开表层的青苔后，遒劲饱满的楷体《都察院禁止早婚告示》清晰可见，其文曰：“男婚年至一十五六岁以上方许迎娶，违者，父兄重责枷号。地方不呈官者，一同枷责。万历元年十一月吉（日）分巡道刻石。”

图 270　阆中禁止早婚告示摩崖石刻

无独有偶，时隔十多年后，在四川阆中又接连发现了两块明万历年间的《禁止早婚告示》摩崖石刻。2021 年 6 月 16 日，阆中金石田野调查小组在阆中龙泉镇原铁佛观村旁一块石壁上看到了一块字迹清晰可辨的明代《禁止早婚告示》摩崖石刻（图 270）告示，石上自右向左竖刻楷书四行，其文为：

察院示谕，军民人等知悉，今后男婚须年至十五六岁以上，方许迎娶！违者，父兄重责枷号，地方不呈官者，一同枷责。

万历九年十一月吉分巡道刻石

阆中发现的这块《禁止早婚告示》摩崖石刻与广安发现的《禁止早婚告示》摩崖石刻文字内容基本一样，只是刻石的时间有所不同，前者是“万历九年”，后者是“万历元年”，相隔八年。而据阆中金石田野调查小组介绍，这是他们在阆中境内发现的第二块明朝万历年间的《禁止早婚告示》摩崖石刻。第一块摩崖石刻发现于原宝马镇化琳村附近，石刻的内容为“今后年十五六岁以上方可迎娶”，与这块新发现的《禁止早婚告示》摩崖石刻上的“今后男婚须年至十五、六岁以上，方许迎娶”仅有几字之差。这些先后发现的《禁止早婚告示》摩崖石刻，无疑为研究明代婚俗提供了有价值的实物资料。

在四川渠县历史博物馆内，存有一块明代遗留下来的颇为著名的《戒酒告示碑》。据渠县地方史志记载，明神宗万历十五年（1587）五月，一位姓陈的都察使到渠县巡视，在复查案件时发现，在渠县监狱中，大批待决人犯多因酒醉而杀人，故而特立此碑，以劝说军人和百姓要节饮保身，并明令发现有酗酒者，保、甲长可以当即捉拿，并惩罚出售酒的店家，知道有人酗酒而不举报者，也要连坐受处罚。此碑原立在渠县中滩乡文昌宫门前，高 80 厘米、宽 83 厘米、厚 12 厘米，所刻碑文为：

本院审录重囚，多因酒醉以小忿打死人命，情甚可怜。今后军民各宜节饮保身，有纵酒者许保甲擒拿并酒家一并惩治；凡阿纵不举者事发连坐，故示。

大明万历十五年五月

这块《戒酒告示碑》，不仅是研究明代万历年间渠县地方社会治安情况的有价值的资料，同时也为研究四川酒史和四川渠县地区古代的民间风俗提供了实物资料。

浙江淳安存有一块因 1958 年建新安江水库而由原淳安姜家镇甘许铁矿移置于此的《严禁民间私自采矿告示碑》，碑刻于明世宗嘉靖四十五年（1566）五月，高250厘米、宽80厘米，楷书勾线，所刻碑文为：

钦差总督军门示：访得流劫婺源等处强贼，俱系各矿场啸聚奸徒，贻害三省，非一日矣。已经题奉钦依调兵剿灭，将各山矿场严加封禁外，今后有违禁潜入挖掘者，许经过地方及保甲人等拿解。如人众，即报官发兵追剿。若容隐接济者，地方保甲人等照军法一体重究不恕。故示。

嘉靖四十五年五月初一立

据查考，与上述同样的“告示碑”在淳安的枫树岭乡新丰村和上梧乡村也各有一块。这些“告示碑”从一个侧面反映了明代嘉靖年间的社会阶级矛盾的激化、人民生活的困苦状况和矿工起义反抗的情况，具有重要的历史价值。

清代，随着民族矛盾、阶级矛盾进一步激化，各种法令、法规告示碑更是大大增多，现存较为著名的有：

图271　除暴安良告示碑

四川隆昌是中国著名的石牌坊之乡，据清同治十三年（1874）《隆昌县志》记载，当时城内有大小石牌坊三十三座，还有不少石碑。尽管历经一个半世纪风风雨雨的侵蚀和人为破坏，至今还遗存有建造于清道光十八年（1838）至清光绪十三年（1887）道光、咸丰、同治、光绪四朝的十七座牌坊和四块石碑，其中有一块即是当地政府为加强社会治安管理宣示法令法规的《除暴安良告示碑》（图271）。在福建厦门海沧区龙山宫，存有一块清同治十年（1871）“奉宪”刻立的《严禁丐帮勒索碑》。据有关地方史志记载，清朝末年，政治日趋腐败，各种社会恶势力肆意横行。当时海沧有几伙地痞无赖结成的丐帮，公然划分地界为非作歹。村民结婚时，轿夫、吹鼓手必须由丐帮包揽，其要价要高出正常价格十几倍。穷人家无钱坐轿，新娘步行去夫家，丐帮也在途中阻拦，强行勒索。此类事情已连续扰民数十年，官府却一直视而不见，不加制止。同治十年（1871），在外谋生并已加入荷兰籍的李康杰回乡娶媳妇，遭丐帮勒索，搞得狼狈不堪。也已加入荷兰籍的其兄，上书将此事报告荷兰外交部，要求荷兰政府出面保护“国民”合法权益。荷兰外交部当即通过驻厦门领事向漳州府衙发出外交照会，要求漳州府严禁丐帮勒索，保护李康杰的婚事，漳州知府接到照会后，一看触犯了外国人，丐帮勒索已引起了“国际纠纷”，于是立即行文海沧县令，县令立即到当地宣读照会，并发布“告示”，勒石立碑，明令禁止丐帮“把持地界，勒索轿价，临门吵索酒食”，违者从重严办。此碑既反映出清末社会治安状况之混乱，同时也从一个侧面反映出清政府无视百姓困苦却对外国人奉若神明的腐朽吏治。

在河南南阳武侯祠的碑廊中，存有一块南阳府南阳县针对擅拓武侯祠碑文对联，损坏古迹一事而刻立的《文物保护示禁碑》，碑高158厘米、宽59厘米，所刻碑文为清光绪十四年（1888）南阳县颁布的为保护武侯祠碑刻而公布的规条：

> 武侯祠为千古名胜，其祠内石刻碑文乃古先圣贤手泽遗迹所存，自应敬谨珍护，俾垂久远，以昭观瞻。今闻近有无知之徒辄在祠内摹捶碑文，任意敲拓，借以渔利，以致字迹模糊，碑文伤损。鉴此，特颁立规条，永远示禁。其特示规条六则：
>
> 一、祠内石刻碑文对联以及岳夫子出师二表，原当文人学士刷印观摩，以广流传而彰忠节。但近世图利愚民恣意捶拓，私为贩卖，以致损伤碑文。今后除官绅读书士子外，其余何人等概不准赴祠刷印，违者准住持禀究；
>
> 二、官绅自备纸张颜料赴祠刷印碑记，可有住持代为捶拓，毋容诿阻，至于工价随意酌量付给，以资津贴；
>
> 三、士子爱慕碑文，必先言明住持，并附应需工价钱文，由道人代为拓给，住持不得多索；
>
> 四、工匠与平民等一并不准赴祠捶拓碑文，骚扰滋闹，如有违者，住持禀官送究；
>
> 五、凡准许刷印碑文者，亦只准刷去自己临摹悬挂，不得多刷贩卖，借以渔利，违者住持送官禀究；
>
> 六、祠内院宇风雨漂泊，坍塌颓损，募劝捐葺殊非易事，故拟将刷印工价钱文聊为随时动用小补之费，旁人不得混争。

位于江苏南京紫金山脚下的明孝陵，是明太祖朱元璋的陵寝，气势宏伟，文物众多，不仅具有极高的历史价值，而且景色壮美，是南京著名的历史文化名胜古迹。清末，国门被打开，西方各界人士，诸如传教士、商人、漂洋过海来考察研究的学者和大批观光游客，纷纷拥入华夏大地来到南京，明孝陵成为西方游客光顾最多的景点之一。然而，号称来自西方文明社会的许多游客其行为并不文明，许多人在明孝陵的古迹上乱刻乱画，不管是大门还是墙壁，或是石碑石刻雕塑上，随处可见国外游客留下的签名、日期和图案，令当时的地方政府很是困扰。针对这种情况，两江总督端方采取了两项措施，一是下令将明孝陵神道内的石刻全部装进木栅笼，这样一来，就将文物与不文明的国外游客隔绝开来，使他们没有再顺手涂鸦刻画破坏的机会；二是在清宣统元年（1909）下令两江洋务总局和江宁府，在明孝陵刻立了两块同样的《特别告示碑》（图 272），分别立于明孝陵文武方门东侧红墙下和门内碑殿东墙下。碑高约 150 厘米、宽约 60 厘米，碑额镌刻庄重苍劲的篆书“特别告示”四个字，而碑面上分为六格，分别镌刻用日、德、意、英、法、俄六种文字书写的告示碑文（图 273）。据南京市中山陵园管理局宣教处介绍，碑文的大概意思是：“鉴于明孝陵内御碑及附近古迹历年破坏、毁损情况严重，端方总督大人下令竖立围栏对其加以保护。有人越栏参观或者可能对前述御碑及陵区古迹造成损坏之行为，一律禁绝。”这些文物保护示禁碑从一个侧面反映了我国古代重视文物保护的优良传统，为研究我国古代的文物保护工作提供了重要的实物资料。

图 272　特别告示碑

图 273　特别告示碑中的英文碑文

在江苏镇江焦山碑林中，也存有不少清代法令、法规告示碑。如：在焦山碑林的西廊，存有刻于清同治四年（1865）的《永禁胥役门丁不准住在考棚示碑》；刻于清光绪六年（1880），由两江总督部堂刘立案勒石的《通鉴辑览万历开矿条碑》；刻于清光绪十八年（1892）的《岑南仙城两会馆受兵灾后查核地积示碑》；在焦山碑林的南廊，存有刻于清光绪三年（1877）的《焦山东洲连山接涨滩地专买示碑》；刻于光绪七年（1881）的《核定市房滩地条例和续例碑》；刻于光绪七年（1881）的《公善堂先后所立普仁堂公庄地界附条款碑》；刻于光绪三十二年（1906）的《核定瓜镇义渡总局镇扬芦滩地亩告示碑》；在焦山碑林的库房中，存有刻于清代的《丹徒县正堂除暴安良示碑》；刻于光绪二十九年（1903），由钦加运同衔赏戴花翎署丹徒县正堂洪勒石的《禁占发尼妙莲庵址及法嗣示碑》等。

台湾留下的清代法令、法规告示碑数量也不少。如在台湾高雄旗山区的天后宫，存有刻立于清嘉庆二十二年（1817）的《奉宪禁流丐聚集移尸索诈碑》；在台湾漳化北斗镇奠安宫的庙壁上，存有刻于清代的《严禁筏夫勒索示碑》《买补仓粮示禁碑》；在台湾宜兰中山路昭应宫的大门左侧，存有台湾知府杨廷理为严禁官吏索取社番贴费所刻立的《奉宪严禁碑》等。

诸如此类当时曾在各个不同领域、从各个方面发挥了维护封建统治作用的法令、法规告示碑刻，为研究历代的法律、法规和法制状况及历代封建统治状况提供了丰富的资料，具有宝贵的史料价值。

第八节　记载民族关系重大事件

中国是一个多民族的大国，能否和兄弟民族之间建立和睦相处的良好关系，直接关系中央政府统治能否安定和巩固。为此，历代有识见的封建统治者，都十分重视改善民族关系，努力采取各种办法来加强民族团结，缓解民族矛盾，发展民族友谊，增强各民族对中央政府的向心力。刻石立碑记载民族友好交往中的重大事件，借以弘扬民族之间的兄弟情谊，即是一种常用的重要手段，故而历代遗存下来了许多反映民族友好关系的碑刻。这些碑刻在历史上曾对增强民族团结、维护和巩固多民族国家的封建统治起到过积极的作用，在中国民族关系中具有重要的地位，至今仍备受珍视。

据查考，在现存于世的唐代碑刻中，反映民族友好关系的著名碑刻主要有：刻立于唐玄宗开元二十年（732）的《阙特勤碑》，记载了唐玄宗派特使去祭吊突厥可汗阙特勤之事；刻于唐代宗大历元年（766）的《南诏德化碑》（图274、275），南诏王阁逻凤在此碑中表明自己当年叛唐是出于不得已，尽管与唐发生多次交战，但内心仍是要归唐的；刻于唐德宗贞元十年（794）的《袁滋题记摩崖石刻》，记载了唐德宗派遣袁滋为御史中丞，持节赴云南修和，册封异牟寻为南诏王之事，是唐王朝和南诏改善关系、重修旧好的重要标志；刻于唐穆宗长庆三年（823），立于西藏大昭寺前的举世闻名的《唐蕃会盟碑》是藏汉人民团结友好的历史见证。这一系列碑刻清楚地表明，唐代十分重视改善和加强民族之间的友好关系，碑刻在维护和巩固唐王朝多民族国家的封建统治中，发挥了重要的作用。

图 274 南诏德化碑

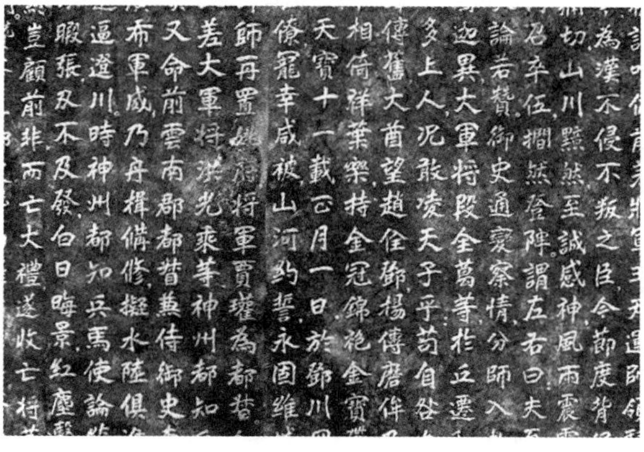

图 275 《南诏德化碑》（局部）

在现存于世的宋代碑刻中，反映民族友好关系的碑刻，最著名的堪数《段氏与三十七部会盟碑》。此碑又称《大理国段氏与三十七部会盟碑》《大理国段氏与三十七部石城盟誓碑》《石城盟誓碑》，刻于大理国段素顺明政三年，即北宋太祖开宝四年（971），为大理国段氏所立。碑高 125 厘米、宽 58 厘米、厚 16 厘米，无碑座。碑文共二百一十二字，分刻为上下两截。与众不同的是，上下两截书写排列完全相反。上截为碑的正文，从左至右排列书写，共十一行，每行十三字；下截是题名，从右至左排列书写。碑文记述了大理国主段氏（白族）奉宋太祖之命，联合彝族三十七部出战滇东，共同平定众镇叛乱，于石城（今曲靖市）会盟立誓，并颁赐职赏，永保合作之事，是汉、白、彝族友好团结的历史见证。此碑在明代时已有著录，后湮没土中，清康熙十八年（1679）在曲靖城北的旧石城遗址出土，道光二十九年（1849）移至城内保护，原碑现存今云南曲靖市第一中学校园的碑亭内（图 276）。此碑于 1961 年由国务院公布为第一批全国重点文物保护单位。

图 276　段氏与三十七部会盟碑碑亭

元代的《张氏先茔碑》也是极负盛名的反映民族团结的碑刻。此碑记载了元朝皇帝重用汉人张应瑞，张应瑞家族世代与蒙古人民融洽相处的事迹，是汉族与蒙古民族友好交融的历史见证。

清朝统治者，特别是清初的几位有识见的皇帝，都极为重视用碑刻来加强民族团结、维护清王朝封建统治，先后刻立过众多维护和加强民族团结友好关系的碑刻。

清军在推翻明王朝后，为了巩固取得的政权，稳定全国的局势，解除强悍的蒙古各部对朔方边疆的威胁，同时使其成为自己统治全国的重要的军事力量，极为重视加强和发展同蒙古民族的友好关系，封爵和联姻是其所采用的两项最主要的政策。现存于吉林松原前郭尔罗斯蒙古族自治县孝庄祖陵陈列馆内，按照清朝

图 277 追封和硕忠亲王碑

第一代入关皇帝福临（顺治皇帝）旨意刻立的《追封忠亲王暨忠亲王妃碑》，简称《追封和硕忠亲王碑》（图 277），即是清统治者力图加强和发展同蒙古民族友好关系的集中体现。此碑用火成岩镌刻，通高 582 厘米，其中碑首高 145 厘米、宽 130 厘米、厚 40 厘米，正背两面刻有相互盘绕的两条蟠龙；碑身高 292 厘米、宽 135 厘米、厚 34 厘米，龟趺长 310 厘米，高 145 厘米、宽 132 厘米。碑身正面四周为宽 12.5 厘米的云龙浮雕图案。碑面上，从上到下，从左到右，并排有十五竖行共三百八十三字，单线阴刻为满文、蒙古文两种文字。左侧七行为满文，右侧八行为蒙古文。其碑文汉译为：

亲王恭贤尊功，必崇封宏世，宪前而存后，广开亲工之道，铭于铁石，宜究本以示意。

圣母明圣仁上恭恂皇太后：

王考妣育吾者也，思稽其本，祖获福而子来端，祖母荣贵而福生焉，尔子后济此封王，授以洪恩，今理祖母遗体，念祖崇恩，并立册文，追封祖父为忠亲王，祖母为忠亲王贤妃，立碑于墓，永存后世，仁亲存恩。

大清国顺治十二年五月初七日立

从碑文并结合有关史籍记载可以得知，被敕封的碑主忠亲王为清初蒙古科尔沁部贝勒，名寨桑，系顺治皇帝的母亲孝庄皇后的父亲，由此可以看出，清初统治者是何等重视与蒙古贵族之间的关系，竭力笼络蒙古贵族，通过封爵和联姻使清皇室与蒙古族之间建立起亲密的关系，以提高和坚定蒙古贵族对清王朝的政治向心力，有效地维护了多民族国家的统一和巩固。此碑于 2013 年由国务院公布为第七批全国重点文物保护单位。

康熙皇帝和乾隆皇帝为维护和巩固清王朝的统治也先后刻立过许多加强民族团结友好的碑刻。

在南京明孝陵陵门，存有康熙皇帝为歌颂明太祖功德而立于康熙三十八年（1699）的《治隆唐宋碑》。此碑的刻立，使康熙皇帝进一步获得了明朝遗老和汉民的好感，对缓解清初尖锐的民族矛盾产生了很大影响。在内蒙古呼和浩特席力图召和小召内，存有康熙《平定噶尔丹纪功碑》，表达了康熙皇帝坚决反对民族分裂，坚持维护民族团结统一的决心，在当时对加强民族团结、巩固清王朝的统治具有重要的作用。

在北京香山公园的昭庙和北京西安门外的西黄寺，分别存有乾隆皇帝御制的《昭庙大韵碑》和《清净化域塔班禅六世纪念碑》，反映出乾隆皇帝对密切西藏和清廷的关系，维护清王朝统一的高度重视。

在河北承德外八庙的几所寺庙中，也存有多块乾隆皇帝为加强民族团结、维护国家统一以巩固清王朝统治而立的碑刻。如在普陀宗乘庙内，存有刻立于乾隆三十六年（1771），分别用满、汉、蒙、藏四种文字镌刻，由乾隆皇帝撰写碑文的著名的《土尔扈特全部归顺记碑》和《优恤土尔扈特部众记碑》。碑文记述了厄鲁特蒙古土尔扈特部远离祖国至俄国，一百四十多年后又冲破艰难险阻，从伏尔加河流域重返祖国的经过，以及清政府对土尔扈特部众优恤安置的情况，反映了乾隆皇帝高度重视中华民族大家庭的团结统一，和各族人民心向祖国的感人史实；在安远庙存有乾隆帝御制的《安远庙瞻礼书事有序碑》，碑文记载了在漠北厄鲁特蒙古准噶尔部少数贵族发动武装叛乱时，蒙古各部人民维护祖国统一，反对民族分裂，积极参加清朝平叛的军事行动的史实；在普宁寺内有一座巨大的碑亭（图 278），亭内存有乾隆帝御制的《普宁寺碑记》《平定准噶尔勒铭伊犁之碑》和《平定准噶尔后勒铭伊犁之碑》。碑文记载了普宁寺建庙目的及

图 278　承德普宁寺碑亭

平定厄鲁特蒙古准噶尔部头目达瓦齐和阿睦尔撒纳的叛乱，粉碎了他们大搞民族分裂阴谋的经过；在须弥福寿之庙存有乾隆皇帝御制的《高宗御制须弥福寿之庙碑记》，碑文记载了感人的民族和睦团结的史实：在乾隆帝七旬寿辰时，班禅额尔德尼专程从西藏远道来此觐见乾隆帝祝寿，乾隆帝极为高兴和重视，专门为班禅建造了须弥福寿之庙，供其居住和讲经，表明了乾隆帝对西藏的重视。

所有这些碑刻，从不同的侧面反映了清初统治者高度重视民族团结、坚决反对民族分裂、发展民族和睦友好关系、坚持维护多民族国家统一的思想和治国方略，同时也表达了中华民族各族人民坚持民族团结、渴望各民族和睦相处、维护国家统一的愿望。这些碑刻在当时都在不同程度上对促进和加强民族团结、发展民族和睦友好关系、维护封建王朝的统一起到了积极的作用，其历史功绩和重要价值是应该予以充分肯定的。

第十六章 碑刻与中外关系

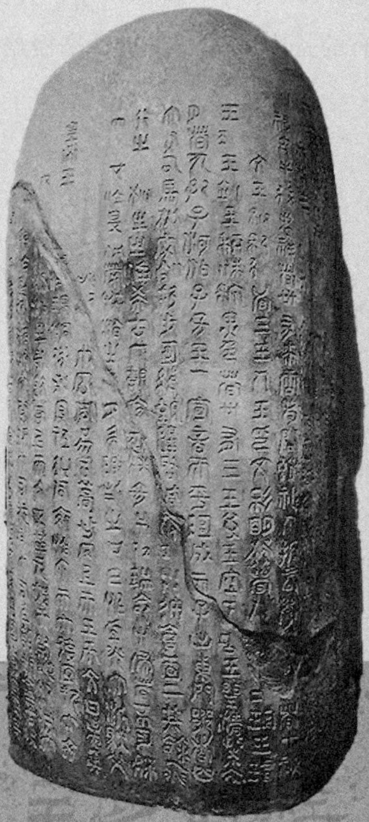

中国是历史悠久的文明古国、礼仪之邦，自古以来，特别是在唐、宋、明等朝代，世界上许多国家都与中国有密切的友好往来关系。清代后期，随着封建统治的日益腐败，特别是鸦片战争以后，帝国主义列强纷纷入侵，中国人民为反抗外国侵略进行了不屈不挠的英勇斗争。不论是在历代中外官方和民间的友好交往过程中，还是近代以来中国人民在反抗外来侵略的斗争中，都遗留下了许多碑刻，这些碑刻有的是中外友好交往的历史见证，有的是中国人民反抗外来侵略的历史见证，对于研究中外关系史具有重要的价值。

第一节　见证中外官方友好交往

自秦始皇统一中国以来，历代封建王朝虽然有的曾一度实行过闭关锁国政策，但总的来讲都非常重视友好邦交、文化交流和商贸往来，曾先后派遣使者出使外国；世界上的许多国家也纷纷派遣使者来中国，或进行亲善友好访问，或开展经济贸易，或进行文化交流。根据史籍记载，早在汉武帝建元三年（前 138）、元狩四年（前 119），张骞就奉命先后两次率领使团出使西域各国。在汉武帝天汉元年（前 100），苏武又奉武帝之命率使团出使匈奴。此后，特别是自唐朝至清初，中国与世界各国之间的交往越来越密切。中外官方在相互交往的过程中，留下了众多碑刻，这些碑刻真实地记录了中外相互交流的经过及各方面有关情况，为研究中外关系史提供了有价值的实物资料，弥足珍贵。例如，在广州的南海神庙中，存有从唐到清的有关航海及对外交往、贸易的碑刻近百件，其中最早的是唐朝韩愈撰文、陈谏书写的《南海神庙碑》。

在记载唐代使者出使外国进行友好交往的碑刻中，最为著名、最有价值的可数由西藏自治区文物管理委员会与四川大学历史系考古学专业组成的考察队在西藏自治区吉隆境内发现的唐代初期摩崖石碑《大唐天竺使出铭》（图 279）。这块摩崖石碑于 1994 年初发现于吉隆县城（旧名“宗喀”）以北的阿瓦呷英山口的山崖上，石碑所在地海拔高约四千一百三十米，是西藏现存地理位置最高的一处碑刻。它镌刻于阿瓦呷英山口崖壁上修凿出的一块平整的崖面上，宽 81.5 厘米，其下端在当地修建水渠时遭破坏，现残高 53 厘米。石碑的正中上方额题篆书阳文一行七字“大唐天竺使出铭”，字径约 5 厘米。碑文现残存阴刻汉字楷书共二十四列，三百一十一个字，字约 2 厘米见方，上端无缺字，下端损坏较严重，其中许多字已漫漶不清。根据碑文记载，此碑刻于唐高宗显庆三年（658），比现存于西藏拉萨大昭寺前著名的《唐蕃会盟碑》还要早一百六十五年，是迄今为止在西藏高原所发现的汉文石刻碑铭中年代最早的一块。

图 279 《大唐天竺使出铭》（局部）

根据摩崖石碑上残余的文字来看，《大唐天竺使出铭》碑文记载了唐代使节王玄策率使团历尽艰难险阻出使天竺（即今印度）途中，经“小羊同”等路过吉隆，于此勒石纪功的情况。王玄策系唐代初期洛阳人，是唐代中外交通史上的著名人物，据《旧唐书》之《吐蕃传》《泥婆罗传》，《新唐书》之《吐蕃传》《西域传》及《通典》《文献通考》《册府元龟》《资治通鉴》等典籍的记载，他生前曾奉唐王朝之命先后三次出使印度。根据唐人释道世所撰集的《法苑珠林》记载，王玄策在生前奉命出使印度的途中，曾建有多处碑铭，如刻于唐贞观十九年（645）的《耆阇崛山铭》及同年所刻的《摩诃菩提寺碑》等，但因年代久远，这些碑铭均已亡佚，《大唐天竺使出铭》是迄今为止首次发现的有关王玄策出使印度的碑铭实物。此碑涉及的不少问题，皆可补证史实和补充史籍记载之不足，对于研究唐代初期的中印交往关系，具有十分重要的意义。从此碑的镌刻时间中，可以对王玄策第三次出使印度的准确时间做出可靠的推断，再加上对有关史籍记载的分析，对王玄策第一、二次出使印度的时间也可做出大体上的推断。关于王玄策第三次奉旨出使印度的所行具体路线，以往史料都无明确记载，此碑的发现及其碑文内容，为研究王玄策的出使路线提供了重要线索。此外，通过此碑碑文的内容也可以对唐王朝第三次派遣王玄策出使印度的用意和目的有进一步的了解。

在宋代记载中外友好交往、贸易往来的碑刻中，除有举世闻名的福建泉州《九日山摩崖祈风石刻》外，在福建莆田市内的三清殿东厢碑园中，还存有由方昭书写的记载宋代海外贸易情况的《祥应庙记碑》。

明代造船业有了很大的发展，对外交往、商贸往来进一步密切，因此遗存的中外友好交往的碑刻数量也较前代更多，其中不少都是享有盛誉的名碑。

南京安德门外石子岗乌龟山南麓的浡泥国国王麻那惹加那乃的墓地，存有刻于明成祖永乐六年（1408）的浡泥国国王墓碑。浡泥国，位于加里曼丹岛北部文莱一带，早在北宋时，就与中国有了友好往来的关系。明太祖洪武三年（1370）八月，明太祖派御史张敬之、福建行省都事沈秩出使浡泥国。翌年，浡泥国国王马合漠沙遣使随张敬之使团来南京回访。郑和下西洋后，“引得百邦来中国，中外交欢”，明朝和浡泥国的关系进一步加深。明永乐六年（1408）八月，浡泥国国王麻那惹加那乃率王后、嫔妃及弟妹子女、近臣一百五十多人来中国友好访问。明王朝以极其隆重的礼仪热情接待，明成祖先后在皇宫化盖殿、奉天殿宴请，宾主相处十分欢悦。但一个月后，浡泥国国王突然染急病，多方诊医无效，于十月间病故于会同馆，年仅二十八岁。浡泥国国王临终前留下遗嘱，要求安葬在南京，“体魄托葬中华，不为夷鬼”。明成祖特为此辍朝三日以示哀悼，并隆重地以王礼具办棺椁明器，将浡泥国国王麻那惹加那乃葬于南京乌龟山，在其墓前立神道碑，又建祠祭之。同时，明成祖又封其子遐旺为浡泥新国王，第二年派中官张谦护送回国。应麻那惹加那乃和遐旺两代浡泥王的要求，明成祖还封浡泥国的后山为“长宁镇国之山”，并亲自撰写碑文，命使臣张谦竖碑于浡泥国山后，以垂永久。其碑文有云：“矗矗高山，以镇王国。镵文于石，懋昭王德。王德克昭，王国攸宁。于万斯年，仰我大明。”

南京的浡泥国王墓及其神道碑曾一度湮没，《明史》卷三百二十五《浡泥传》仅载“葬于安德门外石子岗”，康熙年间的方志《江宁府志》卷二《陵墓》仅载“墓在石子岗”，但该墓及神道碑具体究竟在何处，在民国时即“遗迹皆渺不可寻”。有幸的是，1958 年 5 月 12 日南京市在全市文物普查中从一条水沟中挖出了已残断的《浡泥国王墓神道碑》，断碑上遗刻有“乐六年八月乙未浡泥国王麻那惹”十四个字，在残存的龟趺上面的半截碑身上，依稀存有“浡泥国王去中国”和“葬于安德门外石子岗”十六个字。此碑的发现，为寻找“渺不可寻”的浡泥国国王麻那惹加那乃的墓找到了确切依据。现在，浡泥国王墓已经修复，其神道碑也已重新立于墓前一百余米处。碑为龟趺，龟头是重新雕制后补缀上去的，从水沟挖出的残碑已重新镶接在龟趺上，但碑身已残，碑额也已缺损。《浡泥国王墓神道碑》的发现，为发现浡泥国王墓奠定了基础，也为明初中国与东南亚国家的友好交往提供了可靠的实物见证，对研究中外关系史具有珍贵的价值，因此受到海内外的高度重视。近年来，浡泥国王的后裔、现文莱国王室已先后两次派特使前来祭奠他们的祖先，大大加深了中国人民和文莱人民的友谊。

除南京的浡泥国王墓及其神道碑外，在山东德州还有一座充分体现中国人民和东南亚人民深厚情谊、同样建于明成祖永乐年间的苏禄国东王墓，及建墓奠基碑和明成祖亲撰的《御制苏禄国东王碑》（图 280）。苏禄在今菲律宾苏禄群岛，从东汉起，就与中国有贸易交往和文化交流，唐宋元时中国商船经常出入苏禄群岛，明成祖时郑和下西洋曾数次到达菲律宾的许多地区，永乐十五年（1417），郑和率领船队抵达苏禄国。据乾隆《德州志》卷十一记载，其“国有三王，曰东王、西王、峒王，以东王为尊”。由于明政府对两国之间的交往采取十分友好的态度，两国之间往来相当频繁。从明永乐年间至清初，苏禄国先后派遣十多个使团来中国友好访问。其中第一次来访是在永乐十五年（1417）七月，由苏禄国东王巴都葛叭哈剌、西王麻哈剌叱葛麻丁、峒王巴都葛巴剌卜亲自率领妻室子女、王室人员及随员三百四十余人浮海来华，盛况空前。明朝政府以极其隆重的礼仪予以欢迎。按明朝政府的礼仪，一般国宾皇帝只宴请一次，而对苏禄三王，明成祖则亲自宴请两次。苏禄三王一行在北京愉快地居住、游览了二十七天后启程回国，明成祖不仅赐以印诰、袭衣、冠带及大量金银珠宝、锦帛绸绢等物，而且还专门派太监护送三王乘船沿着京杭大运河南下回国。然而，同年九月十三日，三王中的东王在回国途中不幸病逝于山东德州。噩耗传至北京，明成祖

图 280　御制苏禄国东王碑

非常哀痛，特派礼部郎中陈士启前往德州祭吊，并在同年十月三日，以隆重的王礼将苏禄国东王厚葬于德州城北郊，还亲撰碑文，赞扬他为两国建立友好关系所做出的巨大贡献。翌年，御碑刻成，龟趺螭首，竖立于苏禄国王墓华表之南。明成祖朱棣亲撰的碑文为：

> 苏禄国东王巴都葛叭哈剌，邈居海峤，心慕朝廷，躬率眷属及其国人，航涨海，泛鲸波，不惮数万里之遥，执玉帛，奉金表，来朝京师……诚贯金石。不谓婴疾，遽殒厥身。其忠义不可泯，故用纪其实，以诏后世。于戏！人孰无死？若王，光荣被其家国，庆泽流于后人，名声昭于史册，永世而不磨，可谓得其所归矣。

此墓此碑，正是中菲友谊源远流长的最好历史见证。

明代，在大批外国友人纷纷前来中国友好访问的同时，为了发展同世界各国的友好邦交、经贸往来和文化交流，明代也先后派遣了许多使者出使外国进行商贸交易和文化交流。郑和七次下西洋，就是中国人民与世界各国人民友好交往、发展友谊的伟大盛举。郑和本姓马，名文和，出生于云南昆阳州。明洪武年间，朱元璋派兵开拓云南时，郑和被收入宫中当宦官，后被赐给燕王朱棣。由于他在朱棣争夺皇位的战争中立下军功，得到朱棣的赏识，被赐姓名为郑和，并擢升为内官监太监，人们尊称他为“三保太监”。从明成祖永乐三年开始（1405），到明宣宗宣德八年（1433）为止，在这二十八年里，郑和先后奉命七次率领规模庞大的船队出使西洋。

永乐三年，明成祖派遣郑和与副使王景弘率领官兵、水手两万七千八百余人，乘六十二艘规模宏大的“宝船”远航西洋，其中最大的船“长四十四丈四尺，阔十八丈”，可容千人。他们从苏州刘家港（今江苏太仓浏河镇）出发，到占城（今越南南部）、爪哇、苏门答腊、锡兰（今斯里兰卡）等地，经印度西岸折回，至永乐五年（1407）返国。此后，郑和又于永乐五年至永乐七年（1409）、永乐七年至永乐九年（1411）、永乐十一年（1413）至永乐十三年（1415）、永乐十五年（1417）至永乐十七年（1419）、永乐十九年（1421）至永乐二十年（1422）和明宣宗宣德六年（1431）至宣德八年（1433）出使远航西洋。在远航西洋的过程中，共访问过三十多个国家，最远曾抵达非洲东海岸、红海和伊斯兰教圣地麦加。郑和每到一地，都用瓷器、丝绸、铜铁器和金银等物换取当地特产，加强与亚非各国的联系，使中国与南洋群岛各国、缅甸、锡兰、印度、阿拉伯半岛各国以及非洲东部各国建立了政治、经济和文化上的良好关系，亦奠定了后来华侨开发南洋群岛的基础。郑和七次出使西洋的过程中留下了许多碑刻，这些碑刻真实地记录了郑和下西洋所经历的种种艰难险阻及其他有关的情况，为研究郑和下西洋、中外关系史、航海史提供了宝贵的资料。如，在江苏太仓浏河镇庙前街天妃宫新建的碑廊内存有按明宣宗宣德六年郑和等人所立原碑重刻的《通番事迹记碑》，在福建泉州灵山有郑和第五次以泉州为海上丝绸之路起点下西洋时特地来泉州灵山伊斯兰圣墓行香时所立的《行香碑》，在江苏南京有《御制弘仁普济天妃宫之碑》，在福建长乐有《天妃灵应之记碑》等，这几块碑刻都具有重要的历史价值。

《御制弘仁普济天妃宫之碑》简称《天妃宫碑》（图 281），刻立于明永乐十四年（1416），是为纪念郑和第四次出使西洋航海平安归来而立的一块碑记，碑原立于南京市下关区狮子山下专为郑和下西洋平安归来而建造的天妃宫里。碑额雕有交错穿云的四龙，中刻篆书“御制弘仁普济天妃宫之碑”十一字，碑下为龟趺。碑文用楷书书写，碑文内容主要叙述了建造天妃宫的缘由，记载了郑和下西洋的事迹及其在航海中遇风浪而后安然脱险的经历，是明代仅存的几块直接记载郑和下西洋事迹的碑刻中的一块。其碑文云：

图 281　天妃宫碑

仰惟皇考太祖高皇帝，肇域四海，幅员之广，际天所覆；极地所载，咸入版章；怀柔神人，幽明循职，各得其序。朕承鸿基，勉绍先志，罔敢或怠。抚辑内外，悉俾生遂。夙夜兢惕，惟恐弗逮。恒遣使敷宣教化于海外诸番国，导以礼义，变其夷习。其初，使者涉海洋，经浩渺，飓风黑雨，晦冥黯惨，雷电交作，洪涛巨浪，摧山倒岳，龙鱼变怪，诡形异状，纷杂出没，惊心骇目，莫不错愕。乃有神人，飘飘云际，隐显挥霍，下上左右，乍有忽无，以妥以侑。旋有红光如日，煜煜流动，飞来舟中，凝辉腾耀，遍烛诸舟，熇熇有声；已而烟消霾霁，风浪帖息，海波澄镜，万里一碧，鱼龙遁藏，百怪潜匿。张帆荡舻，悠然顺适，倏忽千里，云驶星疾。咸曰：此天妃神显示灵应，默加右相。归日以闻，朕嘉乃绩，特加封号曰护国庇民妙灵昭应弘仁普济天妃。建宫于都城之外，龙江之上，祀神报贶。自是以来，神益显休应，视前有加。凡使者及诸番国朝贡重译而来者，海舶往还，驾长风，驭飞帆，蓦数万里若履平地，略无波涛忧险之虞。歌吟恬嬉，咸获安济。或胶于浅，冒入险阻，则陵徙谷移，略无关阂，奇灵异效，莫可殚纪。今夫江湖之间，以环海视之，如池沼之多，猛风急浪，尚有倾樯破楫之患，而况于临无涯不测之巨浸也哉！然则，神之功于是为之大矣。虽然，君国子民，其任在朕；而卫国庇民，必赖于神。阴阳表里，自然之道。沧溟渤澥，神之攸司。凡风霆雨露，寒暑燥湿，调燮惟宜，易沴为祥，奠危为安，铲险为夷，皆神之能，其可无文以著其迹？爰书其事，建碑于宫，并系以诗曰：

湄洲神人濯厥灵，朝游玄圃暮蓬瀛。
扶危济弱俾屯亨，呼之即应祷即聆。
上帝有命司沧溟，驱役百怪降魔精。
囊括风雨雷电霆，时其发泄执其衡。
洪涛巨浪帖不惊，凌空若履平地行。
雕题卉服皆天氓，梯航万国悉来庭。
神庇佑之功溥弘，阴翊默卫何昭明。
寝宫奕奕高以闳，报祀蠲洁腾苾馨。
神之来兮佩珑玲，驾飚车兮旖霓旌。
云为扆兮雾为屏，灵缤缤兮倏而升。
视下土兮福苍生，民安乐兮神攸宁。
海波不兴天下平，于千万世扬休声。

《天妃灵应之记碑》俗称《郑和碑》，系郑和于明宣宗宣德六年（1431）第七次下西洋前，在福建长乐亲立于长乐南山天妃宫，碑原立于长乐城关南山塔寺内，后寺宇坍塌，深埋于土中，1929 年为长乐县知事吴鼎芬挖出，移立于县衙“思善斋”旁。抗日战争爆发后，为免使此碑沦于敌手，当局特将此碑移置南平保存，1948 年迁回，重立于圣庙泮池前，1985 年移入长乐郑和史迹陈列馆内。碑额分三行篆书“天妃灵应之记”，两旁阴刻如意云气、滔滔海浪，正中涌出一日，碑身边框刻有缠枝番莲纹。碑文为楷书，共竖刻三十一行，全文共一千一百七十余字，除九字磨损外，其余均清晰可读。碑文记述了郑和前六次下西洋的背景、目的、日期、船只、人员、远航前的准备过程和到达的国家、所办的大事等情况，同时，碑文还对这一次下西洋前郑和为祈求天妃之神护佑往回平安而“发心铸造铜钟一口之事”等准备过程的情况做了记载，碑文中写道：

> 今年春，仍往诸番，蚁舟兹港，复修佛宇神宫，益加华美。而又发心施财，鼎建三清宝殿一所于宫之左，雕妆圣像，粲然一新。钟鼓供仪，靡不具备……

明代记录郑和下西洋的有关第一手档案资料被毁，没有直接流传下来，后人整理的资料多有出入，且多属一鳞半爪，故而《天妃灵应之记碑》对于订正、补充史书的错讹和不足具有重要价值。

《行香碑》亦称《郑和行香碑》，立于泉州东门外灵山圣墓柱廊西侧。永乐十五年（1417）郑和下西洋前曾特地到泉州灵山圣墓行香，此碑系当时在其使团中担任辅佐人员、后因出使有功提升为泉州卫镇抚的蒲和日为其所立。碑文云：

> 钦差总兵太监郑和，前往西洋忽鲁谟厮等国公干，永乐十五年五月十六日于此行香，望灵圣庇佑。镇抚蒲和日记立。

《郑和行香碑》的内容自 1928 年由厦门大学教授张星烺在《泉州访古记》一文中做了介绍后，受到学术界的重视，成为许多学者用来探讨郑和奉使年月的一条重要史料。

郑和在下西洋的过程中，不仅在国内留下了记载下西洋有关事迹和情况的碑刻，在其所到的国家，也留下了记载他率师前去访问有关事迹的碑刻。如在位于斯里兰卡首都科伦坡的斯里兰卡国家博物馆的石碑大厅内，至今仍保存着被当地

图 282　布施锡兰山佛寺碑

人称为《郑和碑》的一块灰白色长方形大石碑《布施锡兰山佛寺碑》（图 282）。斯里兰卡位于印度洋北部，明朝时被称为锡兰，是东西航海的要冲，是郑和下西洋的必经之地。根据历史记载，郑和曾在下西洋的过程中，先后于永乐七年（1409）、永乐八年（1410）和永乐十四年（1416）三次访问斯里兰卡。此碑即是永乐七年郑和第二次下西洋，船队首次在锡兰山停留，在德维努瓦拉立佛寺行香时所立的纪念碑。碑材石质略呈绿色，碑首为龙头纹浮雕，顶部两角呈圆拱形，上方刻有二龙戏珠的浮雕，四周饰有花纹。石碑正面有用汉文、泰米尔文和波斯文三种文字镌刻的碑文。三种文字的碑文内容有所不同，但都对佛祖释迦牟尼、婆罗门教保护神毗湿奴和伊斯兰教真主表示尊崇和敬仰，祈求保佑。中文碑文记载了郑和在立佛寺行香时向该寺布施香礼的具体数量，计为：金一千钱、银五千钱、各色绵丝十匹、绢丝五十匹、织金丝彩丝宝旛四对，铜香炉五个、花瓶五对、烛台五对、漆金香盒五个，蜡烛十对、香十炷。同时，碑文还记载了中国皇帝对佛院的敬仰与颂扬。此碑在刻立后曾一度亡佚，1911 年时被一位英国工程师在斯里兰卡南部海滨高尔市内的克里普斯路挖掘下水道时发现。斯里兰卡独立后，这块石碑被送到科伦坡，陈列在国家博物馆内。20 世纪 50 年代初，一个斯里兰卡友好代表访华团将碑的拓片带来中国，该拓片至今珍藏在中国历史博物馆。此碑是中斯友好交往的历史见证，为研究明代郑和下西洋及中斯关系提供了珍贵的资料，具有重要的历史价值。有斯里兰卡学者认为，《布施锡兰山佛寺碑》充分体现了郑和以及中国人民的广阔胸怀和平等、宽容精神。这与西方殖民者后来入侵斯里兰卡时修城堡、掠夺财物，强迫斯里兰卡人改变宗教信仰的做法形成鲜明的对照。《布施锡兰山佛寺碑》已成为中斯友谊的一大历史见证。

在清代遗存的碑刻中，也有不少记载中外友好往来的碑刻。如江苏淮安的古琉球国使臣郑文英墓的墓碑即是其中著名的一块。郑文英是古琉球国使臣，于清乾隆五十八年（1793）受古琉球国政府委派来朝。在赴北京途中，病逝于江苏淮阴，建墓安葬于淮阴王营镇东、废黄河北岸。现墓在淮阴区图书馆内，墓前立有两块墓碑。一块是久埋于土中、1979 年从地下挖出的刻于清乾隆五十八年的原碑，碑上刻“琉球国北京大通事大岭亲云上郑文英之墓”；另一块系 1936 年重立，碑阳周边刻有花纹，正中刻碑文“琉球国朝京都通事讳文英郑公之墓”，上款为“公于乾隆五十八年奉使来，十一月十四日道卒葬”，下款为“此石原半块民国二十五年里人重立，兴化金应元书”。1980 年，当地对郑文英墓及其墓碑进行了整修，现在郑文英墓及其墓碑已成为京杭运河沿岸著名的古迹之一，成为我国与古琉球之间友好关系的历史见证。

第二节　见证中外人民传统友谊

千百年来，在中外官方积极发展友好邦交的同时，中外民间的友好交流往来也日益发展，中国人民和世界各国人民之间的友好情谊不断加深，在历代遗存下来的碑刻中对此多有反映。

中国与日本是一衣带水的邻邦，自唐代以来民间友好交往十分频繁，至今仍有许多记载中日人民友好交往的碑刻遗存于世。这其中，记载中日僧人之间深情厚谊的碑刻颇多。邵元是日本的著名高僧，被尊为日本的“国魂”，他曾在中国生活二十一年，久居少林寺，法号古源，原为日本山阴道正法禅寺住持，元泰定四年（1327）来华，历游名山大川，后入少林寺任执事僧、当山首座（仅次于住持），为住持息庵禅师的助手。他潜心研究佛学，又得少林武功真传，对汉学和书法也有较深造诣，处事谦逊，待人和蔼，因而与少林寺僧人结下深厚的情谊。现少林寺塔林中所留下的由他撰写的两块碑的碑铭，就十分生动地表现了他与中国僧人之间的深情厚谊。这两块碑一块是《显教圆通大禅师照公和尚塔铭并序》，一块是《息庵禅师道行碑记》。其中《息庵禅师道行碑记》是少林寺住持息庵禅师去世后，由少林寺僧人胜安求当时已离开少林寺、远在千里之外的邵元撰写的。当时邵元得知息庵禅师去世的消息，不胜悲哀，立刻焚香稽首，即席挥毫。在碑文中，他称赞息庵禅师“生而颖异，志气不群”“道行超伦”“惟息庵师，跃古腾今”“师道师德，万世不衰”，充分表达了他对息庵禅师的敬仰之情和与息庵禅师的深厚友谊。此外，在少林寺内还有明代日僧德始书写的《淳拙禅师道行之碑》及日本大和尚宗道臣1980年4月来少林寺参拜时所立的《归山纪念碑》等。

浙江天台山是佛教天台宗的发祥地，在唐代鉴真和尚东渡带去大量天台宗经典著作后，天台宗在日本产生了很大影响。此后，许多日僧来天台山国清寺学习天台宗教义，回国后以天台宗为主要教义，创立了天台寺门宗、日莲宗、立正佼成会等许多佛教宗派，这些佛教宗派都尊称天台山国清寺为其祖庭，并纷纷前来天台山国清寺建塔立碑，报恩祖庭。现天台山国清寺有日本天台宗座主山田惠谛等在1982年10月所立的《日本天台宗祖师碑》，有日本天台寺门宗于1992年9月所立的纪念碑。

唐代时，在中国扬州出了一位大德高僧鉴真和尚。他在大明寺讲律传戒，名闻遐迩，为僧俗所景仰，威望崇高，享有“江淮化主”之誉。日本佛教界对他十分敬仰，派专人前来邀请他去日本传道弘法。为了兴隆佛教，弘法东洋，鉴真和尚接受日本僧人邀请，欣然率领众僧东渡扶桑。当时，他的弟子们因道路遥远，“沧海淼漫，百无一至”，犹豫踟蹰。但鉴真大师识见深远，决心坚定，东渡弘法义无反顾，毅然决然地说：“为是法事也，何惜身命？诸人不去，我即去耳！”鉴真大师五次东渡皆因风浪而失败，但他不畏艰险，毫不灰心，决不退缩，终于在唐玄宗天宝十二年（753），以六十六岁高龄成功抵达日本，实现了夙愿。他百折不回的坚强意志，令人们无比景仰与敬慕。鉴真大师在日本传播佛教戒律，兴造寺庙佛像，广授书画技艺，推广医药饮食，弘扬大唐文化，被日本人民奉为“文化恩人”。鉴真大师是传播中华文化的光辉典范，是中国佛教史上罕见的杰出人物，也是中国人民的友好使者，千百年来受到中日两国人民的无比敬重和怀念。中日双方于1963年纪念鉴真圆寂一千二百周年时举行了隆重的纪念仪式，时任中国佛教协会主席赵朴初和日本佛教首领大谷莹润分别代表两国鉴真纪念委员会，商定在扬州大明寺建造鉴真纪念堂。经充分的筹备，纪念堂于1973年动工，1974年竣工。堂中专门建造了纪念碑亭，碑亭中矗立着一块仿唐朝风格的汉白玉横碑，高约125厘米、宽约300厘米，下设莲花须弥座。碑的正面横刻郭沫若手书“唐鉴真大和尚纪念碑”九个大字（图283），书法古拙遒劲，笔力千钧。碑身下镌刻有卷草纹与花朵结合的图案，体现出唐代的风貌和气息。上部碑身四周刻出边框。碑的背面镌刻赵朴初于1963年为纪念鉴真大和尚圆寂一千二百周年撰写的长篇碑文，通篇酣畅淋漓，字断意连，前后呼应，谋篇布局，于严谨中时露飘逸。如今，鉴真纪念堂和唐鉴真大和尚纪念碑已成为中日僧人和两国友谊的见证和纽带。

图 283　唐鉴真大和尚纪念碑

在广东肇庆鼎湖山半山桥旁的平台上，立有为纪念前来中国留学并邀请、陪同鉴真和尚东渡而病逝于广东的日僧荣叡建造的荣叡碑亭（图 284）。碑亭掩映在一片古树浓荫之中，包括荣叡纪念碑和荣叡纪念亭两部分，在碑亭斜对面还立有一新碑，记述了荣叡大师对发展中日人民友谊和文化交流所做的贡献。荣叡大师系日本奈良福兴寺僧，唐开元二十一年（733）入唐留学，唐天宝二年（743）前往扬州大明寺邀请鉴真和尚东渡日本弘法。唐天宝七年（748），荣叡大师和鉴真和尚作第五次东渡。但船至舟山海面，忽遇飓风，他们历尽艰辛才登陆崖县，经雷州、绕梧州，到达桂林。唐天宝九年（750），他们准备北上，于是乘船顺西江而下，然而船至端州时，荣叡大师积劳成疾，不幸圆寂于鼎湖山。为纪念荣叡大师为发展中日友谊和促进中日文化交流所做的贡献，人们在鼎湖山修建荣叡碑亭。

以上这些碑刻，都生动地反映出了中日僧人之间源远流长的友谊。

中国的书法艺术对日本影响极大，在中日两国人民之间架起了一座友谊的桥梁。在江苏镇江北固山后峰半山腰，矗立着日本书道院、日本中国文化交流协会与镇江市人民对外友好协会等于 1990 年 12 月共立的日本高僧阿倍仲麻吕的诗碑，由中日两国书法家共写碑文、赵朴初题写碑额。中国的书圣王羲之也是中日两国人民共同崇敬的书圣。为了表达两国人民对王羲之的纪念和崇敬之情，1991 年春，

图 284　荣叡碑亭

由日方提议，中日双方共同在浙江绍兴的兰亭书法博物馆旁侧竖立了一座王羲之显彰碑，碑阳镌刻由日本西宫市市长八木米次题写的碑名，碑阴上半部镌刻由八木米次撰书的碑文，下半部四周以细线刻《王羲之等四十二人曲水流觞图》。这座敬奉书圣王羲之的石碑，现已成为象征中日两国人民世世代代友好的丰碑，成为中日文化交流和中日民间友谊的历史见证。

除佛教和书法外，历史上中日民间的其他友好交往也相当密切，往往通过刻石立碑被记载下来。例如关于中国的茶叶传入日本福冈之事，就因载于江苏苏州灵岩山寺的中日友好纪念碑（图 285）才广为人知。此碑是苏州灵岩山寺方丈明学法师题写的，系日本八女市为感谢灵岩山寺提供的茶种，使八女茶成为日本特产，同时祝愿中日友好永久持续而建立的。其碑文大意为：

图 285　中日友好纪念碑

相传曾在灵岩山寺修行过的荣林周瑞禅师归国之时将茶种带回我们日本国福冈县八女市，八女茶由此产生。托贵地之福，八女茶成为受众人所爱之特产，为地域振兴做出巨大贡献，为深深感谢此事，同时为祝愿中日友好永久持续，特在此建立纪念碑。

位于历史文化名城陕西韩城市东北的党家村有建于六百多年前的一百多套“四合院”和保存完整的祠堂、暗道、哨楼、风水塔、戏台、节孝牌等建筑，被称为东方传统民居的“活化石”。党家村的发现，受到了包括日本在内的中外建筑、旅游和文史专家们的高度重视。自1988年起，以日本九州大学青木正夫教授为团长、以本田昭四先生为副团长的二十余名日本专家学者先后两次来西安，对党家村进行了多次实地考察，并与西安冶金建筑学院的建筑专家合作，撰写出版了第一本党家村专著。然而不幸的是，在考察期间，本田昭四先生因公殉职，客逝韩城。为了弘扬党家村六百余年的历史遗存及其文化价值，以及纪念为这项事业献出生命的本田昭四先生，中日双方共同在党家村建立了由本田昭四先生的生前好友捐资、西安冶金建筑学院专家设计、党家村村民参与施工的党家村民居调查纪念碑。纪念碑由井台、石碾以及党家村各户门前的上马石等图案组成，以花岗岩为装饰材料建成。在直径约一米的石碾上，深深地镌刻着“民居瑰宝”四个篆体大字，其下碑文介绍了党家村的历史及其文化价值和加强保护的重要性，记录了中日两国建筑专家为保护党家村文化遗产所共同做出的卓越贡献，生动地展现了中日两国人民之间的深厚情谊。党家村民居调查纪念碑的建成，为党家村这个陕西目前发现的最古老、保存最完整的古村寨增添了一处具有重要文化、历史价值的景点，吸引了不少中外人士前来观光、考察。

犹太民族是一个勤劳、智慧、了不起的民族，也是一个多灾多难的民族，在历史上他们曾一次次失去家园，又一次次寻觅新的家园。在犹太人遭受流离失所的困难时，中国人民向他们敞开了友谊的大门。在北宋真宗时期，两千多名失去家园的犹太人来到了中国，他们推举代表，带着五色棉、五色西洋布等到京城开封朝见宋真宗，宋真宗接纳了他们，准许他们落籍皇都，归化大宋。从此，犹太人蒙受皇恩，与华夏民族一样，享有居住、就业、参加科举考试、做官、购置田产、经商等权利，与中国人民和睦相处，建立了深厚的友谊。

对于宋代以来开封人民热忱接纳流离失所的犹太人，犹太人与开封人民世代友好相处的情况，刻于明孝宗弘治二年（1489）的《重修清真寺记碑》（图286）等三块明清时的犹太教碑多有记载。现存于开封博物馆内的这三块篆额、楷书的碑文中，集中、详细地记述了犹太人迁徙开封、与开封人民和睦相处的情景及移居开封的犹太人的各方面情况。正因为如此，这三块犹太教碑也就成为重要的犹太历史文化遗产，大批犹太人、历史学家、美国犹太协会、以色列官方和民间组织都纷纷前来开封考察、研究这几块碑及与此相关的情况。

图286　《重修清真寺记碑》

第二次世界大战期间，希特勒把犹太人当成“劣等民族”，疯狂进行屠杀，大批犹太人被迫背井离乡，可是很多西方国家不接纳犹太人，而中国人民又一次敞开友谊的胸怀，接纳了万里迢迢从欧洲大陆乘轮船逃难过来的两万多名犹太人。这些犹太人居住在上海虹口犹太难民居住区，一直等到第二次世界大战结束才返回欧洲。现在，在上海虹口区原犹太难民居住区旧址，留有一块记载这一段历史的石碑，碑上有一只铜做的鸽子，弱小而安详的鸽子依偎在石头洞穴里，象征着热爱和平、受苦受难的犹太人在中国人民所给予的这一坚固的庇护所里躲过了被屠杀的灾难。这一块小小的石碑是中国人民和犹太民族兄弟情谊的历史见证，受到犹太人的高度重视，以色列前总理拉宾在访问中国时，还特地到上海虹口去参观了这块象征中以人民友谊的石碑。

第三节　见证外来侵略和英勇反抗

明末以来，特别是清代中叶以来，随着殖民主义的兴起和清政府的日益腐败，世界各国列强不断入侵中国，中国人民为了反抗列强的侵略，展开了前仆后继不屈不挠的英勇斗争，写下了许许多多可歌可泣的篇章。在全国各地，特别是遭受殖民主义侵略危害最为严重的沿海各省及东北三省，竖立着许多石碑，对中国人民所遭受外国侵略者的掠夺、残杀和中国人民坚决反抗外来侵略的英勇斗争，做了真实而生动的记录。

据史籍记载，从明神宗万历二十九年（1601）起，荷兰殖民主义者先后屡次派兵船侵扰中国的广东、福建沿海，福建巡抚南居益派都督徐一鸣、朱一冯和游击将军赵颇等率军驻防中左所，抗击来犯之红夷。“红夷”“红毛夷”是明代对荷兰殖民者的称谓。在当地人民群众的支持下，徐、朱多次率军赶走侵略者。为使民众不忘外敌入侵的威胁，徐、朱等先后三次在福建厦门鸿山寺白鹿洞后的山岩上刻石留铭，其铭文分别为：“天启癸亥十一月廿日广陵朱一冯以督师剿夷至”（图 287），“天启癸亥冬晋阳赵纾督征到此”，“天启二年十月二十六等日，钦差镇守福建地方等处都督徐一鸣，督游击将军赵颇、坐营陈天策，率三营浙兵把总朱梁、王宗兆、李知纲等到此攻剿红夷”。厦门鸿山寺的这几处摩崖题刻，是中国人民反抗西方早期殖民主义者侵略的重要见证，具有重要的历史价值。

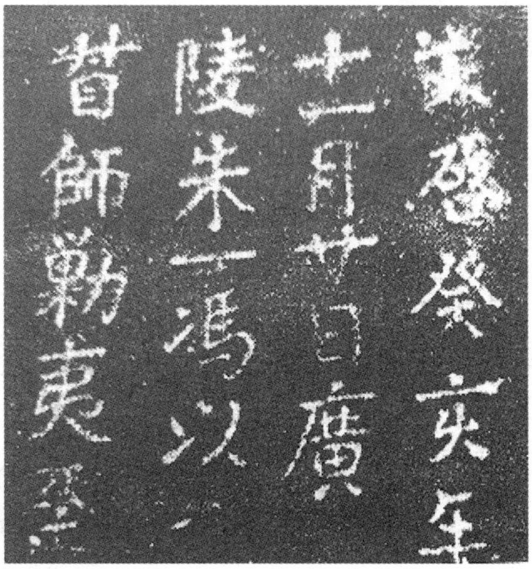

图 287　厦门明天启癸亥攻剿红夷摩崖刻石

在福建福州马江之滨马限山麓的昭忠祠，有两块碑，系清光绪十二年（1886）为纪念 1884 年中法战争马江海战阵亡烈士而建。其中一块碑立于昭忠祠前厅，碑文记载了马江海战的经过；另一块碑立于昭忠祠西边的墓园，墓碑上书刻“光绪十年七月初三日马江诸战士埋骨处”。这两块碑是中国人民英勇反抗法国殖民主义者侵略的重要见证，具有宝贵的历史价值。

广东沿海一带是近数百年来西方殖民主义者和倭寇重点进犯侵扰的地方，现散存于广东沿海的许多碑刻，生动地记载和反映了广东军民与外国侵略者展开英勇斗争的史实。潮汕地区的南澳岛素来是海防前哨，现岛上有多处记录明清时抗击倭寇和西方殖民主义者侵扰的碑刻。明神宗万历四十八年（1620），倭寇大举进犯南澳，抗倭名将戚继光从浙江率兵前来配合广东都督俞大猷联合作战，两军出奇兵直捣倭寇大营，将其一举歼灭。大捷后，南澳副总兵何赋臣选择云澳至深澳交界、古老山与金山之间山坳的险要处，修筑了雄镇关。现关内存有“威镇南天”碑刻一方，记录了当年抗倭的英勇事迹，表达了反抗外敌侵略的决心。明末，荷兰殖民主义者也曾派兵船来侵犯南澳，在深澳湾猎屿岛上建于明熹宗天启三年（1623）的规模巨大的铳城上，至今还完好地保存着当时协守潮漳等处副总兵黎清源写的《猎屿铳城碑记》，碑文清楚地记载着当时筑城的目的就是为了更好地保卫边防，抗击红夷的入侵。在炮台南面的石崖上，刻有清光绪十三年（1887）镇南澳总兵邓万林题书的“海阔心雄”四个大字，表达了南澳军民随时准备抗击外国侵略者的决心和必胜信心。

南澳是广东著名的抗日第一线，五十多年前，广东抗日第一枪就是在南澳岛上打响的，中国义勇军在南澳的浴血奋战，沉重打击了日本法西斯企图突破南澳进犯粤东的嚣张气焰，振奋了粤、闽、赣三省人民抗击日本侵略者的民族精神。为缅怀革命先烈、弘扬爱国主义精神，南澳县于1995年在黄花山龟埕上兴建了中国义勇军南澳抗日牺牲将士纪念碑，此碑现已成为南澳国家森林公园的“黄花英魂”一大景观和开展爱国主义教育的教材。

1841年广州三元里人民气壮山河的抗英斗争，是中国近代史上的辉煌篇章。现在广州博物馆藏有清道光二十二年（1842）广州东北六社在抗英斗争展开后依照升平社学和升平公所之事例建立东平公社而刻立的《创建东平公社碑》，碑文记载了东平公社的建立经过及倡建值理人员名单。从碑文中可以得知，当年仅东平公社所联络发动参加三元里战斗的就有两百四十余个乡。为了纪念三元里抗英斗争的辉煌胜利，并永久悼念在抗英斗争中英勇献身的先烈，1950年10月，广州市人民政府在广州市三元里村口建立了广东人民抗英斗争烈士纪念碑（图288），碑文上写着“一八四一年广东人民在三元里反对英帝国主义侵略斗争中牺牲的烈

图288　广东人民抗英斗争烈士纪念碑

士们永垂不朽”。此碑现已成为展现中国人民不甘屈服于外国侵略者的伟大民族精神的象征，为世人所瞻仰。

台湾是中国领土神圣不可分割的一部分。近百年来，西方殖民主义者和日本帝国主义处心积虑地企图把台湾从中国分割出去，占为已有。台湾军民进行了不屈不挠的反抗斗争，至今台湾仍遗存有许多记载台湾军民英勇反抗外国侵略者史实的碑刻。明万历三十二年（1604），荷兰派韦麻郎率领舰队侵略澳门，却被葡萄牙人击退，适逢明朝派驻台湾澎湖岛的汉兵撤走了，韦麻郎得以于农历七月二十二日占领澎湖。同年十月十八日，明朝派遣总兵施德和政令都司沈有容率领战舰五十艘前往收复澎湖。沈有容先将重兵部署于金门科罗湾，堵塞了荷兰侵略者的海上交通和补给通道，而后亲自登上澎湖岛与韦麻郎等人交涉。沈有容义正词严地痛斥荷兰殖民主义者的侵略行径，并警告他们如不撤兵，将作火攻。韦麻郎理屈词穷，无言可辩，知道如不撤军，将被明军包围，坐毙荒岛。在形势逼迫下，韦麻郎只得于同年十月二十五日率领舰队灰溜溜地撤离了澎湖。为了表彰和纪念沈有容迫使荷兰侵略者退出澎湖的功劳，军方乃奉谕于万历三十二年（1604）刻制了《沈有容谕退红毛番碑》，立于澎湖大山屿，碑高 198 厘米、宽 28 厘米。1919 年重建天后宫时在祭台下发掘出此碑，嵌入天后宫后座的公善楼东壁上。1985 年台湾文建会重修天后宫后，将此碑安置于清风阁二楼，随后移置至清风阁一楼的过道间，并设立说明告示牌。石碑本体大致完好，唯字体稍有模糊。此碑是台湾第一古碑，也是我国最早记载的反对外来侵略、坚决抗击外国侵略者的古碑之一。在此碑于 1919 年被发现前，台湾澎湖最古老的石碑一向公认是立于清康熙二十二年（1683）存于马公市的《靖台碑》及始立于台南大天后宫的《靖海将军侯施公功德碑》。

在澎湖群岛最南端的七美岛上，还有两块记述澎湖人民反抗外国侵略者的石碑。相传明嘉靖年间，倭寇作乱，出没于澎湖沿海岛屿，杀人放火，奸淫掳掠，无恶不作。当时这个岛叫“大屿”，岛上有七个贞烈女子，为免遭倭寇凌辱，便相约投井自尽。乡人感其贞烈，掘土掩井，筑成坟墓，后冢上长出七株香气浓郁的楸树。后人为纪念七位贞烈女，在墓前立碑纪念。现存墓前有两块碑，一块碑上刻“七美人冢”四个大字，一块碑上刻《七美人歌》，碑上蓝字叙事，红字咏歌，歌词和叙文系何志浩将军 1949 年前来凭吊时有感而发。其歌词为：“七美人兮白壁姿，抱贞拒贼兮死随之；英魂永寄兮孤芳树，井上长春兮开满枝。”

在台湾本岛上也有不少记载台湾人民反抗外国侵略者的石碑。如在台湾高雄鼓山镇中山公园内，立有《同志赴义碑》。此碑系鸦片战争爆发后，台湾兵备道姚莹在英军大规模入侵前夕，为了动员台湾民众同心抗敌，而与当地闽粤台三族居民协议抵御外侮，于清道光二十一年（1841）刻立。其碑文云：“筹备防夷，闽粤番三籍，大和共心，一矢捍御外侮，深堪嘉尚，乃建坊以备久远。”据史籍记载，当时刻立《同志赴义碑》后，姚莹在台湾南北各地募集到义勇四万七千多名，与台湾镇总兵达洪阿同心协力，在 1841 年九月、十月和 1942 年三月先后三次大败英国侵略军，俘虏英军两百多名。《同志赴义碑》堪称近代中国人民同仇敌忾反对外国侵略者的伟大民族精神的集中体现。

台湾曾长期被日本侵略者所占领，但台湾人民从没有停止过反抗。1930 年 10 月 27 日，台湾中部南投县雾社，爆发了雾社高山族同胞反日武装起义，起义领导人莫那·鲁道父子及包括九百多名高山族同胞在内的当地官兵百姓两千余人全部壮烈牺牲。为了纪念为反抗日本侵略者奴役而壮烈牺牲的先烈，后人在起义地点建造了《雾社山胞抗日起义纪念碑》。碑上镌刻着两副碑联，其一为“百战忠魂，千秋恨事，一朝义愤，万古馨香”，其二为“抗暴歼仇九百人壮烈捐生长埋碧血，褒忠愍难亿万世英灵如在永励黄魂”。

在江苏各地也有数量众多的记载帝国主义侵略罪行和中国人民反抗外国侵略特别是反抗日本帝国主义侵略的碑刻，较著名的有：

在南通狼山南麓山腰幻公塔后，立有明代所刻的《抚台平倭碑》，碑文记载了明代江北人民受倭寇侵扰的史实和当时巡抚都御史李遂领导江北人民与倭寇英勇斗争的功绩。

连云港在 1938 年是国民革命军第八军和原东北军张学良所部第 57 军 111 师的 667、668 团与日本板垣师团展开浴血奋战的战场，在连云港万寿山的崖壁上，至今仍留有许多 1938 年中国抗日将士所题书的摩崖碑刻。其中国民革命军第八军军长曾锡珪的大字题刻是“殷忧启圣，多难兴邦”，小字题刻是：“溯自抗日战起，敌□恃其海陆空军，联合火力，破我要塞，肆行无忌。本年五月廿日，敌又施其故技，进犯我连云港。经我官兵奋勇抗战，时逾匝月，敌终未能越雷池一步，斯则差堪告慰者。而我守备东西连岛将士，又复慷慨赴义，竟作壮烈牺牲，比古之田横五百蹈海壮士无逊色焉！国家兴亡，匹夫有责；追往思来，怅怀无已……”第八军纵队长冯岳的大字题刻是“保我河山”，小字题刻是“民国二十七年五月，倭寇由老窑、孙家山强行登陆，余奉命率游击第二总队向云台山堵击。苦战经月，幸赖官兵用命，顽寇迄未得逞，爰勒石志念”。第八军将领李志亲写的大字题刻是“保卫疆土，复兴中华”，小字题刻是“民国念七年五月，倭寇大举进犯连云港，余奉命指挥守军与敌血战月余，赖我将士忠勇抵抗，誓保河山，顽敌迄未得逞。爰题数字，共相奋勉”（图 289）。沈阳抗日志士周从权题刻于万寿山东北围屏山东麓招崖的诗碑是：“云台山顶雾苍茫，此是抗日大战场。百日争夺暂归去，可恨倭儿未斩光。”此外，还有“人心不死，国必不亡”等摩崖题刻。连云港万寿山的这些摩崖石刻，既是日本帝国主义侵略中国的铁证，同时也是中国人民英勇反抗日本帝国主义侵略的真实记录，具有重要的历史价值。

图 289　连云港万寿山李志抗日摩崖题刻

在南京侵华日军南京大屠杀遇难同胞纪念馆广场上，矗立着高 2 米、长 12.13 米的纪念南京三十万遇难者的巨型现代铜诗碑《狂雪》。紧依南京大屠杀遇难同胞纪念馆大门，耸立着高 12.13 米的标志碑，象征着南京城 12 月 13 日为沦陷日。标志碑附近屹立着长 48 米、高 3.5 米，由数百块灰白色花岗岩堆砌而成、俗称“哭墙”的三十万亡灵之碑，墙两边延伸的黑色大理石上，刻着代表了三十万遇难同胞的三千个遇难者的名字。在南京中华门外菊花台公园内前驻外使节九烈士墓前，竖立着为纪念在日本侵略军侵占菲律宾后，坚持忠于祖国、坚持崇高民族气节而被日寇杀害的杨光泩、莫介恩、朱少屏、姚竹修、杨庆寿、萧东明、卢秉枢、王恭玮、卓还来九名烈士的墓碑。在南京紫金山北麓安葬着在抗日战争中牺牲的中外航空烈士的公墓里，竖有汉白玉纪念碑和1995年9月3日为纪念我国抗日战争胜利五十周年而建造的抗日航空烈士纪念碑碑群。

在鸦片战争中，镇江是英国侵略军进犯我国东南沿海的重点。为了抵抗英军的进犯，沿海各郡县都调兵防守，原在山东青州驻防的四百多名精锐旗兵，也奉命调赴镇江，被派到东码头镇守炬台。清道光二十二年（1842）六月十四日，英军出动七千余人猛攻镇江，而防守镇江的旗兵和青州兵仅约一千五百人。在双方力量悬殊的不利情况下，调赴镇江的青州兵不畏强敌，与敌人短兵相接，先后毙敌一百八十五人，使英军遭受了在侵华战役中的一次重创。在激战中，四百多名青州兵有六十五人英勇捐躯，一百余人负伤，其情极为壮烈，可歌可泣。道光二十三年（1843）六月，为了纪念殉难的青州将士，镇江人民在镇江城西门里建忠烈祠立碑祭祀，并由镇江知府崔光笏撰写《钞刻江苏镇江府建立青州驻防忠烈祠碑》（简称《忠烈碑》），记述了青州兵英勇血战的史实，在碑阴刻列了殉国的青州兵将士名单。其碑文云：

> ……东码头在象山之麓，为夷船登陆所必由，使青州兵四百人得并力于此，凭象山之险，开炮轰击，胜负正未可知。乃以寇氛渐逼，都统令入城分守四门，门各百人，遂致势不相救。北城有虚台，与北固山相对，俗呼十三门者，独无青州兵防守。夷人即由此置梯而登，城遂以陷……六月十四日，天将午，火箭齐发，东、西、北三城楼俱被焚烧，贼乘势攀跻。守兵以千数，皆震慑，独青州兵奋勇格杀，至血积刀柄，滑不可持，尚大呼杀贼。呼未已，而贼之由十三门登者，已蜂拥蚁附而至。犹复短兵相接，腾掷巷战，击毙贼且数十百人，直至全军尽溃，力不能支，始夺门以出……

同年八月，山东青州知府李廷扬也撰写了《显忠碑》，在青州立石褒扬。道光二十五年（1845）二月，青州府又将《忠烈碑》碑文和由驻防青州满营协领穆克登阿、达善等人所写的《跋》一起镌刻成碑。碑高214厘米、宽92厘米，正面刻碑文，背面刻《跋》，与高 208 厘米、宽 92 厘米的《显忠碑》一起，并立于青州驻防满洲旗城内（今青州市北城村）。1964 年秋，两碑被移置于青州市博物馆收藏。《忠烈碑》和《显忠碑》真实地记录了 1842 年镇江抗英战役经过和驻防青州兵英勇抗击英军的史实，为研究鸦片战争和中国近代史提供了重要的史料。

镇江除 1842 年曾遭到英国侵略军的蹂躏外，在 1937 年 12 月 8 日还遭到侵华日军铁蹄的践踏，在这两次沦陷中，镇江市数以千计的妇女被奸污，数以万计的群众被屠杀。为了以史为证，教育后人，1998 年 12 月 8 日镇江建成了警世碑，碑由四片墙体和中心碑体组成，高大肃穆。用毛面花岗岩制成的墙体呈残缺状，寓意国破家亡，墙体上刻有“1842”“1937”两个年份，碑体正面中间镌刻江渭清题写的“居安思危”“警钟长鸣”八个大字，碑后刻写着碑文，记载着英、日侵略军在镇江犯下的灭绝人性的罪行。

苏北、苏中、苏南的不少县、乡，曾是新四军的抗日根据地，新四军和这些地方的人民群众曾与日本侵略军展开过殊死斗争。如今在这里立有许多抗日纪念碑，记录了新四军和江苏人民英勇抗击日本侵略者的史实。如：在句容市茅山北麓望丹山顶，矗立着 1995 年为纪念抗日战争胜利五十周年建立的苏南抗战胜利纪念碑，纪念碑自须弥座至碑顶高达 36 米，其中碑身高 26 米，碑顶建有混凝土浇筑、外贴蓝色的新四军标志“N4A”；在扬中市八桥镇八桥村，矗立着为纪念 1939 年 11 月江南抗日义勇军挺进纵队和江南人民抗日义勇军会师合编而修建的会师合编纪念碑。在丹阳市行宫乡贺甲村东的碑亭中，有为纪念 1939 年 11 月在贺甲战斗中英勇牺牲的数十名新四军官兵而建立的烈士纪念碑等。

除此之外，在江苏的许多地方也都立有记载中国人民英勇反抗外国侵略者光辉事迹的碑刻。如在江阴华明村倪家湾，竖有 1985 年 10 月建造的太平丰功碑，碑高 8 米，碑文《太平军围歼洋枪队碑记》记述了同治三年（1864）太平军大败洋枪队，取得华士大捷的光辉事迹。在苏州善人桥北马岗山麓淞沪抗日阵亡将士墓内，立有李根源隶书的《英雄冢》墓碑和张治中楷书的《气壮山河碑》。在吴江同里镇中心小学内，竖有 1915 年为反对袁世凯与日本帝国主义签订“二十一条”卖国条约而立的五月九日国耻纪念之碑。在徐州云龙山北麓，始建于 1947 年，重建于 1995 年的纪念抗日战争胜利五十周年前夕的“津浦铁路员工抗日殉难碑亭”中，竖有三棱状石碑，上面刻有 1938 年为抢运军用物资和难民而牺牲的一百八十六名铁路员工的名字及其抗战事迹。在大丰庆丰乡东方村盐淮公路北侧，矗立着由李一氓题写碑文、为纪念华中鲁艺抗日殉难烈士而建立的鲁迅艺术学院华中分院殉难烈士纪念碑。溧阳后周镇烈士陵园内矗立着为纪念在抗日战争塘马战斗中英勇牺牲的新四军第十六旅二百一十七名烈士而于 1996 年 7 月建造的高 19. 3 米的塘马战斗烈士纪念碑等。

山东威海刘公岛海域是中日甲午战争的战场，邓世昌、丁汝昌等爱国将领率领北洋舰队与日本侵略者展开殊死激战，先后壮烈殉国。现在刘公岛龙王庙里存有光绪十六年（1890）威海人民为丁汝昌立的德政碑，碑的正面镌刻“柔远安迩”四个楷书大字，上款刻正楷“钦命头品顶戴海军提督总统全军西林巴图鲁丁老军门禹廷次章德政碑”。胶东半岛的最东端——成山头以东的海面上，是 1894 年 9 月 17 日邓世昌为国壮烈捐躯的地方。在成山头始皇殿东侧，现存有光绪二十九年（1903）为纪念邓世昌等烈士而立的《光绪御碑》。在山东安丘王家庄乡金线村东南岭上，立有为纪念抗日战争时期著名的安丘金线战役而建的“斩倭殉仁”纪念碑。据史料记载，1940 年 4 月 30 日，驻金线村一带的五十一军一营官兵与前来扫荡的日伪军千余人展开激战，一营官兵拼死抗击，歼灭敌寇两百余人，包括营长在内的五十六名官兵在激战中壮烈殉国，后被集体安葬在激战处。后人为缅怀这些抗日烈士，在此建立了纪念碑。碑用青石灰岩雕凿，碑首镌刻“斩倭殉仁”四个大字，碑文楷书阴刻，碑上刻有牺牲的五十六名官兵的姓名、籍贯、职务等。举世闻名的铁道游击队的故乡——山东枣庄薛城区，京沪线枣庄西站以东，建有造型为两条“铁轨”、五十根“枕木”，总高三十二米的铁道游击队纪念碑。

香港在第二次世界大战期间被日本侵略军占领，人民备受蹂躏。为了反抗日本侵略军的残暴欺压，香港人民进行了不屈不挠的英勇斗争，建立了以香港西贡为主要根据地的港九抗日大队。港九抗日大队深入虎穴，拯救爱国人士并帮助他们返回后方，保卫家乡，很多人为此而壮烈地献出了宝贵的生命。抗日战争胜利后，香港人民在香港西贡新竹湾建造了抗日英烈纪念碑，以缅怀为维护民族尊严和争取民族解放而牺牲的香港抗日先烈，使他们的英勇事迹永垂青史，与日月同辉。

浙江舟山定海在第一次鸦片战争时是抗击英国殖民主义者侵略的第一线，定海人民在当地爱国将领的率领下与英国侵略军展开了英勇的战斗。现在定海城关镇第二小学东边的建于清光绪十年（1884）的三忠祠的偏殿中，立有《新建三忠祠碑》，碑高 217 厘米、宽 105 厘米、厚 15 厘米，碑文记述了在第一次鸦片战争中为抗击英国侵略军而壮烈牺牲的葛云飞、王锡明、郑国鸿三位总兵的英勇事迹。浙江宁波镇海区招宝山，素有“浙东玉门关”之称，历来是中国人民抗御外来侵略的战略要地，中国军民在此留下了许多抗击外侮的可歌可泣的事迹。现山上遗存有《抗法记事碑》《海天清晏碑》《海天雄镇碑》《撑天壁天碑》《擎天鳌柱碑》等十多块碑碣和摩崖石刻，表达了中国人民反抗外来侵略的坚定决心，记载了中国军民与外国侵略者不屈不挠、英勇斗争的史实。

我国东北地区曾先后遭到沙俄和日本帝国主义的侵略，为了民族的尊严，为了自由和解放，东北人民进行了前仆后继的英勇斗争。在东北大地上屹立着许多石碑，记载了沙俄和日本帝国主义侵略东北犯下的滔天罪行，也记载了东北人民顽强不屈反抗沙俄和日本帝国主义侵略的事迹。

黑龙江齐齐哈尔龙沙公园内的寿山祠，是为纪念 1900 年在抗击沙俄侵略中慷慨殉国的黑龙江将军寿山而建造的。现祠内正殿前庭立有寿山将军殉难碑和记事碑各一块，碑文记载着寿山将军英勇抗击沙俄侵略的光辉事迹，为研究 1900 年中俄战争和中国近代史提供了有价值的史料。

在黑龙江林口县刁翎镇三家子村附近乌斯浑河西岸，立有八女投江纪念碑（图 290），碑高 10 米，用四百余方灰白色花岗岩雕刻而成，黑色花岗岩底座上，镌刻有邓颖超题书的“八女投江”四个大字，碑的正面镌刻老抗联战士陈雷的题词：“八女英魂光照千秋。”碑文记述了东北抗日联军八位女战士的英勇事迹：1938 年 7 月至 9 月，东北抗日联军四、五军主力由依兰向五常一带作战。10 月上旬，队伍遭到日寇突然袭击，五军妇女团的指导员冷云，班长杨贵珍、胡秀

图 290　八女投江纪念碑

芝，战士郭桂琴、黄桂清、王惠民、李凤善（朝鲜族）和四军被服厂厂长安顺福（朝鲜族）八名女同志，被隔断在乌斯浑河的河边，同大队失去了联系，她们英勇顽强地与日寇展开战斗，最后子弹全部打光，宁死不屈，一起跳入乌斯浑河壮烈牺牲。

横卧辽江海域的葫芦岛历来为兵家必争之地。抗日战争爆发前，著名爱国将领张学良为了反抗日俄霸占东北权益，决计修筑葫芦岛港，并亲撰碑文树碑。现半岛上的马鞍山脚下，竖有1930年7月2日刻立的张学良筑港汉白玉纪念碑。碑由碑身、碑座两部分组成，高135厘米，正面阳刻“葫芦岛筑港开工纪念”九个隶书大字，背面阴刻八行正楷碑文。在沈阳柳条湖原北大营内建有合陈列馆与纪念碑为一体的九·一八事变残历碑。在残历碑左侧，横卧着一个3米多长的水泥炸弹模型，它是当年日本侵略者竖立的象征“用炸弹征服中国”的水泥碑，弹痕累累的残历碑和被推倒的炸弹碑，现已成为向人们昭示历史的生动象征。在抚顺市区南部平顶山上，抚顺人民为纪念1932年9月16日在日军制造的“平顶山惨案”中殉难的三千多名同胞，于1951年建造了平顶山殉难同胞纪念碑。1894年中日甲午战争中，日本侵略军于11月21日傍晚攻占旅顺后，灭绝人性地对手无寸铁的平民百姓和清军俘虏进行了三天三夜大屠杀，一时间，旅顺城内尸横遍野，血流成河，全城一万八千名中国同胞遇难。在清政府和日本签订屈辱的《中日辽南条约》后，日本侵略军陆续从旅顺撤走。清政府派来接收旅顺的候补直隶知州顾元勋为了告慰被屠杀的同胞并以警示后人，在挖深坑埋葬尸体后，按中国的习俗修筑了坟头，并在墓前立了一块石碑，碑上双线镂空镌刻“万忠墓”（图291）三个大字，碑文为：

图291　旅顺口万忠墓碑

光绪甲午十月，日本败盟，旅顺不守，官兵商民男妇被难者计一万八千余名口，忠骸火化，骨灰丛葬于此。

1905 年日俄战争结束后，日本侵略军占领了旅顺，看到万忠墓碑文中有“日本败盟”之词，很不是滋味，便派人将《万忠墓碑》盗走，偷偷地砌在“赤字医院”的大墙内。1922 年，旅顺华商公议会又捐款重修万忠墓，并另立了一块墓碑，由金纯良撰写碑文。当时，墓碑上方刻有“四明公所”四个字，日本占领当局颇为忌讳，硬逼华商公议会用水泥将这四个字抹杀才罢休。1948 年旅顺市政府彻底重修万忠墓，将原先的土坟包建成了水泥墓，重立了一块由金纯泰书写碑文的新墓碑，并多方寻觅，找回了 1905 年被日军盗走的墓碑。如今，万忠墓前立有三块墓碑，这三块墓碑记载了日本侵略者对中国人民犯下的血腥罪行，也铭刻着中国人民不屈不挠反抗外国侵略者的斗争精神，是研究中日甲午战争和中国人民反侵略斗争史的宝贵实物资料。

除沿海地区和东北地区外，我国内地许多地方也都曾遭受过帝国主义侵略者铁蹄的践踏，广大人民群众也都奋起与外国侵略者展开英勇的斗争，因此在内地的许多地方，也立有大量此类碑刻。山西平定娘子关在 1901 年曾遭八国联军的践踏，现在娘子关存有《辛丑纪事碑》（又名《娘子关纪事碑》），记述了 1901 年暮春八国联军攻占娘子关，连续烧杀抢掠八日的史实。在娘子关西南方乱安村一座石垒小庙后墙上，嵌有一块方碑，碑文记述了 1901 年八国联军攻打古关时，清军下级官兵英勇抗击，十一名士卒在弹尽后用石头砸敌人，与敌人英勇肉搏，最后全部壮烈牺牲之事。在平定还立有记载抗日民族英雄赵亨德反抗日本侵略者英勇事迹的《赵亨德纪念碑》。在安徽肥东梁元镇遗存有一百余块国民党抗日阵亡将士墓碑。据有关史料记载，1941 年腊月初一到初三，日军调遣两个联队（相当于两个团）的兵力，连同伪军共四千多人，在飞机大炮的掩护下，分四路对梁元展开扫荡。当时驻守在梁元镇的主要是 1938 年李宗仁任第五战区司令长官兼安徽省政府主席时从广西带来的国民党 21 集团军的官兵，他们与当地的“青抗”队员和群众，与日本侵略者展开了殊死激战，由于敌我兵力悬殊，除小部分突围外，大部分官兵都壮烈殉国。1943 年秋，171 师在梁元镇北梅桥为牺牲的官兵筑墓并立碑四百余座。历经半个多世纪，现尚存墓碑一百余块，碑上刻有阵亡官兵的番号、军衔、姓名和家乡。在河北石家庄灵寿县的横山湖旁，立有高 2 米、由汉白玉雕制的陈庄歼灭战纪念碑，记载了 1939 年 9 月八路军 120 师在贺龙领导下歼敌一千五百余人的辉煌战绩。在承德西风云岭以南坡地，日伪时期枪杀热河抗日军民的刑场“万人坑”遗址上，耸立着承德市政府1964年建造的水泉沟烈士纪念碑。河北邯郸涉县响堂铺是1938年3月31日抗日战争时期著名的响堂铺伏击战所在地，为了纪念这次对开辟和发展太行山抗日根据地起了重要作用的战斗，在响堂铺村东南立有高12米的响堂铺伏击战纪念碑。

诸如此类记载帝国主义列强侵略中国的罪行和中国人民进行英勇反抗斗争史实的碑刻，在全国各地还相当多。所有这些碑刻，从某种意义上来讲，就是一部石质的帝国主义侵华罪行史和中国人民英勇不屈反抗帝国主义侵略的斗争史，是极好的爱国主义教材，具有强烈的教育意义和警示意义。

第十七章

碑刻与人民反抗斗争

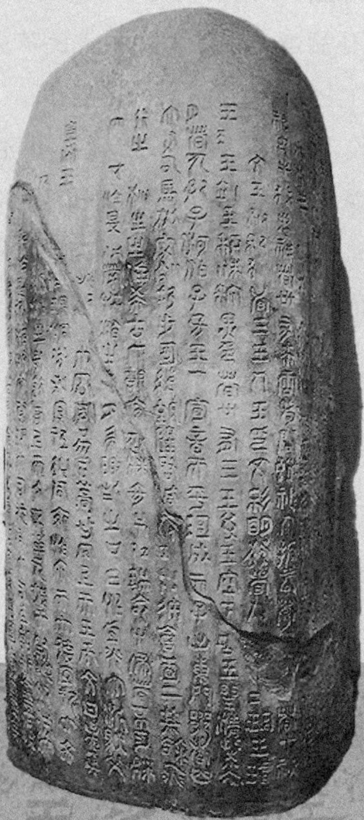

在两千多年的中国封建社会中，为了反抗封建统治阶级残酷的经济剥削和政治压迫，从秦末的陈胜、吴广起，至清末的太平天国、义和团运动，以农民为主体的广大中国人民，举行了大大小小数百次英勇抗争和起义。在 1911 年辛亥革命推翻清王朝，结束中国的封建帝制后，为了彻底从半封建半殖民地社会中解放出来，中国人民又在中国共产党的领导下进行了艰苦卓绝的英勇斗争，终于在 1949 年建立了中华人民共和国。这一次又一次前仆后继、不屈不挠的人民革命斗争，有力地推动了中国历史的前进，对中国历史的发展产生了巨大的影响。

然而，在封建正统观念的影响下，在历代正史中，这些人民的英勇抗争和革命斗争往往没有得到正确的反映，有不少被肆意歪曲，有些记载则语焉不详，有的甚至没有记载。但我国历代遗存的众多民间碑刻，却从不同的侧面记录和反映了发生过的人民英勇抗争和进行革命斗争的情况，对正史可资补充和纠讹，具有重要的价值。

第一节　碑刻所反映的汉代人民反抗斗争

东汉末，阶级矛盾、民族矛盾激化，各地人民起义风起云涌，此起彼伏，在当时的一些碑刻中，就对其中的一些人民反抗斗争做了记述，为我们研究东汉末年的社会斗争的情况提供了宝贵的资料。

如汉代《车骑将军冯绲碑》的碑文云：

……辟司空府侍御史御史中丞，督使徐、扬二州，讨贼范容、朱生、徐凤、马勉、张婴等，坐迫州郡，进兵正法……征仪郎，复制书侍御史、尚书、辽东太守、廷尉、太常、车骑将军。南征五溪蛮夷黄加少、高相法氏、赵伯、潘鸿等，斩首万级，没溺以千数，降者十万人，收逋賨布卅万匹。不费官财，振旅还师。

从这一碑文的记载中，可以得知当时徐、扬二州曾发生过人民武装起义，乃至东汉朝廷派官员前去督师“讨贼”；从碑文中也可了解到当时南方五溪地区曾发生较大规模的人民起义，东汉朝廷派重兵南征，进行残酷镇压。碑文所记载的这些情况，对于研究东汉末年的社会情况具有重要的史料价值，颇为珍贵。

又如，刻于汉灵帝中平二年（185）的《汉郃阳令曹全碑》碑文云：

……光和六年，复举孝廉，七年三月，除郎中，拜酒泉禄福长。妖贼张角，起兵幽冀，兖豫荆扬，同时并动。而县民郭家等，复造逆乱，燔烧城寺，万民骚扰，人怀不安。三郡告急，羽檄乃至。于是圣主谘诹，群僚咸曰：“君哉！”转拜郃阳令，收合余烬，芟夷残迸，绝其本根……

从这一碑文的记载中，可以得知东汉末期张角领导的农民起义黄巾军曾扩展到陕西郃阳，一度在郃阳造成很大的声势，致使“三郡告急”。碑文所记载的关于郭家与张角遥相呼应，在陕西郃阳“逆乱”（实为起义）这一情况，为研究东汉末年农民斗争史提供了史籍所遗缺的重要资料，具有珍贵的史料价值。

第二节　碑刻所反映的南北朝人民反抗斗争

在河北保定定兴县城的石柱村，有刻立于北齐年间的《义慈惠石柱》（图292、293），柱身刻有“标异乡义慈惠石柱颂”九个大字和长达三千四百多字的颂文。因建于北齐时期，所以也被称为北齐石柱，至今已有一千四百多年的历史。不仅艺术价值极高，其造型奇特，带有强烈的南北朝风格，是北朝时期遗存至今难得的艺术佳作，而且史料价值极高，故1961年就被国务院公布为第一批全国重点文物保护单位。

图 292　义慈惠石柱

图 293　义慈惠石柱上刻的碑文（局部）

颂文记述了北魏末年杜葛之乱、义葬、义食和兴建石柱的经过，虽是站在封建地主阶级立场上所写，为其歌功颂德，但在客观上也反映了当时波澜壮阔的农民起义史实，对研究南北朝史，特别是农民革命战争史和当时的社会状况，皆是有价值的参考资料。从碑文可以得知，北魏孝昌年间，政治腐败，贪污腐化成风，官吏大肆搜刮民财，百姓不堪忍受，纷纷起义造反。自北魏孝明帝孝昌元年（525）至孝庄帝永安元年（528），杜洛周、葛荣等人领导农民起义军转战于幽州、燕州、殷州、冀州、相州之间达四年之久，声势浩大。北魏孝明皇帝亲征镇压起义军。当时定兴一带是起义军与北魏王朝军队激烈交战之地。在北魏举国兵力的镇压下，杜洛周、葛荣等人领导的起义失败。《义慈惠石柱》即起义失败后，人民群众收拾起义军残骸合葬在范阳县（治所在今定兴）城西沙丘寺所立的标志物（初为木柱）附近。公元 562 年，在起义战争的三十多年后，已经取代了北魏王朝的北齐统治者为了对人民群众进行安抚，皇帝下旨让地方官府把木柱改为石柱。石柱高 7 米，自上而下用六块石灰石垒叠而成，分基座、柱身和石屋三部分，其结构为莲座之上建石柱，柱巅置水平盖板一块，其上建石屋。上部截面为方形，正面有“标异乡义慈惠石柱颂”题额等刻铭，并在柱身上遍刻三千四百余字的《标义乡义慈惠石柱颂》，记叙起义、葬骨和立柱的经过。题额左下方有“大齐太宁二年四月十七日”的题刻。

第三节　碑刻所反映的隋唐人民反抗斗争

隋朝从建立到灭亡前后仅三十八年，由于隋朝统治者，特别是一代暴君隋炀帝的残酷压迫，各地人民大小起义此起彼伏，接连不断。隋代的碑刻，特别是隋代遗存的墓志，从不同的侧面反映了当时所发生的一些人民起义的情况，其中不乏正史未载之事，为研究隋代的政治、经济、阶级及民族矛盾提供了宝贵的资料。如刻于隋炀帝大业六年（610）的《羊玮墓志》记载：

> 大隋开皇二年，除大都督……藤越妖寇，不请朝恩，凭窜山谷，侵扰民庶。我高祖大皇帝，君临万国，仰应天垂，慈育黔黎，情兴济养。玮诚心奉诏，尽心戎行，摧破凶徒，克展勋效……

从《羊玮墓志》这一记载中可以得知，隋初开皇二年（582）发生过“藤越妖寇”之事。又如，刻于隋文帝仁寿三年（603）的《苏慈墓志》记载：“仁寿元年……时桂部侵扰，友川拥据，诏授公交州道行军总管。”《隋书卷四十六·苏孝慈传》载，苏慈“仁寿初，迁洪州总管，俱有惠政。其后桂林山越相聚为乱，诏孝慈为行军总管，击平之。其年卒官”。这两则互为补证的记载可以确切地证实，隋文帝仁寿元年（601）曾发生过“桂林山越”反对隋朝统治的起义，被隋朝廷派苏慈为“行军总管”所平定。隋炀帝大业十年（614）二月山西代县发生了魏刁儿领导的农民起义，《隋书·炀帝下》有“上谷贼魏刁儿自称历山飞虎，众十余万，北连突厥，南寇赵”的记载。刻于大业十年十一月的《邓昞墓志》，则详细记载了邓昞率领隋军镇压号称“历山飞虎”的魏刁儿农民起义，自己也被箭射死的经过：

> ……代出飞虎，破劫城市，烧乱村邑。弯弓披甲，七道阴来；舞稍跃马，十阵俱至。昞雄策内发，勇气如山，即命将士分旗冲要，莫不应

铉而倒；随戈摧拉，洒血流原，横尸弊野。贼虽平荡，但为伏矢所着。十年五月二十七日，春秋五十有六，终于五台县所。

《邓昞墓志》补充了《隋书》记载之不足，具有宝贵的史料价值。

图 294　《李皋墓志》（局部）

在唐代安史之乱后，朝廷为了弥补国库之空虚，加紧聚敛，下令追征江淮地区八年租调。唐代宗宝应元年（762），由于不堪忍受残酷的压榨，在台州人袁晁的率领下，浙东农民在翁山（今浙江舟山岛）起义，力量迅速壮大，一度发展到二十余万人，后为李光弼率领的唐军击败。对于此事，《旧唐书》仅做了极为简略的记载："浙东贼首袁晁攻剽郡、县，浙东大乱，光弼纷纷除讨，克定江左，人心乃安。"而刻于唐德宗贞元八年（792）的《李皋墓志》（图 294，全称《有唐山南东道节度使赠尚书右仆射嗣曹王墓志铭并序》），在颂扬李皋一生忠、仁、孝的同时，对李皋在镇压袁晁农民起义方面的"业绩"则做了颇为具体的记载，谓李皋"与刺史康云间攻袁晁，寇凌我骑，云间之马踣焉，王（李皋）心存拯危，目不见陈，乃挟其人，而挝其马，偕犯围而免之"。这一记载补充了《旧唐书》记载之不足，为研究李皋的生平事迹和唐中叶袁晁领导的农民起义，提供了有价值的史料。

第四节　碑刻所反映的宋代人民反抗斗争

宋徽宗时期，政权操纵在被广大人民群众痛骂为"六贼"的蔡京、童贯、王黼、梁师成、朱勔、李彦六人的手中。因此，不论是北方还是南方，广大人民群众深受残酷的政治压迫和经济剥削，处在水深火热之中，忍无可忍，纷纷起而反抗。北方爆发了宋江领导的农民起义，南方爆发了方腊领导的农民起义。在宋代所遗存的碑刻中，就有一些从不同的侧面留下了关于这两次农民起义的记载，为我们研究宋江起义和方腊起义提供了宝贵的资料。

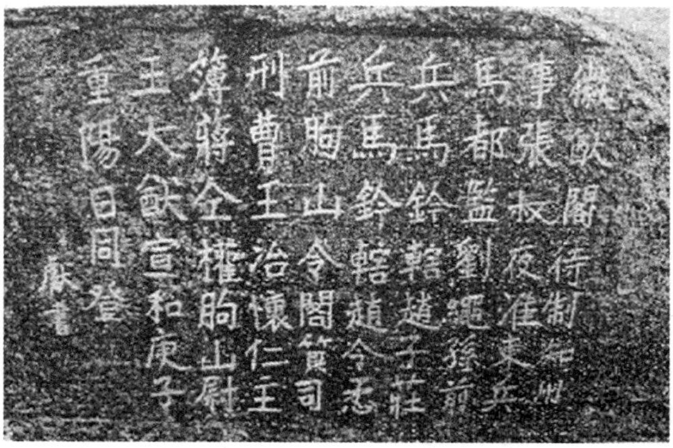

图 295 《张叔夜等白虎山题名》

相传约在宋徽宗宣和元年（1119）之前，宋江等三十六人聚而起义，曾在山东梁山泊驻兵，起义军流动作战，声势浩大，“横行河朔，转掠十郡”，宋军不敢抗拒。宣和三年（1121）二月，宋江起义军进攻沭阳（今属江苏）、海州（今江苏东海县），由海州东门外登陆。海州知州张叔夜早就有充分准备，设下埋伏，并募死士焚毁宋江起义军的巨舰，断了起义军的退路，遂使宋江起义军军心动摇，以至全军覆没，宋江投降。但是史籍对此并无确切的详细记载。后人在江苏连云港白虎山上历代所遗存下来的几十组摩崖石刻中，发现了《张叔夜等白虎山题名》（图 295，亦称《张叔夜等白虎山登高碑》），可从侧面来印证张叔夜袭败宋江起义军之事。《张叔夜等白虎山题名》镌刻于白虎山半山腰的石壁上，摩崖石刻的刻字碑面长 2. 2 米、宽 1. 5 米，字径 12 厘米见方，用正楷书写，其碑文为：

> 徽猷阁待制知州事张叔夜，淮东兵马都监刘绳孙，前兵马钤辖赵子庄，兵马钤辖赵令悫，前朐山令阎筤，司刑曹王治，怀仁主簿蒋仝权，朐山尉王大猷，宣和庚子重阳日同登，献书。

题名所刻时间是宣和二年（1120），题名者是海州的主要文武官吏，当是张叔夜在召集本州主要文武官吏一起开会，共登白虎山时所题。而就在张叔夜召开这次会议后，第二年的二月，发生了宋江起义军进攻海州，被张叔夜一举击败之事。由此可以推测出，张叔夜所召开的极可能是一次部署如何围剿宋江起义军的军事会议。若如此，这一摩崖题刻就是张叔夜在海州知州任上镇压宋江农民起义军的旁证，具有补充正史记载的重要历史价值。

在北方发生宋江起义后不久，宋徽宗宣和二年（1120）十月，在睦州青溪（今浙江淳安）万年乡大地主家当佣工的歙州（今安徽歙县）人方腊，在青溪县帮源洞发动了起义。其声势比宋江起义还要浩大，短短几个月队伍就扩大到几万人，占领了睦州、歙州等六州的五十二个县，安徽、浙江等地的人民群众纷纷响应，各地参加起义的总人数近百万，震动了整个东南，使赵宋王朝的统治受到严重威胁。宋徽宗下令调集大军进行征剿，方腊起义以失败告终。《宋史》所记载的宋军大规模征剿方腊起义军之事，在宋代遗存的碑刻中亦可得到确切的证实。在浙江衢州樟潭街道红星村，有一个名叫仙岩洞的大岩洞，洞口高约 5 米，洞内最高处达 30 多米，有 300 多平方米深广，可同时容纳一百余人。在洞门悬崖上和洞内石壁上，布满历代题刻四十余则，最大的题刻面积有 1.5 平方米，最大的题刻字径达 40 厘米。这些题刻中，以宋代题刻居多，其中一块青石碑嵌在石穴西壁上，刻于宋宣和三年（1121），即当年征剿方腊取得胜利后留下的记录。据《宋史·童贯传》记载，方腊发动起义后，宋徽宗命童贯率十万大军征剿，在宣和三年四月击溃方腊主力，并在梓桐石穴中“生擒腊及妻邵、子亳二太子、伪相方肥等五十二人”。宋军班师途中，童贯命麾下的“京西第四将”庄仲修及部将秦寿之率领一支部队到浙江衢州一带追剿方腊余党。庄、秦二人在进入衢州的前一天，宿营于衢州城东的仙岩古刹，为使自己的“功绩”名垂青史，庄、秦二人就在当天游历仙岩洞时，留下了这块碑刻，碑高 90 厘米，宽 70 厘米，共刻楷书十行，其碑文为：

京西第四将庄仲修同本将下押队秦寿之，自今年二月间部押人马，保护广德军，杀获方贼，收复宁国绩溪县、歙州，讨荡帮源洞，破贼巢了当，续蒙宣抚公相钧旨，前来衢婺除灭余党，经由金仙岩，屯泊人马一宵，前之衢州。

时宣和三年六月十二日

从碑文所记可以得知，宋军大规模征剿方腊起义军的确切时间是在宋徽宗宣和三年二月至六月，这一记载不仅印证了《宋史》，而且比《宋史》的有关记载更为明确具体，是研究方腊起义的宝贵史料。

第五节　碑刻所反映的元代人民反抗斗争

元代遗存于世的书面文字资料较少，因此后人对元代政治、经济、社会等各方面情况的了解，许多都来自元代所遗存的碑刻。同样，关于元代人民起义、反抗斗争的记载，很多也来自元代碑刻。元代统治者为了维护蒙古贵族的特权利益，人为地制造民族矛盾，把全国人民分为蒙古人、色目人、汉人和南人四等，在法律上、政治上、经济上都给予不同的待遇，因此从元初社会矛盾就十分尖锐，在整个元朝统治时期，全国各地大大小小的人民起义、反抗斗争此起彼伏，从未间断过。尽管其中许多次人民起义、反抗斗争在书面文字中鲜有记载，但在元代遗存的碑刻、碑拓及碑文集中，常有从各个不同侧面所作的记载，这些记载为研究元代人民起义、反抗斗争的情况提供了可贵的史料，具有重要的价值。

《李仲华墓表》载："至元十九年，宜黄县言于抚州：'有盗起仙桂乡之南坑。'郡言诸会府，得檄调兵，命监郡虎翼招讨郭昂捕治之。兵至某处，乃议曰：'环贼出入之道，图画分其地，各以兵歼之。'"从这一碑文可知，元世祖忽必烈至元十九年（1282）抚州（今江西抚州）宜黄仙桂乡曾发生过人民反抗斗争。

在《陈祐神道碑》的碑文中有这样的记载："……十三年，改授南京路总管，兼开封府尹……许、蔡间有剧盗，号贼李三，党结甚众，轩倾嚣啸，公然剽劫，凶焰动两河间。及公来，逸去。以计捕获，即挝杀之。"从这一碑文可以得知，元世祖至元十三年（1276），在河南许昌一带曾发生过规模较大，乃至"轩倾嚣啸""凶焰动两河间"的人民反抗斗争。

在《赵孟頫神道碑》的碑文中有这样的记载："桑哥遣忻都、王济等理算天下钱粮，已征数百万。未征犹数千万。名曰理算，其实暴敛无艺。州县置狱株逮，故家破产十九，逃亡入山。吏发兵搜捕，因相挺拒命，两河间盗有众数万……"从这一碑文可以得知，元世祖至元二十四年（1287）桑哥担任平章政事后，重用忻都、王济等人，狂征暴敛，致使大批老百姓破产，逃亡入山，为反抗官府的搜捕而奋起反抗，仅河北、河南的起义军就有数万人之多。

在《吕德墓志铭》的碑文中有这样的记载：

八月，永康、浦江强盗窃发，侯往捕之，获其首张炎、季文龙。余党张三八、陈寿三复聚众剽龙泉……

十五年，宣慰使公以大军抵龙泉，侯以所部夹击，军至浮阳，张、陈出战，擒之，遂留镇龙泉，分屯庆元。庆元贼陈其姓，称招讨使，号“头陀军”。侯提锐卒数百人，宵闯其垒，一战平之……

二十年十二月，提刑者，居青田之鸬鹚，政和华通，复谋叛，用宋祥兴年号，铸两浙安抚司印，声摇闽、粤。侯与赵万户统兵入其境，招之不至，四面进攻，贼负山阻不下，侯直薄先发，手刃其徒毛总制、何维宁，贼大溃，生擒韦尚五、鲍吉，获宋陈丞相伪札，并贼首黄华印，榜赴宣慰司……

二十六年，杨震龙反会稽嵊县，壁龙兴山，构屋六十余间，饰以龙凤，俄造法物，自称国主，放兵四掠，诸县响应……

从墓志的记载中可以得知，在至元十四年（1277）到至元二十六年（1289）间，浙江曾先后发生过张炎、季文龙、张三八、陈寿三、黄华、毛总制、何维宁等人领导的多次人民起义和反抗斗争，元朝政府进行了一次又一次严厉的镇压。

在西安碑林中，有一块原存于陕西安康县、1970 年移置碑林的《牛山土主忠惠王碑》。碑额篆书阴刻四行，每行二字。碑的前半部分刻正楷书写的碑文二十四行，每行六十七字；后半部分为题名，共三列，第一列十行，第二列二十三行，第三列十五行。此碑重建于元惠宗至正十四年（1354），碑文记载了元末农民起义的情况。从碑文的记载中可以得知，元末陕西安康地区曾发生农民起义，起义军一度攻占安康城，惩办官吏，烧毁县衙与牛山土主忠惠王庙。总兵官陕西行省平章月鲁帖木儿率领官军残酷镇压起义军，至正十二年（1352），起义军因寡不敌众而被镇压下去。

在《刘国杰神道碑》的碑文中有这样的记载：

大德五年……前荆湖占城行省左丞刘深等，合五省军二万，征八百媳妇，道出八番，八番苦之。罗氏鬼国人性剽悍，地多良马，蛮酋蛇节，水西土官阿那之妻也，有权略，详[1]蛮成听其命。水东雍真葛蛮土官宋隆济怒征其丁夫、马匹，遂纠蛇节举兵反，攻围贵州，官军为其所邀截，十丧八九。乌撒、乌蒙、东川、芒部望风皆叛……上亲命公[2]与……也先忽都统军二万往讨之……六年冬十月，以蒙古、汉军三万，思、播土军一万，分道并进，贼兵骁锐，官军小不利。公命军士各执木盾，加钉其上，待阵既合，弃之而伪遁，贼马疾驰，势不能中止，遇钉皆蹶，纵兵乘之，贼众大溃，蛇节遁去……七年春二月，公追及蛇节于何加寨，穷蹙就擒。

从这一碑文可以得知，元成宗大德五年（1301）到大德七年（1303），在今贵州贵定地区的少数民族人民，因不堪忍受元统治者的残酷压迫，曾愤然起义反抗，元统治者派兵数万大举镇压。

在元代统治者残酷的压迫下，继全国各地先后发生数以百计中小规模的人民反抗斗争后，在元惠宗至正十一年（1351），终于爆发了声势浩大、遍及全国南北的红巾军起义。在元代遗存的碑刻中，有不少关于红巾军反抗斗争和元统治者镇压红巾军的记载，为研究元末红巾军大起义提供了宝贵的资料。

在《黄镇成撰碑》中有这样的记载：

至正十有二年春二月，淮汝叛犯湖省，连陷江西诸郡，图龙兴，进陷建昌，所至蜂起应之。贼势张甚，闽中大震。邵武独守杉关。夏四月，建宁县首祸应必达洎其党，以私憾诱致江西首贼宜黄涂乙、涂佑、新城童远，袭据建宁县治，遂陷泰宁。癸亥，遣贼扬旗执伪榜至邵武界，募榜民三百余人，持白挺大操入城。先是，城中官民久不知兵，闻贼将至，皆骇惧挈孥远遁，贼遂乘虚窃据郡治。明日，诸贼帅先入继至，扬言“摧富益贫”，以诱村田亡从逆。凡窭者之欲财，贱者之欲位，与凡子弟之素无赖者，皆群起趋之。旬日间，聚至数万，大掠富民家，散入山谷

① “详”或为“群”字之讹。
② 公：指刘国杰，元朝名将。

搜劫，无获免者。东犯顺昌，遣其党至将乐，而南自泰宁侵万安寨……五月癸酉朔，晨，抵顺昌，尽殪其首，从贼数千，收其所掠印章三十有七，遂复县治，移檄诸郡，而延平、建安守将得报，亦各举兵败贼，皆由吴公首发之也……七月癸巳，大军至城东，适贼帅童远前阵至自建阳，公麾兵渡水歼之。午刻，公与副帅丑厮整军人郡治……明日，槛送贼帅涂佑、应必达、孔以立、张彦敏、侯玉等并童远、徐富以下首级于帅间。

从这一碑文的记载中可以得知，至正十二年（1352）二月淮汝一带的红巾军曾大举攻打江西、福建，先后攻占了龙兴（今江西南昌）、建昌（今江西南城）、泰宁（今福建泰宁）等地，并继而进攻顺昌（今福建顺昌）、将乐（今福建将乐）等地，声势颇为浩大，元统治者出动大军对红巾军进行了残酷的镇压，使红巾军遭受了重大伤亡。

在《也儿吉尼公德政碑》的碑文中有这样的记载：

明年，红巾贼起河南。正月，渡蕲黄，陷鄂省。二月，陷岳与潭，众号数百万，鼓行而南。公[①]集诸将群有司论之曰："今剧贼起闾左，横行数千万里，以天下久安，战守不备故也，使其长驱深入，薄我疆场而后御之，劳师费财，震惊我民，非计之善也。不如要之衡湘以挫之，使其志不得逞。"公乃亲励战士，命在江安抚黄祖显发精锐三千人为前锋，都元帅五万户兵八万继之。三月，祖显至衡，遇贼樟木市，大战败之。贼屯衡山，元帅兵追击之，战衡山，又战下摄，大破之，斩首数十万级，戮毫民之为向导者四家，潭、衡悉平……既而道州逆贼周伯颜杀湖南帅，据其城，复陷全州。公……命万户孙思敬等救之，遂复全州。

从这一碑文的记载中可以得知，至正十二年，红巾军在河南起义，当年正月开始即大举攻打湖北、湖南，声势浩大，"众号数百万，鼓行而南"，"横行数千万里"。元军"发精锐三千人为前锋，都元帅五万户兵八万继之"，出动大军进行

① 公：指也儿吉尼，元朝大臣。

征剿。在元军的残酷镇压下，起义的红巾军被“斩首数十万级”，遭受重大损失。

山东当时是红巾军的主要活动地区之一，至今在山东各地仍留有关于红巾军斗争活动和元统治者镇压红巾军的碑刻。如在山东泰山存有至正十八年（1358）记载红巾军在山东泰安活动情况的刻石（图 296）。在山东曲阜孔庙奎文阁西掖门内西侧，存有镇压山东红巾军的元朝主将察罕帖木儿于至正二十一年（1361）刻立的《祀宣圣庙记碑》，碑高 257 厘米、宽 105 厘米、厚 37 厘米，碑文用隶体书写，共二十行，每行四十七字，字径为宽 4 厘米、长 3 厘米，碑文内容主要记述了察罕帖木儿在河南、山东征剿红巾军的经过，其碑文云：

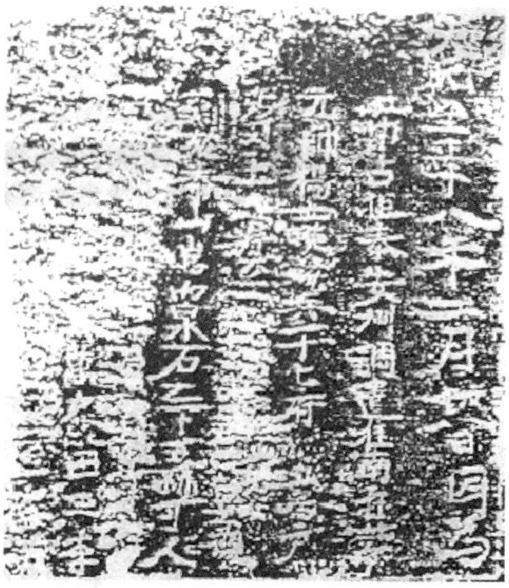

图 296　记载红巾军在山东泰安活动的刻石（局部）

> 至正二十有一年，皇帝念齐鲁未平，特命中书平章政事知河南山东等处行枢密院事兼陕西诸道行御史台御史中丞察罕帖木儿往平之。公祈服明命，大会诸侯于洛阳。收军实阅武备，发秦晋河洛兵，渡盟津，逾太行山，出井陉口。旌旗千里，鼓行东下。粤六月辛卯躬帅铁骑，建大将旗以进。七月至冠州，河西降之，东昌杨诚以全城献。八月渡盐河，分遣俾将帅偏师捣东平，与东平贼遇河东，大战，大破之。伏平四十里，斩首二万级，直造城下。渠寇田丰降，传檄郡邑，不旬日悉定鲁地。

从这一碑文的记载中可以得知，至正二十一年七月，察罕帖木儿大举进攻山东红巾军，八月陆续攻下山东各地，“斩首二万级”，红巾军田丰、王士城以东平、济宁降察罕帖木儿。这些记载，是研究红巾军历史的珍贵资料。

第六节　碑刻所反映的明代人民反抗斗争

在明代遗存的记载人民反抗斗争的碑刻中，最为著名的要数立于江苏苏州山塘街的《吴葛将军墓碑》和《五人之墓碑》。

《吴葛将军墓碑》的碑文记述了明神宗万历年间葛成领导的震惊明王朝的反税监斗争。苏州城是明朝著名的商业和手工业中心，丝织业尤为发达。万历二十九年（1601），明神宗派税使孙隆到苏州征税。孙隆先在全城各个交通要道设立层层税卡，向商贩征收重税，致使商贩不敢经营，造成税源不足。为了弥补税收不足，他又强行向机户征收高额税金，机户难以承受苛税，不得不关门歇业，致使万余名机工失业，贫民、工匠断绝了生路。而这年苏州地区又遭水灾。在人祸天灾的双重摧残下，昔日繁华的苏州城一片萧索，满目凄凉。苏州人民忍无可忍，群起而暴动。六月初三，在织工葛成的率领下，上万名机工和群众浩浩荡荡奔向税署，将税署团团包围，用乱石打死了孙隆的参随黄建节，缚住了六七个爪牙扔进河里，火烧了与黄建节狼狈为奸的地痞恶棍汤莘之家，孙隆越墙逃跑，知府朱燮元被迫撤销新加的各项税收，继而又调集军队前来镇压。为了“不以累众”，葛成挺身而出，一人承担责任，从容入狱，被关押了十三年才出狱。葛成大无畏的斗争精神和崇高品德，深受苏州人民的敬仰，大家都尊称他为葛贤、葛将军。明思宗崇祯三年（1630），葛成病逝于苏州山塘街寓所，苏州市民为葛成修建了墓冢，竖立了《吴葛将军墓碑》，碑高 159 厘米、宽 70 厘米，由著名文学家、书画家陈继儒撰写了《吴葛将军墓碑》，详细记述了上述经过。此碑对研究明末苏州人民反税监斗争具有重要的价值。

离葛成墓不远处有五人之墓，墓中埋葬着在明熹宗天启六年（1626）为反对魏忠贤阉党壮烈牺牲的五位义士：颜佩韦、马杰、沈扬、杨念如和周文元。天启六年三月，魏忠贤命令苏州巡抚毛一鹭逮捕敢于蔑视他们而辞官在家的东林党人周顺昌，激起民愤，数万名苏州市民包围前去抓人的捕差缇骑，以颜佩韦等人为首，群起殴打捕人的东厂特务致死。魏忠贤闻讯大怒，派兵前去镇压，下令屠城。

颜佩韦等五人为救全城百姓，挺身而出，承担全部罪名，慷慨就义。十一个月后，魏忠贤阉党垮台，魏忠贤畏罪自杀，苏州人民拥到山塘街，一夜之间拆平了毛一鹭替魏忠贤建造的“普惠生祠”，在生祠的废基上安葬了五位义士的尸骨，建墓立碑，碑题“五人之墓”（图 297），碑上镌刻由被称为“小东林”的复社的著名领袖张溥撰写的《五人墓记》，其碑文为：

图 297　五人之墓碑

五人者，盖当蓼洲周公之被逮，急于义而死焉者也。至于今，郡之贤士大夫请于当道，即除逆阉废祠之址以葬之；且立石于其墓之门，以旌其所为。呜呼，亦盛矣哉！

夫五人之死，去今之墓而葬焉，其为时止十有一月尔。夫十有一月之中，凡富贵之子，慷慨得志之徒，其残病而死，死而湮没不足道者，亦已众矣；况草野之无闻者欤？独五人之皦皦，何也？

予犹记周公之被逮，在丁卯[①]三月之望。吾社之行为士先者，为之声义，敛资财以送其行，哭声震动天地。缇骑按剑而前，问：“谁为哀者？”众不能堪，抶而仆之。是时以大中丞抚吴者为魏之私人，周公之逮所由使也；吴之民方痛心焉，于是乘其厉声以呵，则噪而相逐。中丞匿于溷藩以免。既而以吴民之乱请于朝，按诛五人，曰颜佩韦、杨念如、马杰、沈扬、周文元，即今之傫然在墓者也。

然五人之当刑也，意气扬扬，呼中丞之名而詈之；谈笑而死。断头置城上，颜色不少变。有贤士大夫发五十金，买五人之脰而函之，卒与尸合。故今之墓中全乎为五人也。

嗟乎！大阉之乱，缙绅而能不易其志者，四海之大，有几人欤？而五人生于编伍之间，素不闻诗书之训，激昂大义，蹈死不顾，亦曷故哉？且矫诏纷出，钩党之捕遍于天下，卒以吾郡之发愤一击，不敢复有株治；

① 作者笔误，应为丙寅。

大阉亦逡巡畏义，非常之谋难于猝发，待圣人之出而投缳道路，不可谓非五人之力也。

由是观之，则今之高爵显位，一旦抵罪，或脱身以逃，不能容于远近，而又有剪发杜门、佯狂不知所之者，其辱人贱行，视五人之死，轻重固何如哉？是以蓼洲周公，忠义暴于朝廷，赠谥美显，荣于身后。而五人亦得以加其土封，列其姓名于大堤之上，凡四方之士无有不过而拜且泣者，斯固百世之遇也。不然，令五人者保其首领，以老于户牖之下，则尽其天年，人皆得以隶使之，安能屈豪杰之流，扼腕墓道，发其志士之悲哉！故予与同社诸君子，哀斯墓之徒有其石也，而为之记，亦以明死生之大，匹夫之有重于社稷也。

贤士大夫者，冏卿因之吴公，太史文起文公，孟长姚公也。

这篇碑文用简洁而生动的文笔记述了以颜佩韦等五义士为代表的苏州人民与东厂特务、魏忠贤奸党英勇斗争的经过，继而以带有强烈感情的议论，颂扬了五义士的侠肝义胆，阐明了五义士英勇就义的价值和义士风烈在民间的深远影响。此碑对于研究明代阉党对国家之危害及明代人民的反阉党斗争具有重要的参考价值。

在反映明末人民斗争的碑刻中，刻于明熹宗天启二年（1622），现位于山东曲阜孔庙奎文阁前的《赵彦镇压徐鸿儒起义题记碑》是一块具有重要史料价值的碑刻。明末，为了推翻腐朽黑暗的明王朝统治，山东巨野人徐鸿儒利用白莲教组织农民起义，《赵彦镇压徐鸿儒起义题记碑》即是山东巡抚赵彦在镇压了徐鸿儒领导的农民起义后题刻的，其碑文为：

天启壬戌五月，妖贼徐鸿儒作乱，陷邹滕，攻郡邑，犯曲阜，势甚猖獗，钦差巡抚山东、兵部尚书兼都察院右都御史赵彦先发历下城操官军杨应坤等五百员各防守阙里，次亲讨平之，林庙藉以无虞，谨识。

根据《明史·赵彦传》的记载，当时徐鸿儒领导的农民起义军曾一度声势颇为浩大，徐鸿儒曾自称中兴福烈帝，年号“大成（乘）兴胜”，并设置了丞相、总督、总兵等官职，以红巾为识，兵分十余部，每部万余人，天启二年五月十一日起兵，五月十三日即攻占郓城，不久又攻邹县、滕县，一度切断了江南至北京的漕河粮道，并得到景州、曹州、艾山、四川等地白莲教徒的响应。但因分散作战，最终被明军各个击破，徐鸿儒被俘后送至北京被杀。《赵彦镇压徐洪儒起义题记碑》印证了《明史》的记载，为研究明末白莲教起义提供了重要的实物资料，具有很高的史料价值。

在明末反映人民斗争的碑刻中，尤为值得一提的是张献忠农民起义军刻立的《大西骁骑营都督府刘禁约碑》。“大西”是张献忠起义军建立的农民政权，据《蜀难纪实》载“骁骑营都督刘进忠”可知，该碑系张献忠农民起义军的骁骑营都督刘进忠于1645年所立，碑高129厘米、宽73厘米，原碑已佚，但碑拓仍存。从碑拓文字看，此碑系大西骁骑营都督刘进忠向大西军队及官员发布的禁约文告碑，文告规定：大西军队及官员不许擅自招兵，扰害地方；不得擅动铺递马匹兵夫；坐守武职不得擅受民众的讼词；不许假借天兵名义扰害地方；不许无赖之徒投入军营，诬告良民；不许擅娶本地妇女为妻妾。若有违反以上各条纪律者，许民锁解军前正法。此碑是研究张献忠农民起义的重要的实物资料。

第七节　碑刻所反映的清代人民反抗斗争

在清代遗存的碑刻中，有颇多是反映人民反抗斗争的。清代先后发生过的太平天国、捻军、黑旗军、白莲教、义和团等大规模的人民起义斗争，在清代遗存的碑刻中，都留有许多相关记载。

反映太平天国起义的碑刻，较著名的有：在广西桂平金田村当年太平军的指挥部旧址三界庙中，至今完好地保存着太平天国起义前后所立的许多石碑，这些石碑记载了当时金田地区的经济发展和阶级斗争的状况，为研究太平天国起义发生的历史背景提供了重要资料。广西桂林象鼻山是风景名胜，也是古时兵家用兵之地。1852年太平军围攻桂林时，曾在象鼻山上架炮轰城。但是由于桂林三面环水，一面又为群峰屏障，加上城墙高厚，易守难攻，太平军一连猛攻了六天仍没能攻下，决定撤离北上。为了不让清兵觉察而尾随追击，太平军巧妙地采用了迷惑敌人的策略，他们在象鼻山上布置了许多草人，远看似人影幢幢，然后把队伍安全地撤走。太平天国运动失败后，清光绪九年（1883），广西巡抚倪文蔚特意在象鼻山东面的悬崖上，镌刻了巨幅《皇清中兴圣德颂》摩崖石碑，为清统治者镇压太平天国运动歌功颂德。碑文记述了当年太平军攻打桂林的经过，对研究太平天国是很有价值的参考资料。

江苏南京作为当年太平天国的天京，在这里遗存许多反映当时太平天国起义军情况的石碑。在南京挹江门南的城墙上，镶嵌有《太平军破城界址碑》两块（图 298、299）和《太平军破城修复记事碑》（图 300）。1853 年，太平军猛攻南京城，在挹江门南城墙转角处，炸开了一个大豁口后冲入城内。太平天国起义失败后，光绪十一年（1885）清政府修复城墙时，在墙面上镶嵌了这三块石碑。两块界址碑嵌在修复城墙的起点和讫点，都是高约 44 厘米、宽约 22 厘米，碑上分别刻"右界"和"左界"两字。在修复城墙的正中嵌有高约 85 厘米、宽约 43 厘米的记事碑，其碑文为：

光绪十一年岁次乙酉孟秋月，奉宪委修象山脚下城墙一段，计长八丈二尺。善后工程局委员运司衔江苏江浦知县长沙黄国忠监修。匠头王永发、葛庆林。

图 298　太平军破城界址碑左界

图 299　太平军破城界址碑右界

图 300　太平军破城修复记事碑

这块记事碑及两块界址碑明确地标示出了当年太平军攻破南京城的具体位置、炸开城墙的宽度以及南京城墙重新修复的时间，这对研究太平天国运动、南京古城墙历史都具有重要的价值。

在南京太平门东侧、紫金山西麓与城内富贵山相连的U字形隘口处的城墙上，嵌有太平门城墙缺口碑。天保城、地保城是太平天国时期修筑的保卫天京城防的两个重要军事要塞。1864年湘军攻陷地保城后，继续沿朝阳门（今中山门）至太平门一线以及神策门（今和平门）外挖地道，选择太平门至龙脖子之间的矮城处作为攻城突破口，双方激战三天三夜，湘军精锐在付出四百余名将士性命的惨痛代价后，终于炸开城墙十五丈。后李秀成在夜里派遣数百名突击队员出城偷袭湘军地道营垒，因湘军警觉拼命堵截而未能成功。次日中午，湘军所挖地道火发，龙脖子城墙被炸开十五垛，计二十余丈，天京终被清军攻陷。十月，曾国藩下令修复位于太平门东侧的龙脖子城墙缺口，亲自撰文并书写石碑嵌于修复后的城墙上，此碑至今仍完好地镶嵌在城墙上，碑高约184厘米、宽约76厘米，其碑文为：

道光三十年，广西贼首洪秀全等作乱，咸丰三年二月十日陷我金陵，据为伪都。官军围攻八年不克，十年闰三月师溃，贼势溢张，有众三百万，扰乱十有六省。同治元年五月，浙江巡抚臣曾国荃率师进攻金陵，三年六月十六日于钟山之麓用地道克之。是岁十月修治缺口。工竣，镌石以识其处。铭曰：“穷天下力，复此金汤。苦哉将士，来者勿忘。”

曾国藩记并书

清光绪十二年（1886），时任两江总督曾国荃又命金陵善后工程局派人修复了太平门至龙脖子之间当年被炸塌的城墙，并在修复的城墙上嵌了三块石碑。现三块石碑仍完好地镶嵌在城墙上，均为高约65厘米、宽约38厘米。其中两块为界址碑，分别嵌在东西两边新、旧城墙交界处，碑上分别刻有“东界”和“西界”两个大字；在修复城墙的正中间，嵌有一块记事碑。其碑文为：

光绪十二年岁次丙戌孟夏月，奉宪委修太平门东首城墙一段，计长十五丈。善后工程局委员运司衔江苏江浦知县长沙黄国忠监修。匠头孙克明、王永发、耿有富。

清光绪十五年（1889），朱洪章又在地保城遗址西端田埂上为当年所部在太平门缺口处毙命的四百余名兵勇的墓冢竖立了《表忠之碑》。此碑在“文化大革命”初被砸为两截，“文化大革命”后寻得，现收藏于南京太平天国历史博物馆，重新拼接后通高约180厘米、宽约83厘米，碑的正面刻有曾国荃所写的碑文：

同治三年甲子闰六月十六日，龙脖子地道告成，火发，轰开城垣二十余丈，砖石雨下。长胜、焕字等营首先登城。前队奋勇，死者四百余名，同瘗于此。呜呼，惨矣！亟志之，以表忠烈云尔。

光绪十五年己丑仲秋

在《表忠之碑》的背面，刻有朱洪章的《吊荒冢四律诗并序》，其序文和诗为：

戊子夏请旨入觐，绕道金陵，晋谒曾爵帅。经过石头城，复见昔日攻城轰毙勇士丛冢，烟草荒凉，孤凄暴露，抚时感事，不胜太息！爰歌四律以吊，并立石请爵帅赐志颠末焉。

为拔金陵百计谋，掀天地炮起城头。
催兵奋击分三队，主帅雄才展一筹。
乱石腾空飞似雨，残砖倒塌势如流。
而今雉堞新完处，即是疆场万古留。

记得登城地道开，身先士卒鬼神哀。
将军令下挥戈扫，幕府山前击鼓催。
斩逆尸横填道路，诛酋血染透尘埃。
江南吊故难回首，惨见埋忠土一堆。

不易当年克此城，今朝却是倍伤情。

精兵四百遭全殁，壮士三千只半生。
捷报红旗身已陷，惨抛白骨泪频倾。
存亡两事何堪问，敢谓留遗不朽名。

入都复绕太平门，举目凄凉不忍言。
岭山开濠犹有迹，山腰结垒尚遗痕。
冲锋历记千军拥，破敌追思万马奔。
触景伤怀空洒泪，独怜荒冢吊忠魂。

上述这些石碑，虽是清政府官员为自己歌功颂德而立，但透过碑文的字里行间，人们可以从一个侧面了解到当时太平天国起义军攻占南京、将南京改为其都城天京和清军重新攻陷天京的具体经过，以及当年太平军为保卫天京与清军展开浴血奋战的情况，这是研究太平天国史特别是天京保卫战的宝贵史料。

在太平天国起义军席卷南方各省的同时，活跃于北方的农民起义军捻军在张乐行的领导下，也奋起反抗，他们与太平军遥相呼应，给清政府以沉重打击。清政府把捻军视为和太平军一样的心腹之患，疯狂进行残酷镇压，特别是太平天国起义被镇压后，清政府更是倾全力征剿捻军，终使捻军起义在 1868 年八月全部失败。在清代遗存的石碑中，有不少从不同的侧面记载了捻军起义的情况，为研究捻军起义史提供了宝贵的资料，《僧格林沁剿捻碑》即是其中最为著名的一块。

僧格林沁是清末重要将领，博尔济吉特氏，科尔沁左翼后旗人。道光五年（1825）袭封郡王，咸丰五年（1855）因镇压农民起义军屡立大功而晋封为亲王。《僧格林沁剿捻碑》全称为《钦差大臣御前大臣科尔沁扎萨克和硕多勒噶台忠亲王御寇纪略碑》，原立于山东济宁僧格林沁祠中，碑刻于清同治九年（1870），后祠院倾废，碑被埋没，1971 年重新发现。碑高 112 厘米、宽 120 厘米、厚 15 厘米，碑文近六千字，由僧格林沁的近臣、随军粮台委员、济宁人许业勤口述，候选训导贡生王春藻用小楷书写。碑文详细记述了僧格林沁从清咸丰十年（1860）以济宁为大本营率兵剿捻，至同治四年（1865）在曹州（今山东菏泽）遇害的整个过程，其间还夹述了镇压鲁西北宋景诗、邹县宋继鹏等农民起义军的史实。其碑文云（摘录）：

咸丰十年岁庚甲，硕多勒噶台忠亲王奉文宗显皇帝命，率藩部兵由天津南下，迎剿皖匪张洛行于东豫间。王揽辔澄清，慨然有安天下之志。十一月，师次济宁，以济为南北冲，足扼要，稍驻军焉。嗣历酉戌亥子至乙丑四年余，督所部七千人，经六省，亲百战。见报：克复者六，解围者五，平贼圩者百数，圩归降者数百余，斩元恶九，擒悍匪数十，诛绝教匪、会匪及所挟粤逆并其各从贼无算数。由东而豫而皖而楚，复折而豫东，或由济而兖而泰而济南而青登，而江左之赣榆、沭阳，折而沂之兰郯，而兖济而曹而豫，或由曹之菏、濮、钜、郓而东昌而冀，以及长垣、东明、开州。东至海，南至江，西至洛阳，北至大名，相距数千里。险山阔水，烈日疾风，骤雨积雪，罢劳饥渴，奋腕疮、置腹病，追逐奔驰于刀戟林立、礮铳雨集之中十余周，披斩群凶，几荡尽。卒以意外奇变，力尽捐忠躯事。

……王之次济也，谓粤逆犯顺以来，金陵失陷，蔓延楚皖苏浙，张逆实合应之，为心腹忧，不翦灭，此势岌岌，殆不可支。次济，议进兵，而张逆早遣党羽刘玉渊等率众来扑犯，王以都统格绷额御之，战殁，贼亦去。王规度地势，连东豫两省边地为垒堑，以内固人心。十一年辛酉，玉渊等复北犯，自丰砀走金乡，至汶上。都统伊兴额、总兵滕家胜同战殁。滕，将材；伊，尤宿将，与格并者也。王亲督马阵赴援，弗及解东平围。当是时，邹邑教匪宋继鹏作乱，而曹之会匪郭秉均乘间起。王知宋为自守贼，遣谕利害，许其降。而郭实当西南路，师出将挠我后，乃以侍郎国瑞徇河北，营总恒龄战曹，遂擒斩郭秉均、李怪毛、王冠一、焦贵昌等。于是踞东明匪之李标、董志信诸人尽来降，拒命圩寨皆下之。是秋，南捻大股复扑犯，王因得率轻骑出泰安、济南追袭之，斩馘二万七千级。于青州道出穆陵关，关当山绝险，两壁悬崖通一骑，乘胜长驱突过之，抵邳、宿，间道入湖。驮骣腾籤四十里，突出邀击贼前，贼惊为神兵自天而下，半踉跄匍伏死，东境粗安。同治纪元壬戌正月，王师至徐岗遇贼，战不利，辎重隔绝二日，粮台委员许业勤夜越贼营驰见王，王喜。时王师驻杞县，军少，贼首姜台凌等率众叫突前，王韬弓卧鼓不少动，逾时忽出轻骑掩之，恒龄率所部逼贼垒而军，贼却走，追至尉氏，不见一人，而后路悍匪十余万鼓噪骤至，烟障迷天日，尘沙矗起。时王骑卒不满三千，左右请走险阻。王笑曰："是奚足哉！"挥恒龄、舒通额、苏克金等张两翼进，而自督红旗队捣中坚，呼声震天，士卒无不以一当十。后军继至，风驰电击，大破之，尸横六十里，军械衣粮抛弃满路渠，贼几歼焉无遗者。是时金楼教匪部姚氏女贼作乱，寨小而坚，以王双楼为犄角，南捻为援。王曰：是赴皖必由之路。围三阅月平之，匪徒望风归顺者，圩二百许。王移军夏邑，为捣贼巢窟，以营总富永和林分巡永城。永城诸路方克期率师进，而贼首李成、胡四、赵洁染纠合党舆（羽），由砀山走金乡，以牵制我军。后，王复还击之，遇于金山满家洞，贼尽锐列山后，而以羸卒先踞高俯瞰。我军不可仰攻相前，却者三。贼出其山后伏袭，我王大奋神威，遽挥马队迎击，恒龄大呼驰贼阵，诸军继之，贼大溃，歼杀敌数万余，李成走死，又擒斩李廷燕等，芦庙、黄钟、马村诸匪圩皆下之，而以重兵攻蒋集。蒋集者，地近涡河，南捻所恃为屏蔽也，凭河固守数旬，始克之，张逆穷蹙。二年癸亥春，张逆出金帛大招党徒，谋赴鹿邑挠我后，刘玉渊、苏天福夜潜渡河，与孙丑、姜台凌率众北犯，而张逆以死党拒河。王念是时张逆计穷怀疑，畏而苏、刘诸贼亦反，顾持两端，乃榜示贼众，购张逆头以重金，遂挥马阵回击。时张逆军涡河南，我军河北，贼党窃出蹑我后，我亦潜以偏师后出，乘贼战接，前后夹击之，遂大破之，擒斩刘玉渊、苏天福、刘银登、胡四、赵洁染。张逆拒尹沟不敢出，王师围之数匝，张逆气竭力殚，以甲梔五千夜突走。王谓恒龄曰："我军血战两年，始至是，今复使贼去，汝无归矣！"龄受命率死士穷追一日夜，逾肥颍而西，披斩几尽。张逆并二子及逆党诸人奔西洋集，宿州知州英翰以集长李勤邦约，夜入圩擒之。王谓诸将曰："我悬赏疑贼心，而以疾击摇群贼志，张逆不敢出，迨以精锐尽而即无能自脱也。"捷奏……张逆父子并孙丑、姜台凌皆以极刑处死，皖捻平……

从碑文中可以得知，当时僧格林沁率领的清军和捻军的战区涉及山东、河南、安徽、湖北、河北五省，两军之间重大战役的时间、地点、主要将领、兵力部署及胜负等情况在碑文中都有准确的记载，碑文还对许多战役的场面和一些重大战役的地理位置、地形特点、气候条件等情况有细致具体的记述，这是其他史料所没有的，因此弥足珍贵。尽管碑文对僧格林沁竭力美化，对捻军等农民起义军肆意污蔑丑化，但也从侧面看出，捻军和其他农民起义军一起紧密配合，机智巧妙地避实击虚，流动作战，给清军以一次又一次重创，乃至击毙僧格林沁，歼灭僧军。剔除碑文中对僧格林沁的溢美吹捧之词和对农民起义军的肆意丑化之词，此碑对于研究清末捻军起义等人民反抗斗争具有重要参考价值。

在太平天国起义军、捻军与清政府开战的时候，咸丰十年（1860），在山东邹城凤凰山一带，爆发了由宋继鹏、郭凤冈等领导的文贤教起义，因文贤教是白莲教的一个分支，故也称为白莲教起义。他们以白莲池为中心建立根据地，与前来镇压的清军展开激战，连败清军，起义盛极一时，势力发展到济宁、泗水、曲阜、兖州、平邑、微山、滕县、泰安、宁阳等地，清政府深感恐慌，急忙派重兵镇压。同治二年（1863）七月，僧格林沁亲率大军围攻起义军根据地，起义军弹尽粮绝，全部壮烈牺牲，当时兵民相杂，死伤三万余人，尸横遍野，血流成河，惨不忍睹。关于宋继鹏领导的白莲教起义惨遭残酷镇压之事，在同治三年十二月当地官员掩埋起义军尸骨时所刻立的《掩埋白莲池尸骨记碑》做了详细记载。此碑原立于今山东邹城田黄镇辛庄村西，后移入邹城亚圣府礼门西侧，碑文楷书十二行，每行五十余字，由丁寿保撰文，六品衔医学训科姚继考书写。其碑文云：

同治二年七月二十三日，王师平定白莲池，阵斩教逆及伤亡将士裹挟被难民人三万有奇，尸横遍野，血流成河，此掩骼埋胔之政，所当及时举行者也。八月，候补道张石渠观察、兖州府王励臣太守来办善后，与邑侯张筠溪明府，各捐廉倡首，而河南候补府盛小兰太守、前邹县许畹生明府，亦各捐俸来助，于是由府派委陶二尹锡祺专司其事。只以时值隆冬，天寒地冻，未能即时竣事。明年春，散放鲁源、田黄、罗头三社赈。五月，从抚部院阎巡视白莲池。六月，设局尼山、安东镇，清丈逆产，安抚流民，与印委诸君重经旧垒，遍历山陬，见白骨累累，如山堆积，既悲死者之长暴其骨，而尤虑生民之将遘其厉也。八月，局中官吏及执事人等，果十病其九，归来乡民，病者七，死者三。邑侯复出资九十千文，将重申前议，舍弟彦臣亦自东昌差次，以东昌府曹俊山太守以次捐银工十一分，遣使来助。正喜经费有出，而又虑司事者不得其人不能善其事也。适分防白莲池刘二尹思霖，暨独峪沟王茂才玠，毅然以此事自任，遂于十月初十日设局分防署中，选募乡民五十人，周历山谷，悉力搜寻，随其所在，就地进瘗，自颜家庄、后峪村、东村、西鹿山后、云蒙寺、杨家峪以南、猴子山、前打鼓堆、栖凤朝阳寺，以及烧峪、樊家庄、平定山等处，凡五十余坑，除残肢断骨不计外，其可数计者二万余具……

此碑反映出当时山东白莲教起义军是何等不畏强暴、英勇顽强地与清军展开殊死战斗，清政府又对白莲教起义进行了何等残酷的镇压，这些对于研究白莲教起义都是重要的资料。

义和团运动是清末光绪后期爆发的大规模人民起义，其发起人是河北威县沙柳寨村的赵三多。现在河北邢台威县沙柳寨村义和团议事厅旧址的院子里，立有《赵三多纪念碑》。碑文对赵三多为反抗帝国主义侵略、反抗清政府统治而不屈不挠、英勇战斗的一生做了详细介绍。从碑文中可以得知，赵三多，字祝盛，出身贫苦农民家庭，自幼习武，系梅花拳第十四代传人。中日甲午战争后，为了反抗帝国主义的侵略，他以梅花拳为基础创立了义和拳。光绪二十四年（1898），他在威县蒋家庄马场祭旗，打出“助清灭洋”大旗，发动第一次起义。起义失败后，他突出重围，光绪二十六年（1900）又在河北枣强卷镇率拳民和饥民发动第二次起义。起义因袁世凯的残酷镇压而又一次失败。但赵三多并未因此而停止斗争，光绪二十八年（1902），他在河北巨鹿参加了景廷宾领导的起义队伍，鲜明地树起了“官逼民反”“扫清灭洋”两面大旗，把斗争矛头直接指向帝国主义和清政府。起义再次失败，赵三多被捕，被关押在河北南宫监狱，受尽酷刑，但他依然顽强不屈，绝食七日，英勇就义，终年六十二岁。赵三多是义和团的发起人和领袖，他的纪念碑也可以说是义和团的纪念碑，是研究义和团运动有价值的历史资料。

第八节　碑刻所反映的现代人民革命斗争

在中国共产党领导的推翻“三座大山”的人民革命斗争中，刻石勒碑被作为一种宣传革命主张、传播革命真理、广泛动员群众的重要手段而受到高度重视和普遍应用，特别是在川陕等地，通过摩崖石刻来向广大人民群众宣传革命主张、传播革命真理，更是成为工农红军常用的一种方法。正因为如此，在工农红军的革命根据地和其所经过的地方，特别是在川北山区，遗存有大量的红军标语、对联石刻和碑文。据有关查考统计，在当年广阔的川陕革命根据地境内，即今四川的达州、巴中、南充、广元等地，在山崖陡壁、建筑物和石墙上，红军留下的各种碑刻曾多达数万处，随处可见，至今尚能辨认的仍有数千处，可谓蔚为大观。这些石刻内容丰富，形式多样，通俗易懂，活泼生动，既有大量短小的口号，又有对仗工整的对联，还有文字较长的宣传文章，大多都刻得遒劲而工整。据说驻扎于川北地区的红四方面军总部和各军都有专门负责石刻标语的镌字队，各级苏维埃政权还有临时镌字队，整个川陕革命根据地镌字队员人数在万人以上，各镌字队都由字写得好、有雕凿技艺的干部、战士和群众共同组成。正因为如此，在川北地区遗存的红军石刻中，有许多文、书、刻俱佳的精品杰作。

在四川广元城郊嘉陵江畔皇泽寺内，建有别开生面的红军标语碑林，碑林集中了当地人民从各处搜集来的1933—1935年红四方面军在广元境内留下的一百多条石刻标语。在四川达州原红三十军政治部所在地大门两旁的石柱上，刻有“斧头劈开新世界，镰刀割断旧乾坤”碑联，这副著名的碑联如今已被中国革命历史博物馆珍藏。

在四川剑阁的古城墙上，至今仍完好地保存着红四方面军留下的珍贵的《中国共产党十大政纲》石刻。据有关资料记载，1935年3月，红四方面军在遵照党中央的战略部署北上会师前，曾在剑阁驻扎月余，为了动员群众，红军政治部的一位李同志在顺城街古墙上书写了《中国共产党十大政纲》的条文，红军中负责刻字的宣传机构“钻花队”看到后，当即将这些书写的条文凿刻在墙上：

（一）推翻帝国主义在华的统治！

（二）没收帝国主义在华的工厂、企业和银行！

（三）推翻地主资产阶级的军阀国民党政府！

（四）建立工农兵苏维埃政权！

（五）统一中国，承认民族自决权！

（六）实行八小时工作制，增加工资、失业救济和社会保险！

（七）没收地主阶级的土地归农民！

（八）改良士兵生活，分给土地和工作！

（九）取消军阀地方的苛捐杂税，实行统一累进税！

（十）联合全世界无产阶级和苏联！

中国工农红军政治部

整个《中国共产党十大政纲》石刻宽1.7米、长11米，书法、雕刻都堪称上品。但在凿刻《中国共产党十大政纲》石刻后不久，红军即撤离剑阁北上。国民党反动派及当地反动政府立即勒令铲除所有的红军石刻。为了保护《中国共产党十大政纲》石刻和红军标语，当地的革命群众巧妙地用石灰、草泥等将石刻字迹填平抹好，一段时间之后，古城墙上杂草丛生，石刻痕迹被掩盖而得以完好无损地保存了下来。中华人民共和国成立后，《中国共产党十大政纲》又被重新剥露出来，20世纪50年代中期，剑阁有关部门在镌刻《中国共产党十大政纲》的古城墙上加修了混凝土棚顶，使这一珍贵的革命文物得到了妥善保护。

图301 “赤化全川”摩崖石刻标语

尤为值得一提的是，在四川通江境内，还有两幅目前所发现工农红军留下的全国最大的摩崖石刻标语。一幅石刻标语为“赤化全川”（图301）四个大字，刻在通江红云崖顶部，每个字约高5.5米、宽4.7米，字道深0.35米，笔画宽0.7米，字间距离约7.1米，四个大字书法工整，笔力遒劲，气势宏伟，极为壮观，天晴时，在十数公里外都清晰可见。据有关资料记载，1934年农历三月，红四方面军总部钻字队原先准备在此钻凿“国民党是帝国主义的走狗”，凿成“国民”二字后，一位红四方面军的宣传干部来此巡视，认为原标语字数过多，刻在崖上不够壮观，建议改凿“赤化全川”。于是，钻字队凿掉了“国民”二字，由巴中思阳河一位姓张的小学教师爬上高架，写了“赤化全川”四个大字，然后重新钻刻，于当年农历七月正式刻成，用石灰水涂染后极为醒目。这条“赤化全川”石刻标语，先后由二十多名民工搭架、三十多名石工打凿，用了四个月时间方告竣工。

另一幅巨型红军石刻标语“平分土地”（图302），凿刻在通江境内的佛尔岩上，每个字高6.95米、宽5.35米，笔画宽0.89米、深0.1米，比“赤化全川”要大，数十个人前后花了两个多月才凿刻竣工，人称“标语之王”。

由于这些红军标语、口号和文章大多刻在山崖或石建筑物上，故历经战火洗礼和八十多年风雨剥蚀，大多仍完好保存，成为中国近代革命史上一份极为宝贵的遗产，是研究中国革命的珍贵实物资料，具有重要的革命文物价值。

图302　“平分土地”摩崖石刻标语

第十八章 碑刻与民间生活

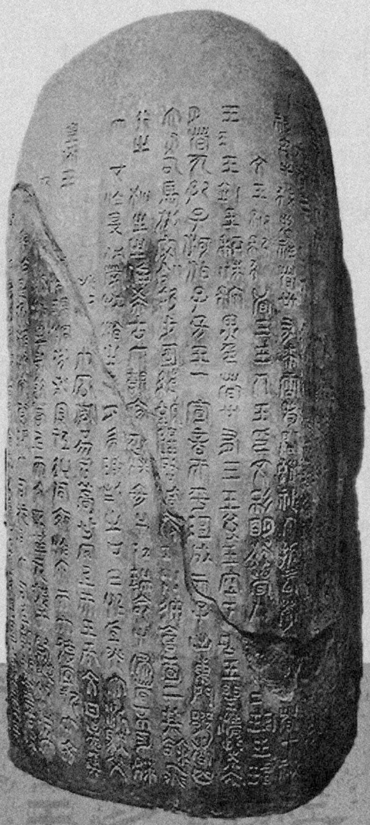

碑刻广泛地应用于民间社会生活涉及的各个领域，已发展成为民间社会日常生活中的一个组成部分。

第一节　碑刻在民间神灵崇拜中的应用

中国是一个地域辽阔、人口众多的多民族国家，古代人民除了信奉佛教、道教、伊斯兰教、基督教等几大宗教外，还有包括上至玉皇大帝，下至阎王判官，广至山神、水神、火神、灶神、门神、财神、风雨雷电之神、三山五岳之神、江河湖海之神、三教九流之神等形形色色的民间神灵崇拜。持有不同神灵崇拜的人，对自己所崇信的神灵顶礼膜拜，或祈求平安，或祈求五谷丰登，或求权、求财、求福、求寿、求子……渴望获得自己所崇拜的神灵的护佑和恩赐。那些虔诚的崇拜者，为了表达自己对所崇拜的神灵的无限虔诚之心，并使之扩大影响，感召他人和自己一起来崇拜同一神灵，往往又为之刻石立碑。因此，历代遗留下来大批祭祀、感颂各种神灵的碑刻。以下略述最普遍的几种。

一、 名山大岳之神崇祈碑刻

在古代，名山大岳对于人们有一种极大的神秘感，他们认为这些高峻雄险的名山大岳都有神灵主之，“能兴云雨，产万物，通精气，有益于人……其德休明，则有祯祥；荒淫滕秽，笃灾必降”，甚至认为，“五岳之神，分掌世间人物，各有攸属。如泰山乃天帝之孙，群灵之府，为五岳祖，主掌人间生死贵贱修短；衡岳主掌星象分野，水族鱼龙；嵩岳主掌天地山川，牛羊食啖；华岳主掌金银铜铁，飞走蠢动；恒岳主掌江河淮济，四足负荷等事”。历代以来，人们刻立了众多祭祀、感颂名山大岳之神的石碑，以表达自己虔诚的信仰，寄托自己的愿望。

据查考，继秦始皇时期的《泰山刻石》《峄山刻石》等帝王祭祀名山大岳的碑刻之后，东汉出现了众多民间祭祀名山大岳的碑刻。其中著名的有刻于东汉安帝元初四年（117）的《祀三公山碑》（全称《汉常山相冯君祀三公山碑》）、刻于元初五年（118）的《嵩山泰室石阙铭》、刻于东汉安帝延光二年（123）的《嵩山少室石阙铭》《嵩山开母庙石阙铭》、刻于东汉顺帝永和元年（136）的《西岳石阙铭》、刻于东汉质帝本初元年（146）的《三公山神碑》（图 303）、刻于东汉恒帝延熹七年（164）的《封龙山颂》、刻于延熹八年（165）的《西岳华山庙碑》、刻于东汉灵帝熹平四年（175）的《堂豀典嵩高山请雨铭》、1913 年在朝鲜平安道发现的刻于东汉灵帝光和元年（178）的《平山君碑》（图 304，全称《汉秥蝉平山神祠碑》）、刻于光和二年（179）的《樊毅修华岳碑》、刻于光和四年（181）的《无极山碑》（图 305）等。这些祭祀大小山神的碑，多为求风调雨顺、国泰民安而立。如《三公山神碑》碑文内容即是冯君到任后，祈祷三公山神保佑常山地区风调雨顺、农业丰收、国泰民安。《嵩山泰室石阙铭》即为感颂和祈求嵩山之神保佑万物茂盛、国泰民安，其碑文云：“崇高[①]神君，岱气最纯。春生万物，肤寸起云，并天四海，莫不蒙恩。圣朝肃敬，众座所尊。”《平山君碑》为祭祀山神，祈求风调雨顺、五谷丰登、人民长寿等。

图 303　《三公山神碑》（局部）

① 崇高：即嵩高，指嵩山。

图 304　《平山君碑》(局部)

图 305　《无极山碑》(局部)

二、 海神妈祖崇祈碑刻

妈祖是我国东南沿海和沿海诸岛民间普遍信奉的“海神”“天妃”和“天后”。妈祖信仰始于北宋，最初民间是把妈祖作为保护航海安全之神来信仰和崇拜的。随着时间的推移，妈祖逐渐演变成了不仅能保护航海安全，而且能主宰风调雨顺、生儿育女、战争取胜、祛病求吉、施财施福等世间各种事情的万能之神，信奉妈祖的人越来越多。为了记颂妈祖的功德，表达对妈祖的虔诚信仰，自宋代以来，人们刻立了许多此类石碑。据考查，现存记载妈祖信仰最早的碑刻是南宋嘉泰进士、福建莆田人丁伯桂撰写的《艮山顺济圣妃庙记碑》。

继宋代之后，随着妈祖信仰的传播和发展，在我国沿海许多地方和内地某些地区都出现了关于妈祖的碑刻，尤以航海业高度发达的明代刻立祭祀、记颂妈祖的石碑数量最多。较著名的有：在重建于元泰定帝泰定三年（1326）的天津天后宫，有元代著名文士危素撰的《河东大直沽天妃宫旧碑》。在山东德州建于明代的天妃庙，有王权撰写的《修天妃庙记碑》，其碑文云：“吾境内多泰山元君祠，恭谒天妃庙者……”在江苏南京，有为纪念郑和第四次下西洋航海平安归来而刻立于明成祖永乐十四年（1416）的《御制弘仁普济天妃宫之碑》，碑文详细记颂了妈祖如何显灵，保护郑和等人在航海中遇风浪而后安然脱险之事，表达了对妈祖的虔诚信仰和感激之情。在江苏太仓刘家港，有《娄东刘家港天妃宫石刻通番事迹记碑》，碑文云，在郑和船队遇到危险时，“一称神号，感应如响，即有神灯烛于帆樯，灵光一临，则变险为夷，舟师恬然，咸保无虞”，从碑文中看出，妈祖被当成郑和航海的保护神。

图 306 《天妃灵应之记碑》(局部)

又如在福建长乐有郑和于明宣宗宣德六年（1431）第七次下西洋前刻立的《天妃灵应之记碑》（图 306，简称《长乐碑》《天妃碑》），碑文表达了郑和对妈祖的虔诚信仰，云：“……诚荷朝廷威福之致，尤赖天妃之神护佑之德也……和等上荷圣君宠命之隆，下致远夷敬信之厚……是用著神之德于石，并记诸番往回之岁月，以贻永久焉。”

在山东蓬莱阁天后宫，有清德宗光绪十年（1884）刻立的《重修天后宫记碑》，碑文记载了历代以来祭祀海神妈祖的风俗，云：“宋崇宁间于蓬莱阁西建灵祥宫，祀海神，历元暨明，屡赐碑额……”

清代全祖望撰写的《天祀庙记》记载了当时民间广泛信仰、祭祀妈祖的风俗，碑文云：“今世浙中、闽中、粤中以及吴淞附近海之区，皆有天妃庙……”

三、城隍神崇祈碑刻

城隍神信仰是随着城市的出现而产生的，城市居民将城隍神视为城市的守护神，视为自己生命财产的保护神，因此对城隍神顶礼膜拜。随着社会生产的发展，城市数量越来越多，规模也越来越大，城隍信仰也随之日益发展，城隍神崇拜由此而成为一种普遍的社会现象，城隍神在人们心目中的地位也越来越高。为了表达自己的虔诚信仰之情，各城市的居民纷纷为城隍神建祠立碑，从而留存下来许多祭祀城隍神的碑刻。

据查考，在传世的历代碑刻中，现所知最早的祭祀城隍神的碑刻是唐肃宗乾元二年（759）由唐代著名书法家、时任缙云县县令的李阳冰撰文并用铁线篆书写的《缙云县城隍庙记碑》，此碑原在浙江缙云城隍庙，后佚，现存碑石系北宋徽宗宣和五年（1123）吴延年重刻。其碑文中有这样的记载："城隍神，祀典无之，吴越有尔。"由此可知，在唐乾元时城隍神尚未列入祀典，城隍神信仰主要存在于吴越一带，还不普遍，这一记载无疑对于研究城隍神信仰发展史具有重要参考价值。

唐中叶以后，城隍神信仰逐渐兴盛，据宋代陆游《宁德县重修城隍庙记》和赵翼《陔余丛考》卷三十五记载，唐中叶后各州县皆祭城隍神。宋代将城隍神正式列入祀典，各府州县的城隍神影响已远远超过社稷神，民间已由过去信仰、祭祀社稷神，发展成信仰、祭祀城隍神。到元代，城隍神地位进一步提高。元初在营建大都（北京）城时，同时创建了都城隍庙，并将城隍神封为"佑圣王"。在元文宗天历年间，还进而把大都城隍神封为"护国保宁王"。随着城隍神地位的提高，民间对城隍神的信仰更为普遍、虔诚，刻立祭祀城隍神、记述城隍神显灵事迹的碑刻数量也更多。据清代《日下旧闻考》记载，在元大都的城隍庙中，曾刻立有元代著名学者虞集撰写的《大都城隍庙碑》，碑文记述了大都建造城隍庙、祭祀城隍神的情况：

> （至元）七年，太保臣刘秉忠、大都留守臣段贞、侍仪奉御臣和坦伊苏、礼部侍郎臣赵秉温言：大都既成，宜有明神主之，请立城隍神庙。上然之，命择地建庙，如其言。得吉兆于城西南隅，建城隍之庙，设像而祠之，封曰佑圣王，以道士段志祥筑宫其旁，世守护之。自内廷至于百官庶人，水旱疾疫之祷，莫不崇礼之。

在大都的城隍庙中，还曾刻立有《护国保宁弘仁庙惠佑圣王灵应碑》和由元代学者、元文宗时翰林院兼国史院从事韩从政撰序的《佑圣王灵应碑》，两碑都记述了城隍神显灵之事，韩碑序文云：

> 大元有天下，建大都，立宗庙，安社稷，怀柔百神，凡在祀典者，朝命通祀。殷荐丰腆，春夏不阙。至元初，选都之坤方一隅，命少府督工创建城隍庙，不日落成，丹青尽饰，壮如王者之居。司分善恶，部领

山川，特封佑圣王。每遇朔望，车马毕集，祈祷于神者莫之胜纪。先至元二十八年七月七日夜，文明街之右，盗杀银千户及奴二人，有司系邻佑于狱，考讯逾年。省部委本路府推周从仕亲莅乃事，从仕于二十九年五月十八日，引吏斋戒沐浴，祷于王前，同宿庑下。是夜将半，俄闻乐作，远则有音，近则无迹，徐听锁钥之声，殿门若开，恍如神降。官吏相谓曰：今获斯应，杀人者，神必知之。次日就引囚徒审问，内有赵塔齐尔者，如神摄之，自行招说：杀银千户者我也。从此冤狱罪有所归，远近闻之，莫不惊叹焉。

明太祖洪武三年（1370），朱元璋下旨诏封天下城隍神，命礼部正城隍神号，去其封爵，每年在春秋时从祀山川坛，定为祀典，正式确立了城隍监察百官与司民之神权。按照明太祖的诏令，全国各地都纷纷重建和修葺城隍庙，祭祀城隍神。据地方史记载，当时江苏常熟知县田义欲将南朝东灵寺废址改建成城隍庙。后历经七十余年，至明英宗时，常熟城隍庙庙构建筑朽蠹剥蚀，即将倾圮。按照明代制度，新官上任必须先拜谒城隍庙，向城隍神立誓，期在阴阳表里，以安下民。新上任的知县郭南深惧无以“揭虔妥灵”，遂捐出自己的奉银，发动僚属和全县百姓捐资，将城隍庙修葺一新。为此，明英宗正统七年（1442），由都察院左副都御史、常熟人吴讷撰文，邹胤书写，在庙内刻立了《常熟县重建城隍庙记碑》，碑文记述了常熟城隍庙之兴衰变化和重建始末，表达了对城隍神的虔诚崇敬之情。

清代进一步强化了城隍的神权，崇祀更盛。雍正皇帝和乾隆皇帝不仅花费大量钱财屡次重修明代的都城隍庙，而且还分别亲自撰写“御制碑文”和“御制诗文碑”，立于都城隍庙中。雍正皇帝在《御制重修都城隍庙碑记》中考论了城隍信仰、祭祀的源流和演变过程，对研究城隍信仰发展史具有重要价值，其碑文云：

城隍之文，始著《周易》，其丽于秩祀，盖缘伊耆八蜡之水庸。至《春秋》传，郑祈四鄘，宋用马四墉，而其说差备。自时厥后，历代正史未有明文。欧阳修《集古录》采李阳冰《城隍神记》，亦云祀典无之。间考王应麟《困学纪闻》引北齐慕容俨《镇郢城祀城隍祠》，则唐以前庙食，故有援据。今天下自县而州而府而省，莫不立庙，而都城隍庙尤天下所会归，不与他等。往往以统隶殊制，即封号品数视之。然神之所为御灾捍患，与国之所以崇德报功，其义等尔。乃闻里闬之甿，禬禳趾错，詹詹然求神于人，尸祝告语曰：前摄者忠肃于氏，后代者忠愍杨氏也。彼言之近凿，正与鲍至《南雍州记》以萧相国庙为城隍神略同。抑不思于、杨故明荩臣，兹庙创自金元时，果谁氏之司？且幽冀肇域以来，有城即当有神，更谁氏之司耶？比岁尝敕工官缮堞浚濠，俾崇者芘安居，深者衍润泽，庶几先成民而后致力于神。

图 307　《城隍庙碑》（局部）

由于最高统治者热衷于城隍信仰，清代民间的城隍信仰、崇拜更盛，刻立祭祀城隍神的石碑为数甚多，许多著名文士和书法名家也纷纷撰书关于城隍的碑刻。如在江苏扬州存有由著名书法家王文治书写的《重修甘泉县城隍庙记碑》。在山东潍坊博物馆存有刻于清乾隆十七年（1752），由郑板桥在任潍县知县时亲自撰文并书写的《城隍庙碑》（图 307）。此碑不仅是文佳、书好、刻精的“三绝”碑，具有很高的艺术价值，而且也反映了当时城隍信仰的兴盛，以及郑板桥告诫人们神管不了人的旦夕祸福、生死存亡的朴素唯物主义思想，对研究城隍信仰和郑板桥思想具有重要的价值。其碑文《新修城隍庙碑记》曰：

一角四足而毛者为麟，两翼两足而文采者为凤，无足而以龃龉行者为蛇，上下震电，风霆云雷，有足而无所可用者为龙。各一其名，各一其物，不相袭也。故仰而视之苍然者，天也；俯而临之块然者，地也。其中之耳、目、口、鼻、手、足而能言，衣冠揖让而能礼者，人也。岂有苍然之天而又耳、目、口、鼻而人者哉。自周公以来称为上帝，而俗世又呼为玉皇。于是耳、目、口、鼻、手、足冕旒执玉而人之，而又写之以金，范之以土，刻之以木，琢之以玉；而又从之以妙龄之官，陪之以武毅之将，而天下后世遂裒裒然从而人之，俨在其上，俨在其左右矣。

至如府州县邑，皆有城如环无端，齿齿啮啮者是也。城之外有隍，抱城而流，汤汤汩汩者是也，又何必乌纱袍笏而人之乎？而四海之大，九州之众，莫不以人祀之，而又予之以祸福之权，授之以死生之柄，而又两廊森肃，陪以十殿之王，而又有刀花剑树、铜蛇铁狗、黑风蒸钖以惧之。而人亦衰衰然从而惧之矣。非惟人惧之，吾亦惧之。每至殿庭之后，寝宫之前，其窗阴阴，其风吸吸，吾亦毛发竖栗，状如有鬼者，乃知古帝王神道设教，不虚也。子产曰："凡此所以为媚也。愚民不媚不信。"然乎！然乎！潍邑城隍庙在县治西，颇整翼。十四年大雨，两廊坏，东廊更甚，见而伤之，谋葺新于诸绅士，咸曰："俞。"爰是重新两廊，高于旧者三尺，其殿厦、寝室、神像、鼓钟、筍虡，以坚以焕。而于大门之外，新立演剧楼居一所，费及千金，不且多事乎哉！岂有神而好戏者乎？是又不然。《曹娥碑》云："盱能抚节安歌，婆娑乐神。"则歌舞迎神，古人已累有之矣。《诗》云："琴瑟击鼓，以迓田祖。"夫田果有祖，田祖果爱琴瑟，谁则闻知？不过因人心之报称，以致其重叠爱媚于尔大神尔。今城隍既以人道祀之，何必不以歌舞之事娱之哉！况金元院本，演古劝今，情神刻肖，令人激昂慷慨，欢喜悲号，其有功于世不少。至于鄙俚之私，情欲之昵，直可置弗复论耳。则演剧之楼，亦不为多事也。总之，伏羲、神农、黄帝、尧、舜、禹、汤、文、武、周公、孔子，人而神者也，当以人道祀之；天地日月、风雷山川、河岳社稷、城隍中溜井灶，神而不人者也，不当以人道祀之。然自古圣人亦皆以人道祀之矣，夫茧栗握尺之牛，太羹元酒之味，大路越席之素，瑚琏簠簋之华，天地神祇岂尝食之、饮之、驱之、御之哉？盖在天之声色臭味，不可仿佛，姑就人心之慕愿，以致其崇极云尔。若是，则城隍庙碑记之作，非为一乡一邑而言，直可探千古礼意矣。

四、 八仙等民间神灵崇祈碑刻

铁拐李、汉钟离、吕洞宾、张果老、曹国舅、何仙姑、蓝采和和韩湘子，是我国古代传说中道教神仙的"中八洞"神仙，特别是俗语"狗咬吕洞宾，不识好人心”中的吕洞宾、“倒骑毛驴”的张果老和铁拐李更为人们所熟知和崇拜。为了表达对八仙的崇拜和敬仰之情，人们不仅为八仙立祠、塑像，还为八仙，特别是其中的吕洞宾等立了不少碑。

在北京白云观八仙殿后的吕祖殿前，立有刻于清光绪十三年（1887）的《重修吕祖殿碑》，碑文记载了民间的吕洞宾崇拜，云：“纯阳祖师纲维三教，誓愿宏深，欲普度生灵，同登善缘。故每化形尘世，混迹市廛，泽沛寰区，名垂宇宙，虽妇人女子咸知敬信。”碑文称颂吕洞宾为“玄门慈悲第一”，并记载了民间的吕祖庙会盛况，“祖师盛会，每岁四月十四日圣诞之辰”，信徒多“熏沐焚香，诵经斋众”。在山东济南的升阳观，存有一块据称是按吕洞宾亲笔撰书摹刻的诗碑，其诗云：“曾否当年旧酒楼，松亭水色静悠悠；熏风日跻蓬莱岛，筇杖常经此地游。世法须从身上想，机关宜向个中求；离离青草会心处，何事浮生空白头。”据地方史志记载，此碑的来历富有传奇色彩。清康熙十八年（1679），由道士发起修建了供奉吕洞宾的升阳观。在升阳观落成时，庙中道士刘道让看见一位道人进入了大门，但是很快遍寻不见其人，却见正殿左墙上题写了上述这首诗，诗末的署名为“木石道人”，墨迹尚淋漓未干，显然是刚刚题写的。众人看了惊喜不已，认定是吕洞宾显灵而专门前来题写了这首诗，于是就把墙上的题诗精心保存了起来。但是历经一百多年后，墙上题写的诗句字迹渐渐脱落、模糊，到清嘉庆八年（1803），升阳观的道士便按原诗原字摹写，请人刻成诗碑，一直保存到现在。这从一个侧面反映出了当时民间吕洞宾崇拜之盛行，是研究吕洞宾崇拜的有价值的实物资料。

此外，在我国古代也有许多反映其他各种各样的民间信仰的碑刻。如在清人黄斐默《集说诠真》中引录的《蜀清虚观碑》，就记述了读书人所信仰、崇拜的专司人间科名官位禄籍的文昌神的来历，其碑文云：“文昌生于唐时，张氏，名亚，越中浙人，后徙蜀，即梓潼居焉。其人俊雅洒落，其文明丽浩荡，为蜀中宗师，有功文教。已发解，随第春官。帝君感时事，托为方外游。蜀中人慕之，构祠清虚观，题曰梓潼君祠，远近祷之辄应。或曰天有文昌君，信其人矣！”北魏郦道元《水经注》卷十五《洛水》载，在河南偃师九山有《百虫将军显灵碑》，碑文记载了百虫将军信仰之由来，谓百虫将军姓伊，名益，乃帝高阳之第二子伯益，为驱除害虫之神，故民间崇拜信仰之。在我国古代，苏州、杭州是纺织业最发达的地区，这里从事纺织业的人都信奉机神，旧时在苏、杭都有机神庙，庙中不仅有机神塑像，还立有祭祀机神的碑。金花夫人是广东等地民间信仰中主管生育之神，其祠庙在旧时极为普遍，庙中还往往立有祭祀金花夫人的庙碑。皮场大王是我国古代民间主皮肉之疡的疡科之神。吴自牧《梦粱录》卷十四中引录的《杭州皮场庙碑》就记述了皮场神的由来及民间对其的信仰，碑文云："其神乃古神农，于三王时都曲阜。世人食腥膻者，率致物故，因集天下孝义勇烈之士二十四人，分十二野，播种采药，至今于世极有功，两庑奉二十四仙医使者是也。自汉、唐至今，歼寇助顺，其有圣迹，不可殚记。"

诸如此类祭祀大大小小神灵的碑刻，在我国古代民间信仰崇拜中不一而足，为研究我国民间信仰崇拜的起源、演变、发展及在民间的流传情况和影响提供了具有重要价值的宝贵资料。

第二节　碑刻在记载民间传说中的应用

在中国的历史长河中，长期流传于民间的各种传说极为丰富，有些热心人勒石刻碑于传说的发生地等处，将传说记载下来，以期借助碑石使之广为传播和永久流传。

如西安碑林中就有一块记载古老民间传说的汉碑《仙人唐公房碑》。此碑确切的刻立年月无考，原碑在陕西汉中城固。碑为圆首，长方座，高 202 厘米、宽 67 厘米。碑额篆书"仙人唐君之碑"两行六字，碑文隶书十七行，每行三十一字，大部分文字漫漶不清。此碑在汉碑中颇为有名，这不仅是因为此碑有碑穿，有碑晕，为后人研究古代碑刻形制的发展演变提供了重要的实物资料，而且还因为此碑碑文记述了王莽居摄二年（7），唐公房因行善积德而得到神仙李八百所赐丹经秘方，制成仙药，服之成仙，连家里的鸡犬也一起升了天，唯独"鼠恶留之"，这个民间传说故事富有传奇色彩，宣扬了扬善惩恶的思想，富有哲理性，给人以劝诫和启迪，因而此碑影响颇广。

在我国民间，关于"水浒"的许多故事和传说广为流传，由此也留下了许多关于"水浒"传说的碑刻。位于山东阳谷东南的景阳冈，相传是当年武松打虎之处，现冈上建有武松庙，在庙的左侧，竖有“一笔虎”字碑，在冈东南侧的碑亭中，立有上刻“武松打虎处”五个大字的石碑。据记载，此碑是近年才发掘出来，重新竖立于此的。民间相传山东郓城黄堆集即是当年吴用等好汉智取生辰纲的黄泥冈。刻于明神宗万历十九年（1591）的《重修黄堆集五圣庙记碑》也提到了这一民间传说，碑文云：“宋徽宗崇宁间，环梁山者八百里皆水也。堆北距梁山六十里许，为水浒南岸，古称黄土冈。”

图 308 秦皇求仙入海处碑

秦始皇曾派遣徐福带领大批童男童女东渡出海求仙，寻觅长生不老之药，两千多年来在我国民间广为流传与此相关的传说。几百年前，明朝政府根据传说，在当年奉秦始皇之命出海求仙处，即今河北秦皇岛海港区的海岸边，刻立了《秦皇求仙入海处碑》（图 308）。这块珍贵的石碑在“文化大革命”期间被推入海中。后来，在原立石碑处周围方圆数百里内，发现了数处秦始皇行宫遗迹及文物，再次引起了人们对这块明代石碑的重视，终于在1988 年将明代石碑的残段打捞了上来。一些学者进行了深入的调查和研究，终于从一位老人处找到了他年轻时与未婚妻在那块石碑前合影的照片，从而得以弄清了明代《秦皇求仙入海处碑》的原貌，据此，仿照明代石碑原貌重新刻立了一块新碑。现在这块记载着秦始皇求仙入海民间传说的石碑，已经延伸发展出一个富有历史文化内涵的旅游景点，吸引着大批游人前去参观。

在河南淇县县城摘星台下有一处碑林，其中有一块《扯淡，再不来了碑》，碑的正面横镌着“扯淡”两个大字，其上又横刻着“再不来了”四个字。此碑来历说法不一，有一种说法称，原来这块稀奇古怪的碑源自明末清初著名剧作家李玉根据民间传说所写的《一捧雪》。“一捧雪”是一只宝玉酒杯之名。据有关资料记载，历史上确有此物，它是用中国四大名玉之首河南南阳独山玉雕成的。此杯白中略透淡绿，杯身琢为梅花形，杯底中心琢一花蕊，杯身外攀缠一梅枝，枝上有二十七朵大小不等的梅花。玉杯晶莹剔透，更为奇妙的是杯中斟酒后，波光粼粼，如冰似雪，杯内浮现出一朵朵瑰丽的花球，故玉杯被名为“一捧雪”。李玉《一捧雪》说的是明嘉靖年间，莫怀古家中珍藏着一只名为“一捧雪”的宝玉酒杯，莫怀古是个心地善良的人，他看到裱糊匠汤勤流落街头饥寒交迫，就将他收作仆人。岂知汤勤是一个卑鄙阴毒的无赖小人，不仅不知恩图报，见莫怀古的妻子雪艳容貌妍美，反而无耻地进行调戏。莫怀古实在无法容忍他的丑行，便将他辞退。不久，汤勤投靠到当朝奸相严嵩的门下。他为了达到陷害莫怀古、霸占其妻雪艳的罪恶目的，就用心险恶地将莫怀古家有玉杯“一捧雪”这件事报告给了严嵩之子严世蕃。严世蕃听了垂涎三尺，立即派人到莫家索要，莫怀古只得请巧匠仿照“一捧雪”赶制了一只玉杯给严世蕃送去。阴险毒辣的汤勤看出是假杯，便向严世蕃告发莫怀古，严世蕃大怒，立即派人搜查莫家，莫怀古被官兵抓住，“一捧雪”玉杯也被搜走。严嵩下令蓟州知府立即把莫怀古斩首，义仆莫成深深同情主人的不幸遭遇，自愿替死，救出了莫怀古。而恶奴汤勤则强迫雪艳与自己成亲，雪艳假装应允，伺机用刀刺死汤勤，而后自尽。《一捧雪》剧情至此结束。但据民间传说，莫怀古逃出死狱后来到河南淇县云蒙山出家当了和尚。到了暮年，他想到自己的悲惨遭遇，想到莫成替自己丧命，雪艳含恨自尽，自己隐姓埋名，无法申冤雪恨，不禁深深自叹：什么天理昭彰，善恶有报，统统都是扯淡！来生再也不做人了！就这样，他在临终前悲愤地写下了旷古绝今的遗言“扯淡，再不来了”，表达了他对当时黑暗社会的强烈愤慨和抗议。后人对莫怀古的不幸身世深为同情，根据这一民间传说为他立碑纪念，并将他留下的遗言镌刻于石上，于是乎，世间就有了这样一块令人不胜感慨的稀奇古怪的《扯淡，再不来了碑》。

与此碑相映成趣的是苏州香山溪有一块根据民间传说刻立的《再来人之墓碑》，这碑是清初诗人张永夫的墓碑，今已佚。张永夫，名锡祚，清康熙年间吴中诗人。他生于康熙十一年（1672），卒于雍正二年（1724），富有文才，与黄子云、盛锦、沈盘同称“灵岩四诗人”。其为人安贫守志，极讲气节，孑然一身，以教书卖卜为生，终身不仕，虽一生困顿，但绝不趋炎附势、阿谀奉迎以谋取富贵。他反对那种粉饰现实、怨而不怒的诗风，并将自己的诗集取名为“锄茅集”，意为要用自己的诗“锄”去社会上的“茅草”。他一生赋诗五百余首，现存一百三十多首，较客观地反映了当时的社会现实和民间疾苦，并辛辣地讽刺了欺压百姓的当权者和趋炎附势之徒。他一生拒不接受清官府所赠财物，乃至在五十多岁时因贫病而死。相传他在死后十余年，又再来找寻生前旧友，出金百两，还清旧日所欠之账乃去。其人清高孤傲至极，死后依然如此，令人不胜感佩慨叹。为此，其生前旧友特出资在苏州香山溪为他修墓，墓前立碑两块，一碑镌“诗人张永夫之墓”，另一碑即是根据他死后再来人间还清旧日欠账这一民间传说所刻的《再来人之墓碑》，以颂其为人清白、守志、讲气节。这一民间传说至今依然流传，遗憾的是，《再来人之墓碑》已不知去向。

梁山伯与祝英台的故事是中国四大民间传说之一，历代围绕这一民间传说竖立了多块石碑。相传江苏宜兴祝陵村是祝英台的家乡，今存一座名为碧鲜庵的古老亭子，相传是当年祝英台读书处，现亭中立着一块暗红色的唐代石碑，碑高一丈多，石质极古，上刻“碧鲜庵”三个魏碑体大字，为唐代太守、凤翔节度使李滨的手书。在碧鲜庵碑亭附近，还立有《晋祝英台琴剑之冢碑》，相传系当年祝英台埋藏琴剑之处。相传梁山伯当年在鄞县（今属浙江宁波）当过县令，死后当地人将他安葬在鄞县胡桥镇附近。后来，人们在发掘梁山伯的旧墓时，还出土了刻有“祝英台女侠之墓”的墓碑。这块墓碑从一个侧面印证了历史上民间传说中关于祝英台身世的另一种说法，即祝英台并非出身书香门第的闺阁小姐，而是一个劫富济贫的女侠，后遭贪官马文才父子的暗害。

由于在浙江宁波西门外九龙墟有梁祝墓和宋徽宗大观年间建造的纪念梁祝的庙宇，故一般认为民间所传的梁祝故事发生在浙江宁波。然而颇有意思的是，立于明朝正德年间的一块梁祝墓碑，1952 年山东微山在修浚白马河工程中曾被发现，但后来在大造农田平整河道时又连同诸坟一起被深埋地下，2003 年再次在微山马坡乡被发掘出土，从而为梁祝故事发生地的讨论提供了新的资料。墓碑上所刻碑文表明，此碑为《梁山伯祝英台墓记碑》（图 309），由“丁酉贡士前知都昌县事古郕赵廷麟”撰文，“文林郎知邹县事古卫杨环”书，“亚圣五十七代世袭翰林院五经博士孟元”篆额，石匠梁圭镌刻，立于明武宗正德十一年（1516）丙子秋八月。出土的墓碑碑额刻有“梁山伯祝英台墓记”八个篆字，碑文用正楷书写，共三十行，

图 309 《梁山伯祝英台墓记碑》（局部）

每行满行二十八字，共八百余字。

根据碑文记载，明武宗正德十一年，作为朝廷钦差大臣的南京工部右侍郎、前都察院右副都御使崔文奎途经微山马坡，发现已破败不堪的梁祝墓，决计重修。碑文具体记载了祝英台女扮男装，与梁山伯同在邹县（现邹城）峄山读书学习三载，二人死后合葬在马坡的事情。专家经考证认为，此碑是中国十处梁祝墓中唯一用文字记载梁祝故事，且内容比较详细的碑，也是刻立时间较早的一块。碑文对梁山伯与祝英台这一民间传说做了详细介绍，为进一步研究梁山伯与祝英台这一民间传说提供了颇有价值的资料，其碑文全文为：

《外纪》二氏出处弗详。迩来访诸故老，传闻在昔济宁九曲村，祝君者，其家巨富，乡人呼为员外，见世之有子读书者，往往至贵、显耀门闾，独予无子，不贵其贵，而贵里胥之繁科，其如富何！膝下一女名英台者，聪慧殊常，闻父咨叹不已，卒然变笄易服，冒为子弟。出试家人不认识，出试乡里不认识，上白于亲："毕竟读书可振门风，以谢亲忧。"时值暮春，景物鲜明，从者负笈，过吴桥数十里，柳荫暂驻，不约而会邹邑西居梁太公之子，名山伯，动问契合，同诣峄山先生授业。昼则同窗，夜则同寝，三年衣不解，可谓笃信好学者。一日英台思旷定省，言告归宁。倏经半载，山伯亦如英台之请，往拜其门，英台肃整女仪出见，有类木兰将军者。山伯别来不一载，疾终于家，葬于吴桥迤东。西庄富室马郎亲迎至期，英台苦思：山伯君子，吾尝心许为婚，第无父母之命，媒妁之言，以成家室之好，更适他姓，是异初心也，与其忘初而爱生，孰若舍生而取义，悲伤而死。少间，愁烟满室，飞鸟哀鸣，闻者惊骇，马郎旋车空归。乡党士夫谓其令节，从葬山伯之墓，以遂生前之愿，天理人情之正也。越兹岁久，松楸华表为之寂然，俾一时之节义，为万世之湮没，仁人君子所不堪，矧惟我朝祖宗以来，端本源以正人心，崇节义以励天下，又得家相以之佐理，斯世斯民，何其幸欤？时南京工部右侍郎、前都察院右副都御史奉敕总督粮储新泰崔公讳文奎道经，顾兹废基，其心拳拳，施于不报之地。乃托阴阳训术鲍恭干，昔有功于张秋，陞以爵禄，近有功于阙里，书以奏名，授今兹托，岂无用其心哉！载度载谋，四界竖以石……昔之不治者，今皆治之；昔之无有者，今皆有之。

始于十年乙亥冬，终于今岁丙子春。恭干将复公命，请廷麟具其事之本末，岁月先后，文诸石，不得已而言曰：上帝降衷，不啬于人，惟人昏淫，丧厥贞耳，独英台得天之正气，萃扶舆之清淑，真情隐于方寸，群居不移所守，生则明乎道义，没则吁天而逝，其心皎若日星，其节凛若秋霜，推之可以为忠，可以为孝，可以表俗，有关世教之大，不可泯也。噫！垂节义于千载之上，挽节义于千载之下，伊谁力欤？忠臣力也，忠臣谁欤？崔公谓也。不然，太史尝以忠臣烈女同传，并皆记之。

大明正德十一年丙子秋八月吉日立

捲里社林户符孜

石匠梁圭

类似这样记载民间传说的碑刻，在我国古代还有不少，它们为研究我国丰富多彩的民间传说提供了重要的线索和宝贵的资料，值得重视。

第三节　碑刻在民间宗族关系中的应用

在我国漫长的封建社会时期，民间极为重视宗族关系。为了使同宗同族的后代子孙能了解自己的世系血缘关系，维系同宗同族之间的亲缘关系，增强同宗同族之间的认同感和凝聚力，人们采用了各种方法来强化宗族关系，除建家庙、修宗祠、续家谱之外，镌刻记载宗族关系的石碑以昭示后世子孙也是常用的方法之一。在我国各地历代遗存的石碑中，可以发现许多这类记载民间宗族关系的石碑。

山西闻喜礼元镇裴柏村的裴氏家族，魏晋时期初露锋芒，显于六朝天宇，盛极于隋唐二朝，先后出过宰相、大将军等多人。如唐代中晚期“元和中兴”时一代贤相裴度；唐高宗时平定突厥反叛的大将军裴行俭；历仕北周、隋、唐三朝，经略西域，为中西商贸和文化交流做出贡献的尚书裴矩；晋代杰出地图学家裴秀；为《三国志》作注六十五卷并开注史之先河的著名南朝宋史学家裴松之；为《史记》作注并撰成《史记集解》一百三十卷的裴骃等许多名垂青史的杰出人物。现在裴柏村的裴氏碑馆中，存有记载裴氏宗族世系详细情况的《裴氏相公家谱之碑》。此碑所刻家谱系金大定十一年（1171）由裴氏五十一代孙裴再兴发起，把“珍藏宝秘，未易示人”的唐将仕郎试秘书省校书郎知闻喜县令裴滔所撰的旧谱献出，刘若虚作序，刻于裴柏村的无字碑上。此碑是现存最早、最系统的裴氏家谱碑，对于研究裴氏宗族世系具有极高的价值。

唐代大书法家颜真卿的宗族世系也是人们颇感兴趣的，由于颜氏家庙、家谱碑的发现，人们得以对此有了较多的了解。《颜氏家庙之碑》（图310）立于唐德宗建中元年（780），由颜真卿撰并书，李阳冰篆额。因唐室离乱，庙毁碑倒。宋太宗太平兴国七年（982）李延寿发现后上奏移置府城，立于文宣王庙庑，现存西安碑林。《颜氏谱碑》系1993年发现于山东沂南常桑杭村颜氏林地内。碑约高180厘米、宽90厘米、厚40厘米，碑的正面镌刻“颜氏谱碑”四个颜体大字，背面镌刻碑文，记述了立碑的缘由，刊刻了颜氏二十四代祖颜盛至七十一代孙颜怀仁的颜氏家谱，所列名字多达一百五十人，其中标明大小爵位的人物有四十多个。此碑对研究颜氏世系具有重要的价值。结合家谱和有关史料的记载可以肯定，到唐末五代时期，部分颜氏子孙南迁到福建东南沿海一带。

图310 颜氏家庙之碑

图311 《郭家庙碑》（局部）

郭子仪是平定安史之乱的唐中勋臣，现在西安碑林中也存有记载其家族世系的《郭家庙碑》（图311）。此碑系郭子仪为其父郭敬之建庙而立，刻于唐代宗广德二年（764），碑原在陕西西安府布政司署内，1950年移存于西安碑林。碑为竖形、方座，碑首浮雕蟠螭，碑额系唐代宗御笔亲书的“大唐赠太保兴国贞公庙碑”十一字，碑阳碑文为颜真卿撰文并楷书，碑阴列郭敬之子、孙、曾孙三代名字。上列为其子：子琇、子仪、子云、子瑛、子珪、幼儒、幼明、幼冲；中列为其孙：曜、晔、旰、昕、晞、晎、晤、昉、暖、晛、晓、曙、昫、映、晅；下列为其曾孙：锐、铣、锋。此碑为研究郭子仪世系提供了珍贵的实物资料，可补充正史记载之不足。

诸如此类记载宗族世系的碑刻在其他地方也为数不少。在江苏镇江焦山碑林的西廊中，存有由清末光禄大夫、前江苏布政提法使者左孝同楷书并篆额的《陶氏宗祠碑》（图 312），碑高 114 厘米、宽 84 厘米，碑额篆书“陶氏宗祠碑记”六字，碑文共三百九十七字，记述了丹徒陶氏创建宗祠的缘由和经过。在江苏常州周家弄卜氏宗祠头进过道屋西壁，嵌有由清乾隆年间举人、阳湖文派创始人之一恽敬撰文的《卜氏宗祠刻石》，碑石为青石质，共两块，各宽 77 厘米、高 30 厘米，碑文记述了孔子弟子卜商（即子夏）的身世及后裔迁居常州的经过，是研究子夏世系的有价值的实物资料。在江苏常熟碑刻博物馆中，存有从原城北三元堂归祠移存于此，刻于明穆宗隆庆二年（1568）的《归氏四世像赞碑》（图 313）四块，分别镌刻明代嘉靖、隆庆年间邑中耆士归祚、归椿、归雷、归谟四世夫妇像及赞文，是研究常熟归氏世系的形象化实物资料。

图 312　陶氏宗祠碑

图 313　《归氏四世像赞碑》（局部）

在山西代县的杨家祠堂内，存有杨氏《宗祖图碑》一块，碑上铭刻杨业的后裔世系，是研究杨家将家族世系有价值的实物资料。

河南新野是东汉初期著名将领、征南大将军舞阴侯岑彭的故里，在岑公祠中，现存有建祠时修复的《汉征南大将军舞阴侯岑公故里碑》，碑文记载了岑氏家族的世系。

在浙江淳安方氏家庙内，存有刻于明世宗嘉靖三年（1524）的《重修方仙翁祠记碑》，碑文记述了重修方氏家庙的缘由及方氏家族世系的延续情况。

在安徽黄山徽州区潜口村汪氏宗祠内的两座碑亭中，分别立有明代礼部尚书许国撰写的《金紫祠记碑》和明兵部尚书汪应蛟撰写的《潜川汪氏金紫祠碑》，祠内还存有康熙五年（1666）刻立的《重修金紫祠记碑》。这些碑刻记述了南宋时，潜川汪叔敖四个儿子皆仕朝廷，汪叔敖累以子贵被赠至金紫光禄大夫的家属世系。在安徽歙县的张氏宗祠内，立有刻于明嘉靖二十一年（1542）的《新建张氏宗祠记碑》和刻于清康熙二十八年（1689）的《重修张氏宗祠记碑》，碑文记述了建造和重修张氏宗祠的缘由和张氏的世系演革情况。在安徽广德的陈氏宗祠中，存有刻于康熙二十四年（1685）的《重建陈氏宗祠记碑》，碑文记述了明神宗万历十八年（1590）始建陈氏宗祠的经过及陈姓祖母蒋氏重建宗祠的功业和陈氏世系。在安徽池州贵池区梅街镇姚街村原姚氏宗祠祭祖台的左右墙壁上，嵌有刻于明嘉靖二十五年（1546）的《来龙碑记》和刻于清朝的《重修建祠实录碑》，碑文记述了姚氏宗族世系和姚氏宗祠始建、重建的缘由和经过。在安徽池州青阳县沙济乡上章村的原李氏宗祠内，存有《重建大宋祠碑》，碑文记述了李氏宗祠始建、重建的缘由、经过和李氏宗族世系。

诸如这样记载家族世系的碑刻，为研究我国民间的宗族关系提供了丰富的资料，弥足珍贵。

第四节　碑刻在民间社会日常生活各方面的应用

经过数千年的发展，碑在我国民间社会日常生活中的应用拓展到十分广泛的领域。除处处可见的普通墓碑外，碑还被应用于饮水用水、水陆行走、为人处世、风尚习俗、分界、娱乐、游览等民间社会生活的许多方面。随着民间社会生活实际需要的不断扩大，各种各样与民间社会生活密切相关的碑刻应运而生。

一、 名井名泉之碑

水在人们日常生活中是必不可少的，而井和泉是古代人们日常饮用水的主要来源，在人们日常生活中占有很重要的地位。尤其对那些与著名的历史事件和历史人物有联系的井、泉或水质绝佳、真正为老百姓造福的井和泉，人们更是倍加重视和珍惜，往往刻石立碑加以保护，故而历代以来所刻立的井、泉碑为数甚多，虽历经千百年之久，至今各地遗存的数量仍相当可观。

安徽池州贵池区孝肃街的包公井，系北宋至和二年（1055）包拯出任池州知府时所凿，为解百姓用水难之用。因方形井台上有呈菱形排列的四口井眼，故亦俗称“四眼井”。相传井中之水与长江相连，长年不涸。后来元朝兵马打进池州，其长官喝此井水后头痛眼花，故派人用泥沙填塞此井。明英宗正统二年（1437），池州太守叶恩出于对包公的崇敬，主持疏浚重修池州府衙内包拯所凿的四眼井，正式将此井命名为包公井，建石护栏护井，并立碑记述疏浚经过，颂扬包拯的美德。碑文曰：“井无地不有，而公所凿，特系其姓阅数百年而不易者，岂以井哉？为之铭曰：泉之清兮公之洁，泉之芳兮公之烈。”清雍正十年（1732）山西人李璋任池州知府时，曾在井上建包公亭，并立碑一方。现井亭已毁，但残碑尚存，成为有关包公的珍贵的人文遗迹。

辽宁大连旅顺口区黄金山的两口鸿胪井，系唐玄宗时，鸿胪卿崔忻受朝廷派遣，前往东北册封渤海郡王大祚荣，在返回长安时途经此处而开凿。一口井在黄金山南麓，另一口井在黄金山北麓，井边立有一块石碑，碑上镌刻楷书碑文三行，计二十九字：“敕持节宣劳靺鞨使鸿胪卿崔忻井两口永为记验，开元二年五月十八日”。在历经一千一百八十多年后，清光绪二十一年（1895）冬，候补道员刘含芳为了保护此井和石碑，在井上盖了一座石亭，并在原碑上增刻了五行小字碑文，其文为：“此石在金州旅顺海口黄金山阴，其大如驼，开元二年至今一千一百八十二年，其井已湮，其石尚存。光绪乙未年冬，前任山东登莱青兵备道贵池刘含芳作石亭覆之并记”。此碑是著名的鸿胪古井的历史标记，具有重要的文物价值。

南京鸡笼山东麓鸡鸣寺一侧的胭脂井，是一口具有丰富历史文化内涵的古井，据《景定建康志》《至正金陵新志》记载，胭脂井原名“景阳井”，又称“辱井”，建于南朝陈代，是陈后主陈叔宝留下奇耻大辱的遗迹。陈叔宝是一个穷奢极欲的昏君，当杨坚征伐统一南北时，他苟安江南，通宵达旦地与姬妃佞臣游宴赋诗。589 年杨坚发兵伐陈，陈叔宝仍自恃有长江天堑可守，依然沉湎酒色，犹奏乐府吴声《玉树后庭花》。直到隋军兵临建康城，攻破台城，陈叔宝才酒醒，慌忙携宠妃张丽华和孔贵妃一起藏匿于景阳殿侧的枯井内，后被隋军发现，用辘轳将他们从井中吊上来俘获。《白下琐言》载，当时粉面黛目的张贵妃、孔贵妃惊恐万状、涕泪俱下，井栏石上留下了斑斑痕迹，“以帛拭之，作胭脂痕”，故而人称此井为“胭脂井”，亦称为“辱井”。为使后人记取陈后主的教训，宋代著名文人曾巩写了《辱井铭》，刻于石井栏之上，铭曰：“辱井在斯，可不戒乎。”此井此铭给世人留下了极其深刻的教益，宋代王安石、元代陈孚、清代袁枚等许多著名诗人、学者都在此留下过咏叹诗。早年在胭脂井旁立有《古胭脂井石碑》（图 314）一块，在“文革”期间，井填碑毁，现井和碑已易地修复，成为一处具有深刻历史文化内涵的人文景观。

图 314　古胭脂井及石碑

山东曲阜孔庙鲁壁西侧的孔宅故井，相传系孔子当年的吃水井，井深约 3 米，水清且渫，被称作“圣水”。自明代起，在井台四周建立了雕花石栏，井旁立有《孔宅故井碑》（图 315）。在孔宅故井西的一座四角凉亭中，还立有清乾隆皇帝在乾隆二十一年（1756）来孔庙饮水拜师所题的《故宅井赞碑》，其碑文曰：“疏食饮水，曲肱乐之。既清且渫，汲绳到兹，我

图 315　孔宅故井碑

取一勺，以饮以思。呜呼宣圣，实我之师。”孔宅故井及两块井碑，对于研究孔子的生平及孔子的历史地位，都是有价值的实物资料。

四川成都锦江之滨望江楼公园中的薛涛井，相传是唐代著名女诗人薛涛当年取水制深红色小笺的井。何宇度的《益部谈资》载：“薛涛井旧名玉女津，在锦江南岸，水极清冽。久属蜀藩，为制笺处，有堂室数盈，令卒守之。”陶澍的《蜀輶日记》也记载，薛涛井“井旧名玉女津，其水宜作酒，又宜造纸。明代蜀王府每以三月三日，汲水造笺二十四幅，以十六幅进御，颜色鲜丽，谓之浣花笺”。玉女津之所以变成了薛涛制笺的故址，系源于明中叶史籍的误记，嘉靖二十年（1541）修纂的《四川总志》云：“薛涛井在锦水之南滨，女校书薛涛以水制笺，故名。”就这样，经过官修志书的认定，蜀王命人汲水效薛涛制笺的玉女津，就以讹传讹变成了薛涛自己在这里汲水制笺的“薛涛井”，由此，也就成了后人纪念薛涛的一个重要遗址。清康熙三年（1664），成都知府冀应熊巡行到此，特地书写了“薛涛井”三个大字，刻石立碑于井畔，以志纪念并作地名标志。清乾隆六十年（1795）时，翰林院编修江西人周厚辕出任四川学使，公余之暇前去游览薛涛井，浮想联翩，大发思古幽情，便当即手书了唐代诗人王建所写的《寄蜀中薛涛校书》诗：“万里桥边女校书，枇杷花里闭门居。扫眉才子知多少，管领春风总不如。”并命人连同他自己所写的《薛涛井》诗一起，刻石附立于明代冀应熊《薛涛井碑》（图316）的两旁，一直遗存到今，成为成都的一个著名的人文景观。

图316　薛涛井碑

四川邛崃文君园林的文君井，系西汉临邛（今四川邛崃）才女卓文君留下的遗迹，相传当年卓文君曾与司马相如在此开设酒肆，“文君当垆，相如涤器”的千古美谈即产生于此。1957年，当时的邛崃县人民政府决定整修、重新开放文君井，特致函郭沫若先生，请他为文君井题名和赋诗。郭沫若不到一个月就寄回了题词。郭老因在邛崃政府寄去的照片上见到文君园林内已有“文君井”三字的古碑，就未再给文君井题名，在回信中写道：“‘文君井’三字，我以为不必另写，就把原有的保留下来，要更有意义些。”1959 年，文君井整修完毕，在文君琴台的对面竖立了一块郭沫若撰书的题文君井碑，其题词为：“文君当垆时，相如涤器处。反抗封建是前驱，佳话传千古。会当一凭吊，酌取井中水。用以烹茶涤尘思，清逸凉无比”。尾跋“卓文君与司马相如故事，实系千秋佳话。故井犹存，令人向往”。落款为“一九五七年国庆节　郭沫若”。十分遗憾的是，郭沫若虽多次想亲临邛崃文君井“会当一凭吊”，但直到去世也未能遂愿。现在，文君井和郭沫若题词碑已成为邛崃的一大人文景观。

江西南昌八一公园原系宋明两朝贡院，清初贡院迁移到进贤门内，康熙二十年（1681）江西巡抚安世鼎又将贡院重新迁回东湖故址。现八一公园内存有贡院古井一口，井边立有明碑一块，系清乾隆九年（1744），江西布政使彭家屏在贡院凿井时掘得。此碑刻于明神宗万历九年（1581），碑文为：“天一地六，涌金写玉。金干四维，丹砂千斛。漱润涵芳，源深泽渥。用汲王明，并受其福”。此井此碑是江西贡院的珍贵遗物，现已成为南昌的胜迹。

在广西合浦廉州镇钦州市合浦师范学校内东坡亭的东侧存有宋代遗留下来的东坡井，相传当年为苏东坡所凿，井边立有古碑，碑上刻“东坡井”三字。

在西安碑林中存有刻于宋神宗熙宁七年（1074），由侯可撰文、僧慧观楷书的《善感禅院新井记碑》。

在湖北黄冈北部与麻城、团风、罗田交界处的大崎山上著名的方形古井“龙王井”旁，竖有《龙王井碑》，碑文记载了清光绪十六年（1890）重修龙王井的经过，并说明此井之所以终年不溢不涸，清澈如镜，是因为底部北侧有一个泉眼。

犹如此类名井碑刻那样，我国各地历代遗存下来的名泉碑刻也为数甚多。

广东揭阳惠来海边小镇神泉港，原是卤浸盐蒸的海滩，历来缺乏淡水，居民饮水十分困难。但到宋代，在小镇东头三面环海的陇上，突然出现了一眼海角甘泉，夜以继日地涌流出清冽甘甜的泉水，取之不尽，用之不竭，从而使该地人口日渐繁衍，经济日渐发展，昔日的荒僻海滩变成了热闹的小镇。当地乡民为纪念这眼有功于民的泉，遂将此地命名为“神泉”。清乾隆年间，又在泉眼旁建一碑亭，亭中竖一巨碑，上刻乾隆十七年（1752）惠来知县王玮所作《神泉亭塔碑记》。碑文记述了“神泉”之所以被称为“神泉”的两个神奇特点：一是神泉虽处于海水包围之中，但“受千年卤而能甘”；二是神泉并不深，亦不大，却能取之不竭，“深广不数尺，而欲者千余”。神泉是一处神奇的自然现象，泉及泉碑是一处富有观赏价值的人文景观。

江苏江阴澄江镇民运巷的广济泉，系北宋仁宗嘉祐六年（1061）广福寺僧宗寿为广济香客劳顿渴饮之需而开凿的具有九百六十多年历史的古泉，在泉右侧壁间，嵌有传为元代著名书法家赵孟頫所书的《广济泉亭记碑》。碑文记述了广济泉名称的由来和广济泉的历史，是研究广济泉历史的可靠实物资料。

海南海口的浮粟泉，素有“海南第一泉”之美称。据地方志记载，苏轼于宋哲宗绍圣四年（1097）被贬儋州，途经海口投宿，见附近的居民饮浑浊的城河水，深为不安。于是他仔细地观察周围地形，发现地下蕴藏有泉水，就指地对居民说：“依地开凿，当得两泉。”后来当地居民根据苏轼的指点，果然在咫尺之间挖得两泉，一清一浊，清者为浮粟泉，浊者为洗心泉，两泉味甘而色异。洗心泉在元末明初时被湮没，浮粟泉一直遗存下来。清乾隆五十八年（1793），知府叶汝兰将浮粟泉改建成方形古井，现古井一侧墙上嵌有一块刻着“浮粟泉”三个大字的石碑，古井中泉水依然透彻清冽，成为海口的一个著名景观。

位于湖北荆州江陵八岭山南麓，距荆州古城十余公里处的马跑泉（又名马刨泉），相传是三国时关羽留下的遗迹。据说当年刘备被曹操困于湖北当阳，关羽引师北上营救。军队经过八岭山时，骄阳似火，人马渴不可当。就在此时，关羽的赤兔马以蹄刨地，顿时石开泉涌，泉水清澈甘美，解除了军士们的干渴，关公得以重振队伍，继续北上，替刘备解了围。故而此泉被人们称为马跑泉。后来，人们又用这里的泉水酿制成“关帝圣”白酒，颇负盛名。为了纪念关公和赤兔马，清道光二十年（1840）在泉旁立一碑，上刻《汉关公马跑泉碑记》，碑文记述了关于马跑泉由来的传说。此碑所记虽系民间传说，但由于具有丰富的历史文化内涵，故此处已成为一处颇为吸引人的旅游景点。

位于河北赤城城西苍山幽谷之中的“关外第一泉”是誉满华北的温泉，它不仅是一处著名的沐浴胜地，同时也是一处颇负盛名的人文胜景。泉旁有明神宗万历六年（1578）直隶监察御史黄应苏所立的《关外第一泉碑》（图 317）、万历七

图 317　关外第一泉碑

年（1579）分巡道兵备副史王琁刻立的《寒谷温泉碑》，以及《洗心碑》《赤泉》《妙浴》《洗耻》等摩崖石刻。《洗心碑》系清康熙十年（1671）由赤城同知胡之浚书写刻立，其含意颇为深刻，意谓此处温泉不仅能洗净人的肌肤，更可洗净人的心灵。《赤泉》摩崖石刻系抗日爱国将领佟麟阁题书。而由爱国名将吉鸿昌亲笔题书于温泉南山崖上的《洗耻》摩崖石刻的含义又要比《洗心碑》更为发人深省。1933 年 5 月，抗日战争爆发前夕，吉鸿昌受冯玉祥将军委派，前去赤城说服驻防于居庸关外康庄、怀来、新保安等地，占据着五十多公里铁路线，但在抗日态度上暧昧的国民党 41 军军长孙殿英，希望他出人出枪参加抗日同盟军。应孙殿英之邀，吉鸿昌来到了赤城温泉，他在参观滚池时，看到泉旁所立的《洗心碑》，感慨不已，当即挥毫在南山崖上写下了“洗耻”两个大字，并对孙殿英晓之以理：“当前强敌压境，山河破碎，不仅要‘洗心’，更要‘洗耻’，而只有奋起御侮救国，才能雪耻图存。”一直犹豫不决的孙殿英深感有愧，当即表态：“我虽不参加同盟军，但请老兄放心，我决不去打同盟军。”此后，人们出于对吉鸿昌的敬意，为了歌颂他勇赴国难、洗雪国耻的英雄气概，将他在崖壁上所题书的“洗耻”两字和“妙浴”两字镌刻在赤城温泉的南山崖上。如今，赤城温泉的《洗耻》摩崖石刻已成为对为国捐躯的爱国名将吉鸿昌将军的永久纪念。

历代遗存的这类名泉碑刻，几乎各地都有，如：在以“泉都”“泉城”著称的山东济南，有《趵突泉碑》《观澜碑》《第一泉碑》等许多明清石碑；在北京有清乾隆皇帝御制的《玉泉趵突碑》；在江苏无锡锡惠公园有元代大书法家赵孟頫书写、清嘉庆八年（1803）重刻的《天下第二泉碑》（图 318）；在湖南长沙麓山寺后白鹤泉边有刻于清代的《白鹤泉碑》；在江苏镇江紫金泉有明朝由知县庞时雍所立的《紫金泉碑》，在镇江东门坡的古泮泉有刻立于明万历年间的《古泮泉碑》；在江苏徐州云龙山的饮鹤泉旁，立有明代天启年间徐州户部分司主事张璇题书的《饮鹤泉碑》。

图 318　天下第二泉碑

二、 修路指路之碑

道路与人们日常出行密切相关。在修道筑路后，人们往往勒石刻碑以作纪念或标示路名和方向，故而在我国历代遗存下来的碑刻中，修路碑、指路碑甚多。

汉代遗存的碑刻并不太多，但其中修路碑的数量却并不少，如《开通褒斜道摩崖》、《东曲里通利水大道刻石》、《石门颂》摩崖刻石、《刘平国治路颂摩崖》、《西狭颂》摩崖刻石、《郙阁颂》摩崖刻石等。

在隋代遗存的碑刻中，《会州刺史姜顺达通道记碑》是修路名碑。该碑刻于隋文帝开皇九年（589），1945 年左右出土于四川茂县，碑文记述了会州刺史永安郡开国公姜顺达修路的经过和事迹，云："蜀相姜维尝于此行，尔来三百余年，更不修理……大将军开府仪同三司，总管二州五镇诸军事，会州刺史永安郡开国公姜顺达……"此碑是研究隋代四川道路建设情况的有价值的实物参考资料。

在唐代遗存的碑刻中，最为著名的修路碑是刻于唐玄宗开元五年（717），由名相张九龄撰写的《开凿大庾岭路序碑》。大庾岭又名梅岭，位于江西大余，在今江西大余与广东南雄交界处，向来是出入岭南的必经之处，其间古道险峻难行，严重阻遏了岭南与外界的商业贸易和文化交流。唐玄宗即位后锐意进取，于开元四年（716）特派大臣张九龄前往大庾岭修凿通往岭南的新驿道。这不仅改善了长期以来岭南与中原交通不便的状况，有利于国家政治、经济、文化的发展，而且也大大便利了岭南人民的生活，是一件利国利民的大好事。为了纪念开凿修建大庾岭路的功德，张九龄在大庾岭路修成后特写了这篇《开凿大庾岭路序》，并刻石立碑，记述了大庾岭路开凿的缘由、经过、意义、显著效益和为何要刻石立碑。其碑文云：

先天二载，龙集癸丑，我皇帝御宇之明年也。理内及外，穷幽极远，日月普烛，舟车运行，无不求其所宁，易其所弊者也。初岭东废路，人苦峻极。行迳夤缘，数里重林之表；飞梁嶫嶫，千丈层崖之半。颠跻用惕，渐绝其袁。故以载则曾不容轨，以运则负之以背。而海外诸国，日以通商，齿革羽毛之殷，鱼盐蜃蛤之利，上足以备府库之用，下足以赡江淮之求；而越人绵力薄材，夫负妻戴，劳亦久矣。不虞一朝而见恤者也。不有圣政，其何以臻兹乎！

开元四载，冬十有一月，俾使臣左拾遗内供奉张九龄，饮冰载怀，执艺是度，缘磴道，披灌丛，相其山谷之宜，革其坂险之故。岁已农隙，人斯子来，役匪愈时，成者不日，则已坦坦而方五轨，阗阗而走四通，转输以之化劳，高深为之失险。于是乎锯耳贯胸之类，殊琛绝责之人，有宿有息，如京如坻；宋与夫越裳白雉之时，尉佗翠鸟之献，语重九译，数上千双，若斯而已哉！

凡趣徒役者聚而议曰：虎始者功百而变常，乐成者利十而易业；一隅何幸，二者尽就！况启而未通，通而未有斯事之盛。皆我国家玄泽寝远，绝垠胥省；古所不载，宁可默而无述也？盍刊石立纪，以贻来裔，是以追之琢之，树之不朽。

清代遗存的碑刻中也有不少修路碑，如在西安碑林中存有：刻立于康熙三年（1664），由党崇雅草书的高 257 厘米、宽 88 厘米的《修栈道记诗碑》；刻于康熙六年（1667），由王豫嘉、梁清宽撰文并草书，高 221 厘米、宽 86 厘米的《栈道歌碑》；刻于康熙年间，由赵三麒撰文并楷书，高 56 厘米、宽 170 厘米的《贾公削平栈道记碑》等。在北京八里桥桥东竖立着《御制通州石道碑》（图 319），立于清雍正十一年（1733），由雍正皇帝御制，碑文详细记载了从朝阳门至通州城内国仓及运河漕运码头修筑道路的情况，是研究清代北京交通史的宝贵实物资料。值得一提的是刻于光绪年间，由著名书法家、金石学家吴大澂撰文并书的国家一级文物《三关口筑路碑》（图 320）。此碑系吴大澂就任陕甘学政期间路过宁夏固

图 319　御制通州石道碑

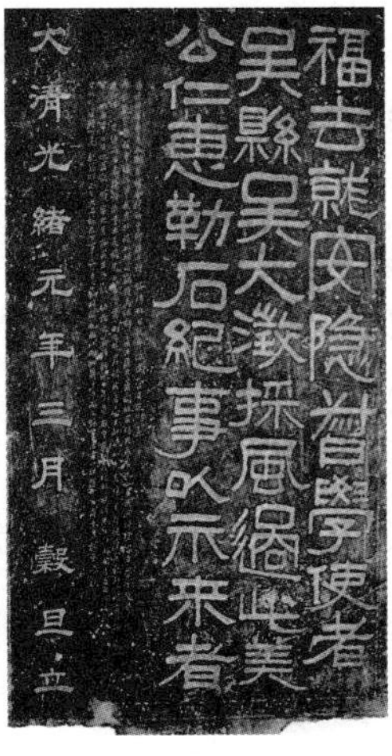

图 320　《三关口筑路碑》（局部）

原城南的三关口时撰文并书写的。碑为青石质，由四块大小相同的碑组合而成，碑高 127 厘米，四石总宽 304 厘米，每石厚 10 厘米。碑阳所刻碑文由正文与跋两部分组成，正文是吴大澂书写，跋由杨重雅书写。碑文内容主要纪颂了时任庆、泾、平、固观察使的魏光焘督率将士拓宽、修整丝路关隘三关口的一段道路，沟通了东西交通，方便了往来行人的功绩。此碑原镶嵌于三关口的石崖上，“文革”中被三关口村群众搬回村里；1984 年固原博物馆成立，将此碑收藏；1994 年始此碑陈列于新成立的固原博物馆石刻馆。此碑不仅具有极高的书法艺术价值，是研究吴大澂书法艺术的珍贵实物资料，而且也为研究清代宁夏固原三关口的道路交通情况提供了有价值的资料。

在我国民间除了有许多修路碑外，在不少地方还有用以标示道路和方向的指路碑。如 1956 年在安徽无为发现了刻立于太平天国己未九年亦即清咸丰九年（1859）的《太平天国分路碑》。碑通长 93 厘米、宽 27 厘米、厚 14 厘米。碑左上角刻有一个“路”字，“分”字已脱落；中间刻有“右至襄安”“左至虹家硚”两行字；碑的左方刻“太平天国己未九年梁县”十字；所刻之字均为楷书，因避洪秀全讳，将“洪家桥”改为“虹家桥”。据考，无为地处长江北岸，东边与芜湖隔江相对，在当时系交通要道、军事重地，故而太平军在此竖石碑以指示道路方向。

谈及指路碑，尤为值得书上一笔的是云南白族地区和哀牢山区的指路碑。云南白族地区山清水秀，风光旖旎，但是重峦叠嶂，交通不便，处处有险境，常使人“云深不知处”，不知该如何走。为了使人们特别是外地来这里的人不迷路，纯朴、善良的白族人便在村寨间的公路、山峦岔口和人烟稀少的交界处，竖立了一块块或用普通石头，或用大理石，或干脆利用山上石角刻制的石碑，碑上凿刻上路的方向、通向的村寨和里程，从而大大方便了行人。云南中部的哀牢山区沟壑纵横、山路崎岖曲折，加上云雾茫茫，使人难辨方向，极易迷路。为此，当地群众在哀牢山区的岔路口，竖立了大批指路碑（图 321）。据去哀牢山区考察过的有关同志粗略统计，元阳县东部地区的都鲁堡曾有六

图 321　哀牢山区指路碑

块指路碑，逢春岭曾有七块指路碑。这些指路碑一般高约 30 厘米、宽约 20 厘米，多由青石板镌刻，碑上所刻内容多为碑名、对联、指路正文及立碑日期。指路正文均将岔路口至上、下、左、右四方路向指明。如逢春岭十字路口西面坡壁上镶嵌的石碑上所写的碑文为：“上走新街至新城，下走猛多黄草坪，左走曼过稿吾卡，右走尼祐卜进大坪。”碑文两侧还刻有一副对联：“弓开弦自断，箭到石碑挡。”这些指路碑为人们的行走往来提供了极大的方便，具有很高的实用价值。

三、 津渡桥梁之碑

津渡和桥梁与人们日常水上出行密切相关。在我国民间的社会生活中，碑被广泛地刻立在桥梁和津渡边，或用于标示，或刊刻桥梁、津渡建造的年月、建造者的名字和建造经过以作纪念，或刊刻关于津渡、桥梁的有关规约等。

山西永济古蒲州城西门外的蒲津渡，始建于春秋时期，毁于 1911 年，历代都对这个古渡口屡加修筑。在蒲津渡遗址的七星柱附近清理出了一块刻于明正德十六年（1521）的石碑，记载了当年修筑蒲津渡石堤的情况。其碑文云，当时修筑蒲津渡石堤“用工三十人，北逾龙门山，东陟虞乡麓，琢石成板，长五六尺。藉民之有车船者运载之，得石八千余片，市松柏木桩七千余株……唐玄宗铸铁牛为浮桥，功绩浩大。此功不次于铁牛浮桥”。碑文记载了明代修筑蒲津渡工程的规模和唐玄宗时在蒲津渡修建铁牛浮桥的工程规模，具有宝贵的史料价值。

图 322　对渡碑

福建石狮蚶江镇的蚶江渡口始建于清乾隆四十九年（1784）。在蚶江渡口的清代海防官署遗址中，竖立着一块高约 3 米、宽约 1 米的《对渡碑》（图 322），碑正面镌刻着《新建蚶江海防官署碑记》，碑文共竖刻十四行。碑文明确记载“蚶江为泉州总口，与台湾之鹿仔港对渡”。从蚶江启航“水程八更，一昼夜可直达鹿港”，所以“船只莫不争趋”。碑文对清代以蚶江港为枢纽的闽台通商贸易情况做了详细记载：“上襟崇武、獭窟，下带祥芝、永宁，以日湖为门户，以大、小坠山为藩篱，内则洛阳、浦内、法石诸港，直通双江①，大小商渔往来利涉。其视鹿仔港，直户庭耳。”百余年来，来往蚶江、鹿港之间的船只近三百艘。单蚶江一地就有二十多家大行口，如泉胜、泉泰、谦恭、谦益、晋丰、勤和、锦瑞等。《对渡碑》记载了两岸密切交往的悠久历史，对于研究两岸关系史具有宝贵的史料价值。

1937 年冬发现于安徽当涂采石镇江心洲的《太平天国渡船规约碑》，是太平天国甲寅四年亦即清咸丰四年（1854）立于太阳河村码头的渡船规约碑。青石质的碑通高 95 厘米，其中碑身高 76 厘米，碑座高 19 厘米、宽 46 厘米、厚 9 厘米，碑正面刻缠枝图案边框，碑文明确规定了太阳河村码头的渡船价格为单身人出钱二十文，牛马每匹二百文，挑担者四十文，羊每只十文。碑文还规定“有行人唤渡者毋容阻滞，有急务催行者不可迟延”，并规定有急事者虽一人亦应送去。此碑不论对研究太平天国还是研究清代当涂的水路交通，都是很有价值的参考资料。

我国历代民间的桥梁碑比津渡碑更多，几乎各地皆有，数量甚众。

根据对历代碑刻的查考，在我国民间，桥梁碑刻在历史上早就已出现。如在陕西褒城石门南崖上，就存有刻于西晋泰始六年（270）五月的《潘宗伯造桥阁记》。在河南沁阳东南武格寨的汤帝庙中，存有清乾隆年间民间在挖井时掘得的《武德于府君等义桥石像之碑》（又名《武德郡沁水石桥记》）。碑额雕石像，镌刻“武德于府君等义桥石像之碑”四行十二字，分列石像左右。碑阳刻碑文，上半部分书二十六行，每行四十二字，记载了武德于府君捐建沁水石桥之事；下半部分为题名，共二十六行，每行三字。碑阴及两侧皆刻题名。在山东邹城有从石里村出土的刻于隋开皇六年（586）二月的《仲思那等造桥碑》（图 323），碑文共十八行，记载了仲思那等四十人造桥的经过。

图 323 《仲思那等造桥碑》（局部）

在福建晋江、南安二市交界的海湾上，始建于南宋绍兴八年（1138）、历时十三年建成的安平桥，是当时世界上最长的梁式石桥，系我国重点文物保护单位。

① 双江：指晋江、洛阳江。

初建时，桥长八百十一丈，宽一丈六尺，长度约有五里，故又称“五里桥”。现桥长2070米、宽3米至3.8米，桥上原有五座桥亭，亭周围竖有历代修桥碑记十六块。位于泉州与惠安分界的洛阳江出海口上，兴建于北宋仁宗皇祐五年（1053）、竣工于嘉祐四年（1059）的洛阳桥（因其坐落在古万安渡的地方，故又名万安桥），是我国古代著名的梁式石桥，也是我国的重点文物保护单位。现在洛阳桥中亭附近历代碑刻林立，尤为值得一提的是立在桥南头的蔡襄祠内的由蔡襄撰文并楷书的《万安桥记碑》，此碑文字精练，书法遒丽，刻工精致，世称文、书、镌“三绝”。现《万安桥记碑》共有两块，一块是原碑，另一块的原碑已被毁，现存为中华人民共和国成立后的摹刻碑。泉州北郊河市乡的濠溪桥，由僧人宗爽创建于北宋徽宗大观年间，原系木梁桥，后遭火毁；明代抗倭名将俞大猷将其重建为石梁桥，现桥头仍竖有俞大猷在重建时所立的一块碑，记述了他重修濠溪桥的缘由和经过，其碑文云：

> 予年九岁时，先大夫携往大濠叔祖家，经涉此水。予问桥何以圮？先大夫曰：“遭樵夫失火焚而圮。”予曰：“俟我长大来，当再造之，俾人不病涉。”曰：“小子识之，他日宜实是言。”予应唯唯。今思先大夫之命几六十年，犹俨然在耳，乃捐俸资，令堂弟良猷督造，阅月竣工，庶先大夫地下之心慰也。
>
> 隆庆三年己巳冬十二月
>
> 右都督俞大猷谨识

此碑是研究河市桥史和俞大猷生平的有价值的实物资料。

江苏无锡南门外古运河与伯渎河交会处横跨运河两岸的清名桥，始建于明代万历年间、重建于清康熙年间。在桥的圈洞内两侧拱板上均有题刻，桥东西侧竖有清代修桥碑两块，记载了重修清名桥的始末。位于宜兴扶风镇中心的扶风桥，始建于南宋绍兴年间，原为简易石桥，明熹宗天启六年（1626）改建为单孔石拱桥，桥东端嵌砌有明天启六年的重建碑记，碑文记述了乡宦进士周延儒捐助银子建桥之事。

北京西南永定河上的卢沟桥，始建于金世宗大定二十九年（1189），明英宗正统九年（1444）重修，清康熙时毁于洪水，康熙三十七年（1698）重建，是北京现存最古老的石造联拱桥。卢沟桥不仅极其雄伟，而且桥畔景色极为优美，在卢沟桥的东西两头各立有御碑一块。西头是康熙皇帝康熙三十七年（1698）为纪念重修卢沟桥而立的御制碑；东头立有清乾隆皇帝御书的《卢沟晓月碑》（图 324），碑置于由四根盘龙石柱架起的一个圆顶石碑亭之中，颇为雄伟壮观，成为卢沟桥标志。同时，卢沟桥也是拉开中国人民全面抗日战争帷幕的具有重要意义的革命纪念地。为了保护这座具有重要历史价值的古桥免遭损毁，自 1985 年起，北京市投资五十万元、社会捐资八十万元，对卢沟桥进行了有史以来规模最大的一次修缮，修缮后卢沟桥基本恢复、保留了金代的建筑风貌，并作为文物保护单位专供游览、观赏。为此，北京市政府专门在“卢沟晓月”古碑亭附近的桥头处，竖立了古渡千秋碑（图 325），由著名书画家尹瘦石题书，于 1992 年 9 月 11 日由北京市前市长焦若愚和著名文物专家单士元为碑揭幕。

图 324　卢沟晓月碑

图 325　古渡千秋碑

在安徽宣城旌德兴隆乡陈村兴仁桥的桥端立有《鼎建兴仁桥记碑》，碑文记载，此桥建于明孝宗弘治十年（1497），距今已有五百多年历史。旌德县城下东门的黄济桥，始建于明世宗嘉靖年间，后被水冲毁，清康熙四十四年（1705），当地黄氏家族集资重建，历时二十年告竣。现桥端存有雍正三年（1725）完工通行时邑人探花黄梦麟撰写的《重修黄济桥记碑》，记述了该桥重修的艰辛始末。旌德新桥村的新桥，重建于清道光六年（1826），桥头油坊内存有当年立的《修新桥碑记》一块，记述了修桥的始末。位于安徽宣城绩溪临溪乡湖里村南、横跨于登源河上的中王桥，全长 74 米、宽 6 米、高 8 米，是绩溪现存最大的古桥，桥首竖有道光二年（1822）所立修桥碑，记载了里人集资重修中王桥之始末。

贵州水西彝族地区的大渡河五孔石拱桥，长 60 余米，高、宽均约 7 米，系水西彝土司安邦彦捐银修建，是贵州水西彝族地区现有各类桥梁中时代较久、规模较大的一座，且是完整无损的始建原物。现桥西端立有彝、汉文建桥碑记各一块，碑文记述了建桥始末及与之相关的情况，为研究古代彝文和水西彝族地区经济、文化、交通状况提供了可贵的实物资料。

浙江宁波奉化区南浦乡南渡的广济桥，始建于宋，重建于元，明、清时几度重修，是旧时奉化三大水路交通要道之一。在奉化区大堰镇常照村，建于清光绪二十四年（1898）的福星桥的桥北碑亭内，存有百年来先后刻立的七块修桥碑，记载了福星桥的建桥历史。位于宁波北仑区长山村小浃江中流的永济桥，始建于明，重建于清康熙七年（1668），桥东侧桥亭内嵌有明万历年间和清嘉庆年间的两块修桥碑，碑文记载了该桥的历史沿革。

值得一提的是有“天下黄河第一桥”之称的甘肃兰州中山桥。历史上，明代以前黄河上是没有桥的，黄河上最早出现的一座桥是明太祖洪武初年为军事目的建造的镇远浮桥。史料记载，浮桥系明洪武五年（1372），宋国公冯胜始建于兰州城西；洪武九年（1376），卫国公邓愈在城西十里处造了一座浮桥称为“镇远桥”。洪武十八年（1385），兰州卫指挥杨廉将浮桥建至现在的位置——白塔山下。当年的黄河浮桥，是用二十五只大船，横排于黄河之上，船与船之间相距 5 米，以长木相连接，长木上铺上木板，两侧围以栏杆；南北两岸竖立铁柱四根，大木柱四十五根，有两根各长 50 米的粗铁绳，将船固定在河面上。每年冬季黄河结冰则拆除，春季则又重搭浮桥。至今兰州还存有当年建桥时所遗存的重 10 吨、长 5. 8 米的铸铁浮桥柱三根，人称“将军柱”。柱上铸有“洪武九年，岁次丙辰，八月吉日，总兵官卫国公建斯柱于浮桥之南，系铁缆一百二十丈”的字样。浮桥建成后，成为西部和西北部各省来往的要道。但由于冬天黄河结冰，浮桥每年都在冬天拆掉，春天再建，难以常年使用，很不方便，且每年建、拆要花费很多资金，故清政府决定修建一座固定的黄河大铁桥。

光绪三十三年（1907）二月，清政府在兰州道彭英甲建议下，动用国库白银约三十万六千六百九十两，招聘德商泰来洋行喀佑斯承建，美国人满宝本、德国人德罗作技术指导，开始动工将浮桥改建为铁桥。经过近两年半的紧张施工，宣统元年（1909），黄河第一座铁桥终于竣工。桥长233.3米、宽7.5米，平行弦杆贝雷式钢桁架为桥体，石墩石台，共有五跨。桥面上铺两层木板，两边有扶栏，“旁便徒行，中驰舆马”。桥的两端建有牌坊，上面横匾分别题有“三边利济”“九曲安澜”的字样。桥建成以后，大大便利了两岸交通，但桥梁的承载能力较低，超过8吨重的汽车就不能过桥了。到20世纪40年代，两个桥墩已发生裂缝，危及大桥本身，不得不对过桥车辆限重、限速、限数。1954年，当地用了半年时间修好了开裂的桥墩，在原来钢桁架的水平肢上加了一根弯曲形的上肢，桥面改用钢筋混凝土板，使桥面的纵横梁变为组合梁，提高了承载能力，20吨重的汽车可以畅行无阻。1981年，大桥经受黄河上游特大洪水的考验，安然无恙。

此桥初名“兰州黄河铁桥”，1928年，为纪念孙中山先生而改名为“中山桥”。这座贝雷式钢桁架公路桥，是当时仅次于上海外白渡桥的全国第二座城市钢桥，是兰州境内历史最为悠久的古桥，也是古老黄河上的第一座公路桥，故而有“千古黄河第一桥”“天下黄河第一桥”之称。此桥的建成结束了黄河上游千百年来没有永久性桥梁的历史，改变了民间流传的“隔河如隔天，渡河如渡鬼门关”的艰难局面，具有重要的意义。该桥被国务院公布为第六批全国重点文物保护单位。相关部门在桥的南端竖立了壮美高大的黄河第一桥碑（图326），碑的正面镌刻由著名书法家黎泉书写的“黄河第一桥”五个攲侧方棱的大字。2009年，在建桥一百周年时，中共兰州市委和兰州市政府又在铁桥的南广场隆重举行了中山铁桥百年庆典和中山铁桥百年纪念碑（图327）揭幕仪式。中山铁桥百年纪念碑的主体是一块重50多吨，约3.7米高、1米厚、4.8米长的青海黄河石。纪念碑正面刻有“中山铁桥百年纪念碑”九个大字，背后刻上了由马建勋创作（吴辰旭修改）并在全国征文中获得一等奖的《铁桥百年赋》，其文曰：

白塔耸峙，黄河东逝；古关静穆，楼映半空。一桥彩虹临波，百年流云飞渡。今逢盛世，毋忘尘忆，唯吾兰州，矢志创新，兹镌铭为念……柱砥中流，铁梁横空；终成勋业，蔚然景观。三边利济，商旅荣繁；通衢信步，九曲安澜，诚以“天下黄河第一桥”之隆誉，易名中山之佳话，谱写兰州解放之新篇，见证中华民族复兴之沧桑巨变……

图 326　黄河第一桥碑

图 327　中山铁桥百年纪念碑

四、 风情习俗之碑

我国各地的风土人情、生活习俗，有的相同相近，有的则迥然不同。我国历史上留下了许多与风情习俗有关的碑刻，为我们了解我国民间的风土人情、生活习俗提供了丰富的资料。

古代受科学技术发展水平的局限，人们不了解刮风、下雨是自然现象，在出海航行需要风或农事生产需要雨水的时候，就求神拜佛祈求上苍和龙王，这成为一种普遍的习俗。为了表达自己求雨求风的虔诚之心，或在求得雨和风之后，人们往往勒石刻碑来表达对上苍和龙王的感激之情，故而历代留存了不少祈风求雨的碑刻。如福建南安存有南宋遗留下来的举世闻名的《九日山摩崖祈风石刻》（图 328）；在重庆云阳飞凤山麓张飞庙的助风阁里，立有“铜锣古渡蜀江东，多谢先生赐顺风”的石碑；在距离张飞庙不远的悬崖峭

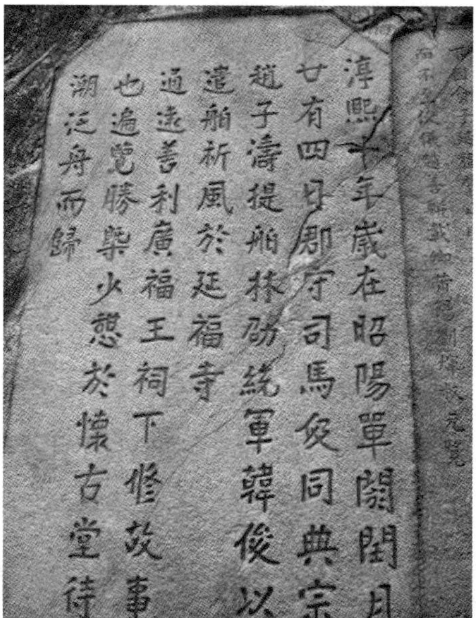

图 328　《九日山摩崖祈风石刻》（局部）

壁上，存有北宋时期所刻的祈雨摩崖石刻，记载了北宋仁宗嘉祐元年（1056）大旱之时，安福县县令林积率吏民求雨之事。北京西北处的黑龙潭，相传有黑龙潜藏于水底，故明宪宗成化二十二年（1486）在此建黑龙王庙。自此以后，这里成为皇帝和百姓们旱年求雨的圣地，明神宗和清康熙、乾隆等皇帝都曾来此祈雨、观泉。故庙中文物、遗迹众多，其中关于清代皇帝祈雨的碑就有康熙、雍正、乾隆及嘉庆年间刻立的四块，现保存于黑龙潭回廊向上石蹬两旁的四座碑楼里，碑文内容均为记述皇帝祈雨或修建庙宇等事宜。在始建于元世祖忽必烈时代，位于北京密云城北的白龙潭龙泉寺内存有著名的清乾隆皇帝为求雨而写的《御制龙泉寺二十韵诗碑》。此碑系乾隆四十五年（1780）乾隆因北京干旱来白龙潭龙泉寺求雨时手书，据说乾隆来此求雨的第二天，北京就下了雨，这一附会传说使这块诗碑成了白龙潭的一大景观。福建宁德周宁县鲤鱼溪畔浦源村的村民，自宋代在溪中饲养鲤鱼开始，就养成了从不捕食鲤鱼的习俗，至今代代相传。为了安葬死亡的鲤鱼，该村村民特地建立了“鱼陵”，还竖立了镌刻有“鱼冢”两字的墓碑。每当溪中鲤鱼自然死亡后，村中长老就捧着鱼尸，率领一群男女老少，将鱼尸放入《鱼冢碑》后面的墓穴中，然后焚香、点烛、烧纸钱，顶礼膜拜。“鱼陵”和《鱼冢碑》所反映出来的浦源村独特的习俗引起了人们的浓厚的兴趣，不少人慕名前去游览。

唐代大文学家、大思想家柳宗元从唐宪宗元和十年（815）至元和十四年（819）在广西柳州任刺史期间，为当地人民做了许多好事，如废除奴俗、解放奴婢、宣扬教化、破除陋俗、挖井开荒、发展生产等，因此深受当地广大人民群众的爱戴和崇敬。正是基于这一原因，与柳宗元有关的一块碑刻还生发出了一种特有的风情习俗。这块碑刻就是现藏于柳州柳侯祠里的《龙城石刻》（图 329）。此碑相传是柳宗元仅存的手迹，且发现此碑时，还同时出土一把短剑，加之碑文中有“驱厉鬼，出匕首”语，故人们又称之为《剑铭碑》。碑石正面镌刻碑文二十六个字：“龙城柳，神所守。驱厉鬼，出匕首。福四民，制九丑。元和十二年柳宗元。”据传当时的柳州人无论是出门办事还是赶考，都会将碑刻的拓片随身携带，以求平安。尽管由于年代久远，《龙城石刻》屡次得而复失，现藏于柳州柳侯祠中的《龙城石刻》是辗转重刻之作，已非原貌，而且同有关记载有一些出入，但柳州人出于对柳宗元的崇敬，对此碑仍相当崇拜。

图 329 《龙城石刻》

杨贵妃陵园位于陕西西安以西七十公里处的马嵬坡。当地民间流传，妇女只要在用的香粉中掺上一点杨贵妃墓的土，就会使皮肤更加白嫩。对这一民间习俗，杨贵妃墓侧的一块石刻做了专门记载：“墓上生白土，土人呼为贵妃粉，能悦颜色，春日游女，拾取赜面。”受这一习俗的影响，长期以来，人们纷纷从杨贵妃坟上抓土，以至坟头日渐低小，看墓人不得不常在杨贵妃坟上培新土。

我国民间有一个习俗，当一家之主去世后或当子女们长大各自成家自立门户时，往往要对原来共有的家庭财产进行分割。为了避免财产分割引起纠纷和争执，往往预立分割文书。其中有些家庭人员众多，情况较为复杂，怕分割文书日后遗失或被篡改，便将分割文书刊刻于碑石上，以便长久保存，日后大家共同遵守。如江苏常熟碑刻博物馆中的《张氏预嘱碑》（图 330）即是颇有代表性的一块。碑文载明匠户张世荣创有一定家业，先后娶四妻，共生育五男二女，为防止殁后子女争夺财产，特预立分割文书。碑文详列了分割各房子女财产数，同时也写明了各人应承担的赡养长辈、祭扫祠墓等责任和义务，并勉励子女要勤劳持家、精诚团结。

图 330 《张氏预嘱碑》

诸如此类饶有趣味的风情习俗碑刻，为研究我国丰富多彩的民风民俗提供了有价值的参考资料。

五、 地名界域之碑

勒石立碑以标示某一地方的地名和界域，在我国民间社会生活中历来是广泛应用的一种方法，历代各地普遍都有地名碑和界石碑。

根据对历代碑刻的查考，地名、界石碑在我国古代早已有之。如 1956 年 4 月，在云南昆明南郊塔密村发现了刻于东汉安帝延光四年（125）的界石碑，因年代久远、漫漶严重，碑文尚可辨的文字仅三十余个。清代光绪二十九年（1903），在山东莒县西孟庄庙出土了刻于东汉顺帝汉安三年（144）的《宋伯望分界刻石》，又名《莒州汉安三年刻石》。碑文为隶书四面环刻，尚存二百九十多个字，由于年代久远，部分字已漫漶，可辨识者十之七八。从碑文内容可得知，此碑系买田刻石记界之石。1993 年底，安徽宿州市中心原县党校院内在基建掘土时，发掘出了一块唐代蕲县界碑。碑已残损，残碑长 86 厘米、宽 41 厘米、厚 25 厘米。碑首原有碑帽，现碑帽已佚，尚留榫头，碑为方柱形，碑身四面环刻碑文。正面刻“彭城郡蕲县”；背面上部刻“蕲县”二字，下部刻“县境东西一百……南北……”，其所标示的系蕲县的地域范围；碑的东西两侧面分别刻主要城市的方向和里程，东侧面的碑文为：“西去东京九百六十里，西去睢阳郡三百四十里，西去陈……西去寿春郡二百……”有关专家根据碑文所载内容，结合《宿州志》的记载进行考证，推断出这块界石碑当年立在古汴河南岸的御道边，刻碑的年代在唐玄宗天宝元年（742）至唐宪宗元和四年（809）之间。此碑不仅是淮北地区首次出土的界碑，而且有蕲县的范围标示，还指示出蕲县周围有关城市的地理方位、里程，提供了古代蕲州一带的地理方位情况，因此具有较高的研究价值。

国民革命军遗族学校界石碑是近几十年来新发现的一块具有重要价值的界石碑。国民革命军遗族学校是国民政府为培养辛亥革命和北伐战争以来的烈士遗孤，于 1928 年 10 月成立，由宋庆龄担任校长，宋美龄担任常务校董。该校曾培养出许多高才生，其中仅在美国留学获博士学位者就有五十多人。1995 年 10 月，在南京中山门外卫岗的建筑工地出土了当年由国民党元老于右任手书“遗族学校界”

图 331　遗族学校界碑

五个大字的界碑（图 331），从而找到了该校的确切地址，为研究国民革命军遗族学校提供了重要的实物资料。

南京东郊的紫金山是一座历史名山，在历史上曾经有过多个名称，最早名为金陵山，战国时楚国在此建置的金陵邑即由此而得名，南京古称“金陵”也即由此而来。秦汉时代称为钟山。三国东吴时，为避孙权祖父孙钟之讳，再加此山又是东汉末年秣陵县尉蒋子文的死地，故改称蒋山。东晋初年，人们发现山顶上常有紫金色的云彩（据科学考证，紫金色的云彩其实是山上紫红色页岩在阳光照耀下反射出来的自然色彩）缭绕，故又改称紫金山。又因此山位于东晋和南朝都城的东北，故也称为北山。到明代，因孝陵建于山的南麓，故一度又改名为神烈山，并于明嘉靖十年（1531）在山脚边竖立了一块高 2.94 米的《神烈山碑》，以作为标示。至今，这块《神烈山碑》（图 332）还作为一个历史地名的标志矗立在南京东郊卫岗稍东的宁杭公路北侧。

图 332　神烈山碑

位于深圳盐田区沙头角镇的中英街，由一条小河河床淤积而成。1898 年，英帝国主义强迫清政府签署了《展拓香港界址专条》，将九龙半岛界限街以北至深圳河以南及附近岛屿的土地租借给英国，为期九十九年。在划界限时，沙头角被分为两半，一半归英属香港管辖，一半归中方管辖，在双方管辖区域的分界线上，立了八块界碑。后来，两边的居民在界碑两侧搭铺做生意，慢慢形成了这条宽约 3 米、长 250 米的中英街。现在香港已回归祖国，但当年立下的《中英街界碑》（图 333），被作为具有重要意义的历史见证保留了下来。

图 333　中英街界碑

中国地域广大，边境漫长，道路错综复杂，为了满足军事、贸易、交通的需要，历代以来出现和形成了许多交通要道、军事要塞、边关要隘和边贸重镇，而这些地方往往都在自己的界域界线竖碑立碣作为标识和引导。诸如，我国的万里长城沿线分布着许多关隘，东端的山海关和西端的嘉峪关是其中规模最大的两座。嘉峪关始建于明太祖洪武五年（1372），比山海关早建九年，距今已有六百五十年的历史，它比山海关还大，是万里长城上的最大关隘，也是中国规模最大的关隘。嘉峪关位于河西走廊中西结合部（中部偏西），是明代万里长城的西端起点，也是明代长城沿线建造规模最为宏大、建造最为完美雄伟的一座古代军事城堡，还是明朝及其后期各代在长城沿线的重要军事要塞。它素有“中外钜防”“河西第一隘口”之称。嘉峪关关城依山傍水，由内城、外城、罗城、瓮城、城壕和南北两翼长城组成，全长约六十公里。长城城台、墩台、堡城星罗棋布，形成了五里一燧、十里一墩、百里一城的防御体系，和由内城、外城、城壕三道防线组成的重叠并守之势，扼守着南北宽约十五公里的峡谷地带，该峡谷南部的讨赖河大峡谷，又构成了关防的天然屏障。嘉峪关附近烽燧、墩台纵横交错，关城东、西、南、北、东北各路共有墩台六十六座，攻防兼备，构成了严密的军事防御体系，因而

图 334 天下雄关碑

被人们誉称为“雄关”。在其关城城墙前的碑亭中，就屹立着一座气势雄壮的《天下雄关碑》（图 334），向人们昭示此处已进入嘉峪关的界域。

位于豫、鄂、陕三省交界的河南南阳淅川县荆紫关镇，形成于唐代，兴盛于明清时期，是一座具有一千三百多年历史的中国历史文化名镇。它背倚猴山，面临丹江，西接秦晋，南通鄂渚，素有“鸡鸣三省荆紫关”之称，凭着优越而独特的地理位置成为历代商贾云集和兵家逐鹿之地。在荆紫关镇西部、向来有“三省一条街”之称的白浪街的中心，矗立着一座 1987 年由豫、鄂、陕三省人民合资修建的独具特色的三省交界碑（图 335），吸引了人们的格外关注。该碑的下部是一座仿古三面凉亭，三足碑座，中空，碑的上部和顶部似塔式，下部由三根贺珠状柱子支撑亭盖角檐及塔顶，碑顶中心呈圆形葫芦状。碑身用黄色大理石贴面，为罕见的锥状三面体碑。碑的三面依次镌刻着河南、陕西、湖北三省所书的碑文。在碑下凉亭盖下三根雕花贺珠状柱子之间正中处的凉亭地面上，立有一块露出地面的金字塔式的三棱尖石。尖石一面朝西，石上刻着一个“陕”字；一面朝东南，石上刻着一个“鄂”字；一面朝东北，石上刻着一个“豫”字。三省即以此石为界：西北是陕西的白浪镇，归陕西省管辖；东北是河南荆紫关镇白浪村，归河南省管辖；东南是湖北的白浪镇，归湖北省管辖。此石因而被称为“三省石”，也称“一脚踏三省石”（图 336），踩在石上，可以有“脚踏三省、气吞九州”的体验。这座独具特色的“三省交界碑”和碑座上的这块“三省界石”也是三种文化的交汇点：向北，是以古都洛阳为代表的黄河文化；向南，是以雄奇三峡为代表的长江楚文化；向西，则是以古都西安为代表的秦晋文化。如今，这座“一脚踏三省”、别具一格的界碑，吸引着越来越多的旅游者前来观光。

图 335　三省交界碑

图 336　三省石

六、 箴言遗训之碑

饱含哲理的箴言、格言，富有真知灼见的先贤遗训和前辈训诫，教育人们如何为人、处世、立身、效命。为使这些箴言、格言、遗训、训诫能垂之久远，且子子孙孙、世世代代都能从中得到教益，古人将其中许多名言警句镌刻成碑，一直留存至今。

据考，仅西安碑林所收藏的碑刻中，就有数十块箴言碑、格言碑、先贤遗训碑和前辈训诫碑。

西安碑林收藏的宋代碑刻中，较著名的有刻于宋徽宗宣和四年（1122），由唐代韩愈撰文、李寂用篆书所书的《韩愈五箴碑》。

西安碑林收藏的明代碑刻中，较著名的有：刻于明世宗嘉靖五年（1526），用楷书书写的《敬一箴碑》；刻于嘉靖六年（1527），由宋代范浚撰文，明世宗朱厚熜用楷书书写的《范氏心箴碑》；刻于嘉靖七年（1528），由宋代程颐撰文，明世宗朱厚熜书写的《程子四箴碑》；刻于嘉靖七年（1528），用楷书书写的《张聪等奏刻五箴》；刻于明神宗万历十六年（1588），由钟化民用楷书书写的《正己格物说碑》；刻于明神宗万历四十五年（1617），由著名书法家董其昌用行书书写的

《徐翼所公家训碑》（图 337）；刻于明代，由方元焕用草书书写的《程朱吕胡遗训碑》；刻于明代，由方元焕用楷书书写的《录孟子语碑》。

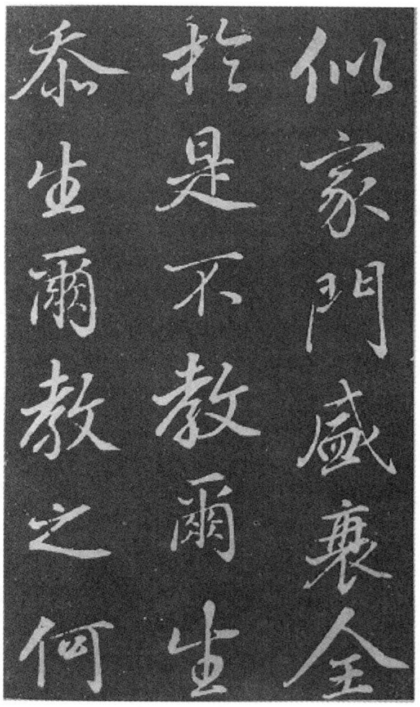

图 337　《徐翼所公家训碑》（局部）

西安碑林收藏的清代碑刻中，较著名的有刻于清顺治十五年（1658），由王铎撰文并用行书书写的《千字箴碑》（图 338）；刻于康熙五年（1666），由贾汉复识、沈荃用楷书书写的《箴言四则碑》；刻于康熙三十八年（1699），由康熙皇帝临元代赵孟頫用行书书写的《大宝箴碑》；刻于康熙五十四年（1715），由韩宰述、刘浣初用楷书书写的《王阳明格言碑》；刻于雍正六年（1728），由孙能宽用行书书写的《朱子家训碑》；刻于雍正十年（1732），由钱陈群用楷书书写的《读书箴碑》；刻于雍正十二年（1734），由果亲王胤礼用楷书书写的《程子颜子所学何事论碑》；刻于雍正十年（1732），由孙能宽用行书书写的《箴言二则碑》；刻于道光二十三年（1843），由陶廷杰用行书书写的《格言碑》；刻于咸丰元年（1851），由朱昌颐用楷书书写并跋的《程伊川四箴碑》；刻于清代，由庞壁用楷书书写的《古今训碑》；刻于清代，由平轩用楷书书写的《赵清献公司马温公格言碑》；刻于清代，分别由沈绎堂用楷书、孙能宽用楷书和行书书写的三块《格言碑》；刻于清代，由平轩用隶书书写的《司马温公格言碑》等。

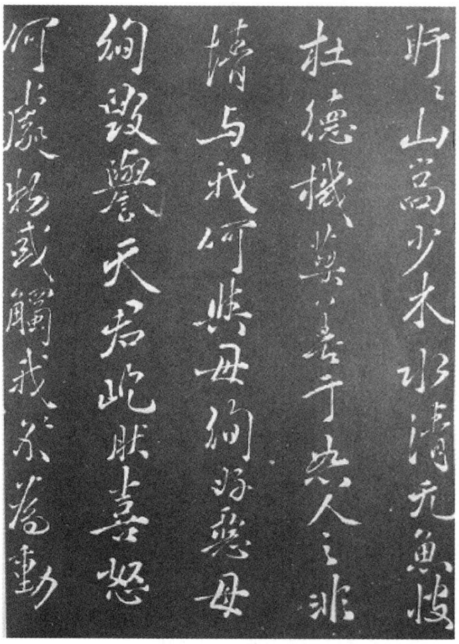

图 338　《千字箴碑》（局部）

这些碑刻，所刻内容都极富哲理，发人深思，给人以启迪和教益。如西安碑林收藏的碑刻中，有一块刻于清嘉庆二十一年（1816）的方柱形《格言碑》。此碑高 155 厘米、边宽 39 厘米，陈列在碑林第六室西侧。

该碑东面所刻的碑文为：

迟钝人，能存好心，行好事，做好人，虽迟钝亦是上智。明敏人，若心术不正，行事不端，不肯做好人，即明敏亦是下愚。

该碑南面所刻的碑文为：

孝为百行之首，修身立德为尽孝之首。舜之大孝在德，为圣人。故人子思孝其亲，不可不砥砺其德。德为圣人，则亲为圣人之亲；德为贤人，则亲为贤人之亲。若碌碌虚度，德业无闻，身为庸人，则亲为庸人之亲。甚至寡廉鲜耻，为小人匹夫之身，则亲为小人匹夫之亲。亏体辱亲，莫大乎是。纵日奉五鼎之养，亦总是大不孝。

该碑西面所刻的碑文为：

立身以行检为主，居家以勤俭为主，处人以谦下为主，涉世以忍让为主。

该碑北面所刻的碑文为：

有耻则砥德砺行，顾惜名节，一切非礼非义之事，自羞而不为，惟恐有浼乎生平。若耻心一失，放僻邪侈，何所不至。居乡而乡行有玷，居官而官常亏，名节不足人所羞齿，虽有他长，亦何足赎。

此碑所刻箴言饱含深刻的哲理，简单、朴实的话语包蕴着为人、处世、立身之真谛，道理精辟，耐人寻味。

七、 社会风尚之碑

每个国家、每个民族都有自己的社会风尚。我国自古以来一贯推崇敬贤重才、见贤思齐，倡导以英贤俊杰为楷模的社会风尚。为品德高尚、气节忠贞、才智超群、一心为民、贡献卓著的英贤俊杰修墓、建祠、立碑，是历代以来人们为促进这些良好社会风尚发展并将其发扬光大而采取的一种卓有成效的手段。千百年来，在中华大地上留下了大量此类碑刻。

图 339 潮州韩愈祠历代碑刻

唐代大文学家韩愈曾因谏迎佛骨得罪唐宪宗，被贬为广东潮州刺史。在潮州期间，韩愈为民荐贤兴学，开发民智，忧民所忧，驱鳄除恶，赢得“潮州山水尽姓韩”的美誉。后人为纪念他的业绩，为他建祠立碑。现在韩愈祠内共存历代碑刻数十块（图 339），其中最著名的是由宋代大文豪苏轼撰文、明宪宗成化二十年（1484）重刻的《潮州昌黎伯韩文公庙碑》，在正堂石柱上还刻有联碑：“辟佛累千言，雪冷蓝关，从此儒风开岭峤；到官才八月，潮平鳄渚，于今香火遍瀛洲。”从 1984 年开始，潮州开始集资重修韩愈祠，并建立了韩愈纪念碑林，全国近百位知名人士和书法家挥毫为韩愈祠题写了碑记。

杨邦乂是南宋初年著名的忠烈之臣。据《宋史・杨邦乂传》记载，宋高宗建炎三年（1129），金兀术率领十余万大军渡江进攻建康（今南京），杨邦乂以溧阳知县出任建康府通判。此时，宋高宗赵构已移驾浙西，建康留守杜充不战而“率麾下数千人降”，户部尚书李棁、显谟阁直学士陈邦光“皆具降状，逆之十里亭”。金兀术入建康城后，众文武百官均“迎拜”，唯独杨邦乂不下跪，并在衣裾上用血写下了“宁作赵宋鬼，不为他邦臣”十个大字，以示绝不投降的决心。此后，金兀术屡次派人对他软硬兼施，进行劝降，但杨邦乂根本不为所动。对高官厚禄，他不屑一顾，以头撞柱，只求速死；对李棁等劝降叛徒，他严加痛斥；刘团练给他一张纸，要他想死想活自己写。他毅然决然地写下了一个“死”字，并手指金兀术大骂：“若女真图中原，天宁久假汝，行磔汝万段，安得污我!”金兀术听了恼羞成怒，命人乱棍毒打杨邦乂，杨邦乂依然骂不绝口。于是，金兀术

图 340　宋忠臣庐陵杨忠襄公剖心处碑

"大怒杀之，剖取其心"。杨邦乂的崇高气节受到后人的由衷敬仰。为了表达对杨邦乂的崇敬和纪念之情，1932 年 8 月，时任南京市市长石瑛在杨邦乂剖心处竖立了宋忠臣庐陵杨忠襄公剖心处碑（图 340），并撰写了碑文。

广东江门新会城南的崖门，是宋末陆秀夫背负宋少帝投海殉国处。带领元兵水陆两路夹击崖门的汉奸张弘范曾厚颜无耻地在陆秀夫背负少帝投海殉国的那块巨石上刻下"镇国大将军张弘范灭宋于此"十二个字。后来，有人巧妙地在十二个字的前面加刻了一个"宋"字，从而使卖国贼张弘范的"纪功碑"变成了"问罪石"。到明代时，御史徐瑁干脆将这些字统统凿去，改刻为"宋丞相陆秀夫殉国于此"，后又改为"宋少帝及其丞相陆秀夫殉国于此"，并修建了大忠祠、全节庙（亦称慈元庙）。明代学者陈白沙还专门撰写了《慈元庙碑》，记颂陆秀夫的事迹，弘扬他的气节和精神。

被誉为"海青天"的海瑞是明代著名清官，广东琼山（今海南琼山）人，曾任户部主事、吏部右侍郎等职。他为人刚直不阿，敢于犯颜直谏，廉洁清正，改革弊政，整顿纵纪，为人民做了不少好事，深受世人的爱戴和敬重。明神宗万历十五年（1587），七十三岁的海瑞病逝于南京吏部右侍郎任上。临终时其个人财产只有旧帏破席，敝袍一袭，无以为葬，人们发起捐款来为他办丧事。后朝廷特遣海瑞的同乡许子伟将海瑞灵柩护送回琼山安葬。相传，当海瑞灵柩在运往他老家琼山下田村途中，经过今海口市区西五公里的滨涯村时，抬棺的绳子突然断了。当时人们认为这是海瑞自选的好风水，于是便决定将海瑞安葬于此。许子伟极为敬重海瑞，为海瑞建了高大的坟墓，而且在墓前为海瑞立了高 4 米、宽 0.87 米、厚 0.1 米的巨碑（图 341），并在丧事办妥后，又在海瑞墓前搭了个草棚，住在那里守孝两年多，一边守

图 341　海瑞墓碑

墓，一边读海瑞写的书。

李时珍是明代杰出的药物学家，他付出大半辈子心血，历时二十七年，三易其稿，完成了巨著《本草纲目》。该书全面而系统地总结了十六世纪以前中国药物学的巨大成就，其规模之宏大、内容之丰富、涉及范围之广泛，都是空前的。它是中国药物学的一份宝贵遗产，对世界药物学以及其他多个学科的发展产生了深刻的影响，为中国和全人类的医药事业做出了巨大的贡献。为了表达对李时珍的崇敬纪念之情，中华人民共和国成立后，在李时珍家乡湖北蕲春蕲州镇东门外两湖之滨，修葺了李时珍陵园，并刻立了李时珍纪念碑，碑的顶部矗立着李时珍塑像，碑上镌刻着时任中国科学院院长郭沫若题书的碑文：

医中之圣，集中国药学之大成，本草纲目乃一八九二种药物说明。广罗博采，曾费三十年之殚精。造福生民，使多少人延年活命！伟哉夫子，将随民族生命永生。

李时珍乃十六世纪中国伟大医药家，在植物学研究方面亦为世界前驱。

袁崇焕是明末军事家，筑宁远城（今辽宁兴城）而守，屡次击退后金军的进攻。明熹宗天启六年（1626）获宁远大捷，授辽东巡抚。次年获宁锦大捷，皇太极大败而去。崇祯帝任用袁崇焕为兵部尚书，督师蓟辽。明思宗崇祯二年（1629），后金军自古北口绕道入长城，进围北京，他星夜驰援。崇祯帝中皇太极反间计，认为他与后金军有密约，将他处以磔刑，并悬首示众。袁帐下幕僚佘义士在一无月夜冒死将其头颅从旗杆上盗回家中偷偷埋于后院。清乾隆四十七年（1782），乾隆帝翻阅《明史》，深觉袁崇焕忠义可嘉，下诏寻访其遗骸，找到佘家，为袁崇焕修建了陵墓。道光十一年（1831）又在墓前竖立了墓碑，上书“有明袁大将军墓”（图 342）。

图 342　袁崇焕墓碑

中华人民共和国成立后，北京市在城区规划中要求将所有的坟墓一律迁往郊外，经毛泽东特批，袁崇焕墓及墓碑被保存在原处，即现在北京崇文门外花市斜街。

管仲是我国春秋时期著名的政治家、经济学家、军事家、思想家和大改革家。当时，社会制度正处于大变革时代，管仲破除了因循守旧的思想，顺应历史的发展，勇于创新，实行了一系列富国强兵的政策。他在政治上、经济上、文化上进行了多方面改革，使齐国迅速地强盛起来，成为雄居诸侯之首的霸主。历代以来，人们为了表达对管仲的崇敬之情，撰写了大量诗文来歌颂管仲的旷世奇才和丰功伟绩。为了永久纪念管仲这位对中国历史具有深远影响的一代英才，1982 年，国家整修了位于山东淄博的管仲墓，并在墓前竖了两块石碑（图 343），右侧碑上镌刻管仲画像，左侧碑的碑阳刻“齐相管夷吾之墓”七个大字，碑阴镌刻有管仲的生平简介，记述了管仲的主要生平业绩和治国之道。

图 343　管仲墓碑

在四川成都武侯祠中，立有由唐代名相裴度撰文、柳公绰书写、被誉为“三绝碑”的唐刻《蜀丞相诸葛武侯祠堂碑》等纪念诸葛亮的石碑。全国各地诸葛亮曾留有遗迹的地方也大多立有纪念诸葛亮的石碑。在浙江桐庐的富春山上建有纪念东汉高士严子陵的祠堂，祠堂壁上嵌有宋代范仲淹所写的著名的《严先生祠堂记》刻石，碑文赞颂严子陵的“云山苍苍，江水泱泱，先生之风，山高水长”等名句，流传千古。在江苏宜兴城南大街东庙巷，有纪念因改恶从善除“三害”而著称于世的晋代名将周处的周王庙，庙内存有晋代陆机等撰写的七十多块碑刻。

史量才是我国 20 世纪 30 年代的报业巨子——《申报》的主办人。当时在史量才的锐意改革下，《申报》刊发了宋庆龄、鲁迅、陶行知、茅盾等进步人士的一系列“匕首投枪”般的文章，使《申报》成为全国最有影响的报纸之一，同时也成为力主抗战、反对内战、争取民主、追求进步的重要喉舌。史量才由此遭到军统特务的暗杀，于 1934 年 11 月 13 日遇难。1936 年，史量才的遗骨被安葬于杭州西湖的马婆岭。为了表达对史量才的崇敬和纪念之情，墓前竖立了高大的墓碑（图 344），墓碑正面镌刻“史君量才之墓”六个大字，碑的背面镌刻学界泰斗章太炎撰写的千字碑文《史君墓志铭》。

图 344　史量才墓碑

武训是清末以行乞化缘兴办义学的千古奇丐。为办义学，他矢志不渝，行乞化缘四十多年，积钱万贯，置田千亩，先后在 1888 年建立了柳林镇崇贤义塾，1890 年建立了馆陶县杨二庄义塾，1896 年建立了临清御史巷义塾。他为贫寒子弟能有上学读书的机会，倾尽了自己的一生心血。1896 年四月二十三日，在临清御史巷义塾的房檐下，武训倾听着学生们的读书声，面露笑容，安详地离开了人世。武训死后，被安葬于柳林崇贤义塾之东，当时“乡人送者盈万”。武训吃尽千般苦，受尽万种辱，只图“办个义学为贫寒”的精神，受到世人的崇敬和赞颂。一些中外教育史研究者甚至把他与瑞士教育家裴斯泰洛齐相提并论。1989 年，在武训逝世九十三周年时，武训的故乡山东冠县柳林镇修复了武训墓，并在墓前竖立了新墓碑（图 345），上书“武训先生之墓”六个大字，表达了人们对武训及其精神的钦佩之情。

图 345　武训墓碑

中华人民共和国成立后，十分注重倡导向革命先烈和英雄模范学习的良好社会风尚，把它作为一种教育人民群众、建设社会主义精神文明的重要手段。在全国各地，先后建立了数以百计的英模先烈纪念碑。如在河北邯郸晋冀鲁豫烈士

图 346　雷锋纪念碑

陵园建有朱德题词的左权将军墓碑，在湖南醴陵建有左权将军纪念碑，在福建长汀建有瞿秋白烈士纪念碑，在河北隆化建有董存瑞烈士纪念碑，在湖北武汉建有施洋烈士纪念碑，在重庆铜梁建有邱少云烈士纪念碑，在江苏泰兴建有杨根思烈士碑，在山西文水建有刘胡兰纪念碑，在新疆伊犁哈萨克自治州建有阿合买提江纪念碑，在辽宁抚顺建有毛泽东题词的雷锋纪念碑（图 346），在河南兰考建有焦裕禄纪念碑，在湖南衡东建有欧阳海纪念碑，在黑龙江海林建有杨子荣纪念碑，在河南郑州建有吉鸿昌烈士纪念碑，在江西南昌建有方志敏烈士纪念碑，在北京香山建有李大钊烈士纪念碑，在西藏阿里狮泉河镇建有孔繁森纪念碑等。

八、 胜景古迹之碑

游览湖山美景，观赏名胜古迹，既从中获得身体上的休闲调养，又从中获得精神上、艺术上的享受，陶冶情操，增长见识。千百年来，人们为全国各地的湖山美景、名胜古迹题书了难以胜数的碑刻。这些碑刻与湖山美景、名胜古迹有机地融为一体，为湖山美景增色添彩，令其更具魅力，使游览者赏心悦目，备受人们的欢迎，具有很高的人文价值。

山东邹城东南部的峄山，是一座景色优美而又历史悠久的名山，古称邹峄山、邾峄山。峄山海拔 550 余米，洞穴幽邃，不仅景色奇丽，有二十四处风景优美的景点，而且据史籍记载，秦始皇二十八年（前 219）秦始皇东巡时曾登此山刻石颂秦德；相传当年孔子也曾登临过峄山，并发出“登东山而小鲁”（“东山”即峄山）的感慨。自古以来，峄山一直是名人学士寻胜的圣地，孔子、孟子、司马迁、华佗、李白、杜甫、苏轼、黄庭坚、米芾、陆游、赵孟頫、董其昌、郑板桥等都曾登山览胜，并题留了许多诗文墨迹及碑碣石刻。1989 年春，著名书法家杨萱庭登临峄山，对素有“岱南奇观”的峄山赞叹不已，慨然挥动巨笔写下高 15 米、宽 8 米的巨型“鳌”字，雕于峄山山顶的一块高约 20 米、宽约 17 米的崖壁上。他又挥毫写下了“天下第一奇山”六个苍劲的大字，后被镌刻成碑（图 347），竖立于峄山山门口。

江苏镇江的金山、焦山、北固山以风景优美、名胜古迹众多而闻名于天下。历代以来，三山上留下了数量众多的碑刻。如：在金山顶峰留云亭内，立有曾国藩所立的康熙皇帝御笔“江天一览”御碑；在金山寺大雄宝殿后半山腰的夕照阁内，存有镌刻乾隆六下江南驻跸金山寺所题诗文的御碑；在金山慈寿塔东外围墙上，存有光绪丙午（1906）十月朔湘郡八龄童子李远安题书的长 5.23 米、高 1.45 米的《天地同庚碑》；在金山慈寿塔东的墙上嵌有李健补篆的长 3.78 米、高 1.32 米的《千古雄关碑》；在焦山定慧寺天王殿前的御碑亭中立有乾隆帝御笔诗碑，碑正面刻乾隆帝第一次南巡时所作《游焦山歌》，碑背面刻乾隆帝第三次南巡游焦山时所作《游焦山作歌叠旧作韵》；在焦山定慧寺西南的华严阁东侧“安隐岩”洞口石壁上嵌有苏东坡石刻画像和《焦山十六景咏》诗碑一块；焦山华严阁之东围墙上存有清提督江南总兵徐传隆题书的《龙飞凤舞碑》，每块碑石高 132 厘米、宽 65 厘米；在北固山甘露寺长廊壁上，嵌有康熙四年（1665）由镇江府通判、古文学家程康庄摹刻的，南朝梁武帝赐名，南宋高宗吴皇后之侄、以工翰墨善作大字的吴琚题书的天下第一江山刻石（图 348）；在北固山甘露寺大殿西侧的御碑亭，立有光绪二十七年（1901）光绪皇帝为表彰两江总督彭玉麟和陕甘总督杨岳斌的功绩而刻的御碑。

图 347　天下第一奇山碑

图 348　天下第一江山刻石

江苏无锡太湖鼋头渚是著名的风景胜地，在此也留下了大批历代碑刻。在鼋头渚公园鼋头渚灯塔后，立有著名的“鼋头渚”石碣，石碣正面刻“鼋头渚”三字，为“梁溪七子”之一、清光绪年间无锡举人秦敦世所书；背面刻“鼋渚春涛”四字，原为清代最后一个状元刘春霖所书，“文化大革命”中真迹毁失，现所刻之字系修复时从唐驼为“花神庙”所书楹联中集得。在鼋头渚东侧临湖峭壁上，镌有清光绪十七年（1891）无锡知县廖伦所书的包孕吴越摩崖题刻（图 349）、“横云”擘窠大字摩崖题刻和抗战胜利后无锡人朱松黯为纪念东林党领袖高攀龙而书镌的“明高忠宪公濯足处”隶书大字摩崖题刻。在鼋头渚“憩亭”，存有由嘉靖十七年进士，曾任户部主事、广东佥事等职的王问于明嘉靖二十七年（1548）所作、隆庆丁卯年（1567）所书的《湖山歌》诗碑。在鼋头渚鹿顶山呦呦亭下的巨石壁上，刻有无锡现代书法家王能父所书、元末以孝行著称的无锡隐士华幼武所著的《登鹿顶山》诗；鹿顶山舒天阁前的卧碑上，正面镌有书画大师刘海粟书写的笔力苍劲的“鹿顶迎晖”四个大字，背面刻有无锡现代作家沙陆墟撰写的《鹿顶迎晖建设记》。在鼋头渚三山顶的碑亭中，立有明代文徵明撰书的《太湖诗碑》。在鼋头渚还有经修复的郭沫若 1959 年游览鼋头渚时留下的《咏鼋头渚》五言诗碑和明东林党领袖高攀龙在鼋头渚湖滩濯足游览而作的《鼋头渚边濯足》六言绝句诗碑等。

图 349　包孕吴越摩崖题刻

类似这样的碑碣、摩崖题刻在全国各地的著名风景名胜古迹所在地比比皆是，数不胜数。

九、 义举善行之碑

行善积德、赈灾济危、救困扶贫，是我国民间历来十分崇尚的美德。为了弘扬和倡导这种美德，人们常常把一些比较重大、具有较大影响和意义的义举善行镌刻上碑，以广为宣传和永志纪念，使其流芳百世。

如 2018 年 4 月，河南南阳唐河发现了一块民国三十二年（1943）的赈灾功德碑。碑用青色大理石制作，高 232 厘米、宽 76 厘米、厚 16 厘米。碑额阴刻“泽洽生民”四个篆书大字。碑文自右向左竖排，共十二行半，满行五十四字，全文约六百六十余字。刻工细腻，字体工整。碑文详细记载了民国三十一年（1942）河南中西部发生大饥荒，“春夏之交，风霾肆虐。麦既歉收，夏秋以还。酷旱不雨，秋禾尽枯，岁以大饥。极目中原，遍罹浩劫……”许昌、襄县、宝丰、郾城等地大批灾胞流离失所，逃入唐河县境，当时唐河县县长符明信立即采取措施，积极组织动员全县力量，发动唐河军政要员、社会名流、世族大户、商绅民众等集资募捐，开设公、私粥厂，全力以赴，迅速开展救助行动。县府公家开设粥厂三十八个，世族大户自开粥厂五十三家；开设籴粮平粜站十一个，开仓放粮三万六千六百九十二石，发放急赈款一百四十六万九千一百七十元，收养灾区流入来的老弱、儿童、弃婴一千三百四十八人……灾贫受赈者各得所养，流栖就食者悉赖以生，救活数十万人。为了铭记县长符明信带领唐河全县各界士民赈灾济危、救困扶贫、行善积德的义举，第二年以全县民众名义镌树此碑。此碑的发现，为后人研究民国三十一年（1942）的河南大饥荒以及唐河人民赈济灾民的努力和义举善行提供了真实可靠的佐证，是一件珍贵的历史文献资料。

又如，浙江苍南一贯十分重视和大力倡导民间慈善事业，截至 2010 年 10 月，已累计筹集慈善资金一亿三千三百万元，投入救助资金九千三百万余元，救助了六万多名弱势群体。为了鼓励捐资救助弱势群体的善行义举，该县自 2009 年 12 月至 2010 年 10 月，在苍南人民公园内兴建了一条由四十五座碑连成的长 37 米、高 2.2 米，至少可以镌刻一千三百余人的名字和单位名称的慈善功德碑廊（图 350）。每年年初刻碑一次，将上年底慈善捐款数额达二十万元以上的单位的名称和累计捐款达十万元以上的个人的名字刻石上碑，进行表彰。

图 350　浙江苍南慈善功德碑廊

不过，在我国民间，也不乏以为“义举善行”立碑褒扬之名，行沽名钓誉之实者，甚至还有不择手段、不知廉耻地将自己的丑行美誉为“义举善行”而勒石立碑加以自我标榜者。这样的“义举善行”之碑，无疑贻笑大方，令人嗤之以鼻。如山西洪洞广胜寺于民国十八年（1929）留下来的记载“修寺善行”的《重修广胜下寺佛庙序》石碑，即是这样的一块碑。

山西洪洞广胜寺是现存的一座古刹，有上寺、下寺和水神庙三处，其下寺主体建筑后大殿是寺区现存最古老、最宽大的殿宇。原先在殿内四壁绘有精美的元代壁画，是价值连城的国宝。1928 年，寺僧贞达以筹资修葺寺庙为由，伙同地方官吏县长张梦曾和乡绅李宗钊、刘旭等人将广胜寺的下寺后大殿（大雄宝殿）东壁壁画盗卖出国。此画名为《药师经变》，长 15. 12 米、高 7. 52 米，画中端坐着药师佛，十二神将陪伴左右，形象地表现了药师如来及其随从所在的东方佛教净土的盛况。这一巨幅彩绘佛教壁画是元代壁画中的精品，距当时已有六百多年的历史。此画现存于美国大都会艺术博物馆。这本来是一桩极为可耻的盗卖国宝的犯罪行为，可是这伙败类不以为耻反以为荣，将此事标榜为修葺寺庙的“义举善行”，竟于民国十八年（1929）为自己竖立了一块纪念碑，此碑现仍立于寺院东廊下。碑阳所刻碑文曰：“邑东广胜寺名胜地也，山下佛庙建筑，日久倾塌不堪，远近游者不免触目伤心。邑人频欲修葺，辄因巨资莫筹而止。去岁有远客至，言佛殿绘壁，博古者雅好之，价可值千余金。僧人贞达即邀请士绅估价出售……因与顾客再三商榷，售得银洋一千六百元……”碑阴署刻有赵城县长张梦曾、撰文人卫竹友及发起人邑绅李宗钊、刘旭等人的大名。各人的姓名、职务都详载其后，寺僧贞达因“功劳最大”，其大名自成一行。最为可笑的是，这伙人不仅立碑纪念，自我标榜，竟然还在碑额上恬不知耻地镌刻上了“永垂不朽”四个大字。如今，这块所谓的“义举善行”碑已经成为具有讽刺意味的历史记录，不仅没有让那伙为区区蝇头小利不惜盗卖国家文化瑰宝的败类“永垂不朽”，反而使他们遗臭万年。

十、 音乐戏曲之碑

音乐和戏曲，特别是各种充满浓郁地方色彩的地方戏曲，自古以来是我国民间最为喜闻乐见的文化娱乐形式。出于对戏曲、音乐的热爱，人们除了热衷于搭戏台、建戏院、请戏班子、办演戏赛会等，有些地方还勒石刻碑以记其盛。由此，民间也留下了不少这方面的碑刻。

我国为音乐而刻立的碑为数不多，其中最为著名的要数坐落在湖北武汉龟山西脚下的古琴台的“琴台碑廊”。碑廊内存有《汉上琴台之铭并序》《伯牙事考》等珍贵的石碑，其中尤为珍贵的是相传为清代湖北督粮道、书法家宋湘撰书的《琴台题壁诗碑》。据说，《伯牙琴台题壁》是宋湘在他生命的最后一年时来游琴台而留下的即兴之作。当时由于未准备纸笔，宋湘只得用竹蘸墨在墙壁上一挥而就。其字如行云流水，龙飞凤舞，被称为“竹叶书”，后被刻成碑。《琴台题壁诗碑》的书法、碑文、镌刻均属上乘，被誉为“三绝碑”。其碑文极为精彩，至今广为传诵，云：

> 噫嘻乎！伯牙之琴。何以忽在高山之高，忽在流水之深？不传此曲愁人心！噫嘻乎！子期知音。何以知在高山之高，知在流水之深？古无文字直至今。是耶？非耶？相逢在此，万古高山，千秋流水，壁上题诗，吾去矣！

与音乐碑相比，历代民间刻立关于修建戏楼、搭建戏台、纪念戏曲艺人等的戏曲碑刻数量相对要多一些。如在山西万荣稷王庙大殿的后壁上，嵌有元至元年间所刻的创修舞台石碑一块，碑文记述了元世祖至元八年（1271）在庙内建舞台一座，供酬神演戏之用之事。在江苏常州青果巷新坊桥小学内（原阳湖城隍庙附属建筑、阳湖城隍庙戏楼楼下壁间），嵌有《增修城隍庙记》石碑一块，碑文记载了当年演戏盛事。尤为值得一提的是20世纪80年代末以来，四川雅安各区文物管理所先后在该市境内乡村发现了三块记载雅安地方戏曲活动的石碑。第一块碑发现于雅安市南郊乡昝村娘娘庙旧址，系原文昌宫、惠泽宫于清咸丰八年（1858）刻立的《重修台阁碑记》。碑长154厘米、宽79厘米、厚8厘米，碑文楷书竖刻十五行，满行二十字，其文记载了募捐修建文昌宫、惠泽宫戏台之事。其文云：“……兹于昝村有文昌、惠泽宫戏台一座，殆世远年湮没，不无倾圮崩塌，四班会首人等……于修资不复（敷），咸丰四年捐息募化，善男信女杨丈喜为首兴工修建……”第二块碑是发现于雅安合江乡场上的《修戏楼碑记》，碑刻于乾隆二十八年（1763），碑长121厘米、宽80厘米、厚10厘米。第三块是1995年发现于雅安蔡龙乡余家坝的《重修彩画戏楼碑记》，碑刻于乾隆三十一年（1766），碑长 156 厘米、宽 82 厘米、厚 8 厘米。这些碑刻，记载了雅安民间地方戏曲活动开展的情况，为研究雅安地方戏曲史提供了珍贵的实物资料。

在我国现代的戏曲碑刻中，最为著名的堪数天津的评剧四大流派创始人纪念碑（图 351）。评剧是产生于近代我国北方的一个较大的地方剧种，由流行于冀东一带的民间说唱“莲花落”脱胎而来，已有上百年历史。由于其富有乡土气息，形式生动活泼，在京津冀及东北等地拥有大批观众，在南京、贵阳、武汉等南方城市也有不少观众。评剧最初阶段以男旦为主，由唐山地区流入天津后，女演员开始在评剧舞台上崭露头角，逐渐形成了以李金顺、刘翠霞、白玉霜、爱莲君为代表的四大艺术流派。这四大艺术流派在中国评剧史上占有显要的地位，对评剧艺术的发展起了重要的推动作用。为了弘扬优秀的民族文化，振兴评剧艺术，1987 年，天津市在位于繁华市区的长虹公园内建立了由著名戏剧家曹禺题写碑名的评剧四大流派创始人纪念碑。

图 351　评剧四大流派创始人纪念碑

除上述诸方面外，碑在民间日常生活领域中还被广泛地应用于其他一些方面，如在全国各地还有大量楼台亭塔之碑、城池宫室之碑等，可谓品种繁茂多姿，不一而足。它们充分说明，碑与我国民间社会的日常生活关系非常密切，已成为我国民间社会日常生活中的一个有机组成部分。

第十九章

碑刻的历史功能

绵亘两千多年的碑刻是关于中华文化的一部包罗万象的石质百科全书。它既是包含中国文字语言、书法艺术、文学、艺术、科技、水利、医学、桥梁、交通、建筑、航海、教育、科举、宗教、民族、家族、灾祸、法制、土地制度、民俗风情、领土疆域、中外关系、人民革命、抗敌御侮等方面情况的宝贵文献资料库，也是记载历代许多重大历史事件、重要人物生平事迹、家族世系的重要档案馆。碑刻具有不可替代的独特重要历史价值。它是许多重大历史事件的记录和见证，对史籍记载不足之处具有补充和校正作用，能为解开历史悬案、疑案之谜提供重要线索和钥匙，还能揭示出某些因缺乏记载而不为人知的重要史实，使人们获得新的历史发现。碑刻对于历史研究具有不可忽视的重要作用，我们无疑必须予以高度重视。

第一节　碑刻是许多重大历史事件的记录者和见证者

历史上发生过的许多重大事件都在碑石上留下了记录。这些碑刻是重大事件的历史见证者，同时也为后人了解研究这些重大事件提供了宝贵的历史资料。

一、合川钓鱼城《王坚纪功碑》

竖立在重庆合川钓鱼城的《王坚纪功碑》（图352）是发生在南宋末年的一件挽救南宋命运、影响当时整个世界局势的重大历史事件的见证。

图 352 《王坚纪功碑》（局部）

13 世纪初，成吉思汗蒙古部落在翰难河两岸崛起。蒙古军攻灭北宋后，开始大举南侵。为了抵御蒙古军的进攻，四川安抚制置使兼知重庆府余玠于 1243 年命部将在合州（今重庆合川）钓鱼山上修筑了钓鱼城，并将合州州治及兴元都统司迁于此间。1251 年，成吉思汗的孙子蒙哥即汗位，史称元宪宗。元宪宗雄心勃勃，立志灭南宋，一统中原。1258 年二月，发动三路大军侵宋，命皇弟忽必烈率军攻打鄂州，命侵入云南的兀良合台军北上攻潭州（今长沙），他自己亲率主力军四万，号称十万余人，入侵四川。1258 年底，蒙哥军沿嘉陵江进攻重庆，先后攻占利州、苦竹隘、大获山、运山、青居山、大良城等地，于 1259 年二月兵临合州城下。钓鱼城守将、兴元都统王坚和副将张珏调集属县十七万人加修钓鱼城，顽强抵抗，死命坚守。南宋合州军民在王坚、张珏的率领下，凭借钓鱼城天险，“春则出屯田野，以耕以耘；秋则运粮运薪，以战以守”。而八十多名叱咤风云的蒙元将领，视钓鱼城为弹丸之地，势在必得。他们采用多兵种配合、组建“炮手军匠”专门攻城部队、挖地道等种种方法，围城强攻。双方于此殊死搏斗，历经大小战斗两百余次，但蒙哥军始终不能破城。蒙哥派南宋降臣晋国宝上钓鱼山招降，王坚断然予以拒绝，并将晋国宝押到阅武场斩首示众。1259 年六月，蒙古军前锋汪德臣在钓鱼城的镇西门下指挥作战，被城中发出的飞石击中，重伤致死。元宪宗怒不可遏，七月，亲自到离城墙很近、地势又较高的脑顶坪监督、指挥作战，被城中炮石击中身受重伤，只好退驻今重庆的北碚温泉寺疗伤，但医治无效，次月死于温泉寺。蒙哥战死，蒙军败北护灵柩归。蒙哥的弟弟们群起争夺汗位，正在围攻鄂州的忽必烈和正在攻打潭州的塔察儿，以及已经占领大马士革、正准备进攻埃及的旭烈兀都匆忙停止进攻，引兵回师，从而使原已危如累卵的南宋得到了喘息的机会，使欧洲乃至非洲免遭势不可挡的蒙古铁蹄的践踏，世界历史为之而改写。钓鱼城创造了“三十六年攻防战争”这一古今中外战争史上罕见的奇迹，因此而被欧洲人誉为“东方的麦加城”“上帝折鞭处”。为了记载这一具有重大意义的历史事件和王坚的不朽功绩，钓鱼城竖立了《王坚纪功碑》，此碑歌颂了钓鱼城守将王坚英勇抗敌并一举击毙“蒙哥大汗”的辉煌战绩，因此又被誉称为“宋元战争第一纪功碑”。

遗憾的是，元代以后，《王坚纪功碑》“消失”不见了。那么《王坚纪功碑》去哪里了呢？这个谜题直到 1981 年才正式得以解开。据《合川日报》2018 年 1 月 12 日介绍，最初解开这个疑问的是原西南师范大学历史系。他们经过深入调研和仔细查找，发现在钓鱼城风景区西岩三圣岩与上天梯附近的半坡上，有一块高 5.6 米、长 5.72 米的巨石。石头前方被凿为平面，平面四周镌刻有放射状花纹。平面中间刻有一尊高 3.7 米、宽 2.4 米的千手观音，千手观音左侧有三尊小佛，右边有两尊小佛。而在千手观音神龛两侧，残存着一些可读的文字：“汉……跨开达……逆丑元主。王公坚以鱼台一柱支半壁……”他们经过深入的考证、研究和论析，判断这块巨石就是原来的《王坚纪功碑》，此碑大约刻于王坚继任者张珏离开钓鱼城前的 1272 至 1276 年之间，是“张珏为纪念王坚战功刻下的纪功碑”。后来，元军占领钓鱼城后，因看到《王坚纪功碑》歌颂的是击毙蒙哥大汗的指挥官王坚，且有“逆丑元主”等侮辱性文字，遂令工匠在碑石上开凿“千手观音”取而代之。然而，雕刻“千手观音”的工匠有感于王坚的忠勇与功绩，故意在雕刻时保留下了上述“汉……跨开达……逆丑元主。王公坚以鱼台一柱支半壁……”等一些原有的碑文。原西南师范大学历史系的发现和论证，于 1981 年 10 月得到了参加全国钓鱼城历史学术讨论会全体专家学者的一致公认，此石被正式确认为《王坚纪功碑》。

二、 台湾大天后宫的《平台纪略碑》

在中国台湾台南大天后宫内拜殿左右两边的墙上分别嵌有两块古石碑，其中一块是施琅将军于康熙二十四年（1685）所立的《平台纪略碑》。此碑是现在台湾所保存最早的清朝碑刻，是其统一归入祖国版图这一重大历史事件的第一手记录和最重要的见证。

施琅，字尊侯，号琢公，先祖施柄是南宋高宗时期的评事官，宋孝宗隆兴元年（1163）南渡入闽，成为福建晋江施氏的先祖。施琅于明熹宗天启元年（1621）生于晋江龙湖镇衙口村。少年时代他学书习文不成，便弃而师习战阵、击刺诸技，并精通了兵法。明朝末年，他曾在总兵郑芝龙麾下效力。施琅曾两次向康熙帝密陈征讨台湾的方略，康熙帝对其极为赞赏，只因时机尚未成熟故未立即采取行动。康熙二十二年（1683），康熙皇帝令施琅率军攻取台湾。施琅不负厚望，一举征服了占据台湾的郑氏政权，完成了台湾与祖国大陆统一的大业。为了记载这一重大历史事件，康熙二十四年（1685）施琅刻立了这块《平台纪略碑》，民间也俗称其为《施琅纪功碑》。碑为长方形，顶部平顶抹角，碑头正中刻龙头，两旁刻有升降龙戏珠图案，其艺术造型反映了明清交替时期的艺术风格。其碑文记载了台湾统一归入祖国版图的经过，云：

> 台湾远在海表，昔皆土番、流民杂处，未有所属。及明季时，红夷始有筑城，与内地私相贸易。后郑成功攻占，袭踞四世。岁癸亥，余躬承天讨，澎湖一战，伪军全没，势逼请降。余仰体皇上好生之仁，以八月望日直进鹿耳门，赤嵌，泊舰整旅，登岸受降，市不易肆，鸡犬不惊。乃下令曰：今者，提师跨海，要在平定安集。纳款而后，台人即吾人；有犯民间一丝一枲者，法无赦，士无乱行，民不知兵。乃礼遣降王入京，散其难民尽归故里，各伪官兵，载入内地安插。公事勾当，遂以子月班师。奏请于朝，为置郡一、县三，分水陆要地，设官兵以戍之。赋税题减其半……

《平台纪略碑》不仅真实地记录了台湾统一归入祖国版图这一重大历史事件，而且阐明了清政府对台湾的政策，对安定当时台湾的民心也起了重要作用。作为统一台湾的重要历史见证，《平台纪略碑》具有极为重要的历史价值。

三、 西沙群岛的海军收复西沙群岛纪念碑

西沙群岛永兴岛上的海军收复西沙群岛纪念碑（图 353），是第二次世界大战后我国从日本侵略者手中收复西沙群岛的历史见证。西沙群岛自古以来是我国的

图 353　海军收复西沙群岛纪念碑

神圣领土，在第二次世界大战期间被日本帝国主义强占。根据 1943 年中、美、英三国《开罗宣言》和 1945 年《波茨坦公告》有关条款的规定，台湾应回归中国，西沙和南沙群岛也应纳入中国版图。1946 年 9 月，国民政府外交部、内政部、国防部与海军总司令部会商后决定，由海军组织舰队，协助广东省政府收复西沙群岛和南海诸岛，并由海军派兵驻守两岛，并决定由时任海军总司令部海事处上尉参谋的张君然等四人负责收复南海诸岛的工作。1946 年 11 月下旬，张君然率队登上西沙群岛永兴岛。1947 年 6 月，张君然被任命为海军西沙群岛管理处主任，行使西沙群岛的军政领导权。他看到在距永兴岛约十海里的银砾滩上有一架日军战斗机残骸，就派兵把飞机碎片捡回永兴岛，用铁锅旺火熔化，铸成一块铝质碑。在碑的正面刻上了“海军收复西沙群岛纪念碑”十一个大字，在碑的背面刻上了由张君然撰写的记述收复和进驻西沙群岛经过的纪念碑文，并刻列了参加收复工作及驻岛人员的题名。碑刻成后，张君然等人将永兴岛最高处原名叫“孤魂庙”的小庙改名为“忠魂庙”，然后将碑竖立在“忠魂庙”的右前方。这座碑立好后，张君然觉得意犹未尽，于是又叫士兵用水泥浇铸了一座碑，碑高约 70 厘米、宽约 50 厘米。趁水泥未干之际，由他现场口授，由一名士兵用匕首在未干的水泥碑身上镌刻下了碑文。碑的正面镌刻“南海屏藩”四个大字；碑的背面镌刻“海军收复西沙群岛纪念碑”，旁署“中华民国三十五年十一月二十四日张君然立”。1955 年，在越南军队侵占永兴岛后，其他的碑都被毁掉，唯有张君然所刻这块水泥碑侥幸得以完好保存下来。此碑是西沙群岛上现存年代最久的碑，成为七十多年前我国海军收复西沙群岛这一重大历史事件和西沙群岛是我国神圣领土的雄辩的历史见证，具有重要的历史价值，二十世纪末被收录为“中国百年历史名碑”之一。

四、 内蒙古呼和浩特的《平定噶尔丹纪功碑》

《平定噶尔丹纪功碑》（图 354）是清康熙皇帝平定厄鲁特蒙古准噶尔部噶尔

图 354　平定噶尔丹纪功碑

丹之后，于康熙四十二年（1703）为纪念平叛胜利而特地刻立的两块御碑，分别竖立在为平叛立下功绩的内蒙古呼和浩特玉泉区的席力图召和崇福寺两座寺庙内。两块石碑均用满文、蒙古文、藏文、汉文四种文字铭刻，碑石四面每面分刻一种文字，并建有八角攒尖顶式碑亭。两碑碑文叙述平叛经过及意义的文字完全相同，但分别表彰两寺喇嘛功绩的文字稍异。现在，席力图召的《平定噶尔丹纪功碑》石碑仍存放于原地，崇福寺的石碑移存至内蒙古博物院。碑文所云御赐崇福寺的甲胄、宝刀，过去多在春节公开展览，名为晾甲，众多民众曾前往观看，今亦由内蒙古博物院保存。

诸如此类记载重大历史事件的碑刻还有很多。如汉代有记载敦煌太守裴岑率兵诛杀匈奴呼衍王，克敌全师，平定西域这一重大事件的《裴岑纪功碑》。三国曹魏时有记载汉献帝让位、曹丕接受禅让这一重大历史事件的《受禅表碑》和《上尊号碑》。唐代有记载唐朝汉族人民与藏族人民建立亲密情谊的《唐蕃会盟碑》。宋代有记载宋代所发生的一次激烈的党派之争事件的《元祐党籍碑》。金代有记载金太祖完颜阿骨打起兵反辽、创建金国这一重大历史事件的《大金得胜陀颂碑》。元代有记载元世祖忽必烈平定大理国这一重大历史事件的《元世祖平云南碑》。明代有记载朱元璋投身起义军同元朝军队作战，铲除群雄，摧毁元朝统治，建立大明王朝这一重要历史经过的《御制皇陵碑》。清代有记载清太祖大破明师这一重大历史事件的《萨尔浒之战书事碑》和清代平定边疆地区少数民族贵族叛乱及清朝对外关系等方面的一系列重大历史事件的《平定朔漠告成太学碑》《平定青海告成太学碑》《平定回部告成太学碑》《平定金川告成太学碑》《土尔扈特全部归顺记碑》《优恤土尔扈特部众记碑》《平定准噶尔后勒铭伊犁之碑》等。这些碑刻是历代所发生的各种重大历史事件的记录和见证，具有重要的历史价值。

第二节 碑刻对史籍记载不足的补充和校正

由于种种原因，我国历史上发生过的有些事情和有些历史人物的生平事迹，在官修、民修的史籍、方志中并无记载，或虽有记载但极为简略、粗疏，颇多遗缺，有的甚至多有讹误。而历代所遗存下来的碑刻则记有许多珍贵的史实，可补充和校正史籍记载中的不足和讹误。

一、 补充北史记载不足的北周《武德皇后墓志》

西魏宇文泰之子宇文觉于557年取代西魏称帝，改国号周，隋文帝杨坚于581年取代北周称帝，改国号为隋，南北朝时期的北周仅存在二十五年，更换了五个皇帝。由于北周国祚短，存世的实物和文字记载资料甚少，因此长期以来有关北周的许多情况都不甚清楚。北周皇帝的丧葬制度仍遵循先秦时期的古制——“墓而不坟”“不封不树”。由于北周帝陵在地面上没有留下任何标志，史籍也不载其具体位置，北周皇帝埋葬之地也就鲜为人知，成为历史之谜。20世纪90年代前期，陕西咸阳通过打击盗掘走私文物活动和进行抢救性发掘，先后收缴、征集和发掘出了北周的《独孤浑贞墓志》、《武德皇后墓志》（图355）、《大周高祖武皇帝孝陵志》、《魏故南秦刺史成君碑》等

图355 《武德皇后墓志》

一批珍贵的北周碑志，为研究北周历史补充了很多重要的史料，解开了北周帝陵之谜。如1994年在陕西咸阳陈马村出土的二合志石解开了历史留下的谜题。出土的《大周高祖武皇帝孝陵》为正方形，边长85厘米、厚14厘米，志面阳刻篆书三行，每行三字，共九字："大周高祖武皇帝孝陵。"出土的《周武德皇后志铭》，志面阴刻"大隋开皇二年岁次壬寅，四月甲戌朔，二十三日甲未，周武帝皇后阿史那氏徂，谥曰武德皇后，其月二十九日壬寅，合葬于孝陵"。这与史籍所载"北周武帝宇文邕于宣政元年（578）葬孝陵，皇后阿史那氏于隋开皇二年（582）与武帝合葬"完全一致。由此证明古墓就是北周武帝与皇后阿史那氏合葬的孝陵。志文的明确记载补充了史籍记载的不足，使人们由此得知了北周武帝孝陵的确切位置。

唐朝李延寿所著的《北史·后妃传》称周武帝的皇后、突厥阿史那俟斤之女阿史那氏的封号为"武成皇后"，而唐令狐德棻所著的《周书》称阿史那氏的封号为"武德皇后"。这两部史书均修成于唐初，为何两者不一样呢？究竟是误刊，还是有什么别的原因呢？究竟孰错孰对呢？长期以来，由于《周书》并未记载阿史那氏"武德皇后"这一称号的由来，这个问题也一直无法解释。此次出土的边长48厘米正方形的《武德皇后墓志》，志文与史籍记载加以对照，用"生封死谥"的古制来进行研究，人们终于得以弄清。原来，李延寿《北史》中称阿史那氏为"武成皇后"，用的是她生前的封号；而令狐德棻在《周书》中称阿史那氏为"武德皇后"，乃是开皇二年阿史那氏死后，隋统治者出于拉拢当时还强大的突厥这一政治目的，谥于阿史那氏的称号。李延寿的《北史》和令狐德棻的《周书》由于采用了不同的史料，也就有了不同的称呼。《武德皇后墓志》的出土补充了史籍记载的不足，从中可以得知，令狐德棻《周书》中"武德皇后"这一称呼的由来是有确凿依据的，并非误刊，更非杜撰，从而使"为何在两部史籍中阿史那氏会有两个不同的尊号"这一问题得以澄清。

二、 唐代墓志对史籍记载的补充和校正

举世闻名的唐代墓志，不仅有很高的书法艺术价值，同时也具有补充和校正史籍记载的重要价值。许多唐代墓志载有史籍中没有的重要史实，弥足珍贵。

据查考，千唐志斋博物馆中具有较重要的补充和校正《唐史》记载的墓志可数

以十计。如《程思义墓志》对武则天重用酷吏周兴、来俊臣等人陷害无辜、滥杀所谓李姓反逆的史实做了生动而详细的记载。志文载，当时“杨豫作逆，祆氛未殄，王侯将相，连连下狱，伤痍诛斩，不可胜数。周兴荣贯廷尉，业擅生杀，鬻新开之诏狱，袭乱常之遗噍，虐甚脱踝，文繁次骨，公卿倒足，行路掩首”。“时有吴王子琨作牧江右，来夋臣密树朋党，远加组织”，令志主程思义“推问，冀陷殊死”，程思义因“情深哀敬”，抵制来俊臣的指示，被贬为兖州袭业县令“十有余年”之久。后来，程思义又遭“素无材行”的“右台侍御史魏探玄”的诬陷，“横加考察，久系图圄”。这些记载足以证补《唐史》之阙文。从中可以看到，武则天执政时代流言诽谤风行，陷害无辜屡见不鲜，吏治是相当黑暗的，这对我们客观公正地评价武则天的统治是有价值的参考资料。

由唐相李德裕在贬谪海南三亚崖州后为他夫人写的《刘氏墓志》中对“牛李党争”的残酷激烈情况做了生动具体的记载，是证补《唐史》的重要资料。屈突通历仕北周、隋、唐三朝，是唐初著名将令。《屈突通墓志》对屈突通生平事迹的记载，如其籍贯、家族迁徙、历任官职、所立军功、所受封邑大小等都比《新唐书》《旧唐书》的记载详细，可补史籍记载之不足。赵洁在唐玄宗时任锦州刺史，《旧唐书》和《新唐书》均无传。《赵洁墓志》不仅提供了关于赵洁生平事迹的资料，而且对唐初少数民族及匈奴犯乱的情况也有记述。这些资料颇为难得，是对《新唐书》《旧唐书》记载不足之补充。李邕是唐玄宗时期著名书法家，为人不矜细行，天资豪放，时人难以争锋，被“笑里藏刀”的李林甫构陷害死。《新唐书》《旧唐书》都有其传，但有许多地方的记载不确切或有遗缺。由李邕族子李昂撰文并用楷书书写的《李邕墓志》（图356），可资补充和校正史籍记载之不足和遗缺。如史籍只说李邕是扬州江都人，而《李邕墓志》

图356　《李邕墓志》（局部）

则清楚地载明，李邕的祖先并非扬州人，而是从北方迁居来扬州的，其“烈祖恪，随晋南迁，食邑于江数百年矣”。对李邕为人，《李邕墓志》做了较为客观公正的评价，云：“人有不知公者，或以为外暴内修，尚华好侠，曾不知泛爱之道，犹春风入林，不辩嘉木与众薪也。”关于李邕去世的年龄，《新唐书》说他“死年七十”，《旧唐书》说他“死年七十有余”，而《李邕墓志》则做了准确的记载，说李邕死时“年七十三”。李邕死后，《新唐书》记载“代宗时，赠秘书监”，但并未说明唐代宗为何给李邕赠秘书监；而《李邕墓志》则明确记载：李邕死后，“边将作乱”，待“先帝克平”之后，“尚书户公讼里，追赠秘书监”。《李邕墓志》的这些记载，纠正了对李邕的一些不公正的评价，补充了史籍记载的不足，具有较高的史料价值。

其他的许多唐代墓志，同样也具有重要的补充和校正史籍记载的作用，譬如，孙处约是唐初学识渊博的一代名儒，曾奉敕修撰《太宗实录》等重要典籍，《新唐书》有其传，但极为简略，《旧唐书》所记之传比《新唐书》为详，但也仅二三百字。而1943年冬出土于河南孟津小梁村、被洛阳博物馆征集收藏的《孙处约墓志》则洋洋二千言，对孙处约的生平事迹记载甚详，足可补史和正史。

程咬金是传奇英雄式的唐代开国功臣，《新唐书》《旧唐书》中均有《程咬金传》。1986年，在唐太宗昭陵的程咬金陪葬墓中，发掘出了《程咬金墓志》，为正方形志石，边长80多厘米，盖顶篆书阴刻“大唐骠骑大将军益州大都督上柱国卢国公程使君墓志”，志石正面刻有数千字铭文，其篇幅比《新唐书》《旧唐书》中的《程咬金传》多一倍以上，详细记载了程咬金的生平业绩，并涉及隋末唐初许多政治、军事逸史和细节，大可补正《新唐书》《旧唐书》记载之不足，对研究唐初历史具有很高的价值。

《晋书》是二十四史之一，对其编修的开始年代，史学界依据《唐大诏令集》等有关文献记载，认为始于唐太宗贞观二十年（646），其完成于何时，史书没有明确记载。后人根据《唐会要》《册府元龟》的有关记载，推断出《晋书》完成于贞观二十二年（648）。1972年2月，在陕西乾陵发掘出了唐中书令赠光禄大夫、秦州都督薛元超的墓志，该墓志不仅对薛元超的生平事迹做了较之史籍更详细具体的记述，可补史籍记载之不足，同时也为确定《晋书》编修的确切起始年代提供了重要的依据。据该墓志记载，志主薛元超卒于武则天光宅元年（684）十一月二日，终年六十二岁，而他在二十一岁时，曾以太子通事舍人的身份参与

《晋书》的编修。从其卒年往上推算，他参加编修《晋史》是在贞观十七年（643）。这也就是说编修《晋书》在贞观十七年即已开始，而不是历来所认为的贞观二十年。该墓志又记载，“……三十二”岁时，“新书成，进爵为侯”。据此进行推算，《晋书》修成是在唐高宗永徽五年（654），而不是历来所认为的贞观二十二年。历来认为《晋书》编修由贞观二十年至贞观二十二年，前后不到三年时间；而从《薛元超墓志》记载的推算中可以得知，《晋书》编修由贞观十七年（643）至永徽五年（654），前后历时十一年多。这无疑是对中国史学史的一个重要补充和校正。

三、宋代碑刻对史籍记载的补充和校正

宋代的许多碑刻也具有补充和校正史籍、方志记载不足和错误的重要作用。如，戴复古是著名的南宋江湖派诗人，一生留下爱国诗词近千首。学术界历来认为戴丁系戴复古的族弟。1971 年，在戴复古的家乡浙江温岭发现了戴复古撰写的《宋故淑妇太孺人毛氏墓志铭》，铭文记载了戴复古族侄戴丁之妻毛氏一生的德行及子孙姓名，末署“族叔祖石屏樵隐戴复古撰”。这一记载纠正了学术界一向认为戴丁为戴复古族弟的讹误，对研究戴复古及其家族世系具有较高的价值。

在河南巩义建有宋太祖、太宗、真宗、仁宗、英宗、神宗、哲宗及宋太祖赵匡胤之父赵弘殷的八座皇陵，这些皇陵与历代皇帝陵墓一样，都是极其浩繁的工程，所耗费的人力、物力、财力都是极为巨大的。但为了掩饰皇帝的奢华和对百姓的残酷压迫，宋代史籍中极少对皇帝陵墓修建的具体情况做详细记载。而出土于河南洛阳偃师区缑氏镇永庆寺旧址的刻于北宋哲宗元符三年（1100）的《永泰陵采石记碑》则记述了修筑宋哲宗陵墓的采石具体经过。碑文记载，为了为宋哲宗陵墓采石，朝廷“凡辟文武官朝请郎孙熙及部役等二十有六员”，专门组成了采石的管理机构。采石“以二月十日丁未开山，至五月十一日丁丑毕功”，前后历时三个月，共“取大小石两万七千六百有余”，其用石量与前朝修宋神宗陵相比，“盖增多五千二百七十有二焉”。为完成这一采石任务，“凡役兵匠九千七百四十有四”，又另调“近县民夫五百”。当时劳动条件十分恶劣、艰苦，“然属运寒气，痟目凉都，逮于四方，人多疾疫，而况大山深谷之间，岚雾蒸郁，朝暮冲冒，病者宜甚”。在采石中，“病者七千百余人”；《巩县志》记载，“采石中病者一千九

百余人”，而碑文的记载病者数倍于此。大批采石民工劳累至病死于山中，乃至“每至久积阴晦，常闻山中有哭声”，景象甚为凄惨。《永泰陵采石记碑》的记载，补充了史籍记载之阙，不仅是研究宋代帝陵的重要资料，而且对研究历代帝王陵墓和封建统治阶级对人民的残酷压迫也都是极有价值的参考资料。

四、 明代碑刻对史籍记载的补充和校正

明代的碑刻也有许多具有补充和校正史籍、方志记载缺失和错误的作用。如据《明史》记载，明太祖最小一个女儿的驸马名叫赵辉，但对赵辉的记载简略，故关于赵辉的情况后人知之甚少。1995 年 5 月，南京市博物馆考古队与雨花台区文管会从雨花台板桥镇的一座明代古墓中，发掘出了《赵辉墓志》。志文长达一千三百余字，记述了赵辉的家史、生平和业绩。从志文中可得知，赵辉，字孟旸，别号存古道人，系宋宗室之后，娶明太祖朱元璋幼女宝庆公主为妻，卒于明宪宗成化十四年（1478），享年八十一岁。该墓志补充了《明史》记载之不足，为研究明皇室宗族世系提供了有价值的资料。

潘子霓系明世宗嘉靖三十二年（1553）进士，仕至户部员外郎，乃山东济南历城的地方历史名人。清乾隆版的《历城县志》载有其生平、家族世系和生平业绩，然由于《历城县志》修于其死后两百多年，故其中记述的情况多有缺失和讹误。在山东济南发现的潘子霓墓中，发掘出了《潘子霓墓志》，志文近二千四百字，内容颇为丰富，不仅补充了《历城县志》记载之遗缺，而且也匡正了《历城县志》某些记载的讹误。如《历城县志》云：“潘子雨，子霓弟，临漳知县，历任长芦巡盐御史，太仆寺少卿。”从中可得潘子雨是潘子霓之弟。然而，《潘子霓墓志》则记载：“君讳子霓……封承德公季子也。承德公生三子，伯子雨……仲子震”。这一记载表明，潘子霓共弟兄三个，他是老三，潘子雨是他的长兄，并非《历城县志》中所记的是他的弟弟。

五、 清代碑刻对史籍记载的补充和校正

清代的碑刻也有许多具有补充和校正史籍、方志记载缺失不足和错误的重要作用。曹雪芹墓碑及其家族成员墓碑、墓志的发掘出土对曹雪芹家族世系情况的补充和校正，就是一个极具代表性的实例。

《红楼梦》作者曹雪芹是我国历史上最伟大的文学家之一。据专家考证，他大约生于清康熙五十四年（1715），卒于乾隆二十八年（1763）或乾隆二十九年（1764）。但是由于缺乏历史资料的记载，他本人的身世、祖籍和家族世系等方面的确切情况，长期以来一直弄不清楚。这一情况在1992年取得了重大突破，而这一重大突破来自曹氏家族一大批墓志、墓碑先后被发现。1992年7月，在北京通县（今北京通州）发现了一些农民于1968年在平整坟地时从地下发掘出来的《曹雪芹墓碑》，碑上刻“曹公讳霑墓”五个大字和“壬午”两个小字，引起了全国红学界的极大关注和兴趣并展开了热烈的讨论。尽管对此碑的真伪学术界持歧见，但此碑的发现和由此而引起的讨论，进一步推动了对曹雪芹身世和家族世系的考证、探讨和研究。

1993年5月8日，河北丰润政协文史办在小尚古庄村发现了1991年秋在该村西曹家坟地制砖取土时掘得的《曹鼎望墓志》和《曹铪墓碑》。《曹鼎望墓志》共两块，一块是志盖，上刻篆书“皇清诰授中宪大夫陕西凤翔府知府加三级前翰林院庶吉士澹斋曹公墓志铭”；另一块是楷书志文，共三千余字，记述了曹鼎望的生平经历、荣受诰封、先世沿徙、子孙情况及葬地等内容。《曹铪墓碑》断为两截，碑阳镌刻“皇清待赠休职佐郎曹四公讳铪冲谷府君孺高张太君之墓”二十四字，从碑上署款看，此碑系“□室朱门女立”。著名清史专家杨向奎教授据研究认定，曹鼎望为曹雪芹祖父，曹铪为曹雪芹的父亲，但是由于过去关于他们的历史记载资料极少，故关于曹鼎望的生卒年、死后葬地、曹寅称曹铪四兄与家谱载鼎望三子矛盾等疑难问题，一直难以说清。而《曹鼎望墓志》和《曹铪墓碑》的发现提供了许多新的资料，使上述问题得以解决，乃曹寅之父先过继曹鼎望之子曹铪，后来他又生了曹寅，故而曹寅称曹铪为兄。而曹铪后人皆以水旁字命名，所以曹雪芹（曹霑）当为曹铪之子。著名红学家周汝昌经研究认为，《曹鼎望墓志铭》中关于曹鼎望长子钊、次子钫“俱先公（指曹鼎望）卒”，“季子铪爰卜宅兆，奉柩安厝……”的记载，具有重要的价值。曹寅曾在《楝亭诗抄》中提到“我的两个亡兄”，过去对曹寅所说的“两个亡兄”究竟是谁一直弄不清楚。《曹鼎望墓志》提供了曹钊、曹钫是曹铪的兄长这一情况，从而使曹寅的“两个亡兄”究竟是谁这一问题得以明确，因为曹铪与曹寅兄弟相称，曹铪的兄长当然也就是曹寅的兄长，曹寅所说的“两个亡兄”即指先其父曹鼎望去世的曹钊和曹钫。

继发现《曹鼎望墓志》和《曹铪墓碑》后，1994年，又相继在河北丰润小陈庄、尖山峪、大坡庄等地发现了一批丰润曹氏家族的重要碑刻：刻于明正统三年（1438）的《豫章曹氏坟碑记》，刻于明崇祯年间的《明文林郎山东鳌山卫经历曹公暨配孺人张氏合葬志铭》，清顺治十四年（1657）刻立的《曹澄瀛制诰碑》，刻于清康熙年间的《皇清诰封太恭人曹母殷太君墓志铭》《曹钊墓志铭》，刻于清乾隆年间的《皇清敕授文林郎贵州平越府安县知县加三级声山曹公暨元配段孺人合葬墓志铭》《皇清诰封直大夫陕西直隶邠州知州曹公讳永著配陈宜人之墓碑》《皇清试授增广生显考曹公讳镇配孙、谈孺人之墓碑》，刻于嘉庆年间的《皇清太学生曹公讳萼辉配王氏之墓碑》等。这些碑刻为了解丰润曹氏这一旺族的兴衰历史、深入研究曹雪芹的家族世系，提供了丰富的宝贵资料，具有颇为重要的价值。

第三节 碑刻为解开历史疑案提供线索

由于各种原因，历代遗存下来许多长期找不到明确答案的历史悬案和疑案，常常靠一些碑刻的出土才得以解开谜团。因此，碑刻为破解历史悬案、疑案提供了重要的线索和钥匙，功不可没。

一、大散关残碑解开古大散关遗址之谜

大散关是中国古代关中久负盛名的四大门户之一，又名散关，素有“秦蜀襟喉”之称。历代以来有历史记载可查的在大散关进行的战事达七十多次。但是到了近代，大散关的遗址被历史尘埃湮没，究竟大散关的遗址在哪里，成为一个众说不一的历史谜题。20 世纪 30 年代中期，主持修建宝汉（宝鸡至汉中）公路的赵祖康先生认为，宝鸡市西南二十余公里处秦岭北麓的一条古关隘即是古大散关，就在关隘的悬崖石壁上凿刻了古大散关摩崖题记，从此，这里就被认作古大散关遗址沿袭了下来。1994 年 10 月，陕西凤县施工时，在秦岭主梁分水岭上“秦岭”石碑西侧约百米的古道边，挖出了一块刻于南宋年间的古碑的上半截，从而使人们找到了古大散关的真正遗址。残碑长约 70 厘米、宽 50 厘米，所刻碑文已残缺

不全，但碑头“重修大散关记”几个大字仍清晰可辨。在残存的碑文中尚可辨认出“嘉定八年”“前后官兵”“利州路兵马”等字样。经北京、宝鸡等地考古工作者鉴定，此碑系刻于南宋年间。在残碑出土地附近，还发现了宋代的瓷器残片、古建筑痕迹及古代兵器遗物等。1987 年，在此处还曾出土过宋代铁铠甲残片等文物。考古工作者根据出土的南宋残碑，结合史料、地理位置等详加研究论证，确认 20 世纪 30 年代时所认定的古大散关遗址所在地是不准确的，此处才是真正的古大散关遗址，从而使古大散关遗址究竟在哪里这一历史谜题有了确切的答案。

二、《鲁潜墓志》破解“曹操陵墓”之谜

曹操是我国历史上著名的军事家和政治家。关于曹操陵墓的位置，历史上有很多说法。据《三国演义》记载，曹操遗命于彰德府讲武城外，设立疑冢七十二，“勿令后人知吾葬处，恐为人所发掘故也”。自宋以来，民间一直把河北磁县的古墓群当成是曹操七十二疑冢，是曹操陵墓的所在地。20 世纪 80 年代中后期，我国文物考古工作者对这些曹操疑冢进行了多次调查考证。根据对多处疑冢中发掘到的墓志铭和疑冢的墓型建造结构以及壁画、陶俑、古币等器物的考证，文物考古工作者得出了明确的结论：此处的古墓群不是曹操七十二疑冢，而是葬有东魏、北齐历代皇亲国戚和天子朝臣的北朝大型古墓群。所谓的曹操七十二疑冢纯粹是子虚乌有。

安阳安丰乡北丰村位于古邺城附近，是历史上西门豹治邺之地，著名的西门豹祠即在此。邺城在曹魏时期是曹操发迹和积蓄力量之地。曹操禁碑令在我国历史上是众所周知的，他不许别人死后立碑，自己死后也不立碑。据《三国志・魏武纪》载，建安二十三年（218），曹操曾下令：“古之葬者，必居瘠薄之地。其规西门豹祠西原上为寿陵，因高为基，不封不树。”所以，建安二十五年（220）曹操卒于洛阳，灵柩运到邺城，葬于“邺城西南三十里”的西门豹祠以西丘陵中，墓前不立碑、不起坟冢、不植树，没有封土建陵，也没有建造高大坚固的祭殿。因而数百年后，墓葬简单的曹操墓就湮没在历史的陈迹之中了。

那么，曹操的陵墓究竟在哪里呢？1998 年 4 月，河南安阳安丰乡西高穴村一砖厂在取土时发现了一块十六国后赵时期的《鲁潜墓志》（图 357），为曹操陵墓的

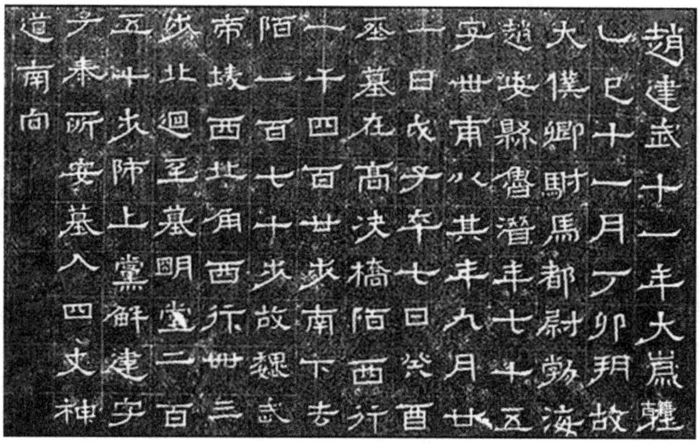

图 357 《鲁潜墓志》

位置提供了重要线索，从而使“曹操的陵墓究竟在哪里”这一千古之谜得以解开。鲁潜死于后赵建武十一年（345），此次所发现的《鲁潜墓志》刻于当年，为青石质料，宽约30厘米、高约20厘米，墓志详细记载了鲁潜墓与魏武帝陵的相对位置。墓志以高决桥（今安阳西高穴村西北）为坐标，十分明确而清楚地记载，鲁潜“墓在高决桥陌，西行一千四百廿步，南下去陌一百七十步，故魏武帝陵西北角”。这是迄今为止发现的关于曹操墓位置最早和最具体的记载。从墓志出土的位置、墓志记载的魏武帝陵位置等加以判断，魏武帝陵应在安丰乡渔洋村东地与西高穴村西地之间，并且当时还应有陵园，否则，墓志中不会有“故魏武帝陵西北角”的记载。在我国的历史文物和文献中，这是第一次提及曹操陵墓的位置。文物考古工作者认为，由于《鲁潜墓志》所刻年代离曹操死的年代较近，且记载位置比较清楚，这就有可能以此为线索，解开“曹操的陵墓究竟在哪里”这个历史疑案之谜。南水北调工程安阳段考古工作在对这一地域的古墓葬、古文化遗址进行地毯式的严密排查时，在西高穴村西地发现了一座东汉大墓。这一东汉大墓的位置与《鲁潜墓志》所说“魏武帝陵”相吻合，会不会就是曹操的陵墓呢?

为揭开千年之谜，及时有效地予以保护，经报请国家文物局批准，河南省文物局决定组织河南省文物考古研究院和安阳市文物考古研究所等对墓葬进行抢救性考古发掘，于2008年12月12日上午10时整，在安阳安丰乡西高穴村西地开挖了东汉大墓发掘的第一铲土。2009年，东汉大墓墓门被打开，墓地平面为甲字形，占地面积约740平方米，坐西向东，是一座带斜坡墓道的双室砖券墓，规模宏大，结构复杂，主要由墓道、前后室和四个侧室构成。一个长39.5米、宽9.8米的斜坡墓道直接通到墓室门口，最深处距离地表约15米。如果用一座建筑来解释的话，墓地就位于该建筑的地下五层。在墓室门口，可以清楚地看到，墓室分为前室和后室，中间有甬道相通。前、后室顶部为四角攒顶，甬道为砖券拱形顶。前后墓室东西两侧各有一个耳室。走进墓室，可以看到多个盗洞。从搜集到的材料看，从魏晋时期一直到该墓被发掘前，墓室曾遭到多次盗掘，不光是文物丢失，很多历史遗迹也遭到破坏。尽管如此，仅在墓口一看，就可以发现葬制规格非常高，墓主人的身份必定非常显赫。考古人员还在墓室中找到了一些幸存的重要随葬品，共出土器物二百五十余件，有金、银、铜、铁、玉等多种质地。器类主要有铜带钩、铁甲、铁剑、水晶珠、玛瑙珠、石圭、石璧、石枕、刻铭石牌、陶俑等，其中以刻铭石牌和遗骨最为重要。墓中共出土刻铭石牌五十九件，有长方形、圭形等，铭文记录了随葬物品的名称和数量。其中八件圭形石牌分别刻有“魏武王常所用格虎大戟”“魏武王常所用格虎大刀”等铭文。在追缴到的从该墓盗出的一件石枕上，刻有“魏武王常所用慰项石”铭文。这些材料为确定墓主身份提供了重要的、最直接的历史学依据。在墓室清理中，发现了人头骨、肢骨等部分遗骨，专家初步鉴定为一男两女三个个体，其中墓主人为男性，年龄在六十岁左右，与曹操的卒年六十六岁相吻合。

2009 年 12 月 27 日，河南省文物局在北京宣布重大考古发现：在安阳安丰乡西高穴村发掘的一座东汉大墓，经过考古学家、历史学家的多次鉴定论证，最终被确认为曹操墓，即文献中记载的魏武王曹操高陵。之后，国家文物局认定河南安阳东汉大墓墓主为曹操。2013 年，安阳高陵成为第七批全国重点文物保护单位。至此，“曹操的陵墓究竟在哪里”这一千古之谜终于因《鲁潜墓志》的发现而被破解。

三、 嘎仙洞《石刻祝文》破解鲜卑族拓跋氏祖居悬案

鲜卑族拓跋氏建立的北魏政权在中国历史上具有重要的地位。但是拓跋氏的发祥地在哪里？究竟祖居何处？由于缺乏文献和实物资料，《魏书》记载又不清，这一直是一个无法解开的谜题。

《魏书》记载：北魏世祖太武帝拓跋焘太平真君四年（443）春，乌洛侯国派使者到北魏皇都平城（今山西大同）朝拜，禀告太武帝拓跋焘说：鲜卑人故乡在其北千里，那里鲜卑祖庙、旧墟石室犹在，“称其国西北有国家先帝旧墟，石室南

北九十步，东西四十步，高七十尺，室有神灵，民多祈请，多有验焉”。北魏世祖太武帝拓跋焘听了不禁生起了悠悠的思乡之情，但那时他正在实施“拓定四边”，忙于征战。于是他派遣仆射库六官、中书侍郎李敞、傅㝹带领祭祀队伍回归祖庙拜祭。于七月二十五日按皇家礼仪，举行了规模浩大的拜祖仪式，“刊祝文于室之壁而还”。《魏书》中并没有记载石室在何处，但有“始闻旧庙”的记载，使历代以来史学家和考古学者多误以为《魏书》所说的“刊祝文于室之壁”的“石室”即是“旧庙”。然而，历史上长期以来找不到“刊祝文于室之壁”的“旧庙”，找不到“石刻祝文”的实证，因而一直找不到拓跋氏的发祥地，鲜卑族拓跋氏祖居何处、鲜卑族史起始源头这一难题一直无法解决。千百年来不知有多少历史学家和考古学家为此付出了艰辛和心血，直至20世纪80年代初才被一位考古工作者米文平破解。1977年呼伦贝尔成立文物站时，米文平被调到文物站当了首任站长，从此走上了对鲜卑文化深入研究的艰辛之路。《魏书》上载石室“南北九十步，东西四十步，高七十尺，室有神灵，民多祈请”。米文平研读后认为鲜卑族拓跋氏先祖时期是不可能构建如此巨大规模的“石头房子”（石室）的。他分析《魏书》所说的“石室”“旧庙”应是山洞，但与当时他已知的大兴安岭几处山洞的规模都不相符。后来有一天，他偶然听办公室人讲起去鄂伦春自治旗出差时参观嘎仙洞的情况，受到触动，从此，他便踏上了到嘎仙洞去寻找鲜卑史迹的漫漫旅程。

嘎仙洞位于内蒙古自治区呼伦贝尔鄂伦春自治旗首府阿里河镇西北的山谷中。嘎仙洞本是天然的山洞，在一道高达百余米的花岗岩峭壁上，洞口离地面二十五米左右，当地鄂伦春人都知道嘎仙洞，并流传着许多有关嘎仙的神话。洞口张作菱形。洞内宏伟宽阔，穹顶浑然天成，高20余米，南北长100余米，东西宽20余米，足可容纳数千人。洞内幽暗深邃，神秘莫测，使人感到一种威严肃穆的恐怖气氛。米文平历尽艰辛，先后四次探访考察嘎仙洞，经过几年不懈的努力，终于在1980年7月30日下午4时，在嘎仙洞发现了鲜卑拓跋部远祖的祖庙石室，并在距洞口约十五米处的西侧石壁上，发现了此时已在苔藓覆盖下沉睡了上千年的太平真君四年（443）北魏太武帝拓跋焘遣仆射库六官、中书侍郎李敞等大臣前往祖庙石室“告祭天地，以皇祖先”而刊刻的祝文。嘎仙洞《石刻祝文》（图358）全文共二百〇一字，为汉字魏碑体书写：

维太平真君四年癸未岁七月廿五日，天子臣焘使谒者仆射库六官、中书侍郎李敞、傅㝹用骏足、一元大武、柔毛之牲，敢昭告于皇天之神：启辟之初，佑我皇祖，于彼土田，历载亿年。聿来南迁，应受多福。光宅中原，惟祖惟父。拓定四边，庆流后胤。延及冲人，阐扬玄风。增构崇堂，剋翦凶丑，威暨四荒。幽人忘遐，稽首来王。始闻旧墟，爰在彼方，悠悠之怀，希仰余光。王业之兴，起自皇祖。绵绵瓜瓞，时惟多祜。归以谢施，推以配天。子子孙孙，福禄永延。荐于皇皇帝天，皇皇后土。以皇祖先可寒配，皇妣先可敦配。

尚飨！

东作帅使念凿

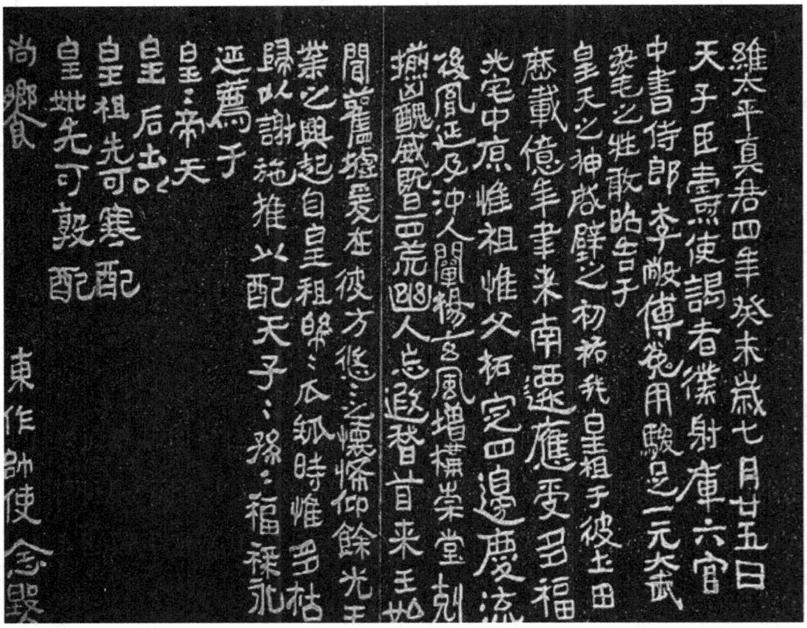

图 358　《石刻祝文》拓片

《石刻祝文》与《魏书》记载相对照，内容基本一致，但《魏书》字句有所删改，略有几处文字不同。例如《魏书》中的“旧庙”，在洞内石壁的《石刻祝文》上则刻着“旧墟”，“庙”与“墟”一字之差，让史学家们找得好苦，原来千年来寻找的庙堂建筑竟然是一个天然的石洞。

嘎仙洞《石刻祝文》是当时历史的原始档案，对《魏书》起到证实与补史的作用。嘎仙洞《石刻祝文》的发现，无可辩驳地确证，嘎仙洞一带是鲜卑族拓跋氏的祖居处，是鲜卑族拓跋氏建立的北魏政权的发祥地，也使我国历史上的一个重大的千年谜题得以破解，嘎仙洞《石刻祝文》被新华社评为“建国以来，我国长城以北地区考古一重大发现，为史学界研究鲜卑史及至北方民族史开拓了一个新的领域”。1980 年 8 月 10 日，新华社报道了这一重大发现，并以八种外语文稿向世界发布了这一消息。嘎仙洞《石刻祝文》被列为中华人民共和国考古学重大发现之一，1988 年 1 月 13 日嘎仙洞遗址被国务院确定为全国重点文物保护单位。嘎仙洞《石刻祝文》的发现，对于研究鲜卑起源史、东胡民族的文化历史渊源、中华民族形成史和中国疆域发展史都具有重要的科学价值。

四、《舍利塔下铭》揭开隋代“佛舍利”真藏之谜

舍利亦称舍利子，梵文 sarira 的音译，意译为“身骨”，乃高僧火化后的残余骨烬。通常指释迦牟尼的遗骨为佛骨或佛舍利。《魏书・释老志》载：“佛既谢世，香木焚尸。灵骨分碎，大小如粒，击之不坏，焚亦不燋，或有光明神验，胡言谓之舍利。弟子收奉，置之宝瓶，竭香花，致敬慕，建宫宇，谓为塔。”相传佛祖释迦牟尼火葬后，八国国王分取佛舍利，建塔供奉，此后供奉舍利的风气渐次盛行。隋仁寿元年（601），极为崇佛的隋文帝杨坚诏令天下三十州建灵塔以供奉佛舍利。历经一千四百多年后，陕西西安周至仙游寺法王塔还完好地保存着佛舍利。法王塔高 30 余米，为七级密檐式砖塔。据史载，此塔送舍利者，系大兴善寺高僧童真和尚。但是，法王塔里是不是真的藏有佛舍利？如有的话究竟被安置于何处？多年来这是一个无人知晓的千古未解之谜。在解开这个千古之谜中起了重要作用的正是一块碑。

1998 年秋，因黑河水利枢纽工程的兴建，当地政府决定对仙游寺实施整体原样搬迁。在搬迁过程中，人们意外地发现，法王塔下有地宫。这一发现，引起了考古人员的极大兴趣。这地宫里面埋藏的是什么东西呢？会不会是百寻而不得的佛舍利呢？在各有关方面的支持下，考古人员对地宫进行了尝试性开挖。当地宫顶盖被打开后，人们看到，在约 1.2 米见方大小的地宫正中安放着一个边长约 60 厘米、高 40 厘米的方体石函。石函一侧放置着一块约 50 厘米见方的石碑。碑阴是唐玄宗开元十三年（725）镌刻的《仙游寺舍利塔铭》。碑阳是隋仁寿元年镌刻

的《舍利塔下铭》，因一直埋葬于地宫中，所刻碑文完好无损。碑阳碑文为：

维大隋仁寿元年岁次辛酉十月辛亥朔十五日丁丑，皇帝普为一切法界，幽显生灵，谨于雍州周至县仙游寺奉安舍利，敬造灵塔，愿太祖武元皇帝、明元皇后、皇帝、皇后、皇太子、诸王子孙等，并内外群官，众多民庶，六道三涂，人非人等，生生世世，值佛问法，永离苦空，同升妙果。

碑阴碑文为：

窃闻天宫敞而七宝明，舍利现而千光彻。八国争立，育王创迹。而先置万塔，齐秀优填。忙而写容，实大雄之盛德，即众圣之医王者欤？无德而称，无言而述。此塔即大隋仁寿元年十月十五日置也。至大唐开元四年重出舍利。本寺大德沙门敬玄，道门若节，远近谢其精诚，神机尔朗，合寺钦其高行。乃眷彼前修，情深仰正，谨舍衣钵之资，用崇斯塔。奉为开元神武皇帝、太子、诸王、文武百官、爰及含识，并同沾胜福，共结妙因。至开元十三年岁次乙丑十二月十五日甲子朔，庄严事毕，重入灵塔。其塔乃莹以丹青，饰以朱漆，致使固齐天地，峁然独存。其铭曰：蜂台构毕，雁塔休工，天花随喜，地塔崇封。

开元十三年十二月十五日下

从碑文可以得知，法王塔乃隋文帝仁寿元年下诏修建，唐开元十三年又予修缮，并将现世舍利重新纳入灵塔。碑文内容与史籍记载基本吻合，这使考古人员信心大增，断定石函内藏有佛舍利，于是便将石函从地宫取出送至山顶的仙游寺文物管理所。此后，考古人员经过数天极为细心的层层剥离，从石函内的一具被白绿色相间的石灰、丝织品等外腐物包裹，布满绿锈，顶长约 12 厘米，底长约 11 厘米，宽 5.4 厘米，前、后高分别约为 8 厘米、6 厘米的鎏金铜棺中，取出了一个精致的琉璃瓶，瓶中果然有十枚晶莹的佛舍利。由此，“法王塔究竟有没有佛舍利”这一千古之谜终于得以解开。这一发现成为中国乃至全世界佛教界的一件盛事。而在破解这一千古之谜中，那块刻载隋唐两代铭文的石碑功不可没。

五、《李克用墓志》解开李克用子嗣世系之谜

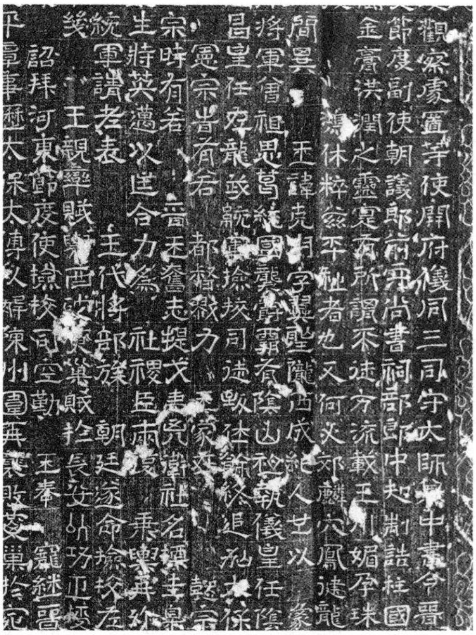

图 359　《李克用墓志》

李克用是唐末五代之际的一个重要历史人物。他原系唐沙陀部人，朱邪赤心之子，曾杀死唐大同军防御使段文楚，占据云州（今山西大同）；后为唐军所败，与其父一起逃入鞑靼。黄巢起义军攻克长安（今陕西西安）后，他被北起军使陈景思召为代州刺史，率沙陀兵镇压黄巢起义军，攻破长安。他因此而受到唐僖宗的赏识，被任命为河东节度使，晋爵为"陇西郡王"，后又晋封为晋王，其子李存勖建立后唐后，他被尊为太祖。然而，由于历史记载的混乱，后人对其子嗣世系中的一些情况一直不太清楚。如著名将领李嗣昭究竟与李克用是什么关系，各家史籍记载说法不一。《旧唐书·哀帝本纪》记载李嗣昭为李克用之子；《新五代史·义儿传》却说李嗣昭是李克用的养子，又称其幼时由李克用"遗以金帛而取之，命其弟克柔养以为子"；《旧五代史·唐书·李嗣昭传》的编校者则说"李嗣昭本克柔养子，《旧唐书》以为武皇子，殊误"。在有关的地方志中，对李嗣昭的身份记载亦各不相同，有的说是李克用的养子，有的说是李克柔的养子，也有的说是李克用之子。那么李嗣昭与李克用究竟是什么关系呢？1989 年，从山西代县出土了《李克用墓志》（图 359），这个问题才找到了答案。墓志现藏于代县博物馆，为青石质，正方形，边长 94 厘米、宽 91.5 厘米、厚 21 厘米，由卢汝弼撰文、王道源书，阴刻志文三十九行，满行四十二字，志盖阴刻篆书"晋王墓志"两行四字。志文云："小君三人，长沛国夫人刘氏无子，少魏国夫人陈氏亦无子，次晋国太夫人曹氏……即今嗣王令公，实晋国太夫人之自出也。嗣王之兄，今昭义相公名嗣昭，乃王之元子也。"这一记载明确地肯定了李嗣昭为李克用之子，且为元子，从而使《新五代史·义儿传》《旧五代史·唐书·李嗣昭传》及有些地方志中称李嗣昭为李克用或李克柔的养子这一说法得以

纠正，“李嗣昭与李克用究竟是什么关系”这一历史谜题有了明确的答案。

六、《毕昇墓碑》解开毕昇生平籍贯之谜

图 360　毕昇墓碑

毕昇创造发明的胶泥活字、木活字排版印刷，是中国印刷术发展中的一个根本性的改革，是中国古代四大发明之一，为推动中国和世界文明的发展做出了重大贡献。但是由于在“万般皆下品，唯有读书高”的封建社会中，匠人社会地位低下，有关他的历史记载极少，仅见北宋沈括的《梦溪笔谈》中寥寥二百余字十分简略的介绍。原文为：“庆历中，有布衣毕昇，又为活板……”从这一记载中，仅知毕昇为北宋仁宗时期的一个平民，关于毕昇的生平如籍贯、家世、经历、生卒年月等均无记述，也未发现其他稗官野史有任何相关记载。千百年来，对毕昇籍贯众说纷纭，大致有三说：一是汝南说，此说出自明人强晟的《汝南诗话》记传，其依据是毕昇所造活字系在汝南出土，但此说并不可信；二是益州（今四川成都等地）说，此说出自清人李慈铭在王士禛的《居易录》上的批注，谓毕昇为“益州（成都）人”，但未提供任何证据，仅能作为揣测；三是杭州说，此说为今人胡道静、张秀民先生所创，胡先生怀疑毕昇“乃杭州一雕版良工”，张先生则怀疑毕昇与沈括有亲戚关系，因而推测“沈括是杭州人，毕昇可能也是杭州一带人”，然而并无确凿证据，不能作为定论。那么，毕昇的籍贯究竟是何处呢？20 世纪 90 年代《毕昇墓碑》（图 360）被发现，终于使这一千古之谜有了明确的答案。

1990 年 7 月的一天，湖北英山草盘地镇信访干事黄尚文路过五桂墩村睡狮山一田块时，偶然发现田中一块圆首石头上有“神主”二字，仔细辨认又看出“毕昇”二字。他用水洗去石板上的污泥，模模糊糊地看出中间有两行阳刻大字，石

头周边雕有花纹。他断定这是一块墓碑。随后，他向镇、县领导和黄冈博物馆报告了发现毕昇墓碑的情况，但并未引起人们足够重视。不过，好在英山地方志办公室陈凯文、萧浪平、段茂畅等几人早在黄尚文之前就已得知毕昇墓碑一事，并悄悄地开展了实地考察、查阅史料的研究工作，写出专题文章《英山发现毕昇墓碑——北宋活字印刷发明家毕昇籍贯调查结果》。1992 年，当地一家内部刊物《大别山采风》发表了该文，引起了社会关注。

在《人民日报》《湖北日报》《工人日报》等新闻媒体的报道、呼吁下，考古界、史学界专家学者纷纷去英山考证。中国印刷科学技术研究所、湖北省文物管理委员会等单位的专家，通过多次到英山对毕昇墓碑进行实地考证，弄清了墓碑外形、碑文等方面的详细情况：墓碑高 113 厘米、宽 65 厘米至 70 厘米，碑阳中间阳刻“故先考毕昇神主、故先妣李氏妙音墓”，两边阴刻有“孝子：毕升嘉、毕升文、毕升成、毕升荣。孙男：毕文显、毕文斌、毕文忠”和“□□□年二月初七日”等字样。因碑发现时已部分风化剥落，一时未能判明落款的年号。后经专家半年精心摩拓、仔细辨识，又识读出年款为“皇□四年二月初七日”。而专家考证出两宋皇帝纪元年号中带“皇”字的，唯北宋仁宗赵祯于庆历八年之后改元为“皇祐”。由此可以断定，碑石落款“皇祐四年”，即 1052 年。这个时间是毕昇创造活字版的庆历年间（1041—1048）之后数年，且与《梦溪笔谈》记载“布衣毕昇”所处时间相符。根据古代老人死后在家停柩数月入葬的丧葬习俗，专家判定毕昇辞世时间当在皇祐三年（1051）。专家还研究发现，毕昇墓碑出土地附近至今存有毕家坳、毕家铺、毕家畈等地名，相传为毕、李、肖三姓聚居地。这一带至今还保存着一些宋、元以前的毕姓坟墓，宋元以来李氏宗族亦世居于此，说明毕昇的籍贯应是宋代淮南路蕲州（今湖北英山），其妻李氏妙音也是本乡本土人。

1993 年 10 月 16 日至 20 日，英山组织召开毕昇研讨会，邀请湖北文物界、史学界专家教授对毕昇墓碑进行鉴定。杨宝成、孙启康、谭维四、王劲等专家教授一致认为：根据毕昇墓碑的形制、花纹、结构及碑文内容考证，确认此碑是北宋皇祐四年（1052）所立，墓主是我国北宋时期活字印刷术发明家毕昇。毕昇墓碑及其墓地的发现进一步证实该地即是毕氏家族的故里和墓地所在。但也有一些专家提出了不同见解，认为英山毕昇可能是与布衣毕昇同名同姓者，对英山所处的地理和人文环境能造就毕昇活字印刷术的发明表示怀疑。为进一步推动和深化毕昇研究工作，1995 年 12 月 26 至 28 日，中国印刷技术协会、中国编辑学会、湖北省文物管理委员会、英山县人民政府等单位联合在英山再次召开毕昇研讨会。来自全国文物界、考古界、印刷界、史学界的二十多位专家教授对毕昇墓碑及相关出土文物做了深入的考证和讨论。最后，国家文物鉴定委员会副主任史树青先生以诗代论，再次确认毕昇故里在英山，毕昇的籍贯是宋代淮南路蕲州。此次研讨会使《毕昇墓碑》获得国家级认定。

七、 梦溪刻石解开沈括筑“梦溪园”年代之谜

沈括是北宋著名的科学家和政治活动家。晚年由于屡遭贬谪，他退出政治舞台，在京口（今江苏镇江）筑梦溪园，定居于此，潜心研究和著述，完成了科学巨著《梦溪笔谈》，在天文、地理、数学、物理、生物、医药、建筑、地质、矿业等诸多方面都取得了极为卓越的成就，被公认为世界古代十大杰出科学家之一。筑梦溪园，在梦溪园中潜心研究和著述，是沈括一生的重要转折点，对沈括成为一个伟大的科学家具有重要的意义。在对沈括的研究中，沈括晚年究竟是何时在镇江筑梦溪园的，亦成为一个研究的重要课题。但是，由于缺乏确切的历史资料记载，学术界对沈括筑梦溪园的年代众说纷纭，争论不休，难以定论，在发现了一块沈括留下的梦溪园刻石后才得到答案。

1985 年 5 月，镇江市文物普查办公室在文物普查中从本市商业部门职工柳芷春、柳明春处征集到一块梦溪园刻石。该刻石为长方形，高 27 厘米、宽 68 厘米、厚 12 厘米；石质为赤褐色，似火山石；通体凹凸不平，满布孔隙小坑，历经风雨，严重老化。石上居中自右向左横刻“梦溪”两个楷书大字，右侧上款为“皇宋乙丑”四字，左侧落款为“中元日建”四字。刻石至今保存完好，所刻文字清晰，字体古朴敦厚，遒劲有力，是梦溪园迄今唯一幸存遗物，经考证系由沈括亲自题书。此石上款所刻时间“皇宋乙丑”即为宋神宗元丰八年（1085），落款“中元日建”据考即为七月十五日中元节。这一记载清楚无误地表明，沈括的梦溪园建于北宋神宗元丰八年（1085）七月十五日，从而使“沈括究竟是何时筑梦溪园”这一历史谜题，最终找到了正确的答案。

八、《罗氏祖茔墓碑》解开罗贯中祖籍疑案

明代罗贯中是《三国演义》的作者，是我国的著名文学家。近代以来，随着对《三国演义》研究的逐步深入，人们对罗贯中的身世、家庭世系也做了许多相应的研究和探索。但是由于缺乏确切的历史资料记载，人们对罗贯中生平中的一些问题，特别是罗贯中的祖籍问题，无法定论。有的说是浙江钱塘（今浙江杭州），有的说是江西庐陵（今江西吉安），有的说是山东东平，有的说是山西太原。尽管20世纪30年代郑振铎、赵万里等先生发现了明朝人所撰写的海内孤本《天一阁蓝格写本正续录鬼簿》，书中说罗贯中的祖籍在太原，为解开罗贯中籍贯之谜提供了一条重要线索，但是由于其记述过于简略，罗贯中的祖籍具体在太原的什么地方，仍是一个未解的疑团。20世纪80年代以来，山西省社会科学院的孟繁仁对这一问题做了深入的研究。他先后在太原地区搜集到四部罗氏家谱，经过细致的研读筛选，确定太原清徐大北村罗礼重提供的《罗氏家谱》为罗贯中家谱。继而，经过深入的调查，他在清徐白石沟内窑村附近的山顶上发现了一处地名为罗家围的罗氏祖茔，并从祖茔所立的多块墓碑中，发现了一块《万古流芳碑》，碑文云："其祖四川成都府人也，后唐为青州仆射，即今梗阳也。因路途遥远下户于白马一都。本山岭置地数十余垧，群峰环抱，形势宽阔，为祖茔于斯焉。"碑文的这一记载与清徐大北村罗礼重提供的《罗氏家谱》题序中的一段内容基本一致。碑文与《罗氏家谱》相参照，可以得知罗贯中先祖罗仲祥是在后唐923—936年间到青州（今山西清徐）任仆射时落籍于此的，由此而使罗贯中祖籍究竟何处这一谜团得以解开。

九、《陈圆圆墓碑》解开陈圆圆芳魂归于何处之谜

"冲冠一怒为红颜"，明末清初吴三桂与陈圆圆之事可谓无人不知。但是，在吴三桂死后，陈圆圆究竟芳魂归于何处，下落鲜为人知。对此历来众说纷纭，有的说陈圆圆藏匿于苏州，有的说藏匿于上海，有的说藏匿于山海关，还有的说她逃到了日本，更多的人则倾向于她逝世于云南昆明，其理由是陈圆圆后期于昆明西郊归化寺出家。这个三百多年来的疑案，在20世纪80年代中期，由于吴氏秘传人的发现和陈圆圆等人墓碑的发掘出土，终于解开了谜底。

由于吴氏家族在历史上有一段独特的背景，他们从不修家谱和族谱，只是从每一代中挑选一至二人作为“秘传人”，负责将本家族的重要历史人物和重大事件以口头相传。过去他们从不将秘传内容外露。改革开放以来，秘传人逐渐打消了思想顾虑，秘传内容渐渐外露。据秘传人说，当年清廷严旨追捕吴三桂族人、党羽时，陈圆圆及其子吴启华在吴三桂的部将马宝护卫下秘密转移到古思州（府治在今贵州岑巩），在一片原始森林中隐居。后来，陈圆圆在天罡寺（今贵州玉屏侗族自治县内）出家，马宝在鳌山寺（今岑巩县内）出家，吴三桂之子吴启华住在马家寨。他们死后，吴氏后人把三人遗体运回秘密安葬。最初时只修了坟，未立碑，直到光绪年间清廷衰弱无力他顾时，吴氏后人才给三人刻碑，深埋在各自坟前。秘传人所说的是否可靠？情况是否确实就是这样呢？20 世纪 80 年代中期，吴氏后裔在秘传人的指点下，挖出了陈圆圆、吴启华和马宝的墓碑，使这一说法得以证实。陈圆圆墓碑高约 74 厘米、宽约 49 厘米，阴刻铭文为：“故先妣吴门聂氏之墓位席。”秘传人解释说，“先妣”是尊称陈圆圆为第一世祖之意；“吴门”二字一指她夫家姓，二指她籍贯吴门（今苏州）；“聂氏”二字指陈圆圆本姓邢，名沅，后改现名，“聂”下部分分开为“双耳”，暗喻陈圆圆姓中有“双耳”之意；“位席”为古代三妃墓专用，表明她地位尊贵可入宗祠。马宝的墓碑上镌刻着一副意味深长的对联：“重垒土茔人祖即己祖，复修石台若翁如吾翁。”秘传人解释说，这副联语的意思是吴家子孙为感激马宝保护陈圆圆及吴家一缕血脉的恩情，一直将他当作自己的祖宗来祭祀。吴启华的墓碑上也刻有一副对联：“隐姓于斯，上承一代统绪；藏身在此，下衍百年箕裘。”联语隐约地透露了他的身份。陈圆圆、吴启华、马宝三块碑的出土，证实秘传人所说的情况是确凿可信的。由此，陈圆圆究竟芳魂归于何处之谜有了最终的确切答案。

第四节　碑刻揭示出不为人知的重要史实

碑刻的发掘出土和发现还揭示出了一些此前不为人们所知的重要史实，从而使人们获得了新的重要历史发现。

图 361　大唐帝陵光业寺大佛堂之碑

1986 年，河北邢台地区文物考古人员在文物普查中发掘到了一块刻立于唐玄宗开元十三年（725）的《大唐帝陵光业寺大佛堂之碑》（图 361），碑已破碎为十二块，经过精心复原，碑被移至河北邢台隆尧石刻馆内妥为保存。碑高 4.4 米，四龙盘顶额龛内有浮雕一佛二菩萨，雕刻精美，碑文记述了唐帝祖生平和追封帝号、建陵、建寺的经过，洋洋三千余言，是过去不为人所知的十分珍贵的史料。从碑文中可以得知，唐代李氏帝王祖籍是北魏南赵郡广阿，即唐时的赵州昭庆，如今的河北隆尧。唐祖皇帝是李氏称帝后追封的。根据碑文的记载，文物考古人员意识到在附近极可能存有“大唐帝陵”的遗址，于是他们根据碑刻记载所提供的线索，进行了长时间的探讨。功夫不负有心人，他们获得了一个新的重要的历史发现，在河北隆尧城南王尹村找到了距今已一千三百多年的“大唐帝陵”遗址。经考证，在隆尧王尹村有唐高祖李渊、祖宣皇帝李熙的建初陵和祖光皇帝李天赐的启运陵，二陵共茔，合称“大唐帝陵”。这一重要历史发现中，《大唐帝陵光业寺大佛堂之碑》委实功不可没。

据《明史》记载，明末清军入关、京师陷落以后，朱元璋第十子朱檀的第九世孙朱以海，于明思宗崇祯十七年（1644）嗣王位，居绍兴，称鲁王监国，后为清军所克，遁入海到金门岛依郑成功。“成功初以礼待之，后渐懈，以海不能平，将往南澳，成功使人沉之海。”据《明史》的这一记载，鲁王是被郑成功从金门放逐到南澳，投入海中害死的。由于《明史》的记载，人们都将这桩“南澳公案”视为信史，三百多年来，无人提出异议。然而，1959 年 8 月 22 日，旧金门城东在炸山采石时，发现了鲁王真圹，从圹中出土了详细记载鲁王病卒经过的圹志。志文记载，鲁王朱以海是患哮喘病，因痰堵塞呼吸而死的，卒年为康熙元年（1662）十一月十三日。《鲁王圹志》的发现，使人们得以了解原先不为人知的历史真相，从而使《明史》记载的谬误得以纠正。郑成功三百多年的冤屈得以彻底平反昭雪，《鲁王圹志》可谓功不可没。现圹志作为珍贵的历史资料保存于台北历史博物馆，人们又将鲁王遗骸迁至金门城东门外青山之下，并在重建的鲁王墓旁重新刻立了一块石碑，记载了有关历史事实。

邓廷桢是清代的抗英禁烟英雄，嘉庆进士，历任按察使、巡抚等职，1835 年升任两广总督。在对待鸦片问题上，以往史籍都这样记载，说邓廷桢开始是支持许乃济的“弛禁”主张的，1839 年林则徐奉命到广东查禁鸦片时，他放弃了原来的主张，转变为禁烟派的得力人物，积极协助林则徐整顿广东海防，查禁鸦片走私。1997 年，在江苏南京邓廷桢第六代孙女邓洁、邓勤玲的住宅墙内，发现了《邓廷桢宗祠记事碑》。据了解，该记事碑原来一共有八块，现尚存五块，系邓廷桢第五世孙邓佐闻讯从清理邓廷桢故居废墟的民工手中收购回来的，为防流失和损坏，遂把碑砌入堂屋墙中保护了起来。据第四号碑的碑文记载，1835 年邓廷桢出任两广总督时，“（朝廷）方议鸦片烟禁，公（邓廷桢）奏议以为，法行于豪贵，则小民易从。今严于中土，则夷（外）贷自绌”。这一记载表明，邓廷桢在 1835 年出任两广总督时已力主禁烟，并不是在 1839 年林则徐到广东查禁鸦片时才主张禁烟的。这一史实在现有的史籍和其他史料中均无记载，不为人知。《邓廷桢宗祠记事碑》的发现，对于研究鸦片禁烟运动和更加客观公正地评价邓廷桢都具有较为重要的价值。碑文关于邓廷桢主张禁烟的这一记载，使“为什么林则徐到广东查禁鸦片会得到邓廷桢的密切配合、积极协助和大力支持”这一问题，有了更合理的答案。人们从中发现，邓廷桢之所以能与林则徐齐心协力同禁鸦片，是有其坚实的思想基础的。

第二十章 碑刻的域外影响

源远流长、博大精深的碑刻文化，乃中华文化之瑰宝，是中国传统文化的一个重要组成部分，历来为世界所瞩目，其影响已远远超越国界，广为传播。

第一节　世界汉学研究对中国碑刻文化的重视

东方和西方的汉学研究、中国学研究都相当重视对中国古代碑刻的研究，其中尤以德国、日本为最。

德国的汉学研究在世界上具有重要的地位，德国汉学家中有不少人对中国的碑刻做过颇为精深的研究，并取得颇为可观的成就。

德国东方学家米勒是一位对中国历史、中国文化有精深研究的学者，被称为德国第一位汉学家，是德国汉学的奠基人之一。他曾先后编辑过《关于契丹国的历史和地理论集》、编译过《马可·波罗游记》拉丁文本，还根据波斯文编译了一本《中国历史》，在 1672 年还专门出版了一本《中国的碑刻》，收录了举世闻名的《大秦景教流行中国碑》等三种中国古代碑刻。由于从碑刻中的汉文和叙利亚文的比较对照研究中颇有所得，1674 年，米勒向勃兰登堡选帝侯弗里德里希·威廉一世提出了一个研究“中文之钥”的计划，决心要找到一条通向掌握中文的口头和阅读能力的捷径，以便“即使是妇女也只需花一年或更短的时间学习，就能够阅读中文或日文”。怀有向东方发展宏大计划的雄心勃勃的选帝侯弗里德里希·威廉一世对米勒的建议颇为赞赏，可惜由于教会人士极力反对，攻击米勒的计划是离经叛道，米勒的“中文之钥”计划后来成了泡影。尽管米勒计划从中国碑刻入手来突破对中文的研究未能付诸实施，但其对德国汉学研究所产生的影响是颇为深远的。后来的德国汉学家普遍都很重视对中国碑刻的研究，其中还有不少人对中国碑刻做了精深的研究，取得了显著成就。

被称为欧洲最重要的四位汉学家之一、在德国汉学界有元老之誉的福兰阁，在对由格伦威德尔和勒·科克率领的普鲁士中国探险队在20世纪初先后几次从中国吐鲁番地区考古发掘带回德国的文物进行深入研究后，1904年，在柏林科学院发表题为《中国文献对中亚土耳其和斯堪特民族的认识》论文，1907年，又发表了论著《一份吐鲁番出土碑铭》，对汉学研究和中亚研究产生了较大的影响。由于福兰阁对汉学研究取得了显著的成就，他于1923—1931年被任命为德国柏林大学汉学研究所所长，在此期间，著名的德国汉学家兼满、藏语专家劳佛曾特地从中国将用汉文、满文、蒙古文、藏文四种文字雕刻的四语碑铭带回德国进行研究整理。由福兰阁负责汉文部分，豪尔负责满文部分，弗兰克负责藏文部分，海尼士负责蒙古文部分。著名汉学家海尼士继福兰阁担任柏林大学汉学研究所所长，精通中文、满文、蒙古文等多种文字，发表过多篇利用多种文字研究考释中国碑铭的论文，例如《北京碧云寺的四语奠基碑》《1755年和1758年两块关于准噶尔之役的四语碑》《1765年热河安远庙四语奠基碑》等。海尼士对中国学的研究，其中包括对中国碑铭研究上取得了不凡的成就、做出了卓著的贡献，先后被授予德意志科学院、萨科逊科学院和巴伐利亚科学院院士、德国东方学会、德国自然和人类学会荣誉会员等称号，并荣获了德国星级大十字勋章。

德国学者对中国碑铭的高度重视和精深研究，又反过来影响了中国学者，使一些赴德国留学的中国学者受到深刻的教育和熏陶，使他们更加清楚地认识到中国碑铭的重要价值，因而更加重视对中国碑文化的研究。诸如，著名学者陈寅恪在德国留学时，曾师从著名碑铭学家基尔霍恩教授的学生、著名学者海因里西·吕德斯。由于受到导师的熏陶和当时柏林大学中国学研究风气的影响，他回国后在清华研究院指导学生研究的范围就是“古代碑志与外族有关系者之比较研究”“蒙古满洲之书籍及碑志与历史有关系者之研究”等。著名的蒙古史、元史专家韩儒林教授的成名作《关于突厥三碑的考释》，也是在留欧期间受教于著名汉学家海尼士后，根据德文和英文译本翻译成汉文，并加注释的。

深受中国文化影响的日本，不论是史学界、文学界、宗教界，还是书法艺术界，乃至政界、军界，都对中国古代碑刻的研究极为重视。

12世纪末年，随着武士势力的强大，日本从贵族政治转变为武士政治。武士不重视文学，文学发展之责由禅侣担任。当时天皇居住的京都和武士开幕府的镰仓，都模仿中国规定了五座大寺为“五山”。“五山”中有很多禅侣到宋朝来求佛法，因此汉学水平非常高。他们除研究佛学外，还研究中国的文学，并且还效学中国的文人写骈文，用骈文写宗教礼仪文章。中国自唐代唐太宗带头撰写碑铭以来，碑铭成为唐以后各代文人颇为重视的一种文学形式。由于受中国文化的影响，当时日本的禅侣也极为看重碑铭，特别是著名文人所写的碑铭。他们到了中国后，往往替他们的老师向中国有名的文学家请求碑铭。在赴中国的日本禅侣的请求下，不少中国著名文人为他们写过碑铭。例如，在《翰苑别集》卷三和卷十中，就载有明初著名文学家宋濂所撰写的《日本普济国师碑铭》和《日本建长禅寺古先源禅师道行碑》。

日本的中国史研究早在江户时代（1603—1868）即已起步。明治时代中期以后，随着以日本之外的亚洲国家的历史特别是中国的历史作为研究对象的东洋史学的创立，中国史研究发展成为一门独立的科学。在对中国史进行的研究中，日本史学界除高度重视对中国文献资料的研究外，对中国古代碑刻的研究也极为重视。日本学习院大学教授白鸟库吉博士是东京帝国大学文学部史学科德籍教授路德维格·里斯所指导的第一期毕业生，是日本高层次的东洋史研究领域的代表。他在罗马召开的第十二届国际东方学者会议上以《突厥阙特勤碑铭考》和《匈奴及东胡诸族语言考》两篇论文一举成名。

日本的书道是在中国书法变革的影响和刺激下发展起来的，其中，对中国碑拓法帖的摹学、研究对日本书道的发展起了尤为重要的作用。

据日本京都市立艺术大学名誉教授、原校长中田勇次郎先生所撰《中国书法在日本》的考证研究，日本的书法大约始于大和时代（即5世纪初）。到飞鸟时代（593—710，约相当于中国隋朝和唐朝前期），随着日中交往的逐渐频繁和日本遣唐使派往中国，风格遒劲的北碑书风和初唐时流行的欧阳询父子的碑拓传到日本。受此影响，这一时期日本出现了许多碑铭、墓志、造像记等刻石之作。如刻于日本大化二年（646）的《宇治桥断碑》，虽然是只有二十余字的断石，但其书法风格遒劲，呈现出类似中国北碑的艺术特色。刻于日本天智七年（668）的《船主后墓志》、刻于日本文武四年（700）的《那须国造碑》、刻于日本庆云四年（707）的《威奈大村墓志》等碑刻则酷似唐楷碑刻，深得唐碑书法艺术之妙。

在奈良时代（710—784，约相当于中国唐朝中期），日本更多地向唐朝派遣唐使。唐王朝为了弘扬本国书法艺术，特意选取拓摹的二王及其他书法名家的碑帖杰作赠予来使，遣唐使们也尽力采择佳构携回日本。因此，当时日本摹学、研究二王书法及欧阳询、褚遂良等初唐书风的人很多，使唐人楷法在日本产生了颇为广泛深远的影响。在日本出现了许多颇得唐人楷法的书法佳作，其中碑刻、墓志也不乏其例。如刻于日本神龟四年（727）的《兴福寺观禅院钟铭》、刻于日本神龟六年（729）的《小治田安万侣墓志》等碑铭，都极具唐人楷法之风神。

在平安朝前期（794—897，约相当于中国唐朝后期），日本赴唐人数甚众，其中宗教人士尤为活跃。在这些赴唐的宗教人士中，不少人致力于学习、研究中国名家的碑帖书法艺术，并由此而在书法艺术上取得卓越的成就。如著名的空海和尚就受到过《兰亭序碑》和武则天《升仙太子碑》的很大影响，自己也曾写出了《益田池碑铭》等传世佳作。

在镰仓前期（1185—1279，约相当于中国南宋中后期），日本流行山谷（黄庭坚）书风。黄庭坚书风之所以会在日本盛行，主要是日本渡宋的高僧弘扬而来。如日本泉涌寺的开山始祖、名僧俊芿于日本正治元年（1199）入宋，回日本时曾带回法帖碑文七十六卷。

在江户时代（1603—1868，约相当于中国明末至清晚期）被称为“唐样”的中国书法在日本风靡一时。从文人学者到普通庶民，莫不竞相效学风从。独立性易是“唐样”四个流派中“黄檗派”最杰出的代表，他精通文字学，临摹中国法帖碑版功力甚深。在江户时代的宝历、明和年间输入日本的中国晋、唐、元、明名家书法的法帖碑版日见增多，尤其以元代赵孟頫和明代祝允明、文徵明、董其昌这四家居压倒多数。大量中国碑版法帖输入日本，对日本的书法艺术产生了重大影响，使日本的“唐样”迎来了全盛期，产生了一批卓有成就的书法家。如京都的贯名海屋专力临摹晋唐碑帖，注目于平安前期传入日本的唐人真迹和日本古笔，其晚年所作“唐样”浑成高雅，臻于化境。

在明治时代（1868—1912），由于当时中国的一流书法家，著有《激素飞青阁平碑记》《平帖记》《学书迩言》《望堂金石文字》《楷法溯源》等著作的著名碑版法帖收藏、鉴识家杨守敬，于明治十三年至十七年（1880—1884）随清朝驻日公使何如璋留驻日本四年，带去了众多的碑版法帖和中国本土对碑版法帖的研究成果，使日本书坛卷起了一股“杨旋风”。特别是杨守敬将当时备受中国碑学派推崇、日本罕见的北碑带到了日本，并广为介绍。这使日本书法家第一次得以了解北碑的存在，受到很大的冲击，掀起了一股学习研究中国北碑的热潮，有不少人还专门从日赴清，直接向当时著名的北碑派书家吴熙载、赵之谦、徐三庚等人学习北碑派书法艺术。如中材梧竹在明治十五年（1882）赴清，学书于北京潘存，后携带大量六朝碑帖返回日本。日本真宗大谷派僧侣北方心泉多次往返日中之间，在书法上北方心泉极为崇尚徐三庚，刻苦研究、潜心摹学，深得北碑派书法真髓，其书法艺术连清人也叹为观止，在当时的日本堪称北碑书风第一人。长期以来，日本的书法以出自草书的假名为主，向来与古文篆隶那样富于造型美的书体无缘。然而通过明治以来清人碑学派的传播，古文篆隶和北碑书体终于在日本生根开花，乃至在日本书坛形成了与守卫传统的古体派相对立的力倡碑学的革新派，恰似清朝书坛帖学与碑学两派分庭抗礼的情势一般，可见碑学书派对日本书坛影响之深。

世界上的许多国家都对记载中外关系重要历史的中国古代碑刻极为重视，表现出十分浓厚的兴趣，花了很大的力量来进行研究，有的甚至还千方百计地企图把碑弄回其国内据为己有。

在我国吉林的集安太王陵的东南侧，矗立着高 6.39 米、宽 1.4 米至 2 米的我国现存最大的古碑之一《好太王碑》（图 362、363）。此碑是高句丽第二十代王长寿王为了纪念第十九代王好太王的功绩而立。碑文环刻，共四十四行，一千七百七十五字（漫漶脱落者一百三十余字）。碑文记载了高句丽成国的资料、世绪及好

图 362　好太王碑

图 363　《好太王碑》（局部）

太王拓展国土等事迹，不仅是研究高句丽历史和阶级关系的重要史料，而且也是了解当年高句丽和朝鲜半岛的新罗、百济以及日本列岛之间关系的重要史料，还记载了许多史书不见的史事，因而受到国内外学者和有关方面的高度关注。自1883 年到 1910 年，在不到三十年的时间里，日本陆军参谋部就先后九次派间谍到集安考察和搜集有关这块碑的情况。一个名叫酒旬景信的日本间谍潜入集安获得了此碑拓本，于 1884 年交于日军参谋本部。因碑文中有倭寇入侵百济、新罗、带方的记载，日军参谋本部立即组织御用文人对碑文强加衍义。在 19 世纪 80 年代，掀起了一场“纪年论争”，硬说 4 世纪到 5 世纪之间，日本曾统治朝鲜半岛达二百年之久，以此作为日本侵略和长期霸占朝鲜的历史依据，致使此碑成为国际学术界争论之焦点。一百多年来，对于这块碑聚讼不已，日本《朝日新闻》发表文章说：中国集安的《好太王碑》是个谜，它的谜底至今还没有完全被人猜透。直到20 世纪 70 年代，韩国学术界还提出了“石灰涂抹作战”的问题。另据传说，甚至 1894 年发生的中日甲午战争同这块碑也有一定的关系。尽管由于碑文释文逐渐明确，当年日军参谋部所衍义的“学说”已遭到大多数学者的驳斥，被基本否定，争论渐渐平息，但因此碑所记史事多不见于史书记载，碑中所载事件系当时人记当时事，当较后代史书所记者更为可信。因此，此碑始终备受中外学术界重视，每年仍有大批国内外访碑者慕名纷至沓来，专门从事此碑研究者也不乏其人。

在西安碑林中，珍藏着一块名扬海内外，记载中国唐代对外文化交流情况的《大秦景教流行中国碑》（图 364）。会昌五年（845），唐武宗灭佛大毁天下佛寺庙宇，此碑被埋入地下湮没失踪，直至七百多年后，明熹宗天启三年（1623）才在西安近郊西原村（一说陕西周至）重新出土，就近放置于金胜寺。许多外国教士获悉了这一情况，纷纷前去探访考察，其中一些外国教士将碑文拓片译成拉丁文寄往欧洲，并撰文加以介绍，立刻引起了欧洲宗教界、文化界、历史学界的轰动和极大关注。一些欧洲学者看到此碑具有非同寻常的历史文化价

图 364　大秦景教流行中国碑

值，便大造舆论，说此碑应属于全世界，提出此碑应搬移到欧洲。清光绪三十三年（1907），丹麦人何尔谟奉命来到西安，企图用三千两银子收买寺中老僧盗窃此碑，运往伦敦，受到当地僧民的强烈反对未能成功。后来，他又偷偷雇人翻刻了一块碑，妄图用复制碑换走真碑。金胜寺的和尚与得知这一消息的民众群起而反对，部分地方军队也出面干预制止。何尔谟无可奈何，只得将复制品运回去交差。由于此碑置于金胜寺很不安全，旋即被移置于西安碑林。对此事，《续陕西志稿》做过简要但十分明确的记载："按此碑明末出土长安城西，即就近竖于金胜寺。清季有西人访得此碑，依式模刻，以重金贿赂僧，欲以新刻者易原碑。僧大骇，鸣诸官而止。且以城外难于防护，乃移置碑林，西人运新刻者以去。"

由于《大秦景教流行中国碑》具有极其珍贵的历史文化价值，因此，除了丹麦的何尔谟，美国、日本等国家也派人来中国翻刻了此碑（据说现在世界上有五个国家有复制的《大秦景教流行中国碑》）。而且多年以来，此碑成为世界宗教、学术界研究热点之一，世界上许多国家的学者发表过研究此碑的论文，还出版了不少关于这块碑的专著，直到20世纪八九十年代，还有许多学者在研究此碑，不断提出新的研究成果和新的见解。例如，加拿大学者戴维清在1989年第4期《文史知识》上发表了具有独特见解的研究论文《大秦历史重考》，提出："大秦不是罗马或罗马帝国，而是希腊。大秦景教是源出希腊的希腊正统教。""此教原名希腊正统教，简称正教或东方基督教，信徒约有一亿人，其中百分之九十分布于东欧，在美国与加拿大约有三百万人，而以苏联的教会为最大。在昔，传教重心是在土耳其的君士坦丁堡及叙利亚的安提阿，起初以希腊文传教，后因希腊文渐遭淘汰，遂改用较为流行的叙利亚文传教。这是《大秦景教流行中国碑》亦有叙利亚文的理由。""635年，景教徒初入中国，时为唐太宗在位时期。"一块碑在世界上引起这么多国家的关注和重视，吸引了这么多学者乐此不疲地反复加以研究，这在世界文化史上实为罕见。这不仅说明此碑是世界文化宝库中不可多得的一件珍宝，同时也从一个侧面反映出了中国碑文化所具有的巨大魅力和价值。

中华人民共和国成立后，特别是我国和日本、美国建交后，中日、中美之间文化交流加强，日美学者特别是日本学者对中国碑刻的研究更为广泛深入，先后出版了许多关于中国碑刻的研究论著和碑刻书目、图版汇编介绍。

1974年2月，日本共同通讯社株式会社开发局出版了由郭沫若题写书名，中岛健藏作序，贝冢茂树、长广敏雄、日比野丈夫、樋口隆康、林巳奈夫等学者专文的包含《袁安碑》《少室阙铭》《嵩岳少林寺碑》《嵩阳观碑》《元怀墓志》《三体石经》《吊比干文碑》等内容的精装、双重函、6开超大本《中华人民共和国河南省碑刻画像石》。

1975年，东京中央公论社出版了著名学者日本京都市立艺术大学名誉教授、原校长、文部省文化财产保护审议会专门委员中田勇次郎先生选编并作解说的《中国墓志精华》（图365）一书，该书介绍了西晋墓志七方、东晋墓志六方、南朝宋墓志一方、北魏墓志四十二方、东魏墓志五方、北齐墓志五方、北周墓志二方、隋墓志十三方、唐墓志十九方，共计一百方。这一百方墓志分别是从洛阳博物馆、日本京都大学人文科学研究所、开封市博物馆、陕西省博物馆、河南省博物馆和日本东京国立博物馆的藏品中精心挑选出来的，受到中日学者的欢迎和好评。

图365 《中国墓志精华》封面

新世纪以来，日本学者对中国的碑刻更为重视，研究更为广泛深入，著作频出，成果丰硕，诸如：

中村圭尔、室山留美子在中国学者赵超《汉魏南北朝墓志汇编》和罗新·叶炜《新出魏晋南北朝墓志疏证》两书的基础上，2008年9月，编撰了《魏晋南北朝墓志人名地名索引》；2009年11月，编撰了《魏晋南北朝墓志官职名索引》。

气贺泽保规2009年在东京汲古书院株式会社出版了《新版唐代墓志所在总和目录》，该书在1997、2004年版《唐代墓志所在总和目录》的基础上增订，收录了2008年以前公开发表的唐墓志、墓志盖八千七百三十七方，标注了同一墓志在《石刻题跋索引》《北京图书馆藏中国历代石刻拓本汇编》《隋唐五代墓志汇编》《全唐文补遗》《唐代墓志汇编》《新中国出土墓志》等著作中的详细出处。

梶山智史2005年发表了《隋代墓志所在总和目录》，收录隋代墓志四百八十三方；后来，作者又著《新出北朝隋代墓志所在总和目录（2006—2010）》，收录2006—2010年间新发表和新发现的北朝墓志二百三十五方、隋代墓志一百二十一方，介绍了其著录状况。

高桥继男2009年在东京汲古书院株式会社出版了《中国石刻关系图书目录（1949—2007）》，2013年又出版了《中国石刻关系图书目录（2008—2012前半）稿》。

美国学者谭凯近年也推出了中国碑刻研究新成果，2005 年，编撰并自行刊印了墓志目录加录文的著作《唐末至宋初墓志目录》，收录了唐宣宗大中四年（850）至宋真宗咸平二年（999）期间的墓志和墓碑，所辑墓志和墓碑著录了志主、葬年、注明拓片、录文资料来源、有关考证和介绍、发掘报告等，末附墓志录文，为进一步深入研究提供了有价值的文献资料。

第二节 中国古代碑石大量流落海外并被收藏

中国古代碑石具有珍贵的历史文化价值，因此千百年来不仅深受国人的珍爱，被视为宝贵文物予以收藏，碑林、碑苑、碑廊、碑屋遍及神州，而且也深为海外文物收藏者和收藏机构青睐。鸦片战争以来，帝国主义列强大举侵略中国，中国的古代碑石与其他国宝一起，大量流出国境，散落于海外。据清代杨守敬《寰宇贞石图》、近代罗振玉《海外贞珉录》、近人王壮弘《历代碑刻外流考》、马子云《碑帖鉴定・石刻见闻录》及梁披云主编的《中国书法大辞典》、刘正成主编的《中国书法鉴赏大辞典》和日本兴文社的《增订寰宇贞石图》等著作的考证和记载，日、美、法、德、瑞典等国家都收藏有中国古代的碑石，其中尤以日本和美国数量最多。

据查考，日本文博机构和个人收藏的自汉代至西夏的中国古代刻石、碑碣，其数量现知有近百种之多：

刻于东汉安帝永初七年（113）的《食堂画像戴氏父母卒日记》，此石有二，王壮弘《历代碑刻外流考》谓一石在国内，一石在日本。

刻于东汉灵帝熹平四年（175）的《熹平石经》，据刘正成《中国书法鉴赏大辞典》《中国书法大辞典》云，部分残石为日本中村不折氏创立的书道博物馆所藏。

刻于东汉灵帝光和年间的《冢土残石》和汉刻石《十月隆命》，《中国书法大辞典》谓石今在日本。

汉碑《汉处士残石》，马子云《碑帖鉴定・石刻见闻录》谓石今在日本。

汉刻石《李夫人灵帝题字》，王壮弘《历代碑刻外流考》云“传此石今在日本”。

刻于三国魏正始年间的《三体石经》（亦称《正始石经》），刘正成《中国书法鉴赏大辞典》谓其部分残石藏日本京都。

刻于西晋惠帝永康元年（300）的《张朗碑》（图 366），刘正成《中国书法鉴赏大辞典》云此碑 1919 年为日商购去，归东京大仓集古馆，1924 年日本大地震时，碑破碎焚毁。

刻于后秦弘始四年（402）的《吕宪墓表》，梁披云《中国书法大辞典》谓其流入日本，归江藤氏所藏。

刻于南朝梁武帝天监十五年（516）的《石井栏题字》（图 367），《碑帖鉴定》和梁披云《中国书法大辞典》谓其归日本京都藤井氏，今藏日本有邻馆。

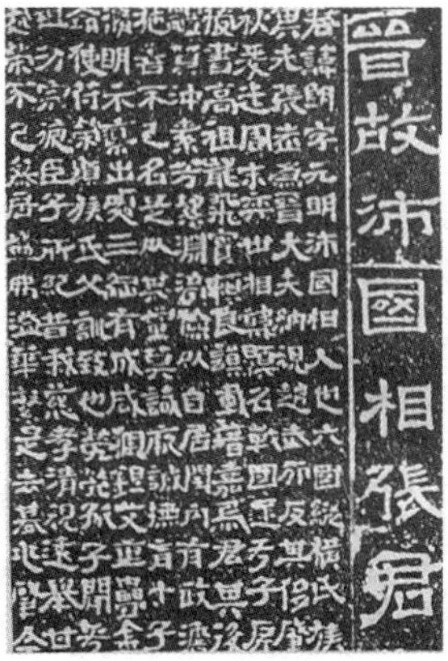

图 366　《张朗碑》

图 367　《石井栏题字》

刻于六朝时期的《成灵龟造像题记》、刻于北魏孝明帝正光二年（521）的《道君像记》、刻于唐高宗麟德二年（665）的《刘阿进造阿弥陀像记》和刻于唐玄宗开元十三年（725）的《李玄毅造像记》，据罗振玉《海外贞珉录》载，今藏日本黑田氏。

刻于六朝时期的《上官始仁等残造像题记》《中正杜陆丑等残造像题记》和刻于唐开元十六年（728）三月的《杨元一妻王氏造像记》，据罗振玉《海外贞珉录》载，今藏京都文科大学。

刻于北魏宣武帝延昌二年（513）的《燕州刺史元飑妻王氏墓志》和延昌三年（514）的《燕州刺史元飑墓志》及刻于北魏孝明帝正光四年（523）二月的《魏故齐郡王妃常氏墓志铭》，据刘正成《中国书法鉴赏大辞典》云，三志于清宣统二年（1910）在河南洛阳出土后，均为毗陵董康所得。董氏在民国间将三志售于日本人太仓喜八郎，藏太仓集古馆。后于1924年毁于日本大地震，日本兴文社辑入《增订寰宇贞石图》。

刻于北魏孝明帝神龟二年（519）的《泾州刺史齐郡王元祐墓志》（图368），王壮弘《历代碑刻外流考》谓其“为日本东京太仓氏藏”。

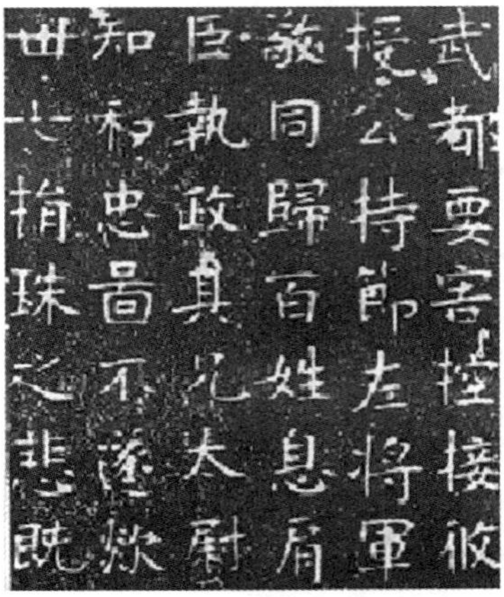

图368　《泾州刺史齐郡王元祐墓志》（局部）

刻于东魏孝静帝天平四年（537）的《惠晖合众造像记》（图369），刘正成《中国书法鉴赏大辞典》谓此石今藏日本东京文科大学。

刻于北周武帝保定四年（564）的《郭贤造像记》（图370），梁披云《中国书法大辞典》、刘正成《中国书法鉴赏大辞典》均谓“传石今在日本”。

图369　《惠晖合众造像记》（局部）

图370　《郭贤造像记》（局部）

刻于北周武帝天和三年（568）四月的《道民杜崇□造老君像记》，据罗振玉《海外贞珉录》载，此石今藏日本东京美术学校。

刻于北周武帝建德元年（572）的《昙乐为亡侄罗睺造像记》（图371），据刘正成《中国书法鉴赏大辞典》载，此石今在日本。

刻于隋文帝开皇二十年（600）的《贾子□造像记》、刻于隋文帝仁寿二年（602）的《同州王明野造像记》、刻于唐高宗乾封

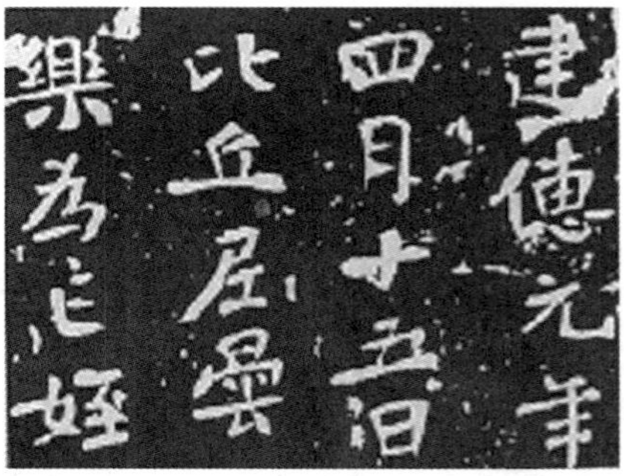

图371　《昙乐为亡侄罗睺造像记》（局部）

三年（668）的《清信弟子君□造道君像记》、刻于唐武则天长安三年（703）的《僧德威造十一面观音记》和刻于唐玄宗开元二十八年（740）的《虢国公杨花台铭》，据罗振玉《海外贞珉录》载，石今均藏日本东京国立博物馆。

刻于隋炀帝大业十一年（615）的《□德墓志》，刘正成《中国书法鉴赏大辞典》谓其民国间出土于河南洛阳，“后流往日本”。

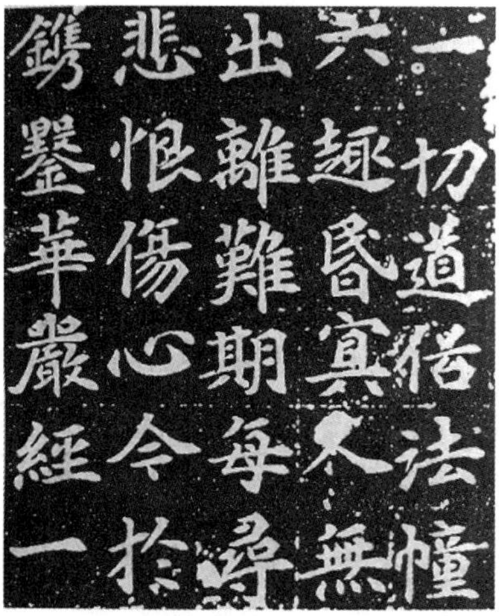

图 372　《房山云居寺静琬题刻残石》（局部）

刻于唐太宗贞观八年（634）的《房山云居寺静琬题刻残石》（图 372）和刻于唐武则天时期的《康居士缮经记残石》，据罗振玉《海外贞珉录》载，今藏于日本大谷光瑞氏。

刻于唐太宗贞观十三年（639）的《马周造像记》，据罗振玉《海外贞珉录》载，石今在日本，归木直三郎收藏。

刻于唐高宗乾封元年（666）的《李威造弥勒像记》和刻于唐高宗仪凤四年（679）的《张□成为亡父母造像记》，据罗振玉《海外贞珉录》载，石今在日本，藏益田英作氏。

刻于唐武则天长安三年（703）的《韦均造像记》《肖元眘造像记》《李承嗣造像记》和刻于唐武则天长安四年（704）的《姚元景造像记》，梁披云《中国书法大辞典》、王壮弘《历代碑刻外流考》均云石藏日本早崎氏。

刻于唐中宗景龙二年（708）的《吕希行造像记》，据罗振玉《海外贞珉录》载，石今藏日本东京博物馆。

刻于唐玄宗开元十二年（724）的《杨将军新庄像铭》，据罗振玉《海外贞珉录》载，石今在日本，藏原富太郎。

另据王壮弘《历代碑刻外流考》的考证：北魏的《旷野将军徐渊墓志》今藏日本书道博物馆；东魏的《司马升墓志》传云石在日本；东魏的《章武王妃卢贵兰墓志》在日本；北齐的《造观音像铭》在日本书道博物馆；西魏的《范洪□为亡父母造像记》藏日本中村作次郎氏；西魏的《安次县开国男艾殷造像记》藏日本京都大学人文科学研究所；东魏的《佛弟子□万集诸邑子廿人造像记》和《佛弟子韩赤头造像记》藏日本益田英作氏；东魏的《陈海荣为亡父现在母造像记》和《成灵龟造

像记》藏日本黑田氏；东魏的《中正杜陆丑等造像记残石》和《上官始仁等造像记残石》藏日本京都大学人文科学研究所；东魏的《□穆造像记》藏日本原氏；隋代的《周德墓志》藏日本中村襄氏；隋代的《张文为父造像记》藏日本早崎氏；隋代的《徐宁周妻张氏墓表》《郭恩子墓表》《郭恩子妻解氏墓表》《贾买苟墓表》《贾买苟妻索氏墓表》《氾崇庆墓表》《麴孝嵩墓表》《麴孝嵩妻张氏墓表》和《侯庆伯墓表》藏于日本大谷光瑞氏；唐代的《司马恩养造浮图铭》《故人王恒举妻榆造像记》《黄行基造弥勒像记》藏日本黑田氏；唐代的《杨道纲墓志》藏日本太仓喜八郎氏；唐代的《杨士墓志》和《何简墓志》藏日本太仓氏；唐代的《张君夫人毛氏墓志》《白鹤观残碑》《侯君夫人张氏墓志》和《孙化德等残造像记》藏日本大谷氏；唐代的《尼法撒造弥陀像记》藏日本今材繁三氏；唐代的《佛弟子□言□造像记》藏日本京都文科大学；唐代的《比互尼德道造阿弥像碑》藏日本益田氏；唐代的《□君才造阿弥陀像记》《但怀干造像记》《高延高造龛像记》《杨文愕造像记》和《梁义深等题名》藏日本早崎氏；唐代的《褚承恩墓志》藏日本中村襄氏；唐代的《□珍宝造弥勒像记》藏日本和田干男氏；唐代的《姚教生造天尊像记》藏日本东京博物馆；西夏的《居庸关经残字》藏日本大谷氏。

日本收藏的数以百计的中国古代碑刻，据文献资料记载和专家调查，其主要来源有两个方面：

一方面是日本侵略军通过战争直接劫掠抢夺。1937 年“七七事变”后，日军劫掠、抢夺、摧残中国文物进入有计划和有组织的阶段，日军师团一级一般专门配备有“文物搜集员”，对散落各处的古代石刻进行搜索和甄别，凡确定有一定价值的，即劫掠运回日本。此类罪恶活动一直持续到 1945 年日本战败投降。日本投降后，仍有许多从中国劫掠的古碑未归还中国，其中最为著名的是《鸿胪井刻石》（图 373）。《鸿胪井刻石》刻于唐玄宗开元二年（714），是具有重要历史价值的唐代摩崖刻石。唐代武则天登封元年（696），我国东北地区的少数民族靺鞨族的首领大祚荣趁松漠都督、契丹人李尽忠在营州反叛唐朝之机，率部东迁以求

图 373　鸿胪井刻石

自立建国。武则天为阻止其建国，于698年派唐朝大将李楷固率领唐军进行讨伐，唐军战败而归。大祚荣率部迁往牡丹江上游的东牟山（今吉林敦化）修筑城池，自立为震国王。705年唐中宗继位后，采取和平的方式来化解边疆冲突，于当年便派侍御史张行岌招慰大祚荣，大祚荣为了表示诚意和忠心，派儿子到唐朝朝廷任职，唐中央政权与靺鞨的关系得到极大的缓解。713年，唐睿宗派遣朝廷郎将崔忻任鸿胪卿以“敕持节宣劳靺鞨使”的名义率使团出使震国。崔忻经长途跋涉，历时数月，到达震国旧都（今吉林敦化），宣谕，册封靺鞨首领大祚荣为左骁卫大将军、渤海郡王，震国易名为“渤海”，成为大唐王朝的一个都督府，正式隶属于唐王朝。为了纪念这一重大历史事件，顺利完成使命后的崔忻原路返回长安，在途经旅顺都里镇时，于旅顺黄金山南麓及西北麓各凿井一口，并在西北麓井旁一巨石上自右向左分三行刻下“敕持节宣劳靺鞨使鸿胪卿崔忻井两口永为记验开元二年五月十八日”共二十九字，历史上将这两口井称为“鸿胪井”，井旁刻石称为《鸿胪井刻石》。唐《鸿胪井刻石》形体巨大，正面宽3米、高1.8米，重9.5吨，是一块单体十多立方米的驼形巨石，一直暴露在野外风吹雨淋日晒。清光绪二十一年（1895），清前任山东登莱兵备道、安徽贵池人刘含芳派人依刻石大小建造了一座石亭，以保护《鸿胪井刻石》，碑亭于次年八月建成，取名“唐碑亭”。《鸿胪井刻石》是东北地区唯一的唐代刻石，不仅是唐王朝册封渤海国最重要的实物见证，也是研究大唐帝国与当时东北亚民族关系价值极高的原始史料之一。同时，该石碑纠正了某些外国学者认为渤海国（我国东北地区）是与唐王朝完全对等的独立国家的错误观点，是1300年前大唐盛世时期我国领土统一和民族融合的重要物证，具有重要的历史价值。1904年日俄战争爆发，次年，日军攻陷旅顺口后，日本就派遣史学家内藤湖南以外务省特派人员的身份赴旅顺考察。其间，内藤湖南对《鸿胪井刻石》进行了鉴定，并写出《关于旅顺唐碑的调查》报告，认为“此碑文于史有益”。于是日本海军省日军驻旅顺海军司令富冈定恭中将在密谋三年后，于1908年4月30日，将《鸿胪井刻石》及碑亭劫掠至日本，作为日俄战争的重要战利品献给大正天皇，安置在日本皇宫的庭园内。两年后，日本修建建安府，用以收藏日俄战争的纪念品，《鸿胪井刻石》和碑亭就被收藏其间。尽管2014年8月上旬中国民间对日索赔联合会通过日本驻华大使馆致函天皇和日本政府，要求返还《鸿胪井刻石》，但日本政府至今未做出回应。这块弥足珍贵的唐碑，至今依然流落在日本。

另一方面是日本文物贩子盗掘、盗抢或与中国文物商贩相勾结盗买。如：据罗振玉《西陲石刻后录》《海外贞珉录》等书记载，日本人大谷光瑞在1902—1914年间，曾先后三次深入中国西北内陆从事文物盗掘活动。高昌故城位于我国新疆吐鲁番市东面的三堡乡，是西汉至元明时期吐鲁番盆地的中心城镇，曾是高昌回鹘的都城。大谷光瑞先后三次在高昌故址盗得墓志、题记《延昌四年徐宁周妻张氏墓表》《延昌廿年郭恩子妻解氏墓表》《延昌廿二年贾买苟妻索氏墓表》《延昌廿六年贾买苟墓表》《延昌廿九年郭恩子墓表》《延昌卅二年崇庆墓表》《延昌卅八年残墓表》《延昌四十年麴孝嵩妻张氏墓表》《延寿十一年侯庆伯墓表》《仪凤□年侯君夫人张氏墓志》《龙朔二年张君夫人毛氏墓志》以及《延和九年麴孝嵩墓表》十二方。此外，大谷光瑞还在济木萨北二十公里处盗得《白鹤观残碑》，从河北盗走唐《房山刻经残石》及西夏《居庸关刻经残字》等碑石。据王壮弘《历代碑刻外流考》记载，刻于北魏孝明帝正光三年（522）的《冯邕妻元氏墓志并盖》（图374）1926年在河南洛阳出土后，为经营碑帖买卖的郭玉堂所得。不久，郭玉堂就以高价卖给了日本人。清宣统二年（1910）在河南洛阳出土了北魏孝明帝正光四年（523）的《齐郡王祐妃常氏季繁墓志》、北魏延昌二年（513）《元飏妻王夫人墓志铭》和北魏延昌三年（514）《燕州刺史元飏墓志》，后为毗陵董康所得，董康在民国年间将该志卖给了日本人大仓喜八郎，为大仓集古馆所藏。1922年，在洛阳太学旧址发现了东汉《熹平石经》与曹魏《正始石经》的残石。《熹平石经》刻于东汉灵帝熹平四年（175），为蔡邕等人所书。后十余年在洛阳太学旧址又陆续出土了一批石经残石，共得残石一百数十余块，“曾分别为吴兴徐森玉、鄞州马叔平、萍乡文素松、武进陶兰泉、关中于右任、西充白坚、北平图书馆以及潢川吴氏、胶县柯氏、江夏黄氏、闽县陈氏所得……但其藏品后全数泊海东去，归日本书道博物馆。”

图374　冯邕妻元氏墓志并盖

据查考，收藏于美国的唐及以前的中国古代刻石、碑碣，现所知有二十多种：

刻于北魏太平真君元年（440）的《合邑义道继等造像记》，据罗振玉《海外贞珉录》载，石藏美国克利夫兰艺术博物馆。

兴建于北魏孝武帝永兴元年（532）、东魏孝静帝武定元年（543）建成刻石的《李道赞率邑义五百余人造像碑》（图375），据刘正成《中国书法鉴赏大辞典》载，今石藏美国纽约大都会博物馆。

赵郡《贞景王元谧墓志》，简称《元谧墓志》，刻于北魏孝明帝正光五年（524），1930年左右出土于河南洛阳。马子云《碑帖鉴定·石刻见闻录》谓其“出土不久，古董商售于英国某人”；王壮弘《历代碑刻外流考》云“郭玉堂谓在日本”。现藏于美国明尼亚波利斯艺术馆。

刻于东魏孝静帝武定四年（546）的《道颖僧柬等造像记》（图376），据罗振玉《海外贞珉录》载，石在美国纽约。

图375 《李道赞率邑义五百余人造像碑》

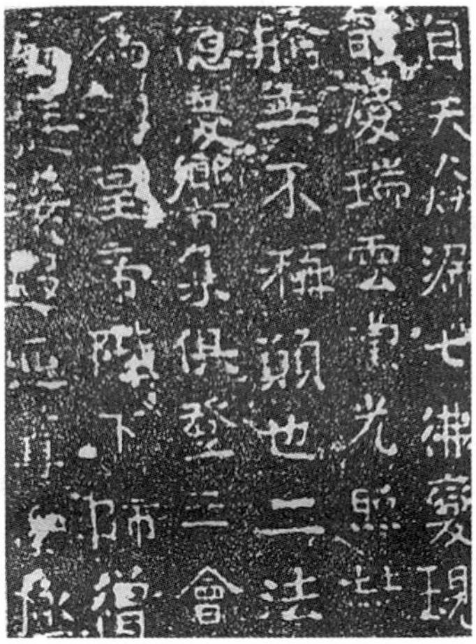

图376 《道颖僧柬等造像记》

刻于北魏宣武帝延昌四年（515）的《太阳县令焦采敬造像记》、刻于北周武帝保定四年（564）的《姚道珎造老君像记》、刻于隋文帝仁寿二年（602）的《杨纪道造像记》、刻于唐高祖武德六年（623）的《道民李君武造像碑》、刻于唐太宗贞观四年（630）的《李武就造天尊像石》、刻于唐太宗贞观九年（635）的《□□□造像记》、刻于唐高宗显庆六年（661）的《李威子造天尊像碑》、刻于唐高宗麟德二年（665）的《道民田客奴造像碑》、刻于唐高宗麟德二年的《智洪造像记》、刻于唐高宗麟德二年的《焦弘庆兄弟造像记》、刻于唐高宗仪凤四年（679）的《张迴生等造像记》、刻于唐高宗录淳二年（683）的《□文若造天尊像记》、刻于唐武则天永昌元年（689）的《永昌元年□□□造像记》和刻于唐武则天长安三年（703）的《道民姚玄端造像记》，据罗振玉《海外贞珉录》载，现都藏于美国波士顿博物馆。

另据王壮弘《历代碑刻外流考》的考证，北魏的《宁想墓志并石椁》今在美国；西魏的《□□□造像记》《阳如同造像记》《薛□慎为亡父薛盛造像记》，东魏的《王氏造像记》《基城县开国男刘显国造像记》《褚合性造像记》和隋代的《道民苏遵造像记》《道民□宗造像记》《□□□造像记》现都藏于美国波士顿博物馆。

据查考，收藏于法国的唐及以前的中国古代刻石、碑碣，现所知有八种：

刻于东汉顺帝建康元年（144）的《文叔阳食堂画像题字》（图377），清道光十三年（1833）出土于山东鱼台凫阳山，马子云《碑帖鉴定·石刻见闻录》谓其“为当地（山东鱼台）马铁桥所藏，以后归端陶斋。民国初其子售于法国人，在法国博物馆”。

汉刻石《君车画像题字》，王壮弘《历代碑刻外流考》谓其“今藏法国巴黎博物馆”。

刻于北魏宣武帝正始元年（504）三月的《高洛周七十人等造像记》（图378），据梁披云《中国书法大辞典》、刘正成《中国书法鉴赏大辞典》载，今在法国巴黎博物院。

图377 《文叔阳食堂画像题字》（局部）

图378 《高洛周七十人等造像记》（局部）

刻于北魏孝明帝正光六年（525）的《曹望憘造像记》，马子云《碑帖鉴定·石刻见闻录》云，原为山东临淄西桐村居民垒于墙间，后归潍县（今山东潍坊）陈介祺所得。1921年间，由上海来远公司经手，陈介祺将石售于法国巴黎博物馆。

刻于北齐武成帝河清二年（563）的《梁罷村缯□合辛邑子七十人造像记》（图379），据刘正成《中国书法鉴赏大辞典》载，石今在法国。

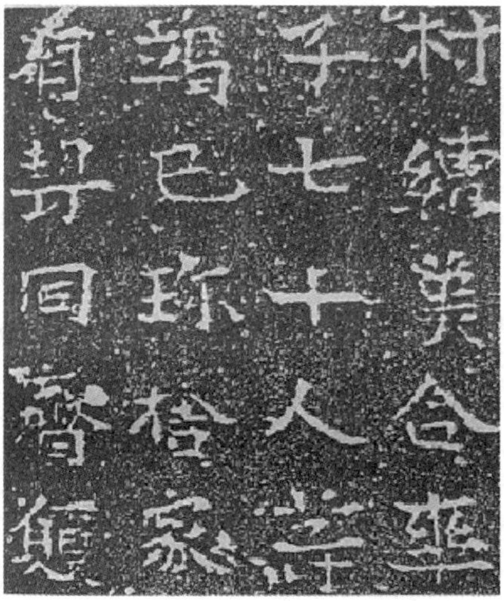

图379 《梁罷村缯□合辛邑子七十人造像记》（局部）

刻于北齐后主天统三年（567）的《张静儒造像记》，据梁披云《中国书法大辞典》载，此石为法国巴黎图书馆购去。

另据王壮弘《历代碑刻外流考》的考证，东魏的《路子宽等造释迦像》藏于法国人高鲁卜氏；唐代的《杜山威造观音菩萨像铭》藏于法国巴黎博物馆。

据查考，收藏于德国的唐以前的中国古代刻石、碑碣，现所知有四种：

刻于北凉沮渠安周承平三年（445）的《沮渠安周造佛寺碑》，据马子云《碑帖鉴定·石刻见闻录》云，石原藏德国柏林博物馆，在第二次世界大战中被毁。

刻于北凉的《佛说十二因缘经》刻石，据罗振玉《海外贞珉录》载，石藏德国柏林博物馆。

另据王壮弘《历代碑刻外流考》的考证，汉代的《石柱残画像》“石归德国斐赛尔氏”，北魏的《刘明为亡母造像》“原石在德国”。

此外，流落于海外，但不知其现确切藏于何国何处的中国唐以前的刻石、碑碣还有不少。据查考，其中较为珍贵和著名的主要有：

《左元异造作万年庐舍石柱》，东汉桓帝和平元年（150）刻石，全称《汉中郎将幕府奏曹史左表造万年庐舍石柱》，简称《万年庐舍石柱》，亦称《左元异墓石》。1919年山西离石出土，共二柱。1921年潍坊范金波将此二石柱并数画像石贩运北京，售于北京古玩商人尊古斋黄百川。据梁披云《中国书法大辞典》载：“黄百川售与英人，有云今藏加拿大博物馆。”但马子云《碑帖鉴定·石刻见闻录》谓其贩运北京后“卖于美国人。在将要运走时，孙伯恒闻之，要求拓数份拓本。范云：字内有朱砂红色，保证墨透不到石柱上即可。后由范之同乡人谭荣九传拓较淡墨者十份，当时代价六十元一份。闻石柱现存美国波士顿博物馆，此拓本商务印书馆石印若干份”。而王壮弘《历代碑刻外流考》又谓其“原石现存英国伦敦博物馆，现国内有重刻本流传”。不过，尽管对此石去向各说不一，但此石藏于海外是诸家一致确认无异的。

《武梁祠画像题字》，无刻石年月，宋代《金石录》《隶释》《隶韵》《汉隶字源》等均有著录，汉刻隶书，后人评价甚高。马子云《碑帖鉴定・石刻见闻录》云：“石先为轩辕华藏，后归端方，民国初为某外国人购去。”王壮弘《历代碑刻外流考》谓：“汉武梁祠画像楚将等字残石、汉武梁祠画像孔子何馈等字残石、汉武梁祠画像钩骑四人等字残石、汉武梁祠画像臯陶等字残石，以上四石归瑞典博物院。”“汉武梁祠画像颜淑等字残石，一说在法国，一说在瑞典。”

《马光仁造像记》（图380），刻于北魏孝明帝神龟二年（519），刘正成《中国书法鉴赏大辞典》云，此石1933年前发现后运至上海，仅拓十数份，即被售于海外，现藏何国不详。

《马苗仁造像记》（图381），刻于北魏孝明帝正光二年（521）四月，据梁披云《中国书法大辞典》、刘正成《中国书法鉴赏大辞典》云，此石1913年前发现后运至上海，当时“仅拓十数份，石即售诸海外”，现藏何国不详。

图380 《马光仁造像记》（局部）

图381 《马苗仁造像记》（局部）

《王旦树为亡弟妇造像记》（图 382）刻于东魏孝静帝武定元年（543）十二月，据《中国书法鉴赏大辞典》云，此石 1931 年前发现，后运至上海，当时“仅拓十余份，原石即流出国外”，现藏何国不详。

《姜兴绍造像题记》（图 383）刻于北齐武成帝河清年间，据刘正成《中国书法鉴赏大辞典》云，此石 1931 年前发现，后运至上海，当时“仅拓十余份”，即流出海外，现藏何国不详。

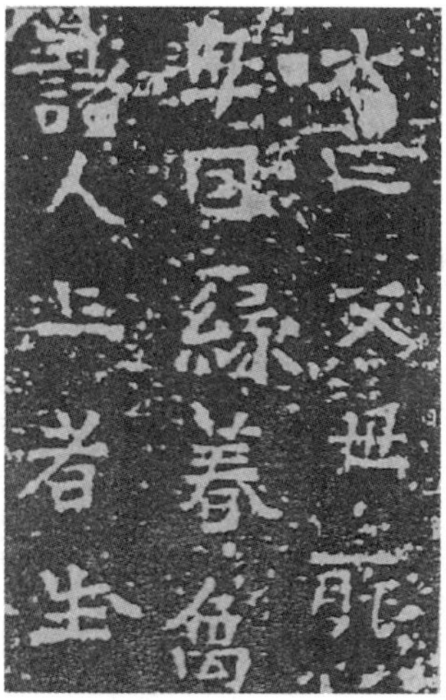

图 382 《王旦树为亡弟妇造像记》（局部）

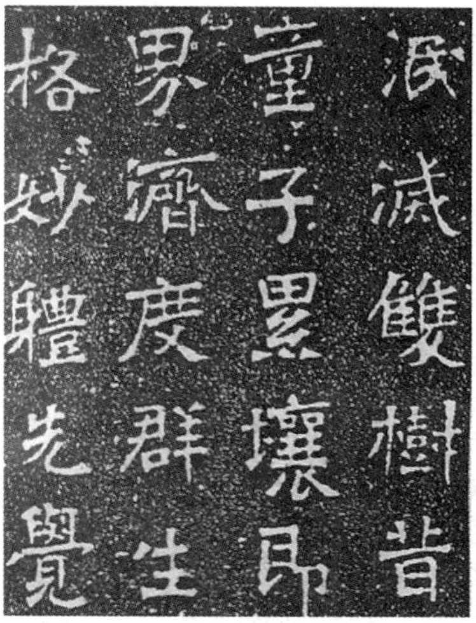

图 383 《姜兴绍造像题记》（局部）

《韩永义等造七佛宝堪碑》（图 384），刻于北齐后主天统三年（567），据刘正成《中国书法鉴赏大辞典》云，此石原在河南偃师城西义井铺北，后流往国外，现藏何国不详。

图 384 《韩永义等造七佛宝堪碑》（局部）

另据王壮弘《历代碑刻外流考》云，北魏的《宁远将军前好畤令高神婆等造像》、隋代的《大隋仪同三司建州刺史故徐君竦墓志铭》、唐代的《崔善德造像》《尼韩静造像》等也均流出国外，但不知其究竟藏何国。

第三节　中国古代碑拓大批流传海外

诗文和书法是几千年来推动中国古代文化航船前进的双楫。碑刻拓片是保存和传播中国书法艺术的重要手段，具有重要的历史文化价值，尤其是一些已经亡佚的古代名碑，其遗存的拓片更是珍贵的无价之宝，因此历来为汉字文化圈国家的文博机构、收藏家和书法爱好者所重视和珍爱，大批流传于海外。特别是高度重视“书道”的日本，更是不遗余力地收藏了大批中国历代碑刻拓片。据有关资料记载，在1938年建立的东方文化研究所图书馆基础上建立起来的日本京都大学人文科学研究所图书馆，不仅藏有二十七万册汉籍，而且还藏有中国历代碑刻拓本一万余件。在流传海外的大批中国古代碑刻拓片中，有一些碑刻拓片甚至中国国内已经失传，海外收存的拓片是宇内仅存之孤本。中国人自己要想看到或得到这些古代名碑的拓片，还得“出口转内销”。

日本是收藏印制中国古代碑刻拓本最多的一个国家。在日本上海神州国光社、日本博文堂影印本、日本骏骏堂影印本、日本清雅堂影印本、日本二玄社《书迹名品丛刊》、日本《书苑》、日本兴文社《增订寰宇贞石图》、日本平凡社《书道全集》等书籍中，中国自先秦至清代的各代许多著名碑刻的拓片都被收入刊印。诸如：

先秦时期的《石鼓文》是“中国第一古物”“书法家第一法则”（康有为语）。由于年代久远，其损毁漫漶极为严重，因此其早期拓本极为珍贵。其拓本唐时即有，但从无传世，后人从未见过，因而其传世的最早拓本即是北宋拓本。而据考，江苏锡山人安国所珍藏保留下来的以“先锋”“中权”“后劲”命名的极其珍贵的《石鼓文》北宋拓本，及安国所藏另一宋拓《石鼓文》，都在民国期间被日本人河井荃庐氏以高价从锡山秦文锦手中购去。现在，《石鼓文》这一稀世国宝存字最多最早的善拓本已不在中国，而以日本博文堂徐坊藏“汧”字不损本为最。郭沫若在日本期间见到了“先锋”本的照片，并根据这些照片撰写成《石鼓文研究》一书，才使中国人今天得以见到《石鼓文》最早的拓本。

秦代的《琅琊台刻石》（刻于前219），日本骏骏堂有影印本；秦代的《泰山刻石》（刻于前219），日本书道书法类大型期刊《书苑》、日本二玄社《书迹名品丛刊》等皆有影印本。

汉代的《西岳华山庙碑》（刻于165），在明世宗嘉靖三十四年（1555）毁于地震，被清代著名学者、金石学家、书法家誉称“汉隶第一品”，日本博文堂有影印本；汉代的《娄寿碑》（刻于174）早已亡佚，日本《书苑》刊有其翻刻本的影印本；汉代的《平山君碑》，全称《汉秥蝉平山神祠碑》，系日本人关野贞于1913年在朝鲜平安南道龙冈郡海云面龙井里发现，刻于东汉章帝元和二年（85），中国国内无此碑的拓本，而日本平凡社的《书道全集》刊有此碑的缩印整纸本；汉代的《大吉买山地记刻石》是汉代隶字存世最大者，日本二玄社《书迹名品丛刊》刊有其影印本。

两晋时代的《裴祇墓志》（图385，刻于293）和《士孙松墓志》（刻于302）是晋碑中的隶书佳品，日本《中国书道全集》刊有两碑的拓本；《朱曼妻薛买地宅券》（图386，刻于338）是晋碑中的篆书佳品，日本的《书道全集》（二十六）刊有其拓本；前秦的《广武将军□产碑》1920年时重新出土，被康有为誉为“北碑近新出土者，以此为古雅第一”，日本二玄社刊有此碑的影印本。

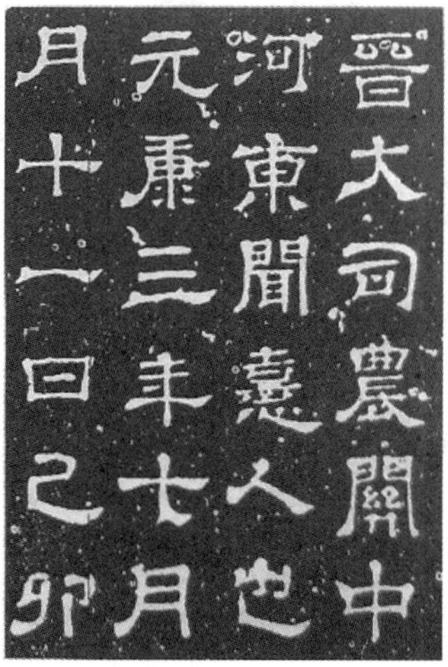

图385　《裴祇墓志》（局部）

图386　《朱曼妻薛买地宅券》（局部）

刻于南朝梁的《瘗鹤铭》是中国摩崖题刻的珍品，在日本也极受推重和珍爱，日本博文堂刊有其拓片的影印本；南朝梁的《萧融墓志》，书法质朴瘦劲，意态奇崛简古，1980 年 9 月于南京出土，1981 年第 12 期《文物》发表后不久，日本的《书道全集》即将其收入刊印。

北碑自清代碑学复兴以来大受推崇，“碑学”派的观点，特别是在杨守敬于 1880—1884 年出任驻日钦使随员期间广为宣传后，北碑在日本更是大行其道，许多北碑拓本被刊印，广为流传。

日本二玄社的《书迹名品丛刊》刊有北魏的《孙保造像记》《南石窟寺碑》《温泉颂》《马鸣寺碑》和北齐的《陈神忻等造像记》等碑的拓本。

日本平凡社的《书道全集》刊有北魏的《申洪之墓志》《北海王元祥造像记》《姚伯多造像记》《郑长猷造像记》和“龙门十二品之一”《广川王祖母太妃侯为亡夫广川王贺兰汗造像记》（图 387）和《高贞碑》；东魏的《程哲碑》《高盛碑》（图 388）；北齐的《玄极寺碑》（图 389）和《徂徕山文殊般若经碑》等碑的拓本。

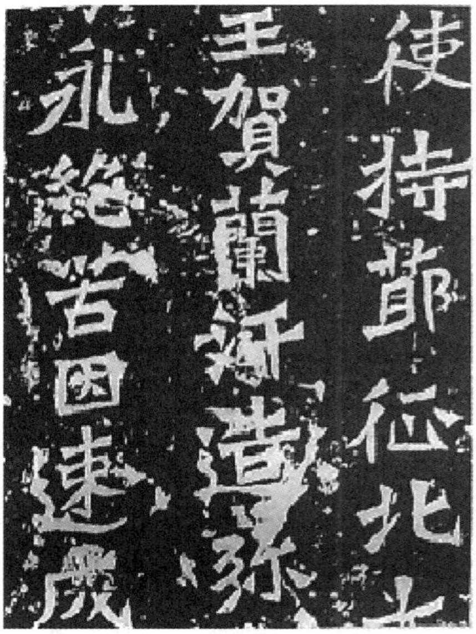

图 387 《广川王祖母太妃侯为亡夫广川王贺兰汗造像记》（局部）

图 388 《高盛碑》（局部）

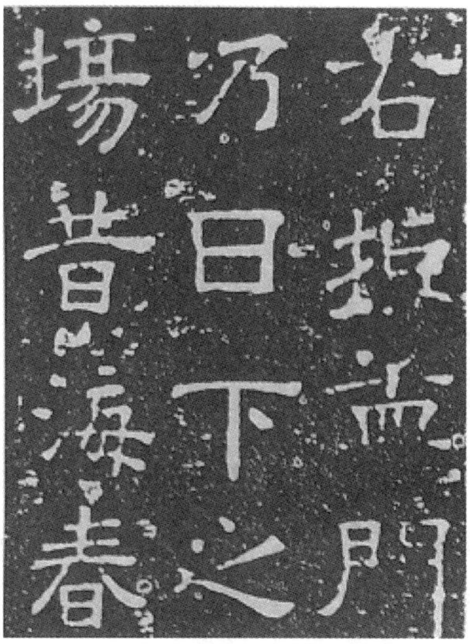

图 389 《玄极寺碑》(局部)

日本的《书苑》刊有北魏的《惠感造像记》等碑的拓本，日本的《中国书道大全》刊有北魏的《司马悦墓志》等碑的拓本，日本兴文社的《增订寰宇贞石图》刊有北魏的《李谋墓志》等碑的拓本，日本博文堂影印本刊有北魏的《司马昞墓志》和北魏后期墓志的杰出之作《崔敬邕墓志碑》的拓本。

隋代的《龙藏寺碑》（刻于 586）被康有为评为“此六朝集成之碑，非独为隋碑第一也”，日本平凡社的《书道全集》刊有此碑；隋代的《龙华寺碑》在日本平凡社的《书道全集》中也有载录。

唐代是中日文化交流最密切的时期，唐代的书法对日本影响很大，唐碑拓本在日本的流传因而也格外多而广。在流传于日本的中国古代碑刻拓本中，唐碑拓本数量最多。

日本二玄社的《书迹名品丛刊》刊有《昭仁寺碑》、殷令名楷书的《裴镜民碑》和《等慈寺碑》、唐太宗李世民行书的《晋祠铭》、武则天草书的《升仙太子碑》、薛曜楷书的《夏日游石淙诗并序》、张旭楷书的《郎官厅壁记》等碑的拓本。

日本博文堂影印本刊有褚遂良楷书的《孟法师碑》、欧阳询楷书的《皇甫诞碑》、沈传师楷书的《柳州罗池庙碑》（图 390）等碑的拓本。

日本的《中国书道全集》刊有唐代的《宇文士及碑》（楷书，书者不详）、殷仲容隶书的《马周碑》、裴守真的《李憼碑》（图 391）、《尉迟恭碑》（楷书，书者不详）、《令狐德棻碑》（楷书，书者不详）、尹元凯篆书的《美原神泉诗碑》、唐中宗李显楷书的《赐卢正道敕》、李范行书的《章怀太子墓志》、韦利涉楷书的《韦利器等造像记》、白羲晊隶书的《乙速孤行俨碑》、《隆阐法师碑》（行书，书者不详）、颜真卿楷书的《夫子庙堂记残碑》（图 392）、韩秀弼隶书的《臧希晏神道碑》、韩择木隶书的《荐福寺临坛大戒德律诗碑》（图 393）、李阳冰篆书的《滑台新驿记》（图 394）、《王履清碑》（行书，书者不详）等碑的拓本。

日本平凡社的《书道全集》刊有欧阳询隶书的《房彦谦碑》和《豆卢宽碑》（楷书，书者不详）、王行满楷书的《周护碑》、畅整楷书的《唐清河长公主碑》（图 395）、诸葛思桢楷书的《李孝同碑》（图 396）、《许洛仁碑》（楷书，书者不详）、《唐明堂令于大猷碑》（楷书，书者不详）、钟绍京楷书的《升仙太子碑阴题名（二）》、梁升卿隶书的《御史台精舍碑》、唐玄宗李隆基行书的《赐益州长史张敬忠敕》和隶书的《纪泰山铭》、史惟则隶书的《大智禅师碑》、《唐俭碑》（楷书，书者不详）、郑云逵行书的《李广业碑》。

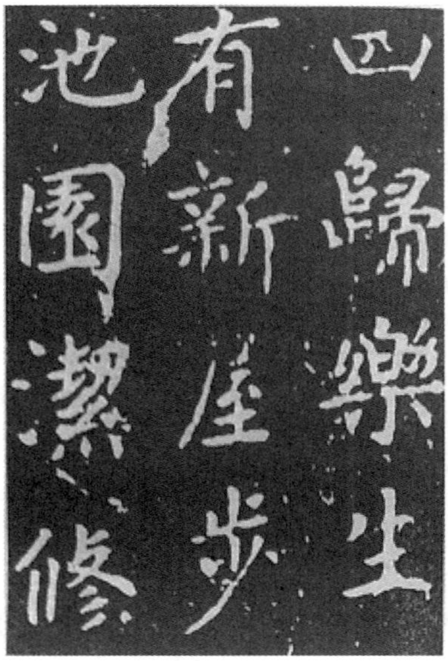

图 390　《柳州罗池庙碑》（局部）

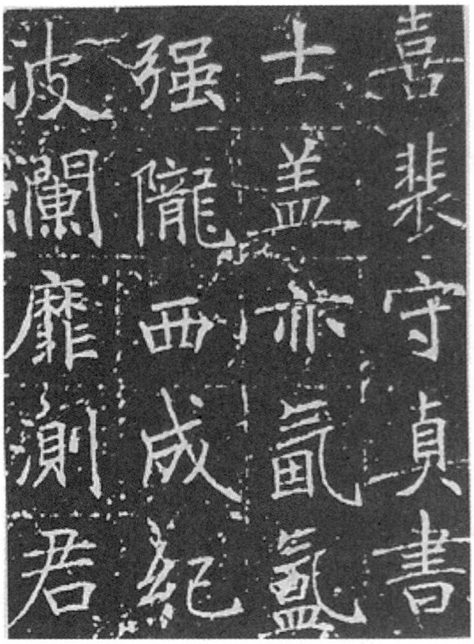

图 391　《李愍碑》（局部）

图 392 《夫子庙堂记残碑》(局部)

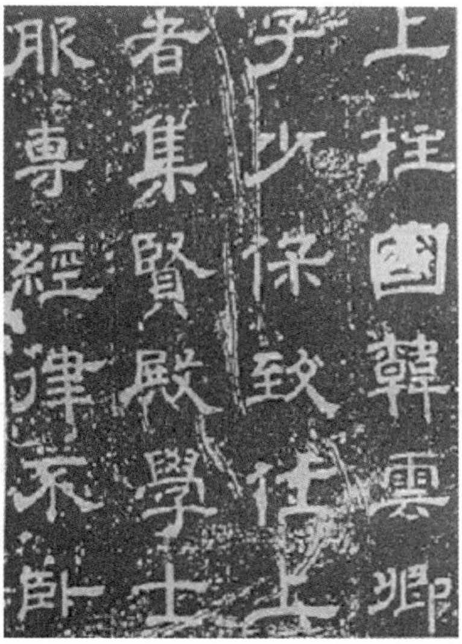

图 393 《荐福寺临坛大戒德律诗碑》(局部)

图 394 《滑台新驿记》(局部)

图 395 《唐清河长公主碑》(局部)

图 396 《李孝同碑》(局部)

另据《中国书法鉴赏大辞典》载，唐虞世南的代表作《孔子庙堂碑》在日本亦有影印本刊行。

此外，还有一些唐代名碑碑石早已亡佚损毁，其遗留下来的仅存的碑拓孤本也流落于海外，中国国内已失传，现国内所见拓本系从海外拓印、翻印而来。例如：唐代的《善才寺碑》(图 397)，全称《大唐河南府阳翟县善才寺文荡律师塔碑铭并序》，楷书，刻于唐玄宗开元十三年（725)，碑上署褚遂良书。据清代王澍、翁方纲考证，褚书乃后人易改，定为魏栖梧书。该碑原石早已亡佚，仅有清代临川李宗瀚旧藏孤本传世，而这弥足珍贵的孤本亦流落海外。据《中国书法大辞典》《中国书法鉴赏大辞典》云，此孤本现在日本。唐代薛稷的代表作《信行禅师碑》刻于唐中宗神龙二年（706），原石早已亡佚，仅有清代何绍基旧藏剪裱孤本行世，据《中国书法鉴赏大辞典》云，此孤本传今在日本上海神州国光社。唐代柳公权楷书的《金刚经刻石》，全称《金刚般若波罗蜜经》，刻于唐穆宗长庆四年（824），原石早已亡佚，仅有甘肃敦煌石室唐原拓孤本传世，一字不损。清光绪二十二年（1896）被法国人伯希和盗运法国，此孤本现藏法国巴黎图书馆。据马子云《碑帖鉴定·石刻见闻录》云，当时与柳公权的《金刚经刻石》唐拓唐裱孤本被一起同时运走的，还有唐代欧阳询所书的《化度寺塔铭》、唐太宗所书的《温泉铭》等。

图 397　《善才寺碑》（局部）

宋以后的碑刻拓本流传日本虽无北碑和南碑那样多，但也有相当数量。诸如：日本的《中国书道全集》刊有宋代梦英的《篆书千字文》、蔡襄楷书“百衲碑”《昼锦堂记》、苏轼楷书的《表忠观碑》、王辨楷书的《焦宗说墓志》（图 398）、沈辽楷书的《曾巩墓志》、黄庭坚楷书的《王纯中墓志铭》（图 399），金代王庭筠楷书的《重修蜀先主庙碑》，清代郑板桥楷书的《新修城隍庙碑记》等碑的拓本。

日本平凡社的《书道全集》刊有宋高宗赵构行书的《佛顶光明塔碑》，范韧庵、李志贤编著的《书法辞典》谓日本东福寺藏有此碑宋拓整幅。《书道全集》还刊有宋代范成大行书的《明州赠佛照禅师诗碑》等碑的拓本。另据刘正成《中国书法鉴赏大辞典》的查考，《书道全集》刊有宋代朱熹撰文、吏部尚书张栻篆刻的《刘子羽神道碑》（图 400），此拓本现藏于日本京都大学人文科学研究所。

图 398　《焦宗说墓志》（局部）

图 399　《王纯中墓志铭》（局部）

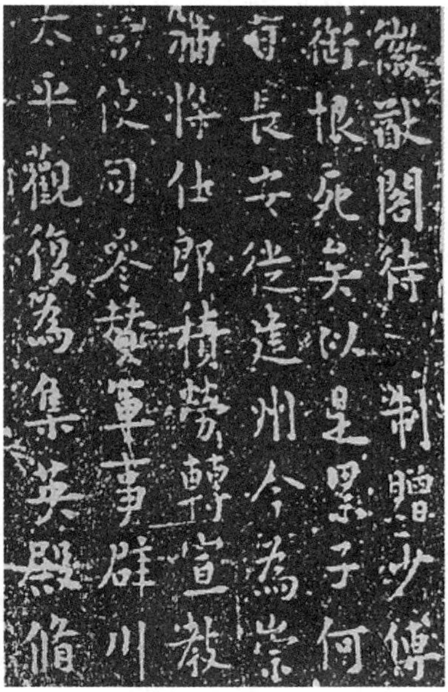

图 400　《刘子羽神道碑》（局部）

中滨慎昭 1997 年在日本爱知淑德大学出版社出版了《淑德大学书学文化中心藏中国石刻拓本目录》，书中收录了该大学所藏从北魏到中华民国的六百余方墓志拓片目录，其中有少数为我国所不见者。

毫无疑问，世界各国中收藏中国古代碑拓最多的是日本，而在日本，收藏中国古代碑拓最多的是日本京都大学。日本京都大学人文科学研究所是日本研究汉学最著名的机构。根据调查，该所收藏有中国历代石刻拓片一万余件，上起自西汉，下延至民国，历朝历代都有，比较全面地反映了我国古代石刻的历史面貌，这些石刻拓片无疑是中国历史、中国文化值得珍惜的宝贵财富。2016 年 1 月，新疆美术摄影出版社出版了《日本京都大学藏中国历代碑刻文字拓本》（图 401）共十本。全书汇集了魏晋南北朝隋唐宋辽金元明等历史朝代的碑刻文字拓本，分别为《魏晋碑刻》《南北朝碑刻（上）》《南北朝碑刻（下）》《隋代—五代碑刻》

《唐代碑刻（上）》《唐代碑刻（中）》《唐代碑刻（下）》《宋辽金碑刻》《元代碑刻》《明代碑刻》。这些拓本作为碑刻传承的载体，不仅记载了许多史籍遗缺的史实和事情，弥补了史籍文献资料的不足，而且承载了古代灿烂的书法艺术，为历代学人所取法，备受世人的重视；历代石刻所使用的各种书体，反映着一脉相承的汉字在不同时期的演变，本身就是一部直观的中国文字发展史，对考订史实、研究文字源流与艺术价值、了解古代风土人情等都是十分珍贵的原始资料，具有重要的价值。

图 401　《日本京都大学藏中国历代碑刻文字拓本》

除日本收藏有大量中国历代石刻拓片外，据查考，世界上还有一些国家也藏有许多中国历代石刻拓片。诸如，法国远东学院就藏有许多唐宋墓志拓片。1981 年 5 月，香港中文大学出版社出版了著名国学大师、香港中文大学、南京大学等学校名誉教授、西泠印社社长饶宗颐主编的《唐宋墓志：远东学院藏拓片图录》（图 402）。该书收录了法国远东学院所藏唐宋墓志拓片三百八十八件，其中唐代墓志拓片约三百七十件，为整拓影印，无录文。该书所辑墓志拓片起自唐高祖武德年间，迄于宋徽宗宣和年间，每一朝墓志都有代表性文字与书法，前面有饶宗颐教授所写的引言长文，对墓志之起源提出崭新的见解，书末又附唐高祖武德年间和唐太宗贞观年间的墓志目录及中华人民共和国成立三十年来新出土的唐宋墓志要目。

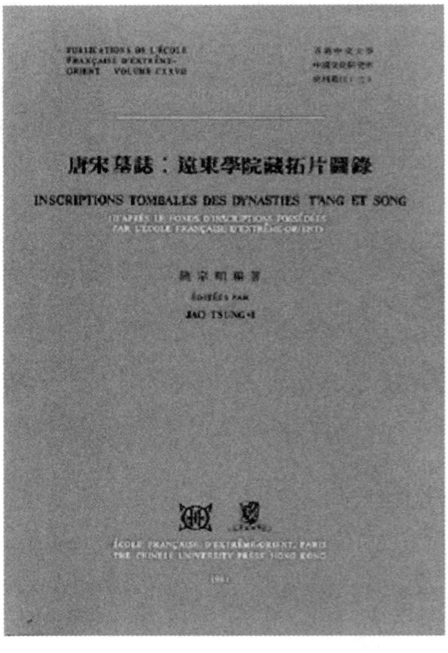

图 402　《唐宋墓志：远东学院藏拓片图录》

主要参考文献

［1］《福建名胜词典》编委会．福建名胜词典．福州：福建人民出版社，1988．
［2］《宁波辞典》编委会．宁波辞典．上海：复旦大学出版社，1992．
［3］《中国史稿》编写组．中国史稿：4 册．北京：人民出版社，1982．
［4］《中国史稿》编写组．中国史稿：5 册．北京：人民出版社，1983．
［5］《中国史稿》编写组．中国史稿：6 册．北京：人民出版社，1987．
［6］《中国史稿》编写组．中国史稿：7 册．北京：人民出版社，1995．
［7］安旭．旅游文物艺术．天津：南开大学出版社，1990．
［8］白玉英，陈雪柏．承德胜景大全．呼和浩特：远方出版社，2006．
［9］鲍汉祖．石鼓笺释．南京：凤凰出版社，2007．
［10］贝远辰，叶幼明．历代游记选．长沙：湖南人民出版社，1980．
［11］北京大学考古学系．纪念北京大学考古专业三十周年论文集．北京：文物出版社，1990．
［12］北京大学中古史研究中心．敦煌吐鲁番研究：第一卷．北京：北京大学出版社，1995．
［13］北京市文物研究所．北京考古四十年．北京：北京燕山出版社，1990．
［14］北京图书馆金石组．北京图书馆藏中国历代石刻拓本汇编．郑州：中州古籍出版社，1989．
［15］蔡美彪，朱瑞熙，李瑚，等．中国通史：第 5 册．北京：人民出版社，1978．
［16］蔡美彪，周清澍，朱瑞熙，等．中国通史：第 6 册．北京：人民出版社，1979．
［17］蔡美彪．元代白话碑集录．北京：中国社会科学出版社，2017．

［18］曹学佺．蜀中名胜记．重庆：重庆出版社，1984．
［19］岑久发．书画篆刻实用辞典．上海：上海书画出版社，1988．
［20］岑仲勉．金石论丛．北京：中华书局，2004．
［21］曾晓梅．碑刻文献论著叙录．北京：线装书局，2010．
［22］常熟碑刻博物馆．常熟碑刻集．上海：上海辞书出版社，2007．
［23］陈安利．唐十八陵．北京：中国青年出版社，2001．
［24］陈柏泉．江西出土墓志选编．南昌：江西教育出版社，1991．
［25］陈垣．道家金石略．陈智超，曾庆瑛，校补．北京：文物出版社，1988．
［26］陈桥驿．中国历史名城．北京：中国青年出版社，1986．
［27］陈思．宝刻丛编//影印文渊阁四库全书：第 682 册．台北：台湾商务印书馆，1986．
［28］陈思．书小史//影印文渊阁四库全书：第 814 册．台北：台湾商务印书馆，1986．
［29］陈文锦．西湖文物．杭州：浙江摄影出版社，1992．
［30］陈兆国．中国书法篆刻之最．北京：中国旅游出版社，1992．
［31］迟冰．四川汉代雕塑艺术．北京：中国古典艺术出版社，1959．
［32］褚人获．坚瓠集．上海：上海古籍出版社，2012．
［33］丁守和．中华文化辞典．广州：广东人民出版社，1989．
［34］董逌．广川书跋//影印文渊阁四库全书：第 813 册．台北：台湾商务印书馆，1986．
［35］都穆．金薤琳琅//影印文渊阁四库全书：第 683 册．台北：台湾商务印书馆，1986．
［36］窦臮．述书赋//影印文渊阁四库全书：第 812 册．台北：台湾商务印书馆，1986．
［37］端方．陶斋藏石记．宣统元年石印本．
［38］端道漠．云南通志//鄂尔泰，监修．影印文渊阁四库全书：第 570 册．台北：台湾商务印书馆，1986．
［39］方升，王佐．大岳志略．范学锋，张全晓，点校．武汉：湖北科学技术出版社，2021．
［40］方祖熊，等．巴陵胜状．长沙：湖南美术出版社，1985．

[41] 范韧庵，李志贤．书法辞典．南京：江苏古籍出版社，1989.
[42] 范廷枢，苏简亚，张晓莲．姑苏文化集萃．苏州：古吴轩出版社，1991.
[43] 范文澜．中国通史简编：第二编．修订本．北京：人民出版社，1964.
[44] 范文澜．中国通史简编：第三编：第一册．修订本．北京：人民出版社，1965.
[45] 范文澜．中国通史简编：第三编：第二册．修订本．北京：人民出版社，1965.
[46] 方若．校碑随笔．王壮弘，增补．上海：上海书店出版社，2008.
[47] 方若．正续校碑随笔．上海：上海古籍出版社，2020.
[48] 冯云鹏，冯云鹓．金石索．北京：书目文献出版社，1996.
[49] 高世瑜，阎守诚，马芳印．唐玄宗与泰陵．西安：陕西旅游出版社，1992.
[50] 高文．汉碑集释．郑州：河南大学出版社，1985.
[51] 葛晓音．中国名胜与历史文化．北京：北京大学出版社，1989.
[52] 耿铁华．好太王碑新考．长春：吉林人民出版社，1994.
[53] 龚廷万，龚玉，戴嘉陵．巴蜀汉代画像集．北京：文物出版社，1998.
[54] 顾蔼吉．隶辨//影印文渊阁四库全书：第235册．台北：台湾商务印书馆，1986.
[55] 顾颉刚．妙峄山．影印本．上海：上海文艺出版社，1988.
[56] 顾炎武．金石文字记//影印文渊阁四库全书：第683册．台北：台湾商务印书馆，1986.
[57] 顾炎武．日知录集释．黄汝成．集释．杭州：浙江古籍出版社，2013.
[58] 郭恒．石鼓文的辨识与写法．北京：北京体育学院出版社，1991.
[59] 郭沫若．中国史稿：1册．北京：人民出版社，1976.
[60] 郭沫若．中国史稿：2册．北京：人民出版社，1979.
[61] 郭沫若．中国史稿：3册．北京：人民出版社，1979.
[62] 郭玉堂．洛阳出土石刻时地记．郑州：大象出版社，2005.
[63] 郭宗昌．金石史，浙江汪启淑家藏本.
[64] 郭宗昌．金石史//影印文渊阁四库全书：史部十四目录类．台北：台湾商务印书馆，1986.
[65] 国家图书馆善本金石组．历代石刻史料汇编：全16册．北京：北京图书馆

出版社，2003.
［66］国家文物局，中国文物报社．中华文明遗迹通览．上海：上海古籍出版社，2002.
［67］韩庆浩．华夏珍宝录：中国民间文物地域巡礼．济南：山东省地图出版社，1993.
［68］河北人民出版社．可爱的河北．石家庄：河北人民出版社，1984.
［69］河北省博物馆．河北省出土文物选集．北京：文物出版社，1980.
［70］河南省地方志编辑委员会．河南省志：文物志．郑州：河南人民出版社，1998.
［71］河南省文物局．河南碑志叙录．郑州：中州古籍出版社，1992.
［72］河南省文物局．洛阳出土墓志目录．北京：朝华出版社，2001.
［73］河南省文物考古研究所．北宋皇陵．郑州：中州古籍出版社，1997.
［74］河南省文物考古研究所．永城西汉梁国王陵与寝园．郑州：中州古籍出版社，1996.
［75］洪尚之，阮浩耕．西湖寺观．杭州：浙江摄影出版社，1992.
［76］洪适．隶释//影印文渊阁四库全书：第 681 册．台北：台湾商务印书馆，1986.
［77］胡海帆，汤燕，等．北京大学图书馆藏历代墓志拓片目录．北京：北京大学出版社，2013.
［78］胡汉生．明朝帝王陵．北京：北京燕山出版社，2001.
［79］胡聘之．山右石刻丛编．太原：三晋出版社，2018.
［80］湖南省文物事业管理局，祁阳县浯溪文物管理处．浯溪碑林．长沙：湖南美术出版社，1992.
［81］黄斌，刘厚生．高句丽史话．呼和浩特：远方出版社，2002.
［82］黄伯思．东观余论//影印文渊阁四库全书：第 850 册．台北：台湾商务印书馆，1986.
［83］黄文弼．高昌砖集．北京：科学出版社，1957.
［84］黄彰健．明太祖实录．北京：中华书局，2016.
［85］季士家，韩品峥．金陵胜迹大全．南京：南京出版社，1993.
［86］济宁市政协文史委员会．孔孟之乡石刻文选．济南：山东友谊书社，1992.

[87] 江苏省博物馆. 江苏省明清以来碑刻资料选集. 北京：生活·读书·新知三联书店，1959.
[88] 焦德森. 北朝摩崖刻经研究（续）. 香港：天马图书有限公司，2003.
[89] 焦德森. 北朝摩崖刻经研究（三）. 呼和浩特：内蒙古人民出版社，2006.
[90] 焦竑. 献征录. 上海：上海书店出版社，1987.
[91] 金开诚，王岳川. 中国书法文化大观. 北京：北京大学出版社，1995.
[92] 净慧. 佛教与中国文化. 北京：中国佛教协会，1990.
[93] 康有为. 广艺舟双楫. 北京：中国人民大学出版社，2010.
[94] 康有为. 广艺舟双楫注. 崔尔平，注. 上海：上海书画出版社，2006.
[95] 孔尚任. 桃花扇. 北京：人民文学出版社，2005.
[96] 赖非. 北朝摩崖刻经. 北京：荣宝斋出版社，2000.
[97] 赖非. 山东北朝佛教摩崖刻经调查. 北京：科学出版社，2007.
[98] 赖非. 中国书法全集：三国两晋南北朝：北朝摩崖刻经卷. 北京：荣宝斋出版社, 2000.
[99] 郎绍君，蔡星仪，水天中，等. 中国书画鉴赏辞典. 北京：中国青年出版社，1988.
[100] 李百勤. 河东出土墓志录. 太原：山西人民出版社，1994.
[101] 李炳清，施宣圆. 历史之谜. 北京：人民日报出版社，1991.
[102] 李福田，黄廷梅. 中国文化小百科. 天津：百花文艺出版社，1989.
[103] 李洪甫，刘洪石. 连云港山海奇观. 北京：地质出版社，1986.
[104] 李华. 明清以来北京工商会馆碑刻选编. 北京：文物出版社，1980.
[105] 李慧. 陕西石刻文献目录集存. 西安：三秦出版社，1990.
[106] 李军. 台港澳百科大辞典. 北京：华龄出版社，1992.
[107] 李零. 中国方术考. 北京：人民中国出版社，1993.
[108] 李露露. 妈祖信仰. 北京：学苑出版社，1994.
[109] 李名方，常国武. 中国书法名作鉴赏辞典. 南京：南京大学出版社，1991.
[110] 李澍田. 长白丛书：金碑汇释. 长春：吉林文史出版社，1989.
[111] 李新泰. 齐文化大观. 北京：中共中央党校出版社，1992.
[112] 李域铮，赵敏生，雷冰. 西安碑林书法艺术. 增订本. 西安：陕西人民出版社，1992.

［113］梁白泉．国宝大观．上海：上海文化出版社，1990.
［114］梁白泉．南京的六朝石刻．南京：南京出版社，1998.
［115］梁份．帝陵图说（外三种）．北京：北京出版社，2022.
［116］梁披云．中国书法大辞典．香港：香港书谱出版社，1987.
［117］林侗．来斋金石刻考略//影印文渊阁四库全书：第684册．台北：台湾商务印书馆，1986.
［118］林序达，段启明．中国古代文化知识辞典．南昌：江西教育出版社，1991.
［119］凌云超．中国书法三千年．南京：南京大学出版社，1987.
［120］刘承干．希古楼金石萃编．上海：上海古籍出版社，2020.
［121］刘景龙，等．龙门石窟碑刻题记汇录．北京：中国大百科全书出版社，1998.
［122］刘涛．中国书法史：魏晋南北朝卷．南京：江苏教育出版社，2002.
［123］刘雨男，刘挺．中国镇江风景名胜．南京：南京大学出版社，1992.
［124］刘兆元．中国龟文化．上海：上海文艺出版社，1992.
［125］刘正成．中国书法鉴赏大辞典．北京：大地出版社，1989.
［126］柳文金．山东平阴北朝三山摩崖．北京：荣宝斋出版社，1997.
［127］陆耀遹．金石续编．上海：上海古籍出版社，2020.
［128］陆增祥．八琼室金石补正．北京：文物出版社，1985.
［129］路远．碑林史话：回首千年沧桑．西安：西安出版社，2000.
［130］罗振玉．海外贞珉录．影印本．上海：上海书店出版社，1994.
［131］罗振玉．蒿里遗文目录．铅印本．东方学会，1926.
［132］罗振玉．芒洛冢墓遗文．自刻本．上虞：罗氏，1917.
［133］罗振玉．雪堂金石文字跋尾．永丰乡人稿刻本.
［134］洛阳古代艺术馆．隋墓志人物传．郑州：中州古籍出版社，1994.
［135］洛阳关林管理委员会．洛阳：关林．郑州：中州古籍出版社，1994.
［136］洛阳市地方史志编纂委员会．洛阳市志：第14卷：文物志．郑州：中州古籍出版社，1995.
［137］洛阳市历史学会，洛阳市海外联谊会．河洛文化论丛：第一辑．郑州：河南大学出版社，1990.
［138］洛阳市文物工作队．洛阳出土历代墓志辑绳．北京：中国社会科学出版

社，1991.
[139] 洛阳市新安县千唐志斋管理所. 千唐志斋. 北京：中国旅游出版社，1989.
[140] 吕继祥. 泰山娘娘信仰. 北京：学苑出版社，1994.
[141] 马宝山. 书画碑帖见闻录. 北京：北京燕山出版社，1997.
[142] 马衡. 凡将斋金石丛稿. 北京：中华书局，1997.
[143] 马可·波罗. 马可·波罗游记. 梁生智，译. 北京：中国文史出版社，1998.
[144] 马永强. 中国书法词典. 郑州：河南美术出版社，1991.
[145] 马子云，施安昌. 碑帖鉴定. 桂林：广西师范大学出版社，1993.
[146] 马子云. 碑帖鉴定浅说. 北京：紫禁城出版社，1986.
[147] 毛远明. 汉魏六朝碑刻校注. 北京：线装书局，2008.
[148] 孟繁禧. 如何临写欧体"九成宫"碑. 北京：北京体育学院出版社，1989.
[149] 孟慧贤. 魏征公园碑刻萃集. 张喜聚，译注. 石家庄：河北美术出版社，2009.
[150] 南京博物院. 明孝陵. 北京：文物出版社，1981.
[151] 南京市博物馆. 南京出土六朝墓志. 北京：文物出版社，1980.
[152] 南阳汉画像石学术讨论会办公室. 汉代画像石研究. 北京：文物出版社，1987.
[153] 宁夏博物馆，李范文. 西夏陵墓出土残碑粹编. 北京：文物出版社，1984.
[154] 罗丰. 固原南郊隋唐墓地. 北京：文物出版社，1996.
[155] 牛致功. 唐代碑石与文化研究. 西安：三秦出版社，2002.
[156] 欧昌俊，李海霞. 六朝唐五代石刻俗字研究. 成都：巴蜀书社，2004.
[157] 欧阳辅. 集古求真. 南昌：江西开智书局民国十二年（1923 年）石印本.
[158] 欧阳修. 集古录//影印文渊阁四库全书：第 681 册. 台北：台湾商务印书馆，1986.
[159] 欧阳修. 集古录跋尾. 上海：上海古籍出版社，2020.
[160] 潘昂霄. 金石例. 影印文渊阁四库全书：第 196 册. 台北：台湾商务印书馆，1986.
[161] 彭卿云，刘炜，等. 全国重点文物大全. 北京：中国旅游出版社，1989.

[162] 启功. 古代字体论稿. 北京：文物出版社，1999.
[163] 戚叔玉，许宝驯，王壮弘. 北魏墓志百种. 上海：上海书画出版社，1987.
[164] 钱大昕. 潜研堂金石文跋尾：附金石文字目录. 上海：上海古籍出版社，2020.
[165] 钱泳. 汉碑大观. 1984 年中国书店据碧梧山庄本影印本.
[166] 乔林，李季华. 中国历史文化名城旅游大全. 上海：上海古籍出版社，1994.
[167] 秦公，刘大新. 广碑别字，北京：国际文化出版公司，1995.
[168] 邱宣充，张瑛华，等. 云南文物古迹大全. 昆明：云南人民出版社，1992.
[169] 曲阜市文物管理委员会. 曲阜胜览. 济南：山东友谊书社，1988.
[170] 任道斌，李世愉，商传. 简明中国古代文化史词典. 北京：书目文献出版社，1990.
[171] 阮元原. 南北书派论北碑南帖论注. 华人德，注. 上海：上海书画出版社，1987.
[172] 芮传明. 古突厥碑铭研究. 上海：上海古籍出版社，1998.
[173] 沙铭寿. 洞天福地——道教宫观胜景. 成都：四川人民出版社，1994.
[174] 山东省曲阜市文物管理委员会. 曲阜：孔子的故乡. 北京：文物出版社，1990.
[175] 山东石刻艺术博物馆. 山东北朝摩崖刻经研究. 济南：齐鲁书社，1991.
[176] 山东石刻艺术博物馆，中国书法家协会山东分会. 山东北朝摩崖刻经全集. 济南：齐鲁书社，1992.
[177] 山曼. 八仙信仰. 北京：学苑出版社，1994.
[178] 山西省考古研究所. 山西碑碣. 太原：山西人民出版社，1997.
[179] 陕西省博物馆，陕西省文物管理委员会. 陕北东汉画像石选集. 北京：文物出版社，1959.
[180] 陕西省博物馆. 西安碑林书法艺术. 西安：陕西人民美术出版社，1992.
[181] 陕西省社会科学院，陕西省文物局. 陕西碑石精华. 西安：三秦出版社，2006.
[182] 商承祚. 石刻篆文编. 北京：中华书局，1996.
[183] 商务印书馆. 四部丛刊初编本. 影印本. 上海：上海商务印书馆，1936.

[184] 上海古籍出版社. 中国文化史三百题. 上海：上海古籍出版社，1987.
[185] 沈映冬，徐国枫. 石头上的学问. 香港：香港文渊阁学术资料供应中心，2004.
[186] 施安昌. 善本碑帖论集. 北京：紫禁城出版社，2002.
[187] 施伟达，褚赣生. 中国古代十大圣人. 合肥：安徽人民出版社，1994.
[188] 施宣圆，林耀琛，许立言. 千古之谜·中国文化史500疑案. 郑州：中州古籍出版社，1989.
[189] 施宣圆，林耀琛，许立言. 中国文化之谜. 北京：学林出版社，1995.
[190] 施蛰存. 水经注碑录. 成都：巴蜀书社，1989.
[191] 施蛰存. 金石丛话. 北京：中华书局，1991.
[192] 石永士. 河北金石辑录. 石家庄：河北人民出版社，1992.
[193] 司马迁. 史记. 梁绍辉. 标点. 兰州：甘肃民族出版社，1997.
[194] 宋濂，等. 元史·兀良合台传. 北京：中华书局，1976.
[195] 苏宝敦. 北京文物旅游景点大观. 北京：中国人事出版社，1995.
[196] 苏渊雷. 绝妙好联赏析辞典. 上海：上海辞书出版社，1994.
[197] 苏州历史博物馆，江苏师范学院历史系，南京大学明清史研究室. 明清苏州工商业碑刻集. 南京：江苏人民出版社，1981.
[198] 隋唐五代墓志汇编编辑委员会. 隋唐五代墓志汇编. 天津：天津古籍出版社，1991.
[199] 孙伯翔，吴鸿清. 中国书法全集：三国两晋南北朝. 北京：荣宝斋出版社，2007.
[200] 孙承泽. 庚子销夏记//影印文渊阁四库全书：第826册. 台北：台湾商务印书馆，1986.
[201] 孙进己，冯永谦，苏天钧. 中国考古集成：东北卷：金. 郑州：中州古籍出版社，1998.
[202] 孙太初. 云南古代石刻丛考. 北京：文物出版社，1983.
[203] 孙星衍. 寰宇访碑录. 商务印书馆，1935.
[204] 孙星衍，严可均. 平津馆金石萃编. 上海：上海古籍出版社，2020.
[205] 孙枝秀. 历朝圣贤篆书百体千字文，沈阳：沈阳古籍书店. 1985.
[206] 唐吟方，夏冰. 汉代石刻隶书. 北京：知识出版社，1992.

［207］天津市文史研究馆．津门史缀．上海：上海书店出版 1992．
［208］田汝成．西湖游览志余．陈志明，注．北京：东方出版社，2012．
［209］万经．分隶偶存∥影印文渊阁四库全书：第 684 册．台北：台湾商务印书馆，1986．
［210］万朗．中国书画辞典．北京：华文出版社，1990．
［211］万石琪．吴文化与苏州．上海：同济大学出版社，1992．
［212］王昶．金石萃编．嘉庆十年自刻本．
［213］王昶．金石萃编．石印本．扫叶山房，1918．
［214］王国平，唐力行．明清以来苏州社会史碑刻集．苏州：苏州大学出版社，1998．
［215］王家佑，等．汉晋夕阳：三国旅游寻踪．成都：四川人民出版社，1994．
［216］王健群．好太王碑研究．长春：吉林人民出版社，1984．
［217］王靖宪．中国碑刻全集．北京：人民美术出版社，2010．
［218］王钧，阿涛．四山摩崖刻经．北京：知识出版社，1990．
［219］王芑孙．碑版广例．刻本．苏郡吴学圃，江宁穆氏选板刊印．
［220］王世贞．弇州山人四部稿．上海：上海古籍出版社，1993．
［221］王树村．门与门神．北京：学苑出版社，1994．
［222］王廷洽．中华历代国宝之谜．西安：三秦出版社，2008．
［223］王象之．舆地碑记目∥影印文渊阁四库全书：第 682 册．台北：台湾商务印书馆，1986．
［224］王永．土地与城隍信仰．北京：学苑出版社，1994．
［225］王玉池．中国书法篆刻鉴赏辞典．北京：农村读物出版社，1989．
［226］王玉国．镇江文物古迹．南京：南京大学出版社，1993．
［227］王壮弘，马承名．1949—1989 四十年出土墓志目录．北京：中华书局，1993．
［228］王壮弘，马承名．北京图书馆藏墓志拓片目录．北京：中华书局，1990．
［229］王壮弘，马承名．六朝墓志检要．北京：中华书局，1990．
［230］王壮弘．碑帖鉴别常识．上海：上海书画出版社，1985．
［231］王壮弘．历代碑刻外流考．书法研究，1984（2）．
［232］王壮弘．增补校碑随笔．上海：上海书画出版社，1981．

[233] 隗芾. 中国名胜典故. 长春：吉林人民出版社，1989.
[234] 魏坚. 内蒙古中南部汉代墓葬. 北京：中国大百科出版社，1998.
[235] 文化部文物局. 中国名胜词典. 上海：上海辞书出版社，1986.
[236] 文物编辑委员会. 文物考古工作十年：1979—1989. 北京：文物出版社，1991.
[237] 文物编辑委员会. 文物考古工作三十年：1949—1979. 北京：文物出版社，1979.
[238] 文物出版社. 中国金石集萃：全10册. 北京：文物出版社，1995.
[239] 翁方纲. 两汉金石记 . 上海：上海古籍出版社，2020.
[240] 吴敏霞，党斌，高叶青. 秦岭碑刻经眼录. 西安：三秦出版社，2014.
[241] 吴文良. 泉州宗教石刻. 增订版. 北京：科学出版社，2005.
[242] 吴英才，郭焦杰. 中国的佛寺. 天津：天津人民出版社，1994.
[243] 吴玉槢，金石存. 石印本. 南昌：江西开智书局，1923.
[244] 武天合. 西安碑林博物馆. 西安：陕西旅游出版社，1993.
[245] 武则天研究会，洛阳市文物园林局. 武则天与洛阳. 西安：三秦出版社，1989.
[246] 西安四维音像文化有限公司. 西安碑林与中国书法. 西安：陕西文化音像出版社，1998.
[247] 夏松凉，李敏. 史记今注. 南京：南京大学出版社，1994.
[248] 向达. 唐代长安与西域文明. 北京：生活·读书·新知三联书店，1957.
[249] 向南，张国庆，李宇峰. 辽代石刻文续编. 沈阳：辽宁人民出版社，2010.
[250] 向南. 辽代石刻文编. 石家庄：河北教育出版社，1995.
[251] 萧梦龙. 江南胜迹. 南京：江苏科学技术出版社，1993.
[252] 徐全星，黄明兰. 洛阳市文物志. 洛阳：洛阳市文化局，1985.
[253] 徐湘霖. 净域奇葩：佛教艺术. 成都：四川人民出版社，1995.
[254] 徐自强，吴梦麟. 古代石刻通论. 北京：紫禁城出版社，2003.
[255] 许长志. 中国之最新编. 济南：黄河出版社，1992.
[256] 晏子友. 明清帝王及其陵寝. 北京：台海出版社，1998.
[257] 杨全鼎. 中国文化史词典. 杭州：浙江古籍出版社，1987.
[258] 杨泰伟. 书法篆刻书目简释. 上海：上海书画出版社，1993.

［259］杨玉钰．中国西南地区历代石刻汇编：全 20 册．天津：天津古籍出版社，1998．
［260］叶昌炽．语石：语石异同评．柯昌泗，评．北京：中华书局，1994．
［261］叶昌炽．语石校注．北京：今日中国出版社，1995．
［262］叶奕苞．金石录补（二）．上海：商务印书馆，1936．
［263］殷梦霞，张爱芳，南江涛．地方金石志汇编．北京：国家图书馆出版社，2011．
［264］员安志．中国北周珍贵文物．西安：陕西人民美术出版社，1992．
［265］袁道俊．焦山石刻研究．南京：江苏美术出版社，1996．
［266］袁维春．秦汉碑述．北京：北京工艺美术出版社，1990．
［267］袁仲一．秦代陶文．西安：三秦出版社，1987．
［268］张伯龄．北朝墓志英华．西安：三秦出版社，1988．
［269］张光宾．中华书法史．台北：台湾商务印书馆股份有限公司，1984．
［270］张广坪，等．泰山名胜介绍．济南：山东友谊书社出版社，1993．
［271］张国臣，张天定．中国文化之最．北京：中国旅游出版社，1991．
［272］张宏儒，汪雷．中国长江风光赏析辞典．北京：北京出版社，1993．
［273］张怀瓘．书断//影印文渊阁四库全书：第 812 册．台北：台湾商务印书馆，1986．
［274］张剑光，邹国慰，周志明．中国帝王后妃陵墓之谜．西安：三秦出版社，2008．
［275］张沛．昭陵碑石．西安：三秦出版社，1993．
［276］张潜超．中国书法论著辞典．上海：上海书画出版社，1990．
［277］张全明．势入浮云亦是崩：皇陵奇观．武汉：华中理工大学出版社，1994．
［278］张廷奂．汉碑古字通训．北京：北京图书馆出版社，2003．
［279］张廷玉，等．明史．北京：中华书局，1974．
［280］张岳灵．阳朔县志．黎启动，纂．台北：成文出版社，1926．
［281］张晓旭．苏州碑刻．苏州：苏州大学出版社，2000．
［282］张秀平，王乃庄．中国文化概览．北京：东方出版社，1988．
［283］赵超．古代石刻．北京：文物出版社，2001．
［284］赵超．汉魏南北朝墓志汇编．天津：天津古籍出版社，1991．

[285] 赵超．新唐书宰相世系表集校．北京：中华书局，1998.

[286] 赵超．中国古代石刻概论．北京：文物出版社，1997.

[287] 赵崡．石墨镌华//影印文渊阁四库全书：第683册．台北：台湾商务印书馆，1986.

[288] 赵均．金石林时地考//影印文渊阁四库全书：第683册．台北：台湾商务印书馆，1986.

[289] 赵力光．西安碑林博物馆新藏墓志汇编：上中下三册．北京：线装书局，2007.

[290] 赵力光．鸳鸯七志斋藏石．西安：三秦出版社，1995.

[291] 赵明诚．金石录．济南：齐鲁书社，2009.

[292] 赵平．中国西北地区历代石刻汇编：全10册．天津：天津古籍出版社，2000.

[293] 赵万里．汉魏南北朝墓志集释．北京：科学出版社，1959.

[294] 赵杏根．中国百神全书．海口：南海出版社，1993.

[295] 震方．碑帖叙录．上海：上海古籍出版社，1982.

[296] 郑土有．关公信仰．北京：学苑出版社，1994.

[297] 中国科学院考古研究所．西安郊区隋唐墓．北京：科学出版社，1966.

[298] 中国历史博物馆．简明中国文物辞典．福州：福建人民出版社，1991.

[299] 中国旅游大全编委会．中国旅游大全．北京：中国青年出版社，1988.

[300] 中国社会科学院考古研究所．唐长安城郊隋唐墓．北京：文物出版社，1978.

[301] 中国社会科学院考古研究所．新中国的考古发现和研究．北京：文物出版社，1984.

[302] 中国文物报．山东省平阴县发现北朝摩崖刻经，1995-07-16.

[303] 中国文物研究所，河南省文物研究所．新中国出土墓志：河南：1．北京：文物出版社，1994.

[304] 中山陵园管理处文物管理办公室．朱元璋与明孝陵．南京：南京出版社，1996.

[305] 钟征祥．广东旅游．广州：广东科技出版社，1985.

[306] 周绍良．唐代墓志汇编．上海：上海古籍出版社，1991.

[307] 周英仪. 中国的休斯敦——西昌揽异. 上海：复旦大学出版社，1992.
[308] 朱关田. 唐代书法考评. 杭州：浙江人民美术出版社，1992.
[309] 朱岐新，王仕平. 北京实用导游. 北京：高等教育出版社，1985.
[310] 诸定耕. 中国名人胜迹诗文碑联鉴赏辞典. 重庆：重庆出版社，1994.
[311] 祝嘉. 艺舟双楫疏证. 上海：上海书画出版社，1986.
[312] 邹建华. 中国文物之最. 北京：中国旅游出版社，1987.
[313] 邹振亚. 北朝摩崖刻经研究. 济南：齐鲁书社，1991.